V&R

W0409802

Wohin treibt die DDR-Erinnerung?

Dokumentation einer Debatte

Herausgegeben von

Martin Sabrow, Rainer Eckert, Monika Flacke,
Klaus-Dietmar Henke, Roland Jahn, Freya Klier,
Tina Krone, Peter Maser, Ulrike Poppe
und Hermann Rudolph

Bearbeitet von

Irmgard Zündorf, Sebastian Richter
und Kai Gregor

Vandenhoeck & Ruprecht

Bibliografische Information der Deutschen Nationalbibliothek

Die Deutsche Nationalbibliothek verzeichnet diese Publikation in der Deutschen Nationalbibliografie; detaillierte bibliografische Daten sind im Internet über http://dnb.d-nb.de abrufbar.
ISBN 978-3-525-36299-0

© 2007, Vandenhoeck & Ruprecht GmbH & Co. KG, Göttingen.
Internet: www.v-r.de
Alle Rechte vorbehalten. Das Werk und seine Teile sind urheberrechtlich geschützt. Jede Verwertung in anderen als den gesetzlich zugelassenen Fällen bedarf der vorherigen schriftlichen Einwilligung des Verlages. Hinweis zu § 52a UrhG: Weder das Werk noch seine Teile dürfen ohne vorherige schriftliche Einwilligung des Verlages öffentlich zugänglich gemacht werden. Dies gilt auch bei einer entsprechenden Nutzung für Lehr- und Unterrichtszwecke. Printed in Germany.

Druck und Bindung: ⊕ Hubert & Co, Göttingen

Inhalt

Zur Entstehungsgeschichte des Expertenvotums

Martin Sabrow

Eigenständige Kommissionen mit der Klärung von offenen Fragen im Umgang mit historischen Lasten zu beauftragen, ist in unserer Zeit nicht ungewöhnlich und prägte nach 1990 auch die Auseinandersetzung mit der in einer friedlichen Revolution zusammengebrochenen SED-Diktatur. Nicht nur der Deutsche Bundestag hatte in den ersten beiden Legislaturperioden nach der Wiedervereinigung jeweils eine Enquete-Kommission eingesetzt, die sich auf der Basis von ausgedehnten Expertenanhörungen zum einen mit der Aufarbeitung der SED-Diktatur und ihrer Folgen und zum anderen mit der Herstellung der Deutschen Einheit befassten. Auch der Senat von Berlin stützte sich in den Jahren 2005/2006 auf eine in Arbeitsgruppen gegliederte Kommission, um ein Gesamtkonzept für den gedenkpolitischen Umgang mit der Berliner Mauer zu erarbeiten.

Die hier dokumentierte Expertenkommission, wurde im Frühjahr 2005 von der Bundesbeauftragten für Kultur und Medien (i.f. BKM), Christina Weiss, mit dem Ziel eingesetzt, bis zum Herbst desselben Jahres ein Konzept für einen dezentral organisierten Geschichtsverbund zur Aufarbeitung der SED-Diktatur vorzulegen. Die Berufung des ehrenamtlich arbeitenden Gremiums geschah in Abstimmung mit der Bundesbeauftragten für die Unterlagen des Staatssicherheitsdienstes der ehemaligen Deutschen Demokratischen Republik (i.f. BStU), Marianne Birthler, sowie der Stiftung zur Aufarbeitung der SED-Diktatur (i.f. Stiftung Aufarbeitung) in Gestalt ihres Vorstandsvorsitzenden Rainer Eppelmann und ihres Stiftungsratsvorsitzenden Markus Meckel. Dies ging aus einer entsprechenden Pressemitteilung der Bundesregierung vom 11. Mai 2005 hervor, die die einzelnen Mitglieder vorstellte: »Zu der Kommission gehören namhafte Fachleute mit besonderen Kenntnissen über die Funktionsweise der SED-Diktatur. Es handelt sich im Einzelnen um:

1. Herrn Prof. Dr. Martin Sabrow als Vorsitzenden (Zeithistoriker, Universität Potsdam, Direktor des Zentrums für Zeithistorische Forschung),
2. Herrn PD Dr. Rainer Eckert (Direktor des Zeitgeschichtlichen Forums Leipzig),
3. Frau Dr. Monika Flacke (Historikerin beim Deutschen Historischen Museum),
4. Herrn Prof. Dr. Klaus-Dietmar Henke (Zeithistoriker, TU Dresden),
5. Herrn Roland Jahn (Journalist, DDR-Bürgerrechtler, 1983 ausgebürgert),
6. Frau Freya Klier (Regisseurin, DDR-Bürgerrechtlerin, 1988 übergesiedelt),
7. Frau Tina Krone (Autorin, Mitarbeiterin des Robert-Havemann-Archivs),
8. Herrn Erich Loest (Schriftsteller),
9. Herrn Prof. Dr. Peter Maser (Theologe, Universität Münster, Mitglied der beiden Enquete-Kommissionen des Deutschen Bundestages, die sich mit der Bewältigung der SED-Diktatur befasst haben),
10. Frau Ulrike Poppe (DDR-Bürgerrechtlerin).«[1]

Erich Loest gab sein Mandat aus gesundheitlichen Rücksichten mit Schreiben vom 17. Juni 2005 zurück. Statt seiner kooptierte die Expertenkommission den Mitherausgeber des Berliner Tagesspiegels, Dr. Hermann Rudolph. Zur Unterstützung der Kommissionsarbeit wurde ein aus BKM-Mitteln finanzierter und am Zentrum für Zeithistorische Forschung Potsdam angesiedelter Arbeitsstab (Dr. Irmgard Zündorf, Kai Gregor M.A.) gebildet.

Der Auftrag an die Expertenkommission, die am 9. Mai 2005 zu ihrer konstituierenden Sitzung zusammentrat, wurde durch das Berufungsschreiben der Staatsministerin um eine Reihe von einschränkenden Vorgaben ergänzt: Ausgehend von einer »Bilanz der bisherigen Aufarbeitungstätigkeiten« und unter beson-

1 Presse- und Informationsamt der Bundesregierung, Pressemitteilung Nr. 217, 11.5.2005. Die zitierten Funktionszuschreibungen verdeutlichen die regierungsinterne Sicht, decken sich aber nicht in jedem Fall mit dem tatsächlichen berufsbiografischen Werdegang der nominierten Mitglieder der Expertenkommission. Vgl. hierzu die Kurzbiografien am Ende des Bandes.

derer Berücksichtigung von Widerstand und Opposition seien Eckpunkte eines DDR-bezogenen Geschichtsverbundes zu formulieren, der die dezentrale Struktur der Erinnerungslandschaft beibehalten, aber die Orte des Erinnerns konzeptionell und praktisch stärker aufeinander beziehen und miteinander vernetzen sollte. »Hierfür sind Modelle – mit Alternativen – für die Weiterentwicklung der Institutionen, ihrer Kooperation und Schwerpunktsetzungen zu erarbeiten.«[2] In die Empfehlungen sollten »nur Einrichtungen, die von gesamtstaatlicher Bedeutung sind«, einbezogen[3], keine neuen Institutionen geschaffen und Gesetzesänderungen »möglichst vermieden werden«; zudem sollte es »nicht um finanzielle Ressourcen oder um eine Umverteilung von Geldern gehen«.[4]

In ihrer ersten Sitzung stellte die Kommission fest, dass sie sich im Interesse des ihr erteilten Auftrags an diese Vorgaben nicht in vollem Umfang gebunden fühlen und insbesondere auf die Möglichkeit zur Empfehlung institutioneller Neugründungen mit bundesstaatlichem Finanzierungsbedarf nicht verzichten könne. In diesem Sinne verabschiedete sie als Grundlage ihrer weiteren Arbeit ein Verständigungspapier, in dem sie ihren Anspruch auf Unabhängigkeit bekräftigte[5], sich ausdrücklich die Möglichkeit zur Abgabe von Sondervoten freihielt[6] und ihren Gegenstand wie folgt umriss:

2 Die Beauftragte der Bundesregierung für Kultur und Medien, Dr. Christina Weiss, an Dr. habil. Rainer Eckert u.a., 28.4.2006.

3 Darunter verstand das Schreiben der Bundesbeauftragten
»– Einrichtungen, die bereits heute vom Bund getragen werden (BStU, Stiftung Aufarbeitung),
– Einrichtungen, die bereits heute vom Bund institutionell gefördert werden (Hohenschönhausen, Zeitgeschichtliches Forum Leipzig),
– sonstige Berliner Einrichtungen, die von gesamtstaatlicher Bedeutung sind (Bernauer Straße, Normannenstraße/Haus 1, Tränenpalast)«. Ebd.

4 Ebd.

5 »Die Expertenkommission repräsentiert in ihrer ehrenamtlichen Tätigkeit einen unabhängigen und nicht nach politischen Kriterien zusammengesetzten Kreis ausgewiesener Fachexperten, der nach seiner Berufung durch die Bundesbeauftragte für Kultur und Medien in der nunmehr abgeschlossenen Konstituierungsphase das Recht zur Kooptierung weiterer Mitglieder wahrgenommen hat«. Verständigungspapier der Expertenkommission zur Erarbeitung einer Gesamtkonzeption für einen Geschichtsverbund »Aufarbeitung der SED-Diktatur«, 5.8.2005.

6 »Die Kommission setzt sich zur Aufgabe, tragende Linien eines Gesamtkonzepts für einen Geschichts- und Gedenkstättenverbund zur öffentlichen Aufarbei-

»Gegenstand der Kommissionsberatungen ist eine Bestandsaufnahme und Perspektivenentwicklung der öffentlichen Aufarbeitung der SED-Diktatur als Teil der nationalen ›Erinnerungslandschaft‹ im europäischen Kontext. Den Fokus der Kommissionstätigkeit bildet der Umgang mit den Sachzeugnissen und historischen Überresten des SED-Staates und seiner Gesellschaft, also DDR-bezogene Gedenkstätten und Erinnerungsorte, Zeugnissammlungen und historische Ausstellungen von überregionaler Bedeutung und Ausstrahlung. Primär der wissenschaftlichen Forschung und der politischen Bildung gewidmete Einrichtungen werden nur insoweit in die Empfehlungen der Kommission einbezogen, als sie an der gegenständlichen Formung dieser Erinnerungslandschaft beteiligt sind.

Die von der Kommission einzubeziehenden Gedenkstätten und Erinnerungsorte sind überwiegend, aber nicht ausschließlich im Berliner Raum angesiedelt. Die Kommission fühlt sich einem dezentralen und zugleich föderalen Verständnis von zeitgeschichtlicher Aufarbeitung verpflichtet, das die Erinnerung an die SED-Diktatur und die Zeit der deutschen Doppelstaatlichkeit weder in Berlin lokalisieren noch überhaupt in den neuen Bundesländern regionalisieren will, sondern als eine gesamtstaatliche Aufgabe betrachtet. [...]

Die Kommission ist sich der geringen finanziellen Bewegungsspielräume der öffentlichen Hand bewusst und bezieht sie in ihre Empfehlungen ein, ohne sich allerdings der Möglichkeit zu berauben, Vorschläge zur Ausweitung oder Umlenkung von Ausstattungsmitteln in Bezug auf einzelne Einrichtungen oder nach ihrer Ansicht untergewichtete Aufarbeitungsdimensionen zu machen.«[7]

Um ihrem so definierten Auftrag gerecht zu werden, führte die Expertenkommission in ihren in der Regel vierzehntäglich stattfindenden Beratungen zunächst eine Bestandsaufnahme der institutionalisierten DDR-Aufarbeitung durch. Als Ergebnis ei-

tung der SED-Diktatur zu entwickeln, der die Bewertung des bisher Geleisteten mit Vorschlägen zu einer zukunftsfähigen Ausgestaltung verbindet. Dabei ist die Kommission nicht zur Abgabe eines einstimmigen Votums verpflichtet, sondern behält sich vor, fallweise Mehrheits- und Minderheitsvoten mit qualitativ gewichteten Empfehlungsalternativen zu formulieren.« Ebd.

7 Ebd.

ner systematischen Aufschlüsselung nach Hauptfunktionen und -aufgaben einerseits sowie nach inhaltlichen Dimensionen andererseits stellte die Kommission »eine erhebliche Disproportionalität zwischen den einzelnen inhaltlichen Schwerpunkten der Aufarbeitung« fest: »Während die repressiven und überwachenden Aspekte der SED-Diktatur breit vergegenwärtigt werden, sind die Bereiche ›Opposition und Widerstand‹ sowie ›Herrschaft und Gesellschaft‹ in unvertretbarer Weise unterrepräsentiert.«[8] Auf dieser Grundlage entwickelte die Kommission als konzeptionelles Ziel der von ihr auszuarbeitenden Empfehlungen, »dass der geplante Geschichtsverbund sowohl zur Aufklärung über den Diktaturcharakter der DDR, über Formen und Ausmaß politischer Repression des SED-Regimes und zur Würdigung von Widerstand und Opposition beiträgt, als auch die Vielschichtigkeit, ›Veralltäglichung‹ und ›konstitutive Widersprüchlichkeit‹ der DDR abbildet und in die vergleichenden und beziehungsgeschichtlichen Dimensionen der deutsch-deutschen Doppelstaatlichkeit, der Blockintegration und des Ost-West-Konflikts rückt«.[9]

Entsprechend ihrem Grundsatz, keine Empfehlung auszusprechen, »ohne betroffenen Einrichtungen zuvor die Gelegenheit zur Präsentation ihrer Arbeit gegeben zu haben«[10], führte die Kommission ihre Beratungen auf Basis der Ergebnisse eines standardisierten Fragebogens durch, der im Juni 2005 an insgesamt 41 Einrichtungen der DDR-Aufarbeitung übermittelt worden war, und besuchte zusätzlich eine Reihe dieser Einrichtungen, um sich ein genaueres Bild über deren Problem- und Interessenlage zu verschaffen. Die Kommission veranstaltete außerdem zwei ganztägige Anhörungen, um die Themenkomplexe »Musealisierung«, »Aktenzugang« und »politische Bildung« mit Vertretern einzelner Institutionen und unabhängigen Fachleuten zu erörtern. Während ihrer dreizehnmonatigen Tätigkeit blieb die Kommission darüber hinaus in informatorischem Kontakt zu Aufarbeitungsinstitutionen, Opferverbänden und Stiftungen, um

8 Ebd.
9 Ebd.
10 Ebd.

deren Positionen und Anliegen für die Erstellung ihrer Empfehlungen zu nutzen.

Angesichts des Willens der Kommission, eine möglichst breite Sicht auf die in den letzten fünfzehn Jahren entstandene DDR-bezogene Erinnerungslandschaft zu gewinnen, konnten die ursprünglich avisierten Termine nicht eingehalten werden. Die Kulturstaatsministerin war davon ausgegangen, dass der Empfehlungsentwurf bereits im September 2005 zunächst mit Vertretern ihres Hauses, der BStU und der Stiftung Aufarbeitung sowie in einer zweiten Runde mit Mitgliedern des Deutschen Bundestages diskutiert werden könnte, um das endgültige Konzept im Oktober in einem öffentlichen Symposium zu präsentieren. Die Kommission, die den Kreis der anzuhörenden Einrichtungen wesentlich weiter fasste, akzeptierte diese Fristbindung nicht: »Angesichts des Aufgabenumfangs setzt die Erarbeitung einer zielführenden Konzeption einen hinreichend bemessenen Zeitrahmen voraus, um die oben genannten Einrichtungen kennen zu lernen und anzuhören.«[11]

Aber auch die von der Kommission selbst vorgelegte Terminplanung, die für den Oktober das vorläufige Votum und das abschließende Symposium für den Februar vorsah, erwies sich rasch als unrealistisch. Zudem hielt die Kommission es angesichts der Intensität der geschichtspolitischen Debatte etwa um die Zukunft der BStU und der von ihr verwalteten Akten für untunlich, dem ursprünglichen Fahrplan zu folgen und das geplante Konzept bereits vor seiner endgültigen Fertigstellung in die politische Öffentlichkeit zu tragen. Die hieraus erwachsene zeitliche und sachliche Entlastung der Meinungsbildung innerhalb der Kommission wurde im Nachhinein verschiedentlich kritisch kommentiert.[12] Gerade die vereinbarte Vertraulichkeit der Beratungen, die die Kommission über lange Zeit hinweg von öffentlichen Interventionen ungestört arbeiten ließ, erwies sich aber am Ende als wesentliche Voraussetzung für eine interne Konsensbildung, wie sie angesichts der Meinungsvielfalt des Gremiums – das sich aus Bürgerrechtlern, Fachhistorikern, Ausstellungsmachern und Publizisten mit in etwa gleichgewichtiger ost- und

11 Ebd.

12 Vgl. Presseerklärung Bürgerbüro e.V. Berlin, 15.5.2006.

westdeutscher Herkunft zusammensetzte – im Vorhinein schwerlich vorstellbar erschienen war.

Bis in die ersten Textentwürfe des abschließenden Votums war es auf diese Weise möglich, die unterschiedlichen Blickwinkel und Denklogiken von Museumskuratoren und Fachwissenschaftlern, von politisch-moralischem Aufarbeitungsbedürfnis und kritischem Historisierungswillen in einem fruchtbaren Dialog zu halten, der vom gemeinsamen Interesse an einer zukunftsfähigen Ausgestaltung der DDR-bezogenen Erinnerungslandschaft getragen war. Dass einzelne Textentwürfe der Empfehlungen in Umlauf gelangten und von den Medien verbreitet wurden, sollte später die öffentliche Meinungsbildung behindern, die vielfach auf diese von der Kommission selbst nur als Ausgangspunkt der weiteren Meinungsbildung verstandenen Vorfassungen rekurrierte. Es behinderte aber nicht die Konsensfindung der Kommission. Sie konnte am 15. Mai 2006 ein Votum in der Öffentlichkeit vorstellen, das von allen Kommissionsmitgliedern mit Ausnahme Freya Kliers getragen wurde. Freya Klier gab ein Sondervotum ab, das allerdings bei grundsätzlicher Kritik an der didaktischen Grundausrichtung der Empfehlungen das ausdrückliche Einverständnis mit den in ihnen formulierten konkreten Vorschlägen bekundete.

In der Sache betraten die Empfehlungen der Expertenkommission kein Neuland, sondern bauten auf Vorschlägen auf, die in den Jahren zuvor im Zusammenspiel von Fachwissenschaft, Aufarbeitungsinitiativen und Kulturpolitik entwickelt worden waren. Namentlich sind hier die Vorschläge der beiden Enquete-Kommissionen des Deutschen Bundestages, die 1995 und 1999 veröffentlicht wurden, die Konzeption des Bundes für die Förderung von Gedenkstätten an die NS-Terrorherrschaft und die SED-Diktatur von 1999 und das Gutachten einer von Siegfried Vergin geleiteten Kommission zur musealen Nutzung der ehemaligen MfS-Zentrale Berlin-Lichtenberg von 2001 zu nennen. Die Kommission konnte sich des Weiteren auf eine Reihe von publizistischen Stellungnahmen zu einzelnen Aspekten ihres Auftrags stützen, wobei insbesondere die Zukunft der Behörde der BStU im Zuge ihrer Überführung vom Bundesinnenministerium in das Bundeskanzleramt zum 1. Januar 2005 in den Zeitschriften der DDR-Forschung wie im Feuilleton der großen Tageszeitungen überaus kontrovers erörtert worden war. In diesen Rahmen ist auch ein durch Indiskretion verbreitetes und von der Kulturstaatsministerin kurz nach seinem Bekanntwerden zurückgezogenes Eckpunktepapier des zuständigen BKM-Abteilungsleiters Knut Nevermann von Ende 2004 zu rechnen. In ihm wurde vorgeschlagen, die BStU-Behörde in das Bundesarchiv zu integrieren und eine Neustrukturierung der als unbefriedigend bewerteten Gedenkstättenarbeit zur SED-Diktatur durch eine nachhaltige Stärkung der Stiftung Aufarbeitung zu erreichen.[13]

Die am 15. Mai 2006 im Rahmen einer Pressekonferenz der Öffentlichkeit vorgestellten und auf einem öffentlichen Hearing am 6. Juni desselben Jahres zur Diskussion gestellten Empfehlungen lösten eine intensive Debatte aus, die sich im Einzelnen in diesem Band dokumentiert findet. Hierfür zeichneten nicht zuletzt die institutionellen Interessen der im Votum thematisierten – bzw. im Einzelfall nicht thematisierten – Einrichtungen und Aufarbeitungsschwerpunkte verantwortlich, die in der abzusehenden Auseinandersetzung um die zukünftige Mittelverteilung auf ihr jeweiliges Anliegen aufmerksam zu machen und konkurrierende Ansprüche tunlichst abzuwehren suchten. Zur Sensibilisierung der Öffentlichkeit für Fragen der DDR-Aufarbeitung trug auch der parallele Erfolg des im März 2006 angelaufenen Kinofilms »Das Leben der Anderen« bei, der in der Regie Florian Henckel von Donnersmarcks die Mechanismen des geheimdienstlichen Überwachungssystems in der DDR vor Augen zu führen versuchte. Das öffentliche Interesse an den Empfehlungen der Expertenkommission war weiterhin durch den Skandal gesteigert worden, den ebenfalls im März 2006 das Auftreten eines so genannten »Insiderkomitees« ehemaliger Stasi-Angehöriger in der Lichtenberger Bezirksversammlung ausgelöst hatte. Sie hatten dort die Opfer der MfS-Verfolgung offen verhöhnen können, ohne dass sich das u.a. mit dem Berliner Kultursenator, der Bezirksbürgermeisterin von Lichtenberg, einer Abteilungsleiterin der BStU und dem Leiter der Gedenkstätte Hohenschönhausen besetzte Podium nach allgemeiner Einschätzung imstande

13 Erinnerungspolitisches Konzept zu den Gedenkstätten der SED-Diktatur in Berlin, Abschrift, in: www.havemann-gesellschaft.de/info193.htm.

gezeigt hatte, hinreichend deutlich gegen die Propagierung eines revisionistischen Bildes der DDR-Geschichte aufzutreten.

Diese Anlässe allein liefern allerdings wohl keine hinreichende Erklärung, weshalb das einundzwanzigseitige Papier einer unabhängigen Sachverständigenkommission zum zukünftigen Umgang mit der DDR-Vergangenheit über Monate hinweg eine ungeahnt hitzige Debatte auslösen konnte, nachdem vergleichbare Denkschriften und Positionspapiere früherer Jahre deutlich unspektakulärer aufgenommen worden waren und weit weniger kontroverse Reaktionen ausgelöst hatten. Eine tiefere Ursache dieses Umschwungs liegt sicherlich in der insgesamt immer weiter wachsenden Bedeutung, die der Repräsentation der zeitgeschichtlichen Vergangenheit im deutschen und europäischen Selbstverständnis zukommt und für die sich seit einigen Jahren der Begriff »Erinnerungskultur« eingebürgert hat. Das Pathos der Erinnerung hat spätestens seit den achtziger Jahren des vorigen Jahrhunderts die Rolle übernommen, die in den fünfziger und sechziger Jahren das Pathos des Fortschritts in der geteilten deutschen Gesellschaft spielte, und der Schweigekonsens der Nachkriegszeit ist einem Aufarbeitungskonsens in der Gegenwart gewichen, der die Auseinandersetzung mit der SED-Diktatur nach 1989 signifikant von der mit der NS-Diktatur nach 1945 unterscheidet. Nachdem aber die nationalsozialistische Zeit mittlerweile einen im Ganzen kaum noch umstrittenen Platz im kulturellen Gedächtnis gefunden hat und nicht mehr sie, sondern fast nur noch der nachzeitige Umgang mit ihr konfliktträchtig ist, rücken in immer stärkerem Maße historische Lasten der Zeit nach 1945 in den Mittelpunkt des öffentlichen Interesses.

So erhellend es freilich sein mag, die Debatte um die Empfehlungen der Expertenkommission in die Entwicklung der DDR-Aufarbeitung einzuordnen – ihr Ziel richtet sich nicht auf die Vergangenheit, sondern auf die Zukunft des institutionalisierten Umgangs mit der materiellen und mentalen Hinterlassenschaft der kommunistischen Gesellschaftsutopie und ihrer vierzigjährigen SED-Herrschaft. Das auf den folgenden Seiten dokumentierte Votum der Expertenkommission formuliert einen Gestaltungsvorschlag, den der Kulturausschuss des Deutschen Bundestages im Juni 2006 als wichtigen Grundstein für den Umgang mit der kommunistischen Diktatur bewertete. Er verband dieses

Urteil mit der Forderung, auf dieser Grundlage bis Ende desselben Jahres ein detailliertes Umsetzungskonzept zu entwickeln. Inwieweit sich dabei die von der Kommission gegebenen Anregungen durchsetzen werden, muss dahinstehen; dass bei der Ausarbeitung ihres Votums die divergierenden Zielsetzungen und Denkstile von Betroffenen und Beobachtern, von Erinnerungskultur und Fachwissenschaft in einen produktiven Austausch gebracht werden konnten, wird ihr in jedem Fall als bleibendes Verdienst zuzurechnen sein.

Die folgende Textzusammenstellung gliedert sich in vier Teile: Sie dokumentiert zunächst die Kommissionsempfehlungen selbst und im zweiten Abschnitt den Verlauf der öffentlichen Anhörung im Marie-Elisabeth-Lüders-Haus. Ein dritter Teil enthält weitere Stellungnahmen, die während der Anhörung selbst aus zeitlichen Gründen nicht mehr hatten vorgetragen werden können. Das anschließende vierte Kapitel spiegelt die öffentliche Auseinandersetzung mit dem Kommissionspapier in Presse und Rundfunk, wobei hier in erster Linie Umfangsgrenzen, im Einzelfall aber auch Rechtsgründe[14] eine Auswahl erforderlich machten: Aufnahme fanden vor allem Beiträge, die nach Informationsgehalt oder markierter Position über schon Gesagtes hinausgingen und dadurch den Fortgang der Debatte beeinflussten. Der Rezeption des Votums in der Fachpublizistik ist der fünfte und letzte Abschnitt der Dokumentation vorbehalten. Ein Presse- und Autorenregister sowie biografische Hinweise zu den Mitgliedern der Expertenkommission und den Interventen des öffentlichen Hearings vervollständigen die Dokumentation.

Für die redaktionelle Arbeit zeichnet mit der Unterstützung von Kai Gregor, M.A., (Berlin) und Sebastian Richter, M.A. (Dresden) Dr. Irmgard Zündorf (Potsdam) verantwortlich, die Herausgeber sind den Bearbeitern für die sorgfältige Betreuung des Bandes zu Dank verpflichtet.

Berlin, im November 2006 Martin Sabrow

[14] So versagte die Südthüringer Zeitung eine Nachdruckgenehmigung ebenso wie Jochen Staadt für seinen Beitrag »Expertenkommission I. Die Expertenkollision, in: Zeitschrift des Forschungsverbundes (2006), Nr. 19, S. 149-151.«

Die »Empfehlungen der Expertenkommission zur Schaffung eines Geschichtsverbundes ›Aufarbeitung der SED-Diktatur‹«

Vorbemerkung

Der am 9. Mai 2005 durch die Beauftragte für Kultur und Medien (BKM) berufenen Expertenkommission gehören folgende Mitglieder an: Prof. Dr. Rainer Eckert (Leipzig), Dr. Monika Flacke (Berlin), Prof. Dr. Klaus-Dietmar Henke (Dresden), Roland Jahn (Berlin), Freya Klier (Berlin), Tina Krone (Berlin), Prof. Dr. Peter Maser (Münster), Ulrike Poppe (Berlin), Dr. Hermann Rudolph (Berlin) und Prof. Dr. Martin Sabrow (Potsdam) (Vorsitzender).

Der im Einsetzungsschreiben umrissene Auftrag der Kommission zielt darauf, Elemente eines Gesamtkonzeptes für einen dezentral organisierten Geschichtsverbund zur Aufarbeitung der SED-Diktatur unter besonderer Berücksichtigung von Widerstand und Opposition zu formulieren. Der Auftrag erstreckt sich auf Einrichtungen von »gesamtstaatlicher Bedeutung«, die gegenwärtig vom Bund getragen werden – das betrifft die Behörde der Bundesbeauftragten für die Unterlagen des Staatssicherheitsdienstes der ehemaligen Deutschen Demokratischen Republik (i.f. BStU), die Stiftung zur Aufarbeitung der SED-Diktatur (i.f. Stiftung Aufarbeitung), die Stiftung Haus der Geschichte der Bundesrepublik Deutschland / Zeitgeschichtliches Forum Leipzig (i.f. HdG/ZFL) – oder auf Länderebene direkt oder indirekt institutionell gefördert werden wie die Stiftung Gedenkstätte Berlin-Hohenschönhausen (i.f. Gedenkstätte Hohenschönhausen), die Gedenkstätte Berliner Mauer oder die Forschungs- und Gedenkstätte Normannenstraße. Die Kommission war aufgefordert, ein Modell für die Weiterentwicklung der Institutionen, ihre Kooperation und Schwerpunktsetzungen zu erarbeiten, das die Orte des Erinnerns und Lernens konzeptionell und praktisch stärker aufeinander bezieht und miteinander vernetzt, um eine bessere Profilierung, Arbeitsteilung und Kooperation zu gewährleisten. Neue Institutionen sollen nicht geschaffen, Gesetzesänderungen sowie eine Überbeanspruchung finanzieller Ressourcen und eine Umverteilung von Geldern möglichst vermieden werden. Die Kommission ist bei ihren Empfehlungen nur dort, wo sie es im Sinne einer sachgerechten Auseinandersetzung mit der SED-Diktatur für unabdingbar hielt, über diesen Auftrag hinaus gegangen.

Die von einem durch den Beauftragten für Kultur und Medien finanzierten Arbeitsstab (Dr. Irmgard Zündorf, Kai Gregor M.A.) unterstützte Expertenkommission führte im Rahmen ihrer Tätigkeit insgesamt 22 (von Mai 2005 bis Mai 2006 in einem durchschnittlich vierzehntägigen Rhythmus) nicht-öffentliche Plenarsitzungen durch und erörterte auf Grundlage öffentlich zugänglichen Materials und der Beantwortung eines standardisierten Fragenkatalogs die Arbeit von mehr als vierzig Einrichtungen der DDR-Aufarbeitung, über die sie sich fallweise durch zusätzliche Besuche weiteren Aufschluß zu verschaffen suchte. Die Kommission holte zudem den Rat profilierter Fachleute ein und führte zwei eintägige Anhörungen durch (*siehe Anhang*). Die folgenden Empfehlungen wurden von der Kommission mit Ausnahme des angeschlossenen Sondervotums von Freya Klier einvernehmlich verabschiedet und dem Bundesbeauftragten für Kultur und Medien im Mai 2006 übergeben, um am 6. Juni des Jahres im Rahmen eines Hearings öffentlich zur Diskussion gestellt zu werden.

I. Leitlinien der Empfehlungen

Die historisch-politische Auseinandersetzung mit der DDR und ihrem SED-Regime hat sich seit der friedlichen Revolution und der Wiedervereinigung 1989/90 im Zusammenwirken von wissenschaftlicher Erforschung und gesellschaftlichen Aufarbeitungsinitiativen entfaltet. Von einer breiten öffentlichen Debatte getragen und dank ihrer politischen und parlamentarischen Flankierung hat sie heute einen bemerkenswert hohen Standard erreicht und nimmt auch im europäischen Vergleich der Auseinandersetzung post-kommunistischer Gesellschaften eine herausragende Position ein.

Diese Entwicklung wäre undenkbar ohne die vorgängige Sicherung der Hinterlassenschaft der SED-Herrschaft durch engagierte Bürgerinnen und Bürger, die so die entscheidende Voraussetzung für eine eingehende Auseinandersetzung mit vierzig Jahren DDR-Geschichte auf persönlicher wie öffentlicher und wissenschaftlicher Ebene schufen. In fast allen Bezirks- und Kreisstädten der damaligen DDR haben Bürgerkomitees insbesondere Unterlagen des Ministeriums für Staatssicherheit für die Zukunft bewahrt, indem sie die im November 1989 in Gang gesetzte Vernichtung der Akten weitgehend stoppten. Im Zuge dieses mutigen Einsatzes ist ein Spektrum verschiedener staatlicher und staatlich unabhängiger Dokumentationszentren, Archive und Bibliotheken entstanden, deren Potenzen eine maßgebliche Grundlage der Auseinandersetzung mit der SED-Diktatur bleiben werden.

Zu den hervorzuhebenden Leistungen der in den letzten eineinhalb Jahrzehnten geleisteten Aufarbeitung zählen insbesondere

– die Schaffung eines Netzwerkes von Archiven, Dokumentationszentren und Austauschforen zu Widerstand und Opposition gegen das SED-Regime und seine Politik, das in seinen Veranstaltungen und Dokumentationen eine wichtige Säule der politischen Bildungsarbeit in den neuen Ländern darstellt,
– die generelle Öffnung der staatlichen und parteilichen Überlieferung der DDR, die im Bundesarchiv bzw. der Stiftung Archiv der Parteien und Massenorganisationen der DDR im Bundesarchiv (i.f. SAPMO) sowie in den Archiven der neuen Länder und in kommunalen Archiven unter Aufhebung der dreißigjährigen Sperrfrist der historischen Forschung zur Verfügung steht,
– die Einrichtung der auf Basis eines speziellen Gesetzes (Gesetz über die Unterlagen des Staatssicherheitsdienstes der ehemaligen Deutschen Demokratischen Republik, i.f. StUG) arbeitenden Behörde der BStU und des damit verbundenen Zugangs zu geheimpolizeilichen Quellen,
– die in zwei Enquete-Kommissionen zum Ausdruck gebrachte Teilhabe des Deutschen Bundestags an der »Aufarbeitung von

Geschichte und Folgen der SED-Diktatur in Deutschland« und der »Überwindung der Folgen der SED-Diktatur im Prozeß der deutschen Einheit« einschließlich der aus dieser Anstrengung erwachsenen Stiftung Aufarbeitung,
- die breite und intensive wissenschaftliche Erforschung der DDR und ihre Integrierung als Forschungsthema in die deutsche und internationale Zeitgeschichte sowie
- die Ausbildung einer facettenreichen Topographie von Lern- und Gedenkorten und Sammlungen insbesondere von Zeugnissen der Opposition und des Widerstands sowie von Dauer- und Wechselausstellungen, die in ihrer Pluralität und Vielschichtigkeit Ausdruck einer offenen Gesellschaft ist und zu den schützenswerten Charakteristika der Auseinandersetzung mit der SED-Diktatur zählt.

Diese Auseinandersetzung ist aber auch durch eine Reihe von geschichtspolitischen und erinnerungskulturellen Defiziten gekennzeichnet. Hierzu zählen aus Sicht der Kommission insbesondere
- eine nach Ost und West geteilte Wahrnehmung der DDR-Geschichte, die gerade in den alten Bundesländern nur sehr bedingt als Teil der gesamtdeutschen Geschichte verstanden wird,
- eine in den letzten Jahren zunehmende und insbesondere medial vermittelte Trivialisierung der DDR als politisches System, mit der gerade in jüngerer Zeit vermehrt Versuche einer geschichtsrevisionistischen Negierung ihres Diktaturcharakters und einer Verächtlichmachung ihrer Opfer einhergehen,
- die trotz beachtenswerter didaktischer Angebote für das schulische und außerschulische Lernen und verbesserter Lernplanvorgaben mehr und mehr in den Hintergrund tretende Vermittlung der DDR-Geschichte in Schulen und Hochschulen,
- die finanzielle Unterausstattung, aber auch unzureichende Vernetzung und mangelnde Professionalität einzelner Einrichtungen in dem Gesamtkomplex der Auseinandersetzung mit der DDR,
- das Fehlen einer gemeinsamen Planungsstrategie für die zukünftige Entwicklung der institutionellen und thematischen

Auseinandersetzung mit der DDR auf Bund-Länder-Ebene sowie
- eine gegenwärtige Vorrangstellung der öffentlichen Dokumentation staatlicher Repression gegenüber derjenigen von Widerstand und Anpassung, Ideologie und Parteiherrschaft sowie von Alltag in der Diktatur, die als Wirkungsmechanismen deutlich unterbelichtet bleiben.

In dem Bemühen, auf der Grundlage des Erreichten Vorschläge zum gezielten Abbau dieser Defizite zu entwickeln, hat die Kommission unter Konzentration auf Einrichtungen von gesamtstaatlicher Bedeutung Leitlinien für die zukünftige Entwicklung der DDR-bezogenen Diktaturaufarbeitung definiert, die sich wie folgt umreißen lassen:
- *Offenheit und Pluralität*: Historische Vergegenwärtigung und die Auseinandersetzung mit den Folgen einer belastenden Vergangenheit bilden einen nie abgeschlossenen Prozeß, der in demokratisch verfaßten Gesellschaften in ständigem Fluß bleibt und kontinuierlicher Erneuerung im gesellschaftlichen Diskurs unterliegt. Um diesem Erfordernis zu genügen, sollte die öffentliche Auseinandersetzung mit der DDR (ebenso wie die mit der NS-Diktatur) unterschiedlichen Gesichtspunkten Raum geben. Sie darf nicht auf das Ziel einer einheitlichen oder gar geschlossenen Gesamtaussage verpflichtet werden.
- *Dezentralität und Autonomie*: Die dezentrale Struktur der existierenden Erinnerungslandschaft hat sich im wesentlichen bewährt. Sie ist in Anerkennung der historischen Leistung der bürgerschaftlichen Aufarbeitungsinitiativen, die sie mitgestaltet haben, aber auch wegen ihrer Bürgernähe und im Interesse der Wahrung regionaler Arbeitszusammenhänge nach Möglichkeit zu erhalten. Die Errichtung einer übergreifenden, zentralistischen Struktur zur Aufarbeitung der DDR-Geschichte wäre kontraproduktiv und würde mehr an institutioneller Eigeninitiative gefährden als an Synergieeffekten erbringen.
- *Vernetzung und Effizienz*: Im Interesse der gegenseitigen Stärkung in Verbundbeziehungen, aber auch eines verantwortungsvollen Umgangs mit öffentlichen Geldern kommt der kooperativen Vernetzung der bestehenden Einrichtungen zur

DDR-Aufarbeitung und deren profilbildender Abstimmung untereinander hohe Priorität zu.

- *Professionalisierung und Perspektivenerweiterung*: Die Auseinandersetzung mit der DDR-Vergangenheit unterliegt mit zunehmendem Abstand zur friedlichen Revolution und zur Wiedervereinigung 1989/90 einerseits einem allmählichen Akzentwechsel, der dem Bemühen um historische Erschließungstiefe und Perspektivendifferenzierung gegenüber der aktuellen Auseinandersetzung stärkeres Gewicht verleiht. Auf der anderen Seite bietet die verblassende Anschaulichkeit der Diktaturvergangenheit aber auch eine wachsende Chance, das zusammengebrochene und überwundene Herrschaftssystem der DDR in der öffentlichen Diskussion politisch und moralisch zu relegitimieren; dies lehren etwa in jüngster Zeit die um die Gedenkstätte Hohenschönhausen geführten Auseinandersetzungen um Charakter und Ausmaß der geheimpolizeilichen Unterdrückung und Verfolgung im SED-Staat. Unter diesen Umständen wachsen in gleichem Maße die öffentlichen und fachwissenschaftlichen Ansprüche an eine weitere theoretisch-methodische und didaktische Professionalisierung der historischen Beschäftigung mit der DDR, wie sie in bezug auf die Auseinandersetzung mit der NS-Diktatur mittlerweile weithin erreicht ist. Gegenwärtig erscheint es besonders dringlich, die Vermittlung historischer Kenntnisse inhaltlich und methodisch an die sich mit dem allmählichen Zurücktreten der Erfahrungsgenerationen ändernden Erwartungs- und Bildungshorizonte anzupassen. Nicht weniger wichtig ist es, einer drohenden »Verinselung« der DDR-Geschichte im Geschichtsbewußtsein entgegenzutreten und die DDR in eine integrierte deutsch-deutsche Geschichte zwischen 1945 und 1990 im europäischen und globalen Kontext einzubetten.

Die folgenden Empfehlungen der Kommission versuchen, die gewachsene Vielfalt der öffentlichen Auseinandersetzung mit der DDR-Geschichte durch Strukturierung, Straffung und gezielte Ergänzung für die Zukunft zu sichern und unter Beachtung des Gebots umsichtiger Mittelnutzung in der Konkurrenz um öffentliche Aufmerksamkeit sowie wachsender Professionalitätsansprüche zu stärken. Parallel zu einer gleitenden Umstrukturierung der Behörde der BStU und einer verbesserten institutionellen Abstimmung im Bereich der politischen Bildung sprechen sie sich für die zukünftige Ausrichtung der DDR-Aufarbeitung im Zusammenwirken von Musealisierung, Gedenkstättenarbeit und politischer Bildung auf drei übergeordnete Themenbereiche aus. Ihnen sollte jeweils eine bestehende oder neu zu schaffende Aufarbeitungseinrichtung als impulsgebende und kompetenzsichernde Kerninstitution zugeordnet werden. Als die drei aufeinander bezogenen Schwerpunkte einer zukunftstauglichen Befassung mit der DDR-Geschichte definiert das Votum die Themenbereiche »Herrschaft – Gesellschaft – Widerstand«, »Überwachung und Verfolgung« sowie »Teilung und Grenze«. In wechselseitiger Verschränkung und Ergänzung erlaubt es diese Strukturierung, ein differenziertes und vielschichtiges Bild der SED-Diktatur und ihrer Gesellschaft im Kontext des 20. Jahrhunderts als öffentliches Vermittlungsangebot zu entwerfen. Als Kerninstitutionen schlägt die Kommission für den ersten Themenbereich »Herrschaft – Gesellschaft – Widerstand« ein organisatorisch von der Stiftung Aufarbeitung getragenes »Forum Aufarbeitung« vor, für den zweiten Themenbereich »Überwachung und Verfolgung« ein aus der BStU und den Gedenkstätten Hohenschönhausen und Normannenstraße mittelfristig zu entwickelndes Forschungs- und Dokumentationszentrum »Diktatur und Geheimpolizei« und für den dritten Themenbereich »Teilung und Grenze« die bereits bestehende und weiter auszubauende Gedenkstätte Berliner Mauer. Die Kommission spricht sich dafür aus, alle drei Kerninstitutionen als Stiftung zu führen.

II. Entwicklungsperspektiven der historisch-politischen Aufarbeitung

1. Verbesserung des Aktenzugangs unter Berücksichtigung des Opferschutzes

Der gegenwärtige Zugang zur archivarischen Hinterlassenschaft der DDR ist uneinheitlich. Eine nach Einsichtsfreiheit, Erschließungstiefe und Nutzungsinfrastruktur gleichermaßen gute Zugänglichkeit weisen die Bestände im Bundesarchiv auf. Die allgemeine Schutzfrist von 30 Jahren wurde für die (nicht personenbezogenen) Bestände der SAPMO aufgehoben. Für sonstige (nicht personenbezogene) DDR-Akten wird sie in der Praxis nahezu ausnahmslos auf Antrag aufgehoben. Eine Ausnahme bilden die Akten des Ministeriums für Auswärtige Angelegenheiten der Deutschen Demokratischen Republik im Politischen Archiv des Auswärtigen Amts, wo die dreißigjährige Schutzfrist – anders als beim Bundesarchiv – nicht oder nur selten aufgehoben wird. Bei personenbezogenen Unterlagen sieht das Bundesarchivgesetz Ermessensspielräume vor, die in vielen Fällen einen Aktenzugang vor Ablauf der diesbezüglichen Schutzfristen (grundsätzlich 30 Jahre ab dem Tod des Betroffenen) ermöglichen.

Daß die Akten des Ministeriums für Auswärtige Angelegenheiten der DDR der Forschung innerhalb der Sperrfrist von 30 Jahren bislang grundsätzlich entzogen sind, bewertet die Kommission als überprüfungsbedürftig. Hier ist im Interesse der historischen Aufarbeitung, unter Rücksichtnahme auf außenpolitische Erfordernisse, auf größere Liberalität und Flexibilität der Aktenfreigabe zu dringen.

Für die wissenschaftliche Forschung ist zudem der Zugang zu MfS-Akten nach dem StUG unbefriedigend. Die ohnehin als Ausnahme konzipierten Zugangsmöglichkeiten sind infolge der Rechtsprechung des Bundesverwaltungsgerichts noch weiter eingeengt worden. Angesichts der Besonderheit, daß die MfS-Akten im großen Umfang rechtsstaatswidrig erhobene personenbezogene Daten enthalten, steht das Bemühen um eine Zugangsverbesserung zwangsläufig im Spannungsfeld zwischen fachlichem und gesellschaftlichem Erkenntnisinteresse einerseits, dem Opferschutz und darüber hinaus dem allgemeinen Schutz von Persönlichkeitsrechten und dem Recht auf informationelle Selbstbestimmung andererseits. Zwar wird die wachsende Zeitdistanz wohl eine Liberalisierung des Zugangs zu den MfS-Akten erlauben, eine kurzfristige Übernahme der MfS-Akten durch das Bundesarchiv würde jedoch die rechtlichen Zugangsmöglichkeiten derzeit nicht verbessern.

Auf lange Sicht bleibt das Ziel einer archivrechtlichen Normalisierung des Aktenzugangs im Sinne der geltenden Archivgesetze anzustreben. Bereits jetzt einen Zeitpunkt für eine spätere

Überführung festlegen zu wollen, ist nach Auffassung der Kommission nicht sachdienlich. Die Entscheidung hängt vielmehr von der gegenwärtig nicht abschätzbaren Bedeutung der MfS-Überlieferung für die gesellschaftliche Selbstverständigung in den kommenden Jahren und von der sich durchsetzenden politischen Überzeugung ab, daß die BStU ihre Kernaufgaben erfüllt hat. Aus forschungspraktischer Perspektive wäre dabei wünschenswert, daß die Stasi-Unterlagen langfristig ungeteilt in die Obhut des Bundesarchivs übergehen, da die föderalen Strukturen der Bundesrepublik und ihres Archivwesens der zentralistischen Verfassung der MfS-Arbeit nur unzureichend gerecht werden. Falls sich angesichts der entgegenstehenden archivgesetzlichen Rechtslage der Gedanke einer Abgabe der Bestände der MfS-Bezirksverwaltungen an die Landesarchive (für die neben der geltenden archivgesetzlichen Grundlage auch das archivarische Provenienzprinzip spricht) durchsetzen sollte, hält die Kommission es für dringend geboten, daß einheitliche Nutzungsregeln auf Länderebene geschaffen und eingehalten werden.

Um die Geschichte der DDR nicht nur aus den Quellen des Herrschaftsbereichs zu rekonstruieren, kommt der Sammlung und Bewahrung von Zeugnissen von Opposition und Widerstand besondere Bedeutung zu. Das oft unter schwierigen Bedingungen entstandene Material wurde in verschiedenen unabhängigen Archiven und Dokumentationszentren zusammengetragen, die sich in bürgerschaftlichen Vereinen institutionalisiert haben. Insbesondere die Archive der Robert-Havemann-Gesellschaft (Matthias-Domaschk-Archiv, Robert-Havemann-Archiv und Archiv Grauzone) und das Archiv Bürgerbewegung Leipzig verfügen hier über Bestände von gesamtstaatlicher Bedeutung. Die öffentliche Nutzbarkeit ihrer Bestände und die Kontinuität ihrer Arbeit sind dadurch zu sichern, daß die bisherige Projektförderung von einer institutionellen Grundförderung durch den Bund oder die Sitzländer begleitet wird. Es ist darüber hinaus fallweise zu prüfen, ob weitere mit der Aufarbeitung der SED-Diktatur befaßte Archive beim Vorliegen entsprechender Voraussetzungen von einer Projektförderung in eine institutionelle Sicherung überführt werden können. Die Zuständigkeit dafür läge bei den Sitzländern.

2. Gleitende Neuausrichtung der BStU-Tätigkeit und Errichtung eines Dokumentations- und Forschungszentrums »Diktatur und Geheimpolizei«

Die Kommission ist der Auffassung, daß die Behörde der BStU angesichts ihrer besonderen historischen Bedeutung und politischen Legitimation auch nach Erledigung ihrer Hauptaufgaben aus dem Prozeß der Auseinandersetzung mit der SED-Diktatur nicht zur Gänze herausfallen darf. Mit ihren von Bürgern und Behörden seit 1990 millionenfach in Anspruch genommenen Leistungen hat sie in den zurückliegenden Jahren einen entscheidenden Beitrag zur persönlichen und öffentlichen Auseinandersetzung mit der SED-Diktatur geleistet. In den Ländern des ehemaligen Ostblocks gelten ihre Existenz und ihre Arbeit als beispielhaft und ermutigend. Neben ihrem symbolischen Rang als Ausdruck der friedlichen und bürgerrechtlichen Überwindung der SED-Diktatur hat die BStU namentlich durch die Tätigkeit der Abteilung Bildung und Forschung eine Sach- und Vermittlungskompetenz auf ihrem Feld erlangt, die unabhängig von der Frage des Aktenzugangs für die Zukunft zu bewahren ist.

Die Expertenkommission schlägt vor diesem Hintergrund eine gleitende strategische Neuausrichtung der BStU-Tätigkeit vor. Sie soll der abnehmenden Nachfrage in einzelnen ihrer Aufgabenbereiche Rechnung tragen und gleichzeitig dem wachsenden Bedarf nach historischer Durchdringung und öffentlicher Vermittlung von Charakter und Bedeutung geheimpolizeilicher Machtsicherung der Diktaturen im vergangenen Jahrhundert gerecht werden. Im Zuge dieses Veränderungsprozesses ist die Behörde der BStU nach Auffassung der Kommission schrittweise in ein Dokumentations- und Forschungszentrum »Diktatur und Geheimpolizei« zur ostdeutschen und europäischen Kommunismusgeschichte als Teil des unter Abschnitt III.2. genannten Aufarbeitungsschwerpunktes umzuwandeln. Die neue Einrichtung ist zweckmäßigerweise in Form einer Stiftung zu errichten; ihre Grundausstattung sollte auf dem Wege einer bundesfinanzierten Zuwendung erfolgen. Thematisch empfiehlt die Kommission zugleich eine Perspektivenerweiterung, die es dem neuen Zentrum ermöglicht, sich über die DDR hinaus der Erforschung und Vermittlung von Charakter und Funktion von Geheimpolizeien und geheimpolizeilicher Repression in den sozialistischen Diktaturen des 20. Jahrhunderts in vergleichender Perspektive zu widmen.

Um diesem Vorhaben gerecht zu werden, spricht sich die Kommission dafür aus, die Zukunftsplanungen der BStU schon jetzt danach auszurichten, ob sie dem angestrebten Ziel entgegenkommen. Parallel zu der vom Gesetzgeber bereits in Angriff genommenen Novellierung des StUG befürwortet die Kommission in diesem Zusammenhang nachdrücklich, die gegenwärtige Konzentrierung der BStU-Arbeit auf die Kernaufgaben der Erschließung und Auswertung der Stasi-Unterlagen sowie auf die persönliche Akteneinsicht beizubehalten und nach Möglichkeit noch zu verstärken. Von besonderem Belang ist hierbei die Erschließung des bisher noch unbearbeiteten und die Rekonstruktion des vorvernichteten Aktenmaterials sowie die Bereitstellung von Findbüchern und anderen Findhilfsmitteln, die Entwicklung elektronischer Erschließungsverfahren und die Erarbeitung von thematischen Quelleneditionen. Nach Auffassung der Kommission ist zu prüfen, ob eine Umsetzung des sogenannten Regionalkonzepts zur Konzentration der BStU-Außenstellen angesichts der damit verbundenen Kosten tatsächlich zielführend ist und ob nicht statt dessen einer möglichst weitgehenden Rekonstruktion vorvernichteter Akten über das bereits vorgeschlagene Pilotprojekt hinaus finanzielle Priorität einzuräumen ist. Falls hingegen an einer Umsetzung des Regionalkonzepts festgehalten wird, regt die Kommission an, auf die Erhaltung von B-Standorten ohne Archivunterlagen zu verzichten und die örtlichen Betreuungsaufgaben mit der Arbeit regionaler Gedenkstätten mit MfS-Bezug zu verbinden (*siehe unten, III.2.*).

Insbesondere die Arbeit der Abteilung Bildung und Forschung ist künftig auf diesen Übergang vorzubereiten. Zu diesem Zweck empfiehlt die Kommission die Einrichtung eines nach fachwissenschaftlichen Kriterien zusammengesetzten Forschungsbeirats sowie eine turnusmäßige externe Evaluation der Abteilung durch den Wissenschaftsrat. Zugleich befürwortet die Kommission eine institutionelle Stärkung der Leitungsposition der Abteilung, die deren Unabhängigkeit in wissenschaftlichen Fragen sichert und ihr im Zuge dieses Prozesses die Möglichkeit der Drittmitteleinwerbung eröffnet. Die vorgeschlagene Bildung einer Dokumentations- und Forschungseinrichtung »Diktatur und Geheimpolizei« – unter Einbeziehung der Abteilung Bildung und Forschung – eröffnet die Chance, deren durch langjährige Forschungsarbeit erworbene Expertise zu bewahren, zu vertiefen und in die überall in den ostmitteleuropäischen Ländern an Bedeutung gewinnende Erforschung der Rolle kommunistischer Geheimpolizeien des 20. Jahrhunderts einzubringen. Art und Umfang der Umwandlung der Abteilung Bildung und Forschung in das vorgeschlagene Dokumentations- und Forschungszentrum sind maßgeblich von den dann vorliegenden Evaluationsergebnissen abhängig zu machen. Bei der Vergabe von Bundesmitteln auf dem Zuwendungsweg ist zugleich darauf zu achten, daß die außeruniversitäre zeitgeschichtliche Forschungslandschaft insgesamt hierdurch nicht in eine Schieflage gerät.

3. Vernetzung der auf dem Feld der DDR-Aufarbeitung tätigen Träger der politischen Bildung

Das von der Opferrehabilitation bis zur Bereitstellung von schulischen Unterrichtsmaterialien reichende Spektrum der politischen Bildungsaufgaben wird durch eine Reihe von Einrichtungen abgedeckt, deren Arbeit unter einer oft mangelhaften Abstimmung und Abgrenzung ihrer Tätigkeitsfelder leidet. Auf Bundesebene steht eine Bündelung von DDR-Aufarbeitungsaktivitäten vor allem auf dem Feld der politischen Bildung vor der Schwierigkeit, daß hier wichtige Einrichtungen – die Bundeszentrale für politische Bildung, die Stiftung Aufarbeitung und die Behörde der BStU – thematisch unterschiedliche, sich dennoch oftmals überlappende Spektren besitzen. Die Bundeszentrale für politische Bildung thematisiert neben der doppelten deutschen Diktaturgeschichte auch Entwicklung und Probleme der bundesdeutschen Nachkriegs- und Demokratiegeschichte, während die anderen Einrichtungen infolge ihrer Konzentration auf die DDR bzw. das MfS sektoral ausgerichtet sind. Die Kommission empfiehlt, die existierende trilaterale Arbeitsgemeinschaft der genannten Einrichtungen weiter auszubauen, deren Schaffung bereits jetzt zu einer verbesserten thematischen Abstimmung beigetragen hat. Vor allem für die alten Bundesländer wäre es wünschenswert, daß die Bundeszentrale für politische Bildung ebenso wie die entsprechenden Landeszentralen in die Lage versetzt würden, stärker als bisher Angebote zur Auseinandersetzung mit der DDR-Geschichte bereitzustellen und zu deren Einordnung in eine integrierte deutsche Nachkriegsgeschichte beizutragen.

Im Osten arbeiten auf Länderebene mit den Landeszentralen für politische Bildung, den Landesbeauftragten für die Stasi-Unterlagen (mit Ausnahme Brandenburgs) und den Außenstellen der BStU (Bundeszuständigkeit) drei Einrichtungen mit sich überlappenden Tätigkeitsschwerpunkten in unterschiedlicher Konstellation mit- und nebeneinander. Angesichts der von Bundesland zu Bundesland divergierenden Lage und der insgesamt gewachsenen Bedeutung der DDR-Geschichte in den schulischen Geschichtslehrplänen der Bundesländer beschränkt die Kommission sich hier auf die generelle Empfehlung, durch die analoge Einrichtung von trilateralen Länderarbeitsgemeinschaften in Berlin-Brandenburg, Mecklenburg-Vorpommern, Sachsen, Sachsen-Anhalt und Thüringen die Vernetzung zwischen diesen Einrichtungen zu verbessern. Den gleichwohl in verschiedenen Erhebungen übereinstimmend konstatierten Defiziten in der Praxis der schulischen Bildung und der immer wieder beklagten Scheu von Geschichtslehrkräften in den neuen Bundsländern, sich dem Thema DDR im Unterricht zu nähern, sollte mit Hilfe von schulischen Zeitzeugenprogrammen und in der Lehrerbildung durch Kooperationsvereinbarungen mit regionalen Trägern der DDR-Aufarbeitung bzw. dem Zeitgeschichtlichen Forum Leipzig und der Robert Havemann-Gesellschaft entgegengewirkt werden.

Die Arbeit der Stiftung Aufarbeitung, die neben dem Zeitgeschichtlichen Forum Leipzig eine besondere Bedeutung in der Intensivierung der DDR-Aufarbeitung und ihrer Vermittlung in die Öffentlichkeit erworben hat, könnte nach Auffassung der Kommission noch gewinnen, wenn sie über die DDR hinaus noch stärker auf die europäische Kommunismus-Geschichte hin geöffnet würde. Da parallel zu der politischen Auseinandersetzung auch die fachhistorische Beschäftigung mit der DDR immer noch weiter an Bedeutung gewonnen hat, regt sie deshalb eine Erweiterung der Stiftungsarbeit um ein Förderprogramm für wissenschaftliche Forschungsarbeit an, um so die notwendige historische und systemische Kontextbildung in der Beschäftigung mit der DDR zu unterstützen. In diesem Zusammenhang empfiehlt die Kommission zugleich eine regelmäßige Überprüfung von Förderpraxis und Fördererertrag sowie eine Verschlankung der Gremienstruktur der Stiftung. In einzelnen Sonderfällen (wie etwa dem der Union der Opferverbände kommunistischer Gewaltherrschaft), die aus der Systematik der Bund-Länder-Förderung herausfallen, sollte der Stiftung zudem die Möglichkeit einer institutionellen Grundförderung bisher auf dem Projektweg geförderter Einrichtungen eingeräumt werden, soweit dies nicht auf Kosten der bewährten Projektförderung geht oder zu einer faktischen Substitution von Länderaufgaben führt. Sowohl für das Forschungsprogramm als auch die Möglichkeit institutioneller Förderung ist allerdings eine Änderung des Stiftungsgesetzes erforderlich.

Die Kommission spricht sich dafür aus, die Kapazitäten der Stiftung Aufarbeitung zu nutzen, um Heimatmuseen mit einem gezielten Förderangebot dabei zu unterstützen, die regionale und örtliche Widerstands- und Oppositionsgeschichte durch Erforschung und Darstellung in die Regional- und Lokalgeschichte einzubeziehen.

III. Profilierungsvorschläge für die zukünftige Entwicklung der DDR-Aufarbeitung

Das Bemühen, ein historisches Bewußtsein für die Zeit der SED-Diktatur und der deutschen Teilung mit Ausstellungen, Gedenkstätten und Lernorten zu schaffen, hat schon unmittelbar nach dem Untergang der DDR eingesetzt und in kurzer Zeit zu beeindruckenden Ergebnissen geführt. Unter den großen Ausstellungshäusern ist die Stiftung HdG ihrem gesetzlichen Auftrag, sich mit der Geschichte der Bundesrepublik und der DDR auseinanderzusetzen, mit ihren Dauerausstellungen in Bonn und Leipzig sowie mit einer Vielzahl von Wechsel- und Wanderausstellungen zu einzelnen Aspekten der DDR-Geschichte umfassend auf hohem Niveau nachgekommen. Seit Anfang der neunziger Jahre hat weiterhin das Deutsche Historische Museum (i.f. DHM) mit großen und vielbeachteten Ausstellungen das kritische Verständnis für zentrale Aspekte von Herrschaft und Gesellschaft in der DDR zu vertiefen versucht und dabei besonders vergleichende Dimensionen der Diktaturen des 20. Jahrhunderts im europäischen Zusammenhang herausgestellt. In seiner künftigen Dauerausstellung behandelt das DHM die DDR als Teil der deutschen Geschichte im europäischen Kontext allerdings naturgemäß nur auf kleinem Raum. Zudem besitzt das DHM auch dank des Fundus des ehemaligen Museums für deutsche Geschichte in der DDR eine beeindruckende Sammlung von einschlägigen Sachzeugnissen der DDR.

Im Gegensatz zu den genannten Museen leiten die Gedenkstätten und Lernorte zur Auseinandersetzung mit den Diktaturen des 20. Jahrhunderts ihre besondere Bedeutung aus ihrem topographischen Authentizitätscharakter und ihrem historischen Gewicht als Täter- bzw. Opferorte ab. Sie erinnern an die Leiden der Opfer der sowjetischen und DDR-Repressionsorgane und sind in einzelnen Fällen zugleich letzte Ruhestätte der Verfolgten und Gequälten. Die Gedenkstätten spielen deshalb als authentische Orte nicht nur eine zentrale Rolle in der deutschen Erinnerungskultur, sondern auch bei der Aufarbeitung der Diktaturgeschichte und in der politischen Bildung.

Die Kommission schlägt vor, dieser Bedeutung Rechnung zu tragen und die fachliche Professionalisierung und inhaltliche Pluralisierung der Gedenkstätten und Lernorte auf dem Gebiet der DDR-Aufarbeitung im Zusammenwirken mit den bestehenden Museen und Ausstellungshäusern zu fördern, ohne dabei die Eigenverantwortung der Initiatoren und gegenwärtigen Träger über das notwendige Maß hinaus zu beschneiden. Zugleich soll mit den vorliegenden Empfehlungen der deutlich übergewichtigen Konzentration auf Orte der Repression und der Teilung entgegenwirkt werden, mit der die naturwüchsig entstandene Gedenklandschaft gegenwärtig bis zu einem gewissen Grad noch der Herrschaftslogik des SED-Regimes und seiner Hinterlassenschaft selbst folgt. Während die Abschottungs- und Unterdrückungsmaßnahmen des SED-Staates sich in zahlreichen baulichen und symbolischen Relikten niederschlagen, bleiben in der gegenwärtigen Gedenklandschaft, insbesondere Alltag und Widerstand einer diktaturunterworfenen Bevölkerung weitgehend ausgeblendet und damit auch die spannungshafte Wechselbeziehung von Herrschaft und Gesellschaft zwischen Akzeptanz und Auflehnung, Begeisterung und Verachtung, mißmutiger Loyalität und Nischenglück. Die historisch-politische Auseinandersetzung mit der DDR-Vergangenheit droht damit einen Mangel zu wiederholen, der auch der NS-bezogenen Aufarbeitung immer wieder vorgehalten worden ist: daß sie die alltägliche Funktionsweise des Systems und die tägliche Aushandlung individueller Entscheidungsspielräume nicht ausreichend sichtbar zu machen und dem Stellenwert des Verhaltens und der Verantwortung des einzelnen für die Macht der Diktatur nicht hinreichend gerecht zu werden vermag.

Aus diesen Erwägungen heraus schlägt die Kommission eine Bildung von drei Kristallisationskernen der Diktaturaufarbeitung vor, die den Themenkomplexen »Herrschaft – Gesellschaft – Widerstand«, »Überwachung und Verfolgung« sowie »Grenze und Teilung« gelten. Sie sind zunächst als organisierende Strukturprinzipien zu verstehen, mit denen der kurzfristig als auch mittelfristig anstehenden Neuordnung und -gliederung des Vorhandenen ungeachtet der gegenwärtigen schwierigen Haushaltslage auch langfristige Entwicklungsräume eröffnet werden. Sie besitzen zugleich jeweils einen institutionellen Kern in Gestalt einer Einrichtung von gesamtstaatlicher Bedeutung, die die Forschung und Vermittlung zusammenführt.

Gedenkstätten von gesamtstaatlicher Bedeutung sind durch den Bund, die Gedenkstätten von eher regionaler oder lokaler Bedeutung durch die Länder und Kommunen zu finanzieren. Da davon fast ausschließlich die neuen Länder betroffen sind, hält die Kommission es für geboten, über eine angemessene Beteiligung auch der alten Bundesländer nachzudenken. Als gangbaren Weg bietet sich hier das Modell eines horizontalen Finanzausgleichs zwischen West- und Ostländern an, dessen Transferbeiträge der ostdeutschen Gedenkstättenlandschaft beispielsweise über die Stiftung Aufarbeitung zur Finanzierung projektgebundener Aufgaben zugeführt werden könnten. Die Kommission möchte in diesem Zusammenhang ausdrücklich darauf hinweisen, daß die in Baden-Württemberg angesiedelte Sammlung zur Geschichte der DDR, Pforzheim »Gegen das Vergessen«, einen der wenigen Orte zur Beschäftigung mit der DDR in den alten Bundesländern darstellt, in seinem Fortbestand gegenwärtig ungesichert und dringend einer institutionellen Förderperspektive bedarf.

1. Aufarbeitungsschwerpunkt »Herrschaft – Gesellschaft – Widerstand«

Die fachwissenschaftlich wie auch öffentlich unstrittige Erkenntnis, daß die vierzigjährige Existenz der DDR weder aus der Intensität der geheimpolizeilichen Verfolgung und Überwachung noch auch allein von der gewaltsamen Abriegelung ihrer innerdeutschen Grenze her ausreichend erfaßt und dargestellt werden kann, findet in der öffentlichen Präsentierung von Staat und Gesellschaft der DDR bislang noch keinen angemessenen Niederschlag. Vor allem fehlt es an einem Ort in der Hauptstadt, der die Machtmechanismen der SED-Diktatur und die Durchdringung von Herrschaft, Gesellschaft und Widerstand in der kommunistischen Diktatur darzustellen vermag. Der Erfolg des Zeitgeschichtlichen Forums Leipzig läßt vermuten, daß die Schaffung eines in Berlin angesiedelten Aufarbeitungsschwerpunktes zur Auseinandersetzung mit Widerstand und Alltag in einer repressiven Gesellschaft eine produktive Ergänzung wäre. Der Kommission erscheint es unabdingbar, das angestrebte Gleichgewicht der drei definierten Themenkomplexe einer zukunftsfähigen öffentlichen Auseinandersetzung mit der DDR in Berlin sichtbar zu machen.

Die Kommission empfiehlt daher die Schaffung eines Aufarbeitungsbereichs »Herrschaft – Gesellschaft – Widerstand«, dessen institutionellen Kristallisationskern ein in Kooperation der Stiftung Aufarbeitung mit dem HdG/ZFL zu schaffendes »Forum Aufarbeitung« im Zentrum Berlins bilden sollte. Dem Forumscharakter entsprechend wären an diesem Ort die Themen »Widerstand und Opposition«, »Ideologie«, »Alltag in der durchherrschten Gesellschaft« und »Mechanismen der Machtausübung« zum einen in Ausstellungen zu präsentieren und darüber hinaus Informationsmöglichkeiten und Vermittlungsangebote zur Geschichte der DDR im deutschen und europäischen Kontext zu schaffen. Zum anderen sollte das neuzuschaffende »Forum Aufarbeitung« für Veranstaltungen unterschiedlichster

Art offen stehen, auf denen aktuelle wie übergreifende Fragen des Umgangs mit der DDR im öffentlichen Raum erörtert werden können.

Als institutionellen Träger dieses »Forums Aufarbeitung« schlägt die Kommission die Stiftung zur Aufarbeitung der SED-Diktatur vor, die schon bisher die gesellschaftliche und wissenschaftliche Aufarbeitung der DDR in breitem Maße durch eigene Initiativen und durch Projektfinanzierungen gefördert hat. Sie ist in der Lage, den Aufarbeitungsbereich »Herrschaft – Gesellschaft – Widerstand« in der Kooperation mit universitären und außeruniversitären Forschungseinrichtungen zur DDR-Geschichte so zu entwickeln, daß er im selben Maße wie die beiden anderen Aufarbeitungsschwerpunkte von der Zusammenführung der gesellschaftlichen und fachwissenschaftlichen Auseinandersetzung mit der DDR profitieren kann. Wünschenswert wäre hinsichtlich dieses ersten Schwerpunkts darüber hinaus eine räumliche Zusammenführung sowohl mit der Robert-Havemann-Gesellschaft und ihren Archiven als auch mit Trägern der Politischen Bildung wie der Berliner Außenstelle der Bundeszentrale für politische Bildung und eventuell auch der Berliner Landeszentrale für politische Bildung: So könnte das »Forum Aufarbeitung« als Kommunikationsort der zeitgeschichtlichen Auseinandersetzung zu einer zentralen Anlaufstelle für Fragen der DDR-Aufarbeitung entwickelt werden.

Damit könnte ein Diskussionsforum geschaffen werden, das die Bindungskräfte zu erfassen erlaubt, die nach Schließung der DDR-Grenzen zumindest in den sechziger und siebziger Jahren zur relativen Stabilität der diktatorisch verfaßten Gesellschaft beigetragen haben und die von ideologischer Überzeugung über soziale Aufstiegsmöglichkeiten und wirtschaftliche Grundsicherung bis hin zu mißmutiger Loyalität reichten. Eine historische Aufarbeitung, die die Interaktion von Herrschaft und Gesellschaft übergeht und die entstehenden und erodierenden Bindungskräfte der DDR in ihren jeweiligen Entwicklungsstadien (und damit den lebensweltlichen Rang und Identifikationswert des Alltags) ignorierte, wäre verfehlt und nach Überzeugung der Kommission unvollständig. Darüber hinaus würde sie die Selbstwahrnehmung breiter Schichten der früheren DDR-Bevölkerung und ihrer nachwachsenden Generationen nicht angemessen erfassen und den erinnernden Umgang mit dem Leben in der Diktatur den unkritischen Sammlungen zur DDR-Alltagskultur überlassen, deren mediale und museale Konjunktur in den letzten Jahren deutlich zugenommen hat.

Im Rahmen einer künftigen Ausstellung zum Alltag in der durchherrschten Gesellschaft können die Sammlung Industrielle Gestaltung (HdG), Teile des Fundus des DHM, des Kunstarchivs Beeskow und der mittlerweile 70.000 Objekte umfassenden Sammlung des derzeit gänzlich unbefriedigend untergebrachten Dokumentationszentrums Alltagskultur Eisenhüttenstadt einbezogen werden. In diesem Zusammenhang ist es dringend erforderlich, eine langfristige Perspektive für das in seiner Existenz bedrohte Dokumentationszentrum zu entwickeln, dessen Sammlungstätigkeit unbeschadet der gegenwärtig nur provisorischen Präsentationsmöglichkeiten eine Aufgabe von gesamtstaatlicher Bedeutung darstellt. Dabei sollte zugleich die bestehende örtliche Verankerung des Zentrums genutzt werden, um es museal stärker mit der Stadtlandschaft von Eisenhüttenstadt zu verbinden, die ihrerseits ein einzigartiges Sachzeugnis für die alltagskulturelle Aneignung einer städtischen Sozialutopie bildet. Für die Vermittlung des Themenkomplexes »Widerstand und Opposition« sollte in Verbindung mit dem ZFL die inhaltliche Kompetenz der Robert-Havemann-Gesellschaft genutzt werden.

Eine den Nutzungsanforderungen eines »Forums Aufarbeitung« entsprechende Liegenschaft in der Zentrumslage von Berlin zu benennen, kann nicht Gegenstand dieses Votums sein. Die Kommission möchte aber unterstreichen, daß ihr die noch im Vergin-Gutachten von 2001 erwogene Ansiedelung des vorgeschlagenen Lernortes in den freistehenden Nutzflächen des Hauses 1 in der Berliner Normannenstraße nicht sachgerecht erscheint. Die aus bundesseitigen Finanzerwägungen möglicherweise naheliegende Nachnutzung der ehemaligen MfS-Liegenschaft würde dem Anliegen einer zukunftsweisenden Auseinandersetzung mit der SED-Diktatur aus wissenschaftlichen wie didaktischen Gründen zuwiderlaufen und ungewollt die Staatssicherheit zum eigentlichen Nukleus der SED-Herrschaft stilisieren. Ohne andere Alternativen ausschließen zu wollen, möchte die Kommission daher auf drei Liegenschaften im Zentrum Berlins hinweisen, die aus ihrer Sicht nähere Prüfung verdienen, ob sie dem beschriebenen Anforderungsprofil gerecht zu werden vermögen: Das Haus Torstraße 1 (ehemaliger Sitz der SED-Parteizentrale und des Instituts für Marxismus-Leninismus beim ZK der SED) in Berlin-Mitte ist ein gegenwärtig leerstehendes Gebäude mit ca. 10.000 m² Nutzfläche, das infolge seiner Nutzungsgeschichte zudem die Authentizität eines zentralen Herrschaftsortes aufweist. Die ehemalige Brauerei Oswald-Berliner an der Rheinsbergerstraße, ein zum Verkauf stehendes Industriegebäude mit 5.300 m² Nutzfläche sowie ca. 1.800 m² Kellerfläche, liegt unmittelbar am ehemaligen Grenzstreifen Bernauer Straße und damit inmitten der geplanten weitläufigen Erinnerungslandschaft Mauer/Grenze sowie in Sichtweite der Gedenkstätte Berliner Mauer und der Kapelle der Versöhnung. Wenngleich diese Liegenschaft keine Authentizität als Herrschafts- oder Widerstandsort aufweist, könnte in dieser Kombination doch ein kompakter Schwerpunkt in der Lern- und Erinnerungslandschaft SED-Diktatur entstehen, der den Hauptstadtbesuchern die Begegnung mit der Geschichte von SED-Herrschaft und Teilung wesentlich erleichtern würde. Ein dritter möglicher Standort böte sich mit dem ehemaligen ADN-Gebäude in der Karl-Liebknecht-Straße an, das zwar viel Nutzraum, aber keinen direkten Bezug zu anderen Gedenkstätten und Ausstellungsorten hätte.

2. Aufarbeitungsschwerpunkt »Überwachung und Verfolgung«

Die Kommission schlägt vor, als institutionellen Kern des Aufarbeitungsschwerpunkts »Überwachung und Verfolgung« ein Forschungs- und Dokumentationszentrum »Diktatur und Geheimpolizei« zu bilden, in dem die gewachsene Fachkompetenz der BStU mit den in der Hauptstadtregion Berlin-Brandenburg angesiedelten Gedenkstätten von gesamtstaatlicher Bedeutung zur Rolle kommunistischer Geheimpolizeien aufeinander bezogen bzw. zusammengeführt wird.

Geheimpolizeien waren eine wesentliche Existenzvoraussetzung staatssozialistischer Diktaturen. Ihre auf politische Überwachung und Verfolgung gerichtete Tätigkeit hat sich in zahlreichen Haftanstalten und sonstigen MfS-Dienststellen niedergeschlagen, die nach 1989/90 vielerorts in Gedenkstätten umgewandelt wurden. Unter ihnen besitzen einige Einrichtungen besondere Ausstrahlung, die ihre Überzeugungskraft aus ihrem regionalen und lokalen Bezug gewinnen. Für die Gedenkstätte KGB-Gefängnis in der Potsdamer Leistikowstraße ist eine Bund-Länder-Finanzierung auf Basis einer Stiftung anzustreben. Zudem wäre es wünschenswert, in der früheren Frauenhaftanstalt Burg Hoheneck – trotz der gegenwärtigen privaten Trägerschaft der Gesamtanlage – mittelfristig eine Gedenkstätte unter der Obhut der Stiftung Sächsische Gedenkstätten einzurichten.

Die authentischen Orte der Täter und Opfer des Staatssicherheitsdienstes in Berlin sind die MfS-Zentrale in Lichtenberg / Normannenstraße und die zentrale MfS-Haft- und Untersuchungsanstalt in Berlin-Hohenschönhausen. Mit dem einstigen Zentralarchiv des MfS in Haus 7 auf dem Areal Normannenstraße / Ruschestraße, das im Zuge der friedlichen Revolution geöffnet wurde und in die Obhut der BStU gelangte, besitzt das Ensemble Normannenstraße im übrigen eine Komponente, welche die Demokratisierung von diktatorischem Arkanwissen sinnfällig symbolisiert. Beide Einrichtungen sind eng aufeinander bezogen und werden zum Schaden einer möglichst qualifizierten Auseinandersetzung mit den staatssozialistischen Repressionsmechanismen in ihrer Entwicklung bisher durch institutionelle Isolierung und personelle Unterausstattung massiv behindert. Um ihre nachhaltige Stärkung zu erreichen, spricht die Kommission sich dafür aus, die beiden bisher isoliert arbeitenden Einrichtungen unter einem gemeinsamen Dach zusammenzuführen und damit die strukturellen Voraussetzungen für eine personell und finanziell zukunftsfähige Entwicklung des Aufarbeitungsschwerpunktes »Überwachung und Verfolgung« zu schaffen.

Zur Ausgestaltung dieses Vorschlags bieten sich aus Sicht der Kommission drei unterschiedliche Verfahrensmodelle an, die das Verhältnis zwischen dem auf möglichst weitgehende Autonomie gerichteten Eigeninteresse beider Einrichtungen und den Entwicklungspotenzen einer strukturellen Zusammenarbeit mit der Behörde der BStU jeweils anders gewichten:

1. eine institutionelle Eingliederung der beiden Gedenkstätten in die bestehende Behördenstruktur der BStU. Diese Lösung bietet die Chance, angesichts der geringen Haushaltsspielräume

des Bundes und des Landes Berlin rasch synergetische Effekte erzielen und sie unter Nutzung der wissenschaftlichen und personellen Potenz der BStU in kurzer Zeit umsetzen zu können. Auf der anderen Seite birgt dieses Modell aufgrund des Verlustes an Selbständigkeit der beiden Einrichtungen auch die Gefahr, ihre Handlungsspielräume in einer ihrer öffentlichen Sichtbarkeit abträglichen Weise zu beschneiden. Um dieser Gefahr zu begegnen und der Gedenkstätte Hohenschönhausen sowie der Forschungs- und Gedenkstätte Normannenstraße ein möglichst hohes Maß an Teilautonomie zu erhalten, hielte die Kommission im Rahmen dieses Modells die Schaffung einer eigenständigen Abteilung »Gedenkstätten« der BStU für wünschenswert, die unmittelbar der Behördenleitung unterstellt ist und gleichgewichtig mit der Abteilung Bildung und Forschung die Basis für eine spätere Umwandlung der BStU in eine eigenständige Aufarbeitungseinrichtung bildet. Dabei wäre die Weiterarbeit der in der Gedenkstätte Normannenstraße ansässigen Vereine und Aufarbeitungsinitiativen, wie es bereits das Gutachten der Vergin-Kommission von Oktober 2001 vorsah, mit Hilfe von Kooperationsverträgen mit der BStU in angemessenem Rahmen zu sichern.

2. die Zusammenführung der Gedenkstätte Hohenschönhausen und der Forschungs- und Gedenkstätte Normannenstraße unter dem Dach einer selbständigen Stiftung. Dieses Modell sieht eine nur koordinierende Verbindung der zu einer gemeinsamen Bundesstiftung zusammengefaßten Gedenkstätten Hohenschönhausen und Normannenstraße mit der BStU vor. Beide Einrichtungen behielten im wesentlichen ihre gegenwärtige Struktur, die nach dem Auslaufen der Behörde der BStU um deren Abteilung Bildung und Forschung zu erweitern wäre. Allerdings stellt sich diese Lösung deutlich weniger kostengünstig dar als die erstgenannte Variante, und sie ist zudem kurz- und mittelfristig nicht dazu angetan, die schwierige Personalsituation beider Einrichtungen zu beheben.
3. die Errichtung einer unselbständigen Stiftung für beide Einrichtungen unter dem Dach der BStU. Diese Variante erlaubt, die Gedenkstätten Hohenschönhausen und Normannenstraße aus einer gemeinsamen übergeordneten Entwicklungsplanung

heraus zu betreuen und würde ihnen gleichzeitig über die Gremien der zu gründenden Stiftung ein erhebliches Maß an Handlungsautonomie ermöglichen, ohne einer späteren Zusammenführung mit der jetzigen Abteilung Bildung und Forschung der BStU institutionelle Hürden entgegenzustellen.

Gleichviel, ob als BStU-Abteilung oder als selbständige bzw. unselbständige Stiftung verfaßt, sollte die in dieser Weise konzentrierte Einrichtung die Arbeit des künftigen zweiten Aufarbeitungsschwerpunktes über Berlin hinaus ausweiten und die Tätigkeit weiterer MfS-bezogener Gedenkstätten von regionaler und lokaler Bedeutung über Kooperationsbeziehungen unterstützen, ohne jedoch eine institutionelle Zusammenführung anzustreben. Die außerhalb Berlins befindlichen Gedenkstätten sind bis auf wenige Ausnahmen unterfinanziert, nicht ausreichend gesichert und personell mitunter nicht adäquat besetzt. Sie sollten künftig stärker miteinander vernetzt werden, ohne dabei das Konzept einer dezentralen Aufarbeitungslandschaft aufzugeben. Unabhängig von der jeweiligen Trägerschaft schlägt die Kommission daher die Bildung eines Netzwerkes regionaler Gedenkstätten mit MfS-Bezug vor, das unter anderem die Gedenkstätten »Lindenstraße 54« Potsdam, »Runde Ecke« Leipzig, »Moritzplatz« Magdeburg, »Amthordurchgang« Gera, »Roter Ochse« Halle und »Bautzner Straße« Dresden sowie das Informations- und Dokumentationszentren der BStU in der ehemaligen MfS-Untersuchungshaftanstalt in Rostock und das Dokumentationszentrum des Landes Mecklenburg-Vorpommern in Schwerin umfaßt. Ihre Grundfinanzierung sollte grundsätzlich auf Landes- und kommunaler Ebene erfolgen. Der Aufbau eines innerhalb des Regionalnetzwerkes abgestimmten Ausstellungsangebotes, das die einzelnen Gedenkstätten mit gezielten Schwerpunktbildungen profiliert, ist am aussichtsreichsten durch Kooperationsvereinbarungen mit der BStU zu erzielen (wie sie in bezug auf die Informations- und Dokumentationszentren der BStU in der ehemaligen MfS-Untersuchungshaftanstalt in Rostock und das Dokumentationszentrum des Landes Mecklenburg-Vorpommern in Schwerin bereits praktiziert wurden bzw. werden). Eine besondere Stärkung der Tätigkeit in diesem Schwerpunkt kann sich daraus ergeben, daß eine personelle und sachliche Verstärkung der regionalen Gedenkstätten mit MfS-Bezug zugleich die Möglichkeit bietet, deren Räumlichkeiten für die regionale Präsenz der BStU (Sprechstunde, Akteneinsicht) zu nutzen.

3. Aufarbeitungsschwerpunkt »Teilung und Grenze«

Ein weiterer zentraler Komplex der Auseinandersetzung mit SED-Regime und DDR-Gesellschaft hat sich in den letzten Jahren aus den vielfältigen Ansätzen entwickelt, an die Teilung Deutschlands und Berlins in der Epoche des Kalten Krieges zu erinnern. Die Empfehlungen der Kommission schließen in diesem Bereich an das vom Berliner Senat vorgelegte Gedenkkonzept an, in dem die Gedenkstätte Berliner Mauer an der Bernauer Straße perspektivisch eine Schlüsselrolle einnimmt, und können in allen Einzelfragen auf dieses Konzept verweisen.

Hiervon ausgehend, spricht sich die Kommission dafür aus, einen dritten Aufarbeitungsschwerpunkt »Teilung und Grenze« zu schaffen, der organisatorisch bei der Gedenkstätte Berliner Mauer anzusiedeln ist und Koordinierungsfunktionen im Bereich der Museen und Gedenkstätten an der ehemaligen deutsch/deutschen Grenze übernimmt. Die Gedenkstätte selbst böte auf der Basis einer dauerhaften institutionellen Bund-Land-Finanzierung die Perspektive, sich in vergleichsweise kurzer Zeit zu einer Ausstellungs- und Forschungseinrichtung auf dem Gebiet der innerdeutschen und europäischen Teilung und Grenzziehung zu entwickeln. Um hierfür die institutionellen Voraussetzungen zu schaffen, spricht die Kommission sich dafür aus, die von einem Verein getragene Gedenkstätte an der Bernauer Straße gemeinsam mit der Erinnerungsstätte Notaufnahmelager Marienfelde in eine leistungsfähige Stiftung umzuwandeln. In die Gesamtkonzeption sollte gegebenenfalls auch die Gedenkorte am Brandenburger Tor und am Checkpoint Charlie sowie weitere historische Orte, wie im Berliner Gedenkstättenkonzept vorgesehen, einbezogen werden.

Der sogenannte »Tränenpalast« am Bahnhof Berlin-Friedrichstraße erinnert in seinem Vorraum ebenfalls an die innerdeutsche Grenze und sollte in der Regie des HdG auch das Problem der innerdeutschen Grenze in Wechselausstellung und Veranstaltungen thematisieren, soweit die Eigentumsverhältnisse eine solche Nutzung dauerhaft zulassen.

Darüber hinaus empfiehlt die Kommission eine kooperative Verbindung der Gedenkstätte Berliner Mauer mit der Gedenkstätte Deutsche Teilung Marienborn und weiteren Grenzmuseen und -gedenkstätten wie insbesondere dem Deutsch-Deutschen Museum Mödlareuth.

IV. Schlussbemerkung

Die Kommission hofft, mit der so umrissenen Empfehlung eines auf die drei Säulen »Herrschaft – Gesellschaft – Widerstand«, »Überwachung und Verfolgung« sowie »Grenze und Teilung« ausgerichteten DDR-Geschichtsverbundes zur Zukunftsfähigkeit der historisch-politischen Auseinandersetzung mit der ostdeutschen Diktaturvergangenheit beitragen zu können. Sie sieht in dieser Neuordnung eine Chance, im Zusammenwirken von Fachwissenschaft, Gedenkstättenarbeit und politischer Willensbildung das seit 1989/90 erarbeitete Niveau der öffentlichen Erinnerung an die DDR nachhaltig zu erhöhen.

Die Umsetzung der Empfehlungen könnte so neue Maßstäbe für eine plurale und multiperspektivische Aufarbeitung der deutschen Geschichte im »Jahrhundert der Extreme« setzen, die das politische Bekenntnis zu den Werten einer freiheitlichen Gesellschaft mit der historischen Erkenntnis der Geltungskräfte und der Überwindung ihres diktatorischen Gegenentwurfs verbindet.

Anhang: Liste der angehörten Sachverständigen

Marianne Birthler (Bundesbeauftragte für die Unterlagen des Staatssicherheitsdienstes der ehemaligen Deutschen Demokratischen Republik.)
Prof. Dr. Ulrich Borsdorf (Ruhrlandmuseum)
Josephine Burth (BStU)
Dr. Gabriele Camphausen (Fachbereichsleiterin Politische Bildung bei der BStU)
Jörg Drieselmann (Forschungs- und Gedenkstätte Normannenstraße)
Rainer Eppelmann (Vorstandsvorsitzender der Stiftung Aufarbeitung)
Harald Fiss (Gedenkstätte Deutsche Teilung Marienfelde)
Dr. Thomas Flierl (Senator für Wissenschaft, Forschung und Kultur, Berlin)
Prof. Dr. Hansjörg Geiger (ehem. Direktor beim Bundesbeauftragten für die Unterlagen des Staatssicherheitsdienstes der ehemaligen DDR, ehem. Staatssekretär im Bundesministerium der Justiz)
Martin Gutzeit (Landesbeauftragter für die Unterlagen des Ministeriums für Staatssicherheit der ehemaligen DDR in Berlin)
Dr. Norbert Haase (Stiftung Sächsische Gedenkstätten)
Dr. Christian von Hammerstein (Vorsitzender der Unabhängigen Kommission zur Überprüfung des Vermögens der Parteien und Massenorganisationen)
Tobias Hollitzer (Museum in der »Runden Ecke« Leipzig e.V.)
Silke Klewin (Gedenkstätte Bautzen)
Dr. Hubertus Knabe (Gedenkstätte Berlin-Hohenschönhausen)
Prof. Dr. Volkhard Knigge (Direktor der Gedenkstätte Buchenwald)
Thomas Krüger (BpB)
Reinhart Lange (Gedenk- und Begegnungsstätte Ehemaliges KGB-Gefängnis e.V.)
Robert Lebegern (Deutsch-Deutsches Museum Mödlareuth)
Claudia Linke (Erinnerungs- und Begegnungsstätte im ehemaligen geschlossenen Jugendwerkhof Torgau)
Dr. Andreas Ludwig (Dokumentationszentrum Alltagskultur der DDR)

Dr. Ulrich Mählert (Stiftung Aufarbeitung)
Dr. Annette Kaminsky (Stiftung Aufarbeitung)
Markus Meckel (MdB) (Stiftung Aufarbeitung),
Prof. Dr. Angelika Menne-Haritz (SAPMO)
Prof. Dr. Günter Morsch (Stiftung Brandenburgische Gedenkstätten)
Dr. Edgar Most (Direktor Deutsche Bank)
Maria Nooke (Gedenkstätte Berliner Mauer)
Wolfgang Oleschinski (Wiss. Leiter des Dokumentations- und Informationszentrums Torgau)
Andreas Otto (Robert-Havemann-Gesellschaft e.V. mit Havemann-Archiv, Domaschk-Archiv und Archiv Grauzone)
Prof. Dr. Hermann Schäfer (HdG/ZFL)
Dr. Joachim Scherrieble (Gedenkstätte Deutsche Teilung Marienborn)
Thorsten Schilling (BpB)
Dr. Dieter Vorsteher (DHM)
Hannes Wittenberg (Bildungs- und Dokumentationsstätte »Lindenstraße 54« in Potsdam)

Sondervotum

Hiermit gebe ich zu den vorliegenden Empfehlungen der Experten-Kommission das nachfolgende Sondervotum ab:

Ich möchte mich den Empfehlungen der Kommission in wesentlichen Punkten nicht anschließen, weil sie sich aus einer anderen politischen Wahrnehmung speisen als meiner eigenen. Während ein Teil der Kommission von DDR als einem historisch abgeschlossenen Gebilde ausgeht und folglich einen grundsätzlichen Paradigmenwechsel im Umgang mit der 40-jährigen Diktatur favorisiert (auch, wenn dieser Begriff in letzter Sekunde herausgenommen wurde), beobachte ich seit dem Ende der DDR ein kontinuierliches Weiterwirken ehemaliger Nomenklaturkader. Ihre Netzwerke haben sich nicht aufgelöst, sondern strategisch verfeinert. Die Auseinandersetzung mit ihnen aber erfordert ein offensiveres Instrumentarium als das im Kommissionspapier empfohlene.

Die Stützen der untergegangenen Diktatur marschieren ja nicht nur in Gedenkstätten auf – sie sitzen im Bundestag, in den Medien, in Schulen und vielfältigen Gremien unserer Demokratie. Und sie werden nicht müde, ihren Unrechtsstaat im Nachhinein demokratisch aufzupolieren und in der öffentlichen Erinnerung zu glätten. Sie zielen auf Zukunft.

Ihre Chance: Wir hängen fest in Einheitsfehlern, vor allem juristischen. Statt diese nach 16 Jahren endlich zu korrigieren, folgt ein Aufweichen demokratischer Grundsätze nach dem anderen.

Das Empfehlungspapier unserer Kommission atmet – im Gewand akademischer Formulierungen – über weite Strecken den Geist des Abwickelns, des Historisierens. Dies ist für mich das falsche Signal in einer Zeit, in der sich Kader des ehemaligen DDR-Regimes national und international erneut optimal zu positionieren suchen.

Die Empfehlungen der Kommission greifen kaum bei einer für mich vorrangigen Aufgabe – der Übertragung von Geschichtswissen an unseren komplett reizüberfluteten Nachwuchs… eine Generation, für die das jenseits der Jahrhundertwende Geschehene so fern zu sein scheint wie das Römische Reich. Hier bleibt das Papier ausgesprochen vage. Der sinnliche

Nachvollzug staatlicher Repression und die Frage, was Menschen in Diktaturen einander anzutun vermögen, ist – meiner ständigen schulischen Erfahrung nach – fast der einzige Einstieg für junge Leute, ein anderes System als Demokratie überhaupt denken zu können. Als Ort der diesbezüglich stärksten Wirkung wird von Schülern und Lehrern stets die Gedenkstätte Hohenschönhausen herausgehoben.

Berlin, im Mai 2006 Freya Klier
Schriftstellerin/Regisseurin

Die öffentliche Anhörung vom 6.6.2006 (Wortprotokoll)

6. Juni 2006, 11.00 bis 18.00 Uhr, Marie-Elisabeth-Lüders-Haus, Adele-Schreiber-Krieger-Straße 1, Raum 3.101 (Anhörungssaal), Berlin

Professor Dr. Martin Sabrow, Expertenkommission
Meine sehr verehrten Damen und Herren, ich darf Sie ganz herzlich im Namen der Expertenkommission zur Schaffung eines Geschichtsverbundes SED-Diktatur in diesem Saal zu unserem Hearing begrüßen, mit dem wir die Arbeit dieser Expertenkommission und die Erarbeitung ihres Votums abschließen wollen. Wir haben uns zusammengefunden, um Empfehlungen zu diskutieren, die sich auf die zukünftige Ausrichtung der Aufarbeitung der DDR, der SED-Diktatur beziehen. Sie wurden von einer Gruppe von Sachverständigen ausgearbeitet, die hier mit mir zusammen sitzen und die ich Ihnen gerne noch einmal vorstellen möchte: Professor Dr. Rainer Eckert, Dr. Monika Flacke, Professor Dr. Klaus-Dietmar Henke, Ronald Jahn, Freya Klier, Tina Krone, Professor Dr. Peter Maser, Ulrike Poppe und Dr. Hermann Rudolph. Die Gruppe hat sich in ihrer Arbeit auf zahlreiche Gespräche und Besuche in verschiedenen Aufarbeitungseinrichtungen gestützt, und deren Auffassungen sind in die Empfehlungen eingeflossen. Sie hat sich auch auf vorliegende Organisationsvorschläge im politischen und wissenschaftlichen Raum gestützt. Namentlich möchte ich die Empfehlungen der Zweiten Enquete-Kommission des Deutschen Bundestages hier erwähnen und die Empfehlungen der so genannten Vergin-Kommission, die ein sehr detailliertes Memorandum zur Zukunft der MfS-Zentrale in Berlin-Lichtenberg, also des so genannten »Haus 1« in der Normannenstraße, erarbeitet hat.

Meine Damen und Herren, unsere Empfehlungen verstehen sich nicht als Schlussstein, sondern als Baustein. Wir wollten mit diesem Baustein eine Diskussion auslösen, und ich glaube, wir können sagen: Das haben wir erreicht – und sogar etwas stärker, als wir es eigentlich erwartet hatten. Die Heftigkeit der Debatte hat übrigens gezeigt, dass es für das Gelingen dieses Votums aus meiner Sicht unabdingbar war, die Empfehlungen nicht auf dem offenen Markt zu erarbeiten, wie dies verschiedentlich gefordert wurde, sondern in einer gezielten Zurückgezogenheit, für die wir uns Zeit lassen mussten und mehr Zeit gelassen haben, als BKM es eigentlich gerne gesehen hat. Aber wir haben immer gewusst, dass das nur der eine Teil ist, und der andere Teil ist die Stunde der öffentlichen, der kritischen Diskussion, die wir hier heute führen werden, die wir natürlich auch schon in den Medien erlebt haben und die wir auch weiter führen werden.

Ich darf Ihnen für dieses öffentliche Hearing heute kurz den Ablaufplan nennen, den wir vorgesehen haben und von dem wir hoffen, dass wir ihn einhalten können. Wir haben jetzt von 11.20 bis 13.00 Uhr eine Podiumsdiskussion, die Christhard Läpple leiten wird. Ich danke Ihnen, Herr Läpple, sehr für Ihre Bereitschaft, das zu tun. Die Podiumsdiskussion ist mit dem Titel »Empfehlungen der Expertenkommission und die Zukunft der DDR-Aufarbeitung« überschrieben und sieht eingangs knappe Statements von jeweils etwa zehn Minuten vor von den Herren, die wir als Experten eingeladen haben und denen ich herzlich dafür danke, dass sie gekommen sind, um das Votum aufzugreifen und eine Stellungnahme abzugeben. Es sind dies die Herren Professor Dr. Horst Möller, Professor Dr. Reinhard Rürup, Professor Dr. Manfred Wilke, Professor Dr. Richard Schröder und Dr. Joachim Gauck. Anschließend findet eine Diskussion statt, in der sich natürlich die Mitglieder der Expertenkommission beteiligen werden. Wir haben dann von 13.00 bis 13.30 Uhr eine Mittagspause mit einem kalten Buffet und von 13.30 bis 18.00 Uhr für diejenigen, die so lange aushalten, und ich hoffe, Sie werden alle so lange aushalten, eine Plenumsdiskussion, die wieder Christhard Läpple leitet. Dafür haben wir eine Reihe von Eingangsstatements derjenigen Einrichtungen vorgesehen, die in unserem Votum eine besondere Rolle spielen. Anschließend wird es nach diesen Kurzstellungnahmen eine Kaffeepause geben, wir denken, von 14.30 bis 15.00 Uhr, und dann eine offene Diskussion, die bis 18.00 Uhr gehen soll.

Wir werden jetzt am Vormittag eher grundsätzliche Fragen des Votums und seiner Bewertung diskutieren, und dabei sollten aus meiner Sicht insbesondere folgende Komplexe im Zentrum stehen, die schon in der bisherigen Rezeption der Empfehlungen eine herausgehobene Rolle gespielt haben. Das eine ist die häufig angesprochene Frage nach Zentralisierung und Dezentralität der institutionellen Auseinandersetzung mit der DDR-Vergangenheit. Es ist das Bestreben des Votums, für eine Dezentralisierung der Aufarbeitung einzutreten und eine Stärkung regionaler und örtlicher Initiativen zu erreichen. Es ist in der öffentlichen Aufnahme des Votums aber kritisch eingewendet worden, dass durch die im Votum vorgeschlagene Bildung von Kristallisationskernen möglicherweise ja das Gegenteil erreicht wird. Ein zweiter Fragenkomplex, der uns beschäftigen sollte, bezieht sich auf die Verortung des Votums und unseres Standes der Aufarbeitung überhaupt – einmal in der europäischen Gegenwart und natürlich im Verhältnis von West- und Ostmitteleuropa, aber dann auch in einer historischen Dimension: Wie steht die DDR-Aufarbeitung, und wie stehen unsere Empfehlungen im Rahmen des Bewältigungsvergleichs zwischen den beiden deutschen Diktaturen dar, wenn ich mir dieses Wortungetüm erlauben darf? Der dritte Komplex, der öffentlich diskutiert wurde und auch in den Stellungnahmen, die hier schon vorliegen, breiten Raum einnimmt, steckt in der Frage, ob das Votum dem Diktaturcharakter der DDR in seinen einzelnen Vorschlägen, aber auch in seiner Gesamtanlage gerecht geworden ist oder eben nicht. Und die vierte und letzte Frage ist natürlich die vielleicht wichtigste: die Frage nach der Machbarkeit. Inwieweit ist das, was wir vorgeschlagen haben, in der Sache machbar, inwieweit ist es finanziell realisierbar, inwieweit ist es politisch durchsetzbar? Das sind die Fragen, von denen ich annehme, dass sie in unserer Diskussion am heutigen Tag eine besondere Rolle spielen werden, und damit darf ich jetzt das Wort an Herrn Läpple übergeben und Ihnen allen für Ihr Kommen herzlich danken.

Christhard Läpple, Moderator
Ich gebe das Wort weiter an den Staatssekretär, an Herrn Schäfer, der auch noch einige Worte an Sie richten möchte.

Professor Dr. Hermann Schäfer, BKM
Danke. Es ist gut für die Geschichte, und es ist gut für unser Geschichtsbewusstsein, wenn Debatten dieser Art auf so breites öffentliches Echo stoßen, und deswegen bedanke ich mich bei Ihnen allen zunächst einmal für Ihr großes Interesse und danke als zweites der Expertenkommission für ihre intensive Arbeit. Ich will mich sehr kurz fassen und möchte nur erinnern an den Auftrag, den seinerzeit die Staatsministerin für Kultur, Frau Weiss, der Kommission gegeben hat. In diesem Auftrag steht als Ziel ein dezentral organisierter Geschichtsverbund Aufarbeitung der SED-Diktatur unter besonderer Berücksichtigung von Widerstand und Opposition. Gefordert waren, erbeten waren Elemente eines Gesamtkonzeptes für einen Geschichtsverbund. Damals schon war vorgegeben, dass ein Hearing – ein Symposium – stattfinden soll, wie wir es heute veranstalten. Frau Weiss hatte seinerzeit lediglich Eckpunkte eines Geschichtsverbundes benannt, und zwar einmal die dezentrale Struktur der Erinnerungslandschaft sollte beibehalten werden, dann die Orte des Erinnerns sollten konzeptionell und praktisch stärker aufeinander bezogen werden, mehr miteinander vernetzt werden, um mehr systematische Arbeitsteilung und Kooperation zu gewährleisten, und dafür sollten Modelle mit Alternativen entwickelt werden. Einbezogen werden sollten nur Einrichtungen, die von gesamtstaatlicher Bedeutung sind, also insbesondere Einrichtungen, die vom Bund getragen werden oder vom Bund institutionell gefördert werden und sonstige Einrichtungen von gesamtstaatlicher Bedeutung in Berlin. Neue Institutionen sollten nicht geschaffen werden. Es sollten auch nicht neue finanzielle Ressourcen in Anspruch genommen werden und Gesetzesänderungen möglichst vermieden werden. Ich kann gut verstehen, dass die Kommission über diesen Auftrag hinausgegangen ist, obwohl wir alle wissen, dass natürlich die Erweiterung im Denken auch Probleme bringen wird in der praktischen Durchführung. Deswegen sind wir sehr gespannt darauf, was Sie als Experten und Betroffene zu der Ausarbeitung der Expertenkommission sagen werden, damit wir dieses möglichst berücksichtigen können und einen Entwurf machen über den Geschichtsverbund, von dem wir hoffen, dass er zu aller Zufriedenheit und aller Praktikabilität ist. Danke.

Moderator
Vielen Dank. Mein Name ist Christhard Läpple, um mich noch einmal kurz vorzustellen. Im Brotberuf arbeite ich beim ZDF und bin dort unter anderem zuständig für »Aspekte«. Heute ist der 6.6.2006. Das ist so ein Datum, wo man gerne heiratet oder wo Eltern hoffen, dass ihre Kinder zur Welt kommen. Und vielleicht ist dieser 6.6.2006 auch ein gutes Datum für die Frage, wie man mit dieser DDR in Zukunft umgeht, wie man mit der Gegenwart dieser untergegangenen Republik umgeht und welche zukunftsweisenden Wege es gibt. [...]

Ich wünsche uns allen eine offene, produktive und konstruktive Debatte und gebe zunächst einmal das Wort an diejenigen, die jetzt Stellungnahmen abgeben, die ungefähr zehn Minuten umfassen. Wenn es weit über zehn Minuten geht, greife ich ein. Ich bitte Herrn Professor Horst Möller.

Professor Dr. Horst Möller, Institut für Zeitgeschichte
Ich rede vornehmlich von den Punkten des Gutachtens, die ich kritisch sehe. Solche, die ich positiv sehe, lasse ich weg, weil zehn Minuten eine sehr kurze Zeit für eine Stellungnahme sind. Lassen Sie mich, bevor ich auf die Sache eingehe, zwei Punkte kurz berühren. Das Erste ist die Berufung, das Zweite ist der Auftrag der Kommission, den Professor Schäfer eben erwähnt hat. Zur Berufung der Kommission äußere ich mich deswegen, weil ich sie schon früher kritisiert habe und weil das Gutachten die von mir kritisierte Zusammensetzung widerspiegelt. Ich möchte dazu feststellen: Wesentliche Forschungseinrichtungen, die einen Schwerpunkt in der historischen DDR-Forschung haben, waren in der Kommission nicht vertreten, obwohl das Gutachten immer wieder auf die Lage der DDR-Forschung selbst eingeht, sie also zum Thema macht.

Damit Sie nicht denken, dass ich vor allem pro domo rede, erwähne ich natürlich nicht nur das Institut für Zeitgeschichte, das in Berlin eine eigene Abteilung für diesen Themenkomplex hat, sondern auch andere Einrichtungen, beispielsweise das Hannah-Arendt-Institut für Totalitarismusforschung in Dresden, den Forschungsverbund SED-Staat an der FU Berlin, die Stiftung Ettersberg in Weimar, um nur diese zu nennen. Das Gleiche gilt für universitäre Forschergruppen, die sich schwerpunktmäßig mit der DDR befassen, beispielsweise Professor Heydemann an der Universität Leipzig und Professor Müller an der Universität Rostock. Die Kenner werden wissen, dass es sich hier um methodisch und auch wissenschaftspolitisch sehr unterschiedliche Richtungen handelt. Das heißt also: Die beiden Fachhistoriker in der Kommission sind nicht repräsentativ für die DDR-Forschung, die Passagen zur Forschung im Gutachten sind es folglich auch nicht. Die Verbände der Verfolgten in der SBZ beziehungsweise der DDR haben sich kritisch geäußert. Ich will dazu jetzt nichts weiter sagen und nur das Sondervotum von Frau Klier nennen. Abweichend vom selbstverständlichen Verfahren, dass sich eine Kommission ihren Vorsitzenden selbst wählt, ist er in diesem Fall ernannt worden. Ich sage das nur, weil es sich hier um eine weitere Besonderheit der Kommission handelt.

Die Kommission selber hätte meines Erachtens den Versuch machen können, die unzureichende Zusammensetzung durch Anhörung weiterer Sachverständiger zu kompensieren. Das hat sie auch getan. Aber unter den 34 Sachverständigen, die zusätzlich angehört worden sind, fehlen die genannten Institutionen und Personen, ebenso wie eine ganze Reihe weiterer Fachleute, beispielsweise, obwohl Widerstand und politische Justiz im Gutachten enthalten sind, fehlen, um nur wenige zu nennen: Karl-Wilhelm Fricke, Erhard Neubert, Hans-Joachim Veen oder vom Institut für Zeitgeschichte Hermann Wentker. Auch der Pionier der DDR-Forschung Hermann Weber war nicht unter den Angehörten. Auf der anderen Seite wird man feststellen müssen, dass unter den 34 angehörten Sachverständigen zwei Institutionen gleich mehrfach vertreten sind, die Stasi-Unterlagen-Behörde und die Stiftung Aufarbeitung mit fünf beziehungsweise mit vier der 34.

Ich übe keine Kritik an einzelnen Mitgliedern der Kommission oder der Kommission als Ganzem. Ich stelle nur fest: Offensichtlich waren für Entstehungsweise und Zusammensetzung durchaus geschichtspolitische Zielsetzungen und Interessen maßgeblich. Diese Interessen spiegeln sich im Gutachten, in dem auch ein Reihe von Widersprüchlichkeiten erkennbar sind, natürlich auch Kompromisse, wie das immer in solchen Kommissionen ist. Erwähnen muss man das.

Zum zweiten Punkt, dem Auftrag des Gutachtens: Zum Auftrag des Gutachtens gehörte, das wird in der Vorbemerkung des

Gutachtens selbst zitiert, dass neue Institutionen nicht geschaffen, Gesetzesänderungen sowie eine »Überbeanspruchung finanzieller Ressourcen und eine Umverteilung von Geldern möglichst vermieden werden« sollten. Tatsächlich aber werden in dem Gutachten – unabhängig von der Frage sachlicher Berechtigung – doch neue Institutionen vorgeschlagen. Es wird auch eine Auftragsänderung beispielsweise für die BStU vorgeschlagen, die jedenfalls Gesetzesänderungen erforderlich machen. Hinzu kommen in Einzelfällen schwer begründbare Einschätzungen von lokalen Einrichtungen, die durchaus ihre Bedeutung haben, denen aber im Gutachten, wie ich meine, nicht immer zwingend eine gesamtstaatliche Bedeutung attestiert wird. Das bedeutet dann im Klartext, dass da eine zusätzliche Bundesförderung begründet würde und zusätzliche Mittel notwendig werden. Das heißt also: Über den Regierungsauftrag geht das Gutachten erheblich hinaus, wie überhaupt das Gutachten keinerlei finanzielle Konsequenzen nennt oder auch keine Angaben zur Zeitplanung der Vorschläge macht.

Ich komme zu inhaltlichen Fragen. In der Sache mischen sich im Gutachten sehr verschiedene Komponenten – solche, die selbstverständlich sind, solche, die sinnvoll sind und solche, die meines Erachtens fragwürdig sind. Fragwürdig, um zum Kern zu kommen, erscheint mir das vorgeschlagene Drei-Säulen-Konzept, das im Zentrum des Gutachtens steht. Ich habe dagegen Einwände, die methodologisch begründet sind, die aber auch thematisch und institutionell begründet sind. Hier finden sich meines Erachtens einige Widersprüchlichkeiten. Auch hier kann man von der Zusammensetzung der Kommission beziehungsweise von den zusätzlich angehörten 34 Sachverständigen darauf Rückschlüsse ziehen, wie die Schwerpunktsetzung für diese künftigen drei Säulen vorgenommen worden sind, da zwei der vorgeschlagenen Säulen sich auf die BStU beziehungsweise die Stiftung Aufarbeitung beziehen.

Selbstverständlichkeiten sind die Aussagen zur Offenheit und Pluralität, zur Vernetzung und Effizienz, zu Dezentralität und Autonomie. Das sind Bemerkungen, die niemand bestreitet, auch ich nicht, aber Aussagen, die zum erheblichen Teil auch nicht weiter führen. Widersprüchlichkeiten finden sich, wenn – meiner Einschätzung nach zu Recht – eine zentralistische Struktur zur

Aufarbeitung der DDR-Geschichte verworfen wird, zugleich aber solche Strukturen vorgesehen werden, zwar nicht in Form einer zentralen Struktur, sondern von drei zentralen Strukturen. In diesen Strukturen sollen nach Meinung der Gutachter die wesentlichen Themen der heutigen DDR-Forschung, des heutigen musealen Gedenkens oder des Gedenkens der betroffenen Opfer abgedeckt werden. Meines Erachtens ist diese Drei-Säulen-Thematik nicht geeignet, thematisch alle zentralen Bereiche abzudecken. Sie enthält darüber hinaus zentralisierende Strukturen, beispielsweise wenn die Gedenkstätte Hohenschönhausen mit der Normannenstraße in eine einzige Organisation bei der BStU zusammengelegt werden soll. Hier muss man die Unterschiede bedenken. Hohenschönhausen hat eine rechtliche Grundlage und klare Form. Für die Normannenstraße hingegen ist eine dauerhafte Struktur derzeit noch nicht in Sicht.

Was meiner Meinung nach völlig kryptisch bleibt, ist die Rede von der drohenden »Verinselung« der DDR-Geschichte. Das Gutachten erklärt zu Recht, dass es zu den herausragenden Leistungen der letzten 15 Jahre gehört, dass die Erforschung der DDR-Geschichte national und international etabliert und in die Zeitgeschichtsforschung integriert worden ist. Wenn Sie mich fragen, was im Gutachten fehlt, dann nenne ich unter anderem den Prozess der Etablierung der SED-Diktatur durch die sowjetische Besatzungsherrschaft und die dauerhafte weitere Abhängigkeit von der Sowjetunion. Es fehlen Aussagen über die vermeintlichen »gesellschaftlichen Bindungskräfte«. Ich gehe darauf noch ein. Wo waren diese Bindungskräfte, als die sowjetische Unterstützung 1989 wegfiel? Es fehlen andere Bereiche vom Ende der vierziger und aus den frühen fünfziger Jahren, die man durchaus als Terrorherrschaft oder als Elemente einer Terrorherrschaft kritisieren kann. Es fehlen auch Bereiche über die von der SED installierte Klassenjustiz. Es fehlen weltpolitische Zusammenhänge und auch die millionenfache Fluchtbewegung, die »Abstimmung mit den Füßen« und die Mauer-Toten. Es wird nicht gesagt, wie solche unbestreitbaren Phänomene sich zu den vermeintlichen, von der Kommission behaupteten »gesellschaftlichen Bindungskräften« verhalten. Ein Regime, das bei 16 Millionen Einwohnern 91.000 hauptamtliche und 173.000 inoffizielle Mitarbeiter des Staatssicherheitsdienstes beschäftigte, hat wohl selbst auf solche vermeintlichen »Bindungskräfte« nicht vertraut, sondern jegliche Regung von Opposition gefürchtet und bekämpft.

Diese Probleme stehen aber nun im Mittelpunkt des »Forums Aufarbeitung«, bei dem es darum gehen soll, die »Bindungskräfte« zu erfassen, »die nach Schließung der DDR-Grenzen zumindest in den sechziger und siebziger Jahren zur relativen Stabilität einer diktatorisch verfassten Gesellschaft beigetragen haben«. Da aber Teilung und Grenze in eine andere Zuständigkeit fallen sollen, fehlt hier die Massenflucht als Ursache ebenso wie die Repression durch den Staatssicherheitsdienst, der ja ebenfalls in einen eigenen Zuständigkeitsbereich fallen soll. Es ist übrigens immer wieder auffällig, wie auch außerhalb der Kommission, zum Beispiel im ZZF, heute zum Teil abenteuerliche Begriffsverbindungen gesucht werden, die meines Erachtens den Diktaturcharakter der DDR verwischen – ob man nun von »durchherrschter Gesellschaft« (J. Kocka) redet, ob man von »Fürsorgediktatur« (K. Jarausch) oder, wie Herr Sabrow, von »Wirklichkeitsdiktatur« redet, und manche sagen in der Öffentlichkeit sogar »Konsensdiktatur«. Ich weiß wirklich nicht, was solche Begriffsverwirrung zur Erklärung beiträgt. Warum die DDR nicht einfach nennen, was sie war, die SED-Diktatur? Da Begriffe den Kern der Interpretation bilden, handelt es sich nicht um eine marginale, sondern um eine zentrale Problematik.

An dem, was ich gesagt habe, sehen Sie, und ich komme damit zum nächsten Punkt, dass keineswegs ein einfacher Konsens in der DDR-Forschung existiert, wie er auf Seite 14[1] konstatiert wird. Es treffen auch keineswegs alle historiografischen Aussagen der Kommission in dieser Hinsicht zu, beispielsweise in Bezug auf die Themenfelder. So hätten die Repressionsmechanismen zu sehr, wie es im Gutachten heißt, im Vordergrund gestanden, so dass andere Themen, wie die Alltagsgeschichte, vernachlässigt worden wären. Wenn man die etwa 4.000 Titel der letzten 15 Jahre durchsieht, dann wird klar: Erstens gibt es einen zeitlichen Schwerpunkt, nämlich die 1940er und 1950er Jahre, zweitens eine Schwerpunktsetzung in kulturpolitischen Themen und drittens in den letzten Jahren eine deutliche Verschiebung

1 S. 33 in diesem Band.

zur Alltagsgeschichte. In der Festschrift für Hermann Weber »Bilanz und Perspektiven der DDR-Forschung«, 2003 erschienen, die ungefähr die Hälfte der Titel, die es heute gibt, erfasst, finden sich lediglich 191 Titel zu Staatssicherheitsdienst, Rechtsordnung, politische Justiz. Die Behauptung auf Seite vier[2] des Gutachtens, der Alltag sei unterbelichtet und folglich sollen künftig andere Prioritäten empfohlen werden, ist also durch die tatsächlichen Prioritäten der DDR-Forschung nicht gerechtfertigt, sondern willkürlich.

Vor allem aber habe ich methodische Einwände gegen dieses Drei-Säulen-Konzept. Es ist tatsächlich nicht möglich, diese drei Themenkomplexe zu trennen. Der fundamentale Bedingungszusammenhang war die Diktatur, und natürlich bilden diktatorische Herrschaften auch Funktionseliten aus. Sie verbinden Unterdrückung der Unangepassten, der potentiell Oppositionellen, der Minderheiten mit der Belohnung für diejenigen, die ideologisch überzeugt sind, die sich mangels anderer Möglichkeiten anpassen, auch für die Karrieristen und Opportunisten. Sind das aber »gesellschaftliche Bindungskräfte«? Es ist meines Erachtens entschieden davor zu warnen, eine solche – jetzt verwende auch ich den Begriff, aber anders – »Verinselung« von Sektoren der SED-Diktatur vorzunehmen. Sie führt zu Fehleinschätzungen. Denn man muss konstatieren, dass es hier nicht nur – das sieht das Gutachten auch – um DDR-Forscher geht. Es geht auch nicht nur um DDR-Nostalgiker – solchen »Verinselungen« begegnet man selbst bei Wissenschaftlern. Wenn beispielsweise Teilbereiche der Sozialpolitik als besonders positive Leistungen buchstäblich vom Diktaturcharakter des Regimes gelöst werden, dann führt das meiner Meinung nach in die Irre. In meinen Augen ist der Staatssicherheitsdienst charakteristischer für die DDR als die Kinderkrippen.

Und nebenbei bemerkt, niemand würde wohl aus der Sozialpolitik der NS-Diktatur folgern, dass sie deswegen weniger diktatorisch, weniger terroristisch, weniger mörderisch gewesen sei, weil sie ein sozialpolitisches Konzept hatte oder sich sozialpolitischer Maßnahmen als gesellschaftliches Steuerungsinstrument oder als Herrschaftsmittel bedient hat.

2 S. 21 in diesem Band.

Aus methodischen und aus thematischen Gründen – weil Entscheidendes fehlt – ist das Drei-Säulen-Konzept fragwürdig, aber auch aus institutionellen. Es würden dadurch gleichsam institutionelle Zuständigkeiten in Stiftungsform geschaffen, die dauerhaft vom Bund zu finanzieren wären. Dies widerspricht nicht allein der kommunalen, föderativen und bundespolitischen Gliederung von Zuständigkeiten, sondern auch einem pluralistischem Wissenschaftsverständnis. Es widerspricht übrigens auch dem ja gerade in der Erinnerungskultur sehr wichtigen und unverzichtbaren zivilgesellschaftlichem Engagement. Auch würden neue Forschungsaufgaben zugewiesen, die Gesetzesänderungen erfordern würden, beispielsweise wenn der Schwerpunkt der BStU die Untersuchung von Geheimpolizei in den Diktaturen des 20. Jahrhunderts, also vergleichend – und dies mindestens europaweit – wäre. Dies ist keine, wie das Gutachten sagt, gleitende strategische Neuausrichtung, sondern ein im Stasi-Unterlagen-Gesetz keineswegs vorgesehenes neues Feld, das einer gesetzlichen Änderung bedürfte, und dies ist meines Erachtens fragwürdig. Damit würde per Gesetz einer bestimmten Institution nicht ein allgemeiner Auftrag, sondern ein spezifisches Forschungsthema zugewiesen. Von der Stilfrage, was die Nachbarstaaten angeht, will ich jetzt nicht reden.

Insgesamt aber ist dieser Teil des Gutachtens auch widersprüchlich, wird doch einerseits von einer langfristigen Auflösung der Behörde geredet beziehungsweise einer Eingliederung ins Bundesarchiv, andererseits aber hier eine neue Aufgabe zugewiesen. Meines Erachtens ist das Gutachten ohnehin in dieser Frage vage. Das hat Sachgründe, aber vielleicht auch andere. Natürlich ist die Diskussion darüber, ob die Bestände der BStU mittelfristig in das Bundesarchiv eingegliedert werden sollen, längst im Gange. Ich meine auch, dass das Provenienzprinzip, was die Landesarchive angeht, beachtet werden muss. Dabei werden in öffentlichen Diskussion zwei weit auseinander liegende Termine genannt, als frühester 2010 oder als spätester 2020, also nach Dreißigjahresfrist. Das scheint durchaus plausibel. Da die Behörde bisher eine ungeheuer wichtige Aufgabe erfüllt hat, noch erfüllt und auch in nächster Zeit noch erfüllen muss, sollte sie Planungssicherheit bis zum Zeitpunkt einer solchen Änderung haben. Andererseits sollte auch nach einer späteren Eingliederung in das Bundesarchiv – beispielsweise wie bei SAPMO als Stiftung im Geschäftsbereich des Bundesarchivs – diese Behörde und ihre Besonderheit sichtbar bleiben. Für dieses Verfahren sind gesetzliche Vorgänge notwendig, die auch die Urteile des Bundesverwaltungsgerichts berücksichtigen müssen.

Kurzum, meiner Meinung nach ist die thematische, methodische, institutionelle Trennung der drei Bereiche der DDR-Realität in dieser Weise nicht zu realisieren, weil sie nur im wechselseitigem Bedingungsverhältnis angemessen analysiert werden können. Auch in Bezug auf die stark betonte Alltagsgeschichte bedeutet meine Kritik ja nicht, dass man Forschungen dieser Art unterlässt oder nicht fördert. Die Frage ist, wie man sie gewichtet. Und man muss sehen, dass bei einem Teil der alltagsgeschichtlichen Fragestellungen eben das Nichtspezifische der Diktatur in den Blick kommt. Alltagsgeschichte gibt es selbstverständlich in sämtlichen politischen Systemen. Insofern kommt es eben darauf an, dass man das Systemspezifische, also den Alltag unter einer Diktatur, behandelt. Zum Alltag in der DDR-Diktatur gehörten Repression und Überwachung.

Eine letzte Bemerkung: Sicher trifft es zu, dass der politische Bildungsstand zu Fragen der DDR-Diktatur, gerade auch in Westdeutschland, unzureichend ist. Trotzdem finde ich die Kritik an den Gedenkstätten im Gutachten überzogen, zumal hier selbstverständlich die Opfer im Mittelpunkt stehen, aber auch ebenso selbstverständlich die Repressionsmechanismen. Wir haben eine ganze Reihe von Ausstellungen, die durchaus sehr gut sind, vom Haus der Geschichte der Bundesrepublik beziehungsweise seinem Zeitgeschichtlichen Forum in Leipzig angefangen, über das Deutsche Historische Museum bis zu der Ausstellung der Birthler-Behörde in der Mauerstraße. Mittelfristig erschiene es meines Erachtens wünschenswert, auch eine Gesamtausstellung zur DDR-Geschichte vorzubereiten, die allerdings nicht von den Riesenraumangeboten ausgehen sollte. Je größer sie wird, desto unübersichtlicher würde sie auch. Das Institut für Zeitgeschichte hat gezeigt, wie das geht: Auf dem Obersalzberg bei Berchtesgaden haben wir auf 400 Quadratmeter eine Dokumentation der NS-Diktatur erstellt, die in knapp sechs Jahren über 900.000 Besucher hat.

Mein Fazit: In der vorliegenden Form halte ich also den Kommissionsbericht nicht für eine ausreichende Grundlage der weiteren Planung, auch wenn er einzelne bemerkenswerte Teile enthält. Ich schließe mich insofern Herrn Sabrow an – ein Baustein, aber kein Schlussstein. Insgesamt warne ich davor, nach den Erfahrungen, die wir von der Entwicklung der Forschung und der Gedenkstättenarbeit über die NS-Diktatur gesammelt haben, zu sehr auf Planbarkeit zu setzen. Auch der nun offensichtlich in letzter Minute aus dem Gutachten herausgenommene Begriff des Paradigmenwechsels ist ein Begriff, der natürlich für die Wissenschaft selbstverständlich ist, aber nicht in Form staatlicher Anordnung, sondern durch den Generationenwechsel. Durch den Fortschritt und die Differenzierung der Forschung vollzieht sich so etwas von selbst, und eine staatliche Anordnung ist in einer demokratischen Gesellschaft und einem Staat, der den wissenschaftlichen Pluralismus garantiert, wie ich finde, weder wünschenswert noch nötig, noch möglich. Solche »verordnete« Thematik und Methodik gab es in der DDR. Die entscheidende Gemeinsamkeit für alle Demokraten muss bleiben, den Diktaturcharakter der DDR nicht zu verwischen – sie war durch permanente Menschenrechtsverletzung charakterisiert, wenngleich sich die Methoden zwischen 1949 und 1989 wandelten. Ich danke Ihnen.

Moderator
Vielen Dank, Herr Professor Möller. Das Wort hat jetzt Herr Professor Reinhard Rürup.

Professor Dr. Reinhard Rürup
Meine Damen und Herren, angesichts der ungewöhnlich heftigen Polemik, mit der das hier zu diskutierende Papier in einem Teil der Medien noch vor seiner Veröffentlichung bedacht worden ist, möchte ich gleich zu Beginn feststellen, dass ich persönlich der Kommission sehr dankbar für das bin, was sie uns vorgelegt hat. Für die öffentliche Diskussion bietet das Papier nicht nur einen ersten Einstieg, sondern eine solide Grundlage.

Wegen der gebotenen Kürze werde ich versuchen, meine Diskussionsbemerkungen in sechs Punkten zu bündeln.

Erstens: Einige der Probleme, die ich mit den Empfehlungen habe, resultieren nach meinem Eindruck aus dem Auftrag, der der Kommission vor einem Jahr von der Beauftragten der Bundesregierung für Kultur und Medien erteilt wurde. Der Begriff »Geschichtsverbund« ist so vage wie nur möglich. Welche Bedeutung und welche institutionelle Form ein solcher »Verbund« in der Praxis haben wird, lässt leider auch die Kommission weitgehend offen. Die Formulierung »Aufarbeitung der SED-Diktatur« weist dagegen weit über den eigentlichen Auftrag der Kommission hinaus. Die wissenschaftliche Aufarbeitung findet in universitären und außeruniversitären Einrichtungen – vornehmlich, aber keineswegs ausschließlich, der Geschichtswissenschaft – statt. Ansonsten ist die »Aufarbeitung der SED-Diktatur« auch künftig eine Aufgabe der Politik und der Bürgergesellschaft, nicht zuletzt der politischen Bildungsarbeit. Von alldem ist in den Empfehlungen jedoch allenfalls am Rande die Rede. Tatsächlich geht es hier nicht um die »Aufarbeitung der SED-Diktatur« in einem umfassenden Sinne, sondern um einen sehr spezifischen Aspekt, nämlich den »öffentlichen Umgang mit der Erinnerung an die SED-Herrschaft«, soweit der Bund dafür zuständig ist oder zuständig sein sollte. Zu den politischen Vorgaben für die Kommission gehörte übrigens auch, dass Vorschläge für Gesetzesänderungen unerwünscht sind, eine Neuordnung der Verhältnisse nichts kosten darf und sogar eine Umverteilung von Geldern vermieden werden soll. Unter diesen extrem restriktiven Bedingungen hätte die Kommission ihre Arbeit eigentlich gar nicht erst beginnen sollen. Sie hat sich dann erfreulicherweise zumindest teilweise darüber hinweggesetzt, und es muss in aller Deutlichkeit gesagt werden: Wenn etwas Vernünftiges geschaffen werden soll, wird es auch etwas kosten. Eine Erinnerungskultur, die ihren Namen verdient, kann man nicht umsonst haben.

Zweitens: Weil die Kommission sich mit ihren Empfehlungen weitgehend innerhalb der Vorgaben bewegt, die ihr gemacht worden sind, wirken die konkreten Vorschläge zwar wohl überlegt, aber doch eher vorsichtig und an dem Bestehenden orientiert. Bereits Vorhandenes wird neu kombiniert. Eine Kommission, die erfolgreich sein will, kann auf Pragmatismus gewiss nicht verzichten. Andererseits fehlt mir doch ein wenig das Pathos, das von der Sache her geboten scheint. Es geht hier um eine nationale Aufgabe, und dabei nicht zuletzt auch um eine hauptstädtische Aufgabe, der unsere Gesellschaft und unsere Politik sich stellen müssen. Das SED-System bedeutete für die Menschen, die ihm unterworfen waren, eine prinzipielle und permanente Verletzung von Menschen- und Bürgerrechten. Es war ein totalitäres System, das sein Machtmonopol bis zum Schluss mit allen Mitteln verteidigte. Eine demokratische Gesellschaft muss der Opfer dieses Systems gedenken, muss über die Machtstrukturen und den Machtmissbrauch aufklären, auch an Opposition und Widerstand erinnern. Das alles ist unstrittig, und es ist natürlich auch der Kommission bekannt. Dennoch scheint mir, dass sie insgesamt allzu defensiv argumentiert, zu wenig fordernd. Denn mit der bloßen Sicherung und Neuordnung des schon Vorhandenen ist noch längst nicht alles getan, was wünschenswert, ja notwendig ist. Ich bin beispielsweise davon überzeugt, dass wir in Berlin einen würdigen Ort des nationalen Gedenkens für die Opfer der kommunistischen Herrschaft brauchen, nicht am Brandenburger Tor und nicht in unmittelbarer räumlicher Konkurrenz zu den Denkmalen für die ermordeten Juden und die ermordeten Roma und Sinti, wohl aber im Zentrum der Hauptstadt, in der alten Mitte. Wer die Erinnerung an die SED-Herrschaft als nationale und hauptstädtische Aufgabe ernst nimmt, darf solche Forderungen nicht mit Stillschweigen übergehen.

Drittens: Auffällig ist, dass in dem vorliegenden Papier die Enquete-Kommissionen des Deutschen Bundestages zur SED-Diktatur und ihren Folgen zwar genannt werden, aber dann keine Rolle mehr spielen, obwohl vieles von dem, was jetzt zur Diskussion steht, schon damals intensiv erörtert und sorgfältig formuliert worden ist. Dazu gehört auch, dass die 1999 im Anschluss an die Enquete-Kommissionen von der Bundesregierung vorgelegte und vom Bundestag gebilligte »Gedenkstättenkonzeption«, in der es um die institutionelle und die projektgebundene Bundesförderung von den Gedenkstätten geht, die eine gesamtstaatliche Bedeutung haben, nicht thematisiert wird. Das daraus resultierende Förderungsprogramm wird inzwischen seit vielen Jahren erfolgreich praktiziert. Es gibt zudem seit dem Jahr 2000 eine kontinuierlich arbeitende »Expertenkommission« für die Gedenkstättenförderung des Bundes, die, soweit es bei den hier zu diskutierenden Empfehlungen um Gedenkstätten geht, zumindest in die weiteren Beratungen einbezogen werden sollte.

Viertens: Die Kommission hat in ihren Empfehlungen erstaunlicherweise darauf verzichtet, den Blick auf die Einrichtungen zu richten, die in der Bundesrepublik und besonders in Berlin an die Verbrechen des Nationalsozialismus – an die Opfer, die Täter, die Mitläufer und Zuschauer – erinnern und von der Bundesrepublik finanziert oder zumindest mitfinanziert werden. Das mag damit zusammenhängen, dass es um die Erinnerung an sehr unterschiedliche Unrechts- und Verbrechenstatbestände geht. Die DDR hat, wie jedermann weiß, weder ihre Nachbarn überfallen noch einen rassistischen Vernichtungskrieg geführt oder einen Völkermord verübt. Andererseits hat sie sehr viel länger als das NS-System bestanden und konnte deshalb ihre totalitären Strukturen, einschließlich der immer engmaschigeren und immer menschenverachtenderen Überwachung der eigenen Bevölkerung, sehr viel stärker ausbilden. Im NS-System wurden alle wichtigen Entscheidungen in Deutschland und von Deutschen getroffen, während die DDR Teil eines kommunistischen Weltsystems war, das sein Zentrum bekanntlich in Moskau hatte. Bei den Opfern der kommunistischen Herrschaft handelte es sich so gut wie ausschließlich um Deutsche, während bei den unvergleichlich größeren Opferzahlen des NS-Terrors in Europa die Deutschen nur eine kleine Minderheit bildeten. All das ist hinreichend bekannt, muss aber hier noch einmal in Erinnerung gerufen werden, um dem Irrtum vorzubeugen, dass man die beiden Erinnerungskulturen gleichsam parallel schalten könnte. Wie groß aber auch immer die Unterschiede sein mögen: Wir brauchen in Deutschland beides, die öffentliche Erinnerung an die NS-Vergangenheit und die öffentliche Erinnerung an die kommunistische Vergangenheit. Für die Weiterentwicklung der auf die Erinnerung an die SED-Herrschaft bezogenen Einrichtungen können allerdings die Erfahrungen, die bei der allmählichen Herausbildung einer auf die NS-Verbrechen bezogenen Erinnerungskultur gemacht worden sind, von erheblichem Nutzen sein. Dabei geht es unter anderem um den Übergang von den von Bürgerinitiativen geschaffenen Provisorien zu Einrichtungen, die professionell geführt, aus öffentlichen Mitteln finanziert und deshalb auch durch die Öffentlichkeit und demokratisch legitimierte Gremien kontrolliert werden. Es geht um Ausstellungen und Bildungsarbeit, um die Betreuung von Besuchergruppen, um Öffentlichkeitsarbeit und Rechenschaftslegung. Auch könnten die inzwischen außerordentlich vielfältigen Erfahrungen mit der regionalen, nationalen und internationalen Koordinierung und Vernetzung der Erinnerungsarbeit zur NS-Geschichte genutzt werden. Schließlich sollte auch die Tatsache, dass die Bundesregierung im vergangenen Jahr einen Vorstoß unternommen hat, eine gemeinsame Bundesstiftung für die großen NS-Gedenkstätten in Berlin zu schaffen, bei den Planungen für die öffentliche Erinnerung an die SED-Diktatur in der deutschen Hauptstadt nicht außer Acht gelassen werden. Wenn hier auf der einen Seite die bisher unabhängigen Einrichtungen im Interesse einer besseren Außendarstellung zusammengefasst werden, kann es problematisch sein, wenn auf der anderen Seite gleichzeitig drei mehr oder weniger unabhängige große Einrichtungen entstehen beziehungsweise weitergeführt werden.

Fünftens: Für völlig verfehlt halte ich die von einzelnen Kommentatoren aufgestellte Behauptung, dass in den Empfehlungen eine Tendenz zur Verharmlosung der DDR-Geschichte zu beobachten sei. Wenn dabei vom »Weichspülen« der Geschichte, von einer »Weichzeichnung der SED-Diktatur«, von einer »Light-Version« der DDR oder von einer »staatlich geförderten Ostalgie« die Rede ist, handelt es sich um reine Polemik, die zur Klärung der durch die Empfehlungen aufgeworfenen Sachfragen nichts beträgt und eher die Frage nach den Motiven der Verfasser aufwirft. Der Text der Empfehlungen bietet, wenn man nicht einzelne Formulierungen böswillig verbiegt, für diese Polemik nicht den geringsten Anhaltspunkt. Etwas ernster zu nehmen ist der Vorwurf, dass dem DDR-Alltag in den Empfehlungen zu viel Gewicht beigemessen wird. Tatsächlich ist die Kommission der Überzeugung, dass die öffentliche Auseinandersetzung mit der SED-Herrschaft sich nicht auf das Gedenken an die Opfer und die Aufklärung über den Repressionsapparat beschränken darf, sondern auch den Alltag des Lebens in einer Diktatur einbeziehen muss. Das bedeutet jedoch weder eine Verharmlosung der Unterdrückung und Verfolgung noch eine Flucht ins Private. Es handelt sich vielmehr um die alltäglichen Erfahrungen in einem totalitären, nach außen abgeschotteten System, dem der einzelne nicht ausweichen kann. Der prinzipielle Unrechtscharakter des SED-Systems kann auf diese Weise deutlicher in Erscheinung treten, als wenn man den Blick auf den Stasi-Apparat, die oft unsäglichen Haftbedingungen und die »Mauer-Toten« beschränkt.

Sechstens: Vereinzelt ist der Kommission auch vorgeworfen worden, wiederum in sehr polemischer Weise, dass sie in Berlin ein »Aufarbeitungskombinat«, eine Art Mammutbehörde mit durchgreifenden Weisungsbefugnissen, schaffen wolle. Ich kann das in den Empfehlungen nicht erkennen und habe eher die Befürchtung, dass die Verbindung zwischen den einschlägigen Einrichtungen allzu locker sein wird. Eine Erinnerungspolitik, die sich an den historischen Orten orientiert, wird immer starke dezentrale Elemente enthalten. In der Hauptstadt Berlin ist es gleichwohl geboten, die Kräfte zu bündeln, das Vorhandene in eine sinnvolle Beziehung zueinander zu setzen. Dazu hat die Kommission konkrete Vorschläge gemacht, die in die richtige Richtung weisen. Den größten Brocken stellt zweifellos die Birthler-Behörde dar, deren Existenz als Sonderbehörde grundsätzlich befristet sein sollte. Dass die dort bewahrten Akten auf die Dauer ins Bundesarchiv, in Teilen vielleicht auch in die Landesarchive gehören, dürfte unstrittig sein. Fraglich ist dagegen, ob die Abteilung für Bildung und Forschung in einem neuen Rahmen auf Dauer gestellt werden soll. In der Geschichtswissenschaft wird Behördenforschung allenfalls als Notlösung akzeptiert, und die besondere Situation, die die Einrichtung einer Forschungsabteilung in einem Archiv rechtfertigte, wird bei der Auflösung dieser Behörde nicht mehr gegeben sein. Andererseits ist hier inzwischen sehr viel Fachkompetenz entstanden, die sinnvollerweise auch nach dem Ende der Behörde genutzt werden sollte. Wenn für die bisher in der Birthler-Behörde geleistete Forschungsarbeit ein neues Forschungs- und Dokumentationszentrum geschaffen werden soll, bedarf das der sorgfältigen Abstimmung mit den bestehenden universitären und außeruniversitären Forschungseinrichtungen. Dabei sollte auch geprüft werden, ob die Sicherung der Fachkompetenz der Birthler-Behörde nicht auch in Verbindung mit einer schon vorhandenen Einrichtung, beispielsweise dem Zentrum für Zeithistorische Forschung in Potsdam, geschaffen werden kann. Die institutionelle Verbindung dieses Forschungszentrums mit den Gedenkstätten Normannenstraße und Hohenschönhausen wirkt nicht unmittelbar zwingend und müsste gegebenenfalls besser begründet werden.

Es könnte, wie angedeutet, besser sein, die Gedenkstätten in einer eigenen Einrichtung zusammenzufassen, die dann auch die Kooperation mit den regionalen MfS-Gedenkstätten übernehmen würde.

Für sehr sinnvoll halte ich die Schaffung eines Ausstellungs-, Informations- und Veranstaltungszentrums in der Mitte der Hauptstadt unter der Regie der Stiftung Aufarbeitung, wobei der Standort Torstraße 1 als ehemaliger Sitz der SED-Zentrale und des Instituts für Marxismus-Leninismus beim ZK der SED manche Vorzüge hätte, die Bezeichnung »Forum Aufarbeitung« aber allenfalls als Arbeitstitel geeignet erscheint. Schließlich trägt die Kommission dem inzwischen vorliegenden »Mauer-Konzept« des Berliner Senats insofern Rechnung, als die Mauer-Gedenkstätte an der Bernauer Straße den Kern einer Stiftung »Teilung und Grenze« bilden soll. Unmittelbar einleuchtend ist, dass hier der »Tränenpalast« am Bahnhof Friedrichstraße einbezogen wird. Dass alle diese Planungen in erster Linie auf Berlin bezogen sind, mag bedauert werden, ist aber unvermeidlich, weil der Bund hinsichtlich der Vergangenheitsarbeit in der Hauptstadt eine besondere Verpflichtung hat, während ansonsten zunächst einmal die Länder zuständig sind. Der Auftrag der Kommission war, Vorschläge für das künftige Engagement des Bundes zu erarbeiten – nicht mehr und nicht weniger.

Moderator
Vielen Dank, Herr Professor Rürup. Und es geht gleich weiter, Professor Manfred Wilke, bitte.

Professor Dr. Manfred Wilke
Meine Damen und Herren, in meinen Ausführungen werde ich mich auf zwei zentrale Probleme in den Empfehlungen konzentrieren, erstens den Stellenwert des Alltags der DDR in dem vorgeschlagenen institutionellen Gefüge des Geschichtsverbundes und zweitens die Zukunft der BStU.

Um ein differenziertes DDR-Geschichtsbild zu vermitteln, schlägt die Kommission die Bildung dreier thematischer Schwerpunkte vor: »Herrschaft – Gesellschaft – Widerstand«, »Überwachung und Verfolgung« sowie »Grenze und Teilung«. Verbunden werden sollen diese drei Säulen durch ein in Berlin angesiedeltes Forum Aufarbeitung, das als »Kommunikationsort der zeitgeschichtlichen Auseinandersetzung zu einer zentralen Anlaufstelle für Fragen der DDR-Aufarbeitung« entwickelt werden soll. In dem institutionellen Gefüge des künftigen Geschichtsverbundes würde organisationssoziologisch gesehen ein steuerndes Zentrum entstehen, das in den ihm zugeordneten Trägerinstitutionen in der Geschichte von Alltag und Herrschaft in der DDR verankert wäre. Die inhaltliche Begründung dieses Vorschlages gerät durch das Plädoyer in eigener Sache für das Zeitgeschichtliche Forum Leipzig, dessen Direktor Mitglied der Kommission war, darüber hinaus in den Verdacht des institutionellen Lobbyismus'. Könnte diese Profilierung des Alltags der DDR in all seinen Facetten auf eine Perspektivverschiebung der Aufarbeitung hinaus laufen, wie in der bisherigen Debatte vermutet wurde? Anhaltspunkte dafür gibt es, so behauptet Frau Klier, dass dies beabsichtigt ist, dass aber der Begriff »Paradigmenwechsel« im Zusammenhang mit dem Thema Alltag bewusst vermieden wurde. Gestützt wird diese Information durch einen Satz in den Empfehlungen, den bereits Herr Möller angesprochen hat und den auch die Verbände der Verfolgten in der SBZ und der DDR richtigerweise kritisieren, der da lautet: »Zugleich soll mit den vorliegenden Empfehlungen der deutlich übergewichtigen Konzentration auf Orte der Repression und der Teilung entgegengewirkt werden, mit der die naturwüchsig entstandene Gedenklandschaft gegenwärtig bis zu einem gewissen Grade noch der Herrschaftslogik des SED-Regimes« folgt. Die staatliche Geschichtspolitik in der Bundesrepublik Deutschland ist im politischen Raum aber nur zu legitimieren, wenn das Paradigma des Kampfes zwischen Demokratie und Diktatur in der deutschen Geschichte des 20. Jahrhunderts auch für die DDR gilt. Mit der Fokussierung auf Alltag und Herrschaft im »Kommunikationsort« des Geschichtsverbundes könnte ein solcher Paradigmenwechsel befördert werden, den die Opferverbände mit Recht ablehnen.

Warum hat also die Kommission keinen anderen Ansatz zur Konstruktion eines zentralen Kommunikationsortes gewählt? Vorstellbar wäre ein solcher Ort auch im Schwerpunkt Diktatur und Unterdrückung gewesen. In den Empfehlungen wird selbst die »Zusammenführung der Gedenkstätten Hohenschönhausen und der Forschungs- und Gedenkstätte Normannenstraße« in einer Stiftung vorgeschlagen. Ein solcher zentraler Kommunikationsort würde den Maßstäben der Gedenkstättenkonzeption des Bundes entsprechen, zumal dann, wenn in diesem Zusammenhang die Topografie der SED-Diktatur entstünde.

In der Kontroverse um die Sinnhaftigkeit der thematischen Schwerpunktbildung und der damit verbundenen institutionellen Aufspaltung der Geschichte teile ich die Position derer, die die vorgeschlagene Dreiteilung nicht für »sinnvoll« halten.

Marianne Birthler dagegen begrüßte den »integrativen Ansatz in den vorgeschlagenen Kristallisationskernen« und sieht ihre Behörde als vorbildliches »Beispiel für einen solchen integrativen Ansatz«, in dem Archivierung, Forschung und Bildungsaufgaben gebündelt sind. Ohne Zweifel kommt der Bundesbeauftragten dieser Vorschlag sehr entgegen. Die Achse der Empfehlungen zum institutionellen Gefüge des Verbundes dreht sich sowieso um das Schicksal der BStU. Diese Fixierung ist nicht allein mit ihrer qualitativen und quantitativen Bedeutung für den Aufarbeitungsprozess der SED-Diktatur seit 1992 zu erklären, sondern auch der Entstehungsgeschichte dieser Kommission geschuldet. Im Dezember 2004 änderte sich die Zuständigkeit für die BStU und die Stiftung Aufarbeitung der SED-Diktatur innerhalb der Bundesregierung. Das Bundesinnenministerium gab sie an das Staatsministerium für Kultur im Bundeskanzleramt ab. Die Auseinandersetzung mit der SED-Diktatur wurde damit integraler Bestandteil der Kulturpolitik des Bundes und bedurfte hinsichtlich ihrer Ziele und Mittel einer geschichtspolitischen Konzeption. Der Entwurf von Ministerialdirektor Knut Nevermann von 2004 nahm explizit auf die »Gedenkstättenarbeit zur SED-Diktatur« Bezug, die er insbesondere in Berlin für »unbefriedigend« hielt und die eine »Neustrukturierung« erforderte. Seine Vision war, die Institutionen des Bundes in einem »Geschichtsverbund SED-Staat« arbeitsteilig zu nutzen, um die Auseinandersetzung mit dieser diktatorischen Vergangenheit stärker zu fördern. Zwölf Jahre nach Öffnung der MfS- und SED-Akten sollte die Wissensvermittlung über die Diktatur an die Nachgeborenen Vorrang haben. Gedenkstätten und Museen sollten eine Aufwertung und damit stärkere Förderung erfahren.

Zur Zukunft der BStU hieß es kurz und bündig: »Die BStU wird in das Bundesarchiv integriert.« Nachdem diese Absicht öffentlich wurde, führte sie zum Konflikt in der rot-grünen Bundesregierung. Staatsministerin Weiss distanzierte sich öffentlich von diesen Überlegungen und versicherte, die BStU »wird nicht angetastet«, im Gegenteil, sie soll für sie »der wichtigste Partner« in der nun einsetzenden inhaltlichen und strukturellen Debatte um den zu gründenden »Geschichtsverbund Aufarbeitung der SED-Diktatur« sein. Sie schloss ihr Statement mit den Worten: »Um diese Konzeption zu erarbeiten, wird Marianne Birthler meine Hauptpartnerin sein.«

Vor dem Hintergrund dieser politischen Entscheidung vom Dezember 2004 wird die normative Aussage in den Empfehlungen über die BStU nachvollziehbar, die da lautet, »dass die Behörde der BStU angesichts ihrer besonderen historischen Bedeutung und politischen Legitimation auch nach Erledigung ihrer Hauptaufgaben aus dem Prozess der Auseinandersetzung mit der SED-Diktatur nicht zur Gänze herausfallen darf.« Das war der Kontrapunkt zu den Gedankenspielen im BKM von 2004. Die Kommission fordert eine »strategische Neuausrichtung der BStU-Tätigkeit« und damit ihre zeitlich unbefristete Weiterexistenz. Sie wird sogar zum Symbol der friedlichen Revolution in der DDR 1989 verklärt. Die Sätze »Wir sind das Volk!« und »Wir sind ein Volk!« oder der deutsche Bastillesturm vom 9. November, mit dem der Weg in die deutsche Einheit begann, sind für die Kommission diese Symbole nicht. Nach ihrem Verständnis ist das Monument für dieses Ereignis das Sonderarchiv für die Stasi-Unterlagen. Welch' ein Beispiel für interessengeleitete historische Fehlinterpretation der Symbolik einer Epochenwende.

Die historische Begründung für den Schwerpunkt Geheimpolizei und Diktatur soll die strategische Neuausrichtung der BStU stützen: »Geheimpolizeien waren eine der wesentlichen Existenzvoraussetzungen staatssozialistischer Diktaturen.« Herrschaftsmittel ja, aber Voraussetzungen? War das nicht die Kommunistische Partei? Für den Fall der DDR stimmt dieser Satz nur mit einer Ergänzung: unter den Bedingungen sowjetischer Okkupation. Wer aber nach diesem grundsätzlichen Plädoyer für die Fortführung der Behörde der Bundesbeauftragten ein schlüssiges Konzept erwartet, wird enttäuscht. Favorisiert wird ein Forschungs- und Dokumentationszentrum, in das die Abteilung Bildung und Forschung der BStU überführt und mit den Gedenkstätten an die SED-Diktatur in Berlin verbunden werden soll. Um dies zu realisieren, unterbreiten die Empfehlungen drei Varianten. Sie betonen aber auch, die Behörde solle sich künftig auf ihre Kernaufgaben konzentrieren, also die Erschließung der Akten, der Akteneinsicht für Betroffene und die Erstellung von Findbüchern. Aber wie lange und ob die Behörde weiter existieren soll, sei Sache der öffentlichen Akzeptanz und der Entscheidungen der Politik. Die Gestalt der zweiten Säule des Geschichtsverbundes bleibt somit offen, wie auch die Zukunft der BStU.

Der Abgeordnete Markus Meckel hat daraus für sich die politische Konsequenz gezogen. Für ihn ist die Öffnung der MfS-Akten eine historische Leistung, »die auch für die Zukunft gesichert werden muss – nicht die Institution!« Daraus folgt, schon bei der Novellierung des Stasi-Unterlagen-Gesetzes muss vom Ende der Behörde im Bundesarchiv her gedacht werden, um Übergangszeiten einzuplanen. Auch Meckel findet, die BStU solle sich auf ihre Kernaufgaben konzentrieren. Seine Position ist an dieser Stelle von grundsätzlicher Bedeutung für die Debatte. Er unterstützt die Neujustierung der bestehenden Bundesinstitutionen für die künftige Auseinandersetzung mit der Erblast der SED-Diktatur in der Geschichtspolitik des Bundes, verabschiedet sich aber implizit gleichzeitig von dem rot-grünen Projekt eines integrierten Geschichtsverbundes.

Damit eröffnet er einen politischen Weg für die Regierung der Großen Koalition, von der er einen Kraftakt auf diesem Feld fordert, die vielen Denkanstöße der Empfehlungen in Bezug auf die vorhandenen Gedenkstätten, die Bundesstiftung zur Aufarbeitung der SED-Diktatur, die Museen und die BStU institutionenbezogen zu prüfen, um daraus eine dezentrale Konzeption für die Förderung der Aufarbeitung der SED-Diktatur zu formulieren. So einen Denkanstoß haben die Empfehlungen mit ihrem Schwerpunkt Grenze und Teilung geliefert, ein Thema das lange unbeachtet blieb. In dieser Hinsicht ist der Kulturstaatsminister gefordert, Entscheidungen zu treffen, um zum Beispiel die Umsetzungen des Gedenkkonzeptes Berliner Mauer seitens des Bundes zu fördern.

Moderator
Vielen Dank, Professor Manfred Wilke. Als nächsten Redner haben wir Professor Richard Schröder.

Professor Dr. Richard Schröder
Meine Damen und Herren, ich halte die Empfehlungen der Expertenkommission grundsätzlich für gelungen und auch für brauchbar. Sie sind sicher ergänzungsbedürftig, aber ich kann nicht erkennen, dass in ihnen etwas grundsätzlich Verkehrtes stünde. Allerdings lege ich ein Wort wie »durchherrschte Gesellschaft« nicht dergestalt auf die Goldwaage, dass ich vermute, hier solle von hintenherum die DDR umdefiniert und verharmlost werden. Ich möchte all denjenigen, die immerfort Böses hinter Formulierungen vermuten, versichern, dass sie zu solchen Verdächtigungen nicht gezwungen sind. Wir kennen diesen Hang zum Verdacht aus DDR-Zeiten sehr gut. Dass hier die DDR verharmlost werde, kann ich dem Text nicht entnehmen.

Der Vorwurf wird erstens daran geknüpft, dass die Kommission empfiehlt, auch den Alltag in der DDR zu thematisieren. Ich könnte mir dafür in der Tat sofort auch geschmacklose Versionen denken, sehe aber nicht ein, dass die Kommission an sie gedacht haben muss. Jemand hat behauptet, das Gedenken habe sich auf die Opfer und das Erbe des Widerstands zu beschränken. Ich finde, wer das behauptet, kennt nur Schwarz und Weiß, hier die Opfer und der Widerstand, dort die Machthaber und die Opportunisten. Wie will man dann zum Beispiel diejenigen einordnen, die sich im atheistischen Staat als Christen bekannten, dafür Nachteile in Kauf nahmen, aber nichts unternahmen, um den Staat zu stürzen? Sie sind keine Opfer im vollen Sinne des Wortes, Widerstand ist das auch nicht. Aber sind sie deswegen uninteressant? Wie diejenigen beurteilen, die in die CDU eingetreten sind, um nicht in die SED eintreten zu müssen? Sie können die Wirklichkeit einer Diktatur nicht erfassen ohne die Grautöne und die zwielichtigen Situationen und Entscheidungen, bei deren Erinnerung uns nicht ganz wohl ist, aber wir wollten ja nicht im Gefängnis landen.

Es ist das Stichwort »gesellschaftliche Bindekräfte« unter den Verdacht gestellt worden, hier sollte der DDR eine Sympathie bei den Bürgern angedichtet werden, die sie gar nicht gehabt habe oder haben könne. Ich will Sie daran erinnern, dass wir hier leider auch mit Grautönen zu tun haben. Was ist mit diesem, von vielen bis heute bejahten Satz: »Die Idee des Sozialismus war gut, nur die Durchführung war schlecht«? Oder erinnern Sie sich an den Aufruf »Für unser Land« im November '89. Ich weiß doch noch genau, wie viele im Herbst 1989 begeistert dafür waren, dass wir jetzt etwas ganz Neues beginnen, die SED-Herrschaft beenden und eine Alternative zur kapitalistischen Bundesrepublik bilden wollten. Ich erinnere an all die Verwirrungen, die sich mit dem Ausdruck Antifaschismus verbunden haben. Natürlich handelt es sich dabei um so etwas wie Bindekräfte, wenn jemand sagt: »Na ja, aber die Nazis, die gibt's bei uns nicht, die sind im Westen«. Denn man wusste ja nicht, wie viele der SED-Funktionäre, nicht übermäßig viele, aber peinlich viele, auch eine Nazi-Vergangenheit hatten. Das sind Bindekräfte aufgrund von Irrtümern, sage ich. Aber Sie können doch nicht bestreiten, dass es so etwas gab. Es gab eine Vielzahl von fatalen Teilidentifikationen mit der DDR-Wirklichkeit, die in eine solche Alltagsdarstellung gehören, mag es zum Teil auch peinlich sein, was da für uns zum Vorschein kommt.

Ich denke manchmal, dass diese Schwarz-Weiß-Malerei auch mit folgender Einstellung zu tun hat: »Wenn wir eine der beiden Diktaturen auf deutschem Boden erlebt hätten, wir hätten die durch unsere Zivilcourage sofort zum Einsturz gebracht.« Die bittere Erkenntnis, die ich gezogen habe, ist die: Wenn sich eine Diktatur erst einmal etabliert hat, lässt sie sich nicht von innen heraus stürzen. Entscheidend ist deshalb immer die Frage, ob noch genügend Freiheitswille vorhanden ist, wenn diese Diktatur ins Wanken kommt. Und das war eben 1989 der Fall. Als im Sommer das Weglaufen begann, fanden sich genügend Leute, die mit Namen und Adresse öffentlich Reformen forderten und bei unkalkulierbarem Risiko den Mut zu gewaltfreien Demonstrationen fanden. Deswegen war es eben doch eine Revolution. Und auch das finde ich wieder merkwürdig unter den Kommentaren: »Eine Revolution war es nicht, denn die Stunde war ja günstig.« Ja, denken Sie, bei anderen Revolutionen war die Stunde nicht günstig? Wenn der Staatshaushalt von den französischen Königen nicht ruiniert worden wäre und es nicht die Geschichte mit dem Papiergeld gegeben hätte und so weiter.

Ich möchte es mit der Ost-West-Debatte nicht zu weit treiben, aber das Folgende muss ich schon loswerden. Es gibt eine Art von Westdeutschen, die sagen: »Wir bewältigen euch eure Vergangenheit, denn die unserer Väter haben wir ihnen auch schon erfolgreich bewältigt.« Das kommt daher, dass sie vom Alltag in einer Diktatur nichts wissen und sich nicht vorstellen können, dass sie womöglich in einer Diktatur keine so übermäßig gute Figur abgegeben hätten. Die seltsamen Fragen, die mir manche Westdeutsche stellen, etwa »Haben Sie Honecker persönlich gekannt? Hat es eigentlich Schüleraustausch mit der Sowjetunion gegeben?«, kann ich so zusammenfassen: Viele stellen sich die DDR vor wie eine schäbige Bundesrepublik mit Ostgeld. Sie wissen nicht, was das Fehlen von Rechtsstaat, Demokratie und Öffentlichkeit im Alltag bedeutet. Das, denke ich, muss zur Darstellung kommen und kann unter der Überschrift Alltag verstanden werden. Wer darunter etwas anderes versteht, ist nicht sehr freundlich. Ich will noch mal vorlesen, wie der Schwerpunkt Herrschaft – Gesellschaft – Widerstand präzisiert wird: Die Themen »Widerstand und Opposition«, »Ideologie«, »Alltag in der durchherrschten Gesellschaft« und »Mechanismen der Machtausübung« sollen dort behandelt werden. Ich kann nicht erkennen, dass ein solcher Kontext für das Thema Alltag irgendwas verniedlicht. Es könnte aber in der Tat sein, dass, wenn man sich das dann genau angeguckt hat, man ins Grübeln kommt über die Frage, ob wirklich alle, die nicht zur DDR-Zeit gelebt haben, Helden gewesen wären, wenn sie in der DDR gelebt hätten.

Zweitens: Es ist kritisiert worden, dass die Kommission empfiehlt, die DDR-Geschichte in die Geschichte des Kommunismus und des sowjetischen Imperiums einzubeziehen. So sehr laut war dieser Protest hier allerdings nicht. Auch haben schon einige meiner Vorredner diesen Punkt für nicht kritikwürdig gehalten. Ich finde, das ist nicht nur notwendig, weil die DDR nun mal zum »sozialistischen Lager«, wie es sich selbst nannte, oder zum sowjetischen Imperium, wie es besser genannt werden sollte, gehört hat, sondern auch, um in diese Richtung vergleichend zu blicken. Dort in den Ländern, die wie wir nach 1989 den Wandel zu Demokratie und Rechtsstaat und zu marktwirtschaftlichen Verhältnissen gehen mussten, liegen viele Dinge ähnlich wie in den neuen Bundesländern. Und auch in den gegenwärtigen Fragen zwischen Ost- und Westdeutschen, etwa »Warum sind sie so anders als wir?«, ist es oft hilfreich, wenn man jene betrachtet, die ähnliche Wege gehen müssen. Es ist für die Beurteilung der jetzigen Verhältnisse in den neuen Bundesländern auch passender, die Verhältnisse in den östlichen Nachbarländern zum Vergleich heranzuziehen, als immer vom Westen aus zu fragen: »Warum sind die noch nicht wie wir?« Als wenn die westliche Normalität nun das Maß des Guten darstellte.

Drittens: Gegen die Empfehlung ist der Vorwurf des Historisierens gemacht worden. Die Kommission war gut beraten, dass sie die Wendung »Paradigmenwechsel von der politischen Delegitimation zur kritischen Historisierung« gestrichen hat. Dadurch hat die Empfehlung gewonnen. Um Paradigmenwechsel kann es dabei wirklich nicht gehen. Doch möchte ich nun auch davor warnen, in dem Ausdruck Historisierung etwas Böses zu sehen. Historisierung ist ein ganz selbstverständlicher Prozess, der dem Gang der Zeit folgt in dem Maße, in dem die Zahl derer, die die DDR erlebt haben, sinkt. Daher muss erzählt und erinnert und unterrichtet werden. Und um dem Erinnern eine solide Grundlage zu geben, muss auch geforscht, gewichtet, verglichen werden. Aus dem Erlebten wird notwendigerweise Reproduziertes. Auch das kann man unter Historisierung verstehen, und das ist keine Bosheit, sondern etwas, das unvermeidlich ist. Nicht über das *Dass* sondern über das *Wie* sollte gesprochen werden.

Viertens: Den Empfehlungen ist vorgehalten worden, sie hätten die baldige Auflösung der Stasi-Akten-Behörde BStU fordern sollen. Wenn Hans Modrow das fordern würde, würde ich das zwar auch ablehnen, aber verstehen. Nicht verstehen kann ich die Forderung von denjenigen, die sich vom Verschwinden der Stasi-Akten-Behörde einen freien Zugang zu den Akten erwarten. Das ist doch nun wirklich ein Fehlschluss. Die besonderen Zugangsregelungen des Stasi-Unterlagen-Gesetzes hängen nicht an der Existenz der Behörde, sondern an der Eigenart dieser Akten und an der Gesetzeslage zum Datenschutz und zur informationellen Selbstbestimmung. Wenn die Akten ins Bundesarchiv überführt würden, würden sie ihren Sondercharakter nicht verlieren und deswegen weiter unter besonderen Zugangsbedingungen stehen. Im Übrigen wird es dafür weiterhin sehr viel Personal brauchen. Wenn in nächster Zeit die Bundesbehörde aufgelöst würde, hätte das Bundesarchiv all diejenigen anzustellen, die notwendig sind, um mit diesen Akten umzugehen.

Für die Behörde bleibt auch, wenn die Regelanfragen bei Anstellungen im öffentlichen Dienst ab Ende Dezember 2006 entfallen, weiterhin ein Bedarf an Überprüfung auf Stasi-Mitarbeit mindestens bei denjenigen, die vor Antritt eines Amtes das selber wünschen und bei denjenigen, denen ein entsprechender Vorwurf gemacht wird. Die Ermöglichung der Akteneinsicht für Bespitzelte, also der Opfer, müsste auch weiter betrieben werden. Im Jahr 2005 sind 80.000 neue Anträge gestellt worden. Die Bundesbeauftragte wird ja selbst zu diesem Komplex noch Stellung nehmen. Deswegen will ich hier nicht so ausführlich werden, sondern nur sagen, solange diese Aufgaben bestehen, ist es abwegig, die Behörde zu schließen, die sie erledigt. Die Zahl der Mitarbeiter ist gegenüber dem Höchststand inzwischen auf die Hälfte reduziert und kann auch ohne Kündigungen weiter sinken. Ich stimme denjenigen zu, die für die Schließung der Behörde ein Datum wie 2020, also 30 Jahre nach dem Ende der DDR, ins Auge fassen und würde sehr wünschen, dass man, wenn die Frage noch einmal gründlich diskutiert worden ist, dann aufhört, immerfort wieder mit kurzfristigen Schließungsvorschlägen zu kommen. Da muss eine gewisse Planungssicherheit und auch eine gewisse Verlässlichkeit für die Mitarbeiter garantiert werden.

Ich möchte mich noch zu folgender Empfehlung äußern: Die Zuordnung von Haus 1 in der Normannenstraße zur Stasi-Akten-Behörde erscheint mir sinnvoll, zumal dort dann auch die Ausstellung, die die Behörde selber betreibt, in diesem Zusammenhang unterkommen könnte. Eine Zuordnung der Gedenkstätte Hohenschönhausen zur Stasi-Akten-Behörde BStU leuchtet mir nicht ebenso ein. Die Probleme, die es dort gibt, werden nach meinem Eindruck nicht durch diese neue Zuordnung gelöst.

Zum Schluss noch drei Anmerkungen:

Erstens: Ich bewundere die Gründlichkeit und Ehrlichkeit, mit der sich die westdeutsche Öffentlichkeit schließlich doch der Auseinandersetzung mit dem Nationalsozialismus gestellt hat. Es gehörte zu den Lebenslügen der DDR, sich mit der Behauptung, die DDR stehe auf der Seite der Sieger der Geschichte, und mit Hilfe des »Antifaschismusmythos« aus der Auseinandersetzung wie auch aus Aufgaben der Wiedergutmachung zu salvieren und mit Hilfe dieses »Mythos« die nächste Diktatur zu begründen. In der Auseinandersetzung mit dem Nationalsozialismus musste begriffen werden, wie eine Diktatur das deutsche Volk in eine moralische, politische, militärische, wirtschaftliche Katastrophe ohnegleichen geführt hat. In der Nazi-Zeit wurde, konnte man sagen, alles immer schlimmer bis zum katastrophalen Ende. Von daher stammt wohl auch die Auffassung, die Erinnerung an eine Diktatur bestehe eben aus Opfergedenken und Erinnerung an – gescheiterten – Widerstand. Das ist ja in dem Zusammenhang alles in Ordnung, aber nicht alles ist übertragbar. Die SED-Diktatur hat einen anderen Verlauf genommen. Wir Älteren mussten sagen: »Es war schon mal schlimmer, nämlich unter Stalin und Ulbricht.« Die wilden Verhaftungen und Haft ohne Gerichtsurteil wurden weniger, Feindsenderhören wurde toleriert, das Risiko von Ost-West-Kontakten sank. Das alles und mehr hat dazu geführt, dass die Bürger der DDR schließlich die Diktatur selbst zum Einsturz bringen konnten. Das wird in den Empfehlungen kaum berücksichtigt. Zur Geschichte der DDR gehört, hatte ich gedacht, auch noch das Jahr 1990 bis zum 3. Oktober, aber die demokratisch gewählte Volkskammer kommt nirgends vor. Ich habe manchmal den Eindruck, wir hätten eine Berührungsangst mit angenehmen Tatsachen.

Zweitens: An keiner Stelle habe ich die Kirchen in der DDR erwähnt gefunden. Ihre Stellung und Rolle war aber sehr viel anders als die der Kirchen im Westen Deutschlands. Erläuterungsbedarf besteht da schon für denjenigen, der das nicht kennt. Einen richtigen Kirchenkampf gab es Anfang 1953. Der ist durch sowjetische Intervention noch vor dem 17. Juni abgebrochen worden. Es gab fortdauernde Benachteiligungen, Nagelstiche und Misstrauen. Aber man kann die Kirche eigentlich nicht bei der Rubrik Opfer unterbringen, das passt nicht. Sie können sie aber auch nicht bei der Rubrik Widerstand unterbringen. Widersprechen – ja, aber Widerstand im klassischen politischen Sinn, dafür standen die Kirchen auch nicht. Da sie der einzige nicht völlig gleichgeschaltete Bereich der sozialistischen Gesellschaft blieb, war ihre Bedeutung aber sehr viel größer, als aus der Mitgliederzahl zu erwarten gewesen wäre. Ich finde, dass die Rolle der Kirchen in der DDR berücksichtigt werden muss, auch im

Hinblick auf das Festhalten von Partnerschaften über die Grenze hinweg und hinsichtlich des geheimen Literaturtransfers.

Drittens. Die Erinnerung an die beiden deutschen Diktaturen kann nicht das Ganze unserer Erinnerungspolitik ausmachen. Eine Demokratie kann sich nicht allein aus traurigen Diktaturerfahrungen legitimieren. Wir sollten uns allmählich an den Gedanken gewöhnen, dass die deutsche Geschichte auch Erfreuliches zu bieten hat, einiges doch sicher auch vor 1933, gar nicht so wenig nach 1990. Das war ja nun nicht die Aufgabe der Kommission, aber ich möchte daran erinnern. Die Erinnerung allein an Katastrophen ermuntert nicht, und das kann nicht das letzte Wort in Sachen Erinnerungskultur sein. Ich danke Ihnen.

Moderator
Vielen Dank, Herr Schröder. Herr Gauck bitte.

Dr. h.c. Joachim Gauck
Die Expertenkommission hat die zur Debatte stehenden Vorschläge in einjähriger Arbeit zusammengestellt. Die Unterfinanzierung verschiedener Institutionen, die Debatte über die Zukunft der BStU und nicht zuletzt der Gedenkstättenantrag der CDU aus der vorigen Legislaturperiode zeigten bereits an, dass ein konzeptionelles Defizit, dass auch Handlungsbedarf besteht. Und nun versuchen die Empfehlungen, dies zu korrigieren. Das Gesamtkonzept, das uns jetzt vorliegt, hat reichlich Fragen und Kritik auf sich gezogen. Davon war schon die Rede. Es zeigt aber einen möglichen Weg auf, wie der Erinnerung und Vergegenwärtigung der vergangenen Diktatur bessere Chancen verschafft werden können. Deshalb gebührt dieser Kommission der Dank der Öffentlichkeit, meinen jedenfalls hat sie.

Es ist dringend erforderlich, dass Parlament und Regierung die Aufarbeitung der zweiten Diktatur in Deutschland sichern, fördern und optimieren, und zwar nicht nur wegen der ewig gestrigen roten Reaktionäre, über die wir uns in Berlin vor einigen Wochen erregen mussten, sondern aus wichtigeren Gründen. Die Verluste, die Belastungen und die Prägungen von über 40 Jahren kommunistischer Diktatur haben eben nicht alle Deutschen erfahren, sondern nur die Ostdeutschen. Das bedeutet, dass für mehr als vier Fünftel der Menschen, die in Deutschland wohnen, das fremd ist, was uns im Osten die Existenz bestimmte oder bedrohte. Wenn nun im wiedervereinigten Deutschland nicht eine Entwicklung zur Abkapselung dieses Fremden, zur Marginalisierung und schließlich zur Preisgabe dieses Teils der historischen Tradition Raum greifen soll, muss gehandelt werden. Im Laufe von Jahrzehnten ist es gelungen – mein Vorredner hat darauf verwiesen – die Erinnerung an den Nationalsozialismus in Westdeutschland zu einem festen Bestandteil der kollektiven Identität der Deutschen zu machen. Es ist ganz offensichtlich, dass wir mit der zweiten Diktatur in Deutschland noch lange nicht so weit sind. Im Osten gibt es zwar eine große Gruppe bewusster Demokraten, für die die kritische Aufarbeitung der DDR-Vergangenheit wichtig ist. Es gibt auch viele Aktivitäten vor Ort, aber die Gruppe derer, die sich selektiv und nostalgisch erinnern will, ist sicher nicht kleiner, eher ist sie größer. Im Westen, wo eigene Erfahrungen mit diktatorischer Repression und Unfreiheit fehlen, ist es tatsächlich schwer, Empathie und Verständnis zu entwickeln. Manchmal erscheint es, als sei der Empathievorrat aufgebraucht für die Aufarbeitung der nationalsozialistischen Vergangenheit. Ein normaler Durchschnittsbürger und Zeitungsleser fragt sich, ob er das denn noch will, noch einmal eine Vergangenheit anschauen, noch dazu eine, die seine Familie gar nicht tangiert hat. Das überfordert viele. Es fehlen auch sinnliche Erfahrungen. Werden sie denn einmal angeboten, wie jüngst im Film »Das Leben der Anderen«, dann ist plötzlich Erstaunliches möglich, dass ganz junge und von Diktatur ganz unbelastete Menschen so etwas wie eine Empathie und damit eine Zugangsfähigkeit neu entwickeln.

Die notwendige innere Einheit der Deutschen wird in dem Maße wachsen, wie die Geschichte der Ostdeutschen in das kollektive Selbstbild der Deutschen insgesamt integriert wird. Vorher werden wir diese innere Einheit nicht haben. Man kann sie nicht durch organisatorische und institutionelle Regeln schaffen. Wir müssen ein Gemeinsames haben, auf das wir uns beziehen können. Es ist deutsches Schicksal, was hier in Ostdeutschland über Jahrzehnte gelebt wurde. Das gehört zum Kernbestand deutschen Schicksals. Und gerade weil, wie Richard Schröder es so trefflich gesagt hat, gerade weil wir diesem Schicksal selber abhelfen konnten, ist es so wichtig, diesen Teil der Erinnerung eben nicht nur in Ostdeutschland, sondern in Gesamtdeutschland wach zu halten. Neben dem Arbeitsauftrag dieser Expertenkommission gibt es also eine sehr komplexe Aufgabenstellung. Es ist eine sehr komplexe Aufgabenstellung für viele weitere Expertenkommissionen oder einfach für uns alle, nämlich zu erkennen, dass es einen Prozess geben muss, der den Mehrheitsdeutschen unsere ostdeutschen Erfahrungen näher bringen will und näher bringen kann.

Bezogen auf den Auftrag, den sie hatte, versucht die Expertenkommission, mit ihren Vorschlägen so etwas wie eine Optimierung der Ressourcen der Aufarbeitung zu befördern. Das Konstrukt von drei Kristallisationskernen, Aufarbeitungsschwerpunkten, soll dabei für mehr Übersichtlichkeit sorgen. Natürlich wird man fragen müssen, ob bei einer solchen Aufteilung eine einheitliche Politikwelt nicht aufgegliedert, ob also getrennt wird, was zusammengehört. Aber man kann die drei Aufarbeitungsschwerpunkte auch als »Eingangstore« betrachten. Ein je eigener Weg führt zur Besichtigung der Diktatur. Allerdings enthüllt sich pars pro toto das Ganze wesentlich auch schon in der Betrachtung eines Schwerpunktes. Viele Menschen aus dem Bereich der Opferverbände haben gesagt, dass Eigentliche der Diktatur hätten wir doch schon hinlänglich beschrieben, wenn wir Repression und Widerstand, wenn wir den Unterdrückungsapparat darstellen. Man kann ihnen zustimmen, ja, dann haben wir das Eigentliche beschrieben. Aber dennoch ist zu fragen, ob wir für jeden in gleich guter Weise, auch für die später Lebenden, auch für die Westdeutschen, auch für andere Besucher ein solches pars pro toto für ausreichend erachten sollen, um uns mit dieser Vergangenheit zu konfrontieren. Daher halte ich die Benennung eines Schwerpunktes Herrschaft, Gesellschaft und Widerstand keineswegs für gefährlich. Nein, das ist für mich kein neues Paradigma, es ist eine Paradigmenergänzung, sinnfällig und notwendig. Wir brauchen eine erweiterte Erinnerungskultur, auch wenn für einen Teil der Bevölkerung der Blick auf Stasi-Haft, auf Lager und auf einen Gedenkstein ausreichen würde. Wir könnten uns doch eigentlich so verständigen. Woher diese Aggressivität? Es besteht doch nicht mehr die Gefahr, dass die Würde der Opfer negiert wird. Es besteht vielleicht die Gefahr, dass es beim Mittelzufluss etwas hapert. Aber es gibt für mich keinen Grund für einen Glaubenskrieg zwischen jenen, die meinen, eine Verharmlosung ausmachen zu dürfen und zu sollen und den anderen, die die reine Lehre vertreten. Ich jedenfalls kann eine Tendenz zur Verharmlosung und zur »Weichspülung« oder »Entsorgung« nicht herauslesen und schließe mich meinem Vorredner inhaltlich voll an. Für mich wäre es hingegen ein enormer Gewinn, könnte es gelingen, einen Lernort zu entwickeln, an dem neben der nackten Gewalt der Gefängnisse und der Stasi-Dienststellen die andere Seite der Diktatur erfahrbar gemacht werden könnte. Lassen Sie uns nicht länger darüber streiten, ob das Wort Alltag dafür die richtige Bezeichnung ist. Geben Sie einfach einen anderen hilfreichen in die Debatte, der das Komplexe einer solchen Diktatur darzustellen vermag. Ich nenne Beispiele: das Erziehungs- und Bildungssystem mit seinen frühen Einübungen in Gehorsam und den Tendenzen zur Entindividualisierung der Schüler, die Rolle der Pionier- und FDJ-Organisation, die Kaderpolitik einschließlich des neuen sozialistischen Adels der Nomenklaturkader, die Gewerkschaften oder, sagen wir besser, die so genannten Gewerkschaften, denn sie entbehrten der wesentlichen Merkmale freier Gewerkschaften. Dazu zählen auch das unterentwickelte, weil überkontrollierte Vereinswesen und damit die totale Verarmung einer Existenz des verantwortungsbewusst in seine Nachbarschaft eingreifenden Bürgers oder die Vernichtung von jahrhundertealtem Kulturgut, wie etwa das einer Bauernlandschaft und die Umwandlung in Agrarindustrie, wo Eigenverantwortung dann in weiten Bereichen einer nicht akademischen Bevölkerung gar nicht mehr eingeübt werden konnte. Andere wesentliche Dinge, wie das Recht, schon das Zivilrecht oder die nicht stattfindende Herrschaft des Rechts, der Mangel als Wirtschaftsprinzip und sämtliche Strategien, mit diesem Mangel umzugehen, ließen sich hier als weitere Beispiele anführen. Jeder dieser Punkte zeigt Ihnen, den Kritikern, doch, was wir aus unserem Alltag herauslesen können, wie in diesem Alltag die Ohnmacht der Ohnmächtigen gefördert und die Macht der Mächtigen befestigt wurde. Insofern benötigen wir nicht dieses fruchtlose Gegeneinander von Alltagsverwaltern und Diktatur- bzw. Repressionsspezialisten, sondern wir brauchen einen Blick auf die Gesamtheit einer entmächtigten Gesellschaft, eines Irrwegs der Politikgeschichte. Dieser Staat, in dem die Ostdeutschen gelebt haben, war eben auch ohne

Staatssicherheit ein Irrweg der Politikgeschichte, weil er alle jene Normen, die das Demokratieprojekt enthält, die Gewaltenteilung, die Grundrechte der Bürger und die Herrschaft des Rechts, insgesamt kassiert hat. Diesen politisch-kulturellen Rückschritt kann man eben nicht alleine mit Gedenkorten und Gefängnissen und ähnlichen Dingen zureichend darstellen. Ganz besonders kann man es nicht für die, die das alles nicht erlebt haben.

Ich will Ihnen ein Beispiel aus meiner Praxis geben. Ich habe jahrelang als Bundesbeauftragter meine öffentlichen Vorträge nur über Staatssicherheit gehalten. Ich halte sehr viele, sicher über zwei Drittel, in Westdeutschland und habe seit etwa acht Jahren aufgehört, über Stasi als Hauptthema zu sprechen. Wenn ich jetzt im Westen bin, erkläre ich den Menschen, »wie man ein Ossi wird«. Aber ich bringe sie dazu nicht gedanklich in ein Gefängnis, sondern ich sage dann den Menschen in Freiburg, sie sollten sich einmal nach Freiberg/Sachsen versetzen, sie sind sechs Jahre und gehen in eine Schule. Ich spreche darüber, wie Schüler Jungpioniere, Thälmannpioniere und FDJler werden. Ich berichte von Fahnenappellen und vom Wehrkundeunterricht. Da habe ich noch überhaupt nicht von der Berufswelt gesprochen, von den Anpassungsleistungen und all diesen Dingen. Ich habe nur von der Schule gesprochen, und schon läuft es allen kalt über den Rücken. Also, da ist nichts von Verharmlosung. Ich bitte hier um eine Versachlichung der Debatte, wenn solche Begriffe wie Alltag auftauchen. Es geht doch letztlich darum, dass wir uns klar machen, dass die Verwandlung von Bürgern, von möglichen Bürgern, in »Staatsinsassen« nicht vor einem Stasi-Offizier und nicht im Gefängnis beginnt, sondern viel früher. Sie beginnt in der Schule, im Kindergarten, und sie setzt sich in den normalen betrieblichen Anpassungsleistungen fort, auch in der Wohngemeinschaft: »Warum Herr Gauck wollen Sie denn keine Fahne raushängen am 1. Mai? Alle acht anderen tun es, nur Sie nicht. Was macht unser Haus für einen Eindruck?« Richard Schröder und viele andere der hier Anwesenden könnten dutzendweise davon erzählen, was uns zur Anpassung gebracht hat. Aber wo stellen wir dieses Anpassungssyndrom des normalen Alltags eigentlich dar? In diesem Zusammenhang lässt sich nämlich Anpassungsmechanismus und Widerständigkeit gleichzeitig darstellen. Auch die Gegenkulturen haben ja zunächst einmal durch Andersartigkeit ihren Raum im ganz normalen Alltag. Deshalb finde ich es wichtig, dass beispielsweise die Stadt Leipzig nicht nur die Runde Ecke hat, wo an das unselige Wirken der Stasi erinnert wird, sondern dass mit dem Zeitgeschichtlichen Forum als Teil des Hauses der Geschichte der Bundesrepublik Deutschland etwas existiert, was über diesen Bereich der unmittelbaren Repression hinaus geht. Zudem ist es im Zentrum der Stadt gelegen, besucherfreundlich, so etwas brauchen wir. Ich befürchte allerdings, dass die finanziellen Mittel nicht ausreichen, um einen neuen »Lernort DDR« zu schaffen. Aber wir brauchen ihn, in der Torstraße oder anderswo. Er muss begehbar sein, er muss gut gelegen sein, und er darf Geld kosten. Also insofern herzlichen Dank, wenn die Kommission auch mal vorsichtig über den Tellerrand geguckt hat.

Zum Aufarbeitungsschwerpunkt Überwachung und Verfolgung und deren Forschungs- und Dokumentationszentrum Diktatur und Geheimpolizei finden sich drei unterschiedliche Modelle mit mehr beziehungsweise weniger Eigenständigkeit der einzelnen Einrichtungen. Wenn man es praktisch machen will, dann sollte man mehr Gemeinsamkeiten suchen, auch organisatorisch. Ich kenne meine Berliner Pappenheimer, und ich sage Ihnen, es wäre realistischer, auf weniger Gemeinsamkeit zu setzen. Mehr Nähe aber, auch mehr strukturelle Nähe, ist schon möglich, ohne dass in der Normannenstraße gleich gedacht wird, jetzt übernähme der Staat, was Bürger einst gesichert und gestaltet haben. Das wollte der Staat noch nie, auch wenn es früher, schon zu meiner Zeit, Versuche gegeben hat, das Dach über den Köpfen der Aktivisten zu sanieren. Man ist eben zeitweilig so sehr mit seinen eigenen Anliegen beschäftigt, dass man über Dächer wenig nachdenkt. Der Deutsche Bundestag hat es getan und wird es weiter tun müssen, eben durch die Bewilligung der Mittel, auch das Land Berlin. Dazu wollen wir sie unterstützen. Wir unterstützen sie aber nicht, wenn wir pausenlos in Streit geraten. Deshalb brauchen wir eine sachliche Nähe, wo sie geboten ist. Die Ausstellung der Bundesbeauftragten über das Wirken der Stasi gehört eigentlich in die Normannenstraße. Und man müsste doch einen Weg finden, dort die Bürgeraktivitäten und die staatlich geförderte Aufklärungsaktivität zusammenzuführen, ohne dass jemandem Not und Vereinnahmung droht.

Abschließend erscheint es mir wichtig, dass die Kommission darauf verzichtet hat, der Behörde der Bundesbeauftragten einen zeitlichen Rahmen zu setzen. Es wäre in der Tat zu früh. Trotz des Wegfalls von einigen Aufgaben der Behörde ist sie nicht nur als Archiv, sondern – wir haben die Antragszahlen soeben gehört – als Dienstleister für Akteneinsicht und als Instanz der politischen Bildung verpflichtet, tätig zu werden, nicht qua Übermut, sondern mit gesetzlichem Auftrag. Das ist sie nicht nur in Berlin, sondern in der Fläche. Es gibt Gegenden, da verkörpert die Außenstelle der Bundesbeauftragten im Grunde so etwas wie ein Zentrum der politischen Bildung, weil die Landeszentralen für politische Bildung und die Bundeszentrale dort keine Niederlassungen haben. Das ist eine unglaublich bürgernahe Form, mit Verweis auf die Repression Bürgern politische Aufklärung zu ermöglichen. Die Vorstellung, wie man sie aus dem akademischen Bereich gelegentlich hört, bei Abgabe des Archivs an das Bundesarchiv könnte der Zugang zu den Unterlagen erleichtert werden, etwa durch weniger Anonymisierung, ist schlichtweg naiv. Darauf hat mein Vorredner schon hingewiesen. Der Gesetzgeber hat ja nicht ohne Grund ein Spezialgesetz für diese speziellen Akten erstellt. Die Gründe dafür gelten noch, und es wird sich schwerlich eine Mehrheit finden, die die vor 15 Jahren gefundene Lösung gänzlich ändert. Warum denn auch, meine Damen und Herren? Die Behörde, das muss man nun schließlich sagen, und erlauben Sie mir, das als Pensionär einmal zu tun, die Behörde ist ihrerseits natürlich, lieber Manfred Wilke, so etwas wie ein Monument, nämlich ein Monument freiheitlicher und partizipatorischer Politikgeschichte. In ihr haben wir so etwas wie eine institutionelle Verbindung von Revolution, von der Absicht der Bevölkerung, Herrschaftswissen in die Hände und Köpfe der Unterdrückten zu bringen, mit einem sehr westlichen und sehr demokratischen Ansatz, über Rechte von Individuen zu denken, etwa über das Recht an Informationen. Daher verbindet sich in dieser Behörde so etwas wie Revolution und Rechtsstaat. So ist sie für sich auch ein Denkmal freiheitlicher und emanzipatorischer Politikgeschichte.

Ich möchte zum Abschluss einen Wunsch an die Debattenteilnehmer formulieren: Bislang, bis in diese letzten Jahre ist es gelungen, gegenüber der Diktatur einen Konsens aller Demokraten zu erlangen und zu festigen. Es ist schon hingewiesen worden auf die Formulierungen der Enquete-Kommission des Deutschen Bundestages. Es gibt vielfältige praktische Untermauerungen dieses Konsenses der Demokraten gegenüber der Diktatur. Ich wünsche mir anlässlich dieser Anhörung wirklich dringlich, dass wir uns nicht durch die politische Farbenlehre oder durch Partikularinteressen von diesem Konsens abbringen lassen. Ich danke Ihnen.

Moderator
Vielen Dank, Joachim Gauck. Da die Zeit bis zur Mittagspause knapp wird, nur die ganz kurze Frage an alle fünf Sachverständigen und die Möglichkeit auch der Kommission, darauf zu reagieren: Ist dieses Drei-Säulen-Modell ein brauchbarer, ein gangbarer Weg in die Zukunft, oder ist es eine Kopfgeburt, die keine Chance hat? Wie lautet das Votum? Herr Möller.

Professor Dr. Horst Möller
Mein Votum war ja klar. Ich halte es deshalb nicht für geeignet, weil es erstens institutionell so nicht funktionieren kann, weil zweitens thematisch wesentliche Bereiche ausgeklammert sind und weil ich drittens methodische Einwände habe, da es Sektoren von Herrschaft und Gesellschaft trennt, die dialektisch verbunden waren. Ich will das noch einmal betonen. Es geht nicht darum, da sind wir – Herr Gauck, Herr Schröder, Herr Rürup und ich – uns ja völlig einig, es geht nicht darum, die Alltagsgeschichte auszuklammern. Es ist die Frage, wie sie dargestellt wird. Ich habe gesagt, unter den Bedingungen der Diktatur, ein anderer hat gesagt, des totalitären Regimes. Und die zweite Frage ist, welches Gewicht der Alltagsgeschichte für die Beurteilung der DDR zukommt. Das ist das Entscheidende. Es geht hier nicht um ein Verdikt über irgendeinen Themenbereich. Das haben wir in vielen anderen Bereichen der Geschichtswissenschaft ja auch. Es geht um die Gewichtung und das Wie. Und da ist mein Bedenken größer als das der anderen, weil ich meine, die Dialektik dieser verschiedenen Bereiche kommt in dieser institutionellen Trennung und der Ausklammerung bestimmter Themenbereiche nicht hinreichend zur Wirkung.

Professor Dr. Reinhard Rürup
Ich habe schon versucht, meine Position zu dieser Frage deutlich zu machen. Das Drei-Säulen-Modell ist eine gute Basis für eine sinnvolle und auf Praxis gerichtete Diskussion. Ich glaube aber nicht, dass man schon davon ausgehen kann, man hätte mit dem, was bisher im Papier steht, alles erreicht. Hier bedarf es doch sehr vieler Zuspitzungen und auch noch einmal des sorgfältigen Nachdenkens. Ich habe es bereits gesagt: Wenn man schon neue Institutionen schafft, dann sollten die beiden Gedenkstätten, die die Öffentlichkeit an die Stasi erinnern, zusammen mit anderen Orten organisiert werden. Das wäre vielleicht eine sinnvolle Konstruktion. Ich glaube im Übrigen, dass wir insgesamt noch einmal darüber nachdenken müssen, ob es sinnvoll ist in Berlin, für die NS-Gedenkstätten *eine* Bundesstiftung zu schaffen und für die SED-Thematik *vier* Stiftungen vorzusehen. Aus diesen Gründen meine ich, dass das Modell eine gute Basis für die Diskussion ist, aber noch nicht das Ergebnis.

Professor Dr. Manfred Wilke
Ich habe in meinen Ausführungen die Empfehlungen systemimmanent diskutiert und habe vor allem in Frage gestellt, ob ein Kommunikationsort Alltag, der diese drei Kristallisationskerne verknüpfen soll, sinnvoll ist. Ich plädiere stattdessen dafür, ihn im Bereich der Diktatur zu verorten, also im zweiten Turm. Dies war der Kern meiner Ausführungen. Ansonsten haben die Herren Schröder und Gauck überzeugend davon gesprochen, wie dieses differenzierte Bild der Diktatur darzustellen ist, welches ich überhaupt nicht in Frage stelle und das ich unterstütze. Es ging, wie gesagt, in meinem Beitrag nur darum, ob diese Dreiteilung, die ich in dieser Form sowieso nicht für sinnvoll halte, dann auch noch über ein »Forum Alltag« zu überhöhen ist. Dagegen habe ich mich gewandt, und ansonsten bin ich sehr dafür, im Westen die DDR so zu erklären, wie Gauck es anschaulich geschildert hat: den Westdeutschen anhand der eigenen Lebenserfahrung zu vermitteln, wie unterschiedlich das Leben in der vergangenen DDR war.

Professor Dr. Richard Schröder
Von den drei genannten Komplexen sind zwei gewissermaßen

von Natur an Baulichkeiten gebunden. Die einen wollen, wenn es um Teilung und Mauer geht, ein Stück davon sehen, da gehen sie hin. Und wenn dort bei der Gelegenheit, weil es ja auch irgendwo vorkommen muss, über Kindergarten gehandelt wird, fasst man sich ein bisschen an den Kopf. Der andere Komplex hängt an Hohenschönhausen und der Normannenstraße. Da wäre doch eine Abteilung über Schule auch deplatziert, als wenn die Stasi in der Schule unser Hauptproblem gewesen wäre. Und so entsteht bei mir der Eindruck, dass die beiden Orte nicht für die Gesamtheit der Thematik geeignet sind. Also wird man irgendwie dieses dritte Thema, das wir hier immer »Alltag« nennen, irgendwo unterbringen müssen. Aber bitte nicht in der Normannenstraße, das verzerrt, und an der Mauer hat sowieso keiner vor, eine Abteilung über Alltag in der DDR zu eröffnen. Und so ergibt sich, dass man einen dritten Ort braucht. In der Wissenschaft wäre es absurd, die drei Aspekte auseinander zu halten. Hier geht es aber darum, was in der Landschaft steht, und Sie können ja nicht die Normannenstraße an die Mauer schieben.

Dr. h.c. Joachim Gauck
Also, ich könnte auf diese strikte Trias verzichten, wenn wir darüber wieder für zwei oder drei Jahre ins Debattieren kommen. Dann wäre es wohl einfacher, das Vorhandene zügig auszubauen und nach einem Rat zu fahnden, der im Grunde Koordinierungs- und Vernetzungsaufgaben – die in Ihrem Papier ja so eine große Rolle spielen – übernimmt. Dieser hätte auf Überschneidungen und Mittelvergeudung oder auch Umlenkungen im Mittelplan zu achten, also, man muss es nicht haben. Ich habe es eingangs so betrachtet, ich kann damit leben, mich irritiert es nicht. Im Übrigen würde ich sagen, dass neben allem die Opfer, die zwar manchmal laut sind in ihren Verbänden, eine stärkere öffentliche Wahrnehmung brauchen. Und wir haben keinen Gedenktag des »17. Juni«. Das ist sehr schade, weil es so ein wunderbarer, freiheitlicher Gedenktag wäre. Wir brauchen eine stärkere Würdigung dieser Personengruppe. Wenn sie die erfahren, werden sie auch die übrigen Aktivitäten der Vergegenwärtigung, die nicht mit ihrem schweren Schicksal zu tun haben, leichter fördern und nicht gegen diese Varianten kämpfen.

Moderator
Die Kommission möchte gerne antworten. Ein Jahr geforscht, zwei Stunden haben wir jetzt Positionen dazu gehört. Herr Sabrow, können Sie damit leben?

Professor Dr. Martin Sabrow
Als meinen ersten Eindruck möchte ich meine Erleichterung äußern. Es ist die Erleichterung darüber, dass wir aus den in den letzten Wochen frisch ausgehobenen Schützengräben offenbar wieder herauskommen, die bei den einjährigen Beratungen unserer Kommission noch gar keine Rolle gespielt hatten und von denen wir vielleicht damals etwas voreilig gemeint hatten, dass wir sie endgültig überwunden hätten. Was wir hier erleben, ist, glaube ich, vielleicht sogar eine Sternstunde der Aufarbeitung. Dass wir uns hier in einer Weise über verschiedene Modelle streiten, die die bewusste polemische und rein politische Zuspitzung vermeidet, finde ich außerordentlich wichtig und wohltuend. Der zweite mich überraschende Eindruck bezieht sich auf die Selbstverständlichkeit, mit der der systemspezifische Alltag in unserer Diskussion präsent ist. Das Geheimnis von Diktaturen lässt sich eben nur über diesen Raum des Alltags in der Diktatur entschlüsseln und damit auch das Maß an Verantwortung abschätzen, das jeder Einzelne an jedem Tag neu auf sich nahm, um die Diktatur zu stärken, zu schwächen oder ihr auszuweichen. Dass dies hier als so selbstverständlich und so eindeutig diskutiert wird, freut mich sehr und markiert auch ein wichtiges Anliegen der Expertenkommission.

Ich habe den Eindruck, dass die Zeit geradezu nach dem noch nicht vorhandenem Lernort mit dem vorläufigen Arbeitstitel »Forum DDR-Aufarbeitung« schreit. All die Monita, die in der gegenwärtigen Aufarbeitungslandschaft noch fehlenden Aspekte der DDR-Diktatur, die von unseren fünf eingeladenen Kommentatoren genannt wurden, sind ja an einem solchen Ort, wie Herr Schröder das mit Recht sagte, unterzubringen – wenn es denn gelänge, einen Ort zu finden, der auch ein Maß an Authentizität mitbrächte, also einen auratischen Charakter entwickeln könnte. Und das schien uns sehr schwer. Wir haben verschiedene Vorschläge entwickelt. Die ehemalige Parteizentrale in der Torstraße als Ort einer Diktatur, die ja auch das Geheimnis des Wortes zu ihrem Herrschaftsinstrument machte, wäre ausgezeichnet geeignet, um die Anatomie der SED-Diktatur, auf die wir ja mit unserem Lernort zielen, zu demonstrieren. Ob das finanziell machbar ist, können wir nicht entscheiden, und wir haben natürlich auch alternative Orte angegeben.

Ob das Drei-Säulen-Modell das geeignete ist, wie Herr Läpple fragte und Sie als Kommentatoren differenziert beantwortet haben, sei dahingestellt. Es ist natürlich, Herr Möller, ein pragmatischer Vorschlag. Es ging uns nicht um eine Gesamtevaluierung der DDR-Forschung. Und es ging uns auch nicht darum, einzelne Bereiche der Aufarbeitung voneinander abzuschotten. Die DDR-Forschung war überhaupt nicht unser Thema. Das haben wir in unseren Empfehlungen auch deutlich zu machen versucht. Aber eine institutionelle Umsetzung von Forschungserkenntnis braucht natürlich Einrichtungen und braucht auch deren pragmatische Abgrenzung, wiewohl wir uns diese Kristallisationskerne »Herrschaft und Gesellschaft«, »Mauer und Teilung«, »Repression und Überwachung« nicht als Leibnizsche Monaden, sondern natürlich in Interaktion und Kooperation gedacht haben. Und ich glaube auch, dass unser Drei-Säulen-Modell, wenn ich die fünf Stellungnahmen Revue passieren lasse, gut die Mitte hält zwischen der geforderten Bündelung der Aufarbeitung bei einer Stiftung und ihrer Ausweitung bis zur Zersplitterung.

Ich möchte ein letztes Wort sagen. Mich hat sehr beeindruckt, was Herr Rürup in seinem Plädoyer vorgeschlagen hat. Pathos ist keine Aufgabe für Kommissionen und auch nicht für Wissenschaftler, Herr Rürup, man kann da bekanntlich auch zu viel tun. Aber Ihren Anstoß, einen Gedenkort für die Opfer der zweiten deutschen Diktatur in der Mitte Berlins zu schaffen, den finde ich ausgezeichnet, und ich würde mich freuen, wenn er in der Diskussion nicht verloren ginge.

Moderator
Frau Poppe, sind Sie auch erleichtert?

Ulrike Poppe
Ich glaube, die Beiträge, die wir eben gehört haben, geben etwa das Spektrum der öffentlichen Diskussionen in den letzten Wochen wieder, insbesondere zum umstrittenen Thema Alltagskul-

tur. Ich finde es bezeichnend, dass vor allem diejenigen, die aus dem Osten kommen und den DDR-Alltag kennen, deutlich gemacht haben, dass der Alltag eben nicht die Idylle war, mit der die Diktatur »weichgezeichnet« wird. Diese Diktatur wirkte bis in den letzten privaten Winkel hinein. Ich bin froh, dass deutlich gesagt wurde, dass das DDR-System erst verständlich wird, wenn man auch diese Bereiche ausleuchtet. Es geht nicht darum, Herr Professor Möller, als Gegenargument zum repressiven Charakter der Diktatur zu sagen, »es gab doch auch Kinderkrippen«, sondern es geht genau darum, dass viele Eltern ihre Kinder nicht in die DDR-Kinderkrippen stecken wollten, weil sie das ihren Kindern nicht zumuten konnten. Und ansonsten möchte ich betonen, was schon mein Vorredner sagte: Die Forschung war nicht Gegenstand der Kommissionsempfehlungen, sondern die Darstellung der DDR-Geschichte an Orten des Gedenkens und Orten des Erinnerns. Und in der Tat, wenn Berlin-Besucher kommen, Menschen, die sich für DDR-Geschichte interessieren, dann kann ich sie an Orte der Repression führen und an Orte des Mauergedenkens, aber ich weiß nicht, wohin ich mit ihnen gehen soll, wenn ich an den Alltag erinnern will, an das Ringen eines jeden Einzelnen, im alltäglichen Lebensvollzug sein Gesicht zu wahren, in der Gratwanderung zwischen Widerstehen und notwendiger Anpassung.

Moderator
Ich weiß, dass einige der Kommissionsmitglieder sehr gerne noch antworten möchten. Auf der Liste sind jetzt noch Herr Henke, Tina Krone und Freya Klier.

Professor Dr. Klaus-Dietmar Henke
Mein Mantra ist das, das Herr Gauck hier eingeführt hat, nämlich Versachlichung. Ich bin dankbar, dass das noch einmal so deutlich gesagt worden ist. Nach den letzten Wochen ist das sehr erfrischend. Zu Herrn Möller habe ich eine ganze Reihe einzelner Punkte. Es war nicht unsere Aufgabe, eine Hauptseminararbeit zur DDR-Geschichte zu schreiben oder zur Lage der Forschung, sondern die Aufgabe war, wie Herr Gauck richtig gesagt hat: Optimierung der Ressourcen. Das haben wir versucht. Dann ist wenig sachlich zur Zusammensetzung der Kommission etwas

gesagt worden. Ich will dazu gar nicht weiter Stellung nehmen. Wir haben eine Reihe von monochromen Kommissionen in den 80er und 90er Jahren erlebt, Herr Möller, und sie haben trotzdem gute Ergebnisse gehabt. Siehe Haus der Geschichte, siehe Deutsches Historisches Museum, das jüngst eröffnet worden ist. Und ich glaube auch nicht, dass sich 200 Interessierte einen Tag lang über ein Tendenzpapier zusammensetzen würden.

Was das Drei-Säulen-Modell angeht, ist es so, dass es selbstverständlich nur eine gedankliche Strukturierung sein sollte: ein Kristallisationspunkt, ein Portal, ein Eingangstor und mehr eigentlich nicht. Nächster Punkt. Was Sie zur Diktatur ausgeführt haben, finde ich in dem Papier nicht. Es gibt keinerlei Infragestellung des Diktaturcharakters, Herr Schröder und Herr Gauck haben das auch ganz klar zurückgewiesen. Es geht nicht um Alltagsgeschichte. Es geht nicht darum, das Moped Schwalbe hier anzupreisen und Präsent 20, sondern es geht um Herrschaft und Gesellschaft. Es geht um die Interaktion. Sonst können wir diese Diktatur ja gar nicht verstehen. Übrigens auch ihren Zusammenbruch nicht. Es geht um die SED-Verantwortung für die totalitäre Disziplinierung von 16 Millionen. Und wir wollen gerade keine Steuerungszentrale zur Belebung des DDR-Alltags, wie gesagt worden ist. Der eine Kristallisationskern heißt ja »Herrschaft – Gesellschaft – Widerstand«.

Dann das Argument, das Herr Ministerialdirektor Schäfer das letzte Mal schon brachte. Ich glaube, es ist auch nicht stichhaltig. Unsere Nachbarstaaten würden sich bevormundet fühlen, wenn wir eifrig forschen. Ganz im Gegenteil, wer einmal in Polen oder in Bulgarien war, weiß, welche Bedeutung die Behörde der Bundesbeauftragten hat und deren Forschung, weil die dort selber nicht an die Akten drankommen. Schließlich kann von Anordnung ja gar keine Rede sein. Auch dieser Begriff fiel. Wir haben versucht, und das war der Auftrag des Ministeriums, eine Planungsbasis zu geben und einen Denkanstoß. Das war das Bedürfnis des Ministeriums, und dem sind wir nachgekommen. Und dass wir gelegentlich mal über den Tellerrand hinaus geguckt haben: Wenn wir es nicht gemacht hätten, glaube ich, dann hätten wir uns das vorwerfen können.

Herr Rürup hat gesagt, ihm fehlt etwas das Pathos. Das ist ein sehr ernst zu nehmendes Argument, aber der berühmte Vorgänger von Herrn Möller, Martin Broszat, hat einmal vom Pathos der Nüchternheit gesprochen, das notwendig sei zur Aufarbeitung der NS-Diktatur. Daran haben wir uns auch gehalten. Gerade diese Moralisierung und diesen Alarmismus, der zum Teil jetzt wieder hochgekommen ist, den wollten wir vermeiden.

Die wichtige Frage: Wird den Opfern dieser totalitären Diktatur ausreichend gedacht? In Berlin gibt es genügend Orte. Das nationale Denkmal für die Opfer der SED-Gewalt, der »kommunistischen Gewaltherrschaft« heißt es dort sogar, ist in der Bernauer Straße. Gleichwohl kann man sagen, dass es hier in der Mitte Berlins noch keinen Ort dafür gibt. Dazu gibt es einen Vorschlag, der vielleicht noch diskutiert werden kann, der sehr praktikabel erscheint, der auch im Ministerium ventiliert wird, vielleicht können wir darüber später noch sprechen.

Sodann das Argument, dass wir den NS nicht erwähnt haben. Herr Rürup, gerade diese zum Teil extrem fruchtlose Debatte über den Diktaturenvergleich haben wir rausgehalten und viele andere Selbstverständlichkeiten, etwa dass die NS-Gedenkkultur jetzt nach 50, 60 Jahren endlich auf einen Stand ist, an den wir gerne anknüpfen würden. Ich sehe überhaupt keinen Grund, warum die zweite deutsche Diktatur auf einem niedrigeren Niveau abgehandelt werden sollte als die erste. Das ist das Ziel unseres Papiers.

Die alltäglichen Erfahrungen, dazu ist viel gesagt worden. Das spar ich mir jetzt. »Behördenforschung«: Die Bundesrepublik Deutschland unterhält eine große Anzahl von »Behördenforschungsinstituten« – und auf dem einen wird immer rumgehackt. Wer findet denn in der Arbeit der Abteilung Bildung und Forschung der BStU irgendwelche »Tendenzen« oder irgendetwas, was nicht wissenschaftlich ist. Manches könnte in Harvard veröffentlicht werden. Die Behördenforschung soll andererseits nicht perpetuiert werden. Sondern, wenn Frau Birthler ihre Aufgaben eines Tages erledigt haben wird, wann immer das sein wird, dann darf diese Expertise nicht verloren gehen. Dann ist es erst recht keine »Behördenforschung«, es ist jetzt schon keine.

Die Berlinzentrierung kommt daher, dass wir viele funktionierende Orte draußen haben. Wir haben Buchenwald, wir haben Bautzen, hervorragend geführte Orte. Das war nicht unser Thema. In Berlin haben wir eben leider doch vieles, was im Argen liegt, und darauf sind wir eingegangen. Herr Wilke, BStU: Unser Versuch war doch, eine langfristige Planungssicherheit vorzuschlagen, die Bewahrung der Expertise. Und was Haus 1 und Hohenschönhausen angeht: Da ergibt sich das in meinen Augen, obwohl mir da alle widersprechen, schlicht und einfach aus der Sachlogik. MfS-Themen gehören in das nationale Kompetenzzentrum, das viel Geld kostet.

Herrn Schröder bin ich sehr dankbar für sein fulminantes Plädoyer zugunsten einer Differenzierung. Das war unser Ziel. Ein Wort noch zur »Historisierung«. Historisierung ist ein selbstverständlicher Prozess, und Martin Broszats Plädoyer für die Historisierung des Nationalsozialismus ist damals nachgerade als ein Durchbruch für die Kontextualisierung dieser Diktatur empfunden worden. Schließlich einer der wichtigsten Punkte, den Herr Gauck angeführt hat: unterschiedliche Perzeption Ost und West. Gerade deswegen, weil das so im Argen liegt, braucht es diesen neuen Anlauf. Dieser Anlauf – und wie er realisiert wird – ist auch eine Frage des Niveaus, auch eine Frage der Bereitschaft der Länder »drüben«. Die müssen sehr viel mehr tun. Der Herr Knabe aus Pforzheim ist hier zugegen. Der zappelt sich dort im Westen ab, um die Menschen über die SED-Diktatur aufzuklären. Die alten Bundesländer müssen hier mehr tun. Die Deutsche Demokratische Republik und die alte Bundesrepublik Deutschland sind ja nichts anderes als die Vorgeschichte unserer neuen Bundesrepublik von 1990. Das muss im Westen auch eingesehen werden. Vielen Dank.

Moderator
Jetzt sind noch Tina Krone und Freya Klier auf der Rednerliste. Nach der Mittagspause können wir aber bis 18.00 Uhr noch einige Dinge klären und besprechen.

Tina Krone
Da alle sich hier – und auch vorher in der Presse – immer auf diese Diskussion des Alltagsbegriffs und des Alltags in der Diktatur bezogen haben, möchte ich nur daran erinnern, dass wir diesen Alltagsbegriff dem Schwerpunkt »Herrschaft – Gesellschaft – Widerstand« zugeordnet haben und bitte doch darum, dies auch mit im Kopf zu behalten. Es gibt bisher in Berlin nir-

gends einen Ort, wo zum Beispiel die Geschichte des Widerstandes in der DDR besichtigt werden kann, wo größere Gruppen von Schulklassen oder auch Touristen sich zu diesem Thema informieren können. Und das war ein Argument, was uns bewogen hat, dafür zu plädieren, ein Forum Aufarbeitung einzurichten, wo genau dieser Schwerpunkt auch ein Zuhause hat und angemessen präsentiert werden kann.

Um die Verbindung zu dem so umstrittenen Begriff des Alltags zu ziehen – es war ja der Alltag, der überhaupt sehr viel Widerstand produziert hat in der DDR.

Freya Klier
Ich möchte mich ganz kurz Tina Krone anschließen, was die Punkte anlangt, in denen ich durchaus in der Kommission gut gearbeitet habe und wo Übereinkunft erzielt worden ist. Warum habe ich ein Sondervotum abgegeben? Es scheint mir im Moment dringlicher, darauf noch einmal hinzuweisen, nachdem ich Herrn Schröder gehört habe und auch Joachim Gauck. Ich halte Ihre Einschätzung, so fulminant und charmant sie vorgebracht wurde, für eine Fehleinschätzung: die Einschätzung, dass allmählich historisiert werden kann, weil die Menschen, die die DDR erlebt haben in all ihren Facetten, nach und nach älter werden, rauswachsen und weil neue Generationen nachwachsen. Ich sehe und nehme etwas ganz anderes wahr: Die Träger des alten Systems haben sich in der Wendezeit völlig neu und sehr geschickt positioniert – und das in einer osteuropäischen Vernetzung. Sie haben flächendeckend Gelder beiseite geschafft, über GmbH-Gründungen auch Volksvermögen, mit dem ziemlich effektiv gearbeitet wird. Sie haben die Schulen weiter besetzt. Es ist politisch verpasst worden, jene Lehrer aus dem Schuldienst zu entfernen, die bis heute die DDR-Diktatur verteidigen. Das ist nur ein kleiner Teil von dem, was nach der Wendezeit passiert ist. Wir haben heute die Situation, dass in Moskau selber die Demokratie beseitigt worden ist. Ich hatte angekündigt, dass so etwa kommen wird, weil das schleichende Fortwirken absehbar war. Wir haben die Situation, dass in Bulgarien, in Sofia, Markus Wolf im großen Kulturpalast eine Rede darüber hielt, wie die Deutsche Einheit aufgrund der Westdeutschen missglückt ist. Das wurde mit großem Beifall bedacht und unreflektiert von der

Presse übernommen. Wir haben scharfe Auseinandersetzungen auch in den anderen osteuropäischen Staaten und in den ostdeutschen Bundesländern mit Leuten, die an der Unterdrückung beteiligt waren, aber nicht die alten Kader, die aufmarschierten in Hohenschönhausen – die sind wirklich bald ausgestorben – sondern die jüngeren Jahrgänge, etwa meine Generation und inzwischen auch ihre Kinder. Diese Leute haben sich gegenseitig in Schlüsselpositionen geschoben und torpedieren die Demokratie. Da geht es um Zukunft, es geht darum, dass jetzt die Deutungshoheit von ihnen über die DDR-Geschichte wieder gewonnen wird. Das ist ein knallharter Kampf, den wir seit 16 Jahren führen, und vor diesem Hintergrund halte ich die Vorschläge der Expertenkommission, die ich im Großen und Ganzen dennoch teile, nicht für ausreichend.

Da komme ich noch kurz zum zweiten Punkt. Ich halte unsere Vorschläge für die jüngere Generation, für die wir das Ganze hier hauptsächlich machen, nicht für ausreichend. Das sind jene jungen Leute, die heute in den Schulen sitzen und die, wie schon ganz richtig gesagt wurde, eigentlich gar keine Vorstellung haben von Diktatur. Das Instrumentarium, das wir ihnen an die Hand geben, reicht einfach nicht aus. Es gelingt nicht mehr, mit Broschüren, mit Daten, die in der Schule vermittelt werden, rüberzubringen, was eine Diktatur für Menschen bedeutet, was 40 Jahre DDR-Diktatur war. Aus dem Grund, meine ich, diese Kommission hätte auch ein bisschen anders besetzt sein müssen, ein bisschen verstärkt noch durch Leute aus dem pädagogischen Bereich. Es betrifft praktisch die gesamte nachfolgende Generation. Ich plädiere dafür, viel offensiver in die Schulen reinzugehen. Ich selber mache eine Woche pro Monat Projekttage in Berufsschulen, Gymnasien, Realschulen, und das hat einen ungeheuren Erfolg, was man in sechs Stunden machen kann mit Schülern durch Gespräche, Filme und Lesungen. In diese Richtig, finde ich, muss das gehen, das heißt, wir müssen viel stärker daran denken, wie kommen wir ran an den Nachwuchs, wie gehen wir in die Schulen.

Moderator
Vielen Dank. Es reicht also bei weitem nicht, das ist eine Meinung von Freya Klier. Wir haben viel Gesprächsstoff für die zweite Runde. Dann ist das ganze Plenum mit dabei.

(Pause)

Moderator
Meine Damen und Herren, kommen wir zu der zweiten Runde der Anhörung zu den Vorschlägen und Überlegungen der Kommission. Dies ist jetzt eine offene Runde für das ganze Plenum. Wir müssen uns dabei natürlich Spielregeln für die Organisation geben. Es gibt eine ganze Reihe von Kurzreferaten und Kurzstellungnahmen, die jeweils die Länge von fünf Minuten nicht überschreiten sollen. Ich bitte alle, in die Mikrofone zu sprechen, damit die Statements auch mitgeschnitten werden können, denn das Ganze soll später einmal zusammengefasst werden. Ich versuche das Windhundprinzip durchzuhalten, das heißt, der Erste, der sich meldet, ist auch der Erste auf der Liste. Zunächst aber hält Herr Professor Sabrow ein Eingangsstatement für die zweite Runde, dann kommen die Referate und anschließend die offene Aussprache.

Professor Dr. Martin Sabrow
Sehr verehrte Damen und Herren, die Regie sieht vor, dass ich an dieser Stelle und in Reaktion auf die bisherigen Stellungnahmen noch einmal die einzelnen für die Kommission tragenden Gedanken hervorhebe, und das ohne Wiederholungszwang zu tun, wird mir schwer fallen. Ich will meine Ausführungen also sehr knapp halten.

Ein wesentlicher Punkt scheint mir das räumlich-zeitliche Umfeld unserer Aufarbeitung zu sein, über das wir reflektieren sollten. Wir stehen im historischen wie europäischen Vergleich in der Auseinandersetzung mit der Vergangenheit des 20., des Katastrophenjahrhunderts gut da. Das danken wir in diesem Falle, das sollte auch in unserer Diskussion nicht vergessen werden, das danken wir einem bürgerschaftlichen Engagement. Ohne die Arbeit der Bürgerbewegung, ohne die Arbeit vieler ehrenamtlicher und vielfach unter Anfeindungen arbeitender Aufarbeitungs- und Dokumentationsinitiativen bei der Sicherung von Akten, bei der Schaffung von Gedenkzeichen, beim Betrieb von Gedenkstätten wäre die Erinnerungslandschaft karg geblieben, über die wir jetzt sprechen. Wir hätten wahrscheinlich auch gar nicht die Anknüpfungspunkte, auf die wir uns jetzt stützen, um eine noch weiter verbesserte Zukunft der Aufarbeitung ins Auge zu fassen, und ich denke, wir sollten diesen Gesichtspunkt immer im Bewusstsein behalten.

Zum Inhaltlichen: Ein wesentlicher Ausgangspunkt der Kommissionsarbeit und auch ihr seinerzeitiger Auftrag ergab sich aus der Frage nach der zukünftigen Rolle und Existenz der BStU. Wir sind in unserem Votum davon ausgegangen, dass die Aufgaben des Stasi-Unterlagen-Gesetzes zu einem von uns nicht zu bestimmenden Zeitpunkt abgearbeitet sein würden, und wir haben uns die Frage gestellt, was danach kommen soll.

Zwei Aspekte der BStU-Tätigkeit müssen nach unserer Ansicht für die spätere Zukunft erhalten bleiben. Das ist zum einen die Bedeutung der Behörde als Erinnerungsort an die revolutionär durchgesetzte Aktenöffnung und Aktenrettung, also als ein Symbol der friedlichen Revolution. Es ist nicht das einzige Symbol, lieber Herr Wilke, aber es ist immerhin ein Symbol. Wir haben es hier ja nicht mit allgemeingeschichtlichen Interpretationsfragen des Diktaturzusammenbruchs, sondern mit der konkreten Überlegung zu tun, welche Symbole wir retten könnten. Und hier sehen wir schlicht ein Symbol der friedlichen Revolution, das wir gesichert haben wollen. Und der zweite Aspekt des BStU-Komplexes, das hatten wir schon behandelt, ist die Abteilung Bildung und Forschung und der in ihr erarbeitete und gewonnene Sach- und Fachverstand, den wir im Interesse der weiteren Aufarbeitung nicht verloren wissen wollen. Wir haben diese Auffassung in unserem Votum und in unserer Arbeit verbunden mit der Frage, wie denn aus unserer Sicht den vorhandenen, in der Breite Not leidenden, unterausgestatteten Gedenkstätten zu helfen sei, die sich dem Thema Repression, Überwachung und Verfolgung widmen, und wir haben drei mögliche Wege vorgeschlagen, wie diese Unterstützung erfolgen kann, erstens durch eine vorläufige Eingliederung des Hauses Normannenstraße und der Gedenkstätte Hohenschönhausen in die BStU oder zweitens in der Zusammenführung von Haus 1 und Hohenschönhausen als unselbständige Stiftung unter dem Dach der BStU oder drittens als selbständige Stiftung mit einer späteren Erweiterung um die aus der Behörde bei ihrem Ende herauszulösende Abteilung Bildung und Forschung im Rahmen eines wissenschaftlichen Evaluationsvorgangs.

Hierauf baut das zweite zentrale Anliegen der Kommission auf. Das gilt der Perspektivenverschiedenheit und der Multipolarität, die die Kommission in den drei Kristallisationskernen institutionalisiert wissen möchte. Dass es sich hier um eine infrastrukturelle und organisatorische Strukturierung handelt, die der Aufarbeitungsrealität nicht voll gerecht wird, haben wir heute behandelt. Uns allen ist natürlich klar, dass die Bereiche sich inhaltlich kaum voneinander abgrenzen lassen. Im Gegenteil, wir setzen ja gerade auf eine dauerhafte enge Verbindung der drei Dimensionen der Aufarbeitung, die wir mit den Schlagworten »Repression und Verfolgung«, »Teilung und Einmauerung«, »Herrschaft und Gesellschaft« bezeichnet haben. Diese gezielte Bildung von Kristallisationskernen kann, so ist jedenfalls die Annahme der Kommission, dauerhaft regionalen und lokalen Lernorten und Gedenkstätten eine Hilfe bieten. Sie bedeutet Beistand zur Professionalisierung und nicht Unterdrückung oder Monopolisierung.

Dass in diesem Aufarbeitungsverständnis der Begriff des Alltags eine große Rolle spielt, haben wir heute bereits verhandelt, ich will hier nur noch einmal unser Credo hervorheben: Es geht um Alltag *in* der Diktatur, nicht *neben* der Diktatur. Wir dürfen den Alltag auch nicht »den anderen« überlassen, das haben wir heute vielleicht noch nicht deutlich herausgearbeitet. Wir müssen ihn kontextualisieren, um ihn aus der ostalgischen Nutzbarkeit herauszulösen und als Ort verstehen, an dem die Diktatur in der Interaktion von Herrschaft und Gesellschaft ihre Stabilität ja erst gewann – und auch einbüßte. Erst wenn diese tagtägliche Wiederherstellung diktatorischer Herrschaft fassbar wird, lässt sich auch die Verantwortung des Einzelnen bestimmen, lassen sich Abwehr, Widerstand, Opposition, Immunität von Anpassung, Unterstützung, Resignation und Mitmachen abheben.

Meine Damen und Herren, für die NS-Forschung hat die Beschäftigung mit dem alltäglichen Antisemitismus und der alltäglichen Beteiligung am nationalsozialistischen Zivilisationsbruch aber auch der alltäglichen Resistenz doch ganz neue Einsichten über eine nationalsozialistische Mitmachgesellschaft gebracht, die vielfach, wie Ian Kershaw es ausdrückt, »dem Führer entgegenarbeitete«. Ich frage mich, warum dieselbe Erweiterung für den SED-Staat von manchen Kommentatoren so kritisch gesehen wird, und ich bin dankbar, dass das hier heute in unserer Diskussion bisher ganz und gar nicht der Fall war.

Mein letzter Punkt: Es wurde bemängelt, dass die akademische Forschung zur DDR in unser Votum nicht eingeschlossen wurde. Das war, um es deutlich zu sagen, in keiner Weise der Auftrag der Kommission. Sie hätte dies in dieser Zusammensetzung übrigens auch gar nicht leisten können, und ich hätte als betroffener Leiter einer zeithistorischen Forschungseinrichtung den Vorsitz einer solchen Kommission nicht übernehmen können. Wir haben in diesem Rahmen Expertenanhörungen durchgeführt, die sich auf die Zukunft der Gedenkstätten richten, aber nicht die DDR-Forschung in ihrer Breite abbilden sollten, das wäre etwas völlig anderes gewesen, und das möchte ich hier in aller Deutlichkeit sagen. Natürlich müssen wir dabei darauf achten, dass die öffentliche Erinnerungskultur und die gesellschaftliche DDR-Aufarbeitung trotzdem die Verbindung mit der Forschung nicht verliert. Dafür gibt es gute und hoffnungsvolle Anzeichen, und dieser Konsens lag auch unserer Kommissionsarbeit zugrunde, wiewohl die öffentliche Resonanz auf unser Votum in den letzten beiden Wochen hier eher trüber denken lässt. Aber der Verlauf unseres Hearings gibt mir Hoffnung, dass dieser Konsens sich im weiteren auch wieder durchsetzen wird. In ihm ist natürlich auch die Notwendigkeit beschlossen, die materielle Situation der universitären wie außeruniversitären Zeitgeschichte nicht aus den Augen zu verlieren, sondern ebenfalls gezielt zu verbessern. Erlauben Sie mir an dieser Stelle, auf die schwierige Lage der Zeitgeschichte als Fachwissenschaft gerade deshalb einmal mit Nachdruck hinzuweisen, weil sie sonst im Votum mit Recht weiter keine Rolle spielt. Wir sind uns doch auch in diesem Raum, denke ich, zumindest in einem Punkt einig, dass nämlich die Zukunft einer unserer Zeit angemessenen Aufarbeitung der DDR die politisch und moralische Wertbindung an die Grundwerte unserer freiheitlichen Gesellschaft ebenso braucht wie die Distanz der wissenschaftlichen Erklärung. Gegenwartsbezogenes *Be*kenntnis und vergangenheitsbezogene *Er*kenntnis gehören zusammen. Ein historisches Verstehen ohne normative Wertbindung bleibt, mit Nietzsche zu sprechen, antiquarisch, aber eine moralische Verdammung ohne historisches Tiefenverständnis verflacht letztlich zum hohlen Pathos. Ich glaube, dass wir die Aufarbeitung unserer Diktaturvergangenheit in Deutschland in diesem Sinne weiterentwickeln sollten, und ich bleibe bei meiner Prognose, dass wir hier heute die Chance haben, einen Meilenstein der DDR-Aufarbeitung zu setzen.

Moderator
Damit zum freien Meinungsaustausch. Die Freiheit hat genau ihre Grenze, die ist bei fünf Minuten. Ich bitte um Verständnis, damit möglichst viele drankommen.

Marianne Birthler, Bundesbeauftragte für die Unterlagen des Staatssicherheitsdienstes der ehemaligen Deutschen Demokratischen Republik (BStU)
Meine Damen und Herren, mindestens für diese heute laufende Debatte dürfte klar sein, dass in zwei Punkten Übereinstimmung besteht. Erstens: die Aufarbeitung der SED-Diktatur ist mehr als nur die wissenschaftliche Erforschung eines untergegangenen Staates und die Vermittlung von Wissen darüber. Und zweitens: Wenn hier von Alltag der Diktatur gesprochen wird, sind damit nicht Ampelmännchen oder das anscheinend sympathische Leben abseits der Diktatur gemeint, sondern die Entfaltung der Herrschaft. Jeder, der mit Jugendlichen arbeitet, weiß, dass sie beeindruckt sind, wenn sie eine Vorstellung davon gewinnen, was in den Haftstätten der DDR geschehen ist. Aber wenn man sie dann fragt, was eigentlich der grundlegende Unterschied zwischen einer Diktatur und einer Demokratie ist, hilft ihnen diese Erfahrung zunächst nur begrenzt. Deswegen glaube ich, dass die anderen Themen, von denen heute die Rede war, eine wichtige Rolle spielen müssen. Vieles ist schon genannt worden. Ich füge die Gleichschaltung von Bildung, Medien und Kultur hinzu, die Idee vom sozialistischen Menschenbild, die Abschaffung der Gewaltenteilung, die Farce der Wahlen und so weiter. Wenn wir nur das Thema Verfolgung und Repression thematisieren, dann

laufen wir Gefahr, dass diese als entscheidende Kennzeichen einer Diktatur gesehen werden. Dabei müssen wir doch sehen, das Verfolgung und Repression nicht Ursache, sondern Folge dessen sind, was wir als Wesenskern einer Diktatur bezeichnen: der Verlust von Freiheit und Recht. Alles andere leitet sich daraus ab. Es wäre also schade, wenn die erwähnten Themen ausschließlich unter der Überschrift »Repression und Verfolgung« verhandelt würden.

Allerdings wird es sehr schwer sein, und damit bin ich bei dem Drei-Säulen-Modell, »Überwachung und Verfolgung« einerseits und »Herrschaft, Gesellschaft, Widerstand« andererseits voneinander zu trennen. Besonders deutlich wird der Zusammenhang beim Thema Opposition und Widerstand. Eine Schwerpunktbildung im Sinne der Kommissionsempfehlung müsste also die engen Bezüge zwischen den ineinander greifenden Themen sichtbar machen und das erst recht, wenn die Vermittlung an verschiedenen Orten erfolgen soll. Ehrlich gesagt kann ich mir das noch nicht so recht vorstellen, am ehesten vielleicht mit dem Bild, das Joachim Gauck geprägt hat, von dem einen Gebäude, zu dem es verschiedene Zugänge gibt. Aber zu gewährleisten, dass an verschiedenen Orten das ganze Programm und der Zusammenhang sichtbar werden, kann noch einmal eine sehr knifflige Aufgabe sein.

Die Kommission empfiehlt einen Aufarbeitungsschwerpunkt »Überwachung und Verfolgung«, dessen institutioneller Kern ein Forschungs- und Dokumentationszentrum »Diktatur und Geheimpolizei« in Berlin sein soll. Das ist einer der Punkte, der für heftige Diskussion im Voraus gesorgt hat.

Bevor ich mich zu den beiden anderen in diesem Zusammenhang benannten Institutionen äußere, ist dies wohl der rechte Ort für einige Anmerkungen zur Perspektive der Stasi-Unterlagen-Behörde. Es war schon davon die Rede, dass die Geschichte des Stasi-Unterlagen-Gesetzes, obwohl es dafür kein Modell gab, eine Erfolgsgeschichte ist. Es ist, das kann ich ohne Eitelkeit sagen, weil es nicht mein Verdienst ist, inzwischen zum internationalen Maßstab für den Umgang mit Diktaturen geworden. Von den Zahlen war schon die Rede. Ganz über die Maßen werden die Möglichkeiten des Stasi-Unterlagen-Gesetzes bis heute in Anspruch genommen. Gelegentlich fällt in diesem Zusammenhang der Begriff »Kernaufgaben«. Hierzu ist zu sagen, dass die Aufgaben, die das Stasi-Unterlagen-Gesetz beschreibt, keinesfalls eine Hierarchie aufweisen. Die Verwaltung und Herausgabe von MfS-Akten steht gleichrangig neben der Aufgabe, die Methoden und die Wirkungsweise der DDR-Geheimpolizei zu erforschen und die Öffentlichkeit darüber aufzuklären. Hierzu hat die von mir geleitete Behörde in den zurückliegenden Jahren Grundlegendes geleistet und tut das bis heute durch eigene Forschung ebenso wie durch Informations- und Bildungsangebote, und dies nicht nur überregional, sondern gerade auch regional und auf die einzelnen Bundesländer bezogen.

Freilich, allein aus erfolgreicher Arbeit leitet sich keine dauerhafte Existenzberechtigung ab. Die einst für eine befristete Zeit errichte Behörde muss sich Fragen nach dem Zeithorizont ihrer Existenz nicht nur gefallen lassen, sondern muss sie auch selber stellen. Andererseits aber ist davor zu warnen, das Ende dieser erfolgreichen Arbeit vor der Zeit herbeiführen zu wollen. Vor der Zeit, das hieße in diesem Fall, funktionierende Strukturen der Aufarbeitung preiszugeben, die noch benötigt werden und für die es keinen adäquaten Ersatz gibt. Auch hier denke ich insbesondere an die Regionen.

Die Kommission empfiehlt nun, dass die Stasi-Unterlagen langfristig und ungeteilt in das Bundesarchiv übergehen. Tatsächlich, davon war schon die Rede, sind die Gründe, die seinerzeit zum Stasi-Unterlagen-Gesetz geführt haben, noch nicht erledigt. Als absehbarer Zeitraum wird vielfach das Jahr 2020 genannt. Ich kann mit dieser Zahl insofern leben, als dies ein Zeitraum ist, der einigermaßen seriösen Prognosen zugänglich ist, allerdings dürfte es sich dabei um einen Mindestzeitraum handeln. Die Erfahrung früherer Prognosen zum Interesse an den Stasi-Unterlagen jedenfalls hat gelehrt, dass sich die Erwartung, die Nachfrage würde alsbald abnehmen, regelmäßig als Irrtum herausstellte. Vorsicht ist also, was die Zeiträume für ein vorzeitiges Ende der BStU betrifft, angebracht.

Nun zu den beiden Institutionen, um die es in diesem Zusammenhang auch geht. Die Stiftung Gedenkstätte Hohenschönhausen verfügt über funktionsfähige Strukturen in der Trägerschaft des Landes Berlin. Weder spricht meiner Ansicht nach etwas dafür, das Land Berlin aus dieser Verantwortung zu entlassen, noch erfordert der inhaltliche Zusammenhang der Arbeit mit der BStU und dem Haus 1 zwingend eine Veränderung der Struktur der Stiftung Hohenschönhausen. Freilich legen es die gemeinsamen Themen nahe, über alternative Formen der Zusammenarbeit der Kooperation zwischen Stiftung Hohenschönhausen und BStU nachzudenken, dazu bin ich ausdrücklich bereit.

Etwas anders stellen sich mir die Dinge im Hinblick auf das Haus 1 und die darin befindliche Forschungs- und Gedenkstätte Normannenstraße dar. Bei aller Wertschätzung der Verdienste und der Arbeit des Trägervereins ist festzustellen, dass hier Entscheidungs- und Handlungsbedarf besteht. Ich darf daran erinnern, dass die Diskussionen um das Haus 1 nun schon seit vielen Jahren dauern und nicht zuletzt angesichts des baulichen Zustands dringend einer Lösung bedürfen. Nachdem bereits vor einigen Jahren die von einer Bund-Länder-Kommission unter Leitung des Bundestagsabgeordneten Siegfried Vergin erarbeiteten Vorschläge nahezu unbeachtet blieben, bleibt zu wünschen, dass im Zuge der jetzt geführten Diskussion handfeste Fortschritte erzielt werden. Nach dieser Vorgeschichte wird sich der Erfolg der Kommissionsarbeit auch daran messen lassen müssen. Ich will nicht lange darum herumreden: Nach meiner Überzeugung sprechen sowohl inhaltliche als auch wirtschaftliche Gründe dafür, die Gesamtverantwortung für das Haus 1 der BStU zu übertragen.

Ich bin allerdings davon überzeugt, dass sich eine solche Verantwortung durchaus mit dem Anliegen des Trägervereins ASTAK e.V. und den Interessen anderer Vereine, die das Haus derzeit nutzen, verbinden lässt. Der gesetzliche Auftrag der BStU, die Öffentlichkeit über Strukturen, Methoden und Wirkungsweise des MfS zu unterrichten, braucht die Anschauung, braucht den authentischen Ort. Das Haus 1 als die Befehlszentrale des MfS wäre deshalb der angemessene Ort für eine künftige Dauerausstellung zum Thema Staatssicherheitsdienst. Auch wäre es sinnvoll, die Führungen und Informationsveranstaltungen, die derzeit sowohl im von der BStU verwalteten Archiv des MfS und von der ASTAK gleich nebenan im Haus 1 angeboten werden, miteinander zu verknüpfen.

Ich will und muss es hierbei bewenden lassen, obwohl die Empfehlungen der Sabrow-Kommission zu vielen weiteren Anmerkungen und Fragen Anlass geben, ebenso wie die inhaltlichen Kontroversen der vergangenen Woche. Auch die Tatsache, dass es im Westen unseres Landes weder Landesbeauftragte für die Stasi-Unterlagen noch Außenstellen der BStU und natürlich auch keine authentischen Lern- oder Gedenkorte gibt, muss uns beschäftigen. Wir reden hier über deutsche und nicht über ostdeutsche Geschichte. Da ich aber davon ausgehe, dass diese Anhörung ihre Fortsetzung finden wird, darf ich mich, auch ohne zu allen wichtigen Fragen Stellung genommen zu haben, für Ihre Aufmerksamkeit bedanken.

Moderator
Vielen Dank, es fiel jetzt wieder die Zahl 2020 für die Behörde. Herr Professor Weber, im Jahr 2020 wäre es dann sozusagen Ihre Aufgabe, die Akten zu übernehmen. Könnten oder wollten Sie die Akten vielleicht früher übernehmen?

Professor Dr. Hartmut Weber, Bundesarchiv
Diese Frage stellt sich für das Bundesarchiv nicht. Ich teile die Auffassung der Kommission, dass der Zeitpunkt der Überführung der Stasi-Unterlagen in das Bundesarchiv von der Politik zu bestimmen ist und sich an der Erfüllung der Kernaufgaben der BStU zu orientieren hat. Allerdings möchte ich unterstreichen: Ein solcher Übergang ist nicht von heute auf morgen zu gewährleisten, dafür braucht man Planungssicherheit, und zur Planungssicherheit gehört auch ein von der Politik festgelegter Zeithorizont. Wie bereits gesagt worden ist, legt bereits der Einigungsvertrag fest, dass die Stasi-Unterlagen als Archivgut des Bundes vom Bundesarchiv zu sichern sind. Das Stasi-Unterlagen-Gesetz hat nur den Weg ins Bundesarchiv durch die Einrichtung der BStU unterbrochen. Sobald sie ihre Aufgabe erfüllt hat, was, wie gesagt, die Politik entscheidet, wird dieser Grund entfallen sein.

Die Überführung ins Bundesarchiv, hier widerspreche ich der Expertenkommission, setzt keineswegs die nachdrücklich empfohlene vollständige Erschließung der Stasi-Unterlagen bei der BStU voraus. Diese könnte auch beim Bundesarchiv zu einem guten Ende geführt werden. Der Bericht der Expertenkommission bescheinigt ja den Beständen des Bundesarchivs eine gute Zugänglichkeit. Diese wird durch laufende digitale Konversion und die digitale Bereitstellung im Internet weiter optimiert, so dass beim Bundesarchiv eine strategische und operative Kompetenz offensichtlich vorhanden ist.

Aus archivfachlicher Sicht würde ich jedoch dem zweifellos technisch interessanten, aber unangemessen aufwendigen Projekt zur Rekonstruktion von vorvernichteten Unterlagen, die höchstens zwei Prozent des Gesamtbestandes ausmachen, bei derzeitigem Stand seiner Vorbereitung keine Priorität einräumen. Für mich hätte die vollständige Erschließung und die dauerhafte Erhaltung der 98 Prozent vorhandener Bestände Vorrang, die in ihrer Erhaltung erheblich gefährdet und zum großen Teil unzureichend erschlossen sind.

Im Bundesarchiv, und auch das spricht für eine Übergabe jetzt oder zu einem späteren Zeitpunkt, ist bereits jetzt die zentralstaatliche Überlieferung der DDR zusammen mit dem Archivgut der Parteien und Massenorganisationen der DDR zugänglich. Selbstverständlich würde der Bestand der Stasi-Unterlagen ein eigener Archivkörper werden, der weiterhin die Herkunft dieses Bestandes evident hält. Eine im Kontext der übrigen DDR-Überlieferung vernetzte Erschließung der Stasi-Unterlagen und deren Bereitstellung zusammen mit dem übrigen zivilen und militärischen Archivgut der DDR bringt der Forschung nicht nur praktische Vorteile, sondern einen deutlichen Erkenntnisgewinn im Sinne der auch von den Empfehlungen befürworteten Offenheit und Pluralität der Fragestellungen. Die Fixierung auf Stasi-Unterlagen verstellt den Blick auf wesentlich erweiterte Forschungsmöglichkeiten mit anderem DDR-Archivgut. Zudem lassen sich mit dem Übergang der Unterlagen an das Bundesarchiv getrennte Archivbestände der DDR zusammenführen, die bisher teilweise bei der BStU und teilweise beim Bundesarchiv verwahrt werden und nach unterschiedlichen Regelungen zugänglich sind. Der Auffassung der Expertenkommission, dass eine forschende und vermittelnde Institution nicht den unmittelbaren oder gar exklusiven Zugriff auf die Stasi-Unterlagen haben soll, ist nur zuzustimmen. Es ist im aufgabenteiligen Wissenschaftsbetrieb angebracht, dass zwischen den Institutionen, die Geschichtsquellen zur Nutzung bereitstellen, und denen, die sie auswerten, zur Vermeidung von Zielkonflikten eine Weisungsunabhängigkeit besteht.

Die archivgesetzlichen Nutzungsregelungen haben sich bewährt. Auch nach Auffassung der Expertenkommission gleichen diese zwischen schutzwürdigen Belangen und den Interessen der Forschung sachgerecht aus. Seit Bestehen der Archivgesetze in Bund und Ländern, seit 19 Jahren, hat die in der Tendenz forschungsfreundliche Ermessensausübung der Archive zu keiner gerichtlichen Auseinandersetzung geführt. Der mutige Schritt des Deutschen Bundestags, beim DDR-Archivgut die allgemeine Sperrfrist von 30 Jahren faktisch aufzuheben, hat die Forschung beflügelt und auch keine nachteiligen Folgen, etwa Gerichtsauseinandersetzungen, gehabt. Das Instrumentarium der Archivgesetze wurde und wird auch jetzt schon auf sehr sensible Unterlagen, wie Euthanasie-Akten, angewandt. Ich könnte mir durchaus vorstellen, da haben Sie Recht, Herr Gauck, übergangsweise verschärfte Regelungen für die Benutzung personenbezogener Stasi-Unterlagen gesetzlich zu fixieren. Ich würde nur bedauern, wenn das auf Dauer gedacht wäre. Ich möchte daran erinnern, dass in den 1950er und 60er Jahren die Landesparlamente Gesetze erlassen hatten, nach denen die Unterlagen der Spruchkammern geschlossen waren. Ab 1985 ist es gelungen, in den Archivgesetzen von Bund und Ländern auch diese Unterlagen den ganz normalen Sperrfristen zu unterwerfen. Die Zeit wird, wie hier, die Probleme des Ausgleichs zwischen Forschungsfreiheit und Persönlichkeitsschutz heilen.

Die Expertenkommission hat sich vorzugsweise für eine Vollarchivierung beim Bundesarchiv ausgesprochen. Aus den zuvor genannten Gründen der Forschungspraxis und des Erkenntnisgewinns im Kontext des regionalen staatlichen Archivguts und des regionalen Archivguts der SED und der Massenorganisationen der DDR empfehle ich hingegen, dem Bundesarchivgesetz zu folgen und die regionalen Provenienzen den Staatsarchiven der Länder zu überlassen. Dabei müssen allerdings, und da hat die Kommission Recht, bei Bund und Ländern einheitliche Nutzungsregelungen gewährleistet sein, was sich unter dem Dach des Bundesarchivgesetzes regeln lässt. Ergänzend ist eine Vernetzung der aufnehmenden Landesarchive und des Bundesarchivs nach dem Vorbild des jetzt schon bestehenden Netzwerks SED-Archivgut mit einem archivübergreifenden Verbundfindmittel anzustreben. Durch die entsprechende Aufteilung des so genannten Stasi-NS-Archivs auf Bund und Länder mit einer Datenbank, die den Gesamtbestand nachweist, liegen beim Bundesarchiv jetzt schon einschlägige Erfahrungen für ein solches Verbundfindmittel vor.

Abschließend will ich zu den immer wieder in den Medien auftauchenden Meldungen über die angeblichen Absichten des Bundesarchivs zwei Feststellungen treffen. Erstens: Das Bundesarchiv wird die Stasi-Unterlagen zu gegebener Zeit vollständig übernehmen. Von einer angeblichen gesetzlichen Verpflichtung zur bewertenden Auswahl kann keine Rede sein. Zweitens: Das Bundesarchiv hat zwar 1952 in Koblenz seine Arbeit aufgenommen, es ist aber nach Herstellung der Deutschen Einheit mit der Hälfte seiner Mitarbeiterinnen und Mitarbeiter in Berlin angekommen und wird die Stasi-Unterlagen zentraler Provenienz ganz sicher nicht nach Koblenz bringen, sondern in Berlin zugänglich machen. Vielen Dank für Ihre Aufmerksamkeit.

Moderator
Danke schön, Herr Professor Weber. Die DDR, haben wir gelernt, ist nicht nur eine Archivfrage, deswegen der nächste Redner, Herr Professor Faulenbach von der Stiftung Aufarbeitung der SED-Diktatur.

Professor Dr. Bernd Faulenbach, Stiftung zur Aufarbeitung der SED-Diktatur
Als Repräsentant der Stiftung Aufarbeitung muss ich zu verschiedenen Aspekten, die den Auftrag der Stiftung betreffen, Stellung nehmen. Dazu einige Anmerkungen, wobei die Stiftung nicht für jede meiner Äußerungen verantwortlich gemacht werden kann, da es sich um Einschätzungen eines in diesen Fragen vielfältig engagierten Historikers handelt.

Erstens: Ich halte das Papier der Expertenkommission für eine gute Diskussionsgrundlage, die zu einer Weiterentwicklung der Institutionen und Strukturen, die sich mit der SED-Diktatur, ihrem Kontext und ihren Folgen beschäftigen, führen soll. Die Aufarbeitung der SED-Diktatur muss meines Erachtens als ein Prozess gesehen werden, wobei zu fragen ist, wo wir in diesem Prozess heute stehen.

Zweitens: Mir ist es ähnlich gegangen, wie den meisten, die

hier gesprochen haben. Ich habe Tendenzen zu einer Verharmlosung des SED-Systems im Text der Kommission nicht lesen können: Man wendet sich unmissverständlich gegen Tendenzen zur Ostalgie, zur Trivialisierung der DDR-Diktatur, betont nachdrücklich den Diktaturbegriff und Ähnliches. Wir brauchen eine multiperspektivische Auseinandersetzung, doch es sollte unstrittig sein, dass wir klare Maßstäbe in der Wertung benötigen.

Drittens: In unserer Diskussion über die Beschäftigung mit der DDR und der SED-Diktatur werden die verschiedenen Ebenen der Auseinandersetzung häufig allzu sehr vermischt. Da gibt es die Ebene der Institutionen, Forschungseinrichtungen, Archive und Gedenkstätten, Gedenkorte, und das Papier macht nicht immer ganz klar, wofür es seine Aussagen eigentlich macht. So ist etwa zu fragen, ob die Vernachlässigung des Alltags in der DDR tatsächlich für die wissenschaftliche Forschungsarbeit gilt, was ich bestreiten würde. Im Wesentlichen geht es hier wohl um die museale Sichtbarmachung in Ausstellungen. Die zweite Ebene betrifft die Formen der Auseinandersetzung: Forschung, Aufarbeitung, Sammlung von schriftlichen Quellen, Erarbeitung von Ausstellungen, Ermöglichung von Gedenken, politische Bildung, öffentliche Kommunikation und schließlich symbolische Repräsentation. Im Grunde genommen bräuchte man eine Matrix, um festzustellen, was in diesen verschiedenen Bereichen geschieht. Herr Sabrow hat vorhin angedeutet: In der symbolischen Repräsentation gibt es ein Defizit. Darüber müsste diskutiert werden. Schließlich kann man das auch diskutieren im Hinblick auf die verschiedenen Themen der Geschichte der SED-Diktatur. Hier sind einige angesprochen worden. Ich kann das im Einzelnen nicht wiederholen. Mir ist jedoch aufgefallen, dass man wirklich darauf achten muss, die DDR auch in den internationalen Zusammenhängen, insbesondere auch in ihrer Abhängigkeit zur Sowjetunion zu sehen und gleichzeitig auch die Frage der Kontinuität und Diskontinuität von der NS-Zeit zur DDR zu diskutieren. Wir haben dies vielfach getan im Hinblick auf die Bundesrepublik. Diese Frage ist ebenfalls bezogen auf die DDR zu thematisieren, und das müsste stärker meines Erachtens seinen Niederschlag in unseren Überlegungen finden.

Viertens: Die Expertenkommission hatte bestimmten Aufträgen nachzukommen. Sie hatte Empfehlungen zur Schaffung eines »Geschichtsverbundes« abzugeben, wobei der Begriff »Geschichtsverbund« missverständlich ist und zu Diskussionen geführt hat. Das Bundesverfassungsgericht hat im Hinblick auf die Europäische Gemeinschaft gesagt, dass die Europäische Gemeinschaft ein Staatenverbund ist. Das liegt zwischen einem Staatenbund und einem Bundesstaat. In jedem Fall würde also ein Verbund doch bedeuten, dass eine recht weitgehende Zusammenfassung erfolgt und enge Kooperation der Einrichtungen gewährleistet ist. Es spricht meines Erachtens für die Kommission, dass sie den unglücklichen Begriff nur bedingt ernst genommen hat. Vielmehr hat sie sich sogleich beeilt festzustellen, dass die Dezentralität und Autonomie der Einrichtungen sich bewährt hätten. Es wird dann allerdings auch von einer »Planungsstrategie« im Hinblick auf die Themenwahl gesprochen. Da hätte ich doch die Bitte, dass man noch einmal benennt, was damit gemeint ist. Sinnvoll ist jedenfalls vor allem, das steht aus meiner Sicht außer Frage, die Kommunikation zwischen verschiedenen Akteuren im Prozess der Auseinandersetzung, deren Förderung zum gesetzlichen Auftrag der Stiftung Aufarbeitung gehört, zu stärken. Danach kann nach Kooperationen und auch Zusammenschlüssen zwischen einzelnen Einrichtungen ebenso gefragt werden wie nach Umgründungen, um Defizite auszugleichen – so würde ich die Aufgaben umschreiben.

Fünftens: Die Empfehlungen sehen drei historische Komplexe vor, die hier immer wieder angesprochen worden sind. Man kann tatsächlich fragen, wie diese drei Komplexe zueinander stehen. Die Aufteilung darf nicht dazu führen, dass man die Geschichte in einer Weise segmentiert, dass die engen Zusammenhänge nicht wirklich begreifbar werden. Verfolgung kann nicht getrennt werden von Herrschaft, Gesellschaft, Widerstand. Das Grenzregime ist ganz zweifellos auch eine wesentliche Komponente des Herrschaftssystems und so weiter. Zu wenig thematisiert wird übrigens der deutsch-deutsche Zusammenhang. Unbedingt zu bejahen ist die Forderung des Papiers, die Stasi-Problematik, so wichtig dieser Aspekt auch ist, nicht als Ausgangspunkt und als Fluchtpunkt der Beschäftigung mit der DDR und der SED-Diktatur zu begreifen. Ein wesentlicher Punkt ist: Wir brauchen breitere Zugänge über die Rolle der Partei, Ideologie, Herrschaftspraxis, die Realität der »durchherrschten Gesellschaft«, was übrigens ja alles andere als ein verharmlosender Begriff ist. Er bedeutet ja gerade, dass diese Herrschaft in den Alltag hineinwirkte, bis in die Poren der Gesellschaft eingedrungen ist. Meines Erachtens ist deshalb eine Erweiterung des Ansatzes unbedingt sinnvoll.

Der Gesetzgeber hat der Stiftung Aufarbeitung der SED-Diktatur den generellen Auftrag gegeben, die Auseinandersetzung mit der SED-Diktatur, der Gesamtzusammenhänge wie der Einzelaspekte, der Ursprünge, Veränderungen und Folgen in der gegenwärtigen Gesellschaft zu fördern, was das Archivwesen ebenso einschließen soll wie die Betreuung von Verfolgtenverbänden. Das ist alles im gesetzlichen Auftrag der Stiftung Aufarbeitung enthalten. Wir haben uns in der zweiten Bundestagsenquete-Kommission, in der die Stiftung entworfen wurde, gewiss keine Oberbehörde der Aufarbeitung vorstellen wollen. Wir waren der Ansicht, dass wir eine Einrichtung brauchten, die den Prozess der Auseinandersetzung in diesem Themenfeld vor allem dadurch vorantrieb, dass sie eine kontinuierliche Kommunikation zwischen allen Beteiligten der diversen Ebenen und Formen ermöglichte. Dieser Auftrag ist auch heute noch aktuell. Hier liegt, wenn nicht eine Generalkompetenz, so doch eine Anregungs- und Netzwerksbildungskompetenz im Hinblick auf den Aufarbeitungsprozess. Diese Kompetenz ist vom Gesetzgeber festgelegt und dieser Einrichtung übertragen worden. Auf diesem Hintergrund ist es verständlich, wie der Vorsitzende eben auch gesagt hat, dass die Kommission die Rolle dieser Stiftung eher noch stärken will.

Sechstens: Die Kommission empfiehlt ein »Forum Aufarbeitung«, das von der Stiftung Aufarbeitung getragen und das in Zusammenarbeit mit dem Haus der Geschichte und dem Forum in Leipzig eingerichtet werden soll. Eine solche Einrichtung soll im Zentrum von Berlin geschaffen werden, um eine wesentliche Lücke zu schließen, die ich vorrangig im musealen Bereich sehe. Wir brauchen eine Institution, in der Themen visualisiert werden, wie »Anspruch und Realität der SED-Herrschaft«, »Widerstand und Opposition«, »Machtmechanismen«, »Opfer der SED-Diktatur«, »Erziehungssystem unter der SED-Diktatur«, »Alltag in der durchherrschten Gesellschaft«. Allerdings müsste es auch der Ereignisgeschichte gewidmete Ausstellungen geben, über den

»17. Juni 1953« oder über die »Umwälzung 1989/90«. Dies alles wäre an dieser Stelle für eine breitere Öffentlichkeit diskursiv zu präsentieren. Der Vorschlag, eine derartige Einrichtung in der Torstraße 1 einzurichten, macht schon Sinn, weil dieses Gebäude historisch spezifisch »belastet« ist.

Ich überspringe aus Zeitgründen Mauergedenkstätten und Ähnliches, glaube aber, hier noch sagen zu sollen, dass wir auch künftig das bisherige Instrumentarium des Bundes zur Gedenkstättenförderung brauchen. Dieses flexible Instrumentarium hat sich bewährt.

Siebtens: Ich würde jetzt die wissenschaftliche Aufarbeitung behandeln wollen. Dazu jedoch nur so viel: Man wollte in der Kommission Wissenschaft und Forschung eigentlich ausblenden, beschäftigt sich aber dann doch damit, indem man eine Einrichtung schaffen will, die sich mit den Geheimdiensten in Osteuropa durch systematische Forschung auseinander setzt. Die Aufgabenstellung ist aus meiner Sicht jedoch deutlich zu eng. Benötigt würde vielmehr eine Institution, die so etwas wie europäische Zeitgeschichte oder Zeitgeschichte des Kommunismus in Osteuropa erforscht, wobei der Aspekt Geheimdienst kein unwichtiger wäre. Wenn man dieses aber will, muss man das Verhältnis dieser Einrichtung zu vorhandenen Einrichtungen, etwa zum Potsdamer Zentrum, bestimmen. Da sind Kombinationen oder gar eine Fusion denkbar.

Die anderen Punkte, Archivwesen und politische Bildung, zu denen einiges zu sagen wäre, muss ich aus Zeitgründen weglassen. Resümierend nur noch: Die Empfehlungen sind aus meiner Sicht ebenso diskussionswürdig wie diskussionsbedürftig. Sie erscheinen mir hilfreich, um den Prozess der Auseinandersetzung tatsächlich weiter voranzubringen.

Moderator

Vielen Dank. Der nächste Punkt umfasst eigentlich gleich zwei Punkte, denn auf der Liste steht jetzt die Gedenkstätte Hohenschönhausen und im Anschluss die Forschungs- und Gedenkstätte Normannenstraße. Die Forschungs- und Gedenkstätte Normannenstraße hat abgesagt. Herr Drieselmann war zwar anwesend aber nicht bereit, hier zu den Thesen der Expertenkommission Stellung zu nehmen, deswegen bekommt die Forschungsstätte Normannenstraße etwas mehr Zeit. Herr Hubertus Knabe konnte leider auch nicht anwesend sein, wird aber vertreten durch Herrn Siegfried Reiprich.

Siegfried Reiprich, Vertreter des Direktors der Gedenkstätte Berlin-Hohenschönhausen
Sehr geehrter Herr Vorsitzender, sehr geehrte Damen und Herren, ich kann und möchte das Fernbleiben von Herrn Drieselmann nicht kommentieren. Vielleicht gibt es, wenn man etwas spekulieren darf, doch eine der unseren etwas ähnliche Gemütslage. Die Gedenkstätte Hohenschönhausen ist nicht glücklich mit den Ergebnissen der Arbeit der Expertenkommission. Der Knackpunkt der heutigen Diskussion liegt in der Frage oder in der Antwort auf die Frage: Ist die Delegitimierung linkstotalitärer Gesellschafts-, Geschichts- und Politikentwürfe, ist die Delegitimierung der kommunistischen Diktatur im Osten Deutschlands wirklich nachhaltig gelungen oder nicht?

Nach unserer Wahrnehmung – wir sind da nahe bei der Auffassung von Frau Klier – sieht es eher so aus, als ob diese Delegitimierung auf der Kippe stünde. Nun mag es so sein, dass in der Politik oder in der Wissenschaft diese Delegitimierung vollständig und nachhaltig gelungen ist. Die praktisch immer wieder sichtbare Situation ist aber eine andere, und daher vermissen wir, dass die Kommission erst einmal eine aus unserer Sicht realistische Analyse der Lage ihren Überlegungen vorangestellt hätte.

Die Erinnerung an die Diktatur verblasst. Nach 16 Jahren wird sie zunehmend verklärt. Eine große Minderheit der Ostdeutschen lehnt es überhaupt ab, die DDR als Diktatur zu verstehen. Es ist eine neue Generation herangewachsen, Schüler mit zum Teil katastrophalen Nicht-Kenntnissen oder sogar Falsch-Kenntnissen. Die historischen Kenntnisse sind rudimentär und DDR-Vorstellungen manchmal auch positiv. Es gibt nach wie vor eine Verweigerungshaltung, sich mit der DDR offen auseinander zu setzen, in Elternhäusern und in Schulen. Ehemalige Funktionäre, nicht nur ein paar alte rote Reaktionäre wie unlängst in Hohenschönhausen, treten auf und versuchen, die Geschichte umzuschreiben. Es findet sogar ein schleichender Prozess der Neulegitimierung statt. Und aus der Perspektive von Opfern und Widerständlern, die ja auch nur partiell in der Kommission vertreten waren, sieht es manchmal so aus, als ob man von der Zivilgesellschaft allein gelassen würde mit der Arbeit gegen dieses »Umlügen« der Geschichte der kommunistischen Diktatur. Die Träger von Opposition und Widerstand und die Opfer der politischen Verfolgung sind weitgehend marginalisiert, während die Mitläufer und Täter von der deutschen Gesellschaft sehr viel Verständnis und auch sehr viel Geld bekommen – für Sonderrenten zum Beispiel 3,5 Milliarden pro Jahr. Der besonders riskante frühe Widerstand in den 40er und 50er Jahren ist zum Beispiel fast völlig vergessen worden. Wer kennt den Namen jenes Leipziger Studenten, Helmut Belter, der, wie Sophie Scholl, Flugblätter verteilte und hingerichtet wurde?

Die kritische Aufklärung über die Diktatur verdankt sich vor allem dem bürgerschaftlichen Engagement der letzten 16 Jahre. Wenn es nicht hinreichend gelungen ist, gegen »Ostalgie« Widerstand im geistigen Sinne zu leisten, dann liegt das, sofern der Staat involviert ist, vor allen Dingen an unzureichender finanzieller Unterstützung. Wir haben manchmal den Eindruck, als ob die tagtägliche Arbeit das ist: einen Pfahl einzuschlagen in den Deich gegen die ewige Flut, die ewige Flut der Ignoranz, des Zynismus, des Nichtwissenwollens.

Es ist völlig richtig, dass, wenn man eine Diktatur verstehen will – wie bei den hoch verehrten Vorrednern ausdrücklich gesagt wurde – selbstverständlich die Erkenntnis der Diktatur als Repressionsinstrument, als Repressionsstaat allein nicht hinreichend ist. Das ist vollkommen klar.

Wenn jedoch eine Expertenkommission, wie die jetzige, sagt, es solle umstrukturiert werden, es solle effektiviert werden und so weiter, aber nicht sagt, woher das Geld kommen soll, wenn man schon neue Baustellen aufmacht, dann entsteht natürlich die Befürchtung, dass es auf Kosten der bestehenden, zivilgesellschaftlich gewachsenen Strukturen gehen wird. Natürlich ist diese Befürchtung nicht beweisbar, das Gegenteil aber auch nicht. In diesem Zusammenhang möchte ich sagen – ich muss jetzt hier nicht Herrn Knabes öffentliche Äußerung zitieren oder das Stichwort »Aufarbeitungskombinat« – selbstverständlich kann man sich sehr schnell betroffen fühlen, wenn man mit Polemik konfrontiert wird, sicherlich können Menschen, wenn sie irgendetwas lesen, böswillig etwas unterstellen. Aber man kann auch gutwillig unterstellen. Und da Manés Sperber einmal sagte, »wir alle sind partiell immer im Unrecht«, muss auch jemand, der etwas in die Öffentlichkeit hineinträgt, sich gefallen lassen, nach den unbeabsichtigten Nebenwirkungen und Risiken gefragt zu werden. Und wenn es so ist, dass, wie ich Ihnen aus unserer praktischen Erfahrung sagte, eher die Delegitimierung der Diktatur auf der Kippe steht, dann wäre es geradezu fatal, wenn jetzt plötzlich nicht mehr die Repressionsbetrachtung im Vordergrund stehen soll, sondern die Alltagskultur. Das mag durchaus richtig sein, im dem Sinne, wie es Joachim Gauck und Professor Schröder dargestellt haben. Dagegen hätte die Gedenkstätte überhaupt nichts – wenn man uns denn sagte, woher für solche Dinge das Geld kommen soll. Die wirklichen Aufgaben dagegen, wie wir sie sehen, kann man mit Worten von Jürgen Fuchs, wie »Diktaturprävention« und »demokratische Selbstvergewisserung«, zusammenfassen.

Ich versuche es kurz zu machen, um die Zeit nicht zu überziehen. Die Verklärung der Vergangenheit, und das habe ich schon gesagt, der muss begegnet werden. Es ist aber auch absolut notwendig, dass 60 Millionen Deutsche, die nicht im Osten gelebt haben, begreifen, dass es hier nicht um irgendeine ostdeutsche Regionalgeschichte geht, sondern, wie Frau Birthler vollkommen richtig sagt, um deutsche Geschichte. Entscheidend wäre, dass die wirklich im Großen und Ganzen ungesicherten und notleidenden, zivilgesellschaftlich entstandenen Institutionen aus ihrer prekären Notlage herausgeführt werden. Zur Stasi-Unterlagen-Behörde möchte ich jetzt hier nichts sagen und bitte Sie, unser Papier, das Ihnen vorliegt, mit sieben Punkten, die ich nicht alle anführen kann, zu lesen. Die für uns vielleicht wichtigste Frage ist natürlich: An welchen authentischen Orten soll Gedenken, aber auch Aufklärung stattfinden?

Der dritte Punkt – ich habe jetzt zwei Punkte unseres Votums, das Ihnen vorliegt, kurz referiert – der dritte Punkt sagt, dass es dem Votum der Expertenkommission an einer klaren Analyse der Situation und an daraus abgeleiteten Fragen mangelt. Statt dessen wird ein abstrakter Wille zur Neuordnung im Sinne des oft diskutierten Geschichtsverbundes sichtbar. Wieder Risiken und Nebenwirkungen! Wir befürchten nicht nur, sondern wir meinen, dass die zentralen Vorschläge der Kommission, das

Drei-Säulen-Modell, eher darauf hinauslaufen werden, Zentralisierung zu fördern sowie Kräfteressourcen zu binden und den manchmal schon verzweifelten Kampf gegen die Neulegitimierung linkstotalitärer Politikentwürfe nicht nur zu entwerten, sondern auch nachhaltig zu schwächen. Jemand, der in der DDR gelebt hat, ja, viele von denen, die sogar Widerstand gegen diese »blöde Diktatur«, wie Fuchs mal sagte, geleistet haben, wissen natürlich sehr genau, was Alltag bedeutet. Aber vielleicht darf ich den lieben Wolf Biermann zitieren, der ja ein paar Meter von hier entfernt in der Chausseestraße einmal das berühmte Album »Warte nicht auf bessere Zeiten« herausgebracht hat. Da gibt es eine Ballade, die sagt: »Und überhaupt ist ja zum schrein / der ganze deutsche Skatverein / dies dreigeteilte deutsche Land / und was ich dort an Glück auch fand / das steht auf einem anderen Blatt / Ich hab es satt.« Auf einem *anderen* Blatt!

Aus unserer Perspektive, wenn denn die Delegitimierung gelungen wäre, sollte tatsächlich eine tiefgründige Beschäftigung mit dem Alltag einmal auf der Tagesordnung stehen. Wenn man aber nicht genau sagt, wie jetzt überhaupt weiter gearbeitet und gelebt werden kann, angesichts sich verdoppelnder und verdreifachender Besucherzahlen, zum Beispiel in der Gedenkstätte Hohenschönhausen, dann erwachsen daraus tatsächlich, wie wir meinen, rationale Befürchtungen und nicht irrationale Ängste.

Viertens ist es aus unserer Perspektive entscheidend, auch da sehen wir einen großen Mangel des Papiers der Expertenkommission, dass man klar definiert, was man eigentlich mit »Vernetzung« und »Professionalisierung« meint. Es ist zum Teil verletzend für ehemalige Häftlinge, die in der Gedenkstätte Hohenschönhausen aber auch woanders arbeiten, wenn immer wieder durch die Presse die Behauptung des Mangels an Professionalität geistert, ohne dass man sagt, was das sein soll! Wenn sich eine Aufarbeitungsinstitution, wie die Normannenstraße, wie Hohenschönhausen, sagen wir mal, als Dienstleister versteht, dann ist sie ja kundenorientiert, dann ist sie für ihre Besucher, für die Rezipienten da. Und wenn sie hier erfolgreich ist, ist sie dann etwa nicht professionell? Oder wenn es viele Leute gibt, die zwar ehemalige Häftlinge sind und durchaus Emotionen hervorrufen in ihrer Arbeit, die aber auch Akademiker, die promoviert sind, die Hochschullehrer sind – einer sitzt neben mir –, dann ist es einfach nicht fair, immer wieder von notwendiger Professionalisierung zu reden, ohne genau zu sagen, was das eigentlich sein soll.

Nächstes Stichwort: Vernetzung. Was eine kleine Institution, wie Hohenschönhausen oder die Normannenstraße, an Vernetzung mit dem Personalbestand und dem Geld, das sie hat, machen kann, ist gemacht, wird gemacht. Nur ein Hinweis auf die Praxis: Nahezu alle Wanderausstellungen der BStU sind in Hohenschönhausen gezeigt worden. Die Normannenstraße und wir, aber auch die Bernauer Straße, Mauergedenkstätte, arbeiten bei Seminaren und Projekttagen oft zusammen. Wo wir aber tatsächlich ein Fehlen von Vernetzung sehen, und da müsste ein Fortschritt zu erreichen sein, das wäre die internationale Ebene. Da gibt es wirklich ein großes Defizit. Die Frage ist nur, wo sollen die Personalmittel dafür herkommen?

Ich überspringe jetzt den Punkt, der sich mit der Birthler-Behörde befasst. Wir haben dazu festgestellt, dass im Votum der Expertenkommission über die komplizierten praktischen Fragen, die durch einen gleitenden Übergang, bei einer Aufgabenverlagerung der Behörde, hervorgerufen würden, eigentlich fast nichts steht. Aufgefallen ist uns – jetzt bin ich bei unserem Punkt sechs – dass man sich demgegenüber vergleichsweise detailliert mit der Gedenkstätte Hohenschönhausen und der Forschungs- und Gedenkstätte Normannenstraße beschäftigt. Der Verschmelzungsvorschlag ist ja schon mehrfach diskutiert worden. Wir können dafür keinen Sinn und keine Notwendigkeit sehen. Vernetzung ja, aber wozu Verschmelzung? Wir sehen, dass eine empirische Analyse der Arbeit der betroffenen Institutionen durch die Expertenkommission nicht vorgenommen wurde, trotz eines kurzen Besuchs, zumindest bei uns. Könnten vielleicht auch institutionelle Bedürfnisse, wie die mögliche Verlängerung der Existenz der BStU, mit der geplanten Übernahme kleinerer, aber marktwirtschaftlich-kundenorientierter, im gesellschaftsorientierten Sinne erfolgreicher Institutionen verbunden sein?

Ich überspringe jetzt einiges, möchte Ihnen aber noch einen Gedanken nahe bringen, ehe ich zum letzten Punkt komme. Die Wirkungsstärke einer Aufarbeitungsinstitution hat unserer Ansicht nach natürlich ein entscheidender Maßstab zu sein für die Beurteilung dessen, was dort geschieht oder nicht geschieht, ob gut oder schlecht gearbeitet wird. Sie ist immer an den Ort gebunden, und es gibt immer ein ortsgebundenes Profil der Institution. Selbst wenn man sich, weil es sinnfällig ist, ein Zusammengehen der Gedenkstätte Normannenstraße mit der Gedenkstätte Hohenschönhausen vorstellen mag – von mir aus als selbständige Stiftung öffentlichen Rechts – bleibt die Frage offen, ob die »Firmenkulturen« wirklich zusammenpassen und ob es notwendig und sinnvoll ist, hier vermeintliche Synergieeffekte erreichen zu wollen. Dort der »Ort der Täter«, hier der »Ort der Opfer«, aber müssen die wirklich unter ein Dach kommen? Uns ist bisher noch keine überzeugende Begründung bekannt geworden. Wir glauben auch nicht, dass Zentralisierung oder Koordinierung, was immer das bedeutet, Kosten sparen würde. Vielmehr ist es unsere Erfahrung in der nun mittlerweile schon zehn Jahre existierenden Gedenkstätte und in der seit fünf Jahren als richtige Stiftung nach Landesgesetz geleisteten Arbeit, dass Reibungsverluste und Entwicklungsprobleme gerade durch die Kompliziertheit und Langwierigkeit bürokratischer Abläufe verstärkt werden. Im Jahre 2001 hat die Gedenkstätte ein vom Wissenschaftlichen Beirat beschlossenes Präsentations- und Ausstellungskonzept für eine Dauerausstellung vorgelegt. Es ist der Politik, wenn ich das etwas polemisch sagen darf, zu verdanken, dass es nicht zur Umsetzung kam. Auch die Einsetzung der Sabrow-Kommission hat dazu geführt, dass die Realisierung dieser Dauerausstellung wieder zurückgestellt wurde. Das heißt, es wird irgendwann so weit gekommen sein, dass im Jahre 2010 plus X die Dauerausstellung da ist, die eigentlich konzeptionell schon 2001 vorgelegen hat.

Deswegen wäre es aus unserer Sicht, wenn man vielleicht noch Wünsche an die Politik formulieren dürfte, viel wichtiger, die dünne Personaldecke zu verstärken. Denn ursprünglich sollte die Stiftung Gedenkstätte Berlin-Hohenschönhausen 15 Stellen, darunter vier für wissenschaftliche Mitarbeiter, bekommen. Drei Wissenschaftlerstellen – ausgerechnet die! – sind im Jahre 2000 gestrichen worden. Und die verbliebenen zwölf Beschäftigten, die heute fest angestellt sind, hatten danach eine Verdoppelung und Verdreifachung der Besucherzahlen zu verkraften. Könnte man denn, wenn sich die Aufgaben der Birthler-Behörde langfristig und gleitend ändern, nicht von dort Wissenschaftler in die

Gedenkstätte Hohenschönhausen abordnen? Das wäre eine Vernetzung, die wir sehr begrüßen würden! Es hätte auch den Charme, dass Wissenschaftler mit dem Status »BStU-Mitarbeiter« sehr viel leichter an die für die Erforschung der Geschichte notwendigen MfS-Akten herankämen, als das externe Uni-Wissenschaftler bisher können.

Letzter Punkt: Wir wünschen uns, dass die Verunsicherung durch die Kommissionsempfehlungen, die frühzeitig sehr triumphalistisch in der »Jungen Welt« und dann sehr knapp im »Spiegel« kommuniziert wurden, was bei Opfern, bei Mitarbeitern, bei Zuwendungsgebern erhebliche Irritationen auslöste, dass diese Verunsicherung wieder zurückgeführt wird, dass alles in ruhigere Bahnen kommt. Wir wünschen auch, dass wir uns wieder unseren eigentlichen Aufgaben zuwenden können. Nach Stiftungsgesetz heißt das, »zur Auseinandersetzung mit den Formen und Folgen politischer Verfolgung und Unterdrückung in der kommunistischen Diktatur anzuregen«.

Wir wollen der drohenden Verklärung der kommunistischen Diktatur entgegen wirken und bitten dafür um Unterstützung. Vielen Dank!

Moderator
Das war die Stellungnahme aus Hohenschönhausen von Siegfried Reiprich, vielen Dank. Wir gehen weiter zur Arbeitsgemeinschaft der Gedenkstätten zur Diktatur in SBZ und DDR. Es spricht Herr Scherrieble.

Dr. Joachim Scherrieble, Arbeitsgemeinschaft Gedenkstätten zur Diktatur in SBZ und DDR
Vielleicht zwei Bemerkungen vorab über die Arbeitsgemeinschaft Gedenkstätten zur Diktatur in SBZ und DDR: Seit nahezu fünf Jahren arbeiten in der Arbeitsgemeinschaft rund 20 unterschiedlich inhaltlich ausgerichtete und strukturell eingebundene Gedenkstätten zusammen, die an politisches Unrecht in der SBZ und der DDR sowie an die Folgen der Teilung Deutschlands erinnern. Dieses Netzwerk dient seit November 2001 dem Austausch über Standards der Gedenkstättenarbeit in Forschung, Dokumentation, Gedenkkultur und historisch-politischer Bildung sowie der inhaltlichen Kooperation und Vertretung gemeinsamer

Interessen nach außen. Der Zusammenschluss von nach Trägerschaft, finanzieller und personeller Ausstattung, Standort und historischer Bedeutung sehr unterschiedlichen Gedenkstätten gewährleistet bisher erfolgreich die Zusammenarbeit auf den Arbeitsfeldern Objektinventarisierung, Zeitzeugenarbeit, Gedenkstättenpädagogik, Archiv und Bibliothek – sowie auf der Leitungsebene.

Die Arbeitsgemeinschaft dankt der Kommission für die Empfehlungen, die eine längst überfällige Diskussion angeregt haben, die es jetzt transparent, sachlich und eben unter Beteiligung möglichst vieler an der Aufarbeitung und Erinnerung teilhabender Einrichtungen zu führen gilt – wie das heute geschieht. Und ich denke, ich habe es in meinem Artikel bei Zeit-online geschrieben, die Empfehlungen sind »Gedenk-Bausteine«, die die Arbeitsgemeinschaft zum Teil sehr befürwortet und zum Teil strikt ablehnt. Sechs kurze Bemerkungen:

Erstens: Die Lücken bei den Kommissionsempfehlungen. Obwohl die Kommission dort, »wo sie es im Sinne einer sachgerechten Auseinandersetzung für unabdingbar hielt«, über den Auftrag hinausgegangen ist, und das finde ich richtig und gut so, sind juristische und psychosomatische Aspekte der Aufarbeitung der DDR-Diktatur sowie die gesamtgesellschaftlich nicht nachvollziehbare materielle Benachteiligung von Opfern im Gegensatz zu Tätern aus der Bilanzierung ausgeblendet. Ich möchte Ihr Augenmerk insbesondere auf einen Punkt lenken: Zwingend notwendig erscheint uns die Einordnung der Empfehlungen in ein zu entwickelndes Gesamtkonzept bundesdeutscher Gedenk- und Erinnerungskultur im Kontext beider deutscher Diktaturen. Es kann nicht angehen, dass – wie geschehen – zunächst ein Konzept zum Umgang mit der NS-Diktatur entwickelt und der durchaus nachvollziehbare Mehrbedarf an Haushaltsmitteln festgestellt wird, im zweiten Schritt dann diese gedeckelt werden und in einem dritten Schritt die Kommission prüfen soll, wie mit dem übrig Gebliebenen jetzt im Hinblick auf die SED-Diktatur umzugehen ist. Unseres Erachtens ist diese gesellschaftliche Diskussion, wie die bundesdeutsche Gesellschaft 60 Jahre nach der ersten und 16 Jahre nach der zweiten deutschen Diktatur an diese erinnern und der Opfer gedenken möchte, dringend in aller Ruhe, Sachlichkeit und Transparenz zu führen. Wir sind daher sehr dankbar, dass es Gedenk-Bausteine gibt, die aber sinnvollerweise in ein Gesamtkonzept einzubringen wären.

Zweitens: Die Leitlinien für die zukünftige Entwicklung. Der Bilanz und den vier Begriffspaaren folgen wir im Wesentlichen, die Sinnträchtigkeit einer Qualifizierung wird niemand ernsthaft in Abrede stellen.

Drittens: Alltag und Herrschaft – Historisierung und Delegitimierung. Bei allem Verständnis, die »alltägliche Interaktion von Herrschaft und Gesellschaft« sowie die Bindekräfte deutlicher verorten zu wollen, das ist etwas, was wir in den Gedenkstätten sehr wohl seit Jahren in allen Bereichen tun. Es ist dort nicht primär verortet, aber wir haben Sonderausstellungen hierzu entwickelt. Zudem werden Themen, wie Alltag, wie Erziehung, wie Jugendkulturen, in den Seminaren oder in den Projekttagen seit Jahren behandelt, und das ist richtig so. Es ist uns aber auch wichtig, darauf hinzuweisen, dass Gedenkstätten bei aller kritischen Historisierung auch im kommenden Jahrzehnt nicht umhin können und wollen, das Leben in der Diktatur, ob über Repression, Widerstand oder Alltagserfahrungen, historisch eingebettet und wissenschaftlich fundiert recherchiert zu dokumentieren – was den Staat und seinen Anspruch delegitimieren wird, das ist ja heute dankenswerterweise sehr deutlich zum Ausdruck gekommen. Wenn man über Alltag spricht, zumal vom »durchherrschten Alltag«, in der heute Vormittag sehr plastisch geschilderten Weise, dann hat das natürlich mit Delegitimierung dieses Staates zu tun.

Viertens: Thematische Bündelung. Die vorgeschlagene thematische Bündelung der Gedenkstättenlandschaft halten wir durchaus für sinnvoll. Es stellt eine echte Weiterentwicklung dar, wobei das vorliegende Modell keine strikte Trennung zusammenhängender Themenbereiche nach sich ziehen, sondern der Profilbildung der Einrichtungen dienen sollte. Mir gefällt das Bild, das Herr Gauck heute früh geprägt hat, ganz gut: die drei »Eingangstore«. Das entspricht auf der inhaltlichen Ebene dem, was in den Einrichtungen geboten wird. Dabei ist es nicht notwendig, dass jede Einrichtung in einer Schublade steckt und zu Eins, Zwei oder Drei gehört. Aber es hilft durchaus, drei Eingangstore zu schaffen. Wenn man diese inhaltliche Bündelung allerdings, wie vorgeschlagen, mit einer organisatorischen

Verschränkung verbindet, führt dies im Wesentlichen zu zwei Fehlkonstruktionen: erstens die Hauptstadtzentriertheit und zweitens das konstruierte Verhältnis von »Kerninstitution« versus gewachsene dezentrale, plurale und autonome Erinnerungskultur.

Fünftens: Widersprüche zwischen formulierten Leitlinien und konkreten Vorschlägen. Leider weisen die konkretisierten Vorschläge der Kommission deutliche Widersprüche zu den definierten Leitlinien der Empfehlung auf. Der Vorschlag, den drei übergeordneten Themenbereichen eine Aufarbeitseinrichtung jeweils als »impulsgebende und kompetenzsicherende Kerninstitution« zuzuordnen – in der heutigen Diskussion tauchte hierfür erstmals der Begriff »Kristallisationspunkt« auf, davor war teilweise von »Leitinstitutionen« oder von »Kerninstitutionen« die Rede – widerspricht den Notwendigkeiten der gewachsenen und bewährten, weil dezentralen Struktur der bundesdeutschen Gedenk- und Erinnerungslandschaft. Diese Kerninstitutionen sind aus Sicht der AG abzulehnen. Sie stellen eine Monopolisierung und Zentralisierung der Erinnerungslandschaft dar. Keine Frage, dass die zweite Diktatur in Berlin maßgeblich und durchaus adäquater als bisher thematisiert werden muss und eine Vernetzung der Berliner Einrichtungen mehr als wünschenswert ist. Die empfohlene Hauptstadtzentrierung unterschätzt jedoch ganz eklatant die Bedeutung der konkreten historischen Orte für die politisch historische Bildung und missachtet den historischen Gesamtzusammenhang. Die SED-Diktatur existierte in der gesamten DDR und nicht nur in Berlin, und gerade die jungen Menschen müssen sich damit auch vor Ort in der Provinz, am jeweils historischen Ort intensiv auseinander setzen können. Ich finde, deshalb kann ich, Herr Professor Rürup, Ihrer Gleichung »Bund gleich Berlin« nicht wirklich zustimmen. Und auch wenn Herr Henke sich freut und mit uns lobend erwähnt, dass in der Provinz alles so toll funktioniert und wir uns deshalb auf Berlin konzentrieren könnten, meine ich, spiegelt das nicht so ganz die Wirklichkeit wider. Natürlich sind wir froh, wenn wir in Bautzen gute Arbeit machen, und natürlich sind wir froh, wenn wir zum Beispiel in der Gedenkstätte Deutsche Teilung Marienborn bisher 1,3 Millionen Besucher verzeichnen und pro Jahr über 1.200 Seminare, Projekttage oder Begegnungsveranstaltungen haben.

Das ist alles wunderbar, aber wir alle wissen, dass das am Rande jeweils der Leistungsfähigkeit der Einrichtungen passiert, und das darf keinen Rückschritt bedeuten. Die Enquete-Kommission hat ganz klar und deutlich formuliert, dass es Orte von herausragender gesamtstaatlicher Bedeutung gibt, ob Sie das nun »national« oder »herausragend gesamtstaatlich« nennen, nimmt sich letztendlich nichts. Aber diese Orte sind eben nicht nur in Berlin. »Bund gleich Berlin« trifft definitiv so nicht zu.

Sechstens: »Quo vadis, Struktur des Erinnerns und Gedenkens?« Ich möchte für die Arbeitsgemeinschaft an dieser Stelle durchaus nach vorne schauen und nicht nur feststellen, was unserer Meinung nach nicht so gut funktioniert. Die Kommission hat völlig richtig festgestellt, dass eine Überbehörde – auch aufgeteilt in drei Teilbehörden – mehr an institutioneller Eigeninitiative gefährden als in Synergieeffekten bringen würde. Die organisatorische Zusammenfassung der inhaltlichen Themenbereiche in bundesweiten hierarchischen Strukturen entspricht nicht der in der Enquete-Kommission geforderten Formulierung nach »Stützpunkten demokratischer Erinnerungskultur«. Wenn wir ein Gesamtkonzept der bundesdeutschen Gedenk- und Erinnerungskultur erarbeiten wollen, müssen wir den Gedenkstätten an den historischen Orten einen höheren Stellenwert beimessen und diese, wenn sie pluralistisch autonom arbeiten sollen, gestärkt durch eine institutionelle Bundesförderung unterstützen. Dass herausragende Orte von gesamtstaatlicher Bedeutung auch institutionell gefördert werden sollten, war bereits Teil der Enquete-Kommission und ist ja in einer ganz kurzen Bemerkung auch in den Empfehlungen der Experten-Kommission erwähnt. Dies ist aber leider nicht weiter verfolgt oder gar konkretisiert worden. Um eine bessere Vernetzung und effizientere Zusammenarbeit der Gedenkstätten bei möglichst hoher Autonomie der einzelnen Einrichtungen zu gewährleisten, scheint uns eine Stärkung des vorhandenen und funktionierenden Netzwerks der sinnvollste Weg. Wenn wir also Netzwerke bilden wollen, sollten die darin verbundenen unterschiedlichen Einrichtungen weiterhin strukturell unterschiedlich eingebunden sein. So wird es in Sachsen weiterhin Stiftungen geben und Einrichtungen, die in der Stiftung sind. Man kann aber seitens des Bundes beispielsweise diejenigen Einrichtungen, die möglicherweise gar nicht in die Stiftung gehen wollen, nicht eben dazu verdonnern. Es wird auch in Sachsen-Anhalt, wo ich herkomme, trotz der Stiftung, die sich aktuell im Aufbau befindet, unterschiedliche strukturelle Einbindungen geben. Wenn man möchte, dass inhaltlich unterschiedliche Einrichtungen in strukturell unterschiedlichen Einbindungen möglichst intensiv kooperieren, vernetzt sind und gleichzeitig ein möglichst hohes Maß an Autonomie haben, meine ich, so ist etwas wie die Arbeitsgemeinschaft Gedenkstätten zur Diktatur in SBZ und DDR ein weiterer denkbarer Weg, wenngleich wir uns der Tatsache bewusst sind, dass es die letzten viereinhalb Jahre an vielem gemangelt hat. Vor allem aber hat es natürlich daran gemangelt, dass wir selber an unseren eigenen Einrichtungen viel zu dünn besetzt sind. Eine Stärkung der Geschäftsstelle der Arbeitsgemeinschaft könnte ein sinnvoller Weg sein. Ich danke für Ihre Aufmerksamkeit.

Moderator
Vielen Dank. Es gibt viele Menschen, die sich gemeldet haben, die gerne etwas sagen wollen und die noch keine Chance hatten, zu Wort zu kommen. Als Nächster auf der Rednerliste ist Thomas Krüger von der Bundeszentrale für politische Bildung.

Thomas Krüger, Bundeszentrale für politische Bildung
Meine Damen und Herren, zunächst möchte ich mich dem Dank für die Kommissionsarbeit anschließen, allerdings nicht ohne auf die kritische Rezeption durch die Politik bei der Entgegennahme des Berichtes zu verweisen. Das lässt hoffen, dass dieser Kommissionsbericht nicht in die Schublade verschwinden, sondern in die politische Praxis einfließen wird.

Nun zu einigen mir wichtigen Punkten: Für mich ist es klar, dass wir in Bezug auf die DDR nicht von einem schon gänzlich ans Ende gekommenen politischen Prozess sprechen dürfen oder gar von einer »historischen« Angelegenheit. Die DDR ist noch nicht Vergangenheit. Bei etlichen Statements hier hatte ich auch den Eindruck, dass in Bezug auf die DDR die Topoi als »exotisches Relikt« aus der Vergangenheit des Kommunismus – quasi die DDR als Knast – noch recht lebendig sind und damit auch gleich die ganze Opposition und die Rolle der Kirchen als »exotisch« und unter Knastbedingungen existierend abgetan wird, um danach postwendend die Segnungen des Westens ins rechte Licht zu rücken.

Das ist für mich zu sehr der Gestus des Einigungsvertrages, der die Differenzierungen aus dem Blick verliert und die realen zeitgeschichtlichen Prozesse in der DDR kaum zur Sprache bringt. Deshalb ist mein Thema die gegenwärtige Relevanz der DDR und ihrer Geschichte. Die Bedeutung des Themas für den gegenwärtigen politischen Prozess kam sehr schön und sehr emotional in einer Talkshow der letzten Tage im NDR zum Ausdruck, als Florian Henkel von Donnersmarck, der Regisseur von »Das Leben der Anderen«, fast eifernd seine Film-Geschichte als die ganze Wahrheit verteidigte und Henry Hübchen sich mit Vehemenz dagegen gewehrt hat. Was Herrn von Donnersmarck zu einem Diskriminierungsreflex trieb: Hübchen sei ja schließlich zweifacher DDR-Meister im Surfen, also eigentlich jemand, der auf der Sonnenseite der DDR gelebt habe. Mich stört bis heute diese Hybris beim Blick auf ostdeutsche Biografien, die Hybris individueller Wahrheiten, die dazu führt, alles andere pauschal in Frage zu stellen. Dieser Hybris verfallen hin und wieder auch Institutionen. Dann wird es problematisch, und dann ist auch eine solche Arbeit legitimiert, wie die hier durch die Kommissionen dargestellte.

Zu einem zweiten Punkt: Ich bin überzeugt, es hilft nicht viel weiter, wenn wir uns nur oder überwiegend mit der DDR-Geschichte und dem DDR-System befassen. Der Blick muss geweitet werden, und insofern finde ich es richtig, von dem Begriff Paradigmenwechsel abzusehen. Aufgabe wäre die Ausweitung der Perspektiven und, wenn man so will, die Neubeschreibung des Paradigmas, in dem DDR-Zeitgeschichte behandelt werden muss.

Sie erlauben mir an der Stelle einen Kurzkommentar zu den hier geäußerten Überlegungen, bestimmte Funktionen zusammenzufassen und zu zentralisieren. Ich hege gegen solche Zentralisierungen eine tiefe Skepsis. Sinnvoller wäre es, eine intelligente Regulierung auf die Tagesordnung zu setzen. Dafür finden sich ja auch Ansätze in dem Bericht, beispielsweise die Stärkung der Stiftung Aufarbeitung, die hier eine wichtige Funktion wahrnehmen kann. Ich glaube, es kommt auf die Komplementarität und die Pluralität der Ansätze an, sie müssen sich ergänzen können. Es muss auch so etwas wie einen Wettbewerb der Zeitgeschichtler geben können, einen Wettstreit um produktive und qualitativ hochwertige Ergebnisse, um die Diskussion immer neu voran zu treiben.

Zu einem weiteren Gesichtspunkt: Ich glaube, es ist wichtig, dass die drei Säulen, von denen der Bericht spricht, nicht nur nebeneinander bestehen, sondern sinnvoll miteinander verknüpft werden. Das ist im Bericht selbst schon angeklungen beziehungsweise in der Rezeption des Berichts zugespitzt dargestellt worden. Die intelligente Verknüpfung dieser drei Säulen macht letztlich eine vernünftige Befassung mit Zeitgeschichte aus. Dazu gehört die Diskussion um die Befassung mit dem DDR-Alltag. Das ist eben keine Verharmlosung von DDR-Zeitgeschichte, sondern die sinnvolle Ausweitung des Blicks auf die DDR-Zeitgeschichte.

Ein Wort noch zur Relation Freiheit/Unfreiheit: Der massenhaften Akzeptanz von Unfreiheit in der DDR hat auch ein signifikanter Freiheitswille gegenüber gestanden. Mich stört bei zeitgeschichtlicher Vermittlung, auch bei der Befassung mit jüngerer deutscher Geschichte insgesamt, die Kaprizierung auf Negativdaten, auf Negativfaktoren. Wir müssen, gerade wenn wir an die junge Generation, an die Generation von morgen denken, in zeitgeschichtlicher Vermittlung immer auch positive Anknüpfungspunkte finden. Die Freiheitsbemühungen auch in der DDR-Diktatur geben dafür etlichen Anlass. Es kommt eben auch auf die Fragestellung an. Wie man das sachgerecht und glaubwürdig versucht, das hat Richard Schröder schon angesprochen.

Ein anderer sehr wichtiger Punkt ist die Komplementarität der historischen Ansätze. Die DDR-Zeitgeschichte ist sowohl mit dem Paradigma der asymmetrisch verflochtenen Parallelgeschichte zu fassen, als auch mit dem Bezug auf die Geschichte des Sowjetimperiums. Man kann das eine, glaube ich, nicht ohne das andere haben. Die DDR muss als zeitgeschichtlicher Befund zum Teil des gesamtdeutschen kollektiven Gedächtnisses entwickelt werden. Es gibt ein riesiges Defizit hinsichtlich der Integration eines zeitgemäßen zeitgeschichtlichen Wissens in der westdeutschen Gesellschaft. Es gibt einige positive Ansätze, die allerdings ausgebaut werden müssen, wenn man sich die Curricula anschaut. In den Schulen kann man feststellen, dass DDR-

Zeitgeschichte wirklich nur unzureichend in die Lehrpraxis integriert worden ist und wenn, dann teilweise mit veralteten Befunden. Demgegenüber ist mit der Kooperation zwischen dem Geschichtslehrerverband, der Stiftung Aufarbeitung, dem ZZF in Potsdam und der Bundeszentrale für politische Bildung sowie ihrer gemeinsamen Publikation »Teilung und Integration« erstmals ein strategisch struktureller Ansatz entwickelt worden, wie DDR-Zeitgeschichte insgesamt auf den Lehrplänen des Geschichtsunterrichts in Deutschland auf den Weg gebracht wird.

Ein abschließender Gesichtspunkt: Es ist wichtig, den Gegenwartsbezug von Zeitgeschichte stärker zu betonen. Die Virulenz der Gegenwart legitimiert die Befassung mit Zeitgeschichte, auch mit einem breiten Ansatz von Zeitgeschichte. Das Thema der schrumpfenden Städte im Osten Deutschlands zum Beispiel kann man nicht ohne zeitgeschichtliche Reflektion vermitteln.

Die Frage schließlich, wie vermittelt werden muss in der politischen zeitgeschichtlichen Bildung, setzt selbst keine Grenzen. Sie muss anknüpfen an den Fragen der jungen Generation, an den Fragestellungen der jeweiligen Zeit. Deshalb kann und darf man DDR-Zeitgeschichte nicht historisierend zu den Akten legen, sondern es muss ein Gegenwartsbezug hergestellt werden. Herr Hütter wird sicherlich auf die aktuelle Ausstellung »Rock« der Stiftung Haus der Geschichte und der Bundeszentrale für politische Bildung verweisen, die ein großer Publikumserfolg ist, weil sie eben einen Ansatz wählt, der heutige Fragestellungen gerade von jungen Erwachsenen verknüpft mit denen der Elternerfahrungen. Diese Ansätze, diese Virulenz von politischer Bildung, halte ich auch in der Zukunft für geboten. Deshalb sollte man den Blick über die verschiedenen Einrichtungen und Institutionen zur DDR-Zeitgeschichte hinaus weiten und nach strategischen Partnerschaften suchen. Vielen Dank.

Moderator
Mit der Bitte um Disziplin der nächsten noch gesetzten Redner geht es weiter, denn nicht nur die professionellen Redner, die immer reden dürfen, sollen zu Wort kommen, sondern auch alle anderen. Wir haben jetzt noch drei Reden auf der Liste, und dann geht es wirklich in die offene Aussprache. Als Nächster bitte,

von der Union der Opferverbände kommunistischer Gewaltherrschaft, Herr Schüler.

Horst Schüler, Union der Opferverbände Kommunistischer Gewaltherrschaft e.V. (UOKG)

Für die ehemaligen politischen Häftlinge des Kommunismus und dessen Opfer begrüße ich es, dass eine Expertenkommission Empfehlungen zu neuen Formen der Aufarbeitung der SED-Diktatur erarbeitet hat. Dass dieser Kommission kein Mitglied von Opferverbänden angehörte, ja, auch unter den angehörten Sachverständigen nur sehr wenige zu finden sind, die den kommunistischen Terror selbst in seiner schlimmsten Form erfahren haben, ist wichtiger Bestandteil unserer Kritik an den Empfehlungen, zu denen die Verfolgtenverbände bereits ein acht Punkte umfassendes Papier vorgelegt haben.

Allerdings enthält die Arbeit der Kommission auch Punkte, die von uns beifällig aufgenommen werden, etwa der Hinweis, dass in den alten Bundesländern die Geschichte der DDR nur sehr bedingt als gesamtdeutsche Geschichte gesehen wird. Oder die Kritik an der mangelhaften Vermittlung der DDR-Geschichte in den Schulen und Hochschulen, eine Kritik, die wir schon seit Jahren üben. Sehr richtig ist auch die Forderung nach einer angemessenen Beteiligung der alten Bundesländer an der Finanzierung von Gedenkstätten regionaler Bedeutung, die fast ausschließlich in den neuen Bundesländern liegen. Und nicht nur zustimmend, sondern dankbar nehmen wir den Hinweis auf das Herausfallen der »Union der Opferverbände kommunistischer Gewaltherrschaft« aus der finanziellen Bund-Länder-Förderung zur Kenntnis, verbunden mit der Empfehlung, der Stiftung Aufarbeitung zur Führung des Verbandes nicht nur eine Projektförderung zu erlauben, sondern die dringend benötigte institutionelle Förderung. Für ehrenamtlich arbeitenden Organisationen, wie die UOKG, ist eine solche institutionelle Förderung dringend notwendig. In diesem Zusammenhang schlagen wir für eine bessere Aufarbeitung der DDR-Geschichte vor, Medienprodukte der Opferverbände so zu unterstützen, dass sie redaktionell in der Lage sind, eine breitere Öffentlichkeit als Leser zu finden.

Ein wichtiger Aspekt des sich auf drei Säulen stützenden Aufarbeitungsmodells der Expertenkommission sieht eine stärkere

Beachtung des »Alltags in der durchherrschten Gesellschaft« der DDR vor. Das ist notwendig und wird auch von uns so gesehen, allerdings darf es unserer Meinung nach nicht zentrales Anliegen der Aufarbeitungsarbeit sein. Eine Diktatur zeigt ihr schreckliches Gesicht vor allem im brutalen Terror, den sie gegen ihre politischen Gegner ausübt. Die Beschäftigung mit eben diesem Terror sollte deshalb weiter im Zentrum der Aufklärung stehen. Selbstverständlich gehört eine Darstellung des Alltags ebenfalls zur historischen Aufarbeitung, aber nur dann, wenn er nicht in der oft gezeichneten Trivialität einer Nischen-Gesellschaft gezeigt wird, sondern als abstoßender Teil des alles kontrollierenden Machtapparats einer Diktatur. Beispiele dafür gibt es reichlich, etwa das Hausbuch, in dem jeder Besucher der Mieter eingetragen werden musste, das Fehlen von Medien, die der herrschenden Ideologie missfielen, die Postzensur, Dienst in Betriebskampfgruppen, demütigende Selbstkritik in Versammlungen, die latente Angst vor Spitzeln, Selbstverpflichtungen für den Arbeitsprozess, bis zum gemeinsamen Wahlgang mit offenem Wahlvotum, das Verbot von Besuchen schwer erkrankter oder sogar sterbender Angehöriger im Westen Deutschlands und so weiter.

Die Bürgerrechtlerin Freya Klier hat sich als Mitglied der Expertenkommission nicht deren Empfehlungen angeschlossen, sondern ein Sondervotum abgegeben. Dessen Inhalt entspricht weitgehend unserer Meinung. Auch wir würden es für falsch halten, die Geschichte der DDR als historisch abgeschlossenes Gebilde zu sehen und – wie Frau Klier schreibt – einen Paradigmenwechsel im Umgang mit der vierzigjährigen Diktatur zu favorisieren. Zwar ist die DDR am Ende, nicht aber die sie beherrschende Nomenklatur und schon gar nicht die kommunistische Ideologie. Das immer dreister werdende Auftreten von ehemaligen Angehörigen des Staatssicherheitsdienstes ist dafür ein beunruhigender Beweis. Ähnlich sehen wir die Tatsache, dass Stützen des untergegangenen Regimes in den Parlamenten, Verwaltungen und Medien vertreten sind. »Sie zielen auf Zukunft«, schreibt Freya Klier richtig. Diese Entwicklung wird begünstigt durch die uns völlig unverständliche und ungezählte Male kritisierte Tatsache, dass verantwortliche politische Kräfte eine Gefährdung unserer demokratischen Ordnung nur durch Rechtsextremisten sehen. Wenn man – wie die Expertenkommission es tat – die Geschichte der DDR als historisch abgeschlossen sieht, ohne auf die weiterhin bestehende Gefahr der längst nicht toten kommunistischen Ideologie zu verweisen, arbeitet man den Verfechtern dieser Ideologie ungewollt in die Hände, die es natürlich begrüßen, wenn sich die Aufmerksamkeit der politischen und medialen Öffentlichkeit lediglich *einer* Form des Extremismus zuwendet. Dass wir diesen Rechtsextremismus in aller Schärfe ebenfalls bekämpfen, versteht sich von selbst. Lassen Sie mich in diesem Zusammenhang abschließend sagen: Es ist schon fast tragisch, dass sich die Opferverbände der beiden deutschen Diktaturen so fremd gegenüber stehen. Wenn die Expertenkommission dazu beitragen könnte, diese Distanz zu überwinden, wäre das in unserem Sinne sehr verdienstvoll. Ich danke Ihnen.

Moderator
Vielen Dank, Herr Schüler. Das Wort hat jetzt, für das Haus der Geschichte der Bundesrepublik, Herr Dr. Hütter.

Dr. Hans Walter Hütter, Vertreter des Präsidenten, Stiftung Haus der Geschichte der Bundesrepublik Deutschland
Meine Damen und Herren, auf allgemeine Überlegungen möchte ich verzichten und mich auf die Punkte konzentrieren, die sich konkret auf die Ausführungen des Expertengutachtens und die Stiftung Haus der Geschichte der Bundesrepublik Deutschland beziehen. 16 Jahre nach Ende der zweiten deutschen Diktatur sind die wissenschaftlichen Kenntnisse über das SED-Herrschaftssystem deutlich gewachsen, das ist heute bereits mehrfach betont worden.

Doch die Frage, welcher Stellenwert der Geschichte der DDR vor allem in der Bildung, in Ausstellungen, in Museen und Gedenkstätten zugemessen werden soll, ist immer noch heftig umstritten, wenn es auch seit mehr als einem Jahrzehnt Ausstellungen zu diesem Themenkomplex gibt.

Zur Erinnerung, das Haus der Geschichte widmet sich bereits seit vielen Jahren in vielfältiger Weise der Geschichte der SED-Diktatur. Besonders wichtig ist uns dabei, die Geschichte der DDR als Teil der deutschen Geschichte seit dem Ende des Zweiten Weltkrieges und damit der Nationalgeschichte zu betrachten, also einer »Verinselung« entgegen zu wirken. Alle Ausstellungen der Stiftung, auch die Wechselausstellungen, richten sich grundsätzlich gegen jegliche Tendenzen zur Verharmlosung der SED-Diktatur. Die Machtausübung des DDR-Regimes wird dargestellt zwischen Verführung und Gewalt, Zustimmung und Unterdrückung. Dieser konzeptionelle Ansatz hat sich bewährt. Die neuen Forschungsergebnisse sowie eine erweiterte Objektlage helfen uns Ausstellungsmachern, die Ausstellungen laufend zu aktualisieren, zu ergänzen und damit auch zu verbessern.

Mit den Informationszentren in den Museen der Stiftung in Bonn und Leipzig, mit der in Umfang und Bestand einzigartigen Bibliothek zur Geschichte der DDR in Bonn sowie mit der Sammlung Industrielle Gestaltung in Berlin unterhält die Stiftung weitere Einrichtungen, die dazu beitragen, über die Geschichte der zweiten deutschen Diktatur zu informieren und die Erinnerung an Widerstand und Opposition in dieser Zeit wach zu halten.

Die Empfehlungen dieser Expertenkommission beleben, das merken wir alle, die öffentliche Auseinandersetzung mit diesem Thema erheblich. Diese aktuelle Diskussion sollte dazu beitragen zu klären, in welchem Umfang und in welcher Form die Informationen über die DDR-Diktatur vermittelt und wie das Gedenken an ihre Opfer geleistet werden soll. Hierzu gehört auch, Klarheit zu schaffen über die Zukunft der authentischen Orte, welche die zweite deutsche Diktatur repräsentieren, die Voraussetzungen für die künftige museale Arbeit als wesentlicher Bestandteil der nationalen Erinnerungskultur sowie deren Organisation und Finanzierung zu klären und möglichst bald zu entscheiden, um unnötige Verluste vorhandener historischer Substanz zu vermeiden.

Die Expertenkommission benennt auch Defizite, die es zu überwinden gilt. Dazu gehören die in Ost- und Westdeutschland geteilte Wahrnehmung der DDR-Geschichte, die zunehmende Trivialisierung der DDR als politisches System, die weithin zu beobachtende Ostalgie und die Schwierigkeiten in der schulischen Vermittlung sowie die unzureichende Vernetzung der an der Aufarbeitung der DDR-Historie beteiligten Institutionen.

In diesem Zusammenhang sollte überdacht werden, ob dann vier Einrichtungen notwendig und sinnvoll sind, um die genannten Aufgaben zu erledigen. Denn wenn beklagt wird, dass bereits heute die Vernetzung der Institutionen, die sich mit der Aufarbeitung der SED-Geschichte beschäftigen, nicht reibungslos funktioniert, scheint mir eine weitere Zersplitterung problematisch. Über die organisatorische Form sollte über die Vorgaben des Gutachtens hinaus noch einmal sehr intensiv nachgedacht werden.

Insgesamt ist – das will ich ausdrücklich betonen – die Stiftung Haus des Geschichte weiterhin bereit, an der Verbesserung der Situation aktiv mitzuwirken. Ich will in diesem Zusammenhang in der Kürze der gebotenen Zeit vier Bausteine nennen:

Erstens: Die Stiftung Haus der Geschichte ist zu vielfältigen Kooperationen mit anderen Institutionen und Trägern in der Auseinandersetzung mit der zweiten deutschen Diktatur bereit. Konkrete Abmachungen gibt es bisher mit Bildungsministerien beziehungsweise den Landeszentralen für politische Bildung in Brandenburg, Sachsen und Sachsen-Anhalt. Diese Abmachungen beziehen sich insbesondere auf die Lehrerfortbildung in diesen Bundesländern. Es handelt sich um die Integration in die Curricula sowie die Nutzung von Ausstellungen und Museen als Lernorte. Das Schwergewicht dieser Fortbildungsarbeit liegt innerhalb der Stiftung beim Zeitgeschichtlichen Forum Leipzig.

Eine weitere wichtige Kooperationsebene bietet die Bundeszentrale für politische Bildung, Herr Krüger sprach es an. Ich darf hier nur ganz kurz verweisen auf die aktuelle Wechselausstellung »Rock! Jugend und Musik in Deutschland«. Ich sage dies deshalb exemplarisch, weil die Mehrzahl der Wechselausstellungen der Stiftung in den vergangenen Jahren einen gesamtdeutschen oder – wenn Sie so wollen – deutsch-deutschen Ansatz hatte. Wir sind uns darüber im Klaren, dass diese thematische Ausrichtung noch immer wichtig ist. Wir brauchen weiterhin noch viele Ausstellungen, viele Veranstaltungen, viele Aktivitäten, um diese Problematik in das Bewusstsein, insbesondere auch der jungen Generation zu bringen. Wichtig in diesem Zusammenhang sind uns hierbei die Begleitprogramme vielfältiger Art, die wir gern mit Partnern durchführen. Hier hat sich die Bundeszentrale als ein außerordentlich verlässlicher Partner herausgestellt.

Lassen Sie mich unter dem ersten Punkt einen dritten Aspekt der Kooperation nennen: Austauschprojekte mit Schülern und

Lehrern aus Ost- und Westdeutschland. Wir kennen die Austauschprojekte Deutschland-Frankreich und Deutschland-Polen. Wir haben seit einigen Jahren Austauschprojekte von Schulen, Schülern und Lehrern aus den neuen und alten Bundesländern, um hier wirklich konkret unterschiedliche Lebenserfahrungen und historische Situationen zu vermitteln. Diese stehen immer in direkter Verbindung mit unseren Museen in Bonn und Leipzig.

Lassen Sie mich zum zweiten Punkt kommen: Die Bitte der seinerzeitigen Bundesbeauftragten für Kultur und Medien, Christina Weiss, an die Stiftung Haus der Geschichte, den musealen Ausbau der Gedenkstätte Hohenschönhausen zu entwickeln und zu realisieren, besteht weiterhin. Allerdings sind derzeit die baulichen Voraussetzungen noch nicht geschaffen. Zudem erfolgte die für die Umsetzung notwendige Zuweisung von zusätzlichen Finanzmitteln und Personalkapazitäten bislang noch nicht.

Drittens: Falls das von der Expertenkommission vorgeschlagene »Forum Aufarbeitung« in Berlin realisiert werden soll, kann die Stiftung Haus der Geschichte dessen Aufbau in vielfältiger Form unterstützen. Hierzu könnte vor allem als Nukleus unsere Wanderausstellung zum Thema »Widerstand in Opposition und SBZ und in der DDR« beitragen. Dies bieten wir gern an.

Viertens, meine Damen und Herren: Die Expertenkommission, Sie haben es alle gelesen, schlägt unter anderem vor, im Tränenpalast am Bahnhof Friedrichstraße in Berlin den Themenkomplex »Innerdeutsche Grenze« zu visualisieren. Dieses Gebäude von historischer Bedeutung und hochrangiger authentischer Qualität eignet sich aus vielfältigen Gründen als Informations-, Erinnerungs- und Gedenkort. Aspekte der DDR-Geschichte, wie Herrschaft und Regierungsapparat, Grenzregime, Flucht über die innerdeutsche Grenze und ähnliche Themen, können hier am authentischen Ort eindrucksvoll präsentiert werden. Hierfür kann die Stiftung Haus der Geschichte auf ihre umfangreichen Sammlungsbestände sowie vielfältigen Ausstellungserfahrungen zurückgreifen.

Moderator
Vielen Dank, Herr Hütter. Geschichte hat Konjunktur, vor allem an diesem Pfingstwochenende, das Wort hat das Deutsche Historische Museum, Herr Professor Ottomeyer.

Professor Dr. Hans Ottomeyer, Deutsches Historisches Museum
Ich kann das gerne bestätigen. Wir arbeiten allerdings meist in dieser berühmten historischen Distanz von 60 Jahren. Ich glaube nicht, dass man auch diesmal dazu gezwungen ist. Es sind fast noch alle da. Aber der kritische Moment, sich darüber zu orientieren, was an Aussagen möglich ist und was getan werden muss, das scheint mir hier gegeben, und ich beglückwünsche die Kommission, ich beglückwünsche den Auftraggeber, dass man das so frühzeitig eingeleitet hat, ohne dass man jetzt meinen sollte, damit sofortige Ergebnisse zu zeitigen. Es sind nötige Weichenstellungen.

»Geschichtsverbund« ist ein Wort, was mir Schauer über den Rücken jagt, glaube ich doch nicht an Synergien, Netzwerke und so weiter, sondern vertraue darauf, dass konkrete Aussagen durch eine Institution aber auch vor allem durch eine Person gemacht werden können, gemacht werden müssen. Es wäre ein Alptraum, man hätte hier eine ausschließlich dezentrale Struktur, alle sammeln ein bisschen, forschen ein wenig, archivieren alles und dokumentieren manches, und jeder zeigt nur einen Teil.

Das wäre das absolute Chaos, und dann käme es noch natürlich darauf an, alles immer und überall zu sagen. Nein, die Dezentralität, das ist eine große Tugend, die ist aus der Bürgerbewegung heraus gewachsen und aus den verschiedenen Gedenkorten. Diese große Tugend muss man bewahren, aber dazu sollte eben auch ein zentraler Aspekt treten, ein Ort, wo eine Synthese geschaffen wird, ein Ort, wo man die Dinge zusammenführt und zu einer Aussage zu verdichten sucht. Im Moment gibt es auch eine Tendenz, die Geschichte zu teilen. Ich kriege von meinen Mitarbeitern, von denen die Hälfte aus der ehemaligen DDR stammt, oft gesagt: »Ja, das verstehen wir ganz anders als Sie…«, oder ich höre gestern bei einer Führung, wie eine Gruppe sich durch eine Gruppenleiterin erklären ließ, »das ist nicht eure Geschichte«, bei der Industriegeschichte um 1860, »damit habt ihr überhaupt nichts zu tun, unsere Geschichte beginnt erst 1945«. Es gibt Tendenzen, sich abzusetzen, vielleicht auch zu erklären, dass das anhaltinische Geschichte sei und das sächsische oder dergleichen mehr. Ich denke, dass die Aufarbeitungsschwerpunkte durch die Kommission richtig gesetzt sind, das sollte man positiv betrachten.

Aber man sollte nicht bloß immer Gesellschaft sagen, sondern es ist ja wirklich der Staat. Es ist der totale Staat, und es ist der totalitäre Staat, der seine Aufgaben völlig überzogen hat, und ich finde, es täte uns gut, auch etwas Staatskritik zu äußern, bis hin zu der Frage, was sind die Aufgaben des Staates, und wo beginnt der Staat, gegen die Interessen der – Herrn Gauck verdanke ich das Wort – »Staatsinsassen« zu handeln und sie dann möglicherweise zu Insassen einer geschlossenen Anstalt zu machen. Es wäre eine zukünftige Aufgabe, die Rolle des Staates zu untersuchen, ob das sich jetzt auf »Grenze«, auf »Überwachung«, ob es sich auf den Industriestaat bezieht oder das Verhältnis von Staat und Kirche, der Schlüsselbegriff liegt hier. Das sollte man offen sagen und es nicht immer nur implizit mitverstehen als »Gesellschaft und Alltag« und, ich weiß nicht, was.

Es gilt sicherlich auch, die Beobachtung zu verschärfen auf all das, was an Kulturvernichtung und Kulturverkauf stattfand und das zu überprüfen, an der Gestalt der Städte, an der Gestalt der Kirchen, die ja fast ganz zu Grunde gegangen sind. Vieles stand auf der Kippe, konnte gerade eben noch gerettet werden.

Das Deutsche Historische Museum verwahrt das Erbe der DDR, vor allem soweit es bewusst im Museum für Deutsche Geschichte niedergelegt wurde. Es ist die ganze politische Ikonografie vorhanden, es ist all das an Indizien, Zeugnissen für Herrschaft und Selbstdarstellung der Politiker da, und es ist unsere Aufgabe, das in den nächsten Jahren dezidiert zu heben und darzustellen. Dazu haben wir uns im März/Juli 2007 eine Ausstellung vorgenommen, die sich über Selbstdarstellung und Gegenbilder hinaus mit den Sammlungsschwerpunkten des Hauses auseinander setzen muss und sie zur Darstellung zu bringen hat.

Es gibt ein retardierendes Moment. Es gab eine gewisse Ausweglosigkeit, ich entsinne mich, drei Jahre habe ich damit zugebracht, Gespräche zu führen zwischen dem Museum für Industrielle Gestaltung, mit Eisenhüttenstadt und den Mitarbeitern meiner eigenen Sammlung über mögliche Synergieeffekte, was man alles machen könnte, wenn man denn wollte und dazu die Mittel hätte. Deswegen auch meine Aversion gegen diese so genannten Synergien. Frau Weiss hat das noch dezidiert erklärt, ein Museum für DDR-Geschichte käme nicht in Frage, nirgendwo und niemals. Jetzt ist, scheint es, eine neue Ära angebrochen.

Wir machen da gerne mit. Wir haben in der Dauerausstellung einen großen Teil einer Parallelerzählung zweier Staaten, DDR und Bundesrepublik Deutschland, gewidmet – sicher nicht in dem Maße ausgebaut, wie sich das vielleicht mancher erhofft hätte, aber doch im klaren Bewusstsein, dass es noch ein Haus der Geschichte der Bundesrepublik Deutschland gibt und ein Forum in Leipzig. Es wäre falsch gewesen, jetzt das noch einmal im Großen als eine weitere Erzählung aufzumachen. Aber ich finde, man muss sich noch mal sehr dezidiert darüber unterhalten, wie denn ein solches Museum für die Geschichte der DDR in zehn Jahre vielleicht einmal auszusehen hat. Ich denke, das hier ist ein Ansatz, aber man sollte sich klar darüber werden, wie man sich diese Arbeit teilen will, wer was leisten kann und welche Sammlungen da sind – sozusagen ein Konstrukt zu errichten, das nicht die Synergien bündelt, sondern was Arbeit und Forschung und was die gemeinsamen Möglichkeiten der Sammlungen sind und das dann so sinnvoll wie möglichst umsetzt.

Ich höre sofort auf, aber noch ein Wort: Überall da, wo Geschichte strittig ist, obwohl es keine gemeinsame Geschichte gibt, hat es sich als sehr sinnvoll herausgestellt, zwischen Polen und Deutschland, zwischen Deutschland und Frankreich, an so etwas wie einem Schulbuch, wie einem gemeinsamen Geschichtsbuch zu arbeiten. Was dann eine Synthese schafft in der Diskussion, eine Synthese über die Geschichte der DDR. Damit möchte ich schließen.

Moderator
Vielen Dank. Da der Berliner Kultursenator Dr. Flierl aus Krankheitsgründen absagen musste, ist nur noch ein Redner auf der Liste, und dann geht es ins Plenum. Für das Dokumentationszentrum Berliner Mauer spricht jetzt Frau Dr. Camphausen.

Dr. Gabriele Camphausen, Verein Berliner Mauer – Gedenkstätte und Dokumentationszentrum
Vielen Dank, sehr verehrte Damen und Herren, ich spreche für die Gedenkstätte und das Dokumentationszentrum Berliner Mauer an der Bernauer Straße. Die Überlegungen der Expertenkommission kommen zum genau passenden Zeitpunkt. Über 15 Jahre nach dem Ende der SED-Diktatur stehen wir in der Ge-

schichtsarbeit zwangsläufig vor der Herausforderung, dass die direkte persönliche Geschichtserfahrung abnimmt. Die vermittelte Geschichtserfahrung rückt in den Vordergrund. Das ist Anlass genug, ein Zwischenresümee der Arbeit zu ziehen und zu schauen, welche Weichen wir für die Zukunft stellen müssen. Insofern, wie gesagt, kommen die Überlegungen der Expertenkommission zum passenden Zeitpunkt und geben diesem ganzen Prozess wichtige Denkanstöße.

Es gäbe oder gibt sicherlich sehr vieles zu kommentieren, auf das noch näher einzugehen wäre. Ich konzentriere mich im Folgenden auf drei Ausschnitte. Dass es dabei womöglich zu Überschneidungen mit meinen Vorrednern kommen könnte, lässt sich nicht vermeiden, liegt in der Natur der Sache und vielleicht auch in der Nähe der Gedanken.

Punkt Eins: Positiv werten wir, der Verein Berliner Mauer, den Ansatz der thematischen Bündelung und Koordinierung, der die Gedenkstättenlandschaft vor Zersplitterung bewahren und vielleicht auch eine Hilfe zur Selbsthilfe bieten kann. Dabei kann es natürlich nicht um eine Supraorganisation, nicht um eine Zentralisierung im klassischen Sinne gehen, ebenfalls nicht um eine künstliche Abtrennung eigentlich zusammenhängender Themengebiete. Dies ist aber auch, so fair sollten alle Beteiligten sein, nirgendwo in den Empfehlungen der Kommission zu lesen. Zu lesen ist hingegen der ausdrückliche Bezug zur dezentralen Grundstruktur, und die Rede ist von stärkerer Vernetzung und Abstimmung, von einer Gruppierung themennaher Einrichtungen. Die darin liegende Chance einer konzentrierteren und qualitätsvolleren Arbeit verdient unsere Aufmerksamkeit.

Punkt Zwei: Alltagsgeschichte. Herr Krüger sagte eben so nett, mit dem Punkt seien wir ja jetzt wohl durch. Aber angesichts des medialen Trommelfeuers in den letzten Wochen möchte ich hierzu doch kurz und deutlich Stellung beziehen, denn den Impuls, kritische Alltagsgeschichte verstärkt in den Focus zu stellen, diesen Impuls begrüßen wir sehr. Hier existiert eine Leerstelle, die dringend ausgefüllt werden muss, gerade damit wir Nostalgietendenzen und der Geschichtsverfälschung durch Stasi-Mitarbeiter wirksam Paroli bieten können. Die in den letzten Wochen mehrmals formulierte Fundamentalkritik, die Kommission trage mit ihrem Votum für die Alltagsgeschichte zu einer

Beschönigung der SED-Diktatur bei, überzeugt keineswegs. Darüber ist zum Glück heute wohl Einvernehmen hergestellt worden. Gleichwohl wäre – kleine Einschränkung unsererseits – an mancher Stelle in den diesbezüglichen Empfehlungen eine präzisere, ja wohl schärfere Begriffswahl wünschenswert gewesen.

Punkt Drei: Jedoch möchte ich nun auf ein tatsächliches Desiderat im Bericht der Kommission kommen. Denn ein Aspekt verdient weitaus größere Aufmerksamkeit, als es in den Empfehlungen bislang der Fall ist. Gemeint ist der Aspekt des Gedenkens und daran anknüpfend die Verbindung aus Forschung, Vermittlung und Gedenken. Dass wir die ehemals klinische Trennung dieser verschiedenen Bereiche überwinden müssen, sollte langsam zum Allgemeingut gehören. Die klassischen Abwehrängste, Forschung werde durch Gedenken aufgeweicht, oder Gedenken werde durch Wissenschaft kontaminiert, oder Vermittlung habe dem einen oder dem anderen anzugehören aber beileibe nicht beide heranzuziehen – all diese Reflexe haben uns doch lang genug behindert. Die Bedeutung der Trias aus Forschung, Vermittlung, Gedenken, ihr unauflösbarer Zusammenhang und die wechselseitige Impulsgebung sollten endlich anerkannt werden. Schließlich schaffen die Ergebnisse der Forschung die Voraussetzung dafür, Biografien aus dem Vergessen zu holen und dem Gedenken die Basis gesicherter Informationen bereitzustellen. Und schließlich macht das Gedenken an individuelle Schicksale zugleich übergreifende Ereignisse und Prozesse sichtbar. Es eröffnet eine respektvolle und lebendige Annäherung für die Vermittlung der Vergangenheit, und es ist konstitutiv für unser Selbstverständnis und unsere Selbstvergewisserung als gesamtdeutsche Gesellschaft.

Wie gehen wir mit der Erinnerung an die Opfer der Diktatur um, wie mit dem Gedenken an die Toten? Eine wirkliche Aufarbeitung der Diktaturerfahrung kann diese Frage nicht am Rande stehen lassen. Sie muss sie vielmehr aktiv aufnehmen und das Gedenken mit seinen Aufarbeitungsnachbarn Forschung und Bildungsarbeit verbinden. Diese Erkenntnis aufgreifend haben wir im Rahmen des Erweiterungskonzepts für die Gedenkstätte Berliner Mauer den Aspekt des Gedenkens wesentlich verstärkt und ihm einen hohen Stellenwert in der neuen Gesamtplanung zugemessen. Wohl gemerkt, es geht hier nicht um das klassische

Ritual der Kranzniederlegung, so wichtig auch ein solches Denkritual ist. Es geht hier um mehr. Es geht um Gedenken als eine spezifische Form und Perspektive der Aufarbeitung.

Bei Zweifel oder Berührungsängsten gegenüber der Einbindung des Gedenkens sei im Übrigen der Blick in das »Deutsche Wörterbuch von Jakob und Wilhelm Grimm« empfohlen. Im Deutschen Wörterbuch der Gebrüder Grimm finden wir nämlich ein breites Spektrum an Bedeutung und Verwendung des Wortes »Gedenken«: verstärktes denken, bedenken, voraus denken, zurückdenken, erinnern. Allein diese Begriffsdichte und dieser intensive Bezug zwischen Gegenwart, Vergangenheit und Zukunft lassen nach unserer Auffassung das Potential erkennen, das Gedenken für unsere Gesellschaft entfalten kann. Es wäre ein Gewinn, wenn wir dieses Potential als integralen Bestandteil der Aufarbeitung noch bewusster wahrnehmen würden. Vielen Dank.

Moderator
Vielen Dank, jetzt geht es sozusagen ans Plenum. Hier vorne hatte sich Herr Wolfram gemeldet, hier oben Herr Stiller, ich sehe weitere Wortmeldungen. Wenn Sie sich freundlicherweise kurz vorstellen.

Klaus Wolfram, Robert-Havemann-Gesellschaft
Unsere Hauptkompetenz mit unseren Archiven liegt natürlich bei Opposition und Widerstand. Aber auch da ergeben sich einige Beobachtungen zur Aufarbeitung insgesamt und zu drei tendenziellen Defiziten in ihrem Fortgang. Zunächst zu zwei Stichworten, die heute schon öfter vorkamen, zur Professionalisierung und zum Alltagsbegriff.

Erstens: Professionalisierung scheint doch immer wesentlich als Akademisierung verstanden zu werden. Und nach dem Elitentausch in der Folge der deutschen Wiedervereinigung ist das natürlich im Wesentlichen westdeutsche Akademisierung. Die bundesdeutsche Zeitgeschichtsforschung ist aber nun seit 50 Jahren in der NS-Forschung groß geworden. Die methodische, halb bewusste oder unbewusste oder tendenzielle Übertragung der Paradigmen aus der NS-Forschung auf die Analyse der DDR-Gesellschaft und ihrer Diktatur trifft jedoch in Kernbereichen den Gegenstand nicht. Sie verfehlt die demokratischen Potentiale. Da verläuft eine innere begriffliche Grenze der bisher geleisteten Aufarbeitung. Sie trifft so weder die Formen des Widerstands noch die des Alltags, noch die der Opposition.

Wohlgemerkt, ich habe nichts, und wir schon gar nicht, gegen Professionalisierung, doch in diesem Fall kommt sie nicht aus den Universitäten und Instituten allein. Sie ist nach den bisherigen Erfahrungen nicht ohne Rückbindung an zeitzeugenschaftliche und unabhängige Initiativen zu machen. Wir sind sozusagen selbst professionell verantwortlich, nämlich für die Bodenhaftung der Aufarbeitung. So möchte ich das zuspitzen.

Zweitens: Ein Wort zum Alltag. Es hat in der DDR einen Alltagswiderstand gegeben, einen strukturell erzwungenen Widerstand für jeden, fast an jedem Ort und zu jeder Zeit. Man könnte sagen, einen durchschnittlichen Widerstand. Wem zum Alltag nur »Durchherrschung« einfällt, der hat von der Struktur der DDR-Gesellschaft noch nicht so viel verstanden. Der sieht nämlich nur die staatlichen Institutionen, aber nicht das Verhalten, das diese Institutionen unterlief und sie aushöhlte. Und erst wenn man diese Drehung der Perspektive, diese Vertiefung erreicht, könnte man vielleicht doch auch einmal dahin kommen, unter der Alltagsgeschichte noch die Sozialstruktur zu erkennen, die ja sowohl die Herrschaft möglich machte als auch jenen Alltagswiderstand.

Zwei vielleicht drastische Beispiele, die »doppelte Sprache« in den Schulen, über die auch Herr Gauck vorhin geredet hat. Die doppelte Sprache bedeutet doch Folgendes: Natürlich wurde dort indoktriniert, aber spätestens seit den siebziger Jahren gab es eben gleichzeitig auch die andere Sprache. Das heißt, die Schüler wie die Eltern waren selbst noch auf dem Flur der Schule und schon gar nach der Schule oder außerhalb der Schule ihrer eigenen Weltsicht und Meinung sicher. Sie haben sich gleichsam freigesprochen von der Indoktrinierung, frei gelebt und heraus gelebt aus der Indoktrinierung.

Nehmen Sie ein zweites Beispiel: Die Auflösung der Arbeitsdisziplin in den Betrieben mit der tendenziellen Selbstbestimmung der je unteren Ebene gegen die jeweils obere, die Entmachtung der Meister und Abteilungsleiter, die teilweise Umkehrung der Hierarchien in den Belegschaften und so weiter. Das waren Prozesse, die schon seit den 70er Jahren durchdrangen und auch von DDR-Soziologen damals nachgemessen wurden.

Nun nehmen Sie die beiden Beispiele und halten sie gegen das NS-Paradigma: Weder jene doppelte Sprache an den Schulen noch diese Umkehrung der Hierarchien in den Betrieben hat es im Nationalsozialismus gegeben. Das sind aber Charakteristika der DDR-Gesellschaft – und es sind eben zugleich Vorbereitungsprozesse für 1989. Und zwar zwei Jahrzehnte lange Vorbereitungsprozesse, die also die Hälfte der DDR-Geschichte bestimmten, mindestens, sage ich jetzt. Die akademischen Arbeiter können es ja genauer erforschen. Vielleicht fing es noch früher an, vielleicht etwas später. Sie sehen aber die Aufgabe gar nicht.

Drittens: Es ist nun sehr eigenartig, dass in vielen Stellungnahmen – heute und anderswo – es immer wieder so klingt, als hätte man vergessen, dass die Ostdeutschen eine Gesellschaft bilden, die sich selbst aus der Diktatur befreit hat. Wohlgemerkt, sie *sind* es, sie waren es nicht etwa nur. Und wenn man diesen Ansatz, diesen Alltagswiderstand, wie ich ihn jetzt zugespitzt genannt habe, nicht in den Blick und in die Aufarbeitung bekommt, ja dann entsteht allerdings die Trennung zwischen der hier beredeten Aufarbeitung und der so genannten Nostalgie. Weil die Leute, die in ihrer Gesamtheit 1989 schließlich vollbracht haben, weil die Mehrheit sich nicht wieder erkennt in den Deutungen ihres Lebens. Weil sie ihren Widerstand nicht anerkannt finden. Es geht inzwischen nicht mehr nur um den oppositionellen Widerstand, die Opposition war bekanntlich klein, sondern um den Mehrheits-Widerstand und die soziale Struktur dahinter. Das muss in den Blick kommen.

Aus Zeitgründen möchte ich nur noch sagen, dass wir als unabhängige Initiativen von gesamtstaatlicher Bedeutung im Wesentlichen vier sehen: die zwei in Leipzig, das Bürgerkomitee und die Runde Ecke, in Berlin die ASTAK und dann allerdings noch die Archive der Havemann-Gesellschaft, die ja inzwischen die größten Oppositionsarchive geworden sind.

Moderator
In der Rednerliste geht es weiter mit Frau Bohley.

Heidi Bohley, Verein Zeit-Geschichte(n) Halle
Ich spreche für eine Aufarbeitungsinitiative, die 1995 aus bürgerschaftlichem Engagement entstanden ist. Wir haben 2004 an

Frau Weiss geschrieben, dass wir gern in dem von ihr angekündigten Geschichtsverbund mitarbeiten würden, und Frau Weiss ließ im Januar 2005 antworten, dass Art und Umfang des zu entwickelnden Netzwerks noch nicht klar seien und wir zu gegebener Zeit von ihr hören werden. Nun ist sie selbst nicht mehr da und das erste, was wir jetzt zu hören bekamen, war der Text der Expertenkommission.

Deren Vorschläge machen auf mich den Eindruck, als ginge es nur noch darum, die erstarrte Lava eines ehemals aktiven Vulkans zu beschreiben. Meine eigene Wahrnehmung der aktuellen Lebenswirklichkeit ist aber, dass wir uns durch eine Landschaft bewegen, die überhaupt noch nicht zur Ruhe gekommen ist, wo wir noch längst keine gefestigte Demokratie vor uns haben, Wahrnehmungen, die hier ja auch schon von Frau Klier und Herrn Reiprich geschildert wurden. Ich erlebe, dass der politische Boden noch immer in Bewegung ist und es möglich macht, dass man mit alten Propagandalügen die Entscheidung von Politikern beeinflussen kann.

So geschehen erst kürzlich in Halle, wo die Bürgermeisterin dem Druck so genannter »Antifaschisten« nachgab und eine Informationstafel entfernen ließ, auf der das Schicksal von 117 SMT-Verurteilten geschildert wurde, die 1951/52 im Zuchthaus Torgau verstarben und deren Urnen 1957 anonym und ohne Kenntnis der Angehörigen auf einem Halleschen Friedhof verscharrt wurden. Unser Verein hatte sich in sechsjährigen Bemühungen dafür eingesetzt, dass die Toten Gräber erhalten und die Fakten auf dieser Informationstafel genannt werden. Nach Einrichtung einer Urnengrabanlage im Jahr 2003 sprach die PDS von einem Skandal und von »117 Nazi-Schergen«, denen angeblich in Halle ein »Ehrenhain« errichtet worden sei.

Das Expertenpapier weist einem Verein, wie dem unsrigen, nur eine regionale Bedeutung zu, aber die Toten auf dem Halleschen Friedhof sind keine Hallenser, und die Auseinandersetzungen, die wir zu führen haben, sind nicht von regionalgeschichtlicher, sondern von gesamtdeutscher Bedeutung. Wir konnten mit Aufklärungsarbeit und einer Tagung zu diesem Thema erreichen, dass die Tafel wieder angebracht wird.

Ich bin enttäuscht, dass aus dem geplanten Netzwerk nichts geworden ist und auch über die Berlinzentriertheit der Debatte, deren Blick gerade mal noch bis Leipzig geht, wie wir eben auch bei Herrn Wolfram als Vertreter der Robert-Havemann-Gesellschaft gehört haben.

Wir haben uns von dem angekündigten »Geschichtsverbund« ein Netzwerk erhofft, das uns überregionale Unterstützung geben könnte, ideell und finanziell.

Unsere finanzielle Grundsicherung hängt momentan von der Zusammensetzung und dem guten Willen des sachsen-anhaltischen Finanzausschusses ab. Eine anteilige Bundesförderung könnte für dieses mit der Materie wenig vertraute Gremium eine kompetente Entscheidungshilfe sein. Wir sind nur eine kleine Einrichtung und benötigen relativ geringe Beträge für die Grundsicherung unserer Arbeit, aber das Beispiel der »Torgau-Urnen« sollte zeigen, welche Wirksamkeit auch kleine unabhängige Initiativen gerade in der Provinz haben können.

Denkbar wäre, dass die Stiftung Aufarbeitung rechtlich in die Lage versetzt wird, eine anteilige Förderung der Grundsicherung auszuzahlen. Sie würde damit auch dem Auftrag gerecht, den die Enquete-Kommission ihr bei der Gründung auferlegte – den Erhalt der unabhängigen Bürger- und Menschenrechtsinitiativen zu sichern, einer Erbschaft der friedlichen Revolution von 1989.

Moderator
Frau Bohley, die Botschaft aus Halle ist auch hier in Berlin angekommen. Vielen Dank. Und jetzt der Herr von der Tribüne.

Bernd Stichler, Vereinigung der Opfer des Stalinismus (VOS) – Gemeinschaft ehemaliger politischer Häftlinge
Meine sehr verehrten Damen und Herren, Herr Gauck hatte – zu unserem großen Bedauern nur als Einziger aus dieser Runde – einen äußerst wichtigen Zusammenhang erkannt und diesen auch deutlich angesprochen. Herr Gauck wies deutlich darauf hin, dass bei Diskussionen zwischen Opfern der kommunistischen Diktatur und der offiziellen Politik immer eine gewisse Schärfe, ein gewisses Misstrauen und auch ein gewisses Maß an Polemik seitens der Opfer zum Ausdruck gebracht wird.

Und hier möchte ich einen ganz konkreten Punkt ansprechen, der einer der vielen nötigen Schritte in die richtige Richtung sein könnte: Ich spreche vom Paragrafen 130 StGB – Volksverhetzung. Meines Wissens ist in unserem Grundgesetz der Gleichheitsgrundsatz verankert. Trotzdem wird er nicht immer praktiziert. So zum Beispiel auch nicht beim Paragrafen 130 StGB. Dieser Paragraf stellt einseitig nur das Leugnen, Verharmlosen und Verherrlichen von NS-Verbrechen unter Strafe. Die kommunistischen Verbrechen werden hier nicht erfasst. Dieser Sachverhalt allein ist schon ein Verstoß gegen das Grundgesetz und eine offene Verhöhnung der Opfer kommunistischer Diktatur. Hier ist der Gesetzgeber dringend gefordert, die längst überfällige Rechtsgleichheit für die Opfer beider deutscher Diktaturen herzustellen. Die Neuformulierung des Paragrafen 130 StGB erfordert nicht einmal finanziellen Aufwand, gefragt ist einzig und allein der politische Wille.

Unabdingbar ist jedoch parallel dazu die Gewährung einer Opferrente – oder wie man das sonst auch bezeichnen mag. Solange jedoch nichts Wirkliches geschieht, sondern nur geredet wird, haben die Opfer der kommunistischen Diktatur stets und ständig den einen Gedanken im Hinterkopf, der da lautet: »Die Botschaft hör ich wohl, allein mit fehlt der Glaube«. Danke.

Moderator
Danke schön, Herr Stichler. […][3] Es gibt jetzt ganz viele Meldungen und ich versuche, sie der Reihe nach aufzurufen.

Hildigund Neubert, Landesbeauftragte des Freistaats Thüringen für die Unterlagen des Staatssicherheitsdienstes der ehemaligen DDR
Ich denke, wir sollten uns eins klar machen. In dieser Diskussion hier und in der ganzen Arbeit, die wir in der Aufarbeitung leisten, geht es eigentlich darum, dass wir das Paradigma der politischen Delegitimierung der DDR natürlich versuchen durchzusetzen, und es geht darum, diesen antitotalitären Konsens, der in der Bundesrepublik Deutschland noch nicht vorhanden ist, überhaupt erst einmal herzustellen. Das hat mich an der vorletzten Fassung dieses Papiers am meisten geärgert, dass gesagt wurde, man wolle weg von der politischen Delegitimierung hin zu einer

3 Die Auslassung betrifft den Wortbeitrag eines Sprechers dessen Identität leider nicht zu ermitteln war.

historisch-kritischen Betrachtungsweise, was immer das auch sein mag. Ich denke, da sind wir gründlich im Irrtum, wenn wir glauben, es gäbe eine objektive historische Wahrheit, ungeachtet natürlich, dass man Fakten feststellen kann, auch wenn da Historiker vielleicht ein bisschen anderer Meinung sind. Gerade historische Forschung spiegelt immer die Haltung des Historikers und den Zweck seiner Arbeit. Natürlich gibt es diese ganze Szene der Aufarbeitung und des Gedenkens, weil es eben letztlich darum geht, die politische Delegitimierung der DDR tatsächlich in der Bevölkerung durchzusetzen. Das hat auch gute praktische Gründe: Die Folgewirkungen dieser Diktatur, mit denen wir es bis heute zu tun haben, müssen überwunden werden, ob das die Diskreditierung des Unternehmertums, ob das die Diskreditierung der persönlichen, politischen Eigenverantwortung der einzelnen Bürger ist, ob es das mangelnde Ansehen der Opfer der Diktatur ist, ob es die totalitären, autoritären Restbestände in den Köpfen der Bevölkerung sind, sie sind es, die dann eben auch zu Etatismus und Rechtsextremismus führen. All das sind doch Probleme, die wir mit Hilfe dieser Aufarbeitung eben auch bearbeiten wollen, und wir sollten uns da nicht in die Tasche lügen und sagen, es ginge hier nur um objektive Wahrheiten. Es geht natürlich darum, dass wir diesen demokratischen, antitotalitären Konsens im Osten eben noch herstellen müssen.

Und das hat dann ganz praktische Auswirkungen. Das geht eben nur, wenn wir die Breite der Bevölkerung erreichen. Und die Breite der Bevölkerung lebt eben nicht in Berlin oder kommt mal auf Klassenfahrt nach Berlin und schaut sich eine Gedenkstätte an. Wir machen die Erfahrung, dass wir schon innerhalb von Thüringen die Schüler eben nur erreichen, wenn wir in die Nähe von, sagen wir, 60 bis 100 km an die Schüler herankommen. Wenn wir weiter weg sind, dann kommen die Schüler nicht mehr zur Projektarbeit und schreiben ihre Seminararbeiten über andere Themen und nicht über DDR-Vergangenheit. Diese Präsenz in der Fläche ist meiner Ansicht nach auch eine Aufgabe des Bundes, und er darf sich da nicht zurückziehen und dies an die Länder delegieren, zumal das dann zur Folge hat, dass es auch im Westen nicht mehr präsent ist.

In der Empfehlung der Expertenkommission steht, dass die Vergabekriterien der Stiftung Aufarbeitung strenger beachtet werden sollten. Ich kann Ihnen genau sagen, was dann passiert: Die Vereine, die jetzt schon völlig in Not sind, die jedes Jahr ein neues Projekt erfinden, um es bei der Stiftung zu beantragen, müssen dann wieder darstellen, dass das am Ende doch keine institutionelle Förderung ist. Sie kennen diese Praxis ja alle. Es ist klar, dass sich dieser Druck dann noch mehr verschärft und eine kontinuierliche und eben auch professionelle Arbeit noch schwieriger wird, wenn wir jetzt diese Kriterien noch einmal verschärfen, der Stiftung da noch engere Fesseln anlegen und sie noch unbeweglicher wird. Ganz im Gegenteil, wir müssen bei der Stiftung Aufarbeitung Instrumentarien einführen, die es eben nicht zum Problem machen, wenn ein Verein Jahr für Jahr vielleicht auch für das gleiche Projekt oder für die gleiche Arbeit, die einfach kontinuierlich geleistet werden muss, immer wieder auch Mittel bekommt, um damit eben in der Fläche präsent sein zu können. Es geht da ja nicht um Millionen, sondern es geht um ein, zwei Personalstellen, die einfach kontinuierlich da sein müssen. Man könnte zum Beispiel diese Stiftungsförderung an eine institutionelle Landesförderung binden, indem man etwa sagt: »Wenn ihr es schafft im Land, euch die institutionelle Förderung zu organisieren, dann geben wir euch kontinuierlich diesen kleinen Betrag dazu«. Das ist das, was ja auch Heidi Bohley meinte mit der Anerkennung durch die Bundesebene, die dann eben auch so einen politischen Druck im Lande ermöglicht.

Hervorzuheben ist die Initiative von Herrn Knabe in Pforzheim, er ist schon einmal erwähnt worden. Er betreibt das einzige DDR-Museum im tiefsten Westen, in Pforzheim, und ich möchte nochmals darauf aufmerksam machen, dass die Fortexistenz dieser kleinen Bildungseinrichtung tatsächlich gefährdet ist. Auch dies westdeutsche Land zieht sich aus der Verantwortung und denkt sich: »Na, das ist ja nett, wenn der Herr Knabe das macht. Aber das ist doch nicht Sache von Baden-Württemberg, da irgendwas zu unterstützen.« Und der Bund macht es eben auch immer wieder nur über Stiftungsprojektmittel, sonst wäre das Museum vielleicht schon weg.

Ich halte also ein Plädoyer für die Präsenz in der Fläche, und ich denke, erst dann erreichen wir, dass zum Beispiel geregelte Entschädigungsleistungen für die Opfer oder die Ausweitung des Paragrafen 130 Strafgesetzbuch – Volksverhetzung – auf eine gesellschaftliche Akzeptanz stoßen und politisch leichter durchsetzbar wären.

Moderator
Vielen Dank. Herr Beleites.

Michael Beleites, Sächsischer Landesbeauftragter für die Unterlagen des Staatssicherheitsdienstes der ehemaligen DDR
Ich möchte gleich an meine Kollegin Neubert anschließen. Ich glaube, dass wir zunächst erst einmal der Expertenkommission danken können, dass sie mit diesen Empfehlungen eine Diskussion in Gang gesetzt oder zumindest freigelassen hat, die dringend nötig ist. Ich glaube allerdings in der Tat, dass es eine zu starke Fixierung auf Berlin gibt. Ich denke nicht, dass der Bund gleich Berlin ist, sondern der Bund ist mehr, genauso wie die deutsch-deutsche Grenze nicht nur die Berliner Mauer ist, sondern größer war. Wenn der Gegenstand, um den es hier geht, die DDR-Geschichte, nicht allein durch den Bund aufgearbeitet werden kann, dann muss man die betreffenden Länder mit einbinden in einen solchen Prozess, in eine solche Diskussion. Und ich würde auch ergänzen, nicht nur die Ostländer.

Zur Frage Alltagserfahrung: Ich denke sehr wohl, dass der Lebensalltag in der geschlossenen Gesellschaft viel stärker in der Erinnerungskultur verankert werden muss, als das bisher der Fall ist. Eine Ursache der heutigen Situation sehe ich darin, dass wir uns aufgrund dessen, wie Erinnerung historisch gewachsen ist, am Anfang hauptsächlich auf Gedenkstätten fokussiert haben. Wegen der Bundesgedenkstättenförderung haben sich auch manche Museen in Gedenkstätten umbenannt, und so ist das Potential, was Museen haben und haben können, überhaupt nicht ausgeschöpft worden. Ich glaube, wir brauchen mehr Museen. Es gibt ja Beispiele in Osteuropa, Kommunismus-Museen, die vielleicht didaktisch nicht bis zum letzten unseren professionellen Ansprüchen genügen, aber in ihrer Wirkung bei weitem mehr erreichen, als wir hier bisher mit vergleichbaren Mitteln erreichen können. Ich glaube, solche Museen sollte es mehr geben. Sie sollten unterstützt werden. Man sollte sie nicht »Aufarbeitungsforum« nennen, da gibt es schönere Begriffe, und ich glaube, dass sie auch nicht unbedingt allein in Ostdeutschland verortet werden müssen.

Zur Frage der Bundesbeauftragten für die Stasi-Unterlagen möchte ich die Haltung von Herrn Professor Weber unterstützen. Ich möchte mich jetzt auch nicht auf irgendeinen Termin festlegen lassen, aber es ist für die betreffenden Länder und die Archive der Länder sehr wichtig, jetzt bald eine Perspektive zu haben, damit sie wissen, wo der Zug hingehen soll. Einige der ostdeutschen Länder sind dabei, Archivneubauten zu planen oder umzusetzen, und sie würden gern wissen, ob irgendwann die Stasi-Akten auf sie zukommen oder nicht. Ich denke, langfristig sollten die regional entstandenen Stasi-Akten ebenso wie auch die regional entstandenen SED-Akten in den Regionen ihrer Entstehung zugänglich sein. Zur Frage BStU als ein Denkmal einer zivilen gesellschaftlichen Politik der Wende- und Nachwendezeit – das hat wohl seine Berechtigung. Aber man wird sich natürlich auch die Frage gefallen lassen müssen, zum einen, was denn ein Denkmal mit 2000 Personalstellen sonst noch leistet, außer Denkmal zu sein, und wie das langfristig gehen kann. Zum anderen haben wir, glaube ich, beim »Neuen Forum« gesehen, dass man so eine Denkmalfunktion auch von innen her kaputt machen kann, wenn man den rechten Zeitpunkt dafür verpasst, wann eine besondere Einrichtung ihre besonderen Aufgaben erledigt hat.

Und ich möchte dafür plädieren, dass diese Fragen, die wir heute in diesem Kreis diskutieren, auch noch einmal Gegenstand einer Anhörung oder mehrere Anhörungen des Kulturausschusses im Bundestag werden. Danke schön.

Moderator
Der nächste Redebeitrag, bitte.

Harald Fiss, Erinnerungsstätte Notaufnahmelager Marienfelde
Mein Name ist Harald Fiss, ich bin der Vorsitzende des Trägervereins der Erinnerungsstätte Notaufnahmelager Marienfelde. Die Erinnerungsstätte befindet sich am authentischen Ort, dem ehemaligen Notaufnahmelager Marienfelde, und ist vom Deutschen Bundestag als Gedenkstätte von gesamtstaatlicher Bedeutung eingestuft worden. Immerhin sind über Marienfelde mehr als 1,3 Millionen Menschen in den Westen gegangen, und insgesamt verließen rund vier Millionen Flüchtlinge und Übersiedler die DDR in Richtung Bundesrepublik.

Die Erinnerungsstätte begrüßt es, dass die Empfehlungen auf eine stärkere Vernetzung setzen. Wichtig ist dabei für uns eine Zusammenarbeit, die den Einrichtungen ein eigenständiges Profil belässt. Genau so verstehen wir auch die Leitsätze der Kommission.

Die Stärke von Marienfelde liegt in seiner Qualität als authentischer Gedenkort. Dass es hier überhaupt eine Erinnerungsstätte gibt, ist denen zu verdanken, die diesen Ort erlebt haben: frühere Mitarbeiter des Aufnahmelagers, vor allem aber ehemalige Flüchtlinge und Übersiedler aus der DDR. Sie sorgen mit ihrem persönlichen Engagement dafür, dass Marienfelde ein lebendiger Erinnerungsort ist und bleibt.

Gleichzeitig ist unsere Gedenkstätte ein Beispiel dafür, wie Professionalisierung gelingen kann – eine Professionalisierung auf Grundlage bürgerschaftlichen Engagements. Dies genau fordert ja auch die Kommission. Wir haben in nur eineinhalb Jahren eine neue Dauerausstellung aufgebaut, die allen Ansprüchen an ein modernes Museum genügt. Sie bewegt sich auf der Höhe der Forschung und ist didaktisch fundiert. Über 900 Objekte und zahlreiche Zeitzeugenbiografien machen die deutsch-deutsche Flucht anschaulich, und zwar gerade auch für junge Menschen. Zu uns kommen regelmäßig Schulklassen aus ganz Deutschland. Für sie halten wir pädagogische Angebote bereit, die wir zusammen mit Lehrern erarbeitet haben.

Deshalb traut uns die Kommission auch zu Recht zu, mit dem Dokumentationszentrum Berliner Mauer zusammen in einer Stiftung den Kern für den Bereich Teilung und Grenze zu bilden. Gerade Marienfelde ist geeignet, diesen Bereich multiperspektivisch zu gestalten. Dies heißt, die ehemalige DDR und die alte Bundesrepublik zu thematisieren. Und es heißt auch, heute die Menschen in Ost- und in Westdeutschland anzusprechen. Das Notaufnahmelager ist ein wichtiger Ort der deutsch-deutschen Nachkriegsgeschichte. Vor allem jedoch ist Marienfelde ein gesamtdeutscher Gedenkort. In Marienfelde kann deutlich gemacht werden, dass die deutsche Teilung nicht nur eine Angelegenheit der Ostdeutschen war. Über eine Million gesamtdeutscher Biografien sind mit diesem Ort verknüpft. Dies sind über eine Million Menschen, die ihre Erfahrungen in die Bundesrepublik mitgebracht haben. Sie haben dazu beigetragen, dass der Gedanke der deutschen Einheit auch in Zeiten des Kalten Krieges in Deutschland fortlebte.

Wir wissen, dass ein Museum nur dann seine Attraktivität behält, wenn es immer wieder mit aktuellen neuen Ausstellungen das Interesse der Öffentlichkeit auf sich zieht und somit für weitere Besucherscharen sorgt. Daher haben wir nun eine Reihe von Sonderausstellungen begonnen. Uns ist es wichtig, dass die Finanzierung dieser Reihe weiterhin gesichert ist. Bei der Umsetzung der Vorschläge der Expertenkommission ist generell mitzubeachten, dass eine adäquate, Kontinuität sichernde Ausstattung für die betroffenen Einrichtungen von existentieller Bedeutung ist. Danke.

Moderator
Vielen Dank, Herr Fiss, und es geht weiter mit Herrn Zahn.

Hans-Eberhard Zahn, stellvertretender Vorsitzender des Beirates der Gedenkstätte Hohenschönhausen
Meine Damen und Herren, ich darf auf das Sondervotum von Freya Klier zurückkommen, das ich mit großem Interesse und auch mit großer Sympathie gelesen habe. Ich glaube, in ihm nicht eine fundamentale oder auch nur eine detaillierte Kritik entdecken zu können, sondern sogar einen latenten Konsens. Dennoch, so finde ich, drückt es eine Befürchtung aus. Eine sehr begründete Befürchtung nämlich, um mit Shakespeare zu sprechen, dass »die angeborene Farbe der Entschließung durch des Gedankens Blässe angekränkelt« wird. Das ist ein anderer Ausdruck für negativ verstandene Historisierung. Man überlegt sich hier, wie man neue Institutionen, neue Organisationen, neue Konzeptionen gründet und welche bürokratischen und sonstigen Strukturen sowie welche materiellen Ressourcen dafür notwendig sind. Dabei darf man aber nicht, so glaube ich, aus dem Auge verlieren, dass nicht nur Stasi-Obristen in Hohenschönhausen ihr freches Antlitz erheben, sondern dass auch ganze Schulklassen so präpariert erscheinen, dass sie mit einem deutlich zur Schau getragenen Widerwillen in diese Gedenkstätte kommen. Das ist Lehrern geschuldet, die eben nicht »ent-SEDifiziert« worden sind, sondern Lehrern, die nach wie vor Verständnis, wenn nicht sogar ein gewisse Vorliebe für die DDR in den Schülern erzeu-

gen. Und genau dem entgegenzuwirken ist eine vorrangige Aufgabe – unabhängig von der Beschaffenheit der von der Kommission behandelten Institutionen.

Leider hat die Expertenkommission auch ein wesentliches Defizit erzeugt. Sie versäumte nämlich die Möglichkeit und die Chance, jetzt endlich einen Brückenschlag zwischen den Opfern der kommunistischen und der nationalsozialistischen Diktatur zu versuchen. Ein solcher Brückenschlag, und da haben Herr Gauck und auch Herr Schröder völlig Recht, ist nicht nur über Gefängnisse und Lager möglich, sondern in der Tat auch über den Alltag, so wie ihn mit Recht Herr Gauck und Herr Schröder verstanden haben. Denken Sie nur an solche Beispiele: Auch in der DDR praktizierte man den in der Nazi-Zeit üblichen so genannten »deutschen Blick«, auch in der DDR musste man, wie erwähnt worden ist, darauf achten, ob der Nachbar die Fahne zum richtigen Zeitpunkt hisste, damit man ja auch selbst nicht versäumte, solche Fahne zu hissen. Als Zeitzeuge auch noch der Nazi-Zeit kann ich nur dies sagen: Es gibt bestürzende Parallelen auch im ganz normalen Lebensvollzug des Alltags. Eben dies aber müsste dann auch dargestellt werden, weil man daraus eine Lektion über die Diktatur schlechthin und nicht nur über die Spezifika der braunen und der roten Diktatur lernen könnte. Den Hinweis hierauf hat aber die Expertenkommission, wie mir scheint, versäumt. Damit hat sie sich eine Chance vergeben, die, wie mir scheint, unbedingt hätte wahrgenommen werden müssen. Wir möchten nicht länger – mein Freund und Kamerad Schüler hat das auch deutlich gemacht – in irgendeine Ecke, gar in die rechte oder auch nur in die der unbelehrbaren Nostalgiker mit umgekehrten Vorzeichen gedrängt werden, sondern wir wollen, so wie diejenigen, die von der Nazi-Diktatur drangsaliert worden sind, entsprechend anerkannt werden. Und das bleibt uns die Presse, das bleibt uns die Öffentlichkeit, das bleibt uns leider eben auch unsere Regierung schuldig, und hier ist der Ort, noch einmal daran zu erinnern, dass hier auch die Expertenkommission ein treffliches Instrument dafür gewesen wäre, dieses Defizit mindestens anzugehen. Vielen Dank.

Moderator
Danke schön, Herr Zahn. Die nächste Wortmeldung.

Reiner Merker, Thüringer Archiv für Zeitgeschichte »Matthias Domaschk«
Auch wir möchten der Kommission noch einmal für ihre Arbeit danken. Wir haben aus der Position eines Spezialarchivs zu Opposition und Widerstand in der DDR einige Positionen formuliert, die wir auch bereits veröffentlicht haben. Ich möchte aber doch noch einmal zwei Dinge anmerken, weil diese sonst auch hier wieder zu kurz kommen.

Das eine ist, es ist sicherlich richtig, dass der Auftrag der Kommission sich auf Einrichtungen bezog, die vorrangig durch die Bundesrepublik getragen werden, also auf solche Einrichtungen, wie die BStU oder auch die Stiftung Aufarbeitung. Aber hier ist aus unserer Position heraus zu betonen, dass damit die Selbstzeugnisse der Opposition und des Widerstandes bei weitem zu kurz kommen. Das Problem, welches ich hier vor allen Dingen sehe, ist, dass sich die Einrichtungen auf die Sie sich bezogen haben, gerade im Bereich des Archivwesens natürlich, dass diese die Überlieferungen des Herrschaftsapparats transportieren. Damit ist nur ein bestimmter Blick möglich. Es können also auch nur bestimmte Quellen ausgewertet werden, die gerade die Lebenswirklichkeit oder aber auch den Vernetzungscharakter der Opposition nicht transportieren.

Das heißt, dass wir es nach wie vor als sehr zentral empfinden, dass die Selbstzeugnisse von Opposition und Widerstand, aber auch darüber hinausgehend, wie das ja beispielsweise in Eisenhüttenstadt bezüglich der Objekte der Alltagskultur getan wird, stärker in den Blick genommen werden.

Und dann der zweite Punkt, der unmittelbar damit zusammenhängt, ist, dass immer auch die Frage steht, welche Kriterien eigentlich angelegt werden, wenn man eine Einordnung in Archiv- beziehungsweise Sammlungsgut von gesamtstaatlicher Bedeutung vornimmt. Da sind mir bis jetzt in der direkten Auseinandersetzung zwei Kriterien immer wieder begegnet. Das eine ist Prominenz von MaterialgeberInnen. Ich rede jetzt hier natürlich sehr klar für den Bereich der Opposition und des Widerstandes. Also einerseits Prominenz, andererseits natürlich auch herausragende Orte, und das Beispiel ist vorhin wieder sehr deutlich benannt worden, auch von Klaus Wolfram, mit dem Bezug auf Berlin und Leipzig. Damit rückt natürlich die gesamte Bandbreite und, was ich bereits schon sagte, der Vernetzungscharakter aus dem Blick. Ich möchte noch einmal klar und deutlich betonen: Opposition kann man nicht aus einem Ort und an einem Ort erklären, sondern es handelt sich hier immer um Entwicklungen, die im gesamten Rahmen der DDR abgelaufen sind sowie um Vernetzung von Personen, um gleichzeitige Diskussionen und auch das Handeln an verschiedenen Orten zu gleichen Zeiten.

Moderator
Vielen Dank. Der nächste Beitrag bitte.

Andreas Ludwig, Dokumentationszentrum Alltagskultur der DDR in Eisenhüttenstadt
Ich leite das Dokumentationszentrum Alltagskultur der DDR in Eisenhüttenstadt, etwas weiter weg von Berlin. Ich fand es sehr aufschlussreich, wie heute über Alltag gesprochen wurde, nämlich so, als würde es sich bei diesem Begriff um eine Ansammlung alltäglicher Dinge handeln. Dem ist bei weitem nicht so. Als wir 1993 das Dokumentationszentrum gegründet haben, kam es uns auf die Perspektive auf ein Land an, auf eine Perspektive auf seine Geschichte. Wir wollten wissen, wie so eine Gesellschaft funktioniert in ihrem Inneren, aus ihrem Inneren heraus. Das sind Dinge, die international seit 20, 25 Jahren lebhaft diskutiert werden, in Deutschland vergleichsweise wenig im Verhältnis zu den angelsächsischen Ländern. Das heißt, es geht hier nicht um Ampelmännchen, sondern um die Verknüpfung des Individuums mit der Gesellschaft, in der es lebt und arbeitet. Das ist mir ganz wichtig. Wir stellen uns dieser Frage mit musealen Mitteln, das heißt, nicht mit schriftlichen Quellen, sondern mit Gegenständen der materiellen Sachkultur. Wir sind ein Museum, und wir haben 1993 versucht, eine Sammlung von alltäglichen Gegenständen, die aussagekräftig über die DDR sind, zu verbinden mit mündlicher Geschichte, mit Befragungen von denen, die diese Dinge schenken, und ihre Aussagen, also die Erfahrungsgeschichte zu dokumentieren.

Dies ist der zweite Aspekt unseres Ansatzes, von dem ich sagen muss, er ist weitgehend unerfüllt. Aber nicht deswegen, weil die Menschen nicht reden wollten, gerade zum Thema Alltag tun sie das, sondern weil es am Geld fehlt, diese Arbeit zu tun. Und das schon sehr lange. Insofern will ich Frau Camphausen Recht geben: Die Kommission hat ihren Bericht zur rechten Zeit, und ich würde sagen, gerade noch zur rechten Zeit abgegeben, denn Zeitgeschichte, Alltagsgeschichte kann man eben nur in relativ kurzem zeitlichen Abstand zu den Ereignissen betreiben. Wenn es so lange dauert, wie wir bei der Geschichte des Nationalsozialismus gebraucht haben, nämlich ungefähr 30 Jahre, dann kommt doch sehr vieles zu spät, wie wir in den Achtziger erfahren mussten.

Der dritte Punkt: Es gibt aus meiner Sicht im Bericht der Kommission eine sehr interessante Konstruktion für den Bereich Gesellschaft, Widerstand, Alltag – und zwar eine Standbein-Spielbein-Lösung. Danach sind nämlich die Standbeine dezentral dort, wo sie gewachsen sind, dort, wo sie ihre Einrichtungen haben, seien es museale Einrichtungen, seien es Archive, Gedenkstätten an authentischen Orten, und es soll etwas zentrales entstehen, was mit dem Forums-Begriff benannt worden ist. Und hier möchte ich ganz deutlich sagen, dass ich diese Standbein-Spielbein-Lösung für sehr sinnvoll halte – unter zwei Voraussetzungen:

Die erste Voraussetzung ist, das Standbein sollte nicht rachitisch sein. Das heißt, es muss schon durch Bundesmittel so gestärkt werden, dass es zumindest breitensportlichen Kriterien genügen kann. Das zweite ist das Spielbein: Das Forum in Berlin sollte explizit einen sehr experimentellen Charakter haben, um alle beteiligten Institutionen, Einrichtungen, Initiativen vor Ort tatsächlich in eine Kommunikation zu bringen. Es darf durchaus widersprüchlich zugehen, es muss kommunikativ zugehen, denn nur das Sprechen über Geschichte macht Dinge bewusst. Das heißt, eine Synthese versuchen zu wollen an einem solchen Ort, würde ich für kontraproduktiv halten, für nichtkommunikativ und auch nicht für sehr viel weiterführend, weil Synthesen die Angewohnheit haben, alle drei Jahre überholt zu sein. Ich wünsche mir einen Ort der Kommunikation, die von mehreren Partnern gleichberechtigt mit einer moderierenden Intendanz bespielt wird. Eine solche Vorstellung wäre mir sehr sympathisch, weil es genau den Ansatz von Alltag in der Geschichte und von Geschichte im Alltag widerspiegeln würde, dem wir uns in unserer Arbeit verpflichtet fühlen.

Moderator
Bitte der nächste Redner oben auf der Tribüne.

Jörn Mothes, Landesbeauftragter für Mecklenburg-Vorpommern für die Unterlagen des Staatssicherheitsdienstes der ehemaligen DDR
Ich danke zunächst der Kommission für die Anregung zu dieser Diskussion. Meine Bitte ist, stärker die Verzahnung zwischen Bundesinteressen und Länderinteressen in den Blick zu nehmen, gerade im Bereich der Gedenkstättenplanung, und eine Abstimmung der Angebote in den Ländern und hier in Berlin vorzunehmen. Wir haben heute begründet bekommen, warum wir diese auf Berlin konzentrierte Debatte jetzt in dieser Form brauchten. In der Zukunft brauchen wir eine Perspektivenerweiterung, und die muss die gesamte Bundesrepublik in den Blick nehmen. Zweitens: Im Bereich der Erinnerungsorte und der Bildungsangebote ist auch in den Blick zu nehmen, welche Angebote in den Ländern existieren und welche in Berlin existieren können. Wir brauchen die gleiche Debatte auch im Bereich der künftigen Angebote für Archive. Auch hier ist ja die Diskussion erst richtig zu beginnen.

Wir haben in den neuen Ländern derzeitig drei Träger, die auf der Ebene eines Landes Angebote als staatliche Institutionen im Bereich der DDR-Aufarbeitung leisten. Das sind die Außenstellen der Bundesbeauftragten für die Stasi-Unterlagen, das sind zum Teil die Landeszentralen für politische Bildung, und das sind die Dienststellen der Landesbeauftragten, sofern es sie in den Ländern gibt oder noch gibt. Und es gibt dann über diese Institutionen hinaus viele Vereine. Gerade zwischen diesen Institutionen und den Angeboten in Berlin eine Vernetzung herzustellen, halte ich weiter für ausgesprochen wichtig. Und es gehört auch dazu, dass wir langfristig die Standorte der Bundesbeauftragten in den Ländern vorhalten, weil sie unabhängige Anbieter für Bildungsarbeit in der Fläche sind.

Ich weiß, wie wichtig diese Unabhängigkeit ist in einem Bundesland, in dem eben Geschichtsdeutung und Erinnerungspolitik oftmals verkürzten landespolitischen Interessen folgen. Es ist meines Erachtens von großer Wichtigkeit, darüber nachzudenken, wie endlich die Arbeit in den alten Bundesländern verbessert werden kann. Ich will das deutlich machen. Wir haben im Moment viele Anfragen von Gymnasien aus Hamburg oder aus Lübeck, die sich an uns wenden und darum bitten, DDR-Projekttage durchzuführen. Unsere Dienststelle besteht aus vier Personen, und es gibt in Hamburg und auch in vielen Orten Niedersachsens, in die wir reisen, zurzeit für die Gymnasien keinerlei Institutionen, die derartige Veranstaltungen direkt anbieten können.

Hier ist ein Defizit vorhanden, das im Zuge dieser Planungen unbedingt behoben werden muss, ganz zu schweigen von der Unterstützung, die ein Ort wie Pforzheim braucht. In diesem Zusammenhang hoffe ich, dass, besonders mit Blick auf die Debatte von heute, die Perspektive zum Beispiel einer Schulklasse aus Schwerin ins Bewusstsein gerückt wird. Die hat ein einziges Mal in der gymnasialen Oberstufe die Möglichkeit, nach Berlin zu fahren. Und sie wird vorher überlegen, welche drei Orte sie in Berlin ansieht. Es wird garantiert nur ein Geschichtsort dabei sein. Es wird der Bundestag sein, es wird vielleicht der neue Bahnhof hier nebenan sein, es wird einer der Geschichtsorte sein. Ich bitte, bei der Planung hier für Berlin auch zu berücksichtigen, dass nicht die Zahl der möglichen Gedenkorte das Entscheidende ist, sondern die Qualität des Angebotes, das am einzelnen Ort geleistet wird. Vielen Dank.

Moderator
Der nächste Redner bitte.

Manfred Graf von Schwerin, Aktionsgemeinschaft Recht und Eigentum – A R E
Hier nur einige Fragen zur Anregung der Hinterfragung: Herr Vorsitzender, es stellt sich die Frage, ob die gravierende Bedeutung der fortwirkenden Konsequenzen der kommunistischen Gewaltherrschaft bei den Überlegungen, Gesprächen und Ausarbeitungen in das entsprechende Licht gerückt beziehungsweise in ihrer doch beträchtlichen und unterschätzten Bedeutung voll gewürdigt worden sind oder gewürdigt werden. Wenn wir die Spitze des Eisbergs sehen, den Krawall in der Gedenkstätte in Hohenschönhausen oder auch die Fakten in Strausberg und anderswo, dann täuscht man sich, wenn man das jetzt als eine Art

»Bumerangvorgang« abtut. Es täuscht darüber hinweg, dass wir in den neuen Ländern im großen Stil eine Renaissance der Legitimierung der Gewaltherrschaft erleben, die man sich hier im Saal offenbar nicht so richtig vorstellen kann. Diese Entwicklung wird ja manchmal auch aufgehalten von einigen Aktiven, vor Ort aktiv Tätigen. Das, was der Vertreter der Gedenkstätte Hohenschönhausen und die Vertreter der Union der Opferverbände sagten, aber auch vor allem, was Freya Klier gesagt hat, ist so zu deuten: Man merkt da wirklich, dass man hier den Kontakt mit der Realität und mit der Bevölkerung vor Ort hat. Weiterhin: Die jungen Länder bestehen doch überwiegend aus ländlichen Räumen, und wenn jetzt hier die Debatte »Berlin« und eventuell Dezentralisierung hochkommt, dann fragt man sich, wie antwortet man auf Fragen der Menschen in den ländlichen Räumen angesichts einer Entwicklung, die in den letzten Jahren sogar zugenommen hat und die, glaube ich, Herr Gauck als Einziger kurz erwähnt oder gestreift hat. Wir haben eine dramatische, wirklich eine dramatische Zunahme nicht nur der Verklärung, sondern der praktischen Wiederbelebung von SED- und DDR-Gedankengut. Ich weiß, wovon ich spreche. Wir, die ARE mit ihren Gruppierungen, haben in den letzten Jahren etwa 100 Regionalveranstaltungen durchgeführt, vor allen Dingen auch mit der ländlichen Bevölkerung und deren Nöten. Und nun frage ich mich, was ich jetzt beim nächsten Treffen an diesem Freitag, das nächste wieder eine Woche darauf, den Fragenden aus den Dörfern sagen soll hierzu, weil der Eindruck besteht, dass man die gravierende Folge der Begünstigung gewisser Alt- oder Altkaderstrukturen überhaupt nicht sehen will oder nicht sehen kann oder übersehen soll. Denn irgendwie muss man ja bei all den Dingen, die nicht funktionieren beim so genannten »Aufbau Ost« die Frage stellen: Wem nützt das Ganze denn, für wen wird es so gemacht?

Und da können wir ihnen natürlich Antworten geben. Es ist in einem Wortbeitrag ja erwähnt worden, was zum Beispiel in Strausberg und in Halle und anderswo passiert. Ich kann nur die Bitte äußern, die Frage zu stellen und ihr konkret nachzugehen, die Frage nach den fortwirkenden Konsequenzen und nach dem, was sich auch in letzter Zeit entwickelt.

Über die grundsätzliche Diskussion hinaus und bei allem Ernst, mit dem die Expertenkommission gearbeitet hat, muss meines Erachtens ferner die Frage gestellt werden nach der Ausgangssituation. Führt das nicht zur Einsicht, dass eine Kommission zwecks Darstellung einer grundlegenden Zwischenbilanz »17 Jahre Deutsche Einheit« dringlich ist? Wäre es dabei nicht sogar erforderlich, auch einmal das Zustandekommen der Einheit und das Zustandekommen des Einigungsvertrages und einiger Zusammenhänge im Rahmen einer solchen Enquete-Kommission oder einer ähnlicher Einrichtung objektiv näher zu untersuchen und bekannt zu machen? Dies vielleicht auch in der Fortsetzung Ihrer dabei unabhängigen Arbeit? Vielen Dank.

Moderator
Ich habe gerade den Hinweis bekommen, dass wir sehr pünktlich den Saal um 18.00 Uhr verlassen müssen. Mir ist klar, dass wir hier nicht alle Fragen klären können. Die Rednerliste besteht momentan aus fünf Meldungen, mehr können wir leider nicht mehr aufnehmen. Hinzu kommt noch Herr Sabrow für die Kommission, und Frau Klier hatte sich auch noch einmal kurz gemeldet. Zunächst aber der Herr von der Vereinigung 17. Juni.

Klaus Gronau, Vereinigung 17. Juni 1953 e.V.
Mein Name ist Klaus Gronau, ich bin Zeitzeuge des 17. Juni und im selbigen Verein. Ich habe nur eine Frage, ich mache es kurz, damit wir dann alle noch zur Sache kommen. Meine Frage: Am 28. Februar diesen Jahres haben wir ein Konzept über die Gestaltung der Gedenkstätte des 17. Juni – Leipziger, Ecke Wilhelmstraße – in der Senatskanzlei Herrn Wowereit übergeben. Er hat es angenommen. Was ist aus dem Konzept geworden? Ist es Ihnen bekannt? Herr Wowereit zeigte Zustimmung zu diesem Konzept. Ich vermisse eine deutliche Einbindung unseres Konzepts hier in der Aufarbeitung. Vielleicht eine Antwort, wenn möglich, ich würde die gern mitnehmen, um sie dann kundzutun.

Moderator
Vielleicht können wir später noch einmal mit Vertretern des Landes Berlin sprechen. Der nächste Redner ist Herr Meusel.

Georg Meusel, Martin-Luther-King-Zentrum für Gewaltfreiheit und Zivilcourage – Archiv Bürgerbewegung Südwestsachsen e.V. Werdau

Ich komme vom Martin-Luther-King-Zentrum für Gewaltfreiheit und Zivilcourage in Werdau in Sachsen. Dies ist eine Aufarbeitungsinitiative und ein Archiv für DDR-Oppositionsgeschichte. Es gibt drei vergleichbare Initiativen in Sachsen, in Großhennersdorf die Umweltbibliothek, dann in Leipzig und wir für den DDR-Bezirk Karl-Marx-Stadt.

Ich möchte mich denen anschließen, die Bedenken geäußert haben gegenüber einer eventuellen Kopf- oder Berlin-Lastigkeit, gegenüber einer Zentralisierung des Geschichtsverbundes. Zentralisierung hatten wir in der DDR lange genug, obwohl ich das jetzt nicht vergleichen möchte. Aber ich meine, es genügt nicht, Entschuldigung wenn ich jetzt salopp oder provozierend formuliere, es genügt nicht, eine handvoll von »Oppositionstempeln« oder »DDR-Opferheiligtümer« zu errichten, sondern meiner Ansicht nach ist es wichtig, dass die Region, dass die Fläche mit berücksichtigt wird. Wenn ich mal nur selbst die letzten DDR-Jahre herausnehme: Die friedliche Revolution, die hat sich nicht nur am Dittrichring Leipzig oder am Alexanderplatz Berlin vollzogen.

Und das ist so was Wichtiges, das in Ostdeutschland flächendeckend ins Bewusstsein auch der jungen Generation gehört. Es wurde ja schon angedeutet, dass die Menschen aus dem Erzgebirge, dem Vogtland oder der Ostsee nicht so nach Berlin kommen können, wie das vielleicht wünschenswert wäre. Und auch die Initiativen in der Fläche, in der Region, haben gesamtdeutsche Bedeutung.

Herr Ottomeyer, ich kann nicht emotionslos reagieren auf das, was Sie vorhin gesagt haben. Also mir »grauste es im Kopf«, als ich das gehört habe, was Sie vorhin sagten zur Fläche, dass jeder alles sammelt und ausstellen will und archivieren möchte. Ich kann nur sagen, das »absolute Chaos«, wie Sie es genannt haben, das kann auch ein schöpferisches Chaos sein. Aus solchem Chaos ist auch die friedliche Revolution entstanden. Das war nicht eine zentral organisierte Sache. Ich kann nur sagen, Gott sei Dank, dass es dieses Chaos gibt und dass es so viele Leute gibt, die alles sammeln vor Ort, wo die Zeitzeugen sind.

Was meinen Sie, wer die Selbstzeugnisse von DDR-Zeitzeugen, die unersetzlich sind von der Qualität und von der Originalität her, auffinden und davor bewahren konnte, vernichtet zu werden, wenn nicht die Aufarbeitungsinitiativen in der Provinz. Ich denke, die DDR-Aufarbeitung gehört auch dorthin, bei allem Respekt vor den großen Einrichtungen.

Ich kann mich nicht beklagen, wir haben auch eine sehr gute Zusammenarbeit mit den großen, mit Ihrem Haus auch, wir tauschen uns aus mit Exponaten, Leihgaben für Ausstellungen, etwa mit dem Zeitgeschichtlichen Forum in Leipzig und mit dem Robert-Havemann-Archiv in Berlin und anderen.

Aber die DDR-Aufarbeitung gehört auch dorthin, wo die Topografie des Widerstandes noch erkennbar ist. Man kann das nicht alles absaugen aus der Fläche und in einem zentralen Tempel ausstellen oder im Keller in Ihrem Magazin deponieren. Sie können ja gar nicht alles zeigen. Und dort, wo die Schulklassen hinkommen, die brauchen diese Erinnerungskultur auch vor Ort, weil das für sie, meiner Ansicht nach, ein ganz wichtiges Element ist, eine positive Ostidentität zu entwickeln, das Selbstbewusstsein zu stärken. Es sind doch so viele junge Leute, die hängen rum, die haben keinen Ausbildungsplatz, die haben keine Arbeitsstelle, und die fühlen sich, ob es so ist oder nicht, das ist mal dahingestellt, die fühlen sich fremdbestimmt, einer westlichen Fremdbestimmung ausgesetzt, von westlichem Geld abhängig. Die müssen das doch immer wieder bewusst gemacht kriegen, was ihre Eltern, ihre Onkels, ihre Tanten, ihre Großväter mal vor Ort geleistet haben, wie die sich engagiert haben, wie die gelitten haben und wie die eine friedliche Revolution gemacht haben. Und ich denke, das hat unbedingt gesamtstaatliche Bedeutung, was dort in der Provinz noch vorhanden ist, und es sollte in das geplante Netzwerk einbezogen werden. Man kann das nicht reduzieren auf eine Handvoll von ganz wichtigen Dingen, herausragende Dinge von Vorzeigeoppositionellen oder Ähnliches.

Ich will mal noch kurz ein Beispiel sagen, was sich gerade auch auf das Deutsche Historische Museum bezieht. Wir hatten dort als Leihgabe eine Radwandertasche aus Polen, aus DDR-Zeiten, wo es so eine »Outdoorausrüstung« bei uns nicht gab. In Polen gab es die, und Sie haben damit in Ihrem Haus diesen Ge-

gentourismus dokumentiert, also der sich abseits von »Jugendtourist«, dem offiziellen Reisebüro der DDR, vollzogen hat, wie also junge Leute über die Grenze nach Polen sind und dort wirklich vor Ort mit Leuten Verbindung aufgenommen haben, mit denen sie das nicht sollten. Und da steht in der Ausstellung also in einer Vitrine diese »nacksche« Fahrradtasche, und die ist völlig abgekoppelt vom Zusammenhang. Da stehe ich vor der Vitrine, da ist ein kleines Schild dran, aber da gehört doch eine Geschichte dazu. Da gehört doch eine Ansichtskarte dazu, die von der sowjetischen Grenze in die DDR geschrieben wurde oder ein Amateurfoto oder eine Landkarte, die aus der Zeit stammt, aus Polen oder aus der DDR von Polen. Und so was, das kann ich ja nun dem Ausstellungsbearbeiter in Ihrem Haus nicht zum Vorwurf machen, der kann das ja nicht wissen, der hat das studiert, aber dem fehlt eben dieser Zusammenhang mit den Zeitzeugen vor Ort, mit der Topografie des Widerstands.

Ich kann Euch nur bitten, dass Ihr das im Auge behaltet, dass auch das gesamtdeutsche Bedeutung hat: die kleinen Aufarbeitungsinitiativen, die keine große Lobby haben, die sich von Projekt zu Projekt hangeln und am Existenzminimum dümpeln. Aber wenn von »Netzwerk« die Rede ist in Eurem Anliegen, in Eurem Anspruch, behaltet das bitte mit im Auge.

Moderator
Vielen Dank, Herr Meusel.

Horst Jänichen, Zeitzeuge in der Gedenkstätte Hohenschönhausen
Zuerst bin ich einmal froh darüber, dass das, was durch die Medien ging, nämlich dass hier die Verniedlichung oder die Bagatellisierung der DDR, wie sie in vielen, besonders elektronischen Medien dargestellt worden ist, richtig gestellt worden ist, dass hier etwas ganz anderes gemeint ist.

Hohenschönhausen ging in den letzten Tagen mit vielen Dingen durch die Presse. Mit vielem Falschen und mit wenig Richtigem. Die Zeitzeugen in Hohenschönhausen haben ein Konsenspapier beschlossen. Und alles, was in diesem Papier steht, muss bei einer Führung dargestellt werden. Dass darüber hinaus immer die eigene Geschichte Eingang findet, einfach deswegen, weil die Geschichte dadurch glaubwürdiger wird, ohne dass dabei etwas übertrieben wird, sondern man wirklich bei der Sachlichkeit bleibt, fördert das Geschäft.

Wenn Hans-Eberhard [Zahn], wenn Du hier gesagt hast, dass da Schülergruppen kommen, die schon mit einer gewissen Antihaltung dort hinkommen, die also schon »gebrieft« sind, dann kann ich das so eigentlich nicht bestätigen. Ich hatte das ein Mal. Aber als diese Schüler dann die Gedenkstätte verlassen haben, war das weg. Sie können ja ruhig mit Vorbehalten kommen, wenn es uns gelingt, durch unsere Darstellung das richtig zu stellen, dann haben die, die das angezettelt haben, eben schlechte Karten, Gott sei Dank.

Ich denke, Hohenschönhausen hat neben diesen Dingen noch ein ganz anderes Problem: Meiner Meinung nach ist die Kapazität in Hohenschönhausen erschöpft. Es können kaum noch alle Gruppen angenommen werden. Es ist so eng, dass man manchmal glaubt, dass man auf dem Weihnachtsmarkt ist, so ballen sich dort die Massen. Ich bin erstaunt darüber, mit wieviel Interesse und mit wieviel Aufmerksamkeit Schülergruppen sich durch diese Gedenkstätte führen lassen, wie interessiert sie sind. Leider kann man ja nicht alle Schülergruppen durch Hohenschönhausen führen, es ist ein Tropfen auf den heißen Stein. Aber sind wir nicht alle irgendwo Prediger in der Wüste? Man kann doch immer nur an dem Ort wirken, wo man wirken kann, und ich denke, jeder, der erreicht wird, ist ein Multiplikator. Und darin liegt eigentlich das Besondere dieser Gedenkstätte: die Führung durch Zeitzeugen, durch Zeitzeugen aus den verschiedensten Epochen der DDR, von ganz früher, zu denen ich gehöre, die schon 1950 inhaftiert worden sind, und welche, die in der Schlussphase der DDR inhaftiert worden sind. In der Vielfalt dieser Schicksale stellt sich bei Gruppen, zumindest bei Initiatoren von Gruppen, die häufiger nach Hohenschönhausen kommen, immer mit anderen Gruppen, es stellt sich die Vielfalt dar. Die bestätigen eigentlich immer, wie interessant es ist, aus den verschiedensten Zeiten die verschiedensten Perspektiven zu bekommen. Darin liegt eigentlich der Wert dieser Gedenkstätte. Meine Sorge ist, dass es wirklich eines Tages Museum werden würde. Es würde schade sein, für das, was da in Hohenschönhausen geleistet wird.

Also eine Schlussbemerkung noch, Hans-Eberhard [Zahn], Du

hast gesagt, Opfer von vor 45 und nach 45 sollten aufeinander zugehen. Ich bin Beiratsvorsitzender des Beirates in der Gedenkstätte Sachsenhausen und habe dadurch natürlich auch Kontakt zu den Menschen, die vor 45 dort in Haft waren, und wenn man mit denen spricht, sensibel genug auf sie zugeht, gibt es sehr bald einen Kontakt und auch einen Konsens. Ich denke, es ist überhaupt nicht so sehr schwierig, mit diesen Leuten ins Gespräch zu kommen, wenn man das Gespräch in ehrlicher Absicht sucht. Danke schön.

Moderator
Jetzt haben wir noch zwei Frauen aus dem Plenum am Ende dieses langen Tages, Marianne Birthler und Maria Nooke, und dann geht es noch einmal zurück zum Präsidium.

Marianne Birthler
Wenn die Zeit ganz knapp ist, dann wäre ich bereit, meinen Beitrag zurückzustellen. Das hier am häufigsten angesprochene Thema war der »Transfer von Wissen«, also die Aneignung von Wissen über die DDR. Das liegt weniger daran, dass an dieser Stelle die Kommission unklar war, sondern es liegt einfach an der gemeinsamen Sorge, dass es eine große Kluft zwischen dem bereits vorhandenen Wissen und seiner Verbreitung gibt. Dieser Befund gilt übrigens nicht nur für Schülerinnen und Schüler, deren Wissensdefizite immer gern beklagt werden, sondern auch für Erwachsene, die auch nicht viel klüger sind.

Immerhin, wir erleben ein ständig zunehmendes Interesse an unseren Informationsangeboten gerade von Jüngeren in unseren Außenstellen, während das Interesse bei den Älteren eher stagniert. Daher sollten wir auch von der Erwachsenengeneration reden, die mir gegenüber den Jugendlichen als das größere Problem erscheint. Bei der weiteren Arbeit am Konzept eines Geschichtsverbundes sollte dies einen Schwerpunkt bilden. Ganz sicher ist es unsinnig, dort Strukturen zurückzubauen, wo diese wichtige Arbeit geleistet wird. Ich entdecke einen Widerspruch darin, wenn einerseits festgestellt wird, es fehle an politischer Bildung zur SED-Diktatur, und dann wieder vorgeschlagen wird, die Behörde der Bundesbeauftragten solle sich auf ihre so genannten Kernaufgaben konzentrieren und derartige Bildungsangebote nicht mehr machen. Das sage ich nicht nur mit Blick auf meine Behörde. Vielmehr möchte ich darauf aufmerksam machen, dass der Wissenstransfer zu DDR-Themen Aufgabe aller ist, die Verantwortung für Bildung tragen. Dies gilt auch für die Medien.

Auch möchte ich den Vorschlag des Historikers Christian Sachse aufnehmen, der vorgeschlagen hat, einen Preis für Initiativen im Bereich der politischen Bildung zum Thema SED-Diktatur auszuloben. Der Schriftstellerin Viola Türk zum Beispiel, die eines der wenigen Kinderbücher zur DDR geschrieben hat, das Buch »Der Vorhang fällt«, in dem es um das Jahr 1968 in Leipzig geht, könnte so ein Preis gebühren. Auch möchte ich betonen, dass wir, wenn es um regionale Lern- und Informationsangebote geht, offenbar herausgefordert sind. Institutionen, die sich der Vermittlung von Wissen über die DDR widmen, sind sorgfältig zu schützen und zu stützen. Vielen Dank.

Maria Nooke, Dokumentationszentrum Berliner Mauer in der Bernauer Straße

Die letzte Diskussionsrunde hat bei mir den Eindruck erweckt, als ob das Problem der Hauptstadtzentrierung eigentlich das größte Problem derer ist, deren Einrichtungen nicht in Berlin liegen. Ich bin vorhin schon angesprochen worden, dass ich nun in der komfortableren Situation bin, mit der Einrichtung, für die ich arbeite, in Berlin zu sitzen.

Es wird eine der großen Herausforderungen sein, die zukünftige Konzeption der Gedenkstättenlandschaft oder der Erinnerungskultur zur zweiten deutschen Diktatur umzusetzen und angemessene Lösungen zu finden angesichts dieses Spannungsfeldes zwischen dezentral gewachsener Struktur und der Hauptstadtbedeutung. Ich glaube, dass man beides nicht gegeneinander ausspielen sollte, sondern dass beides seine Berechtigung hat und wichtig ist. Hinter den Befürchtungen steht vielleicht auch der Gedanke, dass eine Bundesförderung die Etablierung der Institutionen bedeutet und eine Aufwertung, was ich gut verstehen kann. Aber wenn man die Entstehungsgeschichte von Gedenkstätten berücksichtigt und die Kulturhoheit der Länder ernst nimmt, dann sollte man sich an dieser Stelle bewusst machen, dass auch eine Länderfinanzierung eine Wertschätzung ist.

Bei der Entscheidung über die zukünftigen Strukturen sollte

man verschiedene Aspekte berücksichtigen. Der eine wäre für mich die Frage der Zielgruppen. Die Zielgruppen in den dezentralen Gedenkstätten sind andere Zielgruppen als die, die wir hier in Berlin haben. In Berlin gibt es sehr viele Touristen, und wir haben viele Gruppen aus dem gesamten Land, die eben vor Ort keine Gedenkstätten und Museen haben, die sich mit Zeitgeschichte befassen. Das heißt, wer nach Berlin in die Hauptstadt kommt, die ja inzwischen auch Hauptstadt der Zeitgeschichte genannt wird, hat natürlich auch Interesse daran, etwas zur Geschichte dieser Stadt und dieses Landes zu erfahren. Das sollte man nicht gering schätzen. Ich nenne nur einfach mal die Zahlen. Es ist heute sehr viel davon gesprochen worden, dass es eine zunehmende Tendenz gibt, DDR-Geschichte schönzureden. Es gibt aber auch eine zunehmende Tendenz, dass sich Leute für die Geschichte interessieren. Wir haben in der Gedenkstätte in der Bernauer Straße in den letzten drei Jahren eine Verdreifachung der Besucherzahlen gehabt. Im letzten Jahr kamen 180.000 Besucher. Wir sind in diesem Jahr bis Mai schon über 80.000. Das heißt, dass die steigende Tendenz weiter anhält. Es gibt einfach ein unheimlich großes Interesse, nicht nur bei Berlinbesuchern aus Deutschland, sondern auch aus dem Ausland. Auch Touristen interessieren sich für deutsche Geschichte, für Zeitgeschichte. Dem muss man Rechnung tragen. Es ist doch so, dass sie nach Berlin kommen oder vielleicht noch nach Leipzig, aber schon nach Bautzen wird es sehr schwierig. Ich plädiere dafür, diese Zielgruppen oder Besucherströme, die sich auch an den unterschiedlichen Orten bewegen, mit im Blick zu haben, wenn man die Entscheidung für Förderung trifft.

Das andere ist die Ebene der Wahrnehmung. Was ich damit meine, ist nicht gegen die Einrichtungen, die außerhalb von Berlin liegen, gerichtet. Aber man muss sich dessen bewusst sein, dass Berliner Einrichtungen auch anders wahrgenommen werden. Warum will das Zentrum für Vertreibung gerade nach Berlin und nicht nach Bonn, Wiesbaden oder Dresden? Natürlich weil es in Berlin eine andere Aufmerksamkeit bekommt. Das möchte ich einfach mit zu bedenken geben, wenn wir fordern, dass DDR-Geschichte, Nachkriegsgeschichte, gleichberechtigt auch zu anderen Bereichen der Zeitgeschichte gesehen wird. Dann ist es meiner Meinung nach fatal, mit den zentralen Einrichtungen irgendwo in die Provinz zu gehen. Sie sehen, ich versuche, auch hier noch einmal dafür zu plädieren, die Entscheidungen für die Ansiedlung von Institutionen danach zu treffen, welche Bedeutung ihnen zukommt. Noch einen Satz: Es gibt in der Provinz auch Orte, wo es überhaupt nichts gibt, und deswegen finde ich die Idee der Kommission, auch die Heimatmuseen mit einzubeziehen, eine ziemlich gute Idee. Im ersten Augenblick bin ich darüber gestolpert, und dann dachte ich, das könnte ein Weg sein. Diese Erweiterung wird uns aber nur gelingen, wenn es einen gesellschaftlichen Konsens gibt, dass Geschichte, besonders Zeitgeschichte, substantiell für uns ist. Danke.

Moderator
Es gibt jetzt noch drei Schlussstatements, von Freya Klier, von Herrn Sabrow und von Herrn Schäfer.

Freya Klier
Ich will gar kein Schlussstatement halten, nur noch mal kurz den Gedanken, den europäischen Gedanken, der sich in unserem Papier auch findet, aufgreifen. Das ist die Passage, mit der ich eigentlich immer einverstanden war. Herr Ottomeyer hat vorhin diese Schulbuchgeschichte mit Frankreich erwähnt. Wir haben über das Bürgerbüro im Jahre 2001 ein Symposium hier in der Friedrichstadtkirche abgehalten, über unsere gemeinsame Geschichte zwischen 1938 und 1948. Es war ein grenzübergreifendes Symposium mit anderen osteuropäischen Staaten, vor allem mit Polen und Russland. Wir sind aus dem Symposium mit der Idee hervorgegangen, dass wir ein gemeinsames Schulbuch entwickeln wollten, erst mal über eine bestimmte Zeitperiode, zusammen mit den Polen, mit der Aufarbeitungsinitiative KARTA und mit MEMORIAL. Unsere Initiative ist, ich sag' es mal hart, in Brüssel versackt. Und bei den Russen kommt hinzu, und das hat sich leider jetzt doch sehr verschärft, dass MEMORIAL sehr stark unterdrückt wird, mit alten Geheimdienstmethoden, zum Beispiel wirtschaftlich unter Vorwänden vor Gericht gezerrt wird. Ich möchte gerne initiieren, dass wir diesen Gedanken wieder aufgreifen – als Initiative zwischen unseren drei Ländern, vielleicht noch die Ukraine dazu und die Tschechen. Also das hielte ich für eine sehr wichtige Sache, und da das auch seine

Zeit braucht, wäre es gut, wenn aus so einer Runde vielleicht, wo doch auch viele renommierte Namen vertreten sind, so eine Initiative hervorgehen könnte.

Professor Dr. Martin Sabrow
Herzlichen Dank! Am Ende dieses langen Diskussionstages möchte ich erstmal allen Teilnehmern danken für eine engagierte Diskussion, die die Forderung nach der Vereinigung von Nüchternheit und Pathos, wie ich finde, auf schöne Weise selbst erfüllt hat: in der Fähigkeit zum wechselseitigen Zuhören, zum Aufeinandereingehen. Ich glaube, das ist das beste Ergebnis, dass die Expertenkommission sich selbst für ihr Votum wünschen konnte.

Ich möchte zwei, drei Gemeinsamkeiten der Diskussion der letzten Wochen und dieses Hearings hervorheben. Deren erste lautet: Es ist deutlich geworden, auch heute im Gespräch und in den einzelnen Statements, dass die Expertenkommission und ihr Papier keiner Verniedlichung der SED-Diktatur das Wort geredet haben. Es ist deutlich geworden, dass uns alle das gemeinsame Ziel eint, nicht eine Verharmlosung das Wort zu reden, sondern ganz im Gegenteil, den Charakter der Diktatur besser einer späteren Generation zu übermitteln.

Zweitens: Wir alle sehen Handlungsbedarf. So wie es jetzt steht, kann und sollte es nicht weitergehen, obwohl wir immer wieder sagen müssen, dass die bisher erreichten Ansätze – etwa im Vergleich zur ersten deutschen Vergangenheitsaufarbeitung – außerordentlich sind. Aber die Zeit der unterausgestatteten, der unterversorgten Einrichtungen, die im Rahmen von Selbstausbeutung und Idealismus arbeiten, sie geht zu Ende, sie läuft ab. Es ist hohe Zeit, dass jetzt die Aufarbeitung in ihrer finanziellen Ausstattung energisch auf bessere Füße gestellt wird, und wir können uns auf den Ergebnissen, die wir jetzt schon erzielt haben, nicht mehr länger ausruhen.

Drittens: Das Säulenmodell, das die Expertenkommission vorgeschlagen hat, wird durchaus unterschiedlich bewertet. Es gibt zustimmende Überlegungen, mit Hilfe einer Bund-Länder-Verzahnung in der Planung an sie anzuschließen. Andere Stimmen wiederum meinen, und das scheint mir eine Sorge, die sehr deutlich hervorgetreten ist, dass dieses Säulenmodell einer Austrocknung der Initiativen auf lokaler und regionaler Ebene Vorschub leistet. Das ist ganz und gar nicht unser Interesse gewesen, und ganz im Gegenteil haben wir uns um die kleinen Aufarbeitungsinitiativen besondere Gedanken gemacht und wollen ihnen mit einem starken Kristallisationskern in ihrem jeweiligen Arbeitsfeld zur Hilfe kommen. Es ist noch einmal an die Politik zurückzugeben, dass der Auftrag zur Neuordnung besonders auf bundesstaatlicher Ebene nicht dazu führen darf, dass unsere dezentral organisierte Aufarbeitungslandschaft grundsätzlich in Richtung einer Zentralisierung gedrängt wird. Dagegen würde sich auch die Kommission selbst entschieden zur Wehr setzen, und der im Auftrag enthaltene Begriff »Geschichtsverbund«, der hier heute durchgefallen ist, war auch schon in der Kommission nicht mehr sehr aktuell.

Als besonders überraschend und auch befriedigend empfinde ich, dass das Forum DDR-Aufarbeitung starken Zuspruch erfahren hat. Wir haben heute sogar schon Angebote kennen gelernt über eine Wanderausstellung aus dem Haus der Geschichte der Bundesrepublik zum Thema Widerstand, die in einem solchen Lern- oder Aufarbeitungsort gezeigt werden könnte, der natürlich einen besseren Namen verdient. Diese Kritik teilen auch wir. Wir haben mit Herrn Ottomeyer sogar schon über ein Museum für Geschichte der DDR gesprochen. Ich glaube, dass wir in diese Richtung weiter gehen sollen, um am Ende eben einen Ort zu haben, an dem auch nachvollziehbar wird, was Opposition und Widerstand, sogar Mehrheitswiderstand, von dem heute hier die Rede war, eigentlich konkret bedeutet. In jedem Fall wissen wir: Wir diskutieren keinen schnell abzuschließenden Prozess, auch das ist heute deutlich hervorgetreten, sondern sollten uns für ein Zusammenwirken von moralischer, politischer und wissenschaftlicher Aufarbeitung engagieren, für das wir, glaube ich, gute Aussichten haben, ohne dabei freilich die Verschiedenheit der unterschiedlichen Perspektiven auf die vergangene Diktatur zu verwischen.

In diesem Zusammenhang erlauben Sie mir bitte eine kritische Stellungnahme zu unserer Diskussion. Ich war mit Ihrem Beitrag ganz unglücklich, Frau Neubert, der dafür warb, eine delegitimierende Sicht auf die DDR durchzusetzen und sich dabei um die objektive Wahrheit nicht zu scheren. Die objektive Wahrheit gäbe es nicht, und als müssten wir uns nicht um sie kümmern. Doch, Frau Neubert, wir müssen uns kümmern. Ich finde, unsere Überlegenheit besteht gerade darin, dass wir eben dem Anspruch nach mit der Wahrheit, auch wenn das nur eine regulative Idee ist, im Bunde sind. Ich finde, dass es durchaus und nur darum geht, die historische Delegitimierung mit der historischen Wahrheit zu verbinden, weil das eine nicht ohne das andere zu haben ist und ein geschichtspolitisches Handeln, das sich nicht bedingungslos der Wahrheit zu versichern sucht, seine ethische Berechtigung verliert.

Gerade darum möchte ich abschließend einen Gedanken aufnehmen, den wir heute Vormittag schon erörtert hatten. Wir sollten in der Diskussion um die Zukunft der Aufarbeitung nicht vergessen, dass wir einen Gedenkort für die Opfer der zweiten deutschen Diktatur in der Mitte Berlins vermissen, und wir sollten dies im Kontext der Umsetzung der Kommissionsempfehlungen im Auge behalten.

Damit schließe ich das heutige Hearing und bitte diejenigen um ihr Verständnis, die angesichts der begrenzten Zeit nicht oder nicht angemessen zu Worte gekommen sind. Das liegt im Charakter einer eintägigen Anhörung, die natürlich zeitlich begrenzt ist. Aber wir haben uns vorgenommen, die Ergebnisse der Diskussion, ebenso wie die Presseresonanz zusammen mit dem Votum zu publizieren, und zwar zeitnah. Ich möchte Sie deswegen ermutigen, gegebenenfalls Ihr vorbereitetes und nicht gehaltenes Statement innerhalb der nächsten Tage an uns zu schicken, damit wir es in die geplante Publikation aufnehmen können. Um das Buchformat nicht zu sprengen, muss ich begrenzend hinzufügen, dass dieses Statement drei Seiten nicht überschreiten sollte, sonst wird das Ganze letztlich nicht dokumentierbar sein. Anmerken sollte ich auch, dass die Finanzierung auch noch nicht ganz gesichert ist. Insofern teilt die Publikation, die wir vorhaben, das Schicksal der Aufarbeitungseinrichtungen, über die wir uns Gedanken gemacht haben. Aber ich hoffe, dass wir dies gemeinsam in dem einen wie dem anderen Fall am Ende doch erreichen werden, und danke Ihnen noch einmal sehr herzlich für Ihr Kommen und Ihre Beteiligung an unserem Hearing über die Zukunft der DDR-Aufarbeitung.

Professor Dr. Hermann Schäfer
Ich habe der Kommission gedankt für ihre Arbeit. Ich wiederhole das, und ich danke jetzt vor allen Dingen all denen, die Sie Stellung genommen haben und die Sie geduldig zugehört haben.

Ein Denkbaustein, von dem wir wussten, dass er sehr kantig sein würde – das zeichnete sich ab, schon spätestens seit April, als viele Stellung genommen haben zu unterschiedlichen Versionen oder aus der Kenntnis von Teilen dieser Empfehlungen. Ein Denkbaustein, wie sehr wussten wir schon vor dieser Veranstaltung heute und sind mit Spannung in dieses Hearing gegangen. Aber wie schwer dieser Denkbaustein sein würde, das wissen wir jetzt nach der Veranstaltung, und deswegen ist viel zu tun, viel nachzudenken, ich will gar nicht die Fragen wiederholen, die Sie alle aufgeworfen haben. Wenn es nach meinem Herzen ginge, und Sie wissen, wo ich herkomme, dann würden wir eine Fülle von Einrichtungen fördern, übernehmen oder neu gründen. Aber leider kann ich meinem Herzen nicht folgen, jedenfalls nicht dem, nach dem ich 19 Jahre gelebt habe, sondern hier habe ich eine Rolle, in der es auch um Geld geht, und da müssen wir alle im Grunde genommen auch eine Lobby gegenüber denen sein, die uns die Gelder bewilligen. Und da ist das größte Problem, jetzt ganz unabhängig davon, das will ich natürlich nicht verhehlen, dass es uns bei all dem, was wir fördern wollen, auch um Qualitätssicherung geht und um Qualitätsförderung.

In diesem Sinne versuchen wir jetzt, diesen Denkbaustein fortzuentwickeln und werden ihn dann an die Politik weiterreichen. Danke schön.

Moderator
Vielen Dank, und ich wünsche Ihnen alles Gute.

Zusätzlich eingereichte, schriftliche Stellungnahmen

Jörg Drieselmann, Haus 1 im Ministerium für Staatssicherheit, Gedenkstätte Normannenstraße
Unser Vorstand hat die von der Kommission erarbeiteten Empfehlungen und die darauf folgende Diskussion mit großem Interesse zur Kenntnis genommen. Zum Teil fühlen wir uns in unserer täglichen Praxis bestätigt, zum Teil werden die Anregungen unsere künftige Arbeit sicher weiter befördern.

Obschon sich unsere Institution dem von der Kommission beschriebenen Ziel der »eingehenden Auseinandersetzung mit 40 Jahren DDR-Geschichte« verpflichtet sieht, unterliegt sie als vereinsrechtlich organisierte Initiative nicht der konzeptionell-gestalterischen Kompetenz politischer Instanzen. Auch gehört sie nicht, wie in den Empfehlungen irrtümlich behauptet, zu den »auf Länderebene direkt oder indirekt institutionell geförderten« Einrichtungen. Trotzdem hatten wir unsere Kooperationsbereitschaft mit dem Geschichtsverbund »Aufarbeitung der SED-Diktatur« und den zugehörigen Institutionen gegenüber der Kommission mehrfach auf unterschiedliche Weise erklärt. Sicher war es dem durch die Schwerpunktsetzung stark eingeschränkten Auftrag an die Kommission geschuldet, dass dieses Angebot in den Empfehlungen in dieser frühen Diskussionsphase noch nicht berücksichtigt werden konnte.

Aus den genannten Gründen glauben wir, dass es uns nicht zukommt, die Vorschläge der Kommission zu bewerten, sofern die Bewertung über eine Teilnahme an der allgemeinen geschichtspolitischen Diskussion hinausgehen soll.

Konrad Felber, BStU-Außenstelle Dresden
Auf Grund der vielen Sach- und Diskussionsbeiträge am 6. Juni möchte ich das Hearing mit Zeitverzug reflektieren, was sicher auch eine distanzierte Betrachtung und Bewertung ermöglicht.

Zuallererst möchte ich allen Beteiligten zum Votum der Expertenkommission sowie der »Sabrow-Kommission« selbst meine Wertschätzung aussprechen. In einer schwierigen Materie, umgeben von Lobbyisten und unter den kritischen Erwartungshaltungen vor allem der Opfer der SED-Diktatur, so zügig ein streitbares Votum zu erstellen, zeigt den positiven Ansatz, machbare Veränderungen anzustreben.

Allerdings möchte ich meinen Bemerkungen ein Motto voranstellen: »Zur Zukunft gehört die Erinnerung«. Damit meine ich nicht die Erinnerung an die Zeit von 1945 bis 1949 oder die 40 Jahre SED-Staat, sondern die historischen Umstände, die aus meiner Sicht zu dem bisherigen Stand der ersten erfolgreichen Aufarbeitung einer Diktatur in Deutschland geführt haben.

Die friedliche Revolution 1989, die erste freigewählte Volkskammer der DDR und vor allem die deutsche Wiedervereinigung 1990 haben die Maßstäbe gesetzt, unter denen der 12. Deutsche Bundestag 1991 sich fraktionsübergreifend zum Stasi-Unterlagen-Gesetz in beispielhafter Kürze gesetzgeberisch entscheiden musste. Dies betrifft vor allem die Strukturen der Entstehung von Repression und Verfolgung sowie die Frage zum Umgang bzw. auch der Verwendung und Lagerung der Stasi-Akten. Die Strukturen des MfS/AfNS waren maßgebliche Kriterien für eine bundeseinheitliche Verwaltung bzw. Verwahrung der Akten und den Umgang mit der umfassenden Hinterlassenschaft eines Diktatur-Geheimdienstes bzw. der Geheimpolizei des SED-Staates DDR. Erst der Vorrang vor dem bundesdeutschen Archiv- und Datenschutzgesetz ermöglichte den Zugang für die vielfältigen Nutzungsmöglichkeiten rechtsstaatswidrig entstandener Dokumente staatlicher Überwachung, Verfolgung und den Widerstand dagegen.

Das Lex StUG hat aus meiner Sicht, bis die letzten Akten erschlossen werden, das nach wie vor große Interesse an persönlichen Akteneinsichten abgearbeitet ist und die vielfältigen Forschungsprojekte abgeschlossen sind, seine Daseinsberechtigung. Gerade die bisherigen Verknüpfungen zwischen thematischen und strukturellen Gliederungen der Aufarbeitung innerhalb der Stasi-Unterlagen-Behörde im Verbund mit regionalen, deutschlandweiten und internationalen Forschungseinrichtungen, Landes- und Bundesbehörden sowie Aufarbeitungsinitiativen haben das aus meiner Sicht unter Beweis gestellt. Dies ist aus meiner Bewertung zum Hearing am 6. Juni auch so festgestellt bzw. herausgearbeitet worden.

Was ich in diesem Zusammenhang festhalten möchte, ist die Tatsache, dass ein besseres Verständnis der meisten Podiumsgäste für die Empfehlungen der Expertenkommission festzustellen war, als dies zuvor in den Medien dargestellt wurde. Weiterhin fand ich bemerkenswert, dass über einen Verbund der Aufarbeitung der NS-Zeit und der DDR-Diktatur Einigkeit besteht. Im Übrigen ist als positive Entwicklung festzustellen, dass über die Notwendigkeit von zentralen nationalen Erinnerungsorten hinaus, außerhalb der Berlin-Zentrierung, unter Würdigung der Einzelleistungen regionaler Aufarbeitungsinitiativen vor Ort, diese dauerhaft in die Planung und Finanzierung des sogenannten »Geschichtsverbundes« einbezogen bleiben sollen.

Ich denke die bisherige, im Übrigen sehr gut funktionierende Zusammenarbeit zwischen der BStU und vor allem deren Außenstellen mit der Bundeszentrale bzw. den Landeszentralen für politische Bildung, den Landesbeauftragten die für Stasi-Unterlagen und den politischen Stiftungen, Gedenkstätten usw. brauchen wir nicht formal neu zu erfinden. Hier sind effiziente Strukturen nachgewiesenermaßen vorhanden.

Die parlamentarische Sicherstellung der Arbeit der BStU bis 2020 (30 Jahre nach dem Ende der DDR), die zügige Novellierung des StUG, die Finanzierung vorhandener Kapazitäten und die Anbindung von Haus 1 an die BStU – hier könnte an authentischem Ort ein neues IDZ entstehen – sind vorrangige Notwendigkeiten. Der BStU kann dabei, wie schon jetzt die Nachfrage zeigt, eine besondere Bedeutung zukommen.

Die Einheit von Archiv, wissenschaftlicher Forschung, öffentlicher aktiver Aufarbeitung und Gedenkstätte wäre für das Gedenken an die Unterdrückung in der DDR, das Aufbegehren der friedlichen Revolution, die internationale Geheimdienstforschung und die nationale wie internationale Aufarbeitung eine adäquate Organisationsform.

Betrachtet man den einzigartigen singulären Bestand der MfS-Unterlagen als Konglomerat der DDR-Geschichte, so bleibt die Zielstellung, nach abgeschlossener Erschließung und Rekonstruktion der vorvernichteten Unterlagen dieses Archivgut als Sonderbestand (nach 2020!) in die Obhut des Bundesarchivs zu geben. Eine etwaige Lagerung der Akten in den regionalen Archiven vor Ort, wo sie sich jetzt befinden, konterkariert auch nicht den Nutzungsverbund mit dem anderen, in den Ländern befindlichen Archivgut der ehemaligen DDR.

Die Sicherung und Zugänglichmachung des weitgehend intakten Bestandes eines (kommunistischen) Geheimdienstes ist ein weltweit einmaliges Phänomen. Dieser Bestand lässt wie kein anderer exemplarische Geheimdienststudien zu. Auch von dieser Warte ist der Bestand ein Sonderfall.

Abschließend möchte ich die drei bekannten Aufarbeitungsschwerpunkte der »Sabrow-Kommission« grundsätzlich unterstützen, über Details, etwa die Selbständigkeit der Gedenkstätte Hohenschönhausen, kann später entschieden werden. Grundsätzlich ist die Notwendigkeit weiterhin gegeben, vor allem für die heranwachsenden Generationen, die Anschaulichkeit an authentischen Orten in den jeweiligen Regionen sicherzustellen.

Eine Aufarbeitung gesamtdeutscher Geschichte kann nur in gesamtdeutscher Verantwortung geleistet werden. Mein Wunsch wäre dabei, dass dies vor allem in den alten Bundesländern verstanden wird. Dies sind wir all jenen Menschen schuldig, die in der deutschen Nachkriegsgeschichte für Demokratie und Rechtsstaatlichkeit, gegen Diktatur und Willkür ihr Leben gelassen haben oder leidvolle Biografien erleben mussten, weil sie Widerstand leisteten. Hier muss die Bundesrepublik Deutschland ihren selbst gestellten Ansprüche gerecht werden, die auch unsere osteuropäischen Nachbarn mit Anerkennung zur Kenntnis nehmen. Dies umzusetzen erfordert gegenseitiges Verstehen, ohne wissenschaftliche und materielle Egoismen, aber auch zügige Entscheidungen des Parlaments, so wie in der ersten freigewählten Volkskammer der DDR oder im 12. Deutschen Bundestag im Jahr 1991.

Norbert Haase, Stiftung Sächsische Gedenkstätten

Plädoyer für die Beachtung föderaler Strukturen bei der Aufarbeitung der SED-Diktatur in Gedenkstätten

Die Expertenkommission zur Schaffung eines Geschichtsverbundes »Aufarbeitung der SED-Diktatur« hat mit ihren Empfehlungen eine wichtige und überfällige Diskussion über die öffentliche Erinnerung an die SED-Diktatur in Gang gesetzt. Ihre Absicht, die Auseinandersetzung mit der SED-Diktatur fest in der bundesdeutschen Erinnerungslandschaft zu verankern und ihr Niveau nachhaltig zu erhöhen, ist zu begrüßen. Die von der Kommission formulierten Entwicklungsleitlinien einer intensivierten Aufarbeitung der DDR bilden einen guten Ausgangspunkt für die weitere Diskussion, die sachlich, transparent und unter Beteiligung der an der Aufarbeitung mitwirkenden Einrichtungen geführt werden muss. Aus Sicht der Stiftung Sächsische Gedenkstätten müssen dabei folgende Gesichtspunkte stärker berücksichtigt werden:

1. Die Kommission benennt für den Aufarbeitungsschwerpunkt »Überwachung und Verfolgung« die historischen Orte Normannenstraße und Hohenschönhausen, die, unter dem Dach der BStU zusammengeführt, ein Forschungs- und Dokumentationszentrum »Diktatur und Geheimpolizei« bilden sollen. Es erstaunt, dass bei der Beschreibung des empfohlenen Aufarbeitungsschwerpunktes der historische Ort fehlt, der im kollektiven Gedächtnis sowohl der Deutschen als auch über die Landesgrenzen hinaus bis heute synonym für die Repression der Diktatur in SBZ und DDR steht: Bautzen. Im gesamten Papier findet sich kein Hinweis auf diesen überregional besonders bedeutsamen Ort der Repression. Das Bautzener Speziallager war das Lager der Widerständigen, die gegen die Sowjetisierung in der SBZ aufbegehrten. Bautzen II (»Mielkes Privatknast«) war die einzige Vollzugseinrichtung der DDR, die der Staatssicherheit unterstand, war das Gefängnis für »Staatsverbrecher« (z. B. Erich Loest, Karl Wilhelm Fricke, Rudolf Bahro, Walter Janka). Aus historischer Sicht ist Bautzen in einem Atemzug mit der Normannenstraße zu nennen.

2. Die vorgeschlagene Schaffung von drei »impulsgebenden und kompetenzsichernden« Kerninstitutionen in Berlin darf nicht zu einer Monopolisierung und Zentralisierung der Erinnerungslandschaft führen. Die empfohlene Hauptstadtzentrierung unterschätzt die Bedeutung der historischen Orte außerhalb Berlins für die regionale Aufarbeitung, obwohl die Kommission zu Recht den pluralistischen und dezentralen Charakter der Erinnerungslandschaft als schützenswert erachtet. Gerade in den ländlich bis kleinstädtisch geprägten Regionen muss die Auseinandersetzung mit der SED-Diktatur befördert werden, da hier die Verharmlosung der DDR besonders ausgeprägt ist. Dabei arbeiten gerade die dort ansässigen Einrichtungen effizient. Bei einer Umsetzung der Empfehlungen der Expertenkommission sollte vermieden werden, diese zum Teil in ihrer Region etablierten

Einrichtungen zu Gunsten eines Berliner Zentralismus zu schwächen. Die SED-Diktatur aber war trotz ihres zentralistischen Charakters an allen Orten im Lande für die Menschen erfahrbar, und sie wurde an vielen Orten von Individuen und Gruppierungen geschwächt und letztendlich zu Fall gebracht. Die Struktur zur Aufarbeitung der SED-Diktatur sollte diesem historischem Sachverhalt stärker Rechnung tragen. Richtig ist die Feststellung der Kommission, die außerhalb Berlins befindlichen Gedenkstätten seien sämtlich unterfinanziert. Eine finanziell und personell angemessene Ausstattung der dezentralen Einrichtungen ist unabdingbar, um die Auseinandersetzung mit der SED-Diktatur wissenschaftlich fundiert, sachgerecht, breitenwirksam und dem gedenkstättenpädagogischen Standard entsprechend zu fördern.

3. Die Empfehlung der Kommission, die ehemalige Haftanstalt Hoheneck als Gedenkstätte in die Trägerschaft der Stiftung Sächsische Gedenkstätten zu übernehmen, berücksichtigt die gegenwärtige Situation nur unzureichend. Die Liegenschaft befindet sich nach ihrem Verkauf durch den Freistaat Sachsen in Privateigentum. Hinzu kommt, dass die Geschichte des Gefängnisses über die Geschichte der SED-Diktatur hinausweist. Orte der Repression haben im Osten Deutschlands oftmals auch einen Bezug zum Nationalsozialismus 1933–1945. Die Übernahme Hohenecks unter das Dach der Stiftung ist bei ihrer finanziellen Ausstattung, der Vielfalt ihrer Aufgaben und der zu erwartenden Kosten zum gegenwärtigen Zeitpunkt unrealistisch.

Markus Meckel, MdB

Herausforderungen der Großen Koalition zur Aufarbeitung der kommunistischen Diktatur in Deutschland

Viele hätten es nicht mehr gedacht. Die Geschichte qualmt noch. Da treten plötzlich hohe Stasi-Offiziere organisiert und abgesprochen bei einer Veranstaltung auf und versuchen, ihrer Geschichtsklitterung öffentlich Geltung zu verschaffen. Die erste Reaktion war äußerst lau. Erst langsam wird bewusst, was da geschieht. Glücklicherweise regt sich Gegenwehr. Walter Momper ist es zu danken, dass er im Abgeordnetenhaus von Berlin ein deutliches Zeichen setzte. Gleichwohl lassen solche Ereignisse nachdenken. Sie korrespondieren mit dem Befund an deutschen Schulen und Universitäten. Junge Menschen hören in der Schule kaum etwas von der DDR, von der kommunistischen Diktatur. Hier muss endlich etwas geschehen. Diese zweite deutsche Diktatur gehört verpflichtend in die Lehrpläne an deutschen Schulen, nicht nur im Osten!

Auch an den Universitäten ist man nach dem Forschungsboom der 90er Jahre wieder in die alte Lethargie zurückgefallen. Und wenn DDR-Geschichte gelehrt wird, dann eher unpolitisch und mit kulturellen Themen. Immerhin rütteln solche Ereignisse, wie die Aktion der Stasi-Offiziere, die Öffentlichkeit noch auf. Doch es braucht ein nachhaltigeres öffentliches Engagement! Diese Aktion hat wenigstens geholfen, in den Reihen der Politik ein mehrheitliches Bewusstsein dafür zu schaffen, dass auch künftig bei wichtigen öffentlichen Ämtern eine Überprüfung auf die Zusammenarbeit mit der Staatssicherheit möglich sein muss. Die Regelanfrage im öffentlichen Dienst kann beendet werden, aber es bleibt auch in Zukunft nicht akzeptabel, dass Menschen, die mit der Stasi zusammengearbeitet und Vertrauen missbraucht haben, hohe öffentliche Funktionen übernehmen! Das erfordert eine Novellierung des Stasi-Unterlagen-Gesetzes, die in den nächsten Wochen auf den Weg gebracht werden muss.

Gleichzeitig muss aber auch mehr für die Opfer getan werden. Die Gerechtigkeitslücke für sie ist besonders groß geworden, seit die Bundesregierung nach oberster Rechtsprechung den Bediensteten von SED-Staat und Staatssicherheit hohe Summen für Sozial- und Altersversorgung zahlen muss, während viele Opfer unter sozialer Not leiden. Diese sehen nun in der Großen Koalition ihre letzte Hoffnung, wurden sie doch oft genug enttäuscht. Unabhängig davon, welche konkrete Lösung gefunden wird, darf sich eine künftige Entschädigungslösung nicht mehr vor allem an der sozialen Bedürftigkeit ausrichten, sondern muss als Rechtsanspruch zuerkannt werden, womit auch eine moralische Wiedergutmachung verbunden ist. Außerdem müssen endlich auch solche Opfergruppen einbezogen werden, die bisher leer ausgingen. Dazu gehören Schüler, die verfolgt und relegiert wurden, aber auch diejenigen, die nach dem Krieg in die Sowjetunion oder nach Polen verschleppt wurden, oft Frauen, die Furchtbares erlebt haben.

Mit der Veröffentlichung der Empfehlungen der Sabrow-Kommission über die Schaffung eines Geschichtsverbundes

»Aufarbeitung der SED-Diktatur« ist die öffentliche Diskussion über die Vergangenheit nun vollends aufgebrochen. Das ist gut. Die Kommission verweist mit Recht darauf, dass Deutschland in den letzten Jahrzehnten im internationalen Vergleich viel geleistet hat, doch benennt sie auch große Defizite. Dazu gehört die durchgehende Unterfinanzierung fast aller mit diesem Thema beschäftigten Institutionen und Gedenkstätten – einzige Ausnahme ist die Behörde der Beauftragten für die Stasi-Unterlagen, die Birthler-Behörde. Besonders misslich ist der Zustand der ehemaligen Zentrale der Staatssicherheit in der Normannenstraße. Die dort dringend benötigte Gedenkstätte des Bundes gibt es immer noch nicht.

Die rot-grüne Bundesregierung hat mit der Übertragung der Zuständigkeit für die Birthler-Behörde und die »Stiftung Aufarbeitung« an den Kulturstaatsminister eine neue Handlungsfähigkeit geschaffen. Sie wollte die Aufarbeitungslandschaft neu ordnen und berief die Kommission unter Martin Sabrow, um Vorschläge zu erarbeiten. Die Große Koalition muss nun beweisen, dass sie der Aufarbeitung des Kommunismus neben der Aufarbeitung des Nationalsozialismus die gebührende Aufmerksamkeit widmet. Dabei wird dann die Sorge Mancher zu widerlegen sein, dass die Neuordnung nicht am Ende zu noch weniger öffentlichem Engagement und Geld führt, statt zur beabsichtigten Stärkung, Effizienz und Planungssicherheit der Aufarbeitungsinstitutionen!

Wichtig ist der Hinweis der Kommission, dass die Beschäftigung mit der Vergangenheit stärker als bisher im europäischen Kontext geschieht. Es geht um die kommunistische Diktatur, die sich zur Zeit des Kalten Krieg über halb Europa erstreckte. Die DDR war nur ein kleiner, wenn auch wichtiger Teil davon, in allen zentralen Fragen von Moskau abhängig und gesteuert. Für eine präzise Beurteilung der Situation in der DDR ist dieser Bezug, aber eben auch ein Vergleich mit den anderen sowjetischen Satellitenstaaten, unverzichtbar.

Die Kommission schlägt für die kommunistische Aufarbeitungslandschaft die Bildung von drei institutionellen Kristallisationskernen vor, die thematisch unterschieden sein sollen: »Herrschaft – Gesellschaft – Widerstand«, »Überwachung und Verfolgung« sowie »Grenze und Teilung«. Damit will sie einer besonders auf die Repressionserfahrung und die deutsche Teilung konzentrierten Perspektive entgegenwirken und auch die Alltagswelt in der DDR in den Blick einbeziehen. Dies hat ihr den Vorwurf eingehandelt, dass sie damit faktisch die von ihr selbst kritisierte Trivialisierung des DDR-Systems begünstige. Ich stimme demgegenüber dem Anliegen der Kommission zu, dass alle diese drei Schwerpunkte wichtig sind und nicht gegeneinander ausgespielt werden dürfen. Natürlich muss der delegitimierende Charakter in der Beschäftigung mit der DDR-Geschichte erhalten bleiben. Gleichzeitig jedoch kann man das Leben in der DDR erst wirklich verstehen, wenn auch die Einbindungsstrukturen der Ideologie, der Kultur und des Sports und vieler anderer Bereiche mit in den Blick geraten. Dabei muss jedoch darauf geachtet werden, dass diese drei Dimensionen nicht nebeneinander stehen bleiben und getrennt, jeweils für sich behandelt werden. Erst in ihrer Verquickung und Verwobenheit vermitteln sie ein richtiges Bild. Der Film »Das Leben der Anderen« macht dies in überzeugender Weise deutlich. Deshalb ist eine Gliederung der Aufarbeitungsinstitutionen nach dieser thematischen Unterscheidung nicht sinnvoll. Sowohl die Forschung wie die politische Bildung müssen gerade der Verflechtung dieser Perspektiven nachgehen und somit jeweils das ganze Spektrum des Lebens in der DDR behandeln.

Für die Gestaltung eines Geschichtsverbundes zur kommunistischen Diktatur stellen sich drei grundsätzliche Fragen: 1. Wie soll das institutionelle Gefüge der öffentlichen Träger der politischen Bildung, der gesellschaftlichen Aufarbeitung von Bund und Ländern in Zukunft aussehen? 2. Geben die derzeitigen Gedenkstätten und Lernorte alle wichtigen Dimensionen der kommunistischen Diktatur wider? Wie können diese besser vernetzt werden und zusammenarbeiten? 3. In welchem institutionellen Rahmen ist in Zukunft die Zugänglichkeit der Akten der Staatssicherheit zu gewährleisten und wofür dürfen sie auch in Zukunft genutzt werden?

Im Bereich der politischen Bildung hat sich erfreulicherweise in großer Pluralität, Autonomie und Dezentralität ein Netz von Initiativen, Dokumentationszentren, Foren und Archiven entwickelt. Viele von ihnen erhalten Unterstützung durch die »Stiftung Aufarbeitung«, welche auch die Kommunikation untereinander fördert. Diese Arbeit muss erhalten und die Stiftung besser gefördert werden. Aufmerksamkeit braucht jedoch die institutionelle Struktur auf Landesebene, um Doppelförderung zu vermeiden. Wichtige Einrichtungen wie die »Runde Ecke« in Leipzig und die Havemann-Gesellschaft in Berlin sollten durch die Länder eine institutionelle Grundsicherung erhalten.

Ein großes Problem bisher ist die Gestaltung der ehemaligen Stasi-Zentrale in der Normannenstraße mit dem Sitz Erich Mielkes. Hierzu macht die Kommission den wegweisenden Vorschlag, den Lernort Normannenstraße mit der Gedenkstätte Hohenschönhausen, dem ehemaligen Gefängnis der Stasi, unter dem Dach einer gemeinsamen Stiftung zusammenzuführen. So könnten die Ausstellungen zu beiden Dimensionen dieses Unterdrückungsapparates – Verfolgung und Überwachung sowie die Situation der Opfer – aus einer Hand und aufeinander bezogen konzipiert und gestaltet werden. Schon im Übergang, endgültig aber nach dem Auslaufen der Birthler-Behörde, sollten Teile ihrer Abteilung Bildung und Forschung dieser in Abstimmung mit dem Land Berlin neu zu schaffenden Stiftung zugeordnet werden. Damit würde an jeweils authentischen Orten gewissermaßen eine »Topographie der Repression« geschaffen, in welcher die kommunistische Diktatur unmittelbar erfahrbar wird.

Die Birthler-Behörde selbst ist im Kern ein Sonderarchiv für die Stasi-Unterlagen. Sie wurde geschaffen, um deren Zugänglichkeit und Nutzung zu gewährleisten und sie nicht der 30jährigen Sperrfrist des Bundesarchivs zu unterwerfen. Diese Öffnung der Akten war eine historische Leistung, die auch für die Zukunft gesichert werden muss – nicht die Institution! Für die nächsten mindestens zehn Jahre muss die Behörde sich auf ihre Kernaufgaben konzentrieren. Dazu zählen die persönliche Akteneinsicht, auf die man immer noch zu lange warten muss, die Erschließung und Auswertung der Akten, die Rekonstruktion des vorvernichteten Aktenmaterials, die Bereitstellung von Findbüchern und die Erarbeitung von Quelleneditionen. Die Abteilung Bildung und Forschung hat eine Monopolstellung im ungehinderten Zugang zu den Akten und muss – mehr als bisher praktiziert – eine Dienstleistungsfunktion für die Wissenschaft wahrnehmen.

Längerfristig sollten die Bestände der Staatssicherheit an das

Bundesarchiv, möglicherweise auch Teile an Landesarchive gegeben werden – doch dann bedarf es einheitlicher Nutzungsregeln. Die konkreten Bedingungen sollte der Bundestag im Herbst in einer Anhörung klären und nach öffentlicher Debatte im nächsten Jahr entscheiden. Mir scheint das Jahr 2019 ein gutes Datum für die Übergabe der Akten zu sein – 30 Jahre nach der friedlichen Revolution läuft auch der Solidarpakt aus.

Nachdem über viele Jahre die Mauer und die Erinnerung an sie immer mehr aus dem Stadtbild verschwanden, so dass die vielen Touristen sie auch nicht mehr finden konnten, hat der Berliner Senat nun ein Konzept zum Mauergedenken vorgelegt, das große Unterstützung verdient. Wegen der nationalen Bedeutung dieser Vorhaben ist ein größeres Engagement des Bundes dringend geboten. Ein erster Schritt muss sein, die benötigten Grundstücke im Bundesbesitz in eine für das gemeinsame Projekt zu errichtende Stiftung einzubringen.

Die Sabrow-Kommission hat die zentralen Fragen gestellt und Vorschläge gemacht. Auch wenn man ihnen nicht immer folgen wird – die Herausforderungen sind klar beschrieben. Es wird eine große Kraftanstrengung sein, diesen gerecht zu werden. Doch wer sollte es schaffen, wenn nicht diese Große Koalition? Die Verantwortung dieser Regierung ist enorm!

Gerhard Ruden, Landesbeauftragter für die Unterlagen des Staatssicherheitsdienstes der ehemaligen DDR des Landes Sachsen-Anhalt

Der Landesbeauftragte für die Unterlagen des Staatssicherheitsdienstes der ehemaligen Deutschen Demokratischen Republik des Landes Sachsen-Anhalt (LStU LSA) ist sich der Einschränkungen bewusst, welchen die Expertenkommission unterlag. Die Staatsministerin im Bundeskanzleramt hatte seinerzeit (Ende 2004 mit Wirkung vom 1.1.2005) die ressortmäßige Zuständigkeit für die Bundesbeauftragte für die Unterlagen des Staatssicherheitsdienstes der ehemaligen Deutschen Demokratischen Republik und die Stiftung zur Aufarbeitung der SED-Diktatur übertragen bekommen. Das Bundesarchiv ressortierte bereits dort. Keinesfalls konnte sich der Auftrag an die Expertenkommission auf andere Bereiche der Bundesverwaltung oder gar der Länderebene erstrecken.

Um einen Vorgriff auf Tätigkeiten des Bundesgesetzgebers zu vermeiden, sollte zudem auf Gesetzesänderungsvorschläge verzichtet werden (Empfehlungen der Expertenkommission, Vorbemerkung).

Der LStU LSA nimmt Stellung unter Bezugnahme auf § 38 Absatz 1 StUG sowie auf Art. 30 GG (grundsätzliche Länderzuständigkeit).

Zur Frage der »mangelnden Professionalität« (Empfehlungen der Expertenkommission, I. Leitlinien der Empfehlungen):

Aus Sicht des LStU LSA ist das ehrenamtliche Wirken zahlreicher Betroffener und Interessierter in Betroffenenverbänden und Aufarbeitungsinitiativen sehr zu begrüßen und soll keinesfalls zurückgedrängt werden. Der Eindruck, den etwa ein Zeitzeuge bei der nachkommenden Generation hinterlässt, ist nicht mit der Wirkung eines berufsmäßigen Historikers zu vergleichen. Auf Landesebene werden Betroffenenverbände und Aufarbeitungsinitiativen gefördert, soweit es die knappen Haushaltsmittel zulassen. Mit Bedauern muss festgestellt werden, dass die Stiftung Aufarbeitung seit ihrer Errichtung ihre Förderpraxis eingeschränkt hat, so dass auch Aufarbeitungsinitiativen von überregionaler Bedeutung Schwierigkeiten haben, Bundesmittel bewilligt zu bekommen. Der Hinweis auf eine »institutionelle Grundförderung« (Empfehlungen der Expertenkommission, II. Entwicklungsperspektiven der historisch-politischen Aufarbeitung, 2. Gleitende Neuausrichtung der BStU-Tätigkeit und Errichtung eines Dokumentations- und Forschungszentrums »Diktatur und Geheimpolizei«) wird von hier ausdrücklich begrüßt.

Zur Frage der »Vorrangstellung der … Dokumentation staatlicher Repression« (Empfehlungen der Expertenkommission, I. Leitlinien der Empfehlungen):

Aus Sicht des LStU LSA ist die Wahrnehmung der öffentlichen Dokumentation der DDR-Vergangenheit durch die Beschränkung des Auftrags an die Expertenkommission unvollständig. Auf Landesebene wird durchaus dokumentiert, in welchen Formen Widerstand stattgefunden hat und wie sich die Repression über die Repressionsapparate im engeren Sinne hinaus im Alltag bemerkbar gemacht hat. Hinzuweisen ist hier auf die Zeitzeugen-Datenbank des Zeit-Geschichte(n) e. V. in Halle und die umfangreiche Ausstellungs- und Vortragstätigkeit z. B.

des Dokumentationszentrums des Bürgerkomitees Sachsen-Anhalt e. V., aber auch auf die Broschürenreihe der Behörde des LStU LSA »Betroffene erinnern sich«.

Zur Frage der Zuordnung zu drei Schwerpunkten (Empfehlungen der Expertenkommission, II. Entwicklungsperspektiven der historische-politischen Aufarbeitung; III. Profilierungsvorschläge für die zukünftige Entwicklung der DDR-Aufarbeitung):

Die Aufteilung in drei thematische Schwerpunkte erscheint künstlich und damit gewissermaßen willkürlich. Sowohl die BStU als auch die Stiftung Aufarbeitung dienen einem bestimmten (Gesetzes)Zweck. Forschung und Dokumentation innerhalb der BStU folgen zwingend aus dem Sachzusammenhang mit den dort in Obhut befindlichen Unterlagen. Die übrigen namentlich benannten Einrichtungen sind Landesstiftungen oder private Vereine, die allerdings mit Bundesmitteln gefördert werden. Hier sollte in erster Linie über eine verbesserte Bundesförderung nachgedacht werden, welche auch Einrichtungen zugute kommen könnte, die nicht genannt wurden (insbesondere außerhalb Berlins). Die Verfestigung der Strukturen zu einer oder mehreren Stiftungen auf Bundesebene (über die Stiftung Aufarbeitung hinaus) wirft unlösbare Probleme auf, wenn es um die Frage geht, welche Einrichtung mit in die Stiftung aufgenommen werden soll. Zudem erscheint die Übernahme von Institutionen im Kulturbereich vor dem Hintergrund der Föderalismusreform problematisch.

Zur Frage der Übernahme der Stasi-Unterlagen in das Bundesarchiv und der angeblichen Erfüllung der Kernaufgaben der BStU (Empfehlungen der Expertenkommission, II. Entwicklungsperspektiven der historisch-politischen Aufarbeitung, 1. Verbesserung des Aktenzugangs unter Berücksichtigung des Opferschutzes):

- Nach § 2 Absatz 1 Satz 2 und § 4 Absatz 1 Bundesarchivgesetz/§ 9 Absatz 3 Landesarchivgesetz Sachsen-Anhalt dürfen grundsätzlich Unterlagen nicht archiviert werden, deren Speicherung unzulässig gewesen ist. Diese Regelung erfasst insbesondere auch Stasi-Unterlagen, die nach dieser Regelung zu vernichten (löschen) wären.
- Nach § 9 Absatz 2 Satz 1 Nr. 2 Landesarchivgesetz Sachsen-Anhalt dürfen solche Unterlagen ausnahmsweise gespeichert werden, wenn sie aus »ehemaligen Einrichtungen« (der DDR)

stammen (eine entsprechende Regelung fehlt für »Stellen der Deutschen Demokratischen Republik« nach dem Bundesarchivgesetz). Dann ist jedoch nach § 5 Absatz 7 Bundesarchivgesetz/§ 10 Absatz 2 Nr. 2 Landesarchivgesetz Sachsen-Anhalt die Nutzung nicht zulässig. Ob die Nutzung 30 Jahre nach dem Tod des Betroffenen auch im Falle der unzulässigerweise gespeicherten Unterlagen zulässig wird, ist nicht ausdrücklich geregelt (§ 5 Absatz 2 Bundesarchivgesetz/§ 10 Absatz 3 Satz 2 Landesarchivgesetz Sachsen-Anhalt).

- Nach der üblichen Verfahrensweise in Archiven ist der Forscher selbst für die Wahrung der Persönlichkeitsrechte Betroffener verantwortlich.
- Nach § 4 Absatz 2 Bundesarchivgesetz/§ 6 Absatz 1 Landesarchivgesetz Sachsen-Anhalt ist dem Betroffenen (zu dem also personenbezogene Daten in den Unterlagen vorhanden sind) Auskunft und Akteneinsicht zu gewähren.
- Nach § 20, 21 StUG sind auch über die 15-Jahresfrist für die Überprüfungen hinaus die Unterlagen für Rehabilitierungsverfahren (die allerdings bis zum 31.12.2007 [Datum der Antragsstellung] befristet sind) und u. a. für die Sicherung des Vermögens der ehem. DDR zur Verfügung zu halten.
- Nach § 37 Absatz 1 Nr. 5 StUG hat die BStU die Tätigkeit des Staatssicherheitsdienstes aufzuarbeiten, eine Aufgabe, die ein Archiv schon aus der Natur der Sache nicht haben kann. Hierfür sind in der Regel öffentliche und private Forschungseinrichtungen zuständig, die allerdings wegen der grundsätzlichen Unzulässigkeit der Datenerhebung durch das MfS keinen unmittelbaren Zugriff auf die Unterlagen haben, um die Persönlichkeitsrechte der Betroffenen nicht zu gefährden.
- Neben der relativ kleinen Abteilung »Bildung und Forschung« ist insbesondere die große Personalstärke der für die Akteneinsicht von Privatpersonen zuständigen Abteilung für den Unterschied beim Personalbestand verantwortlich (2004 hatte das Bundesarchiv 800 Mitarbeiter für 300 lfd. km Akten, die BStU ca. 2.400 Mitarbeiter für 180 lfd. km Akten). Bei einer Zusammenlegung müsste das Bundesarchiv seinen Personalbestand vervierfachen und den Aktenbestand fast verdoppeln.
- Nach § 13 StUG ist dem Betroffenen (also zu dem personenbezogene Daten in den Stasi-Unterlagen vorhanden sind)

Auskunft und Akteneinsicht zu gewähren. Zusätzlich hat die BStU die Decknamenentschlüsselung durchzuführen, mit der in die Persönlichkeitsrechte der ehemaligen inoffiziellen Mitarbeiter des MfS eingegriffen wird – einen solchen Eingriff dürfte ein Archiv nicht vornehmen.

Zur Frage der Trennung von BStU-Archiv und Abteilung BF (Empfehlungen der Expertenkommission, II. Entwicklungsperspektiven der historisch-politischen Aufarbeitung, 2. Gleitende Neuausrichtung des BStU-Tätigkeit und Errichtung eines Dokumentations- und Foschungszentrums »Diktatur und Geheimpolizei«):

Da die Bereiche Forschung und Dokumentation innerhalb der BStU zwingend aus dem Sachzusammenhang mit den dort in Obhut befindlichen Unterlagen folgen, ist eine Trennung der beiden Bereiche nicht möglich, ohne dass die Bundeskompetenz für die Abteilung BF wegfällt (Art. 30 und 70 GG) und daher neu gesetzlich begründet werden muss. Dies erscheint vor dem Hintergrund der Föderalismusreform wiederum problematisch.

Zur Frage der Vernetzung der Träger politischer Bildung (Empfehlungen der Expertenkommission, II. Entwicklungsperspektiven der historisch-politischen Aufarbeitung, 3. Vernetzung der auf dem Feld der DDR-Aufarbeitung tätigen Träger der politischen Bildung):

Der LStU LSA bedauert die durch den eingeschränkten Auftrag der Expertenkommission verursachte verknappte Darstellung der Tätigkeiten der Träger politischer Bildung in den Ländern. Für das Land Sachsen-Anhalt ist darauf hinzuweisen, dass die Landeszentrale für politische Bildung zusammen mit dem LStU LSA und den beiden landesansässigen Außenstellen der BStU (neben weiteren regionalen Beteiligten, u. a. dem Kultusministerium) im »Arbeitskreis Aufarbeitung« die Diktaturgeschichte – mit regionalen Schwerpunkten – zu vermitteln versucht. Der erneute Hinweis auf eine »institutionelle Grundförderung« (Empfehlungen der Expertenkommission, II. Entwicklungsperspektiven der historisch-politischen Aufarbeitung, 3. Vernetzung der auf dem Feld der DDR-Aufarbeitung tätigen Träger der politischen Bildung) wird ausdrücklich begrüßt.

Zu Einzelfragen der drei »Kristallisationskerne« (Empfehlungen der Expertenkommission, III. Profilierungsvorschläge für die zukünftige Entwicklung der DDR-Aufarbeitung)

Die Fragen des »Alltags in der durchherrschten Gesellschaft« und der »Bindungskräfte« sind mangels ausdrücklicher verfassungsrechtlicher Zuweisung an die Bundesebene Ländersache und damit außerhalb des Prüfungsauftrags an die Expertenkommission. Hier sollte, wie schon erwähnt, in erster Linie über eine verbesserte Bundesförderung nachgedacht werden. Zu den einzelnen erwähnten Gedenkstätten, die in Sachsen-Anhalt liegen, ist darauf hinzuweisen, dass diese z.Zt. in einer (Landes-)Stiftung des öffentlichen Rechts zusammengefasst werden (ohne Rücksicht auf die Zuordnung zu »Aufarbeitungsschwerpunkten« aus dem Gutachten).

Zur Liste der angehörten Sachverständigen:

Der LStU LSA bedauert, dass außer der GDDT Marienborn keine Einrichtung aus Sachsen-Anhalt vertreten war und unter Nichtbeachtung des § 38 Absatz 1 StUG keiner der fünf Landesbeauftragten angehört worden ist.

Pressespiegel[1] (15.12.2005–4.11.2006)

Der folgende Pressespiegel dokumentiert die Breite der Debatte um das Votum der Expertenkommission, ohne Vollständigkeit beanspruchen zu können. Aus den insgesamt über 230 Beiträgen wurden insbesondere Texte aufgenommen, die die vorangegangene Berichterstattung wesentlich erweiterten und auf die im Verlauf der weiteren Diskussion Bezug genommen wurde.

Richtig aufarbeiten. Eine Kommission berät wie mit der SED-Diktatur umgegangen werden soll

Zehn Leute haben ein ganzes Zeitalter zu besichtigen – und bleiben dabei von der Öffentlichkeit weitgehend unbeachtet. Seit Frühsommer dieses Jahres trifft sich die Expertenkommission für die Konzipierung eines Geschichtsverbundes »Aufarbeitung der SED-Diktatur« unter Leitung des Potsdamer Zeithistorikers Martin Sabrow alle zwei Wochen für jeweils einen ganzen Tag. Die Fachleute tragen ihre Gedanken zur komplexen Betrachtung der zweiten deutschen Diktatur zusammen, indem sie die derzeitigen Angebote von Erinnerungsorten und Gedenkstätten, Museen und Einrichtungen der politischen Bildung analysieren. Die Historiker, Publizisten und früheren DDR-Bürgerrechtler sollen daraus Vorschläge für ein engeres Zusammenwirken und ein koordiniertes Angebot all dieser Einrichtungen erarbeiten.

Die Umstände, unter denen das seit längerem geplante Expertengremium ins Leben gerufen wurde, waren ein wenig turbulent. Als die damalige Kulturstaatsministerin Christina Weiss auf einer kurzfristig angesetzten Pressekonferenz im Dezember 2004 mitteilte, die Zuständigkeit für die Stasi-Unterlagenbehörde werde künftig nicht mehr bei Innenminister Otto Schily, sondern bei ihr liegen, war das ein Paukenschlag. Der selbst für Behördenchefin Marianne Birthler überraschende Wechsel ließ

1 Der Pressespiegel folgt orthographisch jeweils der Vorlage; offensichtliche Druckfehler wurden stillschweigend korrigiert.

Spekulationen ins Kraut schießen, was das für die künftige Arbeit der Behörde, für den Zugang zu den Aktenbeständen des Ministeriums für Staatssicherheit und perspektivisch generell für die Aufarbeitung von DDR-Geschichte bedeuten würde. Weiss wehrte Anfragen dazu mit dem Hinweis ab, sie plane den gesamten Aufarbeitungskomplex künftig grundlegend zu koordinieren. Vorschläge dafür werde eine Expertenkommission erarbeiten, die sie schließlich im Mai 2005 berief.

Sabrow, der das Gremium von Beginn an leitet, spricht von einer »Erinnerungslandschaft«, um deren Struktur und Ausformung es dabei gehe. Sie sei zu professionalisieren, ohne dass es dabei zu Substanzverlusten und zentralisierender Überformung komme. Insgesamt 39 Einrichtungen hat die Expertenrunde in den Blick genommen – 32 waren angeschrieben worden, sieben hatten sich selbst gemeldet, um in die Betrachtung einbezogen zu werden. Zunächst wurden diese zum Teil sehr unterschiedlichen Einrichtungen nach vergleichbaren Kriterien katalogisiert: ihre Ziele, materielle und personelle Ausstattung, Archive, Drittmitteleinwerbungen und anderes mehr. Die daraus gewonnenen Übersichten bildeten die Grundlage für die Diskussionen des Gremiums. Dem Ist-Zustand jeder Einrichtung wurde der Soll-Zustand gegenübergestellt.

Inhaltlich sind die Untersuchungen in folgende Bereiche gegliedert: Anatomie der Diktatur (Partei, Staat, Sicherheitsapparat), Widerstand und Opposition, Überwachung / Verfolgung / Repression, Alltag in der durchherrschten Gesellschaft sowie schließlich die DDR in europäischer und globaler Dimension.

Mit fertigen Empfehlungen für den Geschichtsverbund kann und will Sabrow noch nicht dienen. Die Kommission wird einen ersten Zwischenbericht im Februar 2006 vorlegen, vor den Sommerferien will sie ihr abschließendes Votum formuliert haben. Das wird sich auf drei Bereiche beziehen: auf Ausstellungsfragen und die Arten der Visualisierungen, auf Archivfragen und auf die politische Bildung.

Über einige Besonderheiten beim »Durchmustern der Erinnerungslandschaft« weiß Sabrow jedoch schon jetzt zu berichten. »Vergleichsweise gut abgebildet sind die Themen Grenze, Mauer, Überwachung, Repression und Staatssicherheit«, sagt er. Dafür stehen zum Beispiel die Gedenkstätten Marienborn oder Hohenschönhausen, die ehemalige Stasi-Bezirksdienststelle (»Runde Ecke«) in Leipzig, die Stasi-Zentrale in der Berliner Normannenstraße und das ehemalige KGB-Gefängnis in Potsdam.

Dass aber Erinnerungsorte »auratische Authentizität mit thematischer Einseitigkeit verbinden und damit zu einer historischen Gesamtaussage strukturell unfähig sind«, sieht Sabrow als ein Problem, das mit wachsendem Abstand zum Untergang des SED-Staates weiter zunehme. Die gute topographische Überlieferung von baulichen Repressionszeugnissen dränge den Eindruck auf, dass die DDR vor allem ein Stasi-Staat gewesen sei. Weil insgesamt die Themen Alltag in der Diktatur sowie Widerstand und Opposition mangels authentischer Gedenkorte in der Erinnerungslandschaft deutlich unterrepräsentiert seien, ergebe sich eine »strukturelle Verzerrung« des Geschichtsbildes, sagt Sabrow. Die konstitutive Widersprüchlichkeit von SED-Staat und DDR-Gesellschaft könne nur eine durchdachte Verbindung von authentischen Orten und musealer Aufbereitung abbilden. Die Kommission denke daher darüber nach, ob die DDR-bezogene Erinnerungslandschaft »durch einen weiteren Kristallisationskern für die Bereiche Alltag und Widerstand mit eigenem Ausstellungs- und Dokumentationsort ergänzt werden sollte«. Nur so könne man zu einer tragfähigen Ausbildung der Erinnerungslandschaft gelangen, in der sich »die konstitutive Widersprüchlichkeit der DDR wiedererkennen lässt«.

Bei einem besonders diffizilen Problem ist die Kommission allerdings noch nicht zu einem abschließenden Urteil gekommen: der Stasi-Unterlagenbehörde. Die Fragen, wer langfristig die institutionelle Zuständigkeit für die Stasi-Unterlagen erhalten soll und ob auf Dauer ein abermals novelliertes Stasi-Unterlagengesetz oder doch eher das Bundesarchivgesetz bessere Zugangsbedingungen schafft, werden die Expertenkommission noch weiter beschäftigen.

Was am Ende als Geschichtsverbund »Aufarbeitung der SED-Diktatur« herauskommt, darüber wird auch die Politik noch mitzureden haben. Nicht nur weil geltende Gesetze tangiert sind, sondern auch weil es um Geld geht. Denn die Hoffnung der Politiker, dass sich das gesamte Konzept kostenneutral umsetzen ließe – etwa durch Umverteilung der derzeit in die jeweiligen Einrichtungen fließenden Mittel –, die teilt Sabrow nicht.

Matthias Schlegel, Der Tagesspiegel, 15.12.2005

Neue Kompetenzen für Birthler-Behörde

Die Bundesbeauftragte für die Stasi-Unterlagen soll neue Aufgaben übernehmen. Dies will die Mehrheit einer vom Kanzleramt einberufenen Expertenkommission zur DDR-Geschichte Kulturstaatsminister Bernd Neumann (CDU) vorschlagen. Danach soll die Stasi-Unterlagen-Behörde für die Berliner Gedenkstätte Hohenschönhausen (ein Untersuchungsgefängnis der Stasi) und Normannenstraße (ehemals Stasi-Hauptquartier) zuständig werden. Kritiker bescheinigen beiden Institutionen museumspädagogische Mängel. Mittelfristig will das Gremium aus Historikern, Museumsfachleuten und Bürgerrechtlern die von Marianne Birthler geleitete

Behörde abwickeln. Nur deren Wissenschaftler sollen in einem neuen Instut weiterarbeiten; die Stasi-Akten soll das Bundesarchiv übernehmen. Die Kommission plant zudem einen »Lernort SED-Diktatur«, möglicherweise in einem Industriebau nahe der Bernauer-Straße. Dort sollen neben einer Ausstellung zur DDR-Geschichte auch die Robert-Havemann-Gesellschaft und die Bundesstiftung zur Aufarbeitung der SED-Diktatur einziehen. Die Fachleute wollen am 24. April abschließend beraten.

Der Spiegel, 10.4.2006

Wird Birthler abgewickelt?

Expertenkommission empfiehlt laut Spiegel die Auflösung der Behörde. Akten sollen ins Bundesarchiv. Vermutlich steht auch Gedenkstättenleiter Knabe zur Disposition

Die Tage der Birthler-Behörde sind möglicherweise gezählt. Nach einem Bericht des Spiegel soll die Institution allerdings zuvor noch die Zuständigkeit für die Gedenkstätten Hohenschönhausen (ehemals Untersuchungsgefängnis des DDR-Ministeriums für Staatssicherheit, MfS) und Normannenstraße (MfS-Zentrale) übernehmen. Damit steht vermutlich auch der gegenwärtige Leiter des Hohenschönhausener Museums, Hubertus Knabe, zur Disposition. Knabe war immer häufiger wegen nicht der Wahrheit entsprechenden Äußerungen zur DDR-Vergangenheit ins Gerede gekommen.

Die nach ihrer Leiterin Marianne Birthler benannte Behörde, die angebliches Unrecht des MfS untersuchen soll, wird laut Spiegel allerdings auf mittlere Sicht »abgewickelt«. Die MfS-Akten werden demnach vom Bundesarchiv übernommen; lediglich die Wissenschaftler sollen in einem neuen Institut weiterarbeiten. Es sei ferner ein »Lernort SED-Diktatur« geplant, in den neben einer Ausstellung zur DDR-Geschichte auch die Robert-Havemann-Gesellschaft und die »Bundesstiftung zur Aufarbeitung der SED-Diktatur« einziehen sollen.

Die Umstrukturierung ist offenbar das Ergebnis intensiver Beratungen einer vom Bundeskanzleramt einberufenen Expertenkommission aus Historikern, Museumsfachleuten und ehemaligen Bürgerrechtlern. Das Gremium wird dem Spiegel zufolge am 24. April abschließend über die Zukunft der Behörde befinden.

Die Birthler-Behörde ist im Laufe der Jahre immer stärker kritisiert worden, da sie sich oft weniger der wissenschaftlichen Aufarbeitung der Geschichte als vielmehr Rufmord-Kampagnen gegen Linke widmete. Indiskretionen aus der Behörde fanden immer wieder den Weg in die bürgerliche Presse – erst vergangene Woche wurde ohne jeglichen Beweis per Bild dem Linkspartei-Bundestagsabgeordneten Roland Claus vorgeworfen, er sei inoffizieller Mitarbeiter der DDR-Auslandsaufklärung gewesen. Publikationen dieser Behörde wurden sogar von bürgerlicher Seite kritisiert, weil sie sich nicht um wissenschaftliche Erkenntnis bemühten, sondern eher Kampfschriften mit bodenlosen Unterstellungen seien. Letztes Beispiel der Diffamierungsliteratur war das Buch des Birthler-Mitarbeiters Henry Leide »NS-Verbrecher und Staatssicherheit«. Darin wird der DDR unterstellt, sie sei nur unzureichend gegen Nazi-Verbrecher vorgegangen.

Offenbar hält es die Expertenkommission auch für dringend nötig, die Außendarstellung des Museums Hohenschönhausen zu verändern. Museumsleiter Hubertus Knabe hatte sich in der Vergangenheit allzuoft durch Ausfälle gegen alles hervorgetan, was mit der DDR zu tun hat. Bei öffentlichen Veranstaltungen sah er sich immer öfter mit ehemaligen MfS-Mitarbeitern konfrontiert, die ihm Lügen nachwiesen. Erst Ende der letzten Woche hatte Knabe in einem TV-Interview die Linkspartei-Politikerin Petra Pau vor ihrer Wahl zur Bundestagsvizepräsidenten beschuldigt, sie habe sich von Traditionsverbänden des MfS »bejubeln« lassen. In den Publikationen der dafür in Frage kommenden Organisationen findet sich allerdings nicht der geringste Beweis für solchen »Jubel«.

Peter Wolter, junge Welt, 10.4.2006

Das Aufarbeitungskombinat. Merkwürdige Vorschläge zur Neuorganisation des DDR-Gedenkens

Am Anfang stand eine Indiskretion: Als die frühere Kulturstaatsministerin Christina Weiss im Herbst 2004 Überlegungen in Auftrag gab, die Erinnerungsstätten zur DDR-Geschichte neu zu ordnen, fanden sich diese plötzlich in der Presse wieder. Dem internen Papier zufolge wollte die Bundesregierung die Berliner Stasi-Akten-Behörde bis 2010 ins Bundesarchiv integrieren – ein Sturm der Entrüstung war die Folge und ein eiliges Dementi der Ministerin: »Die Birthler-Behörde wird nicht angetastet.«

Die Frage, was mit den Stasi-Akten werden soll, wird von den Verantwortlichen seither nur noch hinter vorgehaltener Hand diskutiert. Experten sind sich einig, daß auch diese Akten über kurz oder lang in das föderale Archivsystem der Bundesrepublik überführt werden sollten. Unterstützung erhalten sie von Historikern und Journalisten, die die schleppende Erschließung und die verstümmelte Herausgabe durch die

Behörde beklagen. Angesichts einer zunehmenden DDR-Verklärung fragen sich auch viele Politiker, ob die jährlich 100 Millionen Euro für die Aktenverwaltung nicht effektiver angelegt werden können.

Um sich selbst nicht die Finger zu verbrennen, setzte die damals noch rot-grüne Bundesregierung im Mai 2005 eine Expertenkommission ein. Sie sollte eine Perspektive für den Umgang mit der DDR-Erinnerung entwickeln, was ohne Umverteilung der Ressourcen kaum möglich ist. Damit die Verteilungskämpfe nicht gleich aufbrechen, bekam die Gruppe den unpräzisen Auftrag, eine »Gesamtkonzeption für einen Geschichtsverbund zur Aufarbeitung der SED-Diktatur« zu erarbeiten.

Über die Auswahl der Experten kam es schon im Vorfeld zu Auseinandersetzungen. Die Stiftung Aufarbeitung monierte die Dominanz linker Historiker. Die parteilose Staatsministerin nominierte daraufhin u.a. die frühere Bürgerrechtlerin Freya Klier nach. Doch auch nach diesen Korrekturen beschwerten sich der Berliner Forschungsverbund SED-Staat und die Union der Opferverbände kommunistischer Gewaltherrschaft bei Weiss' Nachfolger Bernd Neumann (CDU) über die problematische Zusammensetzung der Kommission.

Was aus der Kommission bisher heraussickerte, ist wenig geeignet, das Zutrauen in ihre Arbeit zu stärken. Im April meldete der »Spiegel«, daß die beiden wichtigsten DDR-Gedenkstätten – die einstige Stasi-Zentrale und das frühere Stasi-Gefängnis in Berlin – der Birthler-Behörde angeschlossen werden sollten. Diese, so hieß es weiter, sollte dann mittelfristig abgewickelt werden. Triumphierend verkündete die »Junge Welt«, Zentralorgan unbelehrbarer DDR-Nostalgiker, bereits das mögliche Ende der Behörde und die geplante Enthauptung der Gedenkstätte Hohenschönhausen – Herzenswunsch aller ehemaligen Stasi-Kader.

Am kommenden Montag sollen nun die Vorschläge der Presse vorgestellt werden. Den Experten wird die DDR offensichtlich zu grau dargestellt. Sie beklagen eine »Vorrangstellung der öffentlichen Dokumentation staatlicher Repression«. Die Zeit ist ihrer Meinung nach reif für einen »Akzentwechsel« und eine »Perspektivendifferenzierung«. Mit ihren Empfehlungen wollen sie jedenfalls »der deutlich übergewichtigen Konzentration auf Orte der Repression und der Teilung entgegenwirken«. Als zentrale Neuerung wollen sie in einer Berliner Brauerei ein »Forum Aufarbeitung« mit einer Ausstellung zum DDR-Alltag einrichten.

Der Vorschlag kommt zu einer Zeit, in der sich die DDR wieder wachsender Beliebtheit erfreut. Symbole des untergegangenen SED-Staates auf T-Shirts oder Kaffeetassen finden massenhaft Absatz, ohne daß daran jemand Anstoß nimmt. Millionen Ostdeutsche haben die Schrecken des Regimes vergessen und verklären zunehmend die Vergangenheit. Politiker und ehemalige Funktionäre bestärken sie, daß in der DDR »nicht alles schlecht« gewesen wäre, während Jugendliche nicht mehr wissen, wer Erich Mielke war. Nicht ohne Grund kommen die ehemaligen Stasi-Kader jetzt aus der Deckung.

Statt diesem Trend entgegenzuwirken, will die Kommission in dem geplanten Zentrum die »Bindungskräfte« der DDR-Gesellschaft zum Thema machen – ein merkwürdiges Mißverständnis staatlicher Gedenkpolitik, das beim Nationalsozialismus einen Aufschrei auslösen würde. Denn bislang war man sich in Deutschland darüber einig, daß der Staat bei Diktaturen nur für ein angemessenes Opfergedenken zu sorgen hat und das Erbe des Widerstands wachhalten muß. Aus gutem Grund sind es deshalb allein die Orte der Macht, des Terrors und des Widerstands, die bislang zu Gedenkmuseen wurden – zur Abschreckung gegen Wiederholungsversuche.

Noch bedenklicher als die staatlich geförderte Ostalgie ist der Wunsch der Experten, die Erinnerung an die DDR in Zukunft zentralistisch zu organisieren. Schon der Auftrag, einen »Geschichtsverbund« zu schaffen, erinnert an die Planwirtschaft der SED, die jeden Kleinstbetrieb in ein Großkombinat preßte. Trotz verbaler Bekenntnisse zu dezentralen Strukturen will die Kommission das Gedenken gern in drei Institutionen konzentrieren: neben dem Alltagsmuseum sind dies zwei weitere Stiftungen, die ebenfalls in Berlin ihren Sitz haben sollen.

Das Thema Teilung soll – in Einklang mit den Vorstellungen von Berlins Kultursenator Thomas Flierl (PDS) – in Zukunft bei der Gedenkstätte Berliner Mauer angesiedelt sein. Diese soll mit der Erinnerungsstätte Notaufnahmelager Marienfelde zusammengelegt werden und auch andere Mauermuseen koordinieren. Weder die Forderung des Bundestags nach einer zentralen Mauergedenkstätte am Brandenburger Tor noch die vergebliche Suche der jährlich 15 Millionen Berlin-Besucher nach den tödlichen Grenzanlagen spielt bei den Überlegungen der Kommission eine Rolle.

Am wenigsten ausgegoren wirken die Vorschläge indes beim Thema »Diktatur und Geheimpolizei«. In gewundenen Sätzen drücken sich die Experten um eine klare Antwort, was mit den Stasi-Akten geschehen soll. Auf lange Sicht sollen sie »ungeteilt in die Obhut des Bundesarchivs übergehen«, doch wann dies geschehen soll – Voraussetzung für jede Planung – bleibt völlig offen. Statt dessen bemühen sich die Experten, der Birthler-Behörde neue Aufgaben zuzuführen, um diese »auch nach Erledigung ihrer Hauptaufgaben« am Leben zu erhalten. Da die Arbeit mit den Akten ausläuft, soll sie die Berliner Stasi-Gedenkstätten übernehmen.

Die Vorstellung, historisches Gedenken aus einer Behörde zu betreiben, ist ebenso ungewöhnlich wie vorbelastet. Bislang wurden die Gedenkstätten in der Bundesrepublik vom zivilgesellschaftlichen Engagement der Bürger getragen, das der Staat behutsam förderte. Institutionelle

Vielfalt, politischer Pluralismus und Freiheit von staatlicher Einflußnahme kennzeichnen das westlich-demokratische Modell des Opfergedenkens. Das Gegenstück dazu bildete die DDR mit ihren Mahn- und Gedenkstätten, denen das Geschichtsbild zentral vorgeschrieben wurde.

Das vorgeschlagene Aufarbeitungskombinat wäre nicht nur ein Traditionsbruch in der Gedenkkultur der Bundesrepublik. Es baut auch auf falschen Voraussetzungen auf: Die Bürgerrechtler, die die Stasi-Zentrale seit 1990 zu einem erfolgreichen Museum ausgebaut haben, haben schon früher alle Übernahmegelüste der Gauck-Behörde zurückgewiesen. Bei der Gedenkstätte im Stasi-Gefängnis Hohenschönhausen ist es noch schwieriger, da sie eine Landesstiftung ist, deren Unabhängigkeit von allen Parteien im Berliner Abgeordnetenhaus – außer der PDS – per Gesetz gesichert wurde.

Die eigentlichen Kernfragen lassen die Experten unbeantwortet: Wie soll erreicht werden, daß man sich auch im Westen Deutschlands mit der SED-Diktatur auseinandersetzt? Wie kann Ostalgie und erschreckender Unwissenheit der Jugend entgegengewirkt werden? An welchem Ort könnte eine »Gedenkstätte Deutscher Widerstand« für die DDR geschaffen, wo an den Volksaufstand vom 17. Juni und an die friedliche Revolution von 1989 erinnert werden? Wer soll den baulichen Erhalt der ehemaligen Stasi-Zentrale finanzieren und wer hilft den notleidenden Gedenkstätten in der Provinz?

Daß der erfahrene Kulturpolitiker Neumann beim Gedenken an die SED-Diktatur den zentralistischen Weg der DDR beschreiten wird, ist schwer vorstellbar. Schon im Vorfeld hat er die Vorschläge der Kommission nur als »Denkbaustein« bezeichnet. Wenn er ein anderes, plurales Konzept verfolgen will, muß er im Grunde nur in die Schublade seiner Amtsvorgängerin greifen: In dem 2004 dementierten Papier ist präzise benannt, was ein adäquates Förderinstrument für die Gedenkorte sein könnte: die vom Bundestag bereits 1998 geschaffene Stiftung zur Aufarbeitung der SED-Diktatur. Allerdings müßte deren Etat dazu deutlich erhöht werden.

Der Autor leitet die Gedenkstätte im ehemaligen Stasi-Untersuchungsgefängnis Berlin-Hohenschönhausen

Hubertus Knabe, Die Welt, 8.5.2006

Die DDR als Light-Version. Staatlich geförderte Ostalgie: Expertenkommission will die SED-Diktatur weniger grau zeichnen

Wenn die Expertenkommission ihre Vorschläge zur Neuorganisation des DDR-Gedenkens am Montag kommender Woche vorstellen will, dann gibt es nicht mehr viel Neues zu verkünden. Schon seit Wochen kursieren ihre Empfehlungen in den Medien. Indiskretionen begleiteten die Arbeit der Kommission, in der weder Opferverbandsvertreter noch konservative Historiker mitarbeiten durften.

Den noch von der alten Bundesregierung ausgesuchten Experten wird die DDR offensichtlich zu grau dargestellt. In ihrem Votum beklagen sie jedenfalls eine »Vorrangstellung der öffentlichen Dokumentation staatlicher Repression«. Sie plädieren für eine »Perspektivendifferenzierung« und wollen »der deutlich übergewichtigen Konzentration auf Orte der Repression und der Teilung entgegenwirken«.

Aus diesem Grund hält es die Kommission für unabdingbar, in Berlin eine Ausstellung zum DDR-Alltag einzurichten. In einem »Forum Aufarbeitung« sollen die »Bindungskräfte« der DDR-Gesellschaft zum Thema gemacht werden – wahrscheinlich in einer ehemaligen Brauerei nahe der Bernauer Straße.

Für Kenner der Gedenkstättenpolitik ist das ein ungewöhnlicher Vorschlag. Bislang war man sich in Deutschland einig, daß der Staat in erster Linie für ein angemessenes Opfergedenken zu sorgen hat sowie das Erbe des Widerstands pflegen muß. Allein die Orte der Macht, des Terrors und des Widerstands wurden deshalb zu Gedenkmuseen gemacht. Niemand kam auf die Idee, die »Bindungskräfte« des Nationalsozialismus in einem eigenen Zentrum zu behandeln.

Die Vorschläge der Experten beinhalten aber nicht nur eine neue Form staatlich geförderter Ostalgie. Sie wollen die Erinnerung an die DDR auch zentralistischer organisieren. Schon der offizielle Auftrag der Kommission, einen »Geschichtsverbund« zu schaffen, erinnert an die Planwirtschaft der SED, die jeden Kleinstbetrieb in ein Großkombinat preßte. Trotz verbaler Bekenntnisse zu dezentralen Strukturen plant die Kommission, das Gedenken in nur noch drei Institutionen zu konzentrieren: Neben dem Alltagsmuseum sind das zwei weitere Stiftungen, die ebenfalls in Berlin ihren Sitz haben sollen.

Eine davon soll sich der deutschen Teilung widmen. In Einklang mit den Vorstellungen von Berlins Kultursenator Thomas Flierl (PDS) soll das Thema Grenze in Zukunft bei der Gedenkstätte Berliner Mauer angesiedelt sein. Diese soll mit der Erinnerungsstätte Notaufnahmelager Marienfelde zusammengelegt werden und auch andere Mauermuseen koordinieren. Weder die Forderung des Bundestags nach einer zentralen

Mauergedenkstätte am Brandenburger Tor noch die vergebliche Suche der jährlich 15 Millionen Berlin-Besucher nach den tödlichen Grenzanlagen spielt bei den Überlegungen der Kommission eine Rolle.

Auch die Orte der Repression sollen in Zukunft zentral verwaltet werden. Ginge es nach der Kommission, würde die Birthler-Behörde dazu die beiden wichtigsten Gedenkstätten – die einstige Stasi-Zentrale und das frühere Stasi-Gefängnis in Berlin-Hohenschönhausen – übernehmen. Auf diese Weise soll erreicht werden, daß die Behörde »auch nach Erledigung ihrer Hauptaufgaben« bestehen bleibt.

Die eigentlichen Kernfragen lassen die Experten indes unbeantwortet: Wie soll erreicht werden, daß man sich auch im Westen Deutschlands mit der SED-Diktatur auseinandersetzt? Wie kann Ostalgie und erschreckender Unwissenheit der Jugend entgegengewirkt werden? Auch auf die zur Zeit umstrittenste Frage gibt die Kommission keine klare Antwort: Was soll mit den Stasi-Akten geschehen, deren Verwaltung den Bund jährlich rund 100 Millionen Euro kostet. Auf lange Sicht sollen sie nach Meinung der Kommission zwar »ungeteilt in die Obhut des Bundesarchivs übergehen«, doch wann dies geschehen soll – Voraussetzung für jede Planung – bleibt völlig offen.

Hubertus Knabe, Berliner Morgenpost, 8.5.2006

»Defizite« bei Aufarbeitung des SED-Staats

Berlin. Die mangelnde Vernetzung der Archive, Sammlungen und Dokumentationszentren, die facettenreiche Topografie von Lern- und Gedenkorten, so die Beurteilung der vor einem Jahr von der rot-grünen Bundesregierung beauftragten zehnköpfigen Expertenkommission, hat »trotz aller Leistungen eine Reihe von Defiziten« in der historischen Aufarbeitung der SED-Diktatur hervorgebracht. Dies geht aus dem »fünften Entwurf« eines vertraulichen, 21-seitigen Papiers hervor, dessen Endfassung am Donnerstag Kulturstaatsminister Bernd Neumann (CDU) offiziell übergeben werden soll. Ohne einen konkreten Zeitpunkt zu nennen, spricht sich die Kommission für eine »gleitende Neuausrichtung« der Birthler-Behörde aus. Ihre MfS-Bestände sollten »auf lange Sicht« vom Bundesarchiv übernommen werden.

Zu den Defiziten der gegenwärtigen Aufarbeitung zählen nach Ansicht der Experten »eine nach Ost und West geteilte Wahrnehmung der DDR-Geschichte, die finanzielle Unterausstattung, mangelnde Koordinierung und unzureichende Professionalität einzelner Einrichtungen, das Fehlen einer gemeinsamen Planungsstrategie von Bund und Ländern« und vor allem die »Vorrangstellung der Dokumentation staatlicher Repression gegenüber Fragen von Widerstand und Anpassung, Ideologie, Parteiherrschaft und Alltag in der Diktatur«. Ihre Wirkungsmechanismen blieben in den 41 überprüften Einrichtungen vielfach »deutlich unterbelichtet«.

Zwar verspricht die Kommission, der Historiker, Publizisten und ehemalige Bürgerrechtler angehören, die gewachsene Vielfalt der Institutionen sichern zu wollen, hält aber eine »Strukturierung, Straffung und gezielte Ergänzung« für notwendig. Ihr Vorschlag eines »Geschichtsverbundes« sieht vor, dass die Bundesstiftung zur Aufarbeitung der SED-Diktatur einem »Haus der DDR-Aufarbeitung« vorsteht, das zusammen mit den Archiven der Bürgerbewegung im ehemaligen SED-Parteigebäude an der Torstraße unterkommen könnte und den Themenbereich »Herrschaft – Widerstand – Gesellschaft« bearbeitet. Das Themenfeld »Überwachung und Verfolgung« soll im Mittelpunkt eines Forschungs- und Dokumentationszentrums »Diktatur und Geheimpolizei« stehen, das »mittelfristig« aus einer verschlankten, rund um die Abteilung Bildung und Forschung gruppierten Birthler-Behörde, der Gedenkstätte Hohenschönhausen und dem Haus 1 in der früheren Stasi-Zentrale Normannenstraße gebildet werden soll. Trotz des für die Forschung unzureichenden Zugangs zu den MfS-Akten nach dem Stasi-Unterlagengesetz und der Rechtsprechung des Bundesverwaltungsgerichtes sieht die Kommission in der kurzfristigen Übernahme der Bestände durch das Bundesarchiv keine Verbesserung. Ein dritter Schwerpunkt, »Teilung und Grenze«, soll unter Federführung der Gedenkstätte Berliner Mauer dargestellt werden.

Kommissionsmitglied Freya Klier will offenbar nicht allen Empfehlungen folgen. Sie befürchtet, dass vor allem die Gedenkstätte Hohenschönhausen mundtot gemacht werden soll. Ihr Direktor Hubertus Knabe sprach von der Gefahr eines entstehenden »Aufarbeitungskombinats«.

Benedict Maria Mülder, Der Tagesspiegel, 8.5.2006

Giftiges Erbe. Experten wollen Aufarbeitung der DDR-Diktatur straffen

Der Aktenberg, den der Staatssicherheitsdienst hinterlassen hat, ist ein kostbares, aber auch ein giftiges Erbe. Er macht es möglich, und das ist weltweit einmalig, eine Diktatur und ihren Apparat von innen zu besichtigen. Doch dieses Erbe sorgt oft für Streit – auch unter denen, die es hüten und bewahren sollen. Und wenn am Donnerstag eine Expertenkommission Kulturstaatsminister Bernd Neumann (CDU) ein Papier vorlegt, in dem gefordert wird, die Aufarbeitung der DDR neu und straffer zu strukturieren, dann ist Empörung programmiert. Denn die Experten schrecken vor Kritik nicht zurück und wollen traditionelle Stasi-Erbhöfe umverteilen.

Die Kommission wurde von der vorigen Bundesregierung eingesetzt und besteht aus zehn Historikern, früheren Bürgerrechtlern und Publizisten, die 41 Orte der DDR-Aufarbeitung untersucht haben. Neben der Birthler-Behörde hat man die frühere Stasi-Zentrale in der Berliner Normannenstraße begutachtet, das Stasi-Gefängnis in Hohenschönhausen und viele kleinere Gedenkorte. Deren Arbeit sei ehrenwert, aber müsse professionalisiert und zentralisiert werden, befindet die Kommission, die zu viel Darstellung von Repression bemängelt und zu wenige Fragen nach Widerstand, Mitläufertum und Alltag in der Diktatur.

Die Experten schlagen nun vor, die verstreuten Einrichtungen in einem Geschichtsverbund zu bündeln, der sich in drei Bereiche gliedert. Bei den Themen »Herrschaft – Widerstand – Gesellschaft« soll die Bundesstiftung für die Aufarbeitung der SED-Diktatur die Regie übernehmen, und unter einem Dach mit diversen Bürgerrechtsarchiven sitzen. Der Bereich »Teilung und Grenze« soll der Gedenkstätte Berliner Mauer überlassen werden. Das Forschungsgebiet »Überwachung und Verfolgung« soll die Birthler-Behörde sich künftig mit der Normannenstraße und der Gedenkstätte Hohenschönhausen teilen. Die Experten fordern auch, die Stasi-Akten ins Bundesarchiv zu überführen. Wann, das lassen sie vorsichtshalber offen.

Hubertus Knabe, der Leiter der Gedenkstätte Hohenschönhausen, verlöre nach dem Plan seine Unabhängigkeit und hat deshalb die Alarmsirenen angeschaltet. »Den Alltag der Diktatur mit Staatsgeld zu dokumentieren, wäre staatlich geförderte Ostalgie«, sagt er. Knabe warnt vor der Verharmlosung der DDR und vor einer zentral gesteuerten Erinnerungskultur »wie in den Mahn- und Gedenkstätten der DDR«. Die Aufregung könnte verfrüht sein. Denn auch die Kommission, so hört man, streitet noch. Über ihr eigenes Konzept.

Constanze von Bullion, Süddeutsche Zeitung, 9.5.2006

Meine DDR.
Vorab zerpflückt: Das Gedenkstätten-Gutachten

Am Montag soll das Gutachten zur Neuordnung der DDR-Gedenkstätten, der Stasi-Unterlagenbehörde und der Stiftung Aufarbeitung vorgestellt werden. Noch bevor es auch nur ein einziger Mensch außer seinen Verfassern und Auftraggebern gelesen hat, versuchen Hüter festgelegter Gewißheiten, seinen Inhalt zu skandalisieren. Die »Welt« warnt gar vor einem »Aufarbeitungskombinat«, und ihr Autor, der Gedenkstättenleiter

Hubertus Knabe, scheut keinen Vergleich, um das Anliegen der von der rot-grünen Regierung mit Zustimmung aller Fraktionen im Bundestag eingesetzten Kommission zu diffamieren. Er behauptet, der Kommission gehe es um »staatlich zu fördernde Ostalgie« und damit um eine Verniedlichung kommunistischer Herrschaft.

Ein abstruser Vorwurf, wenn man auf die Liste derer schaut, die das Gutachten schreiben: Historiker wie Martin Sabrow (Zentrum für Zeithistorische Forschung, Potsdam) und Rainer Eckert (Haus der Geschichte), Museumsfachleute wie Monika Flacke vom DHM und frühere Bürgerrechtler wie Tina Krone (Havemann-Archiv) oder Freya Klier.

Ihre Aufgabe war es gewiß nicht, letzte Wahrheiten zu formulieren. Ihre Hinweise aber könnten den sicher geglaubten Einfluß einiger Hüter der DDR-Hinterlassenschaften bedrohen. Auch die Selbstherrlichkeit, mit der Knabe in der Gedenkstätte im ehemaligen Untersuchungsgefängnis der Staatssicherheit Hohenschönhausen agiert, könnte gefährdet sein, was dem Ort, vor allem seinen überwiegend jugendlichen Besuchern, nur guttäte. Schon vor drei Jahren wurde ihm der Auftrag, eine faktengesicherte Ausstellung aufzubauen, entzogen und an das »Haus der Geschichte« weitergereicht. In Hohenschönhausen setzt man dennoch weiter auf emotionale Überwältigung; Zeitzeugen führen die Besuchergruppen, pädagogisch sicher sinnvoll, nur fehlt jede Erläuterung, die dem Bekenntnisunterricht Erkenntnis beisteuern würde, und jeder Hinweis auf den historischen Kontext. Es gibt keinen Katalog, dafür zu Beginn einen Film, der grobe Fehler enthält und Vermutungen zur historischen Wahrheit erhebt. Wenn die jungen Leute kommen, machten sie häufig einen gelangweilten Eindruck, führte Knabe einmal im Kulturausschuß des Bundestages zur Erläuterung seines Konzeptes aus. Wenn sie jedoch seine Gedenkstätte verließen, seien sie andere Menschen. Neue Menschen? Der wütende Angriff in der »Welt« gipfelt in einer Warnung an alle, die seine Sicht nicht teilen: »Der erfahrene Kulturpolitiker Neumann« – eine Variante früherer Autoritätsverweise Knabes wie »Ich und der Bundeskanzler« – werde sich dieses Gutachten nicht bieten lassen. Es sei schlicht nicht vorstellbar, daß der Staatsminister beim Gedenken »den zentralistischen Weg der DDR« beschreite.

Worum geht es? Angekündigt hatte die Kommission, sie wolle drei Schwerpunkte setzen. Der erste gilt Erfolgen, aber auch offensichtlichen Defiziten in der öffentlichen Auseinandersetzung mit dem SED-Staat. Ausdrücklich ist das Thema damit weiter gefaßt als üblich; es geht nicht nur um die Stasi, um Täter und ihre Opfer, sondern auch um die Erinnerung an die deutsche Teilung, an Widerstand und an den Alltag in einer von der SED bis in den letzten Winkel beherrschten Gesellschaft. Vor allem aber soll eines Tages die Einbindung der DDR in das kommunistische Imperium nachvollziehbar sein, der enge ostdeutsche Fokus also geweitet werden auf ganz Mittel- und Osteuropa. Nach Folklore klingt das nicht, eher nach Professionalisierung.

Ein wesentlicher Aspekt der Arbeit der Gutachter war schließlich die Zukunft der Birthler-Behörde. Keinesfalls deren Abwicklung, sehr wohl aber eine Neuordnung der Behörde, die einige ihrer Aufgaben in den nächsten zehn bis fünfzehn Jahren erledigt haben will und deren Akten dereinst ins Bundesarchiv gehören – in welcher organisatorischen Form auch immer. Verschiedene Modelle werden diskutiert: Erich Mielkes Dienstsitz in der Berliner Normannenstraße und Hohenschönhausen könnten der reformierten Birthler-Behörde unterstellt und damit aufgewertet werden oder gemeinsam mit dieser in einer Stiftung aufgehen zur Erforschung und Dokumentation von »Diktatur und Geheimpolizei«.

Die schon früher erklärte Absicht der Gutachter, die verzweigte Machtstruktur im SED-Staat auf unterschiedlichste Weise sichtbar machen zu helfen, geht einher mit der Hoffnung, neben dem Engagement vieler Bürgerinitiativen auch mehr professionelle Historiker in diesen Prozeß einzubinden. Das ist ein Punkt, der reichlich Konfliktstoff bietet. Vor vier Jahren ist daran schon einmal ein überzeugendes Konzept zum Umgang mit der Geschichte der DDR gescheitert.

Empörteninitiativen enthoben damals die Politik der ungeliebten Pflicht, das nötige Geld für Umbau und Sanierung der ruinösen Normannenstraße zu beschaffen. Der Historiker Martin Sabrow, Vorsitzender der Geschichtskommission, hofft, mit den angekündigten Empfehlungen eine Debatte eröffnen zu können: »Die Zukunft der Auseinandersetzung mit der deutschen Diktaturgeschichte ist zu wichtig; sie darf nicht in institutionellen Eigenbröteleien und mit polemischen Zerrbildern zerredet werden, in denen zeithistorische Aufarbeitung zu erinnerungspolitischer Selbstbehauptung schrumpft.« Der Streit um die Deutungshoheit und die Pfründe, um Einfluß und Forschungsgelder, hat begonnen.

Regina Mönch, Frankfurter Allgemeine Zeitung, 11.5.2006

Staatsminister Bernd Neumann: »Konsequente und differenzierte Aufarbeitung der SED-Diktatur ist und bleibt ein zentrales Anliegen der Bundesregierung«

Anlässlich der Veröffentlichungen über die Empfehlungen der Kommission für einen »Geschichtsverbund zur Aufarbeitung des SED-Unrechts« hat Kulturstaatsminister Bernd Neumann erklärt: »Die konsequente und differenzierte Aufarbeitung der SED-Diktatur ist und bleibt ein zentrales Anliegen der Bundesregierung. Die jüngsten Vorfälle in Hohenschönhausen, aber auch die große Publikumsresonanz des Films »Das Leben der anderen« belegen, dass die SED-Vergangenheit für unsere Gesellschaft noch sehr gegenwärtig ist und noch lange nicht ad acta gelegt werden darf. Wir müssen entschieden allen Tendenzen der Verklärung der ehemaligen DDR, der »Ostalgie«, mit Aufklärung und Information entgegenwirken. Und wir dürfen nicht zulassen, dass sich die Täter zu Opfern stilisieren. Dazu sind die Birthler-Behörde, die Stiftung Aufarbeitung, aber auch historische Gedenkorte wie Hohenschönhausen, die Mauergedenkstätte Bernauer Straße oder die Normannenstraße entscheidend. Deshalb stehe ich für Aufwertung, bessere Profilierung und Stärkung dieser Institutionen und Orte ein.«

Staatsminister Bernd Neumann betonte: »In diesem Zusammenhang kommt auch der Novellierung des Stasiunterlagengesetzes große Bedeutung zu. Wir müssen auch im Gesetz klar zum Ausdruck bringen, dass wir das Unrecht nicht vergessen oder nivellieren wollen. Dazu gehört für mich z.B. die Erweiterung von Zugangsrechten sowie die Wiedereröffnung des Zugangs zum Zentralen Einwohnerregister der DDR. Akteneinsicht und Überprüfungen müssen weiterhin möglich sein. Wir werden daher rechtlich klären, ob und wie die Frist für die Überprüfung bestimmter Personengruppen verlängert werden kann. Unrecht muss Unrecht bleiben.«

Kulturstaatsminister Bernd Neumann sieht in den Empfehlungen der von der Vorgängerregierung eingesetzten Expertenkommission einen Denkbaustein für die weitere Meinungsbildung: »Die Ergebnisse der Kommission werden nun einer eingehenden Prüfung und Beratung unterzogen. Die Fachöffentlichkeit wird ihre Positionen im Rahmen eines für Anfang Juni geplanten Hearings einbringen können. Diese Beratungen werden einfließen in die Fortschreibung der Konzeption der Gedenkstättenförderung des Bundes mit dem Ziel der angemessenen Berücksichtigung der beiden Diktaturen in Deutschland, wie sie im Koalitionsvertrag vereinbart wurde.«

Pressemitteilung Nr. 138, Presse- und Informationsamt der Bundesregierung, 12.5.2006

Neue Hoffnung für »Lindenstraße 54«. Potsdamer Gedenkstätte soll Bestandteil des »Geschichtsverbundes Aufarbeitung der SED-Diktatur« werden.

Berlin/Potsdam. Der weitere Ausbau der Potsdamer Gedenkstätte »Lindenstraße 54« wird sehr wahrscheinlich finanzielle und institutionelle Unterstützung erfahren. Eine beim Kulturstaatsminister des Bundes angesiedelte Expertenkommission will am kommenden Montag ihre Empfehlung zur Schaffung eines »Geschichtsverbundes Aufarbeitung der SED-Diktatur« vorstellen. Geplant ist unter anderem, ein Netzwerk regionaler Gedenkstätten mit Bezug zum ehemaligen Ministerium für Staatssicherheit (MfS) zu bilden – mit der Potsdamer »Gedenkstätte Lindenstraße 54« als einem Bestandteil. Wie es in dem Papier heißt, seien die außerhalb Berlins befindlichen Stasi-Gedenkstätten »bis auf wenige Ausnahmen unterfinanziert, nicht ausreichend gesichert und personell mitunter nicht adäquat besetzt«. Sie sollen künftig stärker miteinander vernetzt werden, ohne das Konzept einer dezentralen Aufarbeitung der DDR-Vergangenheit aufzugeben. Weiter heißt es: »Unabhängig von der jeweiligen Trägerschaft schlägt die Kommission daher die Bildung eines Netzwerkes regionaler Gedenkstätten mit MfS-Bezug vor.« Auf der Liste, die den PNN vorliegt, befindet sich auch die Gedenkstätte in der Potsdamer Lindenstraße.

Im Rahmen des neuen Geschichtsverbundes zur Aufarbeitung der SED-Diktatur sollen Erforschung und Darstellung der DDR-Geschichte institutionell neu geordnet werden. Dabei soll die Behörde der Bundesbeauftragten für die Stasiunterlagen – Birthler-Behörde – eine zentrale Rolle spielen und zu einem Dokumentationszentrum für die Aufarbeitung der DDR-Geschichte umgewandelt werden. Da der Jahresetat in Höhe von etwa 100 Millionen erhalten bleiben soll, würden sich »neue finanzielle Spielräume für die Arbeit der regionalen Gedenkstätten ergeben«, hieß es. Zwar heißt es in der Empfehlung der Expertenkommission, dass die Grundfinanzierung der Gedenkstätten »grundsätzlich auf Landes- und kommunaler Ebene« erfolgen soll. Jedoch sei der Aufbau eines innerhalb des Netzwerkes abgestimmten Ausstellungsangebotes am aussichtsreichsten durch Kooperationsvereinbarungen mit der Birthler-Behörde zu erzielen. Der Leiter des Potsdam-Museums, Hannes Wittenberg, begrüßte den Vorschlag der Kommission. Das Potsdam-Museum betreut das ehemalige Untersuchungsgefängnis der Bezirksverwaltung für Staatssicherheit im Auftrag der Stadt. Während der NS-Zeit war das Gebäude Sitz des Erbgesundheitsgerichts, das Menschen zur Zwangssterilisation verurteilte. Zudem waren dort politische Gegner des NS-Systems inhaftiert. Nach 1945 übernahm das sowjetische Militärtribunal und der Geheimdienst NKWD das Haus. 1953 richtete die Staatssicherheit der DDR ein Untersuchungsgefängnis ein, im Volksmund »Lindenhotel« genannt.

Erst vor wenigen Monaten hatte Hans-Hermann Hertle vom Potsdamer Zentrum für Zeithistorische Forschung (ZZF) in einem Memorandum erklärt, das gestiegene Besucherinteresse stehe »in krassem Gegensatz zu dem, was in der Gedenkstätte bisher an Informationen und Exponaten geboten wird und was der historischen Bedeutung dieses Ortes angemessen ist«. Zugleich hatte er ein Gesamtkonzept für die Gedenkstätte angemahnt.

ERB/ddp, Potsdamer Neueste Nachrichten, 12.5.2006

Expertenkommission kritisiert Defizite bei Aufarbeitung der SED-Diktatur

Der Leiter des Forschungsverbunds SED-Staat, Professor Manfred Wilke von der FU Berlin, hält den Vorschläge der Expertenkommission zur Aufarbeitung der SED-Diktatur, die Erinnerung an die deutsche Teilung in mehrere große Komplexe aufzuteilen für ungünstig. Eine Teilung würde bloß eine Selbstbeschäftigung der Gedenkstätten und der Museen mit der Neuordnung auslösen.

Klaus Remme: Wir haben im Vorlauf der Sendung so kurz nach halb eins bereits berichtet über eine Kommission, die Vorschläge gemacht hat, wie die Aufarbeitung der SED-Diktatur neu geordnet werden soll. Diese Kommission war von der Vorgängerregierung eingesetzt worden, hat die Vorschläge jetzt öffentlich gemacht. Sie sind etwas eher bekannt geworden als geplant, aber so ist das nun einmal in einer Mediendemokratie. Am Telefon ist jetzt Manfred Wilke, Professor an der FU Berlin und Leiter des Forschungsverbunds SED-Staat. Herr Wilke, guten Tag!

Manfred Wilke: Ich grüße Sie Herr Remme!

Remme: Ein Stichwort in dem Bericht, den unsere Korrespondentin aus dem Hauptstadtstudio für uns gemacht hat, war das Stichwort Trivialisierung, die Trivialisierung der Aufarbeitung der SED-Diktatur. Welche Indizien gibt es dafür?

Wilke: Das Minderheitengutachten, das Freya Klier abgegeben hat, die sich nicht dem Votum angeschlossen hat, macht darauf aufmerksam, dass die Kommission keine Stellung genommen hat zu dem schleichenden Wandel des DDR-Bildes, der durch zum einen mangelnden Auseinandersetzungswillen der westdeutschen Eliten mit diesem Thema und zum anderen durch das Auftreten von ehemaligen SED- und Ministerium-für-Staatssicherheit-Leuten nicht nur spektakulär, sondern alltäglich in den Schulen stattfindet und dass auf diese Kernfragen so ähnlich wie im Gesundheitswesen, was eben Ellis Huber dargestellt hat, dieser Bericht überhaupt keine Antwort gibt, vor allen Dingen nicht, dass es jetzt schon um die historische Bildung der kommenden Generationen geht.

Remme: Herr Wilke, können denn die Defizite in der Aufarbeitung durch eine formale Neuausrichtung von Stiftungen und Einrichtungen behoben werden?

Wilke: Das gehört sicher dazu und die Kernfrage ist: Was wird aus der Behörde der Bundesbeauftragten für Stasi-Unterlagen, die ja durch einen mutigen Schritt von Innenminister Schily 2004 endlich aus dem Innenministerium heraus und dem Staatsministerium für Kultur überantwortet wurde. Das heißt, wir betrachten jetzt die Vergangenheitsbewältigung der DDR als Teil unserer kulturellen Staatsaufgaben.

Der zentrale Punkt dabei ist, dass die Behörde für die Stasi-Unterlagen, gemeinhin Gauck- oder Birthler-Behörde genannt, dass deren politische Funktion, regelmäßig Überprüfungen von Bewerbern im öffentlichen Dienst auf Stasi-Zugehörigkeit zu machen, jetzt ausläuft. Die Behörde wurde 1992 gegründet mit einem befristeten Auftrag. Heute ist sie ein großes zeithistorisches Archiv, die aber über einen Etat von 100 Millionen Euro verfügt. Die Frage ist, ob man diesen Apparat so weiterführen soll oder ob es nicht einer neuen Aufgabenstellung bedarf, die zum Beispiel zur – wie es manche formulieren – Zerschlagung der Behörde führen sollte.

Remme: Ein anderer Punkt in den Empfehlungen und in den Wahrnehmungen der Kommission ist eine nach Ost und West geteilte Wahrnehmung der DDR-Geschichte. Sie wird dort festgestellt. Herr Wilke, wie überraschend kann denn dieser Befund sein? Wie sollte es denn anders sein?

Wilke: Damit haben Sie es gesagt. Wobei ich dazu sagen muss, ein Punkt ist in dieser Kommission drin, der in der öffentlichen Diskussion des Berichtes hoffentlich Beachtung findet, nämlich dass sie zum ersten Mal sehr prominent die Frage nach oben ziehen, die Frage des Erinnerns an die innerdeutsche Grenze, an die Mauer in Berlin und dass gewissermaßen die Teilungsgeschichte der beiden Deutschländer von '45 bis '90 zu einer neuen Perspektive wird, die in die Erinnerung an die DDR mit eingebaut wird. Das dürfte und könnte eine Brücke sein, um die west-ostdeutschen Unterschiede in der Wahrnehmung der Erlebnisgenerationen für die Zukunft zu überbrücken. Dieses ist ein Punkt, der es meiner Meinung nach wirklich verdient, hervorgehoben zu werden, während die Kommission in Bezug auf die anderen Ordnungsvorstellungen, die sie macht, merkwürdig unentschieden ist. Sie schlägt vor, die Erinnerungen zu teilen in drei große Komplexe: Alltag der Diktatur, dann Geheimpolizei und Diktatur und schließlich Teilung und Grenze. Dieses würde eine Selbstbeschäftigung der Gedenkstätten und der Museen mit der Neuordnung auslösen, die ich in diesem Zusammenhang nicht für so günstig halte.

Moderation: Klaus Remme, Deutschlandradio, 12.5.2006

Nur wer sich ändert, bleibt sich treu

Wie war die DDR wirklich? Künftig sollen Profi-Historiker mehr mitzeichnen am Bild. Das ist sinnvoll, rührt aber auch an empfindliche Stellen von Bürgerrechtlern und weckt finanzielle Begehrlichkeiten.

Berlin. Die Aufgabe der Expertenkommission zur Schaffung eines Geschichtsverbundes Aufarbeitung der SED-Diktatur verlangt viel Fingerspitzengefühl. Einerseits betont das Papier, das am Montag Kulturstaatsminister Bernd Neumann (CDU) vorgelegt werden soll, die Verdienste der Bürgerrechtsbewegung in der DDR: Nur ihr mutiger Einsatz habe 1989 die friedliche Revolution ermöglicht, die Öffnung der Stasi-Akten erzwungen und eine Vielzahl authentischer Lernorte über die SED-Diktatur für die Nachwelt erhalten – etwa das ehemalige Hauptquartier von Stasi-Chef Erich Mielke in der Normannenstraße. Andererseits listet das Gremium eine lange Liste von Defiziten auf, die sich aus eben dieser urwüchsigen Entstehungsgeschichte ergeben: eine zu starke Fixierung auf die Themen Stasi und Repression, eine Unterbelichtung der Alltagsgeschichte in der DDR, eine unzureichende finanzielle und fachliche Ausstattung von Archiven und Gedenkstätten, mangelnde Kooperation zwischen staatlichen und nichtstaatlichen Aufarbeitungsinstitutionen, einen durch die Rechtsprechung eingeschränkten Zugang zu den Akten des MfS.

Nun mutet die Kommission – in der bemerkenswerterweise Historiker aus Ost und West und Bürgerrechtler wie Roland Jahn, Ulrike Poppe und Freya Klier sich ein Jahr lang zusammengerauft haben, einiges zu: Jene, die 1989 die Welt verändert haben, sollen ihren Blick auf die DDR und ihre Gedenkinstitutionen überprüfen und ändern. Das führt zu Streit, und bereits vor Veröffentlichung des Kommissionspapiers formiert sich insbesondere dort, wo institutionelle Veränderungen vorgesehen sind, der Widerstand: Er wolle nicht, wie die Kommission vorschlage, in die Birthler-Behörde integriert werden, sagt zum Beispiel Jörg Drieselmann, Geschäftsführer der Antistalinistischen Aktion (Astak), die in Berlin seit 1990 mit dürren Projektmitteln mehr schlecht als recht ausgestattet das »Mielke-Büro« betreibt – parallel zur Stasi-Unterlagenbehörde, die im Nebengebäude nach eigenem Konzept Archivführungen anbietet.

Drieselmann weist, ähnlich wie Hubertus Knabe, Chef der Gedenkstätte Hohenschönhausen, auf den »Widerspruch« hin, dass die Birthler-Behörde dem Konzept der Kommission zufolge mittelfristig zu einer kleineren Forschungseinrichtung schrumpfen, sich zuvor aber noch das Mielke-Büro und die Gedenkstätte Hohenschönhausen einverleiben soll. Knabe setzt offen darauf, dass er die Ergebnisse der seiner Meinung nach zu linken Kommission mithilfe von CDU-Kulturstaatsminister Neumann in seinem Sinne beeinflussen kann. Er wirft der Kommission Verharmlosung der DDR-Diktatur vor.

Tobias Hollitzer vom Bürgerkomitee »Runde Ecke« in Leipzig wettert gegen die Errichtung eines übermächtigen »Aufarbeitungskombinats« in der Hauptstadt.

Fachleute wie die Vorsitzende des Vereins Berliner Mauer, Gabriele Camphausen, sind skeptisch, ob das von der Kommission entwickelte »Drei-Säulen-Modell« geeignet ist, die DDR angemessen abzubilden: Säule 1 soll sich dem Themenkomplex »Herrschaft, Gesellschaft, Widerstand« widmen, wozu in Berlin ein neues Forum Aufarbeitung eingerichtet werden soll. Säule 2 trägt den Themenschwerpunkt »Überwachung und Verfolgung«, Säule 3 widmet sich dem Aspekt »Teilung und Grenze«. Diesen Säulen sollen die entsprechenden Gedenkorte und Institutionen zugeordnet werden – was entsprechende Widerstände in den seit 15 Jahren existierenden Strukturen erzeugt. Camphausen plädiert dafür, die unauflöslichen Zusammenhänge zwischen den Themenbereichen nicht künstlich zu trennen.

Auch der frühere DDR-Bürgerrechtler und SPD-Bundestagsabgeordnete Markus Meckel sieht die vorgeschlagenen thematischen Abgrenzungen skeptisch. Für ganz besonders fragwürdig hält er die Empfehlung, aus der Stasi-Unterlagen-Behörde eine Dokumentationsstelle für Diktatur und Geheimpolizei zu machen und die Akten ins Bundesarchiv zu geben. Die Behörde soll Meckels Ansicht nach frühestens 30 Jahre nach ihrer Einsetzung andere Funktionen übernehmen oder abgewickelt werden, also um das Jahr 2023 herum.

Ganz anders sieht dies der CDU-Abgeordnete Arnold Vaatz, ebenfalls früherer DDR-Oppositioneller. Er plädiert dafür, dass Behördenchefin Marianne Birthler die Behörde noch in ihrer bis 2010 laufenden Amtszeit abwickelt und die Akten dem Bundesarchiv »geordnet übergibt«. Die Diskussion darüber, wer künftig wie aufarbeiten soll und darf, ist eröffnet. Der Kampf um Geld und Posten steht damit bevor.

Thomas Rogalla und Renate Oschlies, Berliner Zeitung, 12.5.2006

Im Garten der Erinnerung. Der Bericht der Kommission: Die Zukunft der DDR-Geschichte

Ein Jahr lang hat die »Expertenkommission zur Schaffung eines Geschichtsverbundes ›Aufarbeitung der SED-Diktatur‹« beraten. Dass über ihre Ergebnisse jetzt schon, einige Tage vor der offiziellen Pressekonferenz, in den Medien polemisiert wird, mag man als ein Zeichen dafür sehen, dass die Bundesrepublik eine offene Gesellschaft ist. Gemessen an Umfang und Schwierigkeit der Aufgabe ist ein Jahr Beratungszeit gar nicht so lang. Die Kommission sollte ausarbeiten, wie die Museen, Gedenkstätten, Forschungs- und Bildungseinrichtungen, die der DDR-Geschichte gewidmet sind, vernünftig weitergeführt werden können. Das betrifft die Gedenkstätte Hohenschönhausen, die Birthler-Behörde, die Stiftung Aufarbeitung, den ehemaligen Stasikomplex in der Normannenstraße und einige jenseits Berlins liegende Einrichtungen, wie zum Beispiel ehemalige Gefängnisse in Bautzen und Halle oder die Dependancen der Birthler-Behörde. Der Historiker Martin Sabrow, Sprecher der Kommission, vergleicht die gegenwärtige Gedenklandschaft mit einem unbestellten Garten, in dem Wildwuchs herrscht. Die Vorschläge der Kommission laufen auf zwei Schlagworte hinaus: Professionalisierung und Effektivierung. Dahinter steht auch der Wunsch, die (partei-)politische Aufladung der DDR-Betrachtung einzudämmen. Derzeit ist es so, dass die meisten Westdeutschen sich für die DDR nicht interessieren: In ihrem Verständnis geht die deutsche Nachkriegszeit in die demokratische Gegenwart über, und die DDR war eine bizarre Episode, die sie – abgesehen vom »Soli« – nichts angeht. In den neuen Ländern erinnert man sich naturgemäß an die DDR, aber dort trauen die meisten Lehrer sich nicht, diesen verfehlten Staat im Unterricht zum Thema zu machen. Sollen sie von der »SED-Diktatur« reden? Oder sollen sie diesen Staat wertfrei behandeln, auf die Gefahr hin, als Ewiggestrige angeklagt zu werden? Schon deshalb ist die Neuordnung des DDR-Gedenkens für die politische Kultur des ganzen Landes unerlässlich. Die Vorschläge der Kommission sind der Grundstein, auf dem diese Neuordnung basieren könnte.

Im Antichambre der Folterzelle

Bei ihren Beratungen war die Kommission sich einig, dass die DDR »weder aus der Intensität der geheimpolizeilichen Verfolgung und Überwachung noch auch allein von der gewaltsamen Abriegelung ihrer innerdeutschen Grenze her ausreichend erfasst und dargestellt werden kann«. Das ist umso bedeutsamer, als nicht nur Historiker wie Klaus-Dietmar Henke, Peter Maser und Martin Sabrow dahinterstehen, sondern auch ehemals Verfolgte wie Ulrike Poppe, Roland Jahn und Rainer Eckert, der beiden Gruppen angehört: Er ist ehemaliger Bürgerrechtler mit Gefängniserfahrung und heute Direktor des »Zeitgeschichtlichen Forums« in Leipzig. Ein Kommissionsmitglied sagt, der Bericht sei das Ergebnis »einer wunderbaren Symbiose von Historikern, Museumsfachleuten und Bürgerrechtlern«. Wie Recht die Kommission damit hat, sich gegen die politische Aufladung des Erinnerungswesens zu wenden, zeigt das Beispiel des Kommissionsmitglieds Freya Klier, die Wert darauf legt, seit jeher politisch engagiert zu sein, und ein Sondervotum abgibt: »Seit dem Ende der DDR« meint sie, »ein kontinuierliches Weiterwirken ehemaliger Nomenklaturkader« und »ein Aufweichen demokratischer Grundsätze nach dem anderen« wahrzunehmen. Um »unseren komplett reizüberfluteten Nachwuchs« zu erreichen, müsse, so Frau Klier, »der sinnliche Nachvollzug staatlicher Repression« im Vordergrund der historischen Pädagogik stehen. Wie das aussieht, kann man in der Gedenkstätte Hohenschönhausen sehen, die im Übrigen vor allem die Forderung der Kommission nach mehr Professionalität und Effektivität illustriert. Unter ihrem Leiter Hubertus Knabe, seit rund sechs Jahren im Amt, hat diese Gedenkstätte keine Dauerausstellung zustande gebracht. Stattdessen führen ehemalige Häftlinge die Besucher durch die aufgelassenen Gebäude, die nach dem Krieg als sowjetisches Gefängnis dienten und dann Untersuchungshaftanstalt der Stasi wurden. Einer internen Empfehlung zufolge, die jedoch vom Beirat nicht angenommen wurde und deshalb keine offizielle Gültigkeit hat, sollten die Führungen der Autotherapie von Betroffenen dienen. Diese Autotherapie ist einmal so weit gegangen, dass eine Schülerin eingesperrt wurde. Offenbar sollte sie, im Sinn Freya Kliers, Repression sinnlich nachvollziehen. Im Internet haben einige dieser Gedenkstättenführer sich gegenseitig attackiert: Es ging nicht zuletzt darum, wer wie viele Führungen machen darf. Es ging also auch um Geld.

Da Hubertus Knabe eine Ausstellung nicht zustande brachte, wurde das »Haus der Geschichte« der Bundesrepublik beauftragt, dabei behilflich zu sein. Kein Gedenkstättenleiter, der seine Arbeit ernst nimmt, lässt so etwas zu. Knabe hingegen, der seit Amtsantritt unter anderem zwei Bücher publiziert hat, sagt, er sei aus Mangel an Zeit auch nicht in der Lage, die Geschichte Hohenschönhausens aufzuschreiben. Es gibt im dortigen Buchladen eine Broschüre zu kaufen, sie ist indes zusammengestoppelt und lebt von Ungenauigkeiten. Nicht einmal zu einer bauarchäologischen Bestandsaufnahme, mit deren Hilfe darüber entschieden werden könnte, welche Gebäude erhaltenswert sind, hat die Gedenkstätte es gebracht. Knabes Reputation beruht einzig und allein auf seiner Rolle als »Stasi-Jäger«, weshalb er darauf achten muss, dass ihm diesbezüglich die Vorwürfe nicht ausgehen. Seit dem vergangenen Herbst hat er das Ohr des Kulturstaatsministers. Bernd Neumann (CDU) ist alter Anhänger des ehemaligen Kanzlers Kohl und der »geistig-moralischen Wende«, die dieser propagierte; er ist ein Politiker, der einen Mann wie Knabe für die Bestätigung seines Weltbildes brauchen kann. Es kommt nun aber bei der Neuordnung der DDR-Erinnerungslandschaft weder auf Bernd Neumanns Weltbild an noch auf die persönlichen respektive institutionellen Interessen von Hubertus Knabe. Es kommt darauf an, dass die DDR-Geschichte genauso klug, sachlich richtig und auf eine für die Besucher einsehbare Weise präsentiert wird, wie dies – bezeichnenderweise erst seit 1989 und zuerst in den ostdeutschen Gedenkstätten von Sachsenhausen und Buchenwald – im Hinblick auf die NS-Geschichte gelungen ist. Eine Erinnerungslandschaft hingegen, die Millionen ehemaligen DDR-Bürgern zeigen wollte, dass sie 40 Jahre quasi im Antichambre von Einzelhaft- und Folterzellen verbracht hätten, würde ihr Publikum nicht finden. Hohenschönhausen ist nicht der einzige Ort, der darauf abzielt.

Deshalb moniert die Kommission aus gutem Grund: »Die spannungshafte Wechselbeziehung von Herrschaft und Gesellschaft zwischen Akzeptanz und Auflehnung, Begeisterung und Verachtung, missmutiger Loyalität und Nischenglück« komme in der DDR-Erinnerung bisher zu kurz. Um sowohl den repressiven Seiten des Systems als auch den Entscheidungsspielräumen, »dem Stellenwert des Verhaltens und der Verantwortung des Einzelnen für die Macht der Diktatur« gerecht zu werden, empfiehlt die Kommission die Beachtung von drei Aspekten: Da ist zunächst alles, was sich thematisch um »Herrschaft, Gesellschaft, Widerstand« rankt. Der Alltag in der SED-Diktatur soll dargestellt werden. Das Dokumentationszentrum in Eisenhüttenstadt hat mehr Gegenstände, als es zeigen kann. Die Mitarbeiter der Robert-Havemann-Gesellschaft könnten, so sagt die Kommission, mit ihren Kenntnissen zu der Gestaltung eines Museums beitragen. Dieses neue Museum in Berlin – das nicht umsonst zu machen wäre – könnte im ehemaligen Sitz der SED-Parteizentrale in der Torstraße liegen. Möglich wäre auch ein ehemaliges Industriegebäude in der Rheinsbergerstraße: Dies unmittelbar am Grenzstreifen Bernauer Straße gelegene Gebäude steht zum Verkauf. Auch das Haus der vormaligen DDR-Nachrichtenagentur ADN böte sich an, hätte aber – anders als die ersten beiden – den Nachteil, weder einen geografischen noch einen inhaltlichen Bezug zur Alltagsgeschichte der DDR zu haben.

Der zweite Ausblick auf die Geschichte der DDR soll dem Thema »Überwachung und Verfolgung« gewidmet sein. Die bisherige Hauptaufgabe der Birthler-Behörde wird über kurz oder lang erledigt sein: Irgendwann wird auch der letzte Interessierte seine Akten eingesehen haben. Die Behörde kostet derzeit 100 Millionen Euro pro Jahr. Sobald die Akten dem Bundesarchiv zugeschlagen werden, wird diese Summe sich sehr vermindern. Die Kommission legt großen Wert darauf, die Abteilung »Bildung und Forschung« zu erhalten. Die Birthler-Behörde gilt als bedeutend in der historischen DDR-Wissenschaft. Dies im Sinn, plädiert die Kommission dafür, das nahende Ende der Behörde als Akteneinsichtsort mit ihrer Umwandlung in eine Forschungs- und Gedenkstätteninstanz zu verbinden. So sehr die Kommission dagegen ist, das DDR-Gedenken zu zentralisieren, empfiehlt sie doch, Hohenschönhausen und die ehemalige Stasizentrale in der Normannenstraße in irgendeiner Form mit der Birthler-Behörde zu verbinden. Auch dieser Vorschlag klingt sinnvoll.

Marianne Birthler hat sich als gute Leiterin ihrer Behörde einen Namen gemacht. Sie kann leiten, ohne im Detail lenken zu wollen.

Der Mythos von der Revolution

Der dritte Garten im neuen Park der Erinnerung soll dem Thema »Teilung und Grenze« gewidmet sein. Hier verlässt sich die Kommission auf das Konzept der Stadt Berlin, das unter Kultursenator Flierl entwickelt wurde: Die Gedenkstätte »Berliner Mauer« solle gemeinsam mit der Erinnerungsstätte »Notaufnahmelager Marienfelde« in eine Stiftung umgewandelt werden. Andere Museen und Gedenkstätten an der ehemaligen deutsch-deutschen Grenze sollten dieser Stiftung zugeordnet sein. Dazu möchten vielleicht auch die Gedenkorte am Brandenburger Tor und am Checkpoint Charlie zählen. Die Kommission hat sich ihrer Aufgabe gut entledigt. Sie hat auch Kompromisse gemacht. Spätestens mit ihrem Votum ist es klar, dass der Gedanke von der friedlichen Revolution in der deutschen Geschichte festgeschrieben ist. Diese friedliche Revolution war indes nur aufgrund außenpolitischer Umstände möglich. Davon ist im Votum der Kommission in keinem Halbsatz die Rede. Der Umbruch von 1989 war aber mehr friedlich denn Revolution. Ohne Gorbatschow, sein gutes Einvernehmen mit den USA und die desolate Lage der Sowjetunion hätte es ihn nicht gegeben. Gorbatschows Name kommt indes heutzutage nicht mehr vor, wenn von der friedlichen Revolution gesprochen wird. Der Mythos von der friedlichen Revolution ist aber offenbar notwendig. Die Einheit fällt allen Deutschen so und so schwer genug.

Hubertus Knabe hat gegen den Text, der am 12. Mai in der SZ erschien, eine Gegendarstellung eingereicht. Vorliegender Text ist entsprechend in kleinen Details geändert.

Franziska Augstein, Süddeutsche Zeitung, 12.5.2006

»Ostpartys glorifizieren nichts«. Die Jüngeren sind neugierig auf DDR-Alltagskultur, meint Historiker Lutz Niethammer

taz: Herr Niethammer, welche Defizite gibt es in der Darstellung und Erforschung der DDR-Geschichte?

Lutz Niethammer: Es fehlt an einer Geschichtsaufarbeitung, die für viele Ostdeutsche anschlussfähig ist. Die Geschichtswissenschaft hat sich in den 90er-Jahren sehr auf die Regierungs- und Stasiakten konzentriert. Es gibt auch viel akribische Detailforschung, vor allem über die Ulbricht-Ära und die Wende 1989.

Warum diese Zeiträume?

Historiker sind es gewohnt, nach Aktenlage zu forschen. Die Akten für die Ära Honecker werden immer schlechter. Die DDR ist immer unschriftlicher geworden – nur die Stasi hat immer mehr Papier produziert. Das führt dazu, dass manche Historiker sagen: Zur Honecker-Zeit kann man nicht so richtig forschen, da fehlt das Material. Auch deshalb ist der Erfahrungsraum der Honecker-Ära unterbelichtet. Vor allem die Alltagsgeschichte der Honecker-DDR ist lückenhaft. Und gleichzeitig ist diese Zeit bei vielen aufgefüllt mit DDR-Nostalgie.

Sie meinen, die DDR-Nostalgie ist die Kehrseite einer zu engen historischen Forschung?

Wir müssen feststellen, dass das historische Alltagsbewusstsein der Ostdeutschen und die Geschichtswissenschaft weitgehend unverbunden sind. Viele im Osten denken: Das ist Fremdforschung. Mit unserem Leben in der Diktatur hat das nichts zu tun.

Dafür gab es in der Popkultur ja eine richtige Ostalgiewelle, inklusive FDJ-Blauhemd als Modetextil. Wie deuten Sie das?

Das ist die Ostvariante der Spaßgesellschaft. Wer darin verbissen die Rückkehr der Blauhemden wahrnimmt, übersieht das Ironische, Zitierende. Es handelt sich um eine Wiederaneignung von Alltagsgegenständen, die zu Teufelszeug erklärt wurden. Wenn man Westlern alle Marken ihrer Kindheit entziehen würde, wäre die Reaktion ähnlich. Die Ostparty, bei der Club-Cola getrunken wird, ist eine Mischung aus regionalem Protestverhalten und spezifisch ostdeutscher Spaßgesellschaft. Vibrierender Alarmismus ist da fehl am Platze.

Die Expertenkommission schlägt vor, die Darstellung der DDR über Stasi und staatliche Repression hinaus zu erweitern. Ist das richtig?

Ja. Schon weil viele Jüngere andere, neue Interessen haben. Für die ist die DDR völlig fremdes Gebiet. Viele wollen wissen, wie ihre Eltern und Großeltern gelebt haben. Mit einer Glorifizierung der DDR hat das nichts zu tun. Diese Neugierde auf Fremdes gab es in den 90er-Jahren noch nicht. Damals stand an den Universitäten in der Tat die Stasi im Vordergrund – und zwar so sehr, dass viele Studenten gesagt haben: Bitte nicht schon wieder Stasi.

Nun sind aber einstige Stasikader derzeit aktiv. Wie erklären Sie sich das? Sind das Vorzeichen einer drohenden DDR-Verklärung, wie manche Bürgerrechtler warnen?

Dass Stasigeneräle öffentlich auftreten, ist neu – und natürlich muss man ihren Opfern den Rücken stärken. Das als Zeichen für die Restauration eines geschönten DDR-Bildes zu deuten, ist grob übertrieben. Ich glaube, dass die Stasidebatten oft kurzschlüssig waren. Zuerst erschienen ja die IMs als Hauptakteure, und die Hauptamtlichen waren in einer Art Verschattung. Die öffentliche Debatte war lange sehr schwarz-weiß gemalt, sehr moralisch und personalisiert.

Was ist die Alternative?

Die Stasileute als sozial und kulturell geprägte Angehörige ihrer Apparate zu verstehen. Wir versuchen zum Beispiel in Gera einen Kulturkonflikt zwischen Stasi und Alternativszene, darunter Liedermachern wie Stefan Krawczyk, in den 80er-Jahren aufzuarbeiten.

Wieso ist das ein Kulturkonflikt – und keine staatliche Repression?

Es war beides. Es war auch ein Generations- und Typkonflikt: hier die Alternativen – dort der Typus angepasste, halb militarisierte DDR-Existenz, die sich für das normale, anständige Leben hielt. Diesen Kern muss man freilegen – dann kann man sehen, wie der Repressionsapparat diesen Konflikt, den es so ähnlich auch im Westen gab, gewalttätig löst. Auch im Westen waren in den 80er Jahren ja viele Bürger unglücklich über die alternative Jugend. Kurzum: Es geht nicht darum, die Stasi schönzureden, sondern sie in ihrem Kontext begreifbar zu machen. Es ist falsch und zu simpel, in den Stasileuten nur Marionetten des Regimes zu sehen.

So zeigt es auch der erstaunlich erfolgreiche Kinofilm »Das Leben der anderen« …

Ja. Der Film schildert die Wandlung eines Stasioffiziers – und das ist gerade keine Entschuldigung. Nur wenn man zeigt, dass sogar im Apparat moralische Entscheidungen möglich waren, gibt es einen Verantwortungsdiskurs.

Interview: Stefan Reinecke, die tageszeitung, 12.5.2006

Die DDR, klug historisiert

Die DDR ist, 16 Jahre nach ihrem Verschwinden, noch immer ein Kampfplatz. Rechtskonservative malen die DDR unverdrossen als naziartigen Staat. Gleichzeitig sind Ampelmännchen oder Mokka Fix Gold Zeichen von Popinszenierungen, in denen die DDR als lustige, harmlose Warenwelt zitiert wird. Offenbar aber wird die DDR als Heimat empfunden – paradoxerweise erst, seit sie von der politischen Landkarte verschwunden ist. Das verbittert wiederum manche Stasiopfer.

All diese Erinnerungstexte stehen meist unverbunden nebeneinander. Das kollektive Gedächtnis ist in Bezug auf die DDR erstaunlich widersprüchlich, buntscheckig und unübersichtlich. Das hat Vorzüge: Es ist fast anarchisch und denkbar weit entfernt von verordneten staatlichen Reglements. Aber es hat auch Schattenseiten. So schauen täglich hunderte Touristen am Berliner Checkpoint Charlie auf ein sandsackbewehrtes Wachhäuschen, das dort bis 1989 nie stand. Hauptsache, die Touristen haben etwas zum Fotografieren. In solcher Ignoranz spiegelt sich auch das beharrliche Desinteresse der Westdeutschen am Osten. All die pädagogischen Bestrebungen der 90er-Jahre unter dem Slogan »Wir müssen uns unsere Biografien erzählen« haben nichts daran geändert, dass dem gemeinen Westbürger die DDR-Geschichte herzlich egal ist.

Eine Expertenkommission aus Ostbürgerrechtlern und Westzeithistorikern schlägt nun einen Geschichtsverbund zur »Aufarbeitung der SED-Diktatur« vor, mit durchweg vernünftigen Anregungen zur Zukunft von Birthler-Behörde und Stasigedenkstätten. Die Vorschläge sind fern von staatlicher Bevormundung und eher eine sanfte Kursbestimmung. Die Botschaft lautet: weniger Stasi, mehr Blick für den Alltag in einer Diktatur. Das ist, auch wenn es einstigen Bürgerrechtlern wie Freya Klier nicht passt, die richtige Richtung: eine kluge Historisierung, die der Vielfalt der DDR gerecht wird.

Und: An der Bernauer Straße soll ein neues Zentrum der DDR-Darstellung entstehen, das authentische Mauerreste mit Aufklärung über das Leben in der DDR verknüpft. Dann braucht man Touristen auch kein falsches Wachhäuschen mehr als echt zu verkaufen.

Kommentar: Stefan Reinecke, die tageszeitung, 12.5.2006

Deutsche Geschichte. Erinnerung an die DDR-Diktatur verblasst

Die Geschichte des SED-Staats muss künftig wesentlich breiter aufgearbeitet werden als bisher. Das empfiehlt eine vom Kanzleramt berufene Fachkommission.

Auftrag der zehnköpfigen Kommission mit Historikern, DDR-Bürgerrechtlern und einem Theologen war, ein Konzept zu erarbeiten, um Einrichtungen zur Aufarbeitung der SED-Vergangenheit zu vernetzen. Die Empfehlungen, die sie am Montag veröffentlichen, liegen der Frankfurter Rundschau vor. Am 6. Juni sollen sie in einem Hearing diskutiert werden.

Für die künftige Auseinandersetzung mit der DDR-Geschichte schlagen die Experten drei Themenschwerpunkte vor: Herrschaft – Gesellschaft – Widerstand, Überwachung und Verfolgung sowie Teilung und Grenze. Einrichtungen in Berlin sollen die Forschung zu den drei Schwerpunkten koordinieren. Für »Herrschaft – Gesellschaft – Widerstand« wird von der Kommission eine Stiftung namens »Forum Aufarbeitung« vorgeschlagen, die in Berlins Mitte entstehen soll. Den Bereich »Überwachung und Verfolgung« soll die Bundesbeauftragte für die Stasiunterlagen koordinieren. Für »Teilung und Grenze« wäre demnach die Mauer-Gedenkstätte in der Bernauer Straße zuständig.

Das künftige Netzwerk soll die DDR-Geschichte breiter als bisher präsentieren und nicht allein das Thema Staatssicherheit (Stasi) zum Mittelpunkt haben. Die Experten sprechen kritisch von einer in Ost und West »geteilten Wahrnehmung« der DDR; gerade in den alten Bundesländern werde sie »nur sehr bedingt als Teil gesamtdeutscher Geschichte verstanden«. In den vergangenen Jahren sei die DDR als politisches System immer mehr »trivialisiert« worden; damit würden ihr Diktaturcharakter verneint und die Opfer verächtlich gemacht. An Schulen und Hochschulen trete die DDR immer mehr in den Hintergrund.

Die verblassende Anschaulichkeit der vergangenen Diktatur führt der Kommission zufolge zu einem allmählichen Akzentwechsel. Er erlaube auch eine »Reglementierung« des überwundenen Herrschaftssystems, wie die jüngste Zeit zeige. Die Expertenkommission will die DDR-Geschichte im europäischen Kontext und eingebettet in eine integrierte deutsch-deutsche Geschichte zwischen 1945 und 1990 sehen.

Ein Sondervotum zu den Empfehlungen gibt das Kommissionsmitglied Freya Klier ab. Die frühere DDR-Bürgerrechtlerin, heute als Schriftstellerin und Regisseurin tätig, wirft der Kommission vor, in der »wichtigsten Aufgabe«, der Übertragung des Wissens an die nächsten Generationen, »ausgesprochen vage« zu bleiben.

Für die Jüngeren, so Klier, scheine jenseits der Jahrhundertwende Geschehenes »so fern zu sein wie das Römische Reich«. Für junge Leute heute sei »fast der einzige Einstieg«, um ein anderes System als Demokratie überhaupt denken zu können, »der sinnliche Nachvollzug staatlicher Repression und die Frage, was Menschen in Diktaturen einander anzutun vermögen«. Die stärkste Wirkung erreiche dabei die Stasigedenkstätte in Berlin-Hohenschönhausen.

Die Kommission will diesen Ort in einem Zentrum für »Diktatur und Geheimpolizei« zusammenführen unter Anleitung der Stasibeauftragten.

Karl-Heinz Baum, Frankfurter Rundschau, 12.5.2006

Kollision der Fachleute. Die Einrichtungen zur DDR-Aufarbeitung sollen neu geordnet werden

Seine Amtsvorgängerin hat dem Kulturstaatsminister Neumann eine Expertenkommission hinterlassen, die am Montag nach einjähriger Beratungszeit Vorschläge zur »Schaffung eines Geschichtsverbundes ›Aufarbeitung der SED-Diktatur‹« vorstellen wird. Schon jetzt wurde das Vorhaben als »Aufarbeitungskombinat« und als Arbeitsbeschaffung für arbeitslose DDR-Historiker bespöttelt. Eigentlich hatte die Kommission den Auftrag, ein Modell für die Weiterentwicklung und Vernetzung der bestehenden Institutionen zu erarbeiten, die mit der Erinnerung und den historischen Konsequenzen der SED-Diktatur befaßt sind. Neue Institutionen sollten nicht geschaffen, Gesetzesänderungen sowie eine Überbeanspruchung finanzieller Ressourcen und eine Umverteilung von Geldern möglichst vermieden werden. Über diese Vorgaben hat sich das Gremium souverän hinweggesetzt. Zum Teil war das wohl unausweichlich, da eine Neuordnung nicht zum Nulltarif zu haben ist. Zum anderen aber schlug der unbändige Selbstbedienungsdrang der Expertenlobby höchst ungebührlich durch. Alle in der Kommission personell vertretenen Institutionen haben sich vorab ihren Teil am DDR-Aufarbeitungskuchen gesichert und kräftige Nachschläge zugesprochen. Darüber hinaus empfiehlt die Kommission die Gründung von zwei neuen Stiftungen, den Ankauf oder das Mieten teurer Liegenschaften und vor allem einen Richtungswechsel in der Erinnerungskultur. Kulturstaatsministerin Weiss und ihr sozialdemokratischer Staatssekretär Nevermann wollten im Mai 2005 schon durch die Zusammensetzung der Kommission einen regierungsamtlich erwünschten »Paradigmenwechsel« in der wissenschaftlichen und musealen Auseinandersetzung mit dem SED-Regime sichern. Deswegen wurde die Kommission am linksorientierten Zentrum für Zeithistorische Forschung in Potsdam angesiedelt. Der Kommissionsvorsitzende Sabrow gehört ohnehin im Spektrum der DDR-Forschung zu den Weichzeichnern der SED-Diktatur. Er lehnt für die DDR-Aufarbeitung den »vorwiegend entlarvenden Gestus, der besonders in den fünfziger und dann wieder in den frühen neunziger Jahren vorherrschend war«, ab und zieht seit Jahren gegen die Kennzeichnung der DDR als totalitäre Diktatur zu Felde. Als Alternative soll statt dessen der für den Nationalsozialismus vielleicht zutreffende, für das SED-Regime aber ungeeignete Begriff »Konsensdiktatur« etabliert werden.

Dieser Orientierung widersprachen mehrere in der Kommission vertretene ehemalige DDR-Bürgerrechtler. Ihnen behagte der allzu sanfte Blick auf das SED-Regime nicht. Trotzdem enthalten die nunmehr fertiggestellten und in letzter Minute mehrfach korrigierten Empfehlungen zur Neuordnung der DDR-Aufarbeitung weiterhin Kompromißformeln, die dem verbrecherischen Charakter des SED-Regimes nicht gerecht werden. Ein »fünfter Entwurf« der Kommissionsempfehlungen, der am 20. April in Umlauf kam, enthielt sogar noch im Klartext das ursprünglich von der rot-grünen Staatsministerin gewünschte Kommissionsergebnis: Ein »Paradigmenwechsel von der politischen Delegitimation zur kritischen Historisierung« der DDR-Geschichte sollte als verbindliche Meinung amtlich verkündet werden. Angesichts solcher Überlegungen entschloß sich die Schriftstellerin und Regisseurin Freya Klier gar zur Ablehnung der Kommissionsempfehlungen, »weil sie sich aus einer anderen politischen Wahrnehmung speisen als meinen eigenen«. Ein Teil des Gremiums habe »einen grundsätzlichen Paradigmenwechsel im Umgang mit der 40jährigen Diktatur favorisiert«, schrieb die ehemalige DDR-

Bürgerrechtlerin in ihrem abweichenden Sondervotum. Die Vorstellungen der Kommissionsmehrheit blieben ausgerechnet genau da inhaltlich vage, wo es darum gehe, der nachgeborenen Generation deutlich zu machen, »was Menschen in Diktaturen einander anzutun vermögen«. Insbesondere stört Frau Klier die von den Kommissionsstrategen angestrebte »Historisierung« der SED-Diktatur. Deren Folgewirkungen seien keineswegs Randphänomene, denn »die Stützen der untergegangenen Diktatur marschieren ja nicht nur in Gedenkstätten auf – sie sitzen im Bundestag, in den Medien, in Schulen und vielfältigen Gremien unserer Demokratie. Und sie werden nicht müde, ihren Unrechtsstaat im nachhinein demokratisch aufzupolieren und in der öffentlichen Erinnerung zu glätten.«

In den Kommissionsempfehlungen zur Aufarbeitung der SED-Diktatur bleibt die Zeit der Diktaturdurchsetzung in der SBZ, bleiben die sowjetischen Speziallager, die Todesurteile, Erschießungen und Menschenverschleppungen der fünfziger Jahre ausgeblendet. Ebenso die Rolle der sowjetischen Besatzungsmacht, die Fluchtbewegung von Millionen DDR-Bürgern und der jahrzehntelange erbitterte Kampf um die Freiheit West-Berlins. Insofern trifft der vom Leiter der Stasi-Gedenkstätte Hohenschönhausen, Hubertus Knabe, erhobene Vorwurf durchaus zu, daß die Kommission einer musealen »DDR-Light-Version« das Wort rede. Immerhin wurde der Kommissionsvorsitzende Sabrow vom Berliner Kultursenator Flierl (PDS) zusätzlich in eine weitere Neuordnungskommission berufen, die ausgerechnet am früheren Grenzübergang Checkpoint Charlie ein von der Stadt Berlin finanziertes Museum des Kalten Krieges vorbereiten soll. Dieses ist als Gegenentwurf zum dort etablierten Museum »Haus am Checkpoint Charlie« geplant. Senator Flierl sprach in einer Presseerklärung zur Kommissionsbildung bereits von den »Opfern der deutsch-deutschen Grenze«, an die in seinem neuen Museum erinnert werden soll, ganz als ob die Bundesrepublik in irgendeiner Weise für das Grenzregime der DDR verantwortlich zu machen sei.

Es versteht sich von selbst, daß auch Flierls Expertenkommission so zusammengesetzt wurde, daß das Erwünschte herauskommen wird. Natürlich behagt dem PDS-Senator, der sich bis heute in öffentlichen Diskussionen nicht wagt, ehemaligen Stasi-Offizieren Paroli zu bieten, die Wirkungsmacht des Museums am Checkpoint Charlie nicht. Das Haus ist aus einer bürgerschaftlichen Initiative entstanden und wird seit vierzig Jahren privat bewirtschaftet. Es ist antikommunistisch orientiert und versteht sich ausdrücklich als internationale Mahnstätte für die Einhaltung der Menschenrechte. Zu seinen Förderern gehören Persönlichkeiten wie Henry Kissinger, Hans-Dietrich Genscher oder Avi Primor. Mit jährlich rund 700 000 Besuchern ist es ein lebendiges Gegenstück zu dem expertenseitig vorgeschlagenen, auf staatliche Mittel fixierten neuen Erinnerungs- und Gedenkstättenverbund.

Neben vielen gutgemeinten und schlüssigen Vorschlägen zur Intensivierung des Geschichtsunterrichts und der politischen Bildung über die Zeit der SED-Diktatur findet sich im Expertenpapier vieles andere, das wenig durchdacht oder gar überflüssig ist. So wird dem Bund die Schaffung eines »im Zentrum Berlins« gelegenen Forums zur Präsentation der DDR-Alltagskultur offeriert, staatlich finanziert, versteht sich. Offenbar ist den Kommissionshistorikern völlig entgangen, daß in zwei Monaten mitten in Berlin an der Spreepromenade ein ebensolches, privat finanziertes und auf Alltagskultur spezialisiertes »DDR-Museum Berlin« seine Pforten öffnet.

Ganz und gar unbefriedigend bleiben die Vorschläge zur Zukunft der Stasi-Unterlagen-Behörde. Der Präsident des Bundesarchivs, Hartmut Weber, hatte den Kommissionsmitgliedern in einer Anhörung erläutert, »daß das Bundesarchiv ohnehin rechtmäßiger Eigentümer« der Stasi-Unterlagen sei und es nur noch darum gehe, wie die Überführung dieses Schriftgutes in die Obhut des Bundesarchivs geregelt werde. Diese dringende und überfällige Aufgabe soll nach den Vorstellungen der Kommission erst in zehn bis fünfzehn Jahren in Angriff genommen werden. Bis dahin möchte man die Stasi-Unterlagen-Behörde neu ausrichten und ihre unter Fachwissenschaftlern durchaus umstrittene Wissenschaftsabteilung in ein »Dokumentations- und Forschungszentrum Diktatur und Geheimpolizei« umprofilieren. Neumann wird wohl oder übel weitere Fachleute zu Rate ziehen müssen, um ein tragfähiges Konzept herausarbeiten zu lassen, das weniger einseitig ausgerichtet ist und vor allem der Finanzlage des Bundes Rechnung trägt.

Jochen Staadt, Frankfurter Allgemeine Zeitung, 13.5.2006

Vom richtigen Erinnern an die Diktatur

Die Expertenkommission des Kulturstaatsministers will von der Täter- zur Opferperspektive wechseln: »Ostalgie« oder ein zukunftsträchtiger Paradigmenwechsel?

War für die DDR der Repressionsapparat typischer als die Auflehnung der nicht angepaßten Oppositionellen gegen den Stasi-Staat? So lautet die Kernfrage der gegenwärtigen gedenkpolitischen Debatte: Steht die Mahnung vor den Verbrechen der Täter an erster Stelle oder die beispielgebende Leistung der langjährigen Opfer, diese Diktatur mit friedlichen Mitteln niedergerungen zu haben?

Zwischen diesen beiden Extremen bewegt sich die Diskussion um die angemessene Erinnerung an die ostdeutsche Diktatur. Hier ein zukunftstaugliches Konzept zu entwickeln, war die Hauptaufgabe der Expertenkommission, die die damalige Kulturstaatsministerin Christina Weiss (parteilos) im Mai 2005 einsetzte. Am Montag werden die zehn Fachleute unter Vorsitz des Potsdamer Zeithistorikers Martin Sabrow ihre Empfehlungen dem Weiss-Nachfolger Bernd Neumann (CDU) vorlegen. Obwohl das Bundeskanzleramt noch gestern morgen allen Mitgliedern sowie den Mitarbeitern der Kommission einen strikten Maulkorb verpaßt hat, liegen sie der WELT vor. Danach soll die Erinnerung an die SED-Diktatur künftig auf drei Säulen stehen: einem Schwerpunkt zu »Herrschaft, Gesellschaft, Widerstand«, einem zweiten zu »Überwachung und Verfolgung« und einem dritten zu »Grenze und Teilung«.

In den 16 Jahren seit der Wiedervereinigung sind in den neuen Bundesländern mehrere Dutzend Einrichtungen entstanden, die an einzelne Aspekte der mehr als 40jährigen kommunistischen Herrschaft erinnern. Allerdings sind sie, von großen vom Bund finanzierten Institutionen wie der Birthler-Behörde bis hin zu kleinen, privat initiierten Vereinen, schlecht miteinander koordiniert.

Anfang der Woche hatte Hubertus Knabe, der Direktor der Gedenkstätte im Stasi-Gefängnis Berlin-Hohenschönhausen, in der WELT die Kommission scharf attackiert. Er befürchtete »staatlich geförderte Ostalgie« und monierte, die Erinnerung solle künftig »zentralistisch« organisiert werden.

Dagegen wehrten sich mehrere Kommissionsmitglieder. Mit dem Konzept habe man eine »neue Stufe der Zusammenarbeit zwischen Historikern und Bürgerrechtlern« erreicht. Auch sollten die Vorschläge nicht oktroyiert werden, sondern eine Diskussion anregen. »Letztlich muß der Bundestag entscheiden, und das möglichst vor der Sommerpause«, so ein Mitglied der Kommission.

Die Empfehlungen sind abgewogen, mitunter allerdings auch »vage«, wie das Kommissionsmitglied Freya Klier in einem Sondervotum schreibt. Sie schließt sich den Empfehlungen »in wesentlichen Punkten« nicht an. Grundsatz der Kommission war es, bestehende Institutionen zu schonen und möglichst keine neuen Einrichtungen vorzuschlagen. Trotzdem sollen die Defizite in der Erinnerungsarbeit überwunden werden, zum Beispiel die im Westen geringe Wahrnehmung der DDR als Bestandteil der gesamtdeutschen Geschichte, ihre Trivialisierung sowie der wachende Geschichtsrevisionismus ehemaliger Stasi-Kader.

Die Expertenkommission schlägt vor, an einem zentralen Ort in Berlin, etwa dem ehemaligen Zentralkomitee der SED und späteren »Institut für Marxismus-Leninismus« an der Torstraße 1, ein nationales »Forum Aufarbeitung« einzurichten, getragen von der Stiftung Aufarbeitung der SED-Diktatur und dem Zeitgeschichtliche Forum in Leipzig, einer Dependance des Hauses der Geschichte der Bundesrepublik in Bonn. Hier könnten der »Alltag in einer repressiven Gesellschaft« und der Widerstand dagegen behandelt werden, durch Ausstellungen, Symposien und internationale Zusammenarbeit mit Einrichtungen in den ehemals kommunistischen Staaten Ostmitteleuropas.

Zweitens fordert die Kommission, die Zugangsmöglichkeiten zum »Erbe« der Staatssicherheit zu verbessern; eine baldige Überführung der Bestände in die Verantwortung des Bundesarchivs lehnt die Kommission aber ab. Die verschiedenen Institutionen, die sich mit der Repression beschäftigen, sollten unter einem Dach zusammengefaßt werden. Das beträfe unter anderem die ehemalige Stasi-Zentrale in Berlin und die »Runde Ecke« in Leipzig, Gefängnisse in Hohenschönhausen, Potsdam, Halle, Bautzen und Dresden sowie die Birthler-Behörde, deren Forschungsabteilung die Arbeit in den authentischen Gedenkorten stärken solle.

Die dritte Säule würde die Gedenkstätten für die Teilung zusammenfassen, wobei die Selbständigkeit vor Ort nicht angetastet werden solle. Die Experten schlagen auch vor, bislang unterfinanzierte Privatinitiativen wie die Union der Opfer des Stalinismus besser zu stellen.

Die ehemalige DDR-Dissidentin Freya Klier, die erst nachträglich in die Kommission berufen wurde, stellt zu dem vorgesehenen Paradigmenwechsel in ihrem Sondervotum fest: »Der sinnliche Nachvollzug staatlicher Repression« sei ihrer Erfahrung nach »fast der einzige Einstieg für junge Leute, ein anderes System als Demokratie überhaupt denken zu können.« Die Empfehlungen der Kommission hält sie insgesamt für zu »akademisch«. Trotz der Empfehlungen der Kommission wird über die künftige Erinnerung an die kommunistische Diktatur in Ostdeutschland also weiter gestritten werden.

Sven Felix Kellerhoff, Die Welt, 13.5.2006

Schwieriges Erbe

Im Fach Vergangenheitsbewältigung gelten die Deutschen heute als Musterschüler. In der Tat: Geht man durch die Berliner »Gedenklandschaft« zur NS-Diktatur, gewinnt man den Eindruck, daß 60 Jahre nach Kriegsende eine Balance zwischen Gedenken und Erinnern, zwischen moralischem Urteil und historischem Verstehen gefunden worden ist. Die Geschichte des Dritten Reiches wird nicht verdrängt und bietet doch kaum noch Stoff für gesellschaftliche Kontroversen.

Über das Erbe der DDR läßt sich das nicht sagen. Auf der großen geschichtspolitischen Bühne spielte auch nach dem Zusammenbruch des Sowjetimperiums die nationalsozialistische Vergangenheit die Hauptrolle. Opfer der SED-Diktatur fühlen sich dadurch diskriminiert. Ihr Beharren darauf, die Erinnerung an dieses Regime wachzuhalten, trug ihnen mitunter den Vorwurf ein, sie wollten die NS-Verbrechen »relativieren«. Solcher Deutungsstreit stößt aber auf immer geringere Resonanz. Die Westdeutschen interessieren sich kaum für die DDR-Geschichte. Und bei ehemaligen DDR-Bürgern wächst die Bereitschaft, sich die Vergangenheit schönzureden.

Es war deshalb ein kluger Schritt der vorigen Bundesregierung, eine Expertenkommission mit einem Konzept zur weiteren Aufarbeitung der SED-Diktatur zu beauftragen. Denn damit wurde ein klares Zeichen gesetzt, daß auch die Geschichte der DDR Teil der deutschen Geschichte ist und nicht etwa bloß eine marginale Episode, die möglichst schnell zu vergessen wäre. Die Empfehlungen dieser Kommission zeigen, daß Historiker und Bürgerrechtler, Professionalität und »Betroffenheit« durchaus zusammengehen können. 17 Jahre nach dem Fall der Mauer geht die Geschichtspolitik der friedlichen Revolution, die mit der Besetzung der Stasi-Dienststellen begann, ins gesamtdeutsche Geschichtsbild ein.

Eckhard Fuhr, Die Welt, 13.5.2006

Streitbare Gedanken ums Gedenken

Noch ehe das Konzept über den Geschichtsverbund »Aufarbeitung der SED-Diktatur« veröffentlicht ist, gibt es Auseinandersetzungen darüber.

Das Papier war noch gar nicht offiziell veröffentlicht, da gab es schon Proteste. Allein dieser Umstand belegt, dass das Projekt eines Geschichtsverbundes »Aufarbeitung der SED-Diktatur« nicht nur ein hochkompliziertes, sondern auch ein streitbares Vorhaben ist. Die Expertenkommission aus Historikern, früheren Bürgerrechtlern und Publizisten wird ihre Vorschläge am Montag auf einer Pressekonferenz vorstellen. Bereits in dieser Woche wurde das 21-seitige Papier an Kulturstaatsminister Bernd Neumann (CDU) übergeben, von dessen Vorgängerin Christina Weiss der Auftrag ausgegangen war.

Die Kommission sollte ermitteln, wie die vielen unterschiedlichen Institutionen, Initiativen, Sammlungen und Gedenkorte zum Thema SED-Diktatur besser profiliert, arbeitsteilig organisiert und kooperativ vernetzt werden können. Das soll unter besonderer Berücksichtigung von Widerstand und Opposition geschehen und möglichst wenig Geld kosten.

Der Widerspruch entzündet sich vor allem an dem Vorschlag, zu einem – von der Kommission nicht benannten – späteren Zeitpunkt die Verantwortung für die Stasi-Akten auf das Bundesarchiv zu übertragen. Damit einher gehen soll ein »Paradigmenwechsel« der Stasi-Unterlagenbehörde hin zu einem Dokumentations- und Forschungszentrum »Diktatur und Geheimpolizei« zur ostdeutschen und europäischen Kommunismusgeschichte. Das Berliner »Bürgerbüro«, eine Vereinigung ehemaliger DDR-Bürgerrechtler, kritisierte, dass eine »Monsterbehörde« entstehe. Die beabsichtigte Strukturierung der Aufarbeitung auf die drei inhaltlichen Schwerpunkte »Herrschaft, Gesellschaft, Widerstand«, »Überwachung und Verfolgung« sowie »Grenze und Teilung« mit jeweiligen institutionellen Zentren führe zu einer Gedenkbürokratie.

Im Übrigen betont die Kommission, dass sich die Stasi-Unterlagenbehörde vorläufig ganz auf die Erschließung und Auswertung der Stasi-Akten und auf persönliche Akteneinsicht konzentrieren soll. »Von besonderem Belang« sei dabei die Erschließung noch unbearbeiteter Unterlagen und die Rekonstruktion von Aktenschnipseln. Statt Geld in die Neuordnung der Regionalstruktur der Behörde zu stecken, sollten die Mittel besser für die Wiederherstellung der zerrissenen Akten verwendet werden.

Als institutionellen Kern des Aufarbeitungsschwerpunktes »Überwachung und Verfolgung« schlägt die Kommission ein Forschungs- und Dokumentationszentrum »Diktatur und Geheimpolizei« vor. Es soll die »authentischen Orte der Täter und Opfer des Statssicherheitsdienstes« vereinen. So sollen die MfS-Zentrale in der Berliner Normannenstraße und die MfS-Haftanstalt in Hohenschönhausen unter einem gemeinsamen Dach zusammengeführt und – in drei Alternativ-Varianten – an die Stasi-Unterlagenbehörde angebunden werden. Dagegen wehrt sich der Leiter der Gedenkstätte Hohenschönhausen, Hubertus Knabe. Seine Einrichtung sei »kein Anhängsel einer Verwaltung«, sagte er, sondern eine unabhängige Stiftung.

Um der »deutlich übergewichtigen Konzentration auf Orte der Repression und der Teilung« entgegenzuwirken, bei der »der Alltag einer diktaturunterworfenen Bevölkerung weitgehend ausgeblendet bleibe«, schlägt die Kommission ein neu zu schaffendes »Forum Aufarbeitung« unter Trägerschaft der Stiftung Aufarbeitung in Berlin vor. Dort sollen Ausstellungen und Veranstaltungen organisiert werden. Standort könnten die ehemalige SED-Parteizentrale an der Torstraße, die ehemalige Brauerei Oswald nahe dem ehemaligen Grenzstreifen Bernauer Straße oder das frühere ADN-Gebäude in der Karl-Liebknecht-Straße sein.

Matthias Schlegel, Der Tagesspiegel, 13.5.2006

»Die Stasi war eine kriminelle Vereinigung«. Die Bürgerrechtlerin Freya Klier übt Kritik an den Plänen zum neuen Umgang mit der SED-Diktatur

Im Abschlussbericht der von der Bundesregierung eingesetzten Expertenkommission zur Aufarbeitung der SED-Diktatur wird eine inhaltliche und organisatorische Neuordnung empfohlen. Dem Papier zufolge, das morgen an Kulturstaatsminister Bernd Neumann übergeben wird, sollen die Stasi-Akten langfristig in die Bestände des Bundesarchivs integriert werden. Die für die Stasi-Hinterlassenschaft zuständige Birthler-Behörde soll personell »abgeschmolzen« und in ein Forschungszentrum umgewandelt werden. Dieses soll dann in einem nationalen »Forum Aufarbeitung« aufgehen, das die Tätigkeit nahezu aller Institutionen koordiniert, die sich mit der DDR-Vergangenheit beschäftigen.

Das Konzept der Expertenkommission unter Leitung des Potsdamer Historikers Martin Sabrow sieht auch einen Wechsel von der politischen zur historischen Aufarbeitung der DDR-Vergangenheit vor. Mit anderen Worten: Das Thema SED-Diktatur und Staatssicherheitsdienst soll als abgeschlossener geschichtlicher Zeitraum behandelt werden. Dagegen wehren sich ehemalige, im Bürgerbüro Berlin organisierte DDR-Bürgerrechtler, die das Unwesen der alten Stasi-Kader für ein sehr aktuelles Problem halten. Eine von ihnen ist die Filmemacherin Freya Klier, die der Expertenkommission der Bundesregierung angehört. Sie folgt deren Empfehlungen in wesentlichen Punkten nicht und gibt morgen ein Sondervotum ab.

Welt am Sonntag: Frau Klier, warum weichen Sie mit einem Sondervotum von den Empfehlungen der Expertenkommission zur Schaffung eines »Geschichtsverbundes Aufarbeitung der SED-Diktatur« ab?

Freya Klier: Weil die abschließenden Empfehlungen nicht die adäquate Antwort auf das Weiterwirken und die Neupositionierungen der DDR-Kader sind, die die Verharmlosung des SED-Regimes immer aggressiver in unsere Gesellschaft hineintragen. Diese Leute marschieren ja nicht nur in Gedenkstätten auf, sie sitzen auch im Bundestag, in den Medien, in den Schulen und in unzähligen Gremien.

Woran liegt das?

Klier: Das ist die Folge von schweren juristischen Fehlern, die im Zuge der deutschen Einheit begangen wurden. So hätte der Staatssicherheitsdienst unbedingt zur kriminellen Vereinigung erklärt werden müssen. Dann würden diese Leute heute nicht so auftrumpfen.

Aber was hat das alles mit dem künftigen Archivierungsort der Stasi-Akten zu tun?

Klier: Die Stasi-Akten-Behörde ist nicht irgendeine Behörde, sondern ein Erbe der friedlichen Revolution in der DDR. Die Empfehlung der

Expertenkommission ist angesichts der immer frecher werdenden Altkader zum gegenwärtigen Zeitpunkt ein falsches Signal. Statt über eine Verschiebung der Stasi-Akten zu sinnieren, wäre es angebrachter, die Regelanfrage für den öffentlichen Dienst sowie für Mandatsträger über den Dezember 2006 hinaus zu verlängern.

Aber die Birthler-Behörde bliebe doch als Gedenk- und Forschungsstätte bestehen.

Klier: Das ist richtig. Aber sie verlöre ihren Charakter, denn die Empfehlungen sehen vor, diese in einem zentralistisch organisierten Verbund aufgehen zu lassen. Die Aufarbeitung der DDR-Vergangenheit würde somit letztendlich bürokratisch erstickt werden.

Sehen Sie das nicht etwas zu dramatisch, Frau Klier?

Klier: Keineswegs. Denn die Organisationsform ist ja nur das eine. Hinzu kommt, daß die Empfehlungen der Expertenkommission sehr vage gehalten und nicht besonders geeignet sind, nachfolgenden Generationen das Wesen von Diktaturen nahezubringen.

Werden Sie doch etwas präziser.

Klier: Durch meine langjährige Erfahrung an Schulen weiß ich, daß man jungen Leuten Diktatur nur näherbringen kann, indem man sie personalisiert. Es sind die menschlichen Schicksale, die zuhören lassen. Dies gilt für die Auseinandersetzung mit der DDR ebenso wie für die nationalsozialistische Diktatur: Akademische Abstraktionen, wie sie von der Kommission favorisiert werden, rauschen an der jungen Generation vorbei. Was wir brauchen, ist eine methodische Neuausrichtung in den Schulen.

Sie lassen kein gutes Haar an der Empfehlung der Kommission.

Klier: Keineswegs. Es gibt auch einzelne Punkte, die ich mittragen kann. So begrüße ich zum Beispiel die von der Kommission geforderte stärkere Thematisierung des Alltags in der 40jährigen DDR-Geschichte. Doch insgesamt beschleicht mich beim Lesen der Empfehlung das ungute Gefühl, daß die aktuelle politische Dimension des Themas gar nicht erfaßt wird. Um es noch einmal deutlich zu sagen: Wir können nicht zulassen, daß das DDR-Unrecht verharmlost wird, indem weitvernetzte Demokratiefeinde die Deutungshoheit über die DDR-Geschichte erlangen. Sie sollen nicht auch noch unsere Zukunft mitbestimmen.

Interview: Ralf Georg Reuth, Welt am Sonntag, 14.5.2006

Presseerklärung der Bundesbeauftragten für die Stasi-Unterlagen, Marianne Birthler

Zu den heute vorgestellten »Empfehlungen der Expertenkommission zur Schaffung eines Geschichtsverbundes ›Aufarbeitung der SED-Diktatur‹« hat die Bundesbeauftragte für die Stasi-Unterlagen, Marianne Birthler, einen ersten Kommentar abgegeben:

1. »Die Kommission hat unmissverständlich zum Ausdruck gebracht, wie wichtig auch künftig die Auseinandersetzung mit der SED-Diktatur sein wird. Ihr den Versuch zu unterstellen, die DDR »weichzuspülen« oder zu verharmlosen, ist absurd – in den Empfehlungen der Experten ist nichts davon zu entdecken.
2. Das vorgeschlagene, nach Themenbereichen gegliederte Drei-Säulen-Modell ist schlüssig und überzeugend, vor allem, weil es integrierte Arbeitsansätze ermöglicht, die es erlauben, Archive, Forschung, Gedenkstätten, Vermittlungs- und Bildungsarbeit aufeinander zu beziehen. Eine trennscharfe Abgrenzung wird bei einigen Themen allerdings nicht möglich sein: Das Thema Widerstand und Opposition zum Beispiel muss sowohl im Kontext von Herrschaft und Gesellschaft wie auch im Kontext von Überwachung und Verfolgung angesiedelt werden.
3. Eine Zuordnung der MfS-Unterlagen zum Bundesarchiv kommt für die Kommission in absehbarer Zeit nicht in Betracht – dies ist aus fachlicher Sicht zu unterstreichen. Vor allem datenschutzrechtliche Gründe, die auf längere Zeit noch von Belang sein werden, machen die besonderen, archivunüblichen Zugangregeln des Stasi-Unterlagen-Gesetzes erforderlich. Zu dessen Besonderheiten gehört im Übrigen auch die bewusst gewählte Unterscheidung von Mitarbeiter- und Betroffenen-Unterlagen.
   Kernaufgaben der Behörde sind neben der Erschließung und Auswertung der Akten und der persönlichen Akteneinsicht auch die Herausgabe von Unterlagen an externe Nutzer und der Auftrag, Erkenntnisse über das MfS der Öffentlichkeit zu vermitteln. Vor Ablauf des von heute aus überschaubaren Zeitraums von 10 bis 15 Jahren haben sich diese Aufgaben nicht erledigt, Teile davon sind ohnehin Daueraufgaben.
4. Hinsichtlich des Zeithorizonts für die Umsetzung der verschiedenen Vorschläge bleiben die Empfehlungen der Kommission etwas diffus. Eine deutliche Unterscheidung zwischen langfristigen Entwicklungen und dringend zu lösenden Aufgaben wäre deshalb sinnvoll. Erinnert sei daran, dass der Ausgangspunkt der Debatte, die in den Auftrag an die Kommission mündete, die Suche nach einer zukunftstähigen Lösung für das Haus 1 in der Normannenstraße war. Hierfür schlägt die

Kommission eine organisatorische Verbindung mit der Stasi-Unterlagen-Behörde vor. Dieser aus meiner Sicht sinnvolle Vorschlag würde dem gesetzlichen Auftrag der BStU entsprechen, zu dem es gehört, Struktur, Wirkungsweise und Methoden nicht nur zu erforschen, sondern auch sichtbar zu machen. Er böte auch die Möglichkeit, die bei der BStU vorhandenen wissenschaftlichen und Verwaltungs-Ressourcen für das Haus 1 nutzbar zu machen.

5. Hohenschönhausen steht wie das Haus 1 in engem inhaltlichen Zusammenhang mit der BStU. Die Gedenkstätte bedarf zwar dringend der fachlichen Weiterentwicklung, hat aber bereits – im Unterschied zu Haus 1 – in der Trägerschaft des Landes Berlin eine funktionsfähige Struktur. Statt einer organisatorischen Anbindung an die BStU liegen für Forschung und wissenschaftliche Begleitung von Ausstellungen und Arbeit mit den Besuchern Kooperationen mit der BStU nahe.«

Pressemitteilung, Marianne Birthler BStU, 15.5.2006

Pressemitteilung der Bundesstiftung zur Aufarbeitung der SED-Diktatur zu den Empfehlungen der Expertenkommission zur Schaffung eines Geschichtsverbundes »Aufarbeitung der SED-Diktatur«

Noch hat die zweite Diktatur in Deutschland ihren Platz in der gesamtgesellschaftlichen Diskussion als gesamtdeutsches und europäisches Phänomen nicht gefunden. Die Bundesstiftung zur Aufarbeitung der SED-Diktatur begrüßt daher die Bestrebungen der Expertenkommission, mit ihren Empfehlungen die historisch-politische Auseinandersetzung mit der DDR und deren Verortung im gesamtdeutschen und europäischen Kontext zu befördern.

Die von der Expertenkommission vorgelegten Empfehlungen sind eine erste Grundlage für die dringend erforderliche Diskussion, wie der Prozess der Aufarbeitung professionell und zukunftsfähig gestaltet werden kann. In diese breite öffentliche Debatte müssen alle Akteure der »Aufarbeitung« aus Politik, Wissenschaft, Verwaltung, Medien, politischer Bildung, bürgerschaftlichem Engagement und Gedenkstätten einbezogen werden.

Die Bundesstiftung zur Aufarbeitung der SED-Diktatur begrüßt ausdrücklich, dass die Kommission mit ihren Empfehlungen die Auseinandersetzung mit der SED-Diktatur als Aufgabe von gesamtstaatlicher Bedeutung hervorgehoben hat und mit ihren Empfehlungen die bisherige Arbeit der Stiftung würdigt.

Dazu Rainer Eppelmann, Vorstandsvorsitzender der Bundesstiftung: »Die Bundesstiftung zur Aufarbeitung der SED-Diktatur versteht sich bereits heute ganz im Sinne der Empfehlungen der Kommission als zentraler Kommunikationsort und Anlaufstelle für alle Fragen der DDR- und internationalen Kommunismusaufarbeitung.«

Markus Meckel, Ratsvorsitzender der Bundesstiftung betont in diesem Zusammenhang: »Damit die Stiftung ihrem umfassenden gesetzlichen Auftrag bei der Beförderung der Auseinandersetzung mit der zweiten deutschen Diktatur insbesondere auch auf den von der Kommission benannten Gebieten ›internationale Beziehungen‹ und ›Wissenschaftsförderung‹ noch besser als bisher gerecht werden kann, ist es unumgänglich, die finanzielle und personelle Ausstattung der Stiftung zu verbessern.«

Die von der Kommission benannten Probleme, wie etwa die Sicherung der Arbeit in Haus I/Normannenstraße oder die ungeklärte und unbefriedigende Finanzierungssituation zahlreicher Einrichtungen wie bspw. bei SED-Gedenkstätten, müssen angesichts vielfältiger Tendenzen, die Verhältnisse in der DDR schönzureden, dringend und kurzfristig gelöst werden. Die Bundesstiftung Aufarbeitung stimmt mit der Expertenkommission darin überein, dass aus bürgerschaftlichem Engagement hervorgegangene Einrichtungen wie bspw. die Robert-Havemann-Gesellschaft Berlin, das Archiv Bürgerbewegung Leipzig oder die UOKG auf eine gesicherte finanzielle Grundlage gestellt werden müssen. Dabei ist auch an die Verantwortung der Länder zu erinnern.

Aus Sicht der Bundesstiftung Aufarbeitung muss darüber diskutiert werden, wie eine Berlinzentrierung bei der Auseinandersetzung mit der SED-Diktatur und ihren Folgen vermieden werden kann. Zudem ist bei der Definition bzw. Schaffung von »Kerninstitutionen« für abgegrenzte Themenbereiche, wie sie von der Kommission vorgeschlagen werden, zu hinterfragen, wie man dabei die Monopolisierung von Themen bei einzelnen Einrichtungen vermeiden sowie den komplexen Verflechtungen und vielfältigen Interdependenzen aller politischer und gesellschaftlicher Bereiche des SED-Staates gerecht werden kann. Eine solche Monopolisierung würde dem zu Recht von der Kommission hervorgehobenen pluralistischen und dezentralen Charakter der Auseinandersetzung mit der SED-Diktatur entgegenwirken.

Presseerklärung, Stiftung Aufarbeitung, 15.5.2006

Expertenkommission »Geschichtsverbund zur Aufarbeitung der SED-Diktatur«

Die schon an die Öffentlichkeit gelangten Empfehlungen der Expertenkommission für die Entwicklung eines »Geschichtsverbundes zur Aufarbeitung der SED-Diktatur« bedürfen dringend der öffentlichen Debatte.

Das Anliegen, die Aufarbeitung der SED-Diktatur zu fördern, ist begrüßenswert. Das Ergebnis der Arbeit ist unzureichend. Die Kommission ist als unmaßgebliche und keinesfalls repräsentative Gruppe (fehlende Opferverbände, regionale Initiativen, andere wissenschaftliche Ansätze) zu betrachten.

Der Kern der Empfehlungen der Expertenkommission betrifft die Schaffung von drei Aufarbeitungsschwerpunkten (Herrschaft – Gesellschaft – Widerstand, Überwachung und Verfolgung, Teilung und Grenze), die unter inhaltlichen Gesichtspunkten nahezu die gesamte deutsche Aufarbeitungslandschaft erfassen soll. Drei Aufarbeitungsinstitutionen sollen als Träger fungieren, die »Stiftung Aufarbeitung«, die BStU und die Gedenkstätte Berliner Mauer.

Wir halten die Empfehlungen der Kommission nicht für sachgerecht. Im Fall einer äußerst kostspieligen Realisierung würde die ohnehin unzureichende Aufarbeitung der kommunistischen Herrschaft beschädigt. Zudem fehlen nahezu alle rechtlichen Instrumente, das Vorhaben umzusetzen. Im Ergebnis würden drei bürokratische Monster entstehen, die die Arbeit bestehender und funktionierender Einrichtungen zentralistisch blockieren und mit einer Gremieninflation ersticken. Statt der notwendigen Vernetzung von bürgerschaftlichem Engagement, kommunaler Initiativen und staatlicher Institutionen entstünden komplizierte Verwaltungseinheiten, die sich mehr mit sich selbst, als mit ihren Aufgaben beschäftigen würden.

Unter anderem wäre zu den einzelnen Vorhaben zu bemerken: Die BStU bezieht ihre rechtliche und politische Legitimation aus dem StUG, das sie verpflichtet, Akten des MfS für genau definierte Zwecke zur Verfügung zu stellen. Dazu gehört auch die Unterrichtung der Öffentlichkeit über Funktionen und Wirkungen des MfS. Diese Aufgaben bleiben für das nächste Jahrzehnt und länger bestehen. Die BStU kann nicht in eine Gedenkstätten- und Museumsverwaltung umfunktioniert werden, erfolgreiche selbstständige Gedenkstätten bedürfen keiner übergeordneten Verwaltung. Die in der Behörde arbeitende Abteilung »Bildung und Forschung« bezieht ihre Legitimation aus dem Gesamtauftrag der Behörde gemäß dem StUG und verfügt daher über einen privilegierten Aktenzugang. Wenn dieser entfällt, hat diese Einrichtung keine Existenzberechtigung mehr. Auch die Forschung zu Opposition und Widerstand ist vorrangig dort anzusiedeln, wo es einen unmittelbaren Zugang zu den Akten gibt.

Die »Stiftung Aufarbeitung« sollte als multifunktionales Instrument der Aufarbeitung und der Aufarbeitungsförderung ausgebaut werden. Mit ihren Bemühungen um die Vernetzung, Beratung und Förderung der vielfältigen Aufarbeitungsbereiche hat sie sich eine Kompetenz erworben, die weiter genutzt werden sollte. Der Versuch, unter der Trägerschaft der Stiftung eine Ausstellung zum »Alltag in der durchherrschten Gesellschaft« in einem »Haus der Aufarbeitung« einzurichten, erinnert an die pseudowissenschaftlichen Unternehmungen, den Alltag in der DDR ohne die alltäglichen Repressionen, sozialen Mängel, Ängste und Verdrängungen zu zeichnen. Ein solcher Plan ist überflüssig und zu teuer. Niemand käme darauf, die Autobahnen und Sozialleistungen des NS-Staates unabhängig von den Repressionen der Diktatur auszustellen.

Letztens ist es schwer vorstellbar, dass im Komplex »Teilung und Grenze« die gut arbeitende Gedenkstätte Berliner Mauer eine Koordinierungsfunktion im Rahmen einer zu gründenden Stiftung für alle anderen Gedenkstätten übernimmt. Hier würde ein Apparat entwickelt, der in der vielgliedrigen Gedenklandschaft an die Teilung völlig überflüssig ist.

Das »Bürgerbüro« fordert, dass über die Historisierung der DDR hinausgehende Konzepte der Aufarbeitung entwickelt und debattiert werden. Dazu gehören die politischen, mentalen und gesellschaftlichen Kontinuitätslinien, Folgen und Nachwirkungen der SED-Diktatur. Zudem müssen die Situation der Opfer der kommunistischen Herrschaft sowie die Situation der SED-Funktionseliten im Transformationsprozess Bestandteil der Aufarbeitung werden.

Das Bürgerbüro Berlin e. V. verlangt, dass alle von den Empfehlungen betroffenen Initiativen, Institutionen und Vereine gehört und berücksichtigt werden, bevor für sie existentielle Entscheidungen getroffen werden.

gez. Dr. Ehrhart Neubert	gez. Dr. Helmut Nicolaus
(Vorsitzender)	(Stellv. Vorsitzender)

Für den Vorstand:
Andreas Bertram
Freya Klier
Dr. Uwe Lehmann-Brauns
Vera Lengsfeld
Siegfried Reiprich

Presseerklärung, Bürgerbüro e.V. Berlin, 15.5.2006

Experten-Empfehlung für Zukunft der bundesdeutschen Gedenk- und Erinnerungslandschaft als Arbeitsgrundlage ungeeignet

Konzept setzt auf Zentralisierung statt Pluralität und verschweigt Finanzierungsproblem
Die heute veröffentlichten Empfehlungen der Expertenkommission zur SED-Aufarbeitung sind als Grundlage für die Entwicklung der bundesdeutschen Gedenk- und Erinnerungslandschaft ungeeignet. Sie berücksichtigen nur einen Teil der seit Jahren gewachsenen Strukturen, setzen auf Zentralisierung statt Pluralität und sind nicht einmal ansatzweise auf ihre Finanzierbarkeit geprüft.

Voraussetzung für ein handhabbares Konzept wäre eine offene, pluralistische und transparente Debatte gewesen. Stattdessen tagte die Kommission ein Jahre lang hinter verschlossenen Türen – eine Zeit, in der Experten und Beteiligte intensiver in die Diskussion hätten einbezogen werden können. Die Evaluation von Gedenk- und Erinnerungsorten per Fragebogen sowie Kurzbesuche in einzelnen Einrichtungen waren sicher Schritte in diese Richtung, allerdings bei weitem nicht ausreichend und berücksichtigte auch nur einen Teil der im Bereich DDR-Aufarbeitung aktiven Einrichtungen. Allein schon die Zusammensetzung der Kommission ist fragwürdig, gehört ihr doch kein einziger Gedenkstättenfachmann an, obwohl eine zentrale Frage eben gerade die Zukunft von Gedenkstätten an authentischen Orten ist.

Vorhandene Konzepte bleiben außen vor – Kommission beginnt wieder bei Null
Lange bevor die Expertenkommission ihre Arbeit aufnahm, existierten bereits Konzepte und Überlegungen für die Struktur der Gedenk- und Erinnerungslandschaft in Deutschland. Diese werden in den nun veröffentlichten Empfehlungen vollkommen ignoriert, was allein im Fall der Gedenkstättenkonzeption des Bundes (Bundestags-Drucksache 14/1569), 1999 im Ergebnis der Arbeit zweier Enquet-Kommissionen entstanden, fatal ist. Denn auf Basis dieses ausgewogenen Papiers wird seither Gedenk- und Erinnerungsarbeit geleistet und auch gefördert, sodass es unsinnig ist, aktuelle konzeptionelle Überlegungen wieder bei Null zu beginnen. Ebenfalls unerwähnt bleibt in den Empfehlungen ein Gesetzentwurf der CDU/CSU-Fraktion aus dem Jahr 2004 (Bundestags-Drucksache 15/3048), der seinerzeit äußerst kontrovers diskutiert wurde, aber wesentlich weit reichender als das jetzt vorgelegte Dokument die Struktur der Gedenk- und Erinnerungslandschaft erfasst.

»Aufarbeitungskombinat« droht – Millionenausgaben für unnötige Neugründungen absehbar

Obwohl die Kommission ausdrücklich versichert, keine Zentralisierung anzustreben, focussiert sie diese mit ihren praktischen Vorschlägen explizit: So bedeutet die Schaffung von drei neuen »Leiteinrichtungen« nichts anderes als staatliche Zentralisierung, die den Prinzipien der Heterogenität und Pluralität entgegenläuft. Die Übernahme von bisher frei getragenen Einrichtungen in öffentliche Trägerschaft wird als eine Art Patentlösung gehandelt, die aber auf Kosten der gewachsenen Struktur der Gedenkstättenlandschaft gehen würde. Konzeptionell und finanziell vollkommen unsinnig ist etwa der Vorschlag, ein Dokumentationszentrum Alltagskultur in Berlin einzurichten, obwohl ein solches bereits seit Jahren in Eisenhüttenstadt existiert und qualitätvoll arbeitet. Wenn der Bund sich an dieser Stelle in der Verantwortung sieht, dann sollte er – allein im Sinne der Subsidiarität – vorhandene Einrichtungen konsequenter fördern, statt neue aus dem Boden zu stampfen.

Vor diesem Hintergrund erscheint die Kritik der Kommission, es gebe »eine nach Ost und West geteilte Wahrnehmung der DDR-Geschichte, die in den alten Bundesländern nur sehr bedingt als Teil der gesamtdeutschen Geschichte verstanden wird«, in völlig neuem Licht. Es ist geradezu absurd, diesen Zustand zu beklagen und gleichzeitig die zumindest in den neuen Bundesländern breit verteilten Aufarbeitungseinrichtungen zugunsten einer immer stärkeren Berlin-Zentralisierung zu vernachlässigen.

Auch die Gedenkstätte Museum in der »Runden Ecke« ist von dieser Tendenz betroffen: Die Expertenkommission spricht ihr eine überregionale Bedeutung ab, wenngleich die Einrichtung nun bereits seit vier Jahren von der Bundesrepublik Deutschland gefördert und bundesweit wie international als wichtiger und viel frequentierter Gedenkort wahrgenommen wird. Nationale Bedeutung hat sie schon allein deshalb, weil es sich um die einzige noch original erhaltene Bezirksverwaltung des MfS handelt, an deren Beispiel die flächendeckende Überwachung des Ministeriums für Staatssicherheit in der gesamten DDR dargestellt werden kann.

Vernetzung vorhandener Einrichtungen statt zentralistischer Vorgaben

Die sinnvolle Alternative zu »Leiteinrichtungen« und anderen Neugründungen wäre es, die Zusammenarbeit und Vernetzung der bestehenden Einrichtungen auf Arbeitsebene zu fördern. Um Doppelarbeiten zu vermeiden, müssen diese künftig ihre Profile schärfen – allerdings auf der Grundlage von Kooperationen und nicht durch zentralistische Vorgaben.

Die mangelnde Professionalität der Arbeit mancher bestehender Aufarbeitungseinrichtungen, die im Empfehlungspapier zu Recht kritisiert wird, ist in den meisten Fällen auf die äußerst dürftige finanzielle Ausstattung zurückzuführen. Diese Defizite könnten durch gezielte Förderung abgestellt werden, ohne dass es Änderungen in der Trägerschaft oder gar Neugründungen bedürfte. Ohnehin ist es ein zentrales Manko des Experten-Papiers, dass es keine Angaben zur Finanzierung der enorm kostenintensiven Vorschläge enthält. Die zweifellos nötigen Millionen könnten wesentlich sinnvoller in den Ausbau und die Vernetzung vorhandener Strukturen investiert werden. Zusätzlich sind mehr Gelder für die Förderung von Projekten nötig, weshalb der Etat der zuständigen Stiftung zur Aufarbeitung der SED-Diktatur aufgestockt werden muss.

BStU hat Nachholbedarf bei Kernaufgaben – Abwicklung kann noch nicht zur Debatte stehen

Die vorgeschlagene Umwandlung der BStU in ein Forschungs- und Dokumentationszentrum ist angesichts der schon vorhandenen Pluralität in diesem Bereich überflüssig. Ohnehin kann an eine Abwicklung der Behörde erst dann gedacht werden, wenn sie ihre wesentlichen Aufgaben erledigt hat. Gegründet wurde sie 1992 mit dem Auftrag, die Aktenhinterlassenschaft des MfS zu erschließen und sowohl Betroffenen als auch Forschern Einsicht in diese Unterlagen zu gewähren. Hier gibt es großen Nachholbedarf – verwiesen sei allein auf die oft jahrelangen Wartezeiten bei der Beantragung persönlicher Akteneinsicht. Die BStU braucht also keine neuen Aufgaben, sondern muss zunächst einmal ihren eigentlichen Auftrag erfüllen. Vorhandene Mittel sollten nicht in neue Strukturen, sondern in längst fällige Projekte, wie etwa die computergestützte Rekonstruktion zerrissener Akten, investiert werden.

Erst wenn diese Aufgaben erfüllt sind, kann die Verantwortung für die Akten an eine andere Stelle, etwa das Bundesarchiv, übergehen. Wichtig dabei ist nicht, welche Einrichtung den Bestand übernimmt, sondern allein, das dieser zugänglich bleibt. Denn das schützenswerte Erbe der Friedlichen Revolution sind die offenen Akten, nicht die damit befassten Einrichtungen.

Presseerklärung, Bürgerkomitee Leipzig e.V., 15.5.2006

Grenzen der Schockpädagogik. Expertengutachten vorgestellt: Die Aufarbeitung der DDR-Diktatur soll breiter gefächert werden – Debatte um Konzepte der Gedenkstätten in vollem Gange

Berlin. Wer die Gedenkstätten besucht, die in Berlin an die DDR erinnern sollen, versteht schnell, warum der gestern vorgestellte Kommissionsbericht »Aufarbeitung der SED-Diktatur« schon vorab solche Unruhe erzeugte. Hier geht es um alles: Geschichtsverständnis, Deutungshoheit, Biographien der Beteiligten und nicht zuletzt Jobs und Fördergelder. Vor einem »Aufarbeitungskombinat« hatte Gedenkstättenleiter Hubertus Knabe gewarnt, der die Empfehlung der Kommission, das Gedenken zu zentralisieren und professionalisieren, als Versuch wertet, »die Ostalgie staatlich zu fördern«.

Knabe, ein im westdeutschen Unna geborener Historiker und früherer Pressesprecher der Bremer Grünen, der wegen seiner Liebesbeziehung zu einer ostdeutschen Theologin jahrelang bespitzelt wurde, leitet die Gedenkstätte Hohenschönhausen. In dieser ehemaligen Untersuchungshaftanstalt der Staatssicherheit führen heute ehemalige Häftlinge die Besuchergruppen durch Zellen und Verhörzimmer. Zu Beginn der Führung wird den Besuchern, darunter vielen Jugendlichen ohne allzu profunde Vorkenntnisse, ein Film gezeigt, in dem nahegelegt wird, die Stasi habe versucht, bei den Häftlingen durch Röntgenbestrahlung Blutkrebs zu erzeugen. Im »Dachau des Ostens« (Knabe) habe es über 200 Zellen gegeben, tatsächlich sind nur 120 verbürgt. Bei der Parallelisierung mit dem Nationalsozialismus werden den 91.000 hauptamtlichen MfS-Mitarbeitern 7.000 Gestapo-Angehörige gegenübergestellt, und nicht die 300.000 Mitarbeiter des Reichssicherheitshauptamtes. In einer Zelle werden Vorrichtungen zur Wasserfolter gezeigt (»Wer von Ihnen hat Karl May gelesen?« fragt der Museumsführer), obwohl es nur eine Zeugenaussage gibt, die den Einsatz solcher Instrumente hier belegt. In den Verhörzimmern werden einzelne aus der Besuchergruppe herausgegriffen und in Rollenspielen nach ihren Gefühlen befragt (»Was empfindet der Roland, wenn sie ihm sagen, wir wissen alles über Sie?«)

Diese Art von Schockpädagogik ist in der Museumslandschaft keineswegs unbekannt. Im Holocaust-Museum von Los Angeles werden Besucher durch einen Nachbau der Tore von Auschwitz geschleust, um schließlich in einer Gaskammer plattiert zu werden. »Ich glaube nicht«, so eine Kritikerin, »daß man den Opfern mit diesem autoritären Gestus gerecht wird, auch wenn viele Besucher vielleicht genau diese Überwältigung suchen.« Im Mauer-Museum an der Bernauer Straße hat man sich deshalb zu ganz anderen Formen der Besucherbetreuung entschlossen. Die Hintergründe des Mauerbaus werden in unkommentierten, zeitgenössischen Filmaufnahmen dokumentiert, die an Deutlichkeit nichts zu wünschen übriglassen. Aus den Häusern in der Bernauer Straße sieht man Menschen im Sommer 1961 in die Sprungtücher der Feuerwehr springen, die aber oft genug nicht am richtigen Ort gehalten wurden. Wo Besucher mit Zeitzeugen sprechen, werden die Gespräche von Mitarbeitern moderiert. Auf Zeittafeln wird in nüchternem Ton der Kontext erläutert. Aussagen der Opfer sind über Kopfhörer zu hören, ebenso wie Radiosendungen von Rias oder DDR-Radio. Von Montag bis Freitag finden in der Kapelle der Versöhnungskirche nebenan Gedenkandachten für jeweils einen der Mauertoten statt, dessen Biographie recherchiert wird. Vier der Diakonissen, die im Lazarus-Krankenhaus nebenan damals viele der Verwundeten versorgt haben und heute so um die 80 Jahre alt sind, beteiligen sich daran. Auch Schulklassen sollen künftig solche Andachten vorbereiten.

»In den neunziger Jahren«, so erinnert sich Projektleiterin Maria Nooke, »da gab es noch viel zuwenig Interesse. Es waren nicht zuletzt die Touristen mit ihrer Verblüffung darüber, daß die Berliner alles weggeräumt haben, die da ein Umdenken bewirkt haben.« Die Tatsache, daß in Berlin ein PDS-Senator das neue Gedenkstättenkonzept verantwortet, so Nooke, »ist ein klares Votum für die Aufarbeitung der Vergangenheit«, und ein solches sieht sie auch beim Bund. Die Politik solle allerdings nur den Rahmen bereitstellen, die inhaltliche Gestaltung solle weiter den Betreibern überlassen bleiben. Skeptisch ist sie, ob die Bernauer Straße, wie von der Kommission empfohlen, zum Zentrum des Verbunds werden kann. Aber daß die thematische Auffächerung der Aufarbeitung – nicht nur Stasi, sondern auch SED, Mauer und Alltagskultur – ebenso notwendig ist wie Professionalisierung und Bündelung, darin stimmt Gabriele Camphausen, die Vorsitzende des Vereins Berliner Mauer, der Kommission zu. »Im Vergleich mit der Aufarbeitung in Ost- und Mitteleuropa können wir sehr stolz auf das Erreichte sein. Es gibt dort nicht die zivilgesellschaftliche Tradition, die das hier vorangetrieben hat.« Die Zahl der Westdeutschen, die die DDR als Regionalgeschichte betrachteten und nicht als deutsch-deutsche Vergangenheit, werde stetig weniger.

Mariam Lau, Die Welt, 15.5.2006

Empfehlungen zur Aufarbeitung der SED-Diktatur. Die Sabrow Kommission legt heute ihren Bericht vor / Lehmann-Brauns: Weichspülung harter Fakten / Sondervotum Frau Klier

Unter dem Vorsitz des Historikers Martin Sabrow, des Direktors des Potsdamer Zentrums für Zeithistorische Forschung (ZZF), hat eine Kommission aus Historikern und ehemaligen Bürgerrechtlern Empfehlungen für die Aufarbeitung der SED-Herrschaft ausgearbeitet. Die Kommission war vor einem Jahr von der damaligen Staatsministerin für Kultur, Christina Weiss, eingesetzt worden. An diesem Montag werden die Empfehlungen in Berlin vorgestellt.

Nach Auffassung der Kommission wird sich die Arbeit der Behörde der Bundesbeauftragten für die Stasi-Unterlagen in den nächsten Jahren stark verändern. Die Archivbestände des DDR-Ministeriums für Staatssicherheit (MfS) – 180 Kilometer zum Teil noch heute unerschlossene Akten – sollten daher auf lange Sicht ins Bundesarchiv wandern, wo sie nach den Regeln des Bundesarchivgesetzes zugänglich blieben. Statt ihre Pläne für die Neuordnung der Außenstellen zu verwirklichen, solle die Behörde das Geld besser in die raschere Erschließung der Bestände und in die Entwicklung von Quelleneditionen und Findhilfsmitteln stecken. Aus der dem Staatsminister für Kultur unterstellten Bundesbehörde soll die Abteilung Bildung und Forschung übrigbleiben. Diese soll zunächst vom Wissenschaftsrat begutachtet werden und sich dann in ein Dokumentations- und Forschungszentrum für Diktatur und Geheimpolizei verwandeln. Die Gedenkstätte im ehemaligen Untersuchungsgefängnis des MfS in Berlin-Hohenschönhausen – eine von Bund und Berlin finanzierte Stiftung öffentlichen Rechts – und die von einem Verein betriebene Gedenkstätte im Haus 1 der Normannenstraße, wo Mielkes Ministerium seinen Sitz hatte, sollen gemeinsam am Thema »Überwachung und Verfolgung« arbeiten, in welcher rechtlichen Form auch immer. Gegen diese Vorschläge gab es aus den angesprochenen Einrichtungen den heftigsten Protest. Von einer Schaffung einer »Monsterbehörde« und einem »Aufarbeitungskombinat« ist die Rede.

Es sei »fachwissenschaftlich und öffentlich unstrittig«, schreibt die Kommission, daß es unangemessen sei, sich wie bislang auf die Repression und Überwachung im SED-Staat zu konzentrieren. Eine »zukunftsfähige öffentliche Auseinandersetzung mit der DDR« müsse daher den »Alltag in der durchherrschten Gesellschaft« besser sichtbar machen. Die Kommission nennt drei leerstehende Gebäude in Berlin-Mitte, in denen ein »Forum Aufarbeitung« für Ausstellungen und Veranstaltungen zu schaffen sei. Die Bundesstiftung zur Aufarbeitung der SED-Diktatur soll Träger dieses Forums werden, sie soll mit universitären und außeruniversitären Forschungseinrichtungen, der Bundes- und der Landeszentrale für politische Bildung sowie mit Sammlungen, Museen und Dokumentationszentren (etwa dem für Alltagskultur in Eisenhüttenstadt) zusammenarbeiten. Ausdrücklich warnt die Kommission davor, zur Ansiedlung des Forums die vielen leeren Räume im ehemaligen Stasi-Ministerium in der Normannenstraße zu nutzen: Damit werde man »ungewollt die Staatssicherheit zum eigentlichen Nukleus der SED-Herrschaft stilisieren«.

Beim Thema »Teilung und Grenze« verweist die Sabrow-Kommission im wesentlichen auf das vom Senat vorgelegte Gedenkkonzept für die Berliner Mauer, bei dem die Gedenkstätte in der Bernauer Straße eine Schlüsselrolle einnehmen soll. Die Vorsitzende des Vereins Berliner Mauer, Gabriele Camphausen, warnte vor »reflexhaften Abwehrreaktionen« auf die von der Kommission vorgeschlagenen Veränderungen. Es werde »niemand ernsthaft bestreiten wollen«, daß die Vielfalt bei der Auseinandersetzung mit der SED-Diktatur »auch disparate Züge trägt« und daß die Aufarbeitung der »Professionalisierung und Qualifizierung« bedürfe. Die Kommission lobt zwar in ihrem Bericht die dezentrale Struktur der Gedenkstätten, fordert aber eine stärkere Zusammenarbeit.

Zur Sabrow-Kommission gehörten: der Direktor des Leipziger Zeitgeschichtlichen Forums, Rainer Eckert, Monika Flacke vom Deutschen Historischen Museum in Berlin, Klaus-Dietmar Henke (TU Dresden), der Journalist Roland Jahn und die Regisseurin Freya Klier, Tina Krone vom Berliner Robert-Havemann-Archiv, Peter Maser (Universität Münster), Ulrike Poppe von der Evangelischen Akademie Berlin und Hermann Rudolph, der Herausgeber des Berliner »Tagesspiegels«, der im Vorstand der Bundesstiftung Aufarbeitung sitzt.

Frau Klier gab ein Sondervotum ab, weil die Empfehlungen ihrer Ansicht nach »den Geist des Abwickelns, des Historisierens« atmen. Das sei »das falsche Signal« in einer Zeit, in der sich das »kontinuierliche Weiterwirken ehemaliger Nomenklaturkader« wesentlich strategisch verfeinert habe. Auch der kulturpolitische Sprecher der Berliner CDU, Uwe Lehmann-Brauns, warf der Kommission vor, sie betreibe eine »Weichspülung der harten Fakten«.

mk, Frankfurter Allgemeine Zeitung, 15.5.2006

Die Debatten über die DDR-Historie bleiben hinter der Komplexität des Geschehens zurück

Es ist Zeit, der Empfehlung einer Expertenkommission zu folgen und sich der Alltagsgeschichte zu widmen.

Wer die Empfehlungen ernst nimmt, die eine Expertenkommission zum Umgang mit der DDR-Geschichte am heutigen Montag vorstellt, der könnte an der Stasi-Akte der Ex-Terroristin Susanne Albrecht die Probe aufs Exempel machen: Nicht nur die Themen »Überwachung und Verfolgung« sowie »Teilung und Grenze« sollten in den Blick genommen werden, schlagen die Fachleute vor. Auch der Komplex »Herrschaft – Gesellschaft – Widerstand« bedürfe besonderer Aufmerksamkeit, also die Alltagsgeschichte im Verhältnis zu den Strukturen der Macht.

Was das mit der RAF-Terroristin Susanne Albrecht zu tun hat? Ihre Akte – auferstanden aus Schnipseln – befasst sich eben nicht nur mit den Problemen, die eine in der DDR untergetauchte Mörderin beim Erfinden eines neuen Lebenslaufs und beim Abschirmen gegen die bundesdeutschen Fahnder bereitete. Die Akte spricht auch kaum verhohlen von den

Brüchen zwischen einer westlich sozialisierten, bei aller Abwendung vom »BRD-System« an individuelle Entfaltung gewöhnten Frau auf der einen und einem auf Anpassung und soziale Kontrolle gestützten Alltagsleben auf der anderen Seite. Wenn die Stasi »fehlende Anpassungsfähigkeit« moniert oder »die Vernachlässigung des äußeren Erscheinungsbildes«, dann lässt sich ahnen, wie irritiert ein Stasi-Spießer in der Schreibstube gewesen sein muss.

Einblicke ins reale Leben

Ein Schlaglicht, mehr nicht. Ein Hinweis aber auch darauf, dass es höchste Zeit wäre, das reale Leben in der DDR jenseits von Anpassung und Widerstand intensiver zu beleuchten. Denn die Bilder, die sich in vielen Köpfen heute festgesetzt haben, werden der historischen Wahrheit nur sehr eingeschränkt gerecht. Da ist auf der einen Seite der Mythos von den 17 Millionen Mutigen, die sich 1989 mit revolutionärem Elan von den Fesseln des Kommunismus befreiten und mit Begeisterung in die bundesdeutsche Wirklichkeit marschierten. Da ist auf der anderen Seite das Gegen-Klischee vom angepassten Volk der Plaste-Blusen- und Herrenhandtaschen-Träger, das 40 Jahre lang den engen Horizont von Datschen-Idylle und Plattensee-Urlaub willig akzeptierte und – als die Mauer fiel – genauso willig dem nationalen Pathos eines Helmut Kohl in die Arme lief, um sich hinterher über die Schattenseiten der Freiheit zu beklagen.

Zwischenwelten

Beide Bilder enthalten ein Körnchen Wahrheit, aber die Wahrheit sagen sie nicht. Das Spannendste an der DDR-Geschichte – und erst recht an der Wende – dürfte dazwischen liegen. Die großen Fluchten und kleinen Freiheiten aber, die Brüche im System, an denen sich dessen Charakter aufspüren ließe, spielen bisher so gut wie keine Rolle. Das mag Gründe haben: Schon die Aufarbeitung der Nazi-Zeit in der Bundesrepublik hat gezeigt, dass es mindestens einer Generation bedarf, bis sich der kollektive Blick auf die Vergangenheit von den Interessen derjenigen befreit, die das untergegangene System noch erlebt oder gar getragen haben. Die Furcht, durch kritische Rekonstruktion der Geschichte um den milden Blick auf die eigene Biografie gebracht zu werden, ist ja wesentlich weiter verbreitet, als die Ausfälle ehemaliger SED- oder Stasi-Funktionäre vermuten lassen. Und nicht einfacher wird die Sache durch den berechtigten Wunsch der ehemaligen DDR-Bürger, als Teil eines auf Antifaschismus gegründeten Staatswesens nicht auch noch mit Nazi-Mitläufern auf eine Stufe gestellt zu werden. Dennoch: Nach nun bald 17 Jahren würde es sich lohnen, die Zeugnisse der DDR-Geschichte jenseits von Partei und Geheimdienst neu zu studieren. Schon einmal, vor mehr als zehn Jahren, ging ein entsprechender Versuch im tagespolitisch motivierten Austausch von Zerrbildern unter: Die Arbeit der Enquete-Kommission zur DDR-Geschichte verschwand in den Bibliotheken. Vor allem aus der Wendezeit liegt eine unendliche Fülle von Zeugnissen vor, aus denen sich schnell erschließt, wie wenig unsere heutigen Debatten der Komplexität des damaligen Geschehens gerecht werden. Es ist für – oder gegen – jeden etwas dabei, für DDR-Nostalgiker wie Gegenwarts-Verklärer gleichermaßen. Eines von vielen Beispielen: Heiner Müller, der schillernde DDR-Dramatiker und Grenzgänger zwischen Ost und West, suchte wie viele andere nach einem dritten Weg zwischen Staatssozialismus und Turbo-Kapitalismus. Und auch zum Fall Albrecht hatte er – zur Jahreswende 1989/90 – schon etwas zu sagen: »In der Möglichkeit der Trennung der kommunistischen Partei von der Macht liegt die große Chance, dem Terrorismus die Utopie zu entreißen.«

Stephan Hebel, Frankfurter Rundschau, 15.5.2006

Gedenk-Bausteine

Eine Kommission hat Vorschläge formuliert, wie die Aufarbeitung der SED-Diktatur neu organisiert werden sollte. Joachim Scherrieble, Leiter der Gedenkstätte Marienborn, hält die Empfehlungen für widersprüchlich – aber immerhin für einen Anfang.

Vor gut einem Jahr berief die damalige Kulturstaatsministerin Christina Weiss eine Expertenkommission mit dem vagen Auftrag, »Elemente eines Gesamtkonzeptes für einen dezentral organisierten Geschichtsverbund zur Aufarbeitung der SED-Diktatur« zu formulieren. Obwohl es im Vorfeld bereits Auseinandersetzungen gab über die Zusammensetzung der Kommission, hatten Mitglieder der Arbeitsgemeinschaft der DDR-Gedenkstätten mehrfach dafür geworben, die Arbeit der Kommission zu unterstützen. Sie sahen darin eine Chance, im Jahr 15 nach der friedlichen Revolution und deutschen Einigung in Ruhe und systematisch zu reflektieren, wie mit der Gedenk- und Erinnerungslandschaft zur zweiten deutschen Diktatur umgegangen werden soll.

Ein Jahr lang erörterte die Kommission nun die Arbeit von 41 Einrichtungen. An diesem Montag werden die Vorschläge vorgestellt. Doch das durch womöglich gezielte Indiskretionen vorab an die Öffentlichkeit gelangte Papier trägt nicht gerade zur Versachlichung der Diskussion bei. Die Äußerungen der vergangenen Tage – unter anderem beim 10. Kongress der Landesbeauftragten für Stasiunterlagen vom 12. bis 14. Mai in Königslutter – reichen von Ausrufen, die Empfehlungen »komplett in die Tonne« zu werfen, über »Aufarbeitungskombinat«, »Rückschritt um vier Jahre«, »durchsichtige Interessen einzelner Kommissionsmitglieder« bis zum Wunsch, der Nachfolger von Frau Weiss, Kulturstaatsminister

Bernd Neumann (CDU), möge das »Gutachten hoffentlich in der Schublade verschwinden lassen«.

In dem mehr als 20-seitigen Papier werden zunächst die »Leitlinien der Empfehlungen« beschrieben. Einführend wird dabei festgestellt, dass die »Auseinandersetzung mit der DDR und ihrem SED-Regime« »von einer breiten öffentlichen Debatte getragen, politisch und parlamentarisch flankiert«, heute »einen bemerkenswert hohen Standard erreicht und im europäischen Vergleich der Auseinandersetzung post-kommunistischer Gesellschaften mit ihrer Vergangenheit sehr gut« dastehe.

Als Leistungen werden ein »Netzwerk« von Archiven, Doku-Zentren und Austauschforen, die »generelle Öffnung staatlicher und parteilicher Überlieferungen« mit faktischer Aufhebung der dreißigjährigen Sperrfrist, die gesetzlich legitimierte Behörde für die Stasi-Unterlagen (BStU), zwei Enquete-Kommissionen des Deutschen Bundestages und die hieraus erwachsene Stiftung zur Aufarbeitung der SED-Diktatur, »breite und intensive wissenschaftliche Erforschung der DDR und deren Integrierung in die deutsche und internationale Zeitgeschichte« genannt sowie »die Ausbildung einer facettenreichen Topographie von Lern- und Gedenkorten, Sammlungen [...], von Publikationen sowie Dauer- und Wechselausstellungen, die in ihrer Pluralität und Vielschichtigkeit Ausdruck einer offenen Gesellschaft ist und zu den schützenswerten Charakteristika der Auseinandersetzung mit der SED-Diktatur zählt.«

Als Negativa bilanziert die Kommission »eine nach Ost und West geteilte Wahrnehmung der DDR-Geschichte«, eine »medial vermittelte Trivialisierung ihrer Diktaturaspekte«, die »mehr und mehr in den Hintergrund tretende Vermittlung der DDR-Geschichte in Schulen und Hochschulen«, die »finanzielle Unterausstattung, aber auch unzureichende Vernetzung und mangelnde Professionalität einzelner Einrichtungen«, »das Fehlen einer gemeinsamen Planungsstrategie [...] auf Bund-Länder-Ebene« sowie eine vermeintliche »Vorrangstellung der Dokumentation staatlicher Repression gegenüber Fragen von Widerstand und Anpassung, Ideologie und Parteiherrschaft und Alltag in der Diktatur«.

Obwohl die Kommission dort, »wo sie es im Sinne einer sachgerechten Auseinandersetzung mit der SED-Diktatur für unabdingbar hielt«, über ihren Auftrag hinausgegangen ist, sind juristische und psychosomatische Aspekte der Aufarbeitung der DDR-Diktatur sowie die gesamtgesellschaftlich nicht nachvollziehbare materielle Benachteiligung von Opfern im Gegensatz zu den Tätern aus der Bilanzierung der »in den letzten eineinhalb Jahrzehnten geleisteten Aufarbeitung« völlig ausgeblendet.

Bis auf diese Lücken beschreiben die skizzierte Bilanz und die in vier Begriffspaaren definierten »Leitlinien für die zukünftige Entwicklung der DDR-bezogenen Diktaturaufarbeitung« der Empfehlungen die Ausgangslage sicher treffend. Diese nachfolgend skizzierten Leitlinien spiegeln den antitotalitären Konsens auf einem breiten Nenner wider: »Offenheit und Pluralität«, »Dezentralität und Autonomie«, »Vernetzung und Effizienz« sowie »Professionalisierung und Perspektivenerweiterung« – hieran müssen sich die tatsächlichen Empfehlungen messen lassen.

Parallel zu einer »gleitenden Umstrukturierung der Birthler-Behörde und einer verbesserten Abstimmung im Bereich der politischen Bildung« schlagen die Experten vor, die DDR-Aufarbeitung »im Zusammenwirken von Musealisierung, Gedenkstättenarbeit und politischer Bildung« auf drei übergeordnete Themenbereiche zu fokussieren: »Herrschaft – Widerstand – Gesellschaft«, »Überwachung und Verfolgung« sowie »Teilung und Grenze«. Diese Strukturierung ermöglicht »in wechselseitiger Verschränkung und Ergänzung« in der Tat ein »differenziertes und vielschichtiges Bild der SED-Diktatur und ihrer Gesellschaft im zeitlichen und räumlichen Kontext des 20. Jahrhunderts« – ein weiter zu entwickelnder Baustein.

Dem im II. Kapitel zu Recht relativierten, als »uneinheitlich« konstatierten Zugang zur archivarischen Hinterlassenschaft der DDR ist zuzustimmen – ebenso der Empfehlung, die grundsätzliche Sperrfrist für Akten des Ministeriums für Auswärtige Angelegenheiten der DDR zu überprüfen, sowie dem Urteil »unbefriedigend« über den Zugang zu MfS-Akten. Hier folgt die Kommission den wiederholt von Historikern, Gedenkstättenleitern und Journalisten geäußerten Klagen – insbesondere über die zum Teil schleppende Erschließung und verstümmelte Herausgabe durch die Stasiunterlagen-Behörde.

Leider zeigen die konkretisierten Vorschläge der Kommission deutliche Widersprüche zu den definierten Leitlinien der Empfehlung. Ein Hauptproblem ist die Zentriertheit auf die Hauptstadt. Keine Frage, dass die zweite Diktatur in Berlin maßgeblich – und adäquater als bisher – thematisiert werden muss, und eine Vernetzung der Berliner Einrichtungen ist mehr als wünschenswert. Doch der Fokus darauf entspricht in keiner Weise dem Geforderten, zumal zur Berliner Gedenklandschaft konkrete Vorschläge anderer Experten auf dem Tisch liegen. Einerseits hat es die SED-Diktatur in der gesamten DDR gegeben und andererseits müssen gerade junge Menschen sich hiermit auch vor Ort – in der Provinz – intensiv auseinandersetzen können.

Zum wichtigsten Gut bundesdeutscher Gedenk- und Erinnerungskultur – sowohl in Bezug auf die NS- wie auf die SED-Diktatur – gehören die dezentral, autonom und pluralistisch arbeitenden Gedenkstätten an den jeweiligen historischen Orten, unabhängig davon, ob diese lokal, regional oder national bedeutsam an für den jeweiligen Verfolgungskomplex herausragenden Orten wirken.

Der Vorschlag, den drei übergeordneten Themenbereichen »jeweils eine bestehende oder neu zu schaffende Aufarbeitungseinrichtung als impulsgebende und kompetenzsichernde Kerninstitution« zuzuordnen und diese wiederum jeweils in einer Stiftung in Berlin zu organisieren, widerspricht den Notwendigkeiten, der bewährten und gewachsenen dezentralen Struktur der bundesdeutschen Erinnerungs- und Gedenklandschaft ebenso wie den oben skizzierten eigenen Leitlinien, nach denen die »Errichtung einer übergreifenden zentralistischen Struktur« kontraproduktiv wäre und – so an anderer Stelle der Empfehlungen – »mehr an institutioneller Eigeninitiative gefährden als an Synergieeffekten erbringen« würde.

Für den Bereich »Herrschaft – Widerstand – Gesellschaft« empfehlen die Experten ein von der Stiftung Aufarbeitung getragenes und in Kooperation mit dem Zeitgeschichtlichen Forum Leipzig zu schaffendes »Haus der DDR-Aufarbeitung«, für den zweiten Themenbereich »Überwachung und Verfolgung« ein aus BStU und den Gedenkstätten Hohenschönhausen und Normannenstraße zu entwickelndes Forschungs- und Dokumentationszentrum »Diktatur und Geheimpolizei« und für den dritten Bereich »Teilung und Grenze« als Kerneinrichtung in Zukunft eine gemeinsame Stiftung aus der Gedenkstätte Berliner Mauer und der Erinnerungsstätte Notaufnahmelager Marienfelde.

Viele Punkte haben die Experten in diesem Zusammenhang andiskutiert – bis zu möglichen Orten, etwa des Hauses der DDR-Aufarbeitung oder verschiedenen Organisationsstrukturen für das Zentrum »Diktatur und Geheimpolizei« – doch vieles bleibt offen. Ganz davon abgesehen, dass die Teilung Deutschlands nicht sinnvoll an einem historischen Kern-Ort in Berlin zu verorten ist.

Zu der seit mehreren Monaten intensiv diskutierten – und von niemandem ernsthaft bestrittenen – notwendigen Umstrukturierung der BStU sprechen die Experten zwar von einer »gleitenden Neuausrichtung«, drücken sich jedoch wortreich um das »Wann«. Der Vorschlag, die Akten zum Jahre 2020, also dreißig Jahre nach der Deutschen Einheit ins Bundesarchiv zu überführen und damit mehr Planungssicherheit für die Mitarbeiter und deren gesamtgesellschaftliche Aufgabe der Akteneinsichtnahme für Opfer zu gewährleisten, wird nicht aufgegriffen.

Bei allem Verständnis, die »alltägliche Interaktion von Herrschaft und Gesellschaft« sowie die Bindekräfte der DDR-Gesellschaft deutlicher verorten zu wollen, irritiert doch die Absichtserklärung (und ist in den vergangenen Tagen wohl bereits mehr oder weniger wissentlich »missverstanden« worden), durch die »vorliegenden Empfehlungen der deutlich übergewichtigen Konzentration auf Orte der Repression und Teilung entgegenwirken« zu wollen. Dies widerspricht im Kontext des festgestellten Paradigmenwechsels »von der politischen Delegitimation zur kritischen Historisierung« der bisherigen Tradition bundesdeutschen Erinnerns und Gedenkens an die SED- wie auch an die NS-Diktatur.

Die vergangenen Jahre zeigen deutlich, dass Gedenkstätten zur Diktatur in sowjetisch besetzter Zone und DDR bei der historisch-politischen Bildung eine Schlüsselfunktion zukommt – so wie sie Gedenkstätten zur NS-Diktatur schon länger haben. Die wachsenden Besucherzahlen, die vielfach bereits den sechsstelligen Bereich erreicht haben, zeigen, wie groß das gesellschaftliche Interesse daran ist, über die Teilung Deutschlands, die SED-Diktatur und das damit zusammenhängende Unrecht aufgeklärt zu werden. Sie dokumentieren, dass es sich nicht um regionale sondern um unser aller Geschichte handelt.

Viele damit zusammenhängende Fragen werden durch die Empfehlungen der Kommission nicht gestellt oder bleiben unbeantwortet. Wie kommen wir dahin, dass auch im Westen Deutschlands die SED-Diktatur und die Teilung Deutschlands als »unsere gemeinsame Geschichte« begriffen wird? Wie kann die Beschäftigung mit der Teilung Deutschlands und deren Folgen dauerhaft dezentral verortet und hinreichend finanziert werden? Wie können die dezentralen Gedenkstätten von herausragender gesamtstaatlicher Bedeutung dauerhaft erhalten und institutionell gefördert werden? Wo sollte der Volksaufstand vom 17. Juni, wo die friedliche Revolution von 1989 verortet werden? Wie ist das Binnenverhältnis der Gedenk- und Erinnerungskulturen beider deutscher Diktaturen – nicht nur aber auch im Hinblick knapper werdender Ressourcen?

Keine Aussage findet sich ferner zum Gedenkstättenkonzept des Bundes, erwachsen aus den Enquete-Kommissionen des deutschen Bundestages – wie soll diese auf der Grundlage des bisher Erreichten weiterentwickelt werden? Wie sollen die »Stützpunkte der demokratischen Erinnerungskultur« (so die zweite Enquete-Kommission), also die Gedenkstätten an den historischen Orten, in die Lage versetzt werden, mehr Mittel als die Heizkosten aufzubringen?

Es bleibt zu hoffen, dass die Empfehlungen nicht in der ominösen Schublade verschwinden, sondern endlich die überfällige transparente und öffentliche Diskussion auf sachlicher Grundlage entfachen. Die Expertenkommission hat ihre Denkbausteine vorgelegt. Dem Kulturpolitiker Bernd Neumann überlassen bleibt, welche Denkbausteine er aufgreifen, bearbeiten und einfügen wird in den dann hoffentlich tragfähigen Bau eines Gesamtkonzeptes bundesdeutscher Gedenk- und Erinnerungskultur.

Joachim Scherrieble ist Leiter der Gedenkstätte Deutsche Teilung Marienborn und Sprecher der Arbeitsgemeinschaft Gedenkstätten zur Diktatur der sowjetisch besetzten Zone und der DDR.

Joachim Scherrieble, Die Zeit (Online), 15.5.2006

Empfehlungen unter Vorbehalt. Die Debatte um die DDR-Geschichte wird mit den Expertenvorschlägen nicht beendet – im Gegenteil

Schon vor der für heute geplanten Vorstellung der Empfehlungen einer Kommission zur Neuausrichtung der für die Aufarbeitung der DDR-Geschichte zuständigen Institutionen ist ein heftiger Streit entbrannt. Der Schärfe der Debatte entspricht die Zahl der Konfliktlinien, die das geschichtspolitische Feld durchziehen. Für die Pläne der Expertengruppe verheißt sie jedoch nichts Gutes.

Historische Wahrheit ist ein rares Gut. Vielleicht wird sie deshalb so oft beansprucht. Weil aber jenseits der Fakten viel Raum für Interpretationen und Deutungen ist, bleibt von der Geschichte vor allem eins: der Streit über sie.

Kaum ein Thema wurde in den letzten sechzehneinhalb Jahren so kontrovers diskutiert wie das historische Erbe der DDR. Das geschichtspolitische Feld wird dabei von vielen Konfliktlinien durchzogen: Ex-Funktionäre streiten mit Ex-Oppositionellen, Zeitzeugen (Ost) finden sich in den Darstellungen der Zeithistoriker (West) nicht wieder, Experten sind untereinander uneins und Gedenkinstitutionen kämpfen in Zeiten knapper werdender Mittel um ihre Zukunft.

In dieser Gemengelage muss ein Vorschlag, der staatlich geförderten Aufarbeitung der DDR-Geschichte neue Konturen zu verleihen, wie Öl ins Feuer wirken. Schon seit Wochen sickerte Detail um Detail der Empfehlungen einer Expertenkommission durch – und wurde umgehend hart umkämpft.

Besonders hat sich dabei einmal mehr der Chef der Gedenkstätte im ehemaligen Stasiknast Hohenschönhausen, Hubertus Knabe, hervorgetan. Eifrig protegiert von den Springer-Blättern »Welt« und »Berliner Morgenpost«, ließ der umstrittene Historiker kein gutes Haar an den Expertenplänen. Die Ideen liefen auf eine »staatlich geförderte Ostalgie« hinaus, ja auf ein »Aufarbeitungskombinat«, mit dem »die SED-Diktatur weniger grau« gezeichnet werden solle.

Knabes herausgehobene Rolle (von den Experten hat sich keiner in den letzten Wochen häufiger geäußert als er) beruht auf einem Missverständnis, das die Mediengesellschaft produziert: Nur weil jemand besonders laut auftritt, ist er noch lange nicht wichtig. Jedoch haben auch Knabes erbittertste Kritiker, die den Gedenkstättenleiter gern mal »Volksverhetzer vom Dienst« nennen und selbst wenig Differenzierung beim Rückblick in die Geschichte an den Tag legen, zu dessen Prominenz beigetragen.

Die Dimension dessen, was die Kommission vorschlägt, geht über die zuletzt häufig diskutierten Fragen, was aus der Gedenkstätte Hohenschönhausen wird und welche Zukunft die Stasiunterlagen-Behörde von Marianne Birthler hat, jedoch weit hinaus. Es ist sogar der ausdrückliche Wunsch der Mehrheit der Experten, das, was von Aufarbeitung in Gedenkstätten und Ausstellungen sichtbar wird, wieder breiter aufzufächern.

Denn was die historische Forschung zum Thema DDR produziert hat, findet in der Öffentlichkeit nicht immer den gleichen Anklang. Nicht umsonst beklagt die Kommission eine »Vorrangstellung der öffentlichen Dokumentation staatlicher Repression« und plädiert für eine »Perspektivendifferenzierung«, damit auch andere Aspekte des Alltags in der DDR wieder stärker in den Blick geraten.

Gerade zum nicht gerade widerspruchsfreien Verhältnis zwischen dem Machtanspruch der SED und der Herrschaftswirklichkeit in der DDR, hat die Forschung in den letzten Jahren interessante Ergebnisse hervorgebracht. Ob diese im neuen Geschichtsverbund mehr Geltung erhalten und vor allem mit welcher Gewichtung, bleibt freilich abzuwarten.

Ohnehin geht die Debatte wohl jetzt erst richtig los: Erstens gibt es keinen Anlass dafür anzunehmen, dass sich der Streit um Geschichtsbilder und Deutungsfragen mit den Vorschlägen der Kommission erledigt haben könnte. Zweitens handelt es sich bei den etwas mehr als 20 Seiten, die die Expertengruppe nach gut einem Jahr vorlegt, lediglich um Empfehlungen. Die Umsetzung der Ideen müsste noch durch das schmale Nadelöhr der Politik – und dort herrscht keineswegs Einigkeit über die Vorschläge. Während etwa der ehemalige Bundestagspräsident Wolfgang Thierse (SPD) die Empfehlungen der Kommission begrüßte, billigte der Vizechef der Unionsfraktion im Bundestag, Arnold Vaatz, den Ideen keinerlei Umsetzungschancen zu, da damit die »nostalgische Verklärung der DDR gestärkt« würde. Drittens dürften viele Vorschläge noch unter dem Vorbehalt ihrer Finanzierungsmöglichkeiten stehen. Abgesehen davon, dass in dem nun wohl erst richtig beginnenden Kampf um Posten und Standorte noch viele jähe Wendungen möglich sind.

Tom Strohschneider, Neues Deutschland, 15.5.2006

Diskussion darf nicht enden bevor sie überhaupt richtig begonnen hat

Zu den Ergebnissen der Sabrow-Kommission erklärt die Vorsitzende des Vereins Berliner Mauer Gedenkstätte und Dokumentationszentrum, Dr. Gabriele Camphausen:

Die Aussicht auf Veränderungen ruft bedauerlicherweise mancherorts reflexhafte Abwehrreaktionen hervor. Rasch wird das Ende der freien Aufarbeitung beschworen, werden der Kommission gar unlautere Motive der DDR-Verharmlosung unterstellt, beharrt man auf dem erreichten Besitzstand. Die Diskussion scheint zu enden, bevor sie überhaupt begonnen hat.

Die Kommission hatte eine anspruchsvolle Aufgabe zu lösen: die Aufarbeitung der SED-Diktatur begutachten, Defizite benennen und Handlungsvorschläge entwickeln. Nimmt man solch eine Aufgabe ernst, so bedeutet das zwangsläufig Änderungen. Es ist viel erreicht worden. Bei allem Respekt vor den Ergebnissen und Erfolgen der Aufarbeitung: dass Professionalisierung und Qualifizierung dringend nötig sind, dass die Vielfalt auch disparate Züge trägt, wird aber niemand ernsthaft bestreiten wollen.

Die breit gefächerte Aufarbeitungslandschaft thematisch zu bündeln und in Schwerpunktbereiche zu fassen, um inhaltliche Konzentration und Koordination zu stärken darüber zu reflektieren, ist allemal sinnvoll. Eine solche Sortierung kann und darf natürlich nicht in eine Trennung genuin zusammenhängender Themengebiete münden. Herrschaft, Gesellschaft, Geheimpolizei und Mauerregime sind letztlich unauflösbar miteinander verknüpft. Dies sollte auch in einer neu geordneten Landschaft berücksichtigt werden: Die thematische Neugruppierung muss also ausreichend Sorge tragen für verbindende Instrumente zwischen den verschiedenen Themenclustern.

Natürlich: Auch die Handlungsempfehlungen der Kommission werden nicht ausreichen, die Qualitätsprobleme zu beheben. Ohne Finanzierungssicherheit, ohne ausreichende Ausstattung ist Professionalität nicht zu haben. Qualität zum Nulltarif gibt es nicht! Andererseits können für eine fundierte und effektive Arbeit inhaltliche Steuerungsimpulse sowie Anreize zur produktiven Konkurrenz und Kooperation sehr hilfreich sein.

Ob die Vorschläge der Kommission realisierungsfähig sind und inwieweit der Ansatz der thematischen Gruppierung schlüssig und praxistauglich ist, darüber wird im Einzelnen noch zu diskutieren sein. Grundsätzlich jedoch sind die Empfehlungen zu begrüßen, geben sie doch zum richtigen Zeitpunkt wichtige neue Denkanstöße.

Pressemitteilung, Dokumentationszentrum Berliner Mauer, 16.5.2006

Neumann steht zu Birthler-Behörde

Kulturstaatsminister Bernd Neumann (CDU) hat sich in der Diskussion um die Aufarbeitung der DDR-Vergangenheit nachdrücklich zur Arbeit der Stasiunterlagen-Behörde bekannt. »Akteneinsicht und Überprüfung müssen weiterhin möglich sein«, sagte Neumann am Montag bei der

Vorstellung eines Papiers der Expertenkommission zur künftigen historischen Auseinandersetzung mit der SED-Diktatur. Er sei persönlich dafür, »dass der Aktendeckel nicht zugemacht wird«. Es müsse zudem allen Tendenzen entgegen gewirkt werden, »die zur Verklärung der ehemaligen DDR beitragen können«. Die Expertenvorschläge bezeichnete er als »Denkbaustein für die weitere Meinungsbildung«.

In der Debatte hatte sich die Kommission der Bundesregierung zuvor gegen die Kritik verwahrt, DDR-Geschichte schönfärben zu wollen. »Der Vorwurf der Verharmlosung ist vollkommen abwegig und geprägt von institutionellem Eigeninteresse«, sagte Kommissionschef Martin Sabrow der Süddeutschen Zeitung. Sabrow leitet das Zentrum für Zeithistorische Forschung in Potsdam. In dem Konzept wird gefordert, die Arbeit von Stasi-Archiven und Gedenkstätten zu bündeln und die Birthler-Behörde stark zu verkleinern. In der DDR-Historiografie würden Repression und Unterdrückung überbetont, heißt es. Alltag und Widerstand seien unterbelichtet.

»In der bisherigen Forschung sieht es so aus, als sei die DDR in Repression erstickt«, sagte Kommissionsleiter Sabrow. »Das sehen wir anders.« Die Aktivitäten des Staatssicherheitsdienstes allein könnten die 40-jährige Existenz einer Diktatur nicht schlüssig erklären. Um ihr Bestehen und ihr Scheitern verständlich zu machen, müsse stärker untersucht werden, was das System jenseits von Kontrolle und staatlichem Ritual zusammengehalten habe. Diese »Bindungskraft« sei anfangs stark gewesen und im Lauf der Jahre geschwunden, weil viele Bürger den Glauben an Wohlstand und die Überlegenheit des Sozialismus verloren hätten. Er lehne es ab, als »Weißwäscher der DDR« hingestellt zu werden.

SED-Forscher und Bürgerrechtler hatten am Wochenende die Vorschläge der Expertenkommission kritisiert. Unions-Fraktionsvize Arnold Vaatz (CDU) warnte davor, die »nostalgische Verklärung der DDR« zu stärken. Auch viele Politiker sprachen sich für den Erhalt der Birthler-Behörde aus. »Diese Abwicklung der Behörde werden wir nicht mittragen«, betonte die grüne Bundestagsvizepräsidentin Katrin Göring-Eckardt.

Constanze von Bullion, Süddeutsche Zeitung, 16.5.2006

»Nur ein Denkbaustein«. Minister geht auf Distanz zu DDR-Aufarbeitungskonzept

Berlin. Manchmal scheint alles, für die Katz' zu sein. Da hatten über ein Jahr lang Historiker aus Ost und West, ein Theologe und vier frühere DDR-Bürgerrechtler fast konspirativ unter Ausschluss der Öffentlichkeit miteinander beraten und gezankt und sich zum Schluss doch irgendwie zusammengerauft. Es sollte ein großer Wurf werden. Gestern endlich übergab die Expertenkommission ihr Empfehlungspapier zur künftigen Aufarbeitung der SED-Diktatur offiziell an den Kulturstaatsminister im Kanzleramt, Bernd Neumann (CDU).

Es war in den Tagen zuvor schon heftig in den Medien über den Inhalt des Konzeptes gestritten worden: baldiges Aus der Birthler-Behörde, ja oder nein, mehr wissenschaftlich-distanzierte oder stärker politisch-aktuelle Aufarbeitung des DDR-Regimes. Kritiker befürchteten, die Experten redeten einer monströsen »Aufarbeitungsbürokratiezentrale« das Wort. Politiker sahen viele gute Ideen in dem Papier, etwa die Erforschung des Alltags in der Diktatur neben den allgegenwärtigen Stasi-Spitzeleien.

Doch dass das Konzept der Expertenkommission künftig mehr wert sein wird als frühere Papiere, darf seit gestern bezweifelt werden: In einem Crescendo höflicher Distanzierung – das von »guter und wichtiger Diskussionseinstieg« bis zu »Denkbaustein«, den man nicht übernehmen müsse, und »Vorschläge, deren Richtung nicht akzeptiert werden kann« – reichte, gab der Kulturstaatsminister seine Einschätzung ab.

Weniger diplomatisch ging Neumanns Staatssekretär Hermann Schäfer, Abteilungsleiter Kultur und Medien im Bundeskanzleramt, zu Werk. Mit grimmiger Miene listete er mehr als ein Dutzend von ihm erkannter Widersprüche und Fehler in dem Konzept auf und verwarf sogleich einen Teil der Expertenempfehlungen. Dass er dabei nicht die letzte und offizielle Fassung beharkte, spielte für ihn dabei keine Rolle.

Der Kommissionsvorsitzende, der Potsdamer Historiker Martin Sabrow, nutzte zwar die Zeit zwischen den Statements Neumanns und Schäfers, für das Aufarbeitungspapier zu werben und zu erläutern, dass mit der »gleitenden strategischen Neuausrichtung« der Stasi-Unterlagen-Behörde nicht deren baldige Abwicklung gemeint sei.

Doch Neumann erklärte, worauf es ihm bei der Weichenstellung für die DDR-Aufarbeitung ankommt: das SED-Regime konsequent und differenziert zu erforschen und »allen Tendenzen zur Verklärung der DDR entgegenzutreten.« Er sieht in der Birthler-Behörde und der Stiftung zur Aufarbeitung der SED-Diktatur die wichtigsten und beständigen Institutionen. Und er will eine Novellierung des Stasi-Unterlagen-Gesetzes vorantreiben, die die weitere Überprüfung bestimmter Personengruppen nach 2006 erlaubt. »Wir vergessen nichts, und wir legen nichts ad acta«, lautet die Devise des Kulturstaatsministers. Für den 6. Juni hat er dazu Fachleute eingeladen – zu einer Anhörung.

Renate Oschlies, Berliner Zeitung, 16.5.2006

Sabrow weist Vorwurf der Weichzeichnung des SED-Unrechts zurück. Leiter der Expertenkommission macht sich für Erhalt der Birthler-Behörde stark

Der Leiter der Expertenkommission zur Aufarbeitung des SED-Unrechts, Martin Sabrow, hat den Vorwurf, ein Weichzeichner der SED-Diktatur zu sein, als »absurd« zurückgewiesen. Er beschäftige sich im Wesentlichen mit dem Diktaturvergleich zwischen Nationalsozialismus und DDR. Es gehe aber auch darum, späteren Generationen die Widersprüchlichkeit der DDR aufzuzeigen: Die Gesellschaft lasse sich im bloßen Täter-Opfer-Verhältnis nur unzureichend abbilden, sagte er am Dienstag im Deutschlandradio Kultur.

Gabi Wuttke: Die Kommission erarbeitete Vorschläge für die künftige Aufarbeitung der DDR-Geschichte unter Federführung des Bundes. Einen »Denkbaustein für die weitere Meinungsbildung« hat Kulturstaatsminister Neumann sie genannt. Der Leiter der Kommission, Martin Sabrow, zudem Direktor des Zentrums für Zeithistorische Forschung in Potsdam, ist jetzt im Studio. Guten Morgen, Herr Sabrow.

Martin Sabrow: Guten Morgen, Frau Wuttke.

Wuttke: Sie sind gestern vom Vertreter des Bundes, dem Abteilungsleiter für Kultur und Medien, im Kanzleramt, Hermann Schäfer, arg angegangen worden. Waren Sie darauf vorbereitet, dass er auf der Seite derer steht, ganz offensichtlich, die weiter vorrangig den Unrechtsstaat DDR als politisches Bild vermitteln wollen?

Sabrow: Ich bin mir gar nicht sicher, ob wir aus den Äußerungen von Herrn Schäfer eine eigene Position erkennen müssen, wie es die Presse heute zum Teil ja auch tut. Nein, ich war nicht darauf vorbereitet, aber ich war auch gar nicht so sehr enttäuscht darüber, denn ich finde unsere Empfehlungen sind tatsächlich ein Denkanstoß und sie sollen das sein. Ob man gestern auf der Pressekonferenz bereits diesen Denkanstoß als anstößig hätte diskutieren sollen oder nicht, mag eine Geschmacksfrage sein, aber ich finde, dass es kein schlechter Zeitpunkt ist, sofort in eine inhaltliche Diskussion einzusteigen. Das hat die Expertenkommission gewollt und ich glaube, das hat die Expertenkommission auch sehr schnell erreicht.

Wuttke: Wie haben Sie denn verstanden, was Herr Schäfer gestern zu kritisieren hatte?

Sabrow: Herr Schäfer hat dreizehn Punkte, wenn ich sein Stakkato gut genug mitbekommen habe, hat dreizehn Punkte angemerkt, bei denen er nicht sofort überzeugt war oder Widersprüche im Papier sah, oder tatsächlich eine andere Position einnahm. Darunter war zum Beispiel die Frage, wie es denn denkbar ist, dass das Fachinteresse an der

DDR-Aufarbeitung immer noch wächst, aber in schulischen Lehrplänen, dass die Beschäftigung mit der DDR gerade zurückgeht. Das ist in der Tat auch ein Punkt, der uns interessiert und auf den wir antworten wollten.

Eine zweite Bemerkung von Herrn Schäfer richtete sich auf die Frage, warum die Universitäten und die zeitgeschichtlichen Lehrstühle in unserem Papier nicht vorkommen. Und das konnten wir klar beantworten und haben es in dem Papier auch angedeutet. Hier ging es nicht um die Wissenschaft selbst, sondern um die Formen der öffentlichen Aufarbeitung. Dass die akademische und auch die außeruniversitäre Zeitgeschichtsforschung ihrerseits der Unterstützung bedarf, ist selbstverständlich, aber das kann keine Kommission unter meinem Vorsitz bearbeiten, denn da wäre ich ja selbst befangen, weil ich in der Tat selbst ein zeitgeschichtliches Institut leite und am Anfang unserer Beratungen auch die Forderungen aufgestellt habe, dass nichts thematisiert wird, was in diesen eigenen Bereich schlägt, weil ich eben nicht in eigener Sache urteilen kann und möchte.

Wuttke: Diese Vorschläge sind ja vor der Zeit bekannt geworden und seitdem werden sie heftig diskutiert und Ihre Vorschläge wurden auch heftig kritisiert. Wage ich mich da zu weit aus dem Fenster, wenn ich Sie frage, ob die Kritik im Vorfeld auch dazu geführt hat, dass diese Pressekonferenz gestern so heftig vonstatten ging?

Sabrow: Ja, das ist eine Frage, die spätere Historiker vielleicht besser entscheiden können, als die teilnehmenden Akteure. Es mag so sein. Und in der Tat geht es auch um große Fragen. Eine halbe Generation nach dem Ende der DDR und dem Zusammenbruch des Kommunismus stellen wir uns in Deutschland und nicht nur für Deutschland die Frage, wie es mit dem Gedenken und der Auseinandersetzung mit der zweiten Diktatur in Deutschland weitergehen soll.

Und Sie wissen, dass dort vieles hineinspielt: die Teilung der deutschen Gesellschaft in einen Ost- und einen Westteil, die Frage der NS-Belastung und ihrer Aufarbeitung. Es sind viele Fragen involviert. Es sind auch Fragen von Institutionen, Personen und deren Perspektiven darin einbezogen und natürlich führt das zu harschen Reaktionen, das wundert mich in keiner Weise und ich bin mir sicher, dass sich mit der Zeit dann auch die Ratio und die Plausibilität der Empfehlungen durchsetzen wird und auch die begründete Kritik an ihnen. Denn wir meinen natürlich selbst, dass wir Empfehlungen geliefert haben, die die weitere Debatte anstoßen sollen. Wir meinen nicht, für sie einen Endpunkt definiert zu haben.

Wuttke: Schauen wir mal auf die Seite der Kritiker. Einer von ihnen nannte Sie einen »Weichzeichner der SED-Diktatur«. Das ist nun ein ziemlich harter Vorwurf, der in der FAZ geäußert wurde. Lassen Sie mich jetzt ein Wörtchen aufgreifen, das ich gelesen habe, auch in Ihrem

Konzept steht, dass es auch darum gehen muss, Nischenglück in die Aufarbeitung der DDR-Geschichte mit einzubauen und zu vermitteln. Wem meinen Sie erklären zu müssen, dass es in der DDR auch Glück gab?

Sabrow: Die Frage der Weichzeichnung und des Nischenglücks, das sind glaube ich doch nicht ganz deckungsgleiche Aspekte. Zuerst allerdings zu dem Begriff des Weichzeichnens, das ist eine schnell geprägte Münze und ein völlig absurder Vorwurf gegenüber einem Historiker, der sich im Wesentlichen mit dem Diktaturvergleich beschäftigt, also dem Vergleich zwischen Nationalsozialismus und DDR.

Was wir meinen ist, dass die Widersprüchlichkeit der DDR-Gesellschaft miteinbezogen werden muss und dass es unabdingbar ist, die repressiven, teils terroristischen Prägungen dieses Staates zu erörtern, zu definieren, die Kosten, die Opfer zu benennen, die dieses System hervorgebracht hat, das Glück, das es zerstört hat. All dieses muss benannt werden und wir müssen gleichzeitig einen Blick auf eine DDR-Gesellschaft werfen können, die in dieser Repression nicht aufging, sondern Bindungskräfte entwickelte, und das haben wir gestern auch auf der Pressekonferenz diskutiert, und Bindungskräfte entwickelte, die sich im Täter-Opfer-Verhältnis nicht abbilden lassen oder nur unzureichend abbilden lassen. Und wir müssen das tun, um einer späteren Generation, die keine Erlebnisgeneration mehr ist, einen Eindruck zu vermitteln, von den tatsächlichen Wirkungskräften dieses katastrophischen 20. Jahrhunderts, das von zwei großen Diktaturen in Deutschland und nicht nur in Deutschland gekennzeichnet war.

Und in diesem Kontext haben wir in dem Papier definiert: Die Bindungskräfte einer Gesellschaft oder ihr Hin- und Hergeworfensein, wie es die Fachwissenschaft als Instrument zur Erkenntnis bereitstellt, und darin spielt Trauer und Unterwerfung, Terror und Einschüchterung ebenso eine Rolle, wie auch Begeisterung für das kommunistische Projekt, selbst in seiner terroristischsten, stalinistischen Phase, da spielt missmutige Loyalität eine Rolle. Es spielt das eine Rolle, was wir in der Wissenschaft den Eigensinn nennen, also die Umformung der Regimezumutungen im Alltag der Lebenswelt dieser Gesellschaft.

Und dort gibt es auch die Frage, ob nicht die Idee eines Nischenglücks scheinbar oder tatsächlich realisiert werden konnte, oder sollte, ob nicht die Hoffnung auf die Nische ein Stück weit die DDR am Leben erhielt. Denn, wenn ich das noch sagen darf, am Ende müssen wir erklären, warum eine derart ungeliebte Diktatur so lange, so scheinstabil oder tatsächlich stabil hat existieren können. Und das lässt sich nicht ohne die Ummauerung erklären der Gesellschaft, nicht ohne die Sowjetunion und ihre repressive Kraft. Aber diese beiden Erklärungsmuster alleine reichen nicht. Und es reicht auch nicht zu sagen, dass die Überwachung immer stärker geworden ist, denn am Ende der sehr stark gewordenen Überwachung ist dieser Staat auf eine sehr plötzliche Weise zusammengebrochen, weder von West noch von Ost so vorhergesehen.

Wuttke: Lassen Sie uns noch zum Schluss unseres Gespräches auf einen ganz zentralen Punkt kommen, nämlich auf die Stasi-Unterlagenbehörde. Ihren Vorstellungen nach sollen die Akten ins Bundesarchiv, das Amt mit zwei Berliner Gedenkstätten verflochten werden. Dreh- und Angelpunkt immer der Aufarbeitung der DDR-Geschichte war ja diese Stasi-Unterlagenbehörde, die wir jetzt auch gemeinhin Birthler-Behörde nennen. Nun hat der Kulturstaatsminister gestern angekündigt, er wolle nicht, dass die Akten Ende des Jahres geschlossen werden. Hat Sie diese Ankündigung überrascht als Reaktion oder als Vorlauf auf ihr Konzept?

Sabrow: Nein, nein. Und ich bin auch gar nicht sicher, ob die Reaktion von Herrn Neumann jetzt mit unserem Konzept in irgendeiner Verbindung steht. Herr Neumann hat sich über die in diesem Jahr, am Ende dieses Jahres endende Regelanfrage im öffentlichen Dienst geäußert und die Frage formuliert oder sogar die Hoffnung ausgesprochen, dass diese Regelanfrage sich noch weiter verlängern würde. Das war nicht der Aspekt, der in unserem Votum eine Rolle spielt. Wir sind davon ausgegangen, dass sich die Kernaufgaben der BStU in einer Reihen von Jahren erledigt haben werden und das sind auch die Anträge auf persönliche Einsichtnahme, die an allererster Stelle. Und damit auch die Möglichkeiten eines archivrechtlichen Zuganges, der nach dem Stasi-Unterlagen-Gesetz für lange Zeit deutlich besser war, als er nach dem Bundesarchivgesetz sein würde.

Wuttke: Aber man sprach schon das Wort Abwicklung aus.

Sabrow: Ja aber nicht wir. Ganz im Gegenteil, ich lege größten Wert darauf, zu sagen, dass wir einen Zeitpunkt, an dem die Birthler-Behörde ihre Aufgabe erfüllt haben wird, nicht absehen können. Historiker sind rückwärts gewandte Propheten, wie Friedrich Schlegel sagt, und nicht in die Zukunft gerichtet.

Wenn aber die öffentliche politische Selbstverständigung diesen Eindruck haben wird, dass die Birthler-Behörde in ihrer jetzigen Stärke nicht mehr nötig ist, weil die Kernaufgaben des Stasi-Unterlagen-Gesetzes erledigt sind, dann darf nicht passieren, dass diese Behörde ersatzlos gestrichen wird, sondern das Votum schlägt vor, dass zwei Komplexe auf jeden Fall in die Zukunft übernommen werden müssen. Der eine Komplex ist der Symbolwert der Gauck-Birthler-Behörde als Ausdruck der friedlichen Revolution und der Öffnung von Akten in einem geradezu unerhörten Vorgang 1989, 1990. Und das Andere ist die Fachkompetenz dieser Behörde in ihrer Abteilung Bildung und Forschung.

Dieses wollen wir retten und verbinden mit einem Dokumentationszentrum, mit Aufgaben der politischen Vermittlung und dies in Zusammenarbeit, Koordination, Unterstellung, Verflechtung mit den beiden Gedenkstätten, die Sie genannt haben, also Hohenschönhausen und das Haus 1 in der Normannenstraße.

Wuttke: Geschichtsverbundaufarbeitung der SED-Diktatur. Über die Expertenempfehlung und die Kritik daran, Martin Sabrow, der Vorsitzende der Kommission, hier zu Gast im Studio. Vielen Dank, Herr Sabrow.

Interview: Gabi Wuttke, Deutschlandradio Kultur, 16.5.2006

Droht ein neuer Historikerstreit?

Potsdam. Als Martin Sabrow, Direktor des Potsdamer Zentrums für Zeithistorische Forschung von Ex-Kulturstaatsministerin Christina Weiss (SPD) mit dem Vorsitz einer von ihr eingesetzten zehnköpfigen Expertenkommission aus Historikern und ehemaligen Bürgerrechtlern betraut wurde, die eine Expertise zum künftigen Umgang mit der DDR-Vergangenheit erarbeiten sollte, ahnte er wohl kaum, dass ihm noch vor Ende besagten Jahres 2006 von den NEU Verantwortlichen dem Staatssekretär Bernd Neumann (CDU) und dem Abteilungsleiter für Kultur und Medien im Kanzleramt, Hermann Schäfer, ehemals Präsident vom Bonner »Haus der Geschichte« (CDU), der tiefere Sinn der von ihm vorgestellten Expertise streitig gemacht würde.

Hermann Schäfer (CDU) warf der Kommission vor, ein höchst widersprüchliches Votum abgegeben zu haben. Einen »Paradigmenwechsel im Umgang mit der DDR-Diktatur dürfe es nicht geben, zumindest nicht, wenn der als Relativierung des DDR-Unrechts verstanden werden könne«.

Im 21seitigen Expertenpapier war zwar von einem »Paradigmenwechsel« nicht die Rede, doch immerhin von einer »Akzentverschiebung«.

Die Kommissionsmitglieder – unter ihnen der »Tagesspiegel«-Herausgeber Hermann Rudolph und Ulrike Poppe von der Evangelischen Akademie Berlin – beklagten unter anderem, dass Überwachung und Verfolgung durch die DDR-Staatssicherheit in der öffentlichen Darstellung ein größeres Gewicht hätten als andere Aspekte der SED-Herrschaft.

Die Regisseurin Freya Klier gab als einzige ein Sondervotum ab. Die Auseinandersetzung mit den Netzwerken ehemaliger »Nomenklaturkader« fordere ein »offensiveres Instrumentarium« als das im Papier empfohlene. Dies atme »über weite Strecken den Geist des Abwickelns, des Historisierens«.

Damit hatte sie, scheinbar ungewollt, den definitiven Unterschied zwischen »zeitgeschichtlicher Forschung« und »medialer Aufarbeitung« auf den Punkt gebracht, dem es vorrangig um die Herausbildung eines scheinbar »authentischen Geschichtsbildes« in den Köpfen nachfolgender Generationen zu tun ist.

In einer früheren Veröffentlichung des Potsdamer Zentrum (2002/2003) war dieser Unterschied durchaus unmissverständlich dargelegt worden, wenn es da u.a. hieß: »›Zeitgeschichte‹ ist längst mehr als die Bezeichnung einer Teildisziplin der Geschichtswissenschaften. Zwar taugt Hans Rothfels' Definition von Zeitgeschichte als der »Epoche der Mitlebenden und ihre wissenschaftliche Bearbeitung" auch heute noch zur innerakademischen Grenzziehung. Zugleich hat sich aber außerhalb der »Zunft" und ihrer auf Wort und Schrift ausgerichteten Kommunikation eine ganz anders gerechtfertigte Praxis von »Zeitgeschichte« durchgesetzt: In den Massenmedien unserer Tage deckt sich »Zeitgeschichte« weitgehend mit dem, was sich mithilfe der im Laufe des 20. Jahrhunderts zur Perfektion entwickelten ... Aufzeichnungs- und Wiedergabeverfahren in Ton und Bild als »authentische« Vergangenheit inszenieren lässt.

...Audiovisuelle Medien haben nicht nur die Kommunikation im Alltag von Arbeit, Familie und Freizeit rationalisiert, beschleunigt und synchronisiert. Sie befördern zugleich eine gesteigerte Reflexivität gesellschaftlicher Wahrnehmungsweisen, möglichst noch im Moment des Wahrnehmens. Die Identität von Geschehen und massenmedialer Übermittlung generiert historische Ereignisse auf neue Weise: nicht mehr lediglich als Konstrukt retrospektiver Diskurse, sondern als unmittelbar allen angeschlossenen« Hörern und Zuschauern sich offenbarende Evidenz. Noch im gegenwärtigen Geschehen wird der Moment, an dem alle mit Augen und Ohren teilhaben, zur Geschichte, Zeitgeschichte somit zur Epoche der Mitsehenden und Mithörenden.

Mittlerweile füllen Aufzeichnungen derartiger ›historischer Momente‹ die Archive der Rundfunkanstalten und Medienkonzerne und dienen als Rohmaterial des ›Histotainments‹: Jenes Unterhaltungsgenres, das das Vergnügen und den Kitzel, virtuell an der audiovisuellen Evidenz des »Historischen« teilzuhaben, zum Konsumartikel weiterentwickelt hat.« (Ende des Zitats).

So also wird aus »Zeitgeschichte – Aufarbeitung«, und aus »Aufarbeitung – Histotainment« und aus dem neuzeitlicheren ›Histotainment‹ das Trugbild: »Genau so ist es gewesen! Genau so hab' ich es erlebt!«.

Hermann Otto-Lauterbach, Die Linkszeitung, 16.5.2006

»Birthler-Behörde in Stiftung umwandeln«. Rainer Eckert über die Arbeit der Historiker-Kommission

Leipzig. »Wir haben ein Jahr gearbeitet, miteinander 22, zum Teil sehr lange Sitzungen ohne politischen Streit verbracht und uns am Ende geeinigt«, erklärt Rainer Eckert (SPD). Der Direktor des Zeitgeschichtlichen Forums Leipzig zählte zur zehnköpfigen Expertenkommission, die gestern in Berlin ihr Strategie-Papier zur DDR-Aufarbeitung vorstellte.

Frage: Stasi-Leute kommen wieder aus der Deckung. Ist Ihr Papier Kampfansage an die Unbelehrbaren?

Rainer Eckert: Sich solchen Tendenzen entgegenzustellen, ist wichtig, aber unser Papier zielt viel weiter und höher. Es geht darum, die Auseinandersetzung mit der zweiten deutschen Diktatur für Jahrzehnte abzusichern und auf ein höheres Niveau zu bringen.

Wo ist das Niveau zu niedrig?

Ich will nicht von niedrigem Niveau reden, schließlich werden wir von unseren östlichen Nachbarn um die Qualität der Aufarbeitung beneidet. Trotzdem ist vieles durch Wildwuchs entstanden. Es gibt Gedenkstätten, deren Gestaltung seit Jahren weit hinter den Planungen zurückbleibt.

Welche Gedenkstätten?

In der früheren Stasi-Zentrale an der Berliner Normannenstraße müssen die Ausstellungen dringend überarbeitet und das Haus saniert werden. Im ehemaligen Stasi-Gefängnis Berlin-Hohenschönhausen fehlt die seit langer Zeit vorgesehene Dauerausstellung.

In beiden Fällen mangelt es am Geld. Die klamme Bundeshauptstadt kann die Arbeiten nicht finanzieren. Was soll Ihr Papier daran ändern?

Wir empfehlen, diese Gedenkstätten in die Birthler-Behörde einzugliedern. Daraus würde sich ergeben, dass alle notwendigen Schritte aus deren Gesamttopf finanziert werden.

Eine Behörde als Gedenkstätten-Aufsicht? Das riecht nach Staatsnähe.

Deshalb wollen wir die Behörde langfristig in eine Stiftung umwandeln, die sich mit dem Wirken der kommunistischen Geheimpolizeien in Ostmitteleuropa befasst.

Die Stasi-Akten, bisher Birthlers Hauptarbeitsfeld, sollen dagegen ans Bundesarchiv gehen.

Wann?

Wenn die Kernaufgaben der Behörde – Erschließung des Materials, Akteneinsicht der Opfer, Überprüfung des öffentlichen Dienstes – im Wesentlichen abgeschlossen sind. Frau Birthler selbst geht davon aus, dass dies noch etwa 15 Jahre dauert.

Experten fürchten danach Einschränkungen bei der Akteneinsicht.

Das wollen wir keinesfalls. Die Idee besteht darin, innerhalb des Bundesarchivs eine Stiftung für die Stasi-Unterlagen zu gründen.

Das Zeitgeschichtliche Forum Leipzig wurde nach der Wende als zentrale Einrichtung geschaffen, um die Erinnerung an Opposition und Widerstand wach zu halten. Weshalb soll nun auch Berlin ein Forum Aufarbeitung erhalten?

Ich halte die ursprüngliche Idee weiter für richtig, habe mich aber dem Gesamtvotum angeschlossen, weil ich keine Spaltung der Expertengruppe provozieren wollte. Es gibt das Argument, dass die Bundeshauptstadt mit ihren Millionen Besuchern ebenfalls solch eine Einrichtung braucht und dass dort der spezifische Berliner Widerstand gezeigt werden soll. Wir müssen in Leipzig nicht beleidigt sein. Das Zeitgeschichtliche Forum wird in dem Papier als vorbildlich bewertet, und die Berliner Einrichtung soll in enger Zusammenarbeit mit Leipzig entstehen.

Die Kommission stammt aus der rot-grünen Endzeit. Es heißt, sie sei insgesamt linkslastig besetzt…

…ja, und deshalb würde der nunmehrige konservative Kulturstaatsminister unseren Vorschlägen sowieso nicht folgen. Der Vorwurf ist so platt, dass ich ihn nicht kommentieren möchte. In der Gruppe waren Museumsexperten, Historiker und Bürgerrechtler, Leute aus dem Osten und dem Westen, das Spektrum reichte vom Sozialdemokraten bis zum Konservativen. Wir haben ein Jahr gearbeitet, miteinander 22, zum Teil sehr lange Sitzungen ohne politischen Streit verbracht und uns am Ende geeinigt.

Mit 9:1 Stimmen. Bürgerrechtlerin Freya Klier lehnt das Papier ab.

Sie hat uns in der letzten Phase mit der Idee überrascht, alles so zu lassen, wie es ist, aber mehr Anstrengungen auf die Arbeit an Schulen zu richten.

Interview: Armin Görtz, Leipziger Volkszeitung, 16.5.2006

Weiter Streit um Umgang mit SED-Diktatur. Ex-Bürgerrechtler Arnold Vaatz (CDU) plädiert für die Abschaffung der Birthler-Behörde

Der künftige Umgang mit der Geschichte der SED-Diktatur und der Zugang zu Stasi-Unterlagen bleibt ein hitziges Streitthema. Entsprechende Vorschläge einer Expertenkommission lösten am Dienstag ein geteiltes Echo aus. Nach derzeitiger Rechtslage werden die Akten für Stasi-Überprüfungen mehr als 16 Jahre nach dem Ende der DDR zum Jahresende geschlossen.

Kulturstaatsminister Bernd Neumann (CDU) will die Akten der Stasi-Unterlagenbehörde für Regelüberprüfungen weiter offen halten. Er werde sich bei der Neufassung des Stasi-Unterlagengesetzes dafür einsetzen, dass die Möglichkeit der Regelanfrage für bestimmte Personengruppen verlängert wird, hatte Neumann am Montag bei der Vorstellung des Expertengutachtens gesagt.

Der Unionsfraktions-Vize Arnold Vaatz kritisierte das Gutachten und forderte in der »Sächsischen Zeitung« eine rasche Abwicklung der Birthler-Behörde. Der Leiter der Expertenkommission, der Historiker Martin Sabrow, wies den Vorwurf, ein Weichzeichner der SED-Diktatur zu sein, als absurd zurück. Die Bundestagsfraktionen der FDP und der Grünen sprachen sich gegen den Vaatz-Vorschlag aus. Berlins Kultursenator Thomas Flierl (Linkspartei) sagte am Dienstag, es sei richtig, Gedenkstätten und Erinnerungsorte stärker zu profilieren.

Kulturstaatsminister Neumann will bis Jahresende unter Einbeziehung der Empfehlungen ein Konzept vorlegen, wie die historisch-politische Aufarbeitung der SED-Diktatur künftig organisiert sein soll.

Das Experten-Gremium empfiehlt die Schaffung eines dezentralen Geschichtsverbundes mit den drei Kernbereichen »Herrschaft – Gesellschaft – Widerstand«, »Überwachung und Verfolgung« sowie »Teilung und Grenze«. Im ersten Bereich soll im Herzen der Hauptstadt ein »Forum Aufarbeitung« eingerichtet werden. Die Stasi-Akten sollen der Kommission zufolge langfristig von der Birthler-Behörde in die Obhut des Bundesarchivs übergehen.

Der frühere DDR-Bürgerrechtler Vaatz forderte, die von Marianne Birthler geleitete Stasi-Unterlagenbehörde als selbstständige Einheit abzuschaffen und die Akten »so schnell wie möglich ins Bundesarchiv« zu überführen. Er warf Birthler vor, ihre Behörde wolle ihre Existenz festklopfen.

Sabrow betonte im »Deutschlandradio Kultur«, die Birthler-Behörde solle nicht ersatzlos gestrichen werden, auch wenn sich die Aktenauskunft in einigen Jahren erledigt haben werde. Die Behörde sei Ausdruck der friedlichen Revolution 1989. Bei dem Konzept gehe es darum, späteren Generationen die Widersprüchlichkeit der DDR zu zeigen. Die Gesellschaft lasse sich im bloßen Täter-Opfer-Verhältnis nicht ausreichend abbilden.

Der Direktor des Zeitgeschichtlichen Forums Leipzig, Rainer Eckert, sieht in der Konzentration von Stasi-Gedenkstätten die Chance für eine bessere Aufarbeitung. »Es geht darum, die Auseinandersetzung mit der zweiten deutschen Diktatur für Jahrzehnte abzusichern und auf eine höheres Niveau zu bringen«, sagte Eckert der »Leipziger Volkszeitung«. Nach Ansicht von Eckert, der der Historiker-Kommission angehörte, könne die Eingliederung von Gedenkstätten in die Birthler-Behörde die Finanzierung von Projekten erleichtern.

dpa, Mitteldeutsche Zeitung, 16.5.2006

Thierse regt Forschungsinstitut zur Aufarbeitung der SED-Diktatur an – Stasi-Unterlagen-Behörde hat keine Ewigkeitsgarantie

Bundestagsvizepräsident Wolfgang Thierse (SPD) hat die Einrichtung eines speziellen Forschungsinstituts zur wissenschaftlichen Aufarbeitung der SED-Vergangenheit angeregt. »Wir brauchen Institutionen der politischen Bildung und Forschung«, sagte Thierse der in Cottbus erscheinenden »Lausitzer Rundschau« (Mittwoch-Ausgabe). »Hier könnte man ein Institut für vergleichende Kommunismus-Forschung gründen, das in Berlin, Potsdam oder Leipzig seinen Platz haben kann«.

Thierse begrüßte in diesem Zusammenhang die Vorschläge einer Expertenkommission zur Aufarbeitung der SED-Diktatur, die derzeit für hitzige Debatten sorgen. »Die Kommission hat differenzierte Vorschläge vorgelegt, die ich für sehr diskussionswürdig halte«, meinte Thierse. Er wehre sich dagegen, darauf »nur hysterisch ablehnend« zu reagieren.

Zur Zukunft der Stasi-Unterlagen-Behörde meinte der SPD-Politiker: »Die DDR-Volkskammer im Jahr 1990, der ich angehörte, hat eine Behörde ohne Ewigkeitsgarantie, aber mit einer klaren Aufgabe gewollt, nämlich die Stasi-Akten der Öffentlichkeit zugänglich zu machen«. Diese Aufgabe verliere aber immer mehr an Gewicht. »Also wird man irgendwann darüber reden, wann diese Behörde in ihrer Kernaufgabe, nämlich eine Archiv-Behörde zu sein, zu einer ganz normalen Einrichtung wie das Bundesarchiv wird«, so Thierse. Ob das in »fünf oder zehn Jahren« sei, könne er noch nicht sagen. Die Expertenkommission hatte einen Abbau der Stasi-Akten-Behörde empfohlen.

Thierse sprach sich zugleich dafür aus, die Überprüfungen auf Stasi-Tätigkeit für bestimmte Personengruppen auch über das Jahr 2006 hinaus fortzusetzen. »Ich sage: Schluss mit der Regelanfrage. Aber bei Personen mit herausgehobener politischer Verantwortung muss die Stasi-Überprüfung auch in Zukunft erlaubt sein«. Das betreffe Minister genau so wie Abgeordnete, meinte Thierse. Nach dem Stasi-Unterlagengesetz laufen die Überprüfungen im Öffentlichen Dienst zum Jahresende aus.

ots, Lausitzer Rundschau, 16.5.2006

Streitbare Zukunft der Vergangenheit. Kommission stellt Empfehlungen für »Aufarbeitung der SED-Diktatur« vor

Berlin. Am Anfang standen hehre Ansprüche, am Ende böse Worte. Am Montag stellte die Expertenkommission zur Schaffung eines Geschichtsverbunds »Aufarbeitung der SED-Diktatur« in Berlin ihre Empfehlungen vor. Kulturstaatsminister Bernd Neumann (CDU) betonte eingangs, es müsse allen Tendenzen zur Verklärung der DDR entgegengewirkt werden. Das Ergebnis der Diskussion über das Konzept solle bis Jahresende in ein überarbeitetes Gedenkstättenkonzept des Bundes einfließen.

Der Kommissionsvorsitzende Martin Sabrow erläuterte das 21-seitige Papier, das die Aufarbeitungslandschaft in drei Aufarbeitungsschwerpunkten »Herrschaft, Gesellschaft, Widerstand«, »Überwachung und Verfolgung« sowie »Teilung und Grenze« strukturiert (wir berichteten). Zur Stasi-Unterlagenbehörde sagte er, der Gesetzgeber müsse selbst entscheiden, wann die Kernaufgaben der Behörde erfüllt seien. Sie dürfe aber »auch nach Erledigung ihrer Hauptaufgabe aus dem Prozess der Auseinandersetzung mit der SED-Diktatur nicht zur Gänze herausfallen«. Sabrow verteidigte die vorgeschlagene institutionelle Anbindung der Gedenkstätte Hohenschönhausen und Stasi-Zentrale/Haus I an die Stasi-Unterlagenbehörde: Sie sollten nicht abgewickelt, sondern gestärkt werden.

Dann setzte der Stellvertreter Neumanns, der Abteilungsleiter Kultur und Medien im Bundeskanzleramt Hermann Schäfer, zu einem kritischen Rundumschlag an. Er listete in einem verbalen Stakkato 13 – Sabrow hatte mitgezählt – Widersprüche in dem Konzept auf. Dabei griff er auch den von manchen Kritikern im Vorfeld geäußerten Vorwurf vermeintlicher zentralistischer Tendenzen des Konzeptes auf. Er lehnte auch den in dem Konzept geforderten Übergang von der politischen zur historischen Aufarbeitung der DDR-Vergangenheit ab. Als er den »Paradigmenwechsel« kritisierte, den die Experten für die Zukunft der Stasi-Unterlagenbehörde vorschlügen, stellte Sabrow fest, dass Schäfer ein unaktuelles Exemplar studiert hatte – in der Endfassung tauchte der Begriff nicht mehr auf.

Sabrow verteidigte das Konzept in nahezu allen Punkten. Widersprüche darin seien normal, weil sie in der Natur der Sache lägen, sagte er. Neumann versuchte, die Wogen zu glätten: Das Papier sei ein Denkanstoß, und das sei jetzt ein guter Einstieg in die Diskussion darüber. Die Kommissionsmitglieder sahen es anders: Der Dresdner Zeithistoriker Klaus-Dietmar Henke sprach im Anschluss von »Flegelei«, der frühere DDR-Bürgerrechtler Roland Jahn meinte, Schäfer habe das Papier nicht richtig gelesen. Das Wort Brüskierung machte die Runde. Kommissionsmitglied Freya Klier hatte den Empfehlungen ein Sondervotum angefügt. Die Auseinandersetzung mit dem »Weiterwirken ehemaliger Nomenklaturkader« erfordere ein »offensiveres Instrumentarium«.

Die Chefin der Stasi-Unterlagenbehörde Marianne Birthler verteidigte am Abend das Konzept. Der Kommission vorzuwerfen, sie wolle die DDR »weichspülen«, sei absurd. Dass für die Kommission eine Zuordnung der MfS-Akten zum Bundesarchiv »in absehbarer Zeit nicht in Betracht« komme, sei zu unterstreichen. Die Kernaufgaben der Behörde – Aktenerschließung und -auswertung und persönliche Akteneinsicht – seien innerhalb der nächsten 10 bis 15 Jahren nicht erledigt.

Matthias Schlegel, Der Tagesspiegel, 16.5.2006

Geteilte Erinnerung. Der Historiker Ulrich Herbert über die jüngsten Vorschläge zur Aufarbeitung der DDR-Geschichte

Die Kommission zur »Schaffung eines Geschichtsverbundes« gibt Empfehlungen für die Aufarbeitung der SED-Diktatur. Wie verfolgen Sie die aktuelle Auseinandersetzung mit der DDR-Geschichte?

Wir erleben gerade den Übergang von der unmittelbaren Auseinandersetzung der Erlebnisgeneration zu einer Phase der Professionalisierung im Umgang mit der DDR-Geschichte. Die Zahl der unmittelbar Beteiligten wird geringer, für die jüngere Generation, also etwa ein Drittel der Gesellschaft, ist die DDR bereits vermittelte Geschichte.

Das Papier erwähnt, dass der DDR-Alltag bislang unterbelichtet sei. Es drohe ein Fehler, den es auch bei der Aufarbeitung der NS-Geschichte gab.

Die Kommission sagt zutreffend, dass eine Auseinandersetzung mit einer Diktatur, die sich auf Herrschaft und Widerstand beschränkt, nur einen Teil der Wirklichkeit einfängt. Wer die DDR erlebte, für den bestand sie vor allem aus einem sehr langen Alltag. Da gibt es gewisse Parallelen zur Beschäftigung mit dem Nationalsozialismus, weil auch sie sich lange auf Repression und Widerstand und mit großer Verspätung auf die Massenverbrechen konzentrierte. Aber es gibt auch Unterschiede. Die NS-Zeit dauerte zwölf Jahre, mit einem Dauerfeuer von Großereignissen. Alltag im Sinne von Routine gab es kaum. In den 40 Jahren DDR haben, um es ironisch zu sagen, die Leute eher unter einem Mangel an Großereignissen gelitten. Die Langeweile scheint ein prägendes Element der DDR gewesen zu sein.

Warum ist es so wichtig, den Alltag zu erforschen?

Die Durchherrschung der DDR-Gesellschaft mit ihrem riesigen Apparat war viel ausgeprägter als in der NS-Zeit, in der sich Repression und Terror vor allem auf kleinere Bevölkerungsgruppen konzentrierten. Deshalb ist die Verbindung von Diktatur und Alltagserfahrung über einen so langen Zeitraum für die Analyse der DDR-Zeit aufschlussreich. Es ist plausibel und richtig, dass die Kommission ihr Augenmerk darauf lenkt.

Sie spricht auch von der Wechselbeziehung zwischen Akzeptanz und Auflehnung.

Bei der Beschäftigung mit der DDR entsteht leicht ein zweigeteiltes Bild: hier ein paar Unterdrücker, dort der große Rest der Unterdrückten. Das war in der NS- Zeit anders, weil die Nationalsozialisten die »Volksgenossen« weitgehend schonten. Man spricht heute sogar von der Konsens-Diktaktur, was ich ein bisschen übertrieben finde. Aber es stimmt, dass ein erheblicher Teil der Gesellschaft hinter der NS-Diktatur stand. Für die DDR mag das in einzelnen Phasen auch gelten, aber über die meiste Zeit handelte es sich doch um die Diktatur einer relativ kleinen Partei-Minderheit über die Bevölkerungs-Mehrheit. Gleichzeitig gab es viele Möglichkeiten, sich mit dem System zu arrangieren und recht gemütlich in den Nischen zu leben. Das prägt die Erinnerung und birgt die Gefahr einer Konkurrenz von zwei Geschichtsschreibungen. Einerseits die private Erinnerung mit einer gewissen Tendenz zur Verharmlosung, andererseits die Repressionsgeschichte, die aber vielfach als von oben oktroyiertes Geschichtsbild empfunden oder aus der Perspektive weniger Widerständiger erzählt wird. Das miteinander zu vermitteln, ist derzeit vielleicht die wichtigste Aufgabe.

Hinzu kommt, dass viele Westdeutsche die Geschichte der DDR nicht als Teil der gesamtdeutschen Geschichte begreifen.

Für einen Großteil der westdeutschen Bevölkerung war die DDR so weit weg wie Polen oder die Tschechoslowakei. Die direkte Identifikation kann über das Konstrukt eines weiterlebenden Nationalbewusstseins da nicht funktionieren. Man sollte das gelassener sehen. Zumal es eine Vorgeschichte gibt: Das Deutsche Reich bestand nur gut 70 Jahre, zwei katastrophale Weltkriege eingeschlossen. Davor gab es eine lange Tradition der Vielgespaltenheit des Landes; die Einheitlichkeit des Bismarck-Reichs hat die Mentalität der Deutschen nicht allein prägen können. Das erleichterte die Wahrnehmung der DDR als die Geschichte von Anderen.

Erst »Good Bye, Lenin!«, dann »Das Leben der Anderen«: Läuft Aufarbeitung eigentlich immer in bestimmten Phasen ab?

Nein, es gibt keine feste Rhythmisierung, auch wenn es nach Diktaturen oft erstmal das Bedürfnis gibt, zu vergessen und die neuen Verhältnisse zu etablieren. Dann gibt es das Bedürfnis, sich über die früheren Machthaber lustig zu machen: Hitler-Witze nach ’45 oder Honecker Witze nach ’89 hatten etwas Befreiendes. Erst nach einer gewissen Zeit taucht der Schrecken wieder auf. Nehmen wir den Stasi-Film »Das Leben der Anderen«: Schon vor 15 Jahren gab es Stasi-Debatten, aber damals wurde das als fast normal, zum Teil gar als nervtötend empfunden. Die zeitliche Distanz ermöglicht es nun, dass Jüngere ihre Fassungslosigkeit angesichts des bis dahin historisch unbekannten und unvorstellbaren Maßes der staatlichen Bespitzelung von Privatleben zum Ausdruck bringen können.

Wie kann und soll die Politik sich in die Debatte einmischen?

Die Kommission hat hierzu kluge, ausgewogene Vorschläge gemacht, ich bin gespannt, wie sie umgesetzt werden. Allerdings birgt die Vielzahl der Bemühungen um das Erinnern der beiden deutschen Diktaturen auch eine Gefahr. Eine Demokratie kann nicht allein aus dem negativen Bezug zu ihrer diktatorialen Vergangenheit heraus leben, weil dann in der Repräsentation der Erinnerung ein Übergewicht der totalitären Vergangenheit drohte. Berlin würde zu einer Art Museum des Totalitarismus werden. Es bedarf also auch einer Diskussion um die Relationen der Erinnerung: Wie präsent sollen die Diktaturen in unserer Gegenwart sein, und wie vermeiden wir, dass die Allgegenwart der Geschichte uns in ihr befangen sein lässt? Das wird uns in den nächsten Jahren noch oft beschäftigen.

Ulrich Herbert (54) lehrt Neuere und Neueste Geschichte an der Universität Freiburg. Er schrieb zahlreiche Bücher, besonders über die NS-Zeit und die Geschichte der Zwangsarbeiter.

Interview: Christiane Peitz, Der Tagesspiegel, 16.5.2006

»Trend zur Verniedlichung«. Markus Meckel über die Aufarbeitung der SED-Diktatur

Gut 16 Jahre nach der Wende schlägt eine vom Kanzleramt eingesetzte Experten-Kommission vor, die Aufarbeitung der SED-Diktatur mit einem dreiteiligen Geschichtsverbund neu zu ordnen. Der Plan: Mehr DDR-Alltag und -Widerstand, neue Aufgaben für die Birthler-Behörde. Markus Meckel, Vorsitzender des Stiftungsrates »zur Aufarbeitung der SED-Diktatur«, hält weitere Aufarbeitung für unumgänglich, sieht die drei neuen Säulen aber skeptisch. Helge Ahrens sprach mit dem SPD-Politiker.

Wie viel Aufarbeitung brauchen wir 16 Jahre nach der Wende?

Meckel: Wir brauchen ein deutliches Mehr an Aufarbeitung, als bisher möglich war. Man hat ja oft den Eindruck, in der Öffentlichkeit geht der Trend eher zu einer Verniedlichung der DDR, als die Diktatur insgesamt zu verstehen. Wir müssen dafür sorgen, dass das, was in der Wissenschaft erkannt wurde, auch in der Öffentlichkeit ankommt. Man hat teilweise den Eindruck, dass die DDR-Geschichte in der Schule aufhört. Deshalb bin ich zum Beispiel auch sehr dankbar für den Film »Das Leben der Anderen«.

Die Expertenkommission hat ein Jahr lang über einen Geschichtsverbund beraten. Sind sie mit dem Ergebnis zufrieden?

Meckel: Ich finde es wichtig, dass die Kommission den internationalen Zusammenhang zu Ostländern herstellt. Ich finde es auch wichtig, dass sie darauf hinweist, dass viele Institutionen unterfinanziert sind. Viele der

Empfehlungen sind richtig. Auch die Ideen, aus den Berliner Gedenkstätten Normannenstraße, dem früheren Sitz des MfS, und Hohenschönhausen, dem früheren Stasi-Untersuchungsgefängnis, nun endlich einen gemeinsamen Lernort zu schaffen. Ich bin aber skeptisch, ob die Birthler-Behörde für die Zuordnung der richtige Ort ist. Die Behörde sollte nicht zusätzliche Arbeit mit Gedenkstätten haben, sondern sich mit den Stasiunterlagen beschäftigen.

Die Experten warnen vor einer drohenden »Verinselung der DDR-Geschichte im Geschichtsbewusstsein«…

Meckel: Damit haben sie Recht. Wichtig ist deshalb auch aufzuzeigen, was in der Sowjetunion, Polen oder der Tschechoslowakei passiert ist. Die DDR stand nicht für sich allein, sondern war Teil des Sowjetsystems, das die Hälfte Europas beherrschte. Es geht nicht nur um die deutsch-deutsche Geschichte.

Die Kommission mahnt an, »deutlich unterbelichtete« Themen wie Opposition, Widerstand und DDR-Alltag stärker zu zeigen und nicht nur staatliche Repressalien. Ein richtiger Weg?

Meckel: Ich glaube nicht, dass bisher nur Repressionen und Stasi im Vordergrund standen. Schon die Enquete-Kommission des Bundestages hat deutlich gemacht, dass die Themenpalette viel größer war. Die Aufarbeitung des DDR-Alltag ist eine wichtige Aufgabe, aber nicht in Trennung von Repressalien. Deshalb bin ich auch skeptisch, diese Komplexe zu trennen. Wir müssen deutlich machen, warum die DDR so lange gehalten hat. Es muss dafür ja auch stabilisierende Faktoren im Volk gegeben haben. Zum Beispiel muss die Ideologie mit untersucht werden.

Fördert die Darstellung des Alltags nicht die Versuche, den Diktaturcharakter zu verharmlosen oder die DDR als politisches System zu »trivialisieren« – Punkte, die auch die Kommission bemängelt?

Meckel: Die Aufarbeitungsstruktur mit drei Säulen, die die Kommission nebeneinander stellt, könnte eher dazu führen. Deshalb rede ich von der Verbindung der Komplexe. Wir müssen sehen, und das ist die wichtigste Empfehlung der Kommission, dass die Normannenstraße als Lernort geschaffen wird, an dem wir die Repressionsstrukturen, die tief in den Alltag ragten, darstellen und das in Verbindung mit dem früheren Stasi-Gefängnis in Hohenschönhausen. Die Repression war möglich, weil die Leute durch die Mauer nicht mehr wegkonnten. Man muss zeigen, unter welchem Druck die Kontrolle bis ins Private wirkte.

Kritiker sprechen von einem Rationalisierungs-Plan, bei dem die Birthler-Behörde »strategisch neu ausgerichtet« wird. Wie sieht die Zukunft aus?

Meckel: Wir brauchen auch in Zukunft die Möglichkeit zur Überprüfung auf Stasi-Kontakte, dafür müssen wir das Gesetz ändern. Die Birthler-Behörde muss weiter Editionen und Findbücher herausbringen, Daten für die Wissenschaft aufbereiten. Aber sie muss zuallererst die Akten bereitstellen. Das »Schnipselprogramm« muss bis 2019 weitergeführt werden. Dann sind die Stasiunterlagen an das Bundesarchiv zu überführen. Vorher brauchen wir aber die Errichtung des Lernortes in der Normannenstraße.

Interview: Helge Ahrens, Schweriner Volkszeitung, 16.5.2006

Stasiknast oder Gartenzwergidylle? Streit um die Deutung der DDR-Geschichte

Wie soll man der DDR-Geschichte recht gedenken? Am 15. Mai 2006 wurde in Berlin ein Expertengutachten vorgestellt, das Vorschläge zur künftigen Aufarbeitung der SED-Diktatur macht. Es knallte bei dessen Vorstellung zwischen Kulturstaatsminister Neumanns Abteilungsleiter für Kultur und Medien und der Kommission. Diese forderte die Umdeutung der bisherigen Deutung der DDR als Unrechts- und Repressions-Regime – die Gedenkstätten sollten weniger Stasi und mehr DDR-Alltag zeigen.

Die Gedenkstätte Berlin-Hohenschönhausen. Mehr als 140.000 Besucher kommen jährlich, um sich über den Alltag im ehemaligen Gefängnis der DDR-Staatssicherheit zu informieren. Ein Zeitzeuge berichtet über seine Erfahrungen. »Ich habe das ja selber erlebt. Es war so, ich weiß es auch von anderen Mithäftlingen. Die haben erzählt, dass es ein Erstverhör gab. Und das war üblicherweise eine Nachtvernehmung.«

Eine von der Bundesregierung eingesetzte Expertenkommission sieht eine »Reihe von Defiziten« in der Darstellung und Vermittlung von DDR-Geschichte: mangelnde Ausstattung und Effizienz, falsche Schwerpunkte. Zündstoff gab es bereits im Vorfeld der Übergabe des Gutachtens. »Wie Sie in Ihren eigenen Zeitungen gelesen haben, hatten Sie, aus welchen Gründen auch immer, das Gutachten schon vor mir«, so Bernd Neumann, Staatsminister für Kultur. Die Experten empfehlen einen organisierten Geschichtsverbund. »Wir wollen gern eine Bündelung der Aktivitäten haben, die auch dazu führt, dass das Geld, zumindest dort, wo Bundesgeld und öffentliches Geld überhaupt benutzt wird, gebündelt ausgegeben werden kann«, sagt der Kommissionsvorsitzende Martin Sabrow. »Wir wollen außerdem gerne der getrennten oder ein Stück weit noch geteilten Ost-West-Wahrnehmung abhelfen. Wir wollen versuchen, die Professionalisierung mit der zweiten deutschen Diktatur zu befördern.«

Die Kommission begrüßt zwar die Vielfalt der in den letzten Jahren mit Hilfe des Bundes entstandenen Erinnerungslandschaft, drängt aber auf stärkere Vernetzung, Effizienz und neue Perspektiven. Riet die Kommission ursprünglich zu einem Paradigmenwechsel, spricht sie jetzt lieber von einer Akzentverschiebung. Weg von der »übergewichtigen Konzentration auf die Repression« hin zu drei Schwerpunkten: »Herrschaft, Gesellschaft, Widerstand«, »Überwachung und Verfolgung«, »Teilung und Grenze«. Hubertus Knabe, Leiter der Gedenkstätte Hohenschönhausen, meint: »Nach meinem Eindruck wird hier versucht, die Erinnerungsarbeit zu zentralisieren, zu verstaatlichen. Ich halte das für falsch, sogar für gefährlich. Wir brauchen kein neues Aufarbeitungskombinat, wo jede kleine Gedenkstätte hineingepresst wird. Wir wollen gerade die Vielfalt der Orte, weil auch jeder Ort für sich steht. Nichts spricht gegen Kooperation, aber bitte schön nicht in einer staatlich gelenkten Behörde. Das erinnert unangenehm an alte Zeiten.«

»DDR light«, meinen die Kritiker

Jochen Staadt von der FU Berlin dazu: »Man muss die vorhandenen Institutionen richtig einsetzen. Man muss von unten behutsam das, was gewachsen, was vorhanden ist, unterstützen, etwas ausbauen. Ich glaube, das Ganze ist ein bisschen zu aufgeblasen und ein großes Lobbyunternehmen von Historikern, die in diesem Geschäft unterwegs sind.« Die heitere Welt der Diktatur, das Nischenglück im Kleinen – ein »Forum Aufarbeitung« soll die Bindungskräfte, das, was die DDR im Innersten zusammen hielt und zeitweilig, so die Experten, zur »relativen Stabilität der DDR« beigetragen habe, erforschen. Kritiker sprechen von Ostalgie im Gewande der Geschichtswissenschaft. Der Kommissionsvorsitzende Martin Sabrow meint: »Die DDR-Gesellschaft kann in ihrer Stabilität nicht alleine aus Terror, Unterdrückung und Korruption verstanden werden. Sie war Begeisterung für das kommunistische Projekt, sie war gleichzeitig missmutige Loyalität. Sie war das, was wir in der Wissenschaft ›Herrschaft als soziale Praxis‹ nennen. Sie war die Bereitschaft, die Zumutungen von oben nach unten so umzuformen, dass man mit ihnen leben konnte. Nur aus diesen Ensembles heraus können wir die 40-jährige Stabilität dieser Diktatur erklären«.

Der Historiker Stephan Wolle äußert sich zu den zwei Gesichtern der ehemaligen DDR: »Wir können nicht sagen, wir stellen entweder die Repression dar, diese schlimmen Dinge, wie Stasiknast und Mauer und Verfolgung und Widerstand, und auf der anderen Seite den schönen Alltag der DDR mit den angeblich so schönen Kinderkrippen, dem guten Gesundheitswesen. Wenn die Frage so gestellt wird, ist sie schon falsch gestellt. Das schwierige, was wirklich schwer zu machen ist, ist, den inneren Zusammenhang herzustellen zwischen der Gartenzwergidylle, die die DDR natürlich auch gewesen ist, und diesem extrem repressiven Unterdrückungsstaat.«

Sein Erbe: die Akten der Stasi. Die Birthler-Behörde setzt sie wieder zusammen, wertet sie aus, sorgt für Akteneinsicht von Betroffenen und Forschern. Langfristig soll der Bestand vom Bundesarchiv übernommen werden. Manche fordern bereits das Ende der Behörde. Die Kommission dagegen schlägt neue Aufgaben vor. Die Gedenkstätten Hohenschönhausen und Normannenstraße sollen unter das Dach der Birthler-Behörde. Markus Meckel, SPD, von der Stiftung SED-Aufarbeitung sagt: »Ich bin skeptisch, ob dies die Birthler-Behörde sein sollte. Ich glaube, dies ist eine Behörde, die zu allererst die Stasiakten zu verwalten hat, und die sich auf ihr Kerngeschäft, die Verwaltung der Stasiakten konzentrieren soll.«

SED-Alltag zum Anfassen
Ganz unabhängig vom Votum der Kommission finden im Berliner Zentrum Bauarbeiten für ein DDR-Museum statt, kommerziell betrieben, aber wissenschaftlich beraten: Alltag in der SED-Diktatur zum Anfassen. Bei den Experten ist dies umstritten. Ihr Konzept will über die DDR hinausweisen, regt die umfassende Aufarbeitung von Diktatur und Geheimpolizei für ganz Osteuropa an. Einer von vielen Einwänden, die im Hause Neumann gegen die Leitlinien seiner eigenen Kommission vorgebracht werden. Hermann Schäfer, Abteilungsleiter Kultur und Medien dazu: »Ich frage mich auch, wie das Ausland wohl darauf reagieren wird, wenn wir, das schreiben Sie so nicht, aber ich sage es mal in Anführungszeichen, mit einer Art Sendungsbewusstsein die Themen Diktatur, Widerstand, Geheimpolizei, Herrschaft in Ostmitteleuropa aufarbeiten wollen, und wir dann zurückgesagt bekommen, Moment, wenn Ihr euch an Solidarnosc und Charta 77 erinnert, dann waren wir doch wohl diejenigen, die Euch die Botschaft gebracht haben, und ihr könnt jetzt nicht zu uns zurückkommen. Ich frage mich, ob dieses im Ausland nicht falsch verstanden wird.« Der Experten-Rat ist für den Bundesbeauftragten nur ein Denkbaustein. Er trägt dazu bei, dass Stasi, SED und DDR-Alltag in den Mittelpunkt rücken. An ihrem früheren Sitz, einst ein jüdisches Kaufhaus, dann Zentrale der HJ, könnte deutsche Geschichte erzählt werden. Der Streit darüber geht in die nächste Runde.

Benedict Maria Mülder, 3Sat, Kulturzeit, 16.5.2006

Die Rentner der Stasi – Verfolger verhöhnen Opfer und wollen das MfS rehabilitieren

Alttschekisten machen mobil. So geschah es Mitte März im Saal der Bezirksverordnetenversammlung in Hohenschönhausen. In diesem Stadtteil

Berlins stand die Zentrale Untersuchungshaftanstalt des Ministeriums für Staatssicherheit (MfS), die mittlerweile als Gedenkstätte für Stasi-Opfer die Besucher anzieht. Die Veranstaltung galt der Frage, ob Tafeln an Häusern das frühere Sperrgebiet um das Gefängnis herum markieren dürften. Dagegen wandte sich eine halbe Hundertschaft Stasi-Rentner. Sie verhöhnten jene im Publikum, die »sich als Opfer darstellen und uns als Täter deklarieren«, und verunglimpften die Gedenkstätte als »Gruselkabinett«. Einer triumphierte, daß es nach dreißigtausend Ermittlungsverfahren gegen MfS-Mitarbeiter in höchstens zwanzig »fragwürdigen Fällen« zu einer Verurteilung durch Gerichte gekommen sei, was eine »Stigmatisierung als Verbrecher, Terroristen, Mörder oder Folterer« nicht rechtfertige.

Darauf reagierte der Kultursenator Berlins äußerst gelassen. Der Herr über die Erinnerungspolitik des rot-roten Senats hielt seiner PDS-Wählerklientel fest die Treue und billigte den Anführern der Ex-Stasi und den Bewachern von vorvorgestern flugs den neutralen Status von »Zeitzeugen« zu. Zwar wollte Flierl nicht dafür einstehen, daß sich deren Sicht durchsetze; jedoch sei »ein Dialog« mit ihnen notwendig. Drei Wochen später ließen SPD und Linkspartei im Abgeordnetenhaus den Antrag der CDU/FDP-Opposition auf eine Rüge des Senators scheitern, wenn auch der Präsident des Abgeordnetenhauses, Momper (SPD), eine Lesung mit ehemaligen Häftlingen anberaumte und Stasi-Leute immerhin als »Kerkermeister« titulierte.

Abschreckend wirkte das nicht, weil Stasi-Rentner nach wenigen Tagen bei einer Buchvorstellung in der MfS-kontaminierten Ruschestraße große Aufmerksamkeit auf sich zogen, denn ihr Verlag hatte den einstigen DDR-Spionagechef Wolf angekündigt. Der bei manchen Medien beliebte »Mischa« zeigte sich nicht. Statt dessen prahlte ein ehemaliger Stasi-Mann mit einer Schmähschrift. Er hatte einst Beamte der Ständigen Vertretung der Bundesrepublik in Ost-Berlin begleitet, die westdeutsche Fluchthelfer in DDR-Gefängnissen besuchten, bis die Bundesregierung sie nach schwierigen Verhandlungen freikaufen konnte. Die Inhaftierten werden im Buch in gewohnter MfS-Art als »Gangster« oder »kriminelle Menschenhändlerbanden« verleumdet. Menschenrechtsverächter und Psychoterror-Spezialisten nehmen heute jene Meinungsfreiheit für sich in Anspruch, die sie jahrzehntelang in der DDR durch Überwachung und Einschüchterung unterdrückt hatten. Dennoch dürften ihre Verzerrungen nur bei eingefleischten PDS-Anhängern Anklang finden. Die Bundesbeauftragte für die Stasi-Unterlagen warnt vor der »aggressiven Propaganda einiger Obristen« und bittet angesehene Politiker darum, sich deutlicher »den alten Stasi-Kadern in den Weg und eindeutig auf die Seite der Opfer« zu stellen – immerhin 250.000 Gefangene zu DDR-Zeiten. Leider fordert sie Flierl nicht namentlich auf. Diesen schont auch der oft mit dem Selbstverständnis eines Stasi-Großjägers auftretende Direktor der Gedenkstätte Hohenschönhausen, weil Flierl dort Vorsitzender des Stiftungsrats ist. Hubertus Knabe befürchtet, daß das frühere Stasi-Gefängnis und die einstige Stasi-Zentrale in der Normannenstraße, die Bürgerrechtler nach der »Wende« zu einem erfolgreichen Museum umgestalteten, bald in die Obhut der Birthler-Behörde kommen könnten. Die Spannungen zwischen den von Frau Birthler und von Knabe geleiteten Häusern rühren nicht zuletzt daher, daß Knabe vor Jahren als Wissenschaftler aus der Birthler-Behörde ausschied.

Wegen der geschichtspolitischen Gegenoffensiven empfiehlt sich eine enge Zusammenarbeit der öffentlich finanzierten Institutionen der Aufarbeitung. Außerdem muß die Stasi-Unterlagen-Behörde wegen ihres hohen Symbolwertes als Institution der friedlichen Revolution auch nach einer für 2010 zu erwartenden Abgabe der Stasi-Akten an das Bundesarchiv stark verkleinert fortbestehen. Sie soll, auf Bildung und Forschung konzentriert – wie oft erwogen und jetzt von der Sabrow-Kommission angestrebt –, Zuständigkeiten für Hohenschönhausen und die Normannenstraße erhalten, um »Überwachung und Verfolgung« in der DDR zu dokumentieren und zu veranschaulichen. Die Forschungseinrichtung könnte »Ehemalige Gauck/Birthler-Behörde« heißen, damit das international anerkannte Vorbild für die Auseinandersetzung mit einem totalitären Geheimdienst nicht sang- und klanglos untergeht – wie sich dies MfS- und SED-Altkader sehnlichst wünschen.

Darüber hinaus war die Geschichte der DDR mehr als die Geschichte ihrer schrecklichen Verfolgungsbehörde. Die große Mehrheit der Deutschen unter Honecker saß weder im Gefängnis, noch bestand sie aus überzeugten Kommunisten. Daher ist der von der Kommission vorgeschlagene neue Darstellungsschwerpunkt »Herrschaft – Gesellschaft – Widerstand« bedenkenswert, um den Alltag im repressiven SED-Regime anschaulich zu vermitteln. Lärm und Provokation von Stasi-Verklärern lassen oft vergessen, daß die Stasi von den Hauptabteilungsleitern bis zum letzten Zuträger lediglich das Vollzugsorgan der SED war, deren »Schwert und Schild«. Den durch Flierls Haltung bestärkten MfS-Hauptspitzeln und MfS-Oberaufklärern, die seit 1990 der Aberkennung ihrer militärischen Dienstgrade nachtrauern, sollte man bei künftigen frechen Auftritten auch vorhalten, daß sie sich ausgerechnet vom lang bekämpften »Klassenfeind« durch den Ruhestand päppeln lassen – was die Tschekisten-Moral eigentlich ebenso erschüttern müßte wie jüngste Forschungsergebnisse, daß die Stasi unter dem Allzweck-Deckmantel des Antifaschismus sogar nationalsozialistische Täter schützte, einsetzte und auszeichnete.

Rainer Blasius, Frankfurter Allgemeine Zeitung, 16.5.2006

Weichspüler der Geschichte. Deutungshoheit über die DDR: Der Kulturstaatsminister watscht seine Gutachter ab

Es war ein bißchen wie an Weihnachten, wenn man zu oft durchs Schlüsselloch geschmult hat und die Überraschung keine mehr ist. Die Regierung hatte sich ein Gutachten zur DDR-Geschichtsaufarbeitung bestellt und mußte anderthalb Wochen lang erleben, daß scheinbar jeder wußte oder zu wissen vorgab, worum es ging – nur sie, die Auftraggeber, nicht. Das macht keine gute Laune, zumal einige Angriffe auf die Sabrow-Kommission die Grenzen des guten Geschmacks und das Gebot politischer Sachlichkeit überschritten. Der politische Reflex auf derlei Attacken ist selten Aufklärung, eher schon werden die Rettungsboote losgemacht, und man ergreift die Flucht. So auch in diesem Polit-Theater, das von schrillen Tönen und dunklem Raunen begleitet wurde, als habe diese Geschichtskommission vorgehabt, die Wahrheit zu versenken, statt ihr ans Licht der Öffentlichkeit zu verhelfen. In einem diffusen Sondervotum hatte das Kommissionsmitglied Freya Klier sich zu guter Letzt von einigen Punkten des Gutachtens distanziert und besorgt von unserem »reizüberfluteten Nachwuchs« gesprochen, den zu erreichen es andere Empfehlungen brauche als die der Kommission. Welche, ließ sie offen. Doch mediale Reizüberflutung hatte offenbar die Auftraggeber aus der Bahn geworfen, und so änderten sie in letzter Minute den Fahrplan. Kulturstaatsminister Bernd Neumann erschien am Montag nachmittag überraschend persönlich vor der Presse.

Ein Narr, der da immer noch glaubte, der Chef wolle nun all die Verwirrnisse geraderücken. Eigentlich hatte der Staatsminister diesen Termin seinem Stellvertreter Hermann Schäfer überlassen, der als langjähriger Direktor des Bonner »Hauses der Geschichte« bestens vertraut ist mit der Materie und hitzige Diskussionen zu Geschichtsbildern und zur Geschichtspolitik nicht zum ersten Mal erlebt. Das Dramolett, das sodann etwas überstürzt im Bundespresseamt zur Aufführung kam, dürfte seinesgleichen suchen: Kurz und bündig wurde klargestellt, daß diese Kommission – sie saß bis auf die Regisseurin Freya Klier vollzählig in der ersten Reihe – »nicht seine«, also Neumanns, Kommission sei.

Die rot-grüne Regierung hatte sie eingesetzt; welche Wahl er selbst getroffen hätte, ließ der Mann aus Bremen wie gewohnt offen. Die Zuhörer hätten meinen können, nur bei der CDU sei Geschichte in besten Händen. Grotesk, wenn man bedenkt, daß zur Kommission Ikonen des DDR-Widerstandes wie Roland Jahn oder Ulrike Poppe gehörten. Doch offenbar haben nicht einmal sie die richtigen Verbindungen zur richtigen Regierungspartei. Noch trug die Kommission die Abfuhr mit Fassung, um sogleich zu erfahren, daß Empfehlungen wie ihr Gutachten halt Empfehlungen seien. Man müsse sie nicht übernehmen, so Neumann. Ein

Denkanstoß seien sie immerhin, so die zugleich mitgelieferte Sprachregelung. Kein Dank, kein Trost. Dafür die Mahnung, daß Unrecht Unrecht bleiben müsse und einer Verklärung der DDR entschieden entgegenzuwirken sei. Das ist starker Tobak für die Historiker, Intellektuellen, Museumsfachleute und ehemaligen DDR-Dissidenten der Sabrow-Kommission, die hier umstandslos in eine Reihe mit sogenannten »Weichspülern« der Geschichte, wer immer die auch seien, gestellt wurden. Der bisher eher geräuschlos agierende CDU-Minister bediente sich plötzlich eines Tons, der auf einer anderen Bühne vielleicht angemessen sein mag, auf dieser jedoch seltsam deplaziert wirkte. Sein Stellverteter setzte dann noch eins drauf. Martin Sabrow vom Zentrum für Zeithistorische Forschungen Potsdam hatte zuvor das Gutachten (F.A.Z. vom 15. und 16. Mai) in seinen Grundzügen vorgestellt, und wer wollte, konnte die Schwierigkeiten der Kommission, sich auf ein gemeinsames Votum zu einigen, genauso deutlich heraushören wie die möglichen Streitpunkte einer von ihr gewünschten Debatte darüber. Doch Hermann Schäfer, dem der Minister seine ihm ursprünglich zugedachte Rolle wohl recht kurzfristig abgenommen hatte, wähnte sich auch auf einer ganz anderen Bühne, so die gutwillige Interpretation einiger ratloser Zuhörer. Als handele es sich um einen Meinungsstreit unter Wissenschaftlern, ratterte er dreizehn Einwände gegen das Gutachten herunter, wobei er wohl nicht einmal die Fassung letzter Hand gelesen hatte.

Erbsenzählerei zum Teil: Denn den von Schäfer scharf kritisierten Widerspruch, dezentrale Gedenkstätten zu empfehlen, weil eine zentralistische Struktur kontraproduktiv sei und die Eigeninitiative der Institutionen ersticken würde, gleichwohl aber mehr Kooperation anzuraten – diesen Widerspruch hatte die Kommission selbst benannt. Schäfer meinte, vor einem Export deutscher Gedenkkultur nach Osteuropa warnen zu müssen. Ein grobes Mißverständnis: Das Gutachten empfiehlt vielmehr, DDR-Geschichte weniger kleinkariert zu behandeln, schließlich sei der SED-Staat doch nur Teil des kommunistischen Weltsystems gewesen. Als Hermann Schäfer auch noch mahnte, daß eine Relativierung nicht hinzunehmen sei, sahen einige Mitglieder der brüskierten Kommission aus, als wollten sie gleich den Saal verlassen.

Martin Sabrow zerpflückte souverän alle dreizehn Widersprüche Schäfers. Folgte eine Journalistenfrage, ob die beiden Herren von der Regierung eigentlich bemerkt hätten, was sie hier täten. Sie hatten es nicht. Der Saal rang noch nach Fassung, da fiel schon der Vorhang. Kein Applaus. Wer jetzt auf der Strafbank sitzt, ist nicht mehr ganz klar. Nur wäre es, um der Sache zu dienen, dringend nötig, die inoffiziellen Berater auf der Regierungsbank auszuwechseln.

Regina Mönch, Frankfurter Allgemeine Zeitung, 17.5.2006

»Das Symbol einer friedlichen Revolution bleibt«

Kommissions-Chef Martin Sabrow über das Gutachten zur DDR-Aufarbeitung, den Vorwurf der »Weichspülerei« und die Zukunft der Birthler-Behörde

Die Welt: Die Bürgerrechtlerin Freya Klier hält die Empfehlungen zur künftigen Aufarbeitung der DDR für »vage«. Sie haben die Kommission geleitet, die das Papier erarbeitet hat. Schon vor der Veröffentlichung am Montag gab es viel Kritik – zum Beispiel war von »staatlich geförderter Ostalgie« die Rede.

Martin Sabrow: Es ist ganz normal in unserem historisch-politischen Geschäft, daß es auf Reformvorschläge zunächst auch reflexartige Reaktionen gibt, wenn man sich von den Gutachtern in seiner eigenen Sichtweise nicht bestätigt fühlt – nicht zuletzt geht es dabei ja auch um die Selbstabsicherung von Institutionen und Personen. Am Ende aber wird sich, da bin ich ganz zuversichtlich, doch die Plausibilität unserer Empfehlungen gegen unsachliche oder nur interessegeleitete Kritik behaupten.

Welt: Alles eine Frage der Zeit?

Sabrow: Unsere Kommission hat die DDR-Aufarbeitung ja im kleinen abgebildet – Bürgerrechtler waren ebenso beteiligt wie Museumsleute und Fachhistoriker. Wir haben uns schließlich geeinigt, ohne auf faule Kompromisse zu verfallen.

Welt: Ist Eindeutigkeit zu viel verlangt?

Sabrow: Unsere Vorschläge sind durchaus klar; in der Presse werden sie als brisant bewertet. Zugleich aber haben wir es bei der DDR-Vergangenheit mit einer komplexen Materie zu tun. Deshalb empfehlen wir Differenzierung und Perspektivenvielfalt – in unserem Fall in drei Säulen der Diktaturaufarbeitung gegliedert: erstens »Herrschaft, Gesellschaft und Widerstand«, zweitens »Überwachung und Verfolgung«, drittens »Teilung und Grenze«.

Welt: Ihre Kommission schlägt einen Akzentwechsel von der Stasi zur Opposition der Ostdeutschen vor. Wirkt eine solche Verschiebung des Interesses von den Verbrechen der Täter weg nicht notwendig relativierend?

Sabrow: Ich muß widersprechen. Wir behalten die Täterwelt ebenso im Auge wie die Opferperspektive und den Blick auf die Herrschaftsstrukturen ebenso wie den auf die Lebenswelt der Gesellschaft. Gegenwärtig steht gewiß der »Täter« im Vordergrund. Das ist einerseits gut, denn das macht individuelle Verantwortung deutlich und zeigt, daß Diktaturen funktionieren, weil Menschen sie billigen und tragen. Aber als Historiker weiß ich natürlich auch, daß der Begriff »Täter« zugleich ein Maß an Handlungs- und auch Wertebildungsautonomie unterstellt, die in der Zwangsnormalität einer repressiven Gesellschaft gar nicht immer und überall gegeben sein mußte – im Dritten Reich übrigens ebenso wie in der DDR. Gerade weil wir neben der politischen Distanzierung von der Diktatur auch deren wissenschaftliche Erklärung leisten müssen, reicht es nicht, die Diktatur allein aus der Perspektive der Täter zu betrachten – und es reicht genauso wenig, die Täterverantwortung in anonymen »Strukturen« aufgehen zu lassen.

Welt: Ihnen persönlich wird vorgeworfen, ein »Weichspüler der DDR« zu sein …

Sabrow: Dieser Vorwurf ist einigermaßen merkwürdig gegenüber einem Zeithistoriker, der sich nicht zuletzt mit Fragen des Vergleichs von kommunistischer und NS-Diktatur beschäftigt. Wo in unserem Gutachten wird irgend etwas an der DDR »weichgespült«? Unsere Bemühungen dienen dazu, uns die Vergangenheit besser zu vergegenwärtigen und sie der Gesellschaft mitzuteilen. Und darum steht es, allem öffentlichen und medialen Interesse für Geschichte zum Trotz, nicht gut in Deutschland. In den Schulen kommt davon zu wenig an – ich war selbst zehn Jahre lang Studienrat, ich glaube, das beurteilen zu können. Die Schulen brauchen die Unterstützung der Wissenschaft – das hat nichts mit »Weichspülen« zu tun, wohl aber mit kritischer Historisierung im Sinne von analytischer Distanz, sachlicher Differenzierung und fachlicher Selbstreflexivität.

Welt: Sie haben die DDR als »Konsens-Diktatur« bezeichnet.

Sabrow: Ja, und der Begriff wird gern gezielt mißverstanden. Ich meine damit natürlich nicht, daß der SED-Staat etwa auf einen gesellschaftlichen Konsens gegründet gewesen wäre. Das war er wahrhaftig nicht und er hätte ohne sowjetische Regimesicherung und hermetische Abriegelung nicht 40 Jahre existieren können. Vielmehr geht es mir um den fast manischen Zwang in kommunistischen Gesellschaften auch und gerade in ihrer stalinistischen Phase, die bekundete Einmütigkeit zwischen Führern und Geführten, zwischen Staat und Gesellschaft zu erzwingen und zu inszenieren, notfalls auch herbeizufälschen. Eben aus diesem Grund war etwa im stalinistischen Schauprozeß das Geständnis alles und galt der Indizienbeweis nichts – auf die Zustimmung des Verfolgten zu seiner Verfolgung kam es an, nicht auf die Realitätstüchtigkeit der Vorwürfe.

Oder, um ein ganz anderes Beispiel zu nehmen: Wie konnte die SED-Führung darauf verfallen, bei den Kommunalwahlen im Mai 1989 Beobachter zuzulassen, um die behauptete und erfälschte hundertprozentige Zustimmung gleichsam von außen zu beglaubigen? Herrschaftstechnisch ein grandioser Irrtum des Regimes, aber für das Politbüro war es offenbar auch in der finalen Krise unabdingbar, sich den Schein des »Konsenses« zwischen Wählern und Gewählten um jeden Preis »bestätigen« zu lassen. Diese Leidenschaft zur Einmütigkeit nenne ich Konsens-Diktatur – die Zwangsherrschaft eines oft mit terroristischen Mitteln operierenden Zustimmungsprinzips, dessen Ritualisierung und Erosion den Untergang des SED-Staates begleitete und beschleunigte.

Welt: Was wird aus der Birthler-Behörde?

Sabrow: Die Stasi-Unterlagenbehörde wird so lange existieren, wie Politik, Gesellschaft und öffentliche Meinung dies wünschen. Wir als Historiker können nicht sagen, wann das Stasi-Unterlagengesetz in seinem Kern abgearbeitet ist. Da gibt es Konjunkturen des öffentlichen Interesses, die wechseln. Uns ist wichtig: Von der Gauck-Birthler-Behörde müssen zwei Teile auf jeden Fall erhalten werden. Sie ist erstens das Symbol der friedlichen Revolution – das ist ein Gut, das für die Zukunft bewahrt bleiben muß. Zweitens gibt es nirgends so viel Kompetenz in der Aufarbeitung des DDR-Repressionsapparates wie in der Abteilung Bildung und Forschung der Birthler-Behörde. Das gilt es zu bewahren. Und deshalb schlagen wir vor, auch nach dem Übergang der Stasi-Akten in die Zuständigkeit des Bundesarchivs, der irgendwann kommen wird, diese beiden Teile der Birthler-Behörde zu erhalten. Sie sollten mit den Berliner Gedenkstätten Hohenschönhausen und Normannenstraße zusammengeführt werden. Natürlich sehen wir das Problem der Zentralisierung; deshalb haben wir mehrere Modelle vorgeschlagen.

Interview: Sven Felix Kellerhoff, Die Welt, 17.5.2006

Politiker brüskieren Historiker. Die Linke aber begrüßt den Bericht zum Umgang mit DDR-Geschichte

Die Journalisten hatten keine Fragen. Anscheinend, weil sie sich im Vorfeld, schon vor der Veröffentlichung der »Empfehlungen einer Expertenkommission zur Schaffung eines Geschichtsverbundes ›Aufarbeitung der SED-Diktatur‹« in ihren Medien ausgetobt, Meinungen festgeklopft hatten. Vielleicht auch, weil wegen des späten Termins der Pressekonferenz am Montag in Berlin weiteres Verweilen nicht geraten schien im Interesse aktueller Berichterstattung, ohne den Redaktionsschluss zu gefährden. Nur eine Frage wurde gestellt, an die Adresse der Regierungsvertreter, den Staatsminister Bernd Neumann und den Abteilungsleiter Kultur und Medien im Kanzleramt, Hermann Schäfer. Ob sie sich nicht schämten, den Leiter der Expertenkommission, Martin Sabrow, so zu brüskieren. Was war geschehen?

Der Staatsminister hatte aus seiner Abneigung gegenüber dem Inhalt des Papiers keinerlei Hehl gemacht: »Wir müssen entschieden allen Tendenzen der Verklärung der ehemaligen DDR, der ›Ostalgie‹, mit Aufklärung und Information entgegenwirken.« Deshalb sei er für eine Aufwertung der Birthler-Behörde und der »Gedenkorte« wie Hohenschönhausen oder Normannenstraße in Berlin. In der von den Experten vorgeschlagenen Zusammenlegung der diversen Einrichtungen nach drei Themenschwerpunkten »Herrschaft – Gesellschaft – Widerstand«, »Überwachung und Verfolgung« sowie »Teilung und Grenze« vermutet Neumann offenbar deren Abwertung und Abwicklung. Deren Existenzberechtigung auch künftig bekräftigte er mit dem Ausruf: »Unrecht muss Unrecht bleiben.« Akteneinsicht und Überprüfungen müssten weiterhin möglich sein. Er wünsche sich zudem die Wiedereröffnung des Zugangs zum Zentralen Einwohnerregister der DDR. Vehement lehnte der CDU-Politiker einen Paradigmenwechsel in der Darstellung der DDR ab.

Der Abteilungsleiter assistierte dem Staatsminister, erwies sich noch angriffslustiger, ja aggressiv. Der Gründungsdirektor des Bonner Hauses der Geschichte wollte eine ganze Reihe »Widersprüche« und »unlogische Formulierungen« im Papier ausgemacht haben. So würde beispielsweise einerseits eine zunehmend trivialere Auseinandersetzung mit der DDR-Geschichte beklagt, andererseits seriöse Aufarbeitung gelobt, einerseits für die Birthler-Behörde eine »gleitende strategische Neuausrichtung« vorgeschlagen, andererseits bemerkt, diese habe »ihre Hausaufgaben nicht gemacht«. »Warum sollte sie dann überhaupt erhalten, ›gleitend neu ausgerichtet‹ werden?«, fragte Schäfer rhetorisch.

Sabrow antwortete auf dessen 13 Kritikpunkte mit »sowohl als auch«. Und stellte fest, dass offenbar wieder einmal die Politik andere Ergebnisse von einer unabhängigen Expertenkommission erwartet habe, als diese vorlegte. Betreffs des Vorwurfs, einen Paradigmenwechsel einleiten zu wollen, verwies der Direktor des Zentrums für Zeithistorische Forschung Potsdam auf den mittlerweile stattgefundenen Generationswechsel, der eine Akzentverschiebung rechtfertige, ja notwendig mache. Die nachgewachsene Generation hat andere Fragen an die Geschichte der DDR.

In ihren Empfehlungen beklagen die Sachverständigen, dass Überwachung, Verfolgung und Repression Übergewicht in der öffentlichen Darstellung der DDR einnähmen, Alltag und Widersprüche in der Gesellschaft zu kurz kämen, weshalb sich viele Ostdeutsche nicht mit den offerierten Geschichtsbildern identifizieren könnten, sie ablehnen. Auch konstatieren die Autoren eine in Ost und West geteilte Wahrnehmung.

Die Bundestagsfraktion DIE LINKE begrüßt die Empfehlungen: »Somit können neue Maßstäbe für eine plurale und den unterschiedlichen Perspektiven gerecht werdende Aufarbeitung der deutschen Geschichte im ›Jahrhundert der Extreme‹ gesetzt werden.« Berlins Kultursenator Thomas Flierl würdigt das Streben nach professioneller, organisatorischer Profilierung der Erinnerungsorte und die Weitung des Blicks auf die DDR.

Auf die einzige Journalistenfrage auf der Pressekonferenz am späten Montagnachmittag hatten übrigens Neumann und Schäfer verwundert ihrerseits Sabrow gefragt: »Fühlen Sie sich von uns brüskiert?« Worauf dieser sich zurücklehnte und salomonisch lächelte. Kein Wort. Er wurde verstanden.

Karlen Vesper, Neues Deutschland, 17.5.2006

Die Stasi ist nicht tot

Gastkommentar: Diffamierung des Gedenkens

Der Tag sitzt vielen Verfolgten noch heute in den Knochen: Am 14. März erschienen bei einer Veranstaltung in Berlin-Hohenschönhausen über 200 ehemalige Stasi-Offiziere und empörten sich über die nahe gelegene Gedenkstätte. Der langjährige Gefängnischef schimpfte über die Museumsführer, die größtenteils früher selbst bei ihm in Haft gewesen waren: »Sie stellen sich als Opfer dar und deklarieren uns zu Tätern.« Die Veranstaltung war nur der Höhepunkt einer bedrückenden Entwicklung. Spätestens seit dem Jahr 2002, als die obersten Stasi-Offiziere in einem zweibändigen Werk erklärten, die Gedenkstätte betreibe eine »infame Hetze« gegen die Untersuchungshaftanstalt, steht sie im Mittelpunkt eines regelrechten Trommelfeuers. Doch lange Zeit interessierte sich niemand dafür, daß die Stasi 16 Jahre nach ihrer Auflösung alles andere als tot ist.

Nun steht die Gedenkstätte erneut unter Beschuß, doch diesmal aus der Mitte der Gesellschaft. Nach mehreren Artikeln in anderen Zeitungen attackierte am Dienstag auch eine Autorin der »Welt« die Gedenkstätte – diese würde ihre Besucher angeblich mit einer »Schockpädagogik« traktieren.

Wie der Frankfurter Journalist Markus Wehner behauptete Mariam Lau zum Beispiel, daß in dem Besucherfilm die Zahl der Zellen übertrieben werde. Doch Wehner hatte nur nicht richtig zugehört – die 102 Zellen und 120 Vernehmerräume werden in dem Film zusammengezählt. Wie Wehner monierte die Autorin auch, daß der Film den 91.000 hauptamtlichen Stasi-Mitarbeitern nur 7.000 Gestapo-Mitarbeiter gegenüberstelle – statt 300.000 Mitarbeiter des Reichssicherheitshauptamtes (RSHA). Ein scheinbar unehrenhafter Versuch, das DDR-Unrecht auf Kosten der NS-Diktatur zu vergrößern. In Wirklichkeit hatte das RSHA nur rund 3.000 Mitarbeiter, denen verschiedenste Dienststellen und Sicherheitskräfte sowie die Kriminalpolizei unterstellt waren. Im Film wird die Zahl der Gestapo-Mitarbeiter indes nur am Rande erwähnt, um die besondere und unumstrittene Überwachungsintensität in der DDR deutlich zu machen. Nicht anders ist es beim nächsten Vorwurf: Der Film lege nahe, daß die Stasi versucht habe, durch Röntgenbestrahlung bei den Häftlingen Blutkrebs zu erzeugen. In Wirklichkeit wird nur berichtet, daß der Schriftsteller Jürgen Fuchs 1999 an Blutkrebs verstarb und er davon überzeugt war, die Stasi habe dies verursacht. Eine Tatsache, die zumindest Erwähnung verdient, zumal Erich Mielke das unauffällige Töten von »Feinden« systematisch erforschen ließ.

Als angebliches Credo seiner Arbeit legt die Autorin schließlich dem Direktor der Gedenkstätte in den Mund, das Gefängnis sei für ihn das »Dachau des Ostens« – ein Vorwurf, den auch ehemalige Stasi-Mitarbeiter regelmäßig erheben. Tatsächlich hatte er – vor nunmehr fünfeinhalb Jahren – in einem Zeitungsinterview nur gesagt: »Mit Hohenschönhausen haben wir einen Verfolgungsort der letzten Diktatur fast unversehrt überliefert, dem eine wirklich nationale Bedeutung zukommt. Das ist, wenn man das überhaupt vergleichen kann, das Dachau des Kommunismus.«

Schlimmer als die subtile Diffamierung ist jedoch die Demagogie, mit der die Führungen durch die Gedenkstätte herabgewürdigt werden. Dabei wird so getan, als ob nicht das Gefängnis die Besucher schockiere, sondern sie erst mit allerlei Mätzchen dazu gebracht werden müßten. Gerade dieser Angriff zielt auf den Kern des Opfergedenkens: Die Arbeit in Hohenschönhausen begann 1994, indem ehemalige Häftlinge Besuchern »ihr« Gefängnis zeigten. Kaum einer der mittlerweile 150.000 Besucher pro Jahr versäumt es hervorzuheben, wie sehr ihn die Begegnung mit einem Zeitzeugen beeindruckt hat.

Tatsächlich ist vielen Intellektuellen die direkte Konfrontation mit dem Staatssicherheitsdienst unbehaglich. Die Gedenkstätte wird als eine Art Stasi-Jagd-Verein denunziert. Wenn Journalisten wie Mariam Lau, Markus Wehner oder Franziska Augstein das Gedenken an die Opfer diffamieren, spiegeln sie nur eine politische Stimmung wieder. Viele Zeitgenossen möchten die Geschichte der SED-Diktatur gern hinter Museumsmauern sperren oder – wie es die umstrittene Expertenkommission zum DDR-Gedenken nannte – »kritisch historisieren«. Sie suchen nach Entlastung, weil sie sich selbst der kommunistischen Diktatur nicht entgegengestellt haben.

Die Opfer des Staatssicherheitsdienstes werden dadurch erneut an den Rand gedrängt. Doch sie haben Anspruch auf die Unterstützung der Gesellschaft – und auf ihren authentischen Ort der Erinnerung. Der Autor ist Direktor der Gedenkstätte Hohenschönhausen

Hubertus Knabe, Die Welt, 18.6.2006

Positionen: Was wir vergessen, das war nicht. Auch in der DDR gab's Alltag, aber der war nicht entscheidend

In einer kürzlich von uns durchgeführten Befragung von über 2.000 Berliner Schülern lehnten knapp zwei Drittel die Aussage ab, in der DDR war der Alltag für viele durch Diktatur und Überwachung geprägt. Etwa gleich viele stimmten zumindest teilweise der Feststellung zu, die Regierung der DDR war durch demokratische Wahlen legitimiert. Nur etwa jeder Zweite verneinte den Satz »Die DDR war keine Diktatur – die Menschen mussten sich nur wie überall anpassen«. In der vergleichenden Bewertung von alter Bundesrepublik und DDR konnte sich ebenfalls jeder Zweite mit der These anfreunden, die Bundesrepublik sei anders, aber nicht besser als die DDR gewesen.

Betrachtet man aktuelle Bücher und Filme über die DDR, lässt sich unschwer eine Dominanz alltagsgeprägter Beschreibungen feststellen. Junge Frauen erzählen über ihre spannende oder langweilige Kindheit in der DDR, abgewickelte Politiker und Wissenschaftler rücken ihre sozialistischen Ideale und die Normalität des Alltags ins Blickfeld, Feinschmecker berichten über die Vielfalt der Küche in der DDR, und selbst der ehemalige stellvertretende Minister für Staatssicherheit, Markus Wolf, darf seine Ansichten über die humanistische DDR in Talkshows verbreiten. Ganz zu schweigen vom ehemaligen Vorsitzenden des Rechtsanwaltskollegiums der DDR, Gregor Gysi, der in den Medien nahezu omnipräsent ist.

Wie vor diesem Hintergrund die noch von der rot-grünen Koalition eingesetzte Expertenkommission zur Schaffung eines Geschichtsverbundes »Aufarbeitung der SED-Diktatur« zur Diagnose einer »gegenwärtigen Vorrangstellung der öffentlichen Dokumentation staatlicher Repression« kommt, erschließt erst der Blick in die Vorgeschichte. Schon seit Jahren versuchen linke Historiker und Politiker, die von einem Bürgerrechtlerverein betriebene ehemalige Mielke-Zentrale in der Normannenstraße durch den Einbezug in die Birthler-Behörde ihres weitgehend autonomen Charakters zu berauben. Und auch die Gedenkstätte im ehemaligen MfS-Gefängnis in Berlin-Hohenschönhausen sollte inhaltlich und personell anders ausgerichtet werden.

Nachdem diese Versuche scheiterten, wurde zur Legitimation des Plans, diese authentischen Orte zu entschärfen, eine Kommission eingesetzt. Um ihr Ergebnis nicht politisch, sondern wissenschaftlich begründen zu können, musste sie notwendigerweise eine falsche Diagnose stellen.

Die tatsächlichen Defizite bei der Darstellung und Einordnung der DDR – bezüglich der Rolle der SED bei der Gestaltung der Gesellschaft und ihrer generellen Vorrangstellung sowie vor allem der vergleichenden Bewertung der DDR – werden von der Kommission nicht oder nur am Rande angesprochen. Gleichzeitig scheuen die Autoren davor zurück, Kriterien für die Einordnung der DDR zu nennen. Anscheinend soll sie im Geiste der alten systemimmanenten DDR-Forschung wertneutral beschrieben und auf Augenhöhe mit der alten Bundesrepublik gestellt werden, so dass hinter dieser Äquidistanz die Differenz zwischen Demokratie und Diktatur verschwindet.

Die Weichzeichnung der SED-Diktatur wird im Papier der Expertenkommission durch den für die DDR gewählten Begriff »durchherrschte Gesellschaft« deutlich. Da alle Gesellschaften mehr oder weniger »durchherrscht« sind, die einen stärker politisch, die anderen ökonomisch, werden Analogien zwischen Bundesrepublik und DDR konstruiert. Der entscheidende Unterschied zwischen der durch eine Mehrheit legitimierten und einer auf Gewalt(-androhung) und Ideologie begründeten Herrschaft geht dabei verloren.

Diese begriffliche Vorgabe reduziert die geforderten Analysen auf bloße Beschreibungen von Banalitäten. Erst wenn die DDR wie andere sowjetkommunistische Staaten im Sinne von Agnes Heller als totalitär verfasste politische Gesellschaft verstanden wird, in der die Herrschenden eine »Diktatur über die Bedürfnisse« sowie die Ausschaltung von Pluralismus und Individualismus anstrebten, werden auch die Widersprüche zwischen Machtmechanismen und dem Willen nach Freiheit und Wohlstand von großen Teilen der Bevölkerung sichtbar. Genau an diesem Widerspruch ist die DDR gescheitert und der SED-Staat untergegangen.

Die von der Kommission unterbreiteten Vorschläge, neue Schwerpunkte auf Basis des Vorhandenen zu bilden, können nicht überzeugen. Wichtiger wäre es, vergleichende Studien, zum Beispiel zwischen NS-Staat, DDR und Bundesrepublik anzuregen und die Grundlagen einer freiheitlichen und zivilen Gesellschaft als Bewertungsmaßstab zu vermitteln. Dabei sollte der Ausbau von einschlägiger Forschung und Lehre in den Universitäten im Vordergrund stehen und nicht die Schaffung neuer außeruniversitärer Einrichtungen. Sinnvoll wäre es zum Beispiel, den Universitäten in einem Sonderprogramm Mittel für spezielle Lehrveranstaltungen über die DDR und das geteilte Deutschland zur Verfügung zu stellen und hierbei ein besonderes Augenmerk auf die Lehrerausbildung zu richten.

Die beiden von der Kommission zur Disposition gestellten Gedenkstätten passen in ihrer heutigen Struktur durchaus in die Erinnerungslandschaft, stellen sie doch ein gewisses Korrektiv zur Dominanz von Alltags- und Gesellschaftsanalysen sowie zur nostalgischen Verklärung der DDR dar. Zu Recht werden sie von »Freunden der DDR« als Störfaktor angesehen. Gerade die gut besuchten authentischen Orte leisten derzeit mehr für die politische Aufklärung als viele Bücher und Forschungsprojekte der Kommissionshistoriker zusammen. Dabei ziehen beide Gedenkstätten ihre Kraft aus dem bürgerschaftlichen Engagement vieler ehrenamtlicher Akteure, die vor 1989 zu den Gegnern der SED-Diktatur gehörten.

Der Verfasser ist Professor für Politikwissenschaft an der Freien Universität Berlin und leitet dort den Forschungsverbund SED-Staat.

Klaus Schroeder, Der Tagesspiegel, 18.5.2006

Lieber zu spät als nie. Die Aufarbeitung der SED-Diktatur wird Staatsziel

Der Sozialismus lässt sich, je länger er zurückliegt, desto schwerer überwinden. Bei der Verleihung der deutschen Filmpreise sah es für einen Moment so aus, als entdecke die Bundesrepublik endlich die wahre DDR-Geschichte – und die breite Debatte darüber erreiche ein neues Niveau: Sieben Lolas gewann der Stasi-Film *Das Leben der Anderen,* obwohl er nicht so sehr von fiesen Spitzeln, sondern von komplexen Repressionsmechanismen handelte. Doch der Jubel wurde sogleich übertönt von Gezeter, und zwar über ein staatliches Gutachten, das die »Aufarbeitung der SED-Diktatur« zum nationalen Anliegen erklärt. Es fordert eine stärkere Vernetzung der Gedenkorte und eine Verwissenschaftlichung des Diskurses – und ist insofern absolut plausibel. Das Gezeter aber erst recht. Denn die Empfehlungen der Expertenkommission, die von Kulturstaatsministerin a. D. Christina Weiss berufen wurde, kommen viel zu spät.

Fast sechzehn Jahre begnügten sich die jeweils Regierenden mit symbolischem Herumkramen in Stasi-Akten, einem schlecht ausgestatteten Bundesarchiv, einer mager bezuschussten Stiftung Aufarbeitung – und verließen sich im Übrigen auf Opferverbände, Bürgerinitiativen, einzelne Historiker, die manchmal von Land oder Kommune unterstützt wurden, manchmal auch nicht. Dank ihnen können jetzt überhaupt so schöne Empfehlungen formuliert werden. Ohne Leute wie Tobias Hollitzer (Leipziger Museum »In der Runden Ecke«), Joachim Scherrieble (Gedenkstätte Marienborn), Hubertus Knabe (Gedenkstätte Hohenschönhausen), Arndt Schaffner (AG Grenzmuseen) gäbe es nichts zu zentralisieren. Es wären historische Quellen verschüttet, Zeitzeugen unbefragt gestorben, innerdeutsche Grenzverläufe nicht mehr rekonstruierbar. Die Aufarbeitungsaktivisten haben das Gras, das ständig über die Vergangenheit zu wachsen drohte, per Hand gemäht. Sie warteten in ungeheizten Bruchbuden auf Besucher. Sie hielten Vorträge vor Schulklassen und bezahlten Verlage für den Abdruck der eigenen Opfergeschichte.

Sechzehn Jahre lang waren sie nützliche Idealisten, kein Wunder, wenn sie sich nun von einer Evaluierungskommission bedroht fühlen. Denn zur Behebung der inkriminierten Aufarbeitungsmängel, die oft erst durch Geldmangel entstanden sind, wird es wohl wieder kein zusätzliches

Geld geben. Auf dem Deckblatt des Empfehlungsschreibens steht, dass eine »Überbeanspruchung finanzieller Ressourcen« vermieden werden soll. »Überbeanspruchung« klingt für Gedenkstättenleiter, die jahrelang mit ABM-Kräften arbeiten mussten, während sie auf Knien um eine halbe Historikerstelle bettelten, wie ein schlechter Witz. Aber vielleicht ist die Angreifbarkeit des Papiers sein Vorteil. Es bringt einen neuen Ernst in die Debatte und lässt zutage treten, was von uns allen versäumt worden ist.

Evelyn Finger, Die Zeit, 18.5.2006

Kommentare: Stoff der Erinnerung

»Der Stoff reicht allemal für weitere Kontroversen über die Vergangenheit.«

Über Deutschland erzählt man sich Geschichten. Das Land, so heißt die eine Variante, habe es mit der Wiedervereinigung seiner beiden ungleichen Teile vermocht, wieder Nation zu werden. Eine Nation, die sich ihrer schrecklichen Vergangenheit gestellt habe und sich guten Gewissens als selbstbewusst behaupten könne. Das Land, so geht die andere Variante, ist alles andere als ein homogenes Gebilde, das eine gewisse Orientierung in der Erinnerung findet. Vielmehr falle die Wahrnehmung des 20. Jahrhunderts zwischen Ost und West drastisch auseinander. Beiden Geschichten gemeinsam ist, dass in ihnen nicht mehr von einem Ende der Nachkriegszeit die Rede ist. Vielmehr nähren sie die Gewissheit: Der Streit um die Interpunktionen der jüngeren Zeitgeschichte, und somit auch um die Zukunft der Erinnerung, hebt noch einmal an.

Das hängt mit zwei Ereignissen zusammen, die eher zufällig in diese Woche fielen: mit dem Beschluss, das NS-Opfer-Archiv in Bad Arolsen der forschenden Öffentlichkeit zu öffnen, und mit der kritischen Bestandsaufnahme von DDR-Forschern, die den Stand der Aufarbeitung der SED-Diktatur für Kulturstaatsminister Neumann ermittelten.

Der Zugang zum Archiv des Internationalen Suchdienstes in Bad Arolsen hätte eigentlich ein Kapitel in der bundesrepublikanischen Erfolgsgeschichte über den Umgang mit dem Holocaust werden können. Bereits vor Jahren hatte sich das Archiv selbst eine Öffnung verordnet, doch erst die massive Intervention US-amerikanischer Stellen ebnete den Weg. Das verstanden manche nicht gerade als einen Ausweis republikanischer Reife in Deutschland. Dennoch: Insgesamt hat man sich mit der – wenn auch reichlich späten – Entschädigung früherer NS-Zwangsarbeiter zuletzt doch als entschlossener Aufarbeiter der nationalsozialistischen Vergangenheit erwiesen. Auf dem Weg ins 21. Jahrhundert sozusagen.

Das weitgehend konsequente Kurshalten fand Anerkennung: Eine deutliche Mehrheit innerhalb der internationalen Staatengemeinschaft votierte für einen Sitz der Bundesrepublik im Menschenrechtsausschuss der Vereinten Nationen.

Alles schien gut zu werden. Zumindest im Westen, wo man die Geschichte als Lehrmeisterin des Lebens pries. Doch nach dem Bericht der Historikerkommission zur Rezeption der DDR-Geschichte wachsen Zweifel, wie tragfähig die Geschichte des 20. Jahrhunderts als Nationalgeschichte sein kann. Denn zu unterschiedlich fallen die Zuschreibungen aus, wenn es um die Bedeutung der nationalsozialistischen Diktatur geht. Im Westen will man eine gesamtdeutsche Linie durch das 20. Jahrhundert ziehen, kann aber die Zeit der SED-Diktatur nicht einbinden. Derweil tut sich der Osten schwer, den westlichen Umgang mit dem NS-Unrechtsregime in einer Gesamtgeschichte zu würdigen. Man fürchtet, der Antifaschismus könnte als Begründung des anderen Staates entfallen.

Die Furcht vor Relativierungen ist den gegenwärtigen Irritationen gemeinsam. Sie entstehen mitunter aus guten Gründen. So weckte die Konzeption der Gedenkstätten in Sachsen durchaus den Eindruck, zwischen der Diktatur der SED und dem nationalsozialistischen Völkermord habe es keine fundamentalen Unterschiede gegeben. Eine Ahnung von diesen gedanklichen Konfusionen im Kampf um Deutungshoheiten scheint Rainer Eppelmann vor mehr als zehn Jahren gehabt zu haben. Er beschrieb als Vorsitzender der Enquete-Kommission zur Aufarbeitung der SED-Vergangenheit deren Arbeitsprogramm: Für diese Aufgabe gebraucht werde »Herz und Verstand, der Wille zur Gerechtigkeit und die Fähigkeit zum Verständnis und zur Barmherzigkeit«.

Mit großen Gefühlen sollte sich der Abschied vom Gestern vollziehen können. Haben zumindest viele bislang gedacht. Es kann aber wohl keine Rede davon sein. Der Stoff, aus dem man Erinnerung gewinnen kann, reicht allemal für weitere Kontroversen über die Vergangenheit in Deutschland. Schließlich lässt sich nur so etwas für das Selbstverständnis nicht der vereinten Nation, wohl aber der größer gewordenen Republik gewinnen.

Matthias Arning, Frankfurter Rundschau, 18.5.2006

Alltag mit und ohne Stasi. DDR Geschichte. Eine leicht veränderte Sicht und sofort der Streit

Auch im künftigen Geschichtsbild soll die DDR ohne Abstriche ein Unrechtsregime bleiben, grundsätzlich und von Anfang an. An dieser gesellschaftlichen Übereinkunft will die Kommission aus Historikern und Bürgerrechtlern, die jetzt nach einem Jahr ihr Konzept mit Namen »Aufarbeitung der SED-Diktatur« vorgelegt hat, nichts ändern. Eingesetzt noch unter Rot-Grün empfiehlt sie, die Aufklärung wissenschaftlich besser zu untermauern. Dafür schlägt sie ein großes »Forum Aufarbeitung« im Zentrum Berlins vor. Die zahlreichen Gedenkstätten, Archive und Dokumentationszentren sollen sich mehr vernetzen, sie werden in dem 20-seitigen Papier gebührend gelobt. Dennoch kommt von dieser Seite ein schrilles Echo. Das Signal hat Freya Klier, selbst Mitglied der Kommission, mit ihrem einsamen Gegenvotum gegeben. Vorentwürfe des Papiers wurden den gewogenen Medien zugespielt, und noch bevor das Arbeitsergebnis an Kulturstaatsminister Bernd Neumann übergeben und damit offiziell öffentlich wurde, begannen die Attacken. Neumann wiederum schien schon unter dem Eindruck der Ablehnungsfront zu stehen, die ihm vielleicht wie gerufen kam, als er betonte, die Empfehlungen seien wirklich nur unverbindliche Denkanstöße. Die Politik müsse und werde im Herbst entscheiden.

Die umstrittene Formel gilt dem Alltag der DDR-Bürger, der intensiver betrachtet werden soll, anstelle der »deutlich übergewichtigen Konzentration auf Orte der Repression und der Teilung«. Die Staatssicherheit dürfe nicht »zum eigentlichen Nukleus der SED-Herrschaft stilisiert« werden. Die Stasi-Geschichte geht allerdings auch real einem gewissen Ende entgegen: für die Mitarbeit im Geheimdienst wie auch in höheren SED-Instanzen gilt Verjährungsfrist. »Regelanfragen« bei Anstellung im öffentlichen Dienst fallen bald weg, mit Skandalen ist kaum noch zu rechnen. Die Stasi-Unterlagen verändern ihren Charakter, über kurz oder lang sollen sie an das Bundesarchiv gehen.

Interessant ist der Begriff der »Bindungskräfte«. Mit ihm soll erkundet werden, was »zumindest in den sechziger und siebziger Jahren zur relativen Stabilität« der DDR geführt habe. Ideologische Überzeugung, soziale Aufstiegsmöglichkeiten, wirtschaftliche Grundsicherung, missmutige Loyalität werden aufgezählt. So wird in diesem Papier auch Überzeugung als eine mögliche Lebenshaltung in der DDR zugestanden, und das kann ja nur die Vorstellung von einer sozialistischen Gesellschaft bedeuten, die man schaffen wollte. Die Überzeugung wird allerdings mit dem Zusatz »ideologisch« gleich entwertet, mit Gehirnwäsche assoziiert.

Markiert das vorgestellte Konzept einen Paradigmenwechsel? Die Kommission wollte ihn, strich aber das provozierende Wort zum Schluss. »Allmählicher Akzentwechsel« blieb. Es blieb auch die kritische Feststellung, dass in Westdeutschland diese Geschichte kaum als Teil der ganzen deutschen Entwicklung begriffen wurde. »Verinselung« drohe, heißt es im Kommissionspapier.

Das Volk im Osten sah seine Geheimdienstakten. Viele sahen dabei in Abgründe, aber alles, was sich darüber denken und erkennen ließ, musste in einem festgelegten Bild der DDR eingekapselt bleiben. Sonst gabs keine Absolution. Und es blieb kein Raum für die Frage nach Geheimdiensten im Westen, keine Übertragung von Erkenntnissen, keine Schule der Zivilcourage und Solidarität. Desinteresse wird allseitig beklagt, aber ist es nicht klar, dass so ein Lernen mit vordefinierten Grenzen lahm macht?

Freya Klier sieht die Gespenster eines »kontinuierlichen Weiterwirkens ehemaliger Nomenklaturkader«. Überall seien sie zu finden, in Schulen, Medien, Bundestag, sie »haben ihre Netzwerke strategisch verfeinert«. Der Mehrheit der Kommissionsmitglieder wirft sie eine Neigung zum »Historisieren« vor und setzt sie mit »Abwickeln« gleich. Vor allem unterstellt sie eine Gefahr für den »sinnlichen Nachvollzug« der Repression in der DDR, der sei aber »fast der einzige Einstieg für junge Leute«. Derartige Einstiege können dann auch so aussehen wie in dem ehemaligen Stasigefängnis Hohenschönhausen, wo ein sowjetischer Folterstuhl nachgebaut wurde, von dem nicht bekannt ist, ob es ihn je gab, geschweige denn, ob er in Gebrauch kam. Hauptsache, der Grusel meldet sich.

Marina Achenbach, Freitag, 18.5.2006

»Wir vergessen nichts« – Zur Diskussion um Aufarbeitung der SED-Diktatur

Je länger das Ende der DDR zurückliegt, umso verklärter wird sie vor allem von Ostdeutschen gesehen. Standen unmittelbar nach dem Untergang dieses deutschen Teilstaates die dunklen Seiten der Diktatur noch im Vordergrund, prägen heute Erzählungen über das vermeintlich angenehme Alltagsleben und die soziale Sicherheit das Bild.

Diese Verklärung der DDR bestätigte sich auch in einer kürzlich von uns durchgeführten Befragung von über 2.000 Berliner Schülern. Von ihnen lehnten knapp zwei Drittel die Aussage ab, in der DDR sei der Alltag für viele durch Diktatur und Überwachung geprägt gewesen. Sogar knapp 60 Prozent der Befragten stimmten zumindest teilweise der Feststellung zu, die DDR-Regierung wäre durch demokratische Wahlen legitimiert gewesen.

Wie vor diesem Hintergrund die noch von der rot-grünen Koalition eingesetzte Expertenkommission zur Schaffung eines Geschichtsverbundes »Aufarbeitung der SED-Diktatur« zur Diagnose einer »gegenwärtigen Vorrangstellung der öffentlichen Dokumentation staatlicher Repression« und einer Unterbelichtung von Alltag und Gesellschaft kommt, erschließt erst der Blick in die Vorgeschichte. Schon seit Jahren versuchen linke Historiker und Politiker, die von einem Bürgerrechtlerverein betriebene ehemalige Mielke-Zentrale in der Berliner Normannenstraße durch den Einbezug in die Birthler-Behörde ihres weitgehend autonomen Charakters zu berauben. Auch die Gedenkstätte im ehemaligen MfS-Gefängnis in Berlin-Hohenschönhausen sollte inhaltlich und personell anders ausgerichtet werden. Nachdem diese Versuche scheiterten, wurde zur Legitimation des Vorhabens, diese authentischen Orte zu entschärfen, eine personell entsprechend zusammengesetzte Kommission eingesetzt. Um ihr Ergebnis nicht politisch, sondern wissenschaftlich begründen zu können, musste sie notwendigerweise eine falsche Diagnose stellen.

Hierauf aufbauend fordern die Experten einen Akzentwechsel bei der Aufarbeitung der DDR, indem Alltag und Gesellschaft durch staatlich finanzierte Forschung in außeruniversitären Einrichtungen und Gedenkstätten noch stärkeres Gewicht erhalten und Gedenkstätten, die Unterdrückung und Verfolgung dokumentieren, nachrangig behandelt werden sollen. Zu diesem Zweck sollen sie verstaatlicht werden und statt politischen einen musealen Charakter bekommen.

Durch den im Papier der Expertenkommission für die Charakterisierung der DDR gewählten Begriff »durchherrschte Gesellschaft« betreiben die Experten selber eine Weichzeichnung der DDR. Da alle Gesellschaften mehr oder weniger »durchherrscht« sind, die einen stärker politisch, die anderen ökonomisch, werden Analogien zwischen Bundesrepublik und DDR konstruiert. Der entscheidende Unterschied zwischen der durch eine Mehrheit legitimierten und einer auf Gewaltandrohung und ideologischen Ansprüchen begründeten Herrschaft geht dabei verloren. Gleiches gilt für Charakterisierungen der DDR als »Fürsorgediktatur« oder »Konsensdiktatur«, wie sie vom Kommissionsvorsitzenden Martin Sabrow vertreten werden. Eine Kennzeichnung der DDR als totalitär verfasste Diktatur wird von ihm mit dem Hinweis auf Befindlichkeiten der Ostdeutschen abgelehnt.

Die von der Kommission unterbreiteten Vorschläge, neue Schwerpunkte auf Basis des Vorhandenen zu bilden, können nicht überzeugen. Weder die Verstaatlichung der beiden im Visier der Experten stehenden Gedenkstätten noch die Transformation der Birthler-Behörde sind sinnvoll. Wichtiger wäre es, vergleichende Studien zum Beispiel zwischen NS-Staat, DDR und Bundesrepublik anzuregen und die Grundlagen einer freiheitlichen und zivilen Gesellschaft als Bewertungsmaßstab zu vermitteln. Gerade hieran mangelt es, wie vergleichende Einordnungen von Bundesrepublik und DDR verdeutlichen. In der eingangs zitierten Schülerumfrage konnte sich etwa jeder Zweite zumindest zum Teil mit der These anfreunden, die Bundesrepublik sei zwar anders, aber auch nicht besser als die DDR gewesen. Die Differenz zwischen Demokratie und Diktatur verschwindet hinter der Fassade von Alltag und Gesellschaft.

Stärker als bisher sollten Forschungsergebnisse in die universitäre und schulische Lehre sowie die politische Bildung umgesetzt werden. Dabei sollte der Ausbau von einschlägiger Forschung und Lehre in den Universitäten im Vordergrund stehen und nicht die Schaffung neuer außeruniversitärer Einrichtungen. Behördenforschung unterliegt immer der Gefahr, politisch instrumentalisiert werden zu können.

Die beiden von der Kommission zur Disposition gestellten Gedenkstätten verdienen nicht Schelte, sondern Lob, und passen in ihrer heutigen Struktur durchaus in die Erinnerungslandschaft, stellen sie doch ein gewisses Korrektiv zur nostalgischen Verklärung der DDR dar. Zu Recht werden sie von »Freunden der DDR« als Störfaktor angesehen. Gerade die gut besuchten authentischen Orte leisten derzeit mehr für die politische Aufklärung als viele Bücher und Forschungsprojekte der Kommissionshistoriker zusammen. Dabei ziehen beide Gedenkstätten ihre Kraft zu großen Teilen aus dem bürgerschaftlichen Engagement vieler ehrenamtlicher Akteure, die vor 1989 zu den Gegnern der SED-Diktatur gehörten.

Durch den Regierungswechsel ist den Experten der Auftraggeber verloren gegangen, der für die politische Umsetzung der Empfehlung sorgen wollte. Das ist ein Glücksfall für die zukünftige Aufarbeitung der DDR.

Klaus Schroeder, Deutschlandradio Kultur, 21.5.2006

SED-Bewältigung braucht einen Ort

Ein Gespräch mit Martin Sabrow über das Gutachten seiner DDR-Aufarbeitungskommission

Eigentlich sollte das Gutachten zur Aufarbeitung der SED-Vergangenheit am vergangenen Montag feierlich übergeben werden, doch es kam zu einer brüsken Ablehnung durch Staatsminister Neumann. Ein Interview mit dem Gutachter Martin Sabrow.

F.A.Z. Wie erklären Sie sich die Reaktion auf das von Ihrer Kommission erarbeitete Gutachten? Angekündigt war am vergangenen Montag eine feierliche Übergabe an die Auftraggeber, doch es kam zu einer brüsken Ablehnung Ihrer Arbeit durch Staatsminister Neumann und seinen Abteilungsleiter Schäfer.

Ich habe das nicht so wahrgenommen. Die in der Presse als Affront gegen die Kommission interpretierten Einwände von Herrn Schäfer sehe ich eher als sachdienlichen Diskussionsbeitrag. Er war gewiß ungeschickt plaziert und nicht sehr feinfühlig vorgetragen, doch im Zweifelsfall ehrt kritische Nachfrage unsere Arbeit mehr als routinierter Dank. Ich hätte die Einwände nicht entkräften können, hätte er sie nicht öffentlich geäußert.

Herr Schäfer kritisierte beispielsweise, die Kommission habe die universitäre Forschung außer acht gelassen.

Der Begriff der Aufarbeitung bezieht die Geschichtswissenschaft ein, stellt sie aber nicht in den Mittelpunkt. Unser Auftrag beschränkte sich auf den öffentlichen Umgang mit der DDR-Vergangenheit. Eine Kommission, die die Zeitgeschichtsforschung bewerten soll, hätte ich als Direktor eines außeruniversitären Institutes und Inhaber eines Lehrstuhls nicht leiten dürfen, sondern mich als Gutachter in eigener Sache befangen erklären müssen.

Bürgerinitiativen behaupten, die Kommission sei eine »unmaßgebliche und keinesfalls repräsentative Gruppe«. Ein anderer Kritiker beklagte, ihm fehlten die »konservativen Historiker«.

Mir ist der Begriff des »konservativen Historikers« unvertraut; wir unterscheiden Historiker eher nach ihren Arbeitsgebieten und dem analytischen Zugriff. Die Zusammensetzung der Kommission lag logischerweise außerhalb ihrer Verantwortung. Ihr Votum wurde, was zu akzeptieren manchem Kritiker offenbar schwerfällt, nicht politisch abgefaßt, sondern ergab sich aus dem kombinierten Sachverstand ihrer Mitglieder – neben Fachhistorikern Publizisten, Museumsleute und Bürgerrechtler.

Was ist mit der Formulierung »Alltag in der durchherrschten Gesellschaft« im Gutachten gemeint, die vielfach kritisiert wurde?

Wir verstehen darunter die Alltäglichkeit von Anpassung, Widerstand, Ohnmacht, Repression und Begeisterung in einer bis in die Tiefe politisch durchdrungenen Gesellschaft. Mit einem solchen Alltagsbegriff versuchen wir zu verhindern, daß nostalgische und kommerzielle DDR-Vermarkter sich der Erinnerung an den Alltag in der DDR bemächtigen und deren Erinnerungsbild in ein staatliches Diktaturgedenken und private Lebenserinnerungen zerfällt. Wenn die öffentliche Aufarbeitung den Kontakt zur historischen Wissenschaft nicht verlieren will, muß sie akzeptieren: Aus den Machtmechanismen des Regimes allein kann die DDR nicht verstanden werden. Deren Überwachungsintensität wuchs bis 1989 kontinuierlich, was den Zusammenbruch doch nicht verhinderte. Wer Stabilität und Untergang dieser Diktatur begreifen und im Geschichtsunterricht oder in einer Gedenkstätte vermitteln will, muß zugleich die alltägliche Interaktion von Herrschaft und Gesellschaft mit in den Blick nehmen. Und damit die Gemengelage von Akzeptanz und Auflehnung, Begeisterung und Verachtung, mißmutiger Loyalität und Nischenglück, die das Leben in der Diktatur ausmachte. Dafür braucht es einen Ort – zum Beispiel das ehemalige SED-Parteiarchiv in Berlin-Mitte, den die Kommission als möglichen Sitz eines »Forums Aufarbeitung« vorschlägt.

Warum wurde die Empfehlung, die DDR auch als Teil des kommunistischen Herrschaftssystems darzustellen, offenbar mißverstanden?

DDR-Geschichte ist einerseits nur aus dem Kontext der nationalen Teilungsgeschichte heraus zu verstehen – auf die wir heute in Deutschland natürlich vor allem schauen –, doch sie ist auch Teil einer kommunistischen Systemgeschichte: Die DDR gehörte zum sowjetischen Herrschaftsbereich. Sie muß in beiden Bezügen verortet werden, um die inneren Spannungen und Brechungen ihrer vierzigjährigen Entwicklungsgeschichte überhaupt erfassen zu können. Schon dies zwingt die historische Aufarbeitung, über den Tellerrand des Nationalstaates hinauszuschauen. Mehr noch gilt dies für die Gedenk- und Erinnerungskultur. Das zusammenwachsende Europa braucht kein einheitliches Gedächtnis, aber es braucht einen Resonanzraum, der staatliche und kulturelle Grenzen überwölbt, in dem die unterschiedlichen Gedächtnisse von Nationen und Sozialgruppen sich miteinander vergleichen können. Es gab den GULag, und es gab den Holocaust; und wir werden in Europa besser zusammenleben, wenn wir verstehen lernen, warum die Erinnerung an den stalinistischen Terror im Osten Europas eine andere Bedeutung hat als die Erinnerung an den Rassenterror der Nationalsozialisten in Deutschland und Westeuropa. Sollten wir nicht besser, statt einer baldigen Auflösung der Birthler-Behörde das Wort zu reden, darüber nachdenken, wie sehr ein aus ihr hervorgehendes Dokumentations- und Forschungszentrum zum Thema Geheimpolizeien in europäischer, vielleicht globaler Perspektive uns helfen könnte, unser Wissen über den Charakter der Diktaturen des zwanzigsten Jahrhunderts an die Nachwelt weiterzugeben?

Interview: Regina Mönch, Frankfurter Allgemeine Zeitung, 23.5.2006

Was kann die Sabrow-Kommission? Prof. Gerhard Benser über den Umgang mit DDR-Geschichte

Der Historiker, Jg. 1931, ist der Vorsitzende des Förderkreises Archive und Bibliotheken zur Geschichte der Arbeiterbewegung.

ND: 15 Jahre gibt es schon den Förderkreis. Er hat das ehemals beim Institut für Marxismus-Leninismus angesiedelte Zentrale Parteiarchiv gerettet. Alle Wünsche wahr geworden?

Benser: Anfang 1991 waren die mit der Friedrich-Ebert-Stiftung geführten, bereits weit gediehenen Verhandlungen zur Schaffung eines parteipolitisch neutralen, wissenschaftlichen Trägervereins, in den das Zentrale Parteiarchiv und die Bibliothek eingebracht werden sollten, ins Stocken geraten. Mit der Gründung eines Förderkreises wollten wir uns des Beistands von Historikern, Archivaren und Bibliothekaren des In- und Auslandes versichern, um dem Projekt einen neuen Impuls zu verleihen. In einer Atmosphäre heftiger Auseinandersetzung und unseriöser Begehrlichkeiten kristallisierte sich jedoch ein anderes Modell heraus: die Errichtung einer unselbstständigen Stiftung innerhalb des Bundesarchivs, die für die Überlieferungen aller Parteien und Massenorganisationen der DDR offen ist. Inzwischen ist unsere anfängliche Skepsis gegen diese Lösung weit gehend geschwunden.

Ist diese Eingliederung des Parteiarchivs ins Bundesarchiv ein Ausnahmebeispiel gerechter und sachlicher Fusion ost- und westdeutschen Wissenspotenzials?

Als ein Beispiel, das sich von anderen Übernahmen wohltuend unterscheidet, würde ich die Stiftung Archiv der Parteien und Massenorganisationen der DDR im Bundesarchiv auf alle Fälle bezeichnen, zumal auch ein großer Teil des früheren Personals übernommen wurde, ohne deren Kompetenz die Akten und Bücher kaum zu erschließen gewesen wären.

Was hat der Förderkreis eigentlich heute noch zu tun?

Der Verein war wichtig, um Vertrauen zwischen Bundesarchiv und Einlegern, vor allem auch den Depositaren von Nachlässen, zu stiften. Er sah und sieht sich in der Pflicht, mit darüber zu wachen, dass Archive (auch kleinere, lokale) mit Bezug zur Arbeiterbewegung nicht untergehen. Er ist Mitglied internationaler Organisationen, die sich mit Geschichte und Pflege des Erbes der Arbeiterbewegung befassen.

Wie werten Sie als Mitglied des Fördervereins und zugleich der Historischen Kommission der Linkspartei.PDS die Empfehlungen der Sabrow-Kommission für den Umgang mit Geschichte und den Hinterlassenschaften der DDR?

Mit erheblicher Skepsis, wenngleich ich nicht übersehe, dass sich manches positiv von gegenwärtigen Praktiken abhebt. Wir können nur Geschehnisse und Strukturen erforschen und diese interpretieren. Solange DDR-Geschichte – meist allerdings nur einzelne Erscheinungen – überwiegend isoliert seziert wird, historische Verwurzelungen, deutsch-deutsche Wechselwirkungen wie internationale Zusammenhänge ausgeblendet oder unterbelichtet bleiben, werden die dominanten Interpretationen einseitig und letztendlich wohl auch nicht von Dauer sein. Das gegenwärtige politische Klima der Bundesrepublik und ihr Bedürfnis nach einer negativen Kontrastfolie stehen einem ausgewogenen Umgang mit der DDR-Geschichte grundsätzlich entgegen.

Und was meinen Sie zu den Forderungen eben jener Kommission bezüglich Aufhebung von ungerechtfertigten oder eben ungleichen Sperrfristen?

Warum sollte jetzt zugestanden werden, was seit anderthalb Jahrzehnten mühelos abgewehrt worden ist? Hier walten andere Prioritäten als wissenschaftliches Interesse.

Interview: Karlen Vesper, Neues Deutschland, 24.5.2006

Drei Säulen. Vorschläge der SED-Kommission. Wolkiges von dem Weltweisen

Sperrig und ein wenig vorsichtig kommt das Dokument daher. Es heißt: »Empfehlungen der Expertenkommission zur Schaffung eines Geschichtsverbundes ›Aufarbeitung der SED-Diktatur‹«. Tatsächlich aber könnten die dieser Tage in Berlin vorgestellten 21 Seiten eine neue Phase im Umgang mit der DDR-Vergangenheit vorbereiten. Die von dem Potsdamer Historiker Martin Sabrow geleitete Kommission aus Bürgerrechtlern und Experten will die Zukunft des Gedenkens neu regeln. Dazu schlägt sie ein Modell aus drei Säulen vor. Sie sind an thematischen Zusammenhängen orientiert: 1. »Herrschaft – Gesellschaft – Widerstand«, 2. »Überwachung und Verfolgung« sowie 3. »Teilung und Grenze«. Alle drei Institutionen sollen als Stiftungen geführt werden.

Ein aus der »Stiftung Aufarbeitung« hervorgehendes »Forum Aufarbeitung« soll sich dabei um den ersten Komplex, also die gesellschaftlichen Grundlagen und Beziehungen der DDR, kümmern; den dritten Themenzusammenhang, die Erinnerung an die Geschichte des geteilten Landes, soll in Zukunft die Gedenkstätte Berliner Mauer gestalten. Das liegt nahe. Besonders brisant aber sind die Empfehlungen der Kommission für die Dokumentation von Überwachung und Verfolgung.

Sie sehen vor, dass die Gedenkstätten Hohenschönhausen (Stasi-Untersuchungsgefängnis), Normannenstraße (Stasi-Zentrale) und Birthler-Behörde zu einer organisatorischen Einheit zusammengeführt werden. Das geplante Dokumentations- und Forschungszentrum »Diktatur und Geheimpolizei« soll einerseits Akten vorbereiten und sichern, andererseits aber die vielschichtigen Aufgaben einer Gedenkstätte wahrnehmen. Dabei sind sich die Autoren des Papiers durchaus bewusst, dass es kompliziert sein wird, diese so unterschiedlichen Funktionen zusammenzufassen.

Für die weitere konkrete Arbeit wird es daher von besonderer Bedeutung sein, in welcher Form, und das heißt: für wen, die Akten der Birthler-Behörde in Zukunft zugänglich sind. Falls sie, wie die Empfehlungen vorsehen, dem Bundesarchiv eingegliedert werden, könnte dies zumindest den Zusammenhalt dieses einzigartigen Aktenkorpus gewährleisten; eine Aufgliederung der Bestände in verschiedene Landesarchive halten alle Experten für problematisch.

Vom Aktenzugang hängt ab, welchen Status die Behörde haben wird: Ehemalige Bürgerrechtler der DDR legen Wert darauf, auch weiterhin die Akten für Betroffene zur Einsicht offen zu halten. Zumindest dies müsste bei einer organisatorischen Integration der Bestände in das Bundesarchiv zumindest für die nächsten Jahre gewährleistet sein. Die entscheidende Frage, die mit dem Status der Akten diskutiert wird, ist die nach der Gegenwärtigkeit der DDR-Geschichte. Wenn die Akteneinsicht unmöglich würde, bedeutete dies eine Verlagerung der DDR und des mit ihr verbundenen Unrechts in die Historie. Für einen solchen historisierenden Schlussstrich aber sei die Zeit längst nicht reif: Das Interesse vieler Betroffener ist ungebrochen, und die Erinnerung ist alles andere als verblasst. Die bestehenden Regelungen, die eine Akteneinsicht von Betroffenen ermöglichen, den Zugriff von Journalisten und Historikern dagegen aus Gründen des Persönlichkeitsschutzes einschränken, laufen zum Ende des Jahres aus. Nach dem Votum der Experten steht fest: Der Übergang von der gelebten Erinnerung in das kollektive Gedächtnis ist zu komplex und widersprüchlich, als dass er übereilt vollzogen werden darf.

Kulturstaatsminister Bernd Neumann, der als zuständiger Politiker das Papier in Berlin entgegennahm, war bemüht, die Bedeutung der Vorschläge – die er als »Denkanstöße« bezeichnete – zu relativieren: »Empfehlungen sind Empfehlungen« meinte er schmunzelnd und fand zu einem Satz, wie er wolkiger kaum sein kann: »Alles hängt ja in diesem Zusammenhang zusammen.« So gehen nur Weltweise mit Geschichte um. Oder Ahnungslose.

Anfang Juni soll die Diskussion zwischen Politikern, Bürgerrechtlern und Historikern in Form von »Hearings« fortgesetzt werden.

Hans-Joachim Neubauer, Rheinischer Merkur, 25.5.2006

»DDR-Alltag – das war nicht nur die private Idylle« Kulturstaatsminister Bernd Neumann (CDU) über die umstrittenen Expertenvorschläge zur Aufarbeitung

Herr Kulturstaatsminister, eine Expertenkommission hat gerade ein Konzept zum Umgang mit der DDR-Geschichte vorgelegt. Die empfiehlt, sich mehr dem Alltag in der SED-Diktatur zuzuwenden sowie eine stärkere wissenschaftliche Durchdringung. Beides hat umgehend Kritiker auf den Plan gerufen.

Ja, wir haben jetzt eine sehr erhitzte Debatte. Die einen fürchten, wenn das normale Leben mehr ins Blickfeld genommen wird, würden die Schrecken der Diktatur weichgespült. Andere glauben, die bestehenden Gedenkstätten, Museen und Archive sollten nun alle hochwissenschaftliche, blutleere Einrichtungen zur Wissensvermittlung werden. Hier werden Widersprüche gesehen und eine Neuausrichtung der Aufarbeitung, die so wohl gar nicht gemeint ist.

Wie soll das Erinnerungsbild der DDR aussehen?

Vielschichtig. Es ist wichtig, die politische Verantwortung der Täter zu zeigen, ebenso – mit dem zunehmenden Abstand – die Geschichte weiter wissenschaftlich aufzuarbeiten und zu erforschen, wie die Menschen in dem Unrechtssystem gelebt haben. Beide Aspekte sind gleichermaßen wichtig, sie sollten nicht gegeneinander ausgespielt werden.

Was kann der zumeist triste Alltag der Menschen in der DDR an Erkenntnissen bescheren?

Ich glaube, den Alltag in der DDR vertieft zu erforschen, bietet die große Chance, noch nicht ausreichend beantworteten Fragen nachzugehen: Wie funktionierten die Mechanismen der SED? Wie konnte sich ihre Diktatur über Jahrzehnte halten? Warum und wie haben sich die Menschen mit dem System arrangiert? Warum haben so viele mitgemacht und andere nicht? Wie entwickelte sich die Bürgerrechtsbewegung? Das alltägliche Leben einzubeziehen, heißt ja nicht, nur eine private Idylle zu zeigen. Es geht doch gerade darum, dieses Feld nicht denen zu überlassen, die verharmlosen und – wie nach dem Zusammenbruch jeder Diktatur – nostalgisch an das vermeintlich normale Leben erinnern nach dem Motto: »Was war denn? Wir haben gelacht und geweint, uns verliebt und gefeiert.«

Dies ist eine Seite. Was soll mit den Gedenk-Orten geschehen, die für Verfolgung und Unterdrückung stehen?

Es ist wichtig, diese Orte wie das Stasi-Gefängnis Hohenschönhausen oder den Sitz von MfS-Chef Mielke in der Normannenstraße zu erhalten als das, was sie sind – als Zeugnisse für eine unselige Zeit. Hohenschönhausen etwa steht für Unmenschlichkeit, Haft, Unterdrückung, Folter. Das soll keine primär wissenschaftliche Einrichtung werden und sicher auch kein Museum für Alltagskultur. Es soll nachfolgenden Generationen ein anschauliches, authentisches Bild geben über Repressionen in einer Diktatur.

Sie haben das Papier der Expertenkommission einen Gedankenbaustein genannt für ein Konzept zur Gedenkstättenförderung der beiden deutschen Diktaturen. Beschreiben Sie uns doch bitte die Umrisse dieses Gebäudes

Es geht, was die DDR-Diktatur betrifft, darum, die verschiedenen Einrichtungen, die sich mit dem SED-Unrecht beschäftigen – wie Museen, Gedenkorte in verschiedenen Bundesländern sowie die Birthler-Behörde und die Stiftung zur Aufarbeitung der SED-Diktatur – in einen übergeordneten Gesamtrahmen zu stellen und sie zu vernetzen. Wir wollen festlegen, welche Stätten der Bund wegen ihrer besonderen nationalen Bedeutung fördern soll, welchen Investitionsbedarf es gibt, wie das alles konzeptionell geordnet werden kann, damit es langfristig Bestand hat.

Wie sehen Sie die Zukunft der Birthler-Behörde?

Irgendwann werden ihre Akten durchforstet und archiviert, die Regelanfragen und die Akteneinsicht der Bürger abgearbeitet sein. Es spricht vieles dafür, die Akten dann dem Bundesarchiv zu übergeben. Was mit dem Forschungsteil und seinem besonderen Know how geschieht, ist zu klären – einschließlich der Rolle, die die Stiftung Aufarbeitung dabei spielen soll.

Ist also eine baldige Auflösung der Stasi-Unterlagen-Behörde in Sicht?

Das ist eine längerfristige Perspektive, über die ja gerade in Verbindung mit dem Expertenvotum zu reden sein wird. Zunächst setze ich mich für eine Novellierung des Stasi-Unterlagen-Gesetzes ein, die eine Anfrage zur Stasi-Mitarbeit für besondere Personengruppen wie etwa Abgeordnete auch über das Jahr 2006 hinaus ermöglicht. Zum anderen unterstütze ich ein Pilotprojekt, mit dem im Herbst 89 zerrissene Stasi-Unterlagen aus zunächst 400 von insgesamt 16.500 Säcken mit einem Computersystem rekonstruiert werden sollen. Dafür sind insgesamt sechs Millionen Euro im Haushalt für 2007 und 2008 bereits vorgesehen.

Halten Sie eine Konzentrierung der DDR-Aufarbeitung auf drei Themengruppen mit jeweils einem zentralen Ort für sinnvoll?

Es ist sicher richtig, dass Einrichtungen zusammenarbeiten und ihre Erfahrungen austauschen. Aber es ist ein Unterschied, ob man zentralisiert oder vernetzt. Für eine Vernetzung bin ich. Aber die Absicht, etwa einen authentischen Gedenkort wie Hohenschönhausen in eine Behörde zu integrieren, lehne ich ab. Hohenschönhausen darf man nicht unterpflügen.

Sie wollen Ende des Jahres ein Gesamtkonzept vorlegen. Was geschieht bis dahin?

Es wird noch diverse Anhörungen geben, und ich möchte alle mit der Aufarbeitung befassten Gruppen an den Tisch bringen, auch die Opferverbände. Dann werden wir sehen, welche der abgegebenen Vorschläge übernommen beziehungsweise welche Alternativen erarbeitet werden. Entscheiden wird am Ende das Parlament.

Interview: Renate Oschlies, Berliner Zeitung, 26.5.2006

Das letzte Donnern. Erinnerungsland DDR: zum Streit um die Empfehlungen der Expertenkommission

Am Anfang war die Skepsis: Wie sollte eine Arbeitsgruppe von Wissenschaftlern, Publizisten und Museumsfachleuten für die DDR-Aufarbeitung das leisten können, was für die NS-Aufarbeitung gerade erst krachend misslungen war: der Auseinandersetzung um die Möglichkeiten und Grenzen staatlicher Geschichtspolitik in bezug auf die DDR-Vergangenheit eine konzentrierte Orientierung zu liefern? Wie sollte sie eine gemeinsame Empfehlung zustande bringen, die das schon Geleistete würdigt, aber auch nicht bloß fortschreibt, die wenig kostet und doch viel bewirkt und dabei möglichst auch noch die Spaltung in den Köpfen der erinnerungskulturell noch keineswegs vereinigten Republik überwinden hilft?

Dass sich am Ende neun von zehn Kommissionsmitgliedern auf eine Empfehlung einigten und das einzige Sondervotum lediglich allgemein ein offensiveres Instrumentarium der Aufarbeitung forderte, hat die Beteiligten selbst überrascht. Das Geheimnis des Konsenses lässt sich dennoch leicht entschlüsseln: Es bestand in der Bereitschaft der von der damaligen Kulturstaatsministerin Christina Weiss eingesetzten Arbeitsgruppe, sich Zeit und Raum zu schaffen, um einander zuzuhören. Um Sichtweisen gegeneinanderzuhalten und zugleich unbeirrt am gemeinsamen Ziel einer multiperspektivischen und institutionell gestärkten Darstellung der zweiten deutschen Diktatur festzuhalten.

Die Kommission, deren Zusammensetzung das Spektrum der DDR-Aufarbeitung im Kleinen abbildete, gelangte zu einem gemeinsamen Ergebnis, weil sie mehr auf die stille Macht des Arguments gab als auf das schlagende Argument der Deutungsmacht. Vielleicht verführte sie dies zu der Annahme, dass sich in der Auseinandersetzung mit der DDR-Vergangenheit ein allmählicher Akzentwechsel bemerkbar mache: weg von der tagespolitischen Kampfdebatte hin zu einer kritischen Historisierung und einer Differenzierung der Perspektiven. Auch Historiker können bekanntlich irren. Aber so energisch von der stürmischen Reaktion auf das eigene Papier dementiert zu werden, hat in der Kommission wohl kaum jemand vorausgesehen. Wie ist der mediale Aufruhr um die Empfehlungen zur DDR-Aufarbeitung zu verstehen, der ungeachtet ihrer mehrheitlich sehr freundlichen Aufnahme in die Deutungskämpfe der ersten Jahre nach dem Untergang des SED-Staates zurückzuführen scheint?

Zum einen liegen mancher Abwehr offenkundige Missverständnisse zugrunde. Anders als in einzelnen Vorab-Stellungnahmen zu lesen war, befürworten die Empfehlungen keine Zentralisierung der Auseinandersetzung mit der DDR und sprechen sich schon gar nicht für ein »Aufarbeitungskombinat« aus. Vielmehr schlagen sie eine Mehrdimensionalität von Aufarbeitungsbereichen vor. Mit ihr soll auch für das Thema »Überwachen und Verfolgen« eine dauerhafte Stärkung regionaler und lokaler Gedenkstätten und Lernorte erreicht werden – durch Verbundlösungen, Kooperationen und einen zentralen Ansprechpartner, der bei Mitteleinwerbung oder Projektanträgen Hilfestellung leisten kann. Die polemische Rede von der »Monsterbehörde« ist absurd. Die Empfehlungen beziehen im Gegenteil das formelle, aber zeitlich noch nicht festzulegende Ende der Birthler-Behörde ein. Und sie skizzieren für die MfSbezogenen Gedenkstätten in Hohenschönhausen und Lichtenberg drei unterschiedliche Lösungen: von der vorläufigen Eingliederung in die Birthler-Behörde bis zur völligen Abkopplung.

Es ist aufschlussreich, dass gerade die lauteste Kritik gleichzeitig eine härtere Zeichnung der SED-Diktatur und die rasche Abschaffung der Birthler-Behörde fordert. Offenbar ist es das Schicksal von öffentlichen Expertisen, dass sie zunächst politische Beißreflexe auslösen und Konkurrenzgefühle wecken. Die »Weichspülung der harten Fakten« beklagte ein Berliner Kulturpolitiker, der das Votum offenbar nicht genau gelesen hatte. In der »FAZ« sah ein Kritiker gar eine unbändige Selbstbedienungslust der Kommissionsmitglieder am Werk und stellte den Vorsitzenden als eine Art Gedenkmogul von Gnaden der PDS hin. Ein anderer interessierter Streiter pries es gar als Glücksfall, dass der neue Kulturstaatsminister die Umsetzung der Empfehlung schon verhindern werde, und hoffte gleich vernehmlich auf die Beauftragung besserer Fachleute.

Hinter diesem vordergründigen Streit verbirgt sich jedoch eine tiefere Erschütterung. Sie stellt einen in den letzten zehn Jahren ausgeformten DDR-Erinnerungskonsens in Frage, der fälschlich für stabil gehalten wurde. Stil und Tonlage des Streits erinnern an die Debatten der frühen neunziger Jahre um die Zukunft der vergangenen DDR. Diesmal aber wird die Auseinandersetzung nicht innerhalb der Geschichtswissenschaft geführt, auch sind ehemals systemverbundene Intellektuelle und DDR-Historiker kaum beteiligt. Stattdessen haben wir es heute mit einem mehrfach gespaltenen Milieugedächtnis zu tun, in dem voneinander abgeschottete Bilder der DDR-Vergangenheit nebeneinander stehen. So lässt sich etwa von einer politisch dominanten »Revolutionserinnerung« sprechen, die die DDR als einen im Herbst 1989 mutig überwundenen Unrechtsstaat konturiert. Schon die den Begriff der friedlichen Revolution gern meidende Alltagssprache im Osten der Republik deutet die parallele Existenz einer weitverbreiteten »Wendeerinnerung« an, die sich mit der Spaltung von öffentlichem Geschichtsbild und individueller Erfahrung abgefunden hat. Erst der jüngste skandalöse Auftritt ehemaliger Stasi-Offiziere in Berlin machte daneben die feste Verankerung eines gut organisierten Milieugedächtnisses früherer DDR-Eliten deutlich, in deren geschichtsrevisionistischer Erinnerung die DDR als Normalstaat und die Vereinigung als koloniale Unterwerfung erscheint.

Der Zusammenprall dieser drei historischen Parallelwelten gewinnt an Härte, weil es nun um die Deutungshoheit im Übergang vom kommunikativem zum kulturellen Gedächtnis geht. Die fachhistorischen Schlachten um den Charakter der untergegangenen DDR haben dabei an Intensität verloren – leider aber auch an Orientierungskraft für die Auseinandersetzung mit der DDR-Vergangenheit.

So konnte die Frage des »Alltags« in der DDR nur deshalb zum Reizwort werden, weil die DDR-Vergangenheit in ihrer Janusgesichtigkeit zwischen gewollter Modernität und gewordener Monstrosität noch weit von dem gemeinsamen öffentlichen Gedächtnisplatz entfernt ist, den die NS-Zeit in unserem Geschichtsbild gefunden hat. Natürlich zielt das Votum der Kommission nicht auf die verklärende Erinnerung. Im Gegenteil: Gerade um einer »ostalgischen« Alltagsverklärung entgegenzutreten, benötigt die Erinnerungslandschaft Orte, an denen Regimecharakter und Lebenswelt zusammenkommen und die tagtägliche Anpassung, Auflehnung, Begeisterung und Gleichgültigkeit fassbar werden. Dass diese selbstverständliche Erkenntnis der Zeithistorie öffentlich so schwer zu vermitteln ist, kennzeichnet die gegenwärtige Debatte, die in ihrer Entgegensetzung von vermeintlichen Weichspülern und Hartmalern ein anachronistisches Duell austrägt. Denn mittlerweile ist unumstritten, dass das kommunistische Experiment in Ostdeutschland eine überwundene Diktatur darstellt, deren Wiederkehr auch der verklärteste Blick zurück sich nicht ernstlich erträumt.

Insofern lässt sich die Heftigkeit der Debatte um die Zukunft der Aufarbeitung auch als letztes Donnern eines nun bald endgültig abziehenden Erinnerungsgewitters verstehen. Dieses Gewitter könnte die Luft der Aufarbeitung reinigen – für einen offeneren Diskurs über unsere geteilte Vergangenheit des letzten Halbjahrhunderts.

Der Autor ist Vorsitzender der Expertenkommission zur Schaffung eines Geschichtsverbundes »Aufarbeitung der SED-Diktatur«. Er ist Professor für Neueste und Zeitgeschichte an der Universität Potsdam und Direktor des Zentrums für Zeithistorische Forschung.

Martin Sabrow, Der Tagesspiegel, 29.5.2006

Expertenkommission III. Stellungnahme der Verbände der Verfolgten in der SBZ und der DDR

1. Die unterzeichnenden Verbände kritisieren in aller Schärfe, daß sie an der Ausarbeitung von Empfehlungen zur Neuordnung der Erinnerungsorte zur kommunistischen Diktatur in Ostdeutschland nicht beteiligt worden sind. Eine Kommission, die Vorschläge zum Gedenken an die Opfer der SED-Diktatur machen soll, ohne deren gewählte Vertreter an dieser Arbeit zu beteiligen, disqualifiziert sich selbst.
2. Die unterzeichnenden Verbände kritisieren in aller Schärfe, daß mit den Empfehlungen »der deutlich übergewichtigen Konzentration auf Orte der Repression und der Teilung entgegengewirkt werden« soll. Sie fordern im Gegenteil, die Orte tausendfacher Verfolgung und unermeßlichen Leids durch die Schaffung und Förderung funktionieren-

der Gedenkstätten nicht nur in Berlin, sondern endlich auch in ganz Ostdeutschland für die Nachwelt zu erhalten und der Opfer dort öffentlich und sichtbar zu gedenken. Darüber hinaus halten sie es für erforderlich, auch im Westen Deutschlands entsprechende Informationsorte zu schaffen.

3. Die unterzeichnenden Verbände lehnen es ab, daß – wie von der Expertenkommission vorgeschlagen – dem »Alltag« und den »Bindungskräften« in der kommunistischen Diktatur durch staatlich finanzierte Einrichtungen verstärkte Aufmerksamkeit geschenkt werden. Im Gegensatz zum Votum der Expertenkommission ist jedem unbefangenen Beobachter klar, daß die DDR ohne Mauer und Unterdrückungsapparat nicht lebensfähig war und deshalb im Herbst 1989 entsprechend sang- und klanglos zusammenbrach. Die unterzeichnenden Verbände lehnen deshalb das vorgeschlagene »Forum Aufarbeitung« ebenso ab wie eine Bundesförderung des Alltagsmuseums in Eisenhüttenstadt oder den Ausbau einer Brauerei in der Berliner Rheinsberger Strasse zu einem Dokumentationszentrum. Statt dessen fordern sie die bauliche Sanierung der ehemaligen Stasi-Zentrale, die bessere Ausstattung der Gedenkstätte Berlin-Hohenschönhausen sowie die öffentlichkeitswirksame Würdigung der Opfer und des Widerstands an den authentischen Orten (z.B. an den Standorten der früheren Speziallager, an den Schauplätzen der friedlichen Revolution, im ehemaligen Haus der Ministerien und im Berliner Tränenpalast etc.).
4. Die unterzeichnenden Verbände lehnen den Vorschlag der Expertenkommission ab, bei der Bundesbeauftragten für die Stasi-Unterlagen eine »Abteilung Gedenkstätten« zu schaffen und die Gedenkstätten Berlin-Hohenschönhausen und Normannenstrasse der Behörde anzuschließen. Die dringend erforderliche Verbesserung der Aufklärung über die kommunistische Diktatur in Ostdeutschland kann nicht durch die Schaffung einer zentralen Aufarbeitungsbehörde erreicht werden, sondern nur durch eine bessere finanzielle und personelle Ausstattung der vielfältigen, von bürgerschaftlichem Engagement getragenen Gedenkorte vor Ort.
5. Die unterzeichnenden Verbände lehnen die von der Expertenkommission vorgeschlagene »Perspektivenerweiterung« beim Blick auf die SED-Diktatur ab, da damit nur eine subtile Verharmlosung gemeint sein kann. Bei der Beurteilung von Diktaturen kann es nur eine moralische Perspektive geben – nämlich die der Opfer. Aus diesem Grunde lehnen die unterzeichnenden Verbände auch die von der Expertenkommission indirekt zum Ausdruck gebrachte Forderung ab, daß bei der Vermittlung historischer Kenntnisse die »Erfahrungsgenerationen« allmählich zurücktreten sollten. Die nationalsozialistische Diktatur liegt mehr als 61 Jahre zurück, und immer noch spielen die Zeit-

zeugen in der öffentlichen Erinnerung eine zentrale Rolle. Die SED-Diktatur wurde dagegen bekanntlich erst vor 16 Jahren gestürzt. Die unterzeichnenden Verbände fordern deshalb nicht die Schwächung, sondern die Stärkung der »Erfahrungsgenerationen« bei der Vermittlung historischer Kenntnisse. Die Opfer dieser Diktatur sind das wichtigste Element bei der Weitergabe der Diktaturerfahrung – nicht nur in den nächsten Jahren, sondern in den kommenden Jahrzehnten.

6. Die unterzeichnenden Verbände lehnen die künstliche Trennung in die drei von der Expertenkommission benannten Themenbereiche ab. Statt das Gedenken von oben wie am Reißbrett zu entwerfen, fordern sie, daß die Erinnerung an die SED-Diktatur auf die authentischen Orte und das bürgerschaftliche Engagement vor Ort aufbaut. Dabei sind jeweils *alle* Aspekte der drei von der Expertenkommission benannten Themengruppen abzuhandeln – also Diktatur, Geheimpolizei, Teilung, Grenze, Herrschaft, Gesellschaft und Widerstand.
7. Die unterzeichnenden Verfolgtenverbände lehnen die Vorschläge der Kommission zum Gedenken an Teilung und Grenze ab. Die verunglückte Gedenkstätte in der Bernauer Straße kann nur einen Teilaspekt bei einer vertieften Auseinandersetzung mit den Verbrechen gegen die Menschlichkeit im Zusammenhang mit dem Grenzregime der DDR darstellen. Für ein sichtbares Gedenken an die Opfer des DDR-Grenzregimes bedarf es weitergehender Schritte – zum Beispiel das vom Bundestag beschlossene zentrale Mahnmal am Brandenburger Tor und eine möglichst originalgetreue Rekonstruktion eines Abschnitts der tödlichen Grenzanlagen in Berlin.
8. Die unterzeichnenden Verbände kritisieren die vagen Ausführungen des Expertenkommission zur Zukunft der Stasi-Akten-Behörde. Sie fordern, daß der Zugang zu den Unterlagen des Staatssicherheitsdienstes deutlich verbessert wird. Neben einer Verlängerung der Überprüfungsmöglichkeiten über das Jahr 2006 hinaus müssen die Stasi-Unterlagen endlich vollständig erschlossen sowie schneller und leichter zugänglich gemacht werden. Die Verbände begrüßen die von der Bundesregierung in die Wege geleitete Rekonstruktion zerrissener Stasi-Unterlagen.

Berlin, den 29. Mai 2006
Union der Opferverbände kommunistischer Gewaltherrschaft (UOKG), Vereinigung der Opfer des Stalinismus (VOS), Forum zur Aufklärung und Erneuerung, Opfer-, Förder- und Dokumentationsverein Bautzen II (OFB), Help e.V.

Zeitschrift des Forschungsverbundes (2006), Nr. 19, S. 153–155

Presseerklärung des Thüringer Archivs für Zeitgeschichte »Matthias Domaschk«

Mit den »Empfehlungen der Expertenkommission zur Schaffung eines Geschichtsverbundes ›Aufarbeitung der SED-Diktatur‹« liegt ein Konzept zur weiteren Ausgestaltung der »Geschichtslandschaft« zur SED-Diktatur vor, welches wir grundsätzlich begrüßen.

Das Thüringer Archiv für Zeitgeschichte »Matthias Domaschk« (Thür AZ) ist vor 15 Jahren aus der DDR-Oppositionsbewegung entstanden. Es ist ein Spezialarchiv zu Opposition und Widerstand in der DDR und wird in weiten Teilen durch bürgerschaftliches Engagement getragen. Neben den archivischen Kernaufgaben unterstützt, initiiert und betreibt es selbst Forschung und Bildungsarbeit auf dem Gebiet der Geschichte der DDR, insbesondere (aber nicht nur) zu den Themen Opposition und Widerstand.

Aus diesem Blickwinkel möchten wir einige Positionen und Ergänzungen formulieren:

1. Die Schwerpunktsetzung einer zukünftigen »Aufarbeitung« auf die Themen »Herrschaft – Gesellschaft – Widerstand«, »Überwachung und Verfolgung« sowie »Teilung und Grenze« kann kritisch hinterfragt werden, gleichwohl erscheint diese vor dem Hintergrund, die »gewachsene Landschaft« zu strukturieren, als ein durchaus schlüssiges Konzept. Insbesondere die Arbeit an den als zentral benannten Defiziten, wie der Vernetzung, der profilbildenden Abstimmung und damit der Professionalisierung, wird darüber entscheiden, ob ein solches Konzept tragfähig sein wird. Dazu bedarf es der gemeinsamen, sachlichen Diskussion.
2. Die Kommission hat ausdrücklich den Einsatz von BürgerInnen bei der Sicherung und Erhaltung der Hinterlassenschaften der SED-Diktatur gewürdigt. Aus unserer Perspektive kommen dabei die Selbstzeugnisse der Akteure aus Opposition und Widerstand und damit die Gegenüberlieferung zur Perspektive des Herrschaftsapparates zu kurz. Erstere werden seit Anfang der 90er Jahre in den »unabhängigen Archiven« gesammelt und für Forschung und Bildung zur Verfügung gestellt. Diese Sammlungen sind dabei nicht nur Ausdruck von »Pluralität und Vielschichtigkeit [...] einer offenen Gesellschaft« (S. 3), sondern leisten einen wichtigen Beitrag zur Kontextualisierung der in weiten Teilen herrschaftslastigen Quellenlage.
3. Im Sinne des Auftrages der Kommission war es folgerichtig, dass die im Bundesarchiv, der BStU und ausgewählten unabhängigen Archiven aufbewahrten Bestände benannt und deren Zugänglichkeit und langfristige Nutzbarkeit erörtert wurden. Jedoch stellt sich die Frage, wel-

ches die Kriterien für eine gesamtstaatliche Bedeutung von Archivgut der SED-Diktatur sind? Kommt eine solche Bewertung nur den zentralen Überlieferungen der Herrschaft, prominenter Bürgerrechtler und der Wendebewegungen zu? Diese Einschränkung greift zu kurz und bestätigt damit einen Trend, der es weiterhin nicht möglich macht, die »Durchherrschung« des Alltags in der Diktatur zu erschließen. Gerade bei der Bewertung von Beständen zur Opposition ist Prominenz bzw. die Fokussierung auf Berlin und Leipzig kein taugliches Kriterium, da sowohl der Vernetzungscharakter der Opposition, gesamtgesellschaftliche Entwicklungen, als auch innerstaatliche und lebensweltliche Handlungsspielräume so überhaupt nicht erfasst werden können.

4. Die »Empfehlungen« der Kommission bezüglich der deutlicheren Berücksichtigung des »Alltags in der durchherrschten Gesellschaft« (S.12f.) spiegeln einen Befund, der aus archivischer Sicht zu bestätigen ist. Aus der Archivpraxis des ThürAZ ist anzumerken, dass wesentliche Teilbestände der hier vorhandenen Sammlungen wegen der Verengung des Blicks auf die Repression bisher nicht genutzt wurden.
5. Wenn in den »Empfehlungen« von den Archivbeständen zur SED-Diktatur die Rede ist, entsteht der Eindruck, es handele sich um einen in sich geschlossenen Bestand – bis auf die Akten des Außenministeriums stünde alles der Forschung zur Verfügung. Aus der Praxis des ThürAZ ist dazu jedoch zu bemerken, dass die Erwerbungstätigkeit zu den Selbstzeugnissen von Opposition und Widerstand bei weitem nicht als abgeschlossen zu bezeichnen ist. Diese Arbeit wird die nächsten Jahre andauern. Opposition und Widerstand allein aus den Akten des Herrschaftsapparates rekonstruieren zu können, ist ein Trugschluß. Diese Dokumente dienten der Repression und erlauben nur in den wenigsten Fällen einen Zugriff auf die Lebenswirklichkeit der Akteure. Daher halten wir die weitere Sammlungstätigkeit der Selbstzeugnisse von Opposition und Widerstand für einen der Grundpfeiler der Aufarbeitung.
6. Die von der Kommission eingeforderte Professionalisierung ist nicht ohne eine dauerhafte institutionelle Grundsicherung zu bewerkstelligen. So ist gerade für die Archive zu konstatieren, dass eine Absicherung über Projektförderung nur Stückwerk sein kann und nicht dazu beiträgt, eine Profilschärfung vorzunehmen. In den Empfehlungen wird dieses ausdrücklich benannt. In der weiteren Diskussion halten wir die Frage der Institutionalisierung für einen jener zentralen Punkte, über den unbedingt eine Verständigung herbeigeführt werden sollte.

Presseerklärung, Thüringer Archiv für Zeitgeschichte »Matthias Domaschk«, 31.5.2006

Von Fahnenappell bis Kadersystem. Nun doch auch Zustimmung zu DDR-Aufarbeitungskonzept

Berlin. Am Nachmittag war der Historiker Martin Sabrow sichtlich erleichtert: »Es scheint, wir sind aus den frisch ausgehobenen Schützengräben wieder heraus«, sagte der Vorsitzende der Expertenkommission für ein Konzept zur Aufarbeitung der SED-Diktatur. Danach sah es noch am Morgen gar nicht aus. Die Kommission sei völlig fehlbesetzt, rüffelte eingangs der Historiker Horst Möller vom Institut für Zeitgeschichte München. Die vorgeschlagene Aufarbeitung mit dem Schwerpunkt DDR-Alltag könne »nicht funktionieren«, es drohe ein weichgespültes DDR-Bild, in dem »die Kinderkrippen als charakteristischer als die Stasi« dargestellt würden, sagte er auf einem Hearing, zu dem die Expertenkommission und der Kulturstaatsminister Bernd Neumann gestern weitere Sachverständige, Opferverbände und Aufarbeitungsinitiativen eingeladen hatten.

Dem Mitte Mai vorgelegten und seitdem heftig umstrittenen Konzept fehle »das der Sache gebotene Pathos«, kritisierte der Historiker Reinhard Rürup. Er schlug einen Gedenkort für die Opfer der SED-Diktatur in Berlins Mitte vor, was auf allgemeine Zustimmung stieß. Manfred Wilke vom Forschungsverbund SED-Staat an der FU Berlin lehnte die Gliederung in drei Themensäulen ab und sprach sogar vom »Verdacht des institutionellen Lobbyismus« einzelner Kommissionsmitglieder. Diese Stimmung kippte, als die Theologen der erweiterten Expertenrunde an der Reihe waren. Sie entkräfteten Befürchtungen, die stärkere Zuwendung zum DDR-Alltag könnte die SED-Diktatur verharmlosen. Richard Schröder und der frühere Beauftragte für die Stasi-Unterlagen, Joachim Gauck, nannten gleich etwa zwei Dutzend Alltagsaspekte, die alles andere als geeignet wären, »der DDR Sympathien anzudichten, die sie nicht hatte«, wie Schröder sagte. Als Beispiele nannte er die Rolle der Kirchen in der DDR oder die »NS-Verstrickung peinlich vieler SED-Funktionäre«. Er warnte vor einer »Besserwessirei« bei der DDR-Aufarbeitung. Es seien viele Westdeutsche unterwegs, die nie in einer Diktatur gelebt hätten, aber anböten: »Wir bewältigen Eure DDR-Diktatur ebenso gut, wie wir die NS-Diktatur unserer Väter bewältigt haben.«

Gauck berichtete von Vortragsreisen in den Westen Deutschlands. »Ich spreche da kaum noch von Stasi, ich bringe den Westlern die Ossis nahe: Ich schildere ihnen Schule, Pioniere, Fahnenappell, Anpassung am Arbeitsplatz, im Wohnumfeld, das Kadersystem – und schon läuft es allen eiskalt über den Rücken.« Da begriffen die Leute auch ohne Stasi, wie Diktatur funktioniere. Die DDR wäre selbst ohne Stasi »ein Irrweg der Geschichte gewesen, da ihr Gewaltenteilung und demokratische Freiheiten und Rechte fehlten«.

Die frühere DDR-Bürgerrechtlerin Freya Klier hielt dagegen. Sie erlebe, wie alte DDR-Eliten, besonders unter den Lehrern, sich wieder positionierten »und einen Kampf um die Deutungshoheit über die DDR führen«, sagte sie. Das vorgelegte Konzept reiche nicht aus, um die junge Generation gegen diese Ostalgie zu wappnen. Am Ende fanden die meisten das vorgelegte Konzept gar nicht so schlecht, und Martin Sabrow meinte, gerade »eine Sternstunde der Aufarbeitung« erlebt zu haben.

Renate Oschlies, Berliner Zeitung, 7.6.2006

»Die Stasi war charakteristischer als die Kinderkrippen«

Bei einer Anhörung zum DDR-Gedenken sorgen die Vorschläge der Experten-Kommission für wenig Aufregung – nur die Stasi-Gedenkstätten fürchten um ihre Eigenständigkeit.

So sinnfällig ist der Anhörungssaal im Marie-Elisabeth-Lüders-Haus des Bundestages wohl noch nie genutzt worden: Rund 200 Experten versammelten sich gestern hier, um über das künftige Gedenken an die SED-Diktatur zu diskutieren. Und durch die raumhohe Verglasung zur Spree hin hatten sie immer die sieben weißen Stahlkreuze im Blick, die am anderen Flußufer an sieben der mindestens 152 Toten erinnern, die an der Berliner Mauer ihr Leben verloren.

Die Kommission und ihr vor drei Wochen vorgestelltes Gutachten hatten viel Gegenwind bekommen. Als »Weichspülerei« der SED-Diktatur und als »staatlich verordnete Ostalgie« wurden die Empfehlungen kritisiert; Kulturstaatsminister Bernd Neumann (CDU) machte aus seiner Unzufriedenheit kaum einen Hehl. Gestern nun fand das lang geplante Hearing mit Fachleuten und Betroffenen statt. Dabei wurden klare Konfrontationen deutlich, aber auch Ausblicke auf eine mögliche Einigung.

Das Gutachten schlägt eine Neuordnung des Gedenkens an die SED-Diktatur in drei Säulen vor. Neben die »Mauer und Grenze« sowie »Überwachung und Verfolgung« soll ein dritter »Kristallisationspunkt« treten, über »Herrschaft, Gesellschaft, Widerstand«. Dagegen richtete sich die meiste Kritik, weil die vorgesehene Konzentration auf »Alltag in der Diktatur« das SED-Unrecht relativieren könnte.

Kommissions-Chef Martin Sabrow, Direktor des Potsdamer Zentrums für Zeithistorische Forschung, machte selbst deutlich, daß die Empfehlungen kein »Schlußstein, sondern nur ein Baustein« des künftigen Gedenkens an die SED-Diktatur sein könne. Dem widersprach keiner der geladenen externen Fachleute. Ebenso bestand bald Einigkeit, daß die teilweise aufgeregten Berichte in den Medien übertrieben gewesen seien

– zum Beispiel die Behauptung, die Kommission wolle die Birthler-Behörde »radikal abbauen«. Beinahe unisono redeten Kommissionsmitglieder und Gäste einer »Versachlichung« der Debatte das Wort – und hielten sich im wesentlichen selbst daran.

Dennoch ertränkten sie die Debatte nicht in Konsens-Soße. Spitz kritisierte etwa Horst Möller, Chef des Instituts für Zeitgeschichte in München und Berlin, die Bildung von drei Kristallisationspunkten als »fragwürdig«. Den neu zu schaffenden Komplex über Gesellschaft und Alltag hielt er für überbewertet: »Der Staatssicherheitsdienst war charakteristischer für die DDR als die Kinderkrippen«. Möllers Forschungsinstitut betreibt selbst am Obersalzberg, Hitlers einstiger Alpenresidenz, eine Dokumentation, in der die inszenierte Bergidylle beschrieben wird, ohne die Verbrechen des Dritten Reiches zu unterschlagen.

Auch Manfred Wilke vom SED-Forschungsverbund der Freien Universität Berlin betonte, daß die Stasi-Hinterlassenschaften Hohenschönhausen und Normannenstraße die »zentralen Kommunikations-Orte« des Gedenkens an das SED-Unrecht sein sollten. Eine Verlagerung hin zum »Alltag in der Diktatur« lehnte Wilke ab. Und er ging noch weiter: Die Stasi sei nicht die »Voraussetzung« der Diktatur gewesen, wie die Kommission schreibt, sondern »nur ihr Werkzeug« – »Voraussetzung war doch wohl der Kommunismus«.

Solcher Kritik wollten sich andere Experten nicht anschließen. Reinhard Rürup, Historiker und Gedenkstätten-Experte, lobte die Empfehlungen, betonte aber, das Gedenken an die SED-Diktatur müsse »eine nationale, eine hauptstädtische Aufgabe werden«. Dafür sei ein Gedenkort in der Mitte Berlins nötig, aber nicht zu nahe am Holocaust-Mahnmal.

Richard Schröder (SPD) und Joachim Gauck schließlich verteidigten aus der Sicht ehemaliger DDR-»Staatsinsassen« (Gauck) die Verschiebung hin zum Alltag in der Diktatur: »Natürlich war die Repression das Eigentliche, aber sie war nicht alles«, so der ehemalige Bundesbeauftragte für die Stasi-Unterlagen. Schröder legte Wert auf das letzte Jahr der DDR, 1990, und fragte rhetorisch: »Haben wir denn Berührungsängste vor den angenehmen Tatsachen unserer Vergangenheit?«

Unzufrieden mit der Anhörung zeigten sich dagegen die Vertreter der Gedenkstätten Hohenschönhausen und Normannenstraße; sie befürchten eine Zentralisierung. Hier besteht sicher weiter Beratungsbedarf. Langfristig dürfte das Ergebnis der Expertenkommission wohl eine neue Dokumentation über »Alltag in der Diktatur« sein, die freilich nichts am Vorrang von Repression und Verfolgung im Gedenken an die SED-Diktatur ändert. Das, so war am Rande der Anhörung zu hören, wäre eine sowohl sachgerechte wie kompromißfähige Lösung.

Sven Felix Kellerhoff, Die Welt, 7.6.2006

Das wahre Aufarbeitungskombinat

Hauptsache Diktatur: Experten diskutierten Vorschläge zum Umgang mit der DDR-Geschichte.

Mitte Mai legte eine Historiker-Kommission Vorschläge zur Neukonzeption der »Aufarbeitung der SED-Diktatur« in der Bundesrepublik vor. Die Diskussion über die Empfehlungen war heftig. Gestern nahmen bei einer Anhörung in Berlin noch einmal Experten Stellung.

Dem Potsdamer Historiker Martin Sabrow war die Anspannung zu Beginn der Anhörung anzumerken. Die von ihm geleitete Kommission habe mit den Mitte Mai veröffentlichten Vorschlägen zwar eine Debatte über die DDR-Aufarbeitung entfachen wollen. Dass es dabei so heftig zugehen würde, sei der Expertenrunde dann aber doch nicht immer lieb gewesen.

Kein Wunder, mussten Sabrow und die neun weiteren Mitglieder der Kommission doch ordentlich Kritik wegstecken. Ihr Votum würde zu einer Verharmlosung des DDR-Bildes beitragen, die Vorschläge liefen auf ein zentralistisches »Aufarbeitungskombinat« (Hubertus Knabe) hinaus. Vor allem die Betonung von Alltagsgeschichte und jenen »Bindungskräften«, die auch jenseits von Stasi und Mauer »zur relativen Stabilität der diktatorisch verfassten Gesellschaft beigetragen haben«, hatte es der Kritik angetan.

Dass es dabei immer auch um die Eigeninteressen von Instituten bzw. wissenschaftlichen Strömungen geht, mithin der Streit auch einer um Personal und Fördermittel ist, bestreitet niemand – sondern jeder wirft es der anderen Seite vor.

Horst Möller, Chef des Münchner Instituts für Zeitgeschichte, beschwerte sich gestern beispielsweise langatmig über die Zusammensetzung der Kommission. In der hätten weder sein Institut noch der Forschungsverbund SED-Staat an der Freien Universität Berlin noch das Dresdner Hannah-Arendt-Institut – allesamt die Totalitarismustheorie befürwortende Einrichtungen – Vertreter entsandt. Das Votum der Sabrow-Kommission, so Möller, habe also geschichtspolitische Schlagseite.

Nach der gestrigen Anhörung fragt man sich jedoch, worin diese bestehen soll. Der Berliner Historiker Reinhard Rürup, sozusagen der offizielle Gegenspieler von Möller, begrüßte zwar im Gegensatz zu diesem das Kommissionspapier. Doch auch Rürup nennt die DDR totalitär. Manfred Wilke vom besagten Forschungsverbund SED-Staat mühte sich, noch einmal die Mär vom Paradigmenwechsel in der DDR-Betrachtung aufzurichten. Von einem solchen Ansinnen hatte aber nicht einmal der Ex-Stasiunterlagen-Chef Joachim Gauck etwas mitbekommen, weshalb er nach einigen Seitenhieben gegen »ewig gestrige rote Reaktionäre« dafür plädierte, jetzt nicht in einen Glaubenskrieg zu verfallen.

Warum auch. Als Diktatur wird die DDR von allen beteiligten Experten angesehen. Man könnte fast sagen: Wie in einem zentralistischen Aufarbeitungskombinat. Auch im Streit um den DDR-Alltag geht es eher um Detailfragen wie der, welches Gewicht »diktaturspezifische« Alltagserfahrungen in den Aufarbeitungsplänen der Kommission erhalten und welches »diktaturunspezifische«.

Gibt es also gar keine Differenzen unter den Experten? Doch. Aber für die Debatte darüber, was die DDR war und was ihr Erbe heute bedeutet, erscheint es nur am Rande interessant zu sein, ob das von der Kommission vorgesehene Drei-Säulen-Modell methodische Schwächen hat. Oder ob ein Geschichtsverbund nun eine den Zentralismus befördernde Idee ist oder nicht und was es mit den integrierten Konzepten der Geschichtsaufarbeitung zu tun hat. Diese Fragen werden später unter dem Gesichtspunkt der politischen und finanziellen Machbarkeit entschieden – allerdings nicht von den Historikern.

Vielleicht hat sich im Kreis jener Experten, die das Personal der DDR-Aufarbeitung stellen, deshalb auch eine eigenartige Betriebsblindheit eingestellt. Ulrike Poppe etwa, Ex-Bürgerrechtlerin in der Sabrow-Kommission, glaubte gestern bereits nach zwei Stunden, die Anhörung habe »die gesamte Debatte der letzten Wochen abgebildet«. Wie kann das sein, wo doch eine die DDR im Prinzip verteidigende Position, die man ja keineswegs begrüßen muss, durch keinen ihrer Experten vertreten war?

Es war der ostdeutsche Theologe Richard Schröder, der bei der Anhörung am Dienstag noch am ehesten eine Lanze für eine differenzierte Sicht auf die DDR brach. Was war derjenige, fragte Schröder, der als kirchlicher Mensch Nachteile in Kauf nahm, aber trotzdem nichts für den Sturz der SED unternommen habe? Ohne ein Denken jenseits schematischer Kategorien, in denen es nur Opfer und Täter bzw. nur Diktatur und Widerstand gibt, wird kein noch so gutes Aufarbeitungskonzept diese Frage beantworten können.

Tom Strohschneider, Neues Deutschland, 7.6.2006

DDR und kein Ende – Die Opfer des Stalinismus müssen endlich anerkannt werden

Der Streit um die DDR-Geschichte, der jetzt neu entbrannt ist, wird wohl noch mindestens 50 Jahre dauern. Er lässt sich durch keine Expertenkommission verkürzen und durch keinen Geschichtsverbund beenden. Denn solange noch Opfer des Staatssozialismus von alten Stasi-Offizieren verhöhnt werden, können Historiker nicht »Historisierung« fordern, ohne als Verharmloser eines Unrechtsregimes missverstanden zu werden.

Dieses Missverständnis hatte seit der Veröffentlichung einer 2005 von der rot-grünen Bundesregierung initiierten Studie zur Aufarbeitung der SED-Diktatur viel Wirbel verursacht. Die Studie sollte endlich den richtigen Geschichtsbewältigungsmodus finden. Dass es den nicht gibt, hat ein großes geschichtspolitisches Hearing vergangenen Dienstag in Berlin gezeigt. Es kann nur den Versuch geben, auf möglichst hohem Niveau über die Vergangenheit und die Gegenwart der Vergangenheit zu streiten. In Berlin wurde der Anfang gemacht: Da diskutierten Historiker mit Bürgerrechtlern, Politiker mit Museumsleitern, da referierten Marianne Birthler, die Bundesbeauftragte für die Stasi-Unterlagen, und ihr Vorgänger Joachim Gauck ebenso wie die Arbeitsgemeinschaft Gedenkstätten und die Vertreter der Opferverbände. Über hundert DDR-Geschichtsaktivisten versammelten sich in einem Anhörungssaal des Bundestages, und schon nach den ersten Redebeiträgen lösten sich die Frontverläufe der vergangenen Woche auf. Plötzlich erschienen die Forderungen nach einer akademischen »Professionalisierung« der Aufarbeitung und einer fortgesetzten »Delegitimierung« der DDR als totalitäres System vereinbar. Plötzlich war sonnenklar, dass die zweite deutsche Diktatur sich nicht allein durch Repressionsinstrumente wie Staatssicherheit oder politische Willkürjustiz erklären lässt, sondern Herrschaftsmechanismen erst anhand des sozialistischen Alltags verständlich werden. Das kann aber nicht heißen, die ohnehin gering geförderten Gedenkstätten wie Hohenschönhausen oder Bautzen zu schwächen. Denn die DDR-Aufarbeitung krankt noch immer an einer mangelnden Anerkennung für die Opfer des Stalinismus. Auch das kam am Runden Tisch in Berlin endlich lautstark zur Sprache. Es war die bedeutendste deutsch-deutsche Geschichtsplattform nach der Wiedervereinigung. Sie zielte nicht auf faulen Konsens, sondern lebte von jener Vielzahl der Perspektiven, aus denen ein ernst zu nehmendes Geschichtsbild sich zusammensetzt.

Evelyn Finger, Die Zeit, 8.6.2006

Aus Sicht der Opfer – Erinnerung an die SED-Diktatur

Es mag ein bißchen seltsam klingen, aber die Vergangenheitsbewältigung gehört zu den vielen Dingen, auf die man als Deutscher wirklich stolz sein kann. Kein anderes Land, das unter kommunistischer Diktatur gelebt hat, ist so gründlich gegen Rückfälle gefeit wie das wiedervereinigte Deutschland. Weder Italien noch Japan haben sich derart schonungslos mit ihrer faschistischen Vergangenheit oder Kollaboration auseinandergesetzt wie die Bundesrepublik. Vom Irak bis Südafrika bitten uns Länder, ihnen beim Aufbau von Institutionen zu helfen, die das bedrückende Erbe ihrer Gewaltherrschaften für jedermann zugänglich halten, und es ist kein Zufall, daß erste zaghafte Versuche der Türken, sich ihrer Vergangenheit zu stellen, nicht zuletzt auf deutschem Boden stattfinden.

Was die Sabrow-Kommission zur Aufarbeitung der SED-Diktatur nun vorgelegt hat, kann es an konzeptioneller Raffinesse, historischer Tiefenschärfe und menschlicher Integrität mit den Kolloquien zum Holocaust-Mahnmal aufnehmen, wenn dieser Vergleich hier gestattet ist. Weil ehemalige Bürgerrechtler, Historiker jeder Provenienz und Mitarbeiter von Gedenkstätten dort auf Augenhöhe miteinander um jedes Wort gerungen haben, ohne sich gegenseitig mundtot machen zu wollen, ist eine echte Arbeitsgrundlage entstanden. Die Vorwürfe, hier handele es sich um politisch motivierte Verharmlosung der SED-Diktatur, wurden dann übereinstimmend als das charakterisiert, was sie sind: gegenstandslos. Versucht werden soll die Bündelung, Koordination und Professionalisierung der verschiedenen Anstrengungen. Das Engagement ehemaliger Häftlinge ist bewundernswert und ehrenhaft. Es muß aber, schon zu ihrem eigenen Schutz, von den Einrichtungen moderiert werden und kann nicht der Selbsttherapie dienen, schon gar nicht, indem man beispielsweise Schülerinnen probeweise in Zellen einsperrt oder die historische Wahrheit nachbessert (die solche Manipulationen auch gar nicht nötig hat, sie war grauenhaft genug). Für viele dieser Opfer, die zum Teil sehr viel schlechter leben als ehemalige Bedienstete von SED und Staatssicherheit, denen die Bundesrepublik nach jüngster Rechtsprechung Renten in Milliardenhöhe zahlen muß, hängen psychische und materielle Existenz von ihrer Arbeit in den Gedenkstätten ab. Diese Situation ist unwürdig. Man löst sie aber nicht, indem man jede Kritik an der Museumspädagogik mit Drohgebärden oder der Verdächtigung beantwortet, hier wollten lediglich die alten Kader wieder ans Ruder.

Es bleibt ein entscheidender politischer Dissens. Er verbirgt sich hinter der harmlos klingenden Frage, welche Rolle eigentlich der Alltag in der Diktatur bei der Aufarbeitung spielen darf, im Verhältnis zur Darstellung von Repression. Dem ostdeutschen Theologen Richard Schröder fiel auf, daß sich in letzter Zeit in dieser Frage fast nur Westdeutsche geäußert haben. »Wir bewältigen euch eure Vergangenheit«, sei das Motto, »wie wir es schon einmal getan haben.« Wer nur die Repression zeigen, die DDR nur als Stasi-Land beschreiben will, beraubt nicht zuletzt die Bürgerrechtsbewegung ihrer Geschichte. Der Christ, der in der Kirche blieb, obwohl es ihn die Beförderung kostete, war der Teil des Widerstands? Und was ist mit den Mitgliedern des Demokratischen Aufbruchs – zu denen ja auch die jetzige Bundeskanzlerin zeitweise gehörte –, die recht lange noch an einem dritten Weg zwischen Kapitalismus und Sozialismus laborierten? Viele Menschen waren auch empfänglich für die

»Antifa«-Rhetorik der SED-Oberen. Man weiß heute, daß sie einen Fehler gemacht haben, aber waren sie deshalb alle Stalinisten?

Mariam Lau, Die Welt, 8.6.2006

Huld und Sühne. Die Erinnerung an die DDR gehört nicht nur dem Osten

Einen Streit unter Historikern darüber, ob die verblichene DDR eine Diktatur der besonderen Art gewesen sei oder, schlimmer noch, die Relativisten die Macht übernehmen könnten, wird es nicht geben. Die heftigen Wortgefechte um das Gutachten der Sabrow-Kommission (F.A.Z. vom 11. und 17. Mai) zur DDR-Geschichtsaufarbeitung hatten diesen Disput wohl schon im Vorhinein erschöpft. Die Anhörung im Bundestag am Dienstag jedenfalls verlief so ruhig, daß es fast unheimlich war.

Horst Möller, Direktor des Instituts für Zeitgeschichte in München, bemängelte zu Beginn zwar noch einmal die Zusammensetzung der Kommission, in die seiner Ansicht nach kein einziger bedeutender DDR-Forscher berufen worden sei, doch mochte niemand in der großen Runde diesen Fehdehandschuh aufnehmen. Die Regierungskommission hatte nicht nur Wissenschaftler und Vertreter fast aller Institutionen eingeladen, die sich mit der SED-Diktatur befassen oder deren archivalische Hinterlassenschaften betreuen. Sprecher fast aller Gedenkstätten waren gekommen und die Verbände der Opfer des SED-Terrors. Sieben Stunden im bis auf den letzten Platz gefüllten großen Saal des Elisabeth-Lüders-Hauses im Berliner Regierungsviertel reichten gerade aus, um alle Positionen und die jeweiligen Verdienste vorzustellen. Die einzig wirkliche Überraschung war wohl, daß der vorgeblich umstrittenste Vorschlag der Sabrow-Kommission, sich dem Alltag in der geschlossenen DDR-Gesellschaft zuzuwenden und dafür ein Geschichtsmuseum einzurichten, große Zustimmung fand.

Richard Schröder vermißte in dem Gutachten allerdings die »erfreulichen Tatsachen«, etwa die Erinnerung an den vom Volk erzwungenen Zusammenbruch des SED-Herrschaftssystems mitsamt seiner Legitimation, der eine Revolution gewesen sei und somit Teil europäischer Freiheitsgeschichte. Mit feiner Ironie deutete Schröder an, daß die Konzentration auf das Opfergedenken und deutliche staatliche Repression der Auseinandersetzung mit dem Nationalsozialismus in der Bundesrepublik geschuldet sei. Der andere Teilstaat habe sich dieser Aufgabe mit der Gründungslüge, er gehöre zu den Siegern der Geschichte, und mittels antifaschistischer Mythen entzogen. Doch die westdeutsch geprägte Methode der Auseinandersetzung mit der eigenen Vergangenheit tauge eben nicht zur Erklärung der Selbstbefreiung und verkenne die Grautöne, die Widerstand und Anpassung vermischten, was jedoch die DDR-Gesellschaft ausgemacht habe. Joachim Gauck, der zehn Jahre die Stasiakten-Behörde leitete, ist wie Schröder überzeugt, daß die größten Defizite einer kritischen Sicht auf die DDR mangels Kenntnis wohl eher im Westen der Republik zu suchen seien. Die Geschichte der Ostdeutschen sei gemeinsame Teilungsgeschichte und die innere Einheit erst möglich, wenn dies ins kollektive Selbstbild aller Deutschen integriert sei.

Wie weit man davon noch entfernt ist, bewiesen Hans Ottomeyer vom Deutschen Historischen Museum und der Bonner Hans Walter Hütter (Haus der Geschichte). Ein deutsch-deutsches Schulbuch nach dem Vorbild der deutsch-polnischen Schulbuchkommission schwebt Ottomeyer vor, um (westdeutsche) Empathiedefizite zu beheben. Hütter wiederum schlug zur Befriedung allen Ernstes einen Ost-West-Schüleraustausch vor, Vorbild sollten die frühen und unbestritten erfolgreichen Versöhnungsanstrengungen zwischen jungen Deutschen und Franzosen sein. Daß die jungen Ostdeutschen, im Unterschied zu den erwähnten Vorbildern, Westdeutschen keine Sühne für kriegerische Verwüstungen schulden, wie auch umgekehrt nicht, war den beiden erwachsenen Historikern offenbar nicht in den Sinn gekommen.

Frankfurter Allgemeine Zeitung, 8.6.2006

Knast und Alltag. Wie soll der DDR gedacht werden? Eine Anhörung in Berlin

Wie kann man jungen Menschen heutzutage darstellen, dass die Geschichte der DDR ihnen etwas zu sagen hat? Wie kann man also diese Geschichte so zeigen, dass junge Menschen daraus etwas für ihr eigenes Leben lernen wollen? Wie die Berliner Anhörung anlässlich des Papiers der »Sabrow-Kommission« ergab, bleibt dies Ziel nicht selten hinter institutionellen Eigeninteressen zurück.

Noch unter Kulturstaatsministerin Christina Weiss wurde diese Kommission vor einem Jahr eingesetzt. Sie untersucht, wie die Arbeit der DDR-Museen und Gedenkstätten effizienter gestaltet werden kann und welche Rolle der Bund dabei spielen soll. Es geht vor allem um den Berliner Raum. Als die Kommission am 15. Mai ihre Ergebnisse vorlegte (SZ vom 12. Mai), wurden diese zunächst verrissen, nicht zuletzt von Hermann Schäfer, der rechten Hand des Kulturstaatsministers Bernd Neumann. Inzwischen soll Schäfer sich für sein vorschnelles Urteil entschuldigt haben.

Die Anhörung, die am Dienstag im Berliner Regierungsviertel abgehalten wurde, war vergleichsweise friedlich. Umso klarer trat zutage, wie institutionelle Interessen die Argumentation verzerren. Umso klarer wurde auch, wie Recht die Sabrow-Kommission hat, wenn sie für eine Versachlichung und Professionalisierung der Erinnerungsarbeit plädiert.

Wir sind die Opfer

Die Deutschen müssen sich darüber verständigen, wie sie der DDR, des SED-Regimes und seiner Opfer gedenken wollen. Gedenkstätten, Museen und andere Initiativen brauchen Geld. Da von Eigeninteresse niemand reden darf, suchen die Leute, die hinter diesen Institutionen stehen, die Bedeutung ihrer Arbeit herauszustellen. Ein unschöner Konkurrenzkampf ist ausgebrochen: Wer ist am meisten antidiktatorisch? Viele Institutionen preisen sich an: Sie verträten die Opfer der SED-Diktatur, sagen sie. Das stimmt und stimmt nicht. Es gibt viele Opfer, die sich von diesen Institutionen nicht vertreten lassen wollen: Individuen, die nicht aufgehen wollen in einem Verein, der sich zu seinem Selbsterhalt und auch der finanziellen Förderung halber auf ihr Schicksal beruft.

Andere Leute und Institutionen sagen: Es gelte, einer Unterwanderung der Demokratie durch alte Ostkader und deren Brüder im Geiste in West und Ost Einhalt zu gebieten. Bei der Anhörung hat Freya Klier, die sich als Mitglied der Sabrow-Kommission von deren Votum distanziert hat, die SED mit der PDS gleichgesetzt und diese wiederum mit der neuen gesamtdeutschen Linkspartei. Sie sprach von dem »knallharten Kampf, den wir führen seit 16 Jahren«. So wenig diese Worte mit der Realität zu tun haben, kommen sie vielen doch gelegen. Hubertus Knabe von der Gedenkstätte Hohenschönhausen redet auch so: »Die Gegner einer kritischen Auseinandersetzung mit der DDR nutzen diese Debatte, um ihre geschichtsrevisionistischen Forderungen zu untermauern«, ließ er durch einen Stellvertreter bei der Anhörung kundtun.

Hubertus Knabe genießt das Vertrauen von Kulturstaatsminister Bernd Neumann, den es offenbar nicht stört, dass die Gedenkstätte Hohenschönhausen schlecht geführt wird. Ein Vertreter des Bonner »Hauses der Geschichte« sagte bei der Anhörung: »Die Bitte von Frau Weiss, den musealen Ausbau der Gedenkstätte Hohenschönhausen zu realisieren«, habe »weiterhin« Geltung. Die baulichen Voraussetzungen dafür seien aber noch nicht geschaffen. Knabe behauptet, er habe 2001 ein Konzept für eine Gesamtausstellung vorgelegt. Nur aus Geldmangel sei es nicht umgesetzt worden. Dann fragt man sich allerdings, warum das Bonner »Haus der Geschichte« den Auftrag erhielt, bei der Einrichtung einer Gesamtausstellung zur Hand zu gehen.

Das wichtigste Ergebnis der Sabrow-Kommission ist ihre Empfehlung, die Darstellung der DDR nicht auf die Stasi und Gefängnisse zu beschränken, sondern auch den Alltag in dieser durchherrschten Gesellschaft zu zeigen. Für diesen Rat wurde die Kommission gescholten: Sie wolle die DDR verharmlosen, hieß es. Knabe schrieb sogar von einem »Aufarbeitungskombinat«. Bei der Anhörung in Berlin hingegen haben die meisten Gutachter die Darstellung des Alltags in einem diktatorisch geführten Staat für wichtig erklärt, darunter auch Joachim Gauck und Richard Schröder. Wenn man nur von den Opfern und den Widerständlern spräche, sagte Schröder, wo blieben dann die Christen, die nichts taten, um den Staat zu stützen, die aber auch nicht Widerständler genannt werden könnten. Thomas Krüger von der Bundeszentrale für politische Bildung sagte: Man dürfe die DDR nicht als »Knast« zeigen, der dann »von den Segnungen des Westens« abgelöst wurde. Richard Schröder fragte auch, warum niemand von der Volkskammer rede, die 1990 in den einzigen freien Wahlen der DDR gewählt wurde.

Kulturstaatsminister Neumann hat erklärt, es solle mehr Geld für Gedenkstätten aufgewendet werden. Für sechs Millionen Euro will er 400 der 16.500 eingelagerten Säcke mit zerschredderten Akten der Stasi rekonstruieren lassen. Ein Abgesandter des Bundesarchivs gab zu bedenken, dass 98 Prozent der Stasi-Unterlagen erhalten, aber in schlechtem Zustand seien: Zunächst gelte es, diese Unterlagen zu bewahren. Herr Neumann wird sich überlegen müssen, wofür er sein Geld ausgibt.

Franziska Augstein, Süddeutsche Zeitung, 8.6.2006

»Das normale unerfreuliche Leben in der DDR«

Die Expertenkommission zur DDR-Geschichte wird scharf kritisiert, weil sie die Diktatur nicht kritisch genug betrachte. Unfug, sagt der Theologe und ehemalige Bürgerrechtler Richard Schröder. Die DDR war mehr als Stasi und Mauer

taz: Herr Schröder, die noch von Rot-Grün berufene Expertenkommission zur DDR-Geschichte ist kritisiert worden, weil sie mehr Darstellung des DDR-Alltags empfiehlt. Ist diese Kritik berechtigt?

Richard Schröder: Nein. Die Debatte ist eine Luftblase. Die Kommission meint den Alltag in der Diktatur, nicht irgendwelche nostalgischen Erinnerungen, wie ihr bösartigerweise unterstellt wird. Und für diesen Alltag gibt es in Berlin in der Tat keine Gedenkorte. Diese Orte sind entweder auf die Stasi oder die Mauer bezogen. Die DDR war aber mehr als Stasi und Mauer.

Sie sehen keine Gefahr, dass die DDR zu hübsch gemalt wird?

Gar nicht. Es geht darum, das normale unerfreuliche Leben in der Diktatur zu betrachten. All die Ambivalenzen, die Situationen von freiwilligem Zwang, denen man ausgesetzt war.

Zum Beispiel?

Wenn man nicht in der Partei war, musste man in die Gewerkschaft eintreten. Es gab, von der Schule angefangen, Unmengen von Formierungen, die verdient haben, dargestellt zu werden. Eine Diktatur besteht nicht aus Helden, Opfern und Opportunisten. Wer das glaubt, versteht nichts. Es gab viele Schattierungen. Die muss man kenntlich machen.

Konservative wie der Historiker Horst Möller kritisieren, dass die gesellschaftlichen Bindekräfte, die die DDR zusammenhielten, ausgebreitet werden, um sie zu legitimieren.

Ja, er behauptet sogar, dass schon die Erkenntnis, dass es diese gesellschaftlichen Bindekräfte gab, eine Anerkennung der Diktatur sei – Unfug.

Was hielt die DDR denn zusammen?

Zum Beispiel die Idee, dass doch immerhin der Kapitalismus abgeschafft sei. Oder dass die Nationalsozialisten im Westen seien – was so ja nicht stimmte. Der DDR-Antifaschismus war verlogen, weil er an eine aggressive Haltung gegen Israel gekoppelt war. Aber solche Rechtfertigungen gab es oft. Es waren Lebenslügen – und Bindekräfte an die Verhältnisse. Selbstverständlich muss man solche Bindungen darstellen.

Worin besteht eigentlich der geschichtspolitische Konflikt?

Ich habe den Eindruck, dass dies im Wesentlichen eine Kontroverse zwischen Westdeutschen ist. Da geht es auch um wissenschaftlichen Status und Forschungsgelder.

Aber auch Vertreter von Opferverbänden sehen alte Kader auf dem Vormarsch und die DDR vor neuer Blüte. Deshalb wehren sie sich gegen jede Historisierung.

Die Idee, dass wir uns noch in der Systemauseinandersetzung befinden, halte ich für höchst übertrieben. Tatsache ist, dass es legale Verbände von Ex-Stasi-Leuten gibt. Man kann fragen, warum wir 1989 und 1990 die SED nicht zu einer kriminellen Organisation erklärt haben. Dann gäbe es diese Ex-Stasi-Organisationen heute nicht. Aber das ging damals nicht, weil doch auch SED-Mitglieder mitdemonstriert haben. Damit hätten wir die Oppositionsbewegung gespalten – und das wäre falsch gewesen. Wenn Ex-Stasi-Leute heute, wie geschehen, im Rudel auftreten, dann muss man ihnen entgegentreten. Aber man sollte das nicht überschätzen. Es gab in der Öffentlichkeit doch niemand, der gesagt hat: Naja, ein bisschen Recht haben die Stasi-Leute ja. Im Gegenteil.

Wo sehen Sie denn Lücken im kollektiven Gedächtnis in Bezug auf die DDR? Was fehlt?

Das ist in West und Ost sehr verschieden. Es ist ebenso schwierig wie nötig, Westdeutschen, die die Freiheit für selbstverständlich halten, klar zu machen, wie es sich in einer Diktatur lebt. Dafür kann ein Film wie »Das Leben der Anderen« mehr leisten als eine Gedenkstätte. Im Osten hört man hingegen oft »Immerhin gab es damals keine Arbeitslosigkeit«. Das ist die Gesinnung eines Knechtes: Wozu brauche ich Freiheit, wenn ich wohl versorgt bin? Das ist ein Teil der Ostalgie, die es allerdings in allen ex-realsozialistischen Ländern gibt.

Glauben Sie, dass ein Mahnmal in Berlin für die Opfer der SED ein richtiges Symbol wäre, um dem entgegenzuwirken?

Ach, ich habe nichts dagegen. Aber ich habe den Eindruck, wenn es um Geschichte geht, fällt uns außer Opfergedenken nicht viel ein. Wie wäre es mal mit einem Denkmal für die deutsche Einheit? Auf was Fröhliches kommt in Deutschland niemand. Offenbar sind uns angenehme Tatsachen unangenehm. Die Einheit passt halt nicht in unser schwarz gestimmtes Erinnerungsbild. Scheinbar gilt: Der edle Deutsche zeigt sich darin, dass er vor allem ein Opfergedenker ist.

Interview: Stefan Reinecke, die tageszeitung, 8.6.2006

Die neue Vernünftigkeit

Bundestags-Anhörung zur DDR-Geschichte: Ex-Bürgerrechtler und Historiker wollen mehr DDR-Alltag zeigen. Rechte Kritiker des Konzepts gingen argumentativ unter.

Anfang Mai hat eine aus Ex-Bürgerrechtlern und Zeithistorikern bestehende Expertenkommission ein Konzept für DDR-Gedenkstätten vorgelegt (taz vom 12.5.). Sie empfiehlt den Blick zu weiten und jenseits der Stasi-Fixierung auch den Alltag in der Diktatur zu betrachten. Dies hatten rechte Historiker und die Leiter der Stasi-Gedenkstätten Hohenschönhausen und Normannenstraße heftig attackiert. Bei der Vorstellung des Konzepts hatte zudem Hermann Schäfer, rechte Hand des Kulturstaatsministers Bernd Neumann (CDU), die Kommission schroff angegriffen. Hauptvorwurf: Verharmlosung der DDR. Vorgestern trafen die Kontrahenten bei einem Hearing aufeinander.

Der konservative Historiker Horst Möller, Leiter des Münchener Instituts für Zeitgeschichte, begann mit einem Frontalangriff. Die Kommission sei einseitig zusammengesetzt – wobei sich der leise Verdacht einstellte, dass er für sich und nicht liberale Historiker wie Klaus-Dietmar Henke oder Martin Sabrow ebenfalls einen Platz in der Kommission beansprucht. »Typisch für die DDR war die Stasi, nicht die Kinderkrippe«, so Möller, der sich in den Schützengräben des Kalten Krieges offenbar häuslich eingerichtet hat. Die Ex-Bürgerrechtlerin und Kommissionsmitglied Ulrike Poppe konterte zutreffend, dass gerade die bis in die Krippen reichende Durchherrschung des Alltags typisch für die DDR war. Und die Frage vieler Eltern, ob sie ihren Kinder diese Krippen zumuten konnten.

Doch bemerkenswerterweise spielten ideologische Verhärtungen à la Möller in der Debatte keine Rolle. Das lag wohl auch daran, dass Hubertus Knabe, umstrittener Leiter der Gedenkstätte Hohenschönhausen, und Jörg Drieselmann von der Gedenkstätte Normannenstraße zwar eingeladen, aber nicht erschienen waren. Den vernünftigen Ton gaben die Statements von Reinhard Rürup, Richard Schröder und Joachim Gauck vor. Rürup empfahl, die Geschichte der NS-Gedenkstätten zum Vorbild zu nehmen. Auch dort habe es einen Übergang von eher privaten zu staatlichen Gedenkinstitutionen gegeben. Joachim Gauck betonte die Rolle des Alltags. »Die normale Anpassungsleistung des DDR-Bürgers begann nicht vis-a-vis des Stasi-Offiziers«, so Gauck. Richard Schröder erklärte pädagogisch in Richtung Opferverbände, dass »Historisierung nichts Böses, sondern etwas Natürliches ist«.

Das Fazit? Klaus-Dietmar Henke meinte zur taz, das Hearing habe gezeigt, wie schwach »die Polemik gegen eine kritische Historisierung der DDR« sei. Unklar ist allerdings trotz dieses Sieges an der Diskursfront, was aus den Empfehlungen der Kommission wird. Das Duo Neumann /Schäfer scheint entschlossen, die Kommission weiter für ein unliebsames rot-grünes Erbe zu halten. Der Kulturausschuss des Bundestages wird sich Ende Juni mit den Empfehlungen befassen. Anfang 2007 soll ein Gedenkstättenkonzept für die NS- und die DDR-Zeit vorliegen. Trotz kleinteiliger parteipolitischer Scharmützel ist die Chance für ein vernünftiges Konzept noch nicht vertan.

Stefan Reinecke, die tageszeitung, 8.6.2006

Kleine, graue, miese DDR – Das Expertenpapier zur Aufarbeitung der SED-Diktatur markiert keinen Paradigmenwechsel

Im Aufarbeitungsbergwerk DDR rumorte es in den vergangenen vier Wochen mächtig. Anfang Mai hatte eine neunköpfige Expertenkommission ein Papier zur Neujustierung der Geschichtslandschaft DDR vorgelegt und damit einen unerwartet heftigen Streit ausgelöst. Gut so! Wann wird schon mal über so etwas Dröges wie ein Kommissionspapier gestritten. Es gibt also noch was zu klären in Bezug auf das, was sich einmal DDR nannte. Aber was war der Inhalt des Streits? Welche Relevanz hatte das vorgestellte Konzept? Welche Fragen stellte es und vor allem, welche ließ es aus, wenn es in der Lage war, die Gemüter derart zu bewegen?

Zunächst muß man sich wohl nicht unnötig lange mit der Feststellung aufhalten, daß eine Kommission, die noch in der Endphase der Schröder-Regierung aufgestellt wurde, gewisse politische Reflexe bediente. Auch wurde ohne größeres öffentliches Murren hingenommen, daß ein gut trainierter Wissenschafts-Lobbyismus auf monetäre Begehrlichkeiten aus ist, die sich dann auch erwartungsgemäß in dem Konzept wiederfanden. Was eine Vielzahl von DDR-Aufklärern bis in die Opfer-Verbände hinein allerdings tatsächlich erregte, muß man der Rubrik, Hardware DDR-Aufarbeitung zurechnen. Ihr Zorn galt in der Hauptsache dem noch von der ehemaligen Kulturstaatsministerin als Arbeitsvorlage mitgegebenen Paradigmenwechsel – »der politischen Delegitimation der DDR zur kritischen Historisierung«.

An diesem Wechsel rieben sich fortan die Geister. Martin Sabrow, Potsdamer Historiker und Chef der Expertenkommission, hatte seit langem »neue Narrative« in Bezug auf die DDR angemahnt und die im Expertenpapier endlich auch vorlegen können. Nach der Lektüre des Konzepts denkt man: Poh! Was für ein erstaunlicher philologischer Budenzauber! und fragt sich: Was war sie denn nun, diese kleine, graue, miese DDR? Eine »Konsens-Diktatur« oder nicht doch besser nur ein »durchherrschtes System«? Die Empfehlung, so belobigten sich die Experten selbst, setze »neue Maßstäbe für eine plurale und multiperspektivische Aufarbeitung der deutschen Geschichte im ›Jahrhundert der Extreme‹«.

Stimmt schon, je grauer und härter der Osten, um so farbenprächtiger seine Auferstehung. Dabei klingt jene ausgerufene »plurale und multiperspektivische Aufarbeitung« ein bißchen nach einer DDR als schönstem deutschen Müsli-Land, einem einzigartigen Nischengewusel, in dem die Insassen in anhaltend »mißmutiger Loyalität« – einer der Neologismen der Kommission – schwer rumkauzten und sich offenbar vierzig Jahre lang frohgemut auf die Schenkel klopften. Mit aller Vehemenz und Klarheit kritisierten fünf Opfer-Verbände und diejenigen, die mit immer knapper werdenden Mitteln Tag für Tag an der Erinnerungsfront stehen, daß »dem Alltag und den Bindungskräften in der Kommunistischen Diktatur durch staatlich finanzierte Einrichtungen verstärkte Aufmerksamkeit geschenkt werden« solle. Nach harschem Gegenwind erweiterte Martin Sabrow somit das Kommissions-Papier und schrieb, daß wir es »heute mit einem mehrfach gespaltenen Milieugedächtnis zu tun« hätten, »in dem voneinander abgeschottete Bilder der DDR-Vergangenheit nebeneinander« stünden.

Es ist nicht ganz sicher, ob jene nachgereichte Erkenntnis vom mehrfach geschredderten DDR-Gedächtnis der immer konfuser werdenden Debatte über die DDR tatsächlich zur Klärung verhelfen konnte. Eine Vielschichtigkeit von Geschichte muß noch lange nichts mit ihrer bestimmenden Realität, geschweige denn mit deren brutalen Tatsachen zu tun haben. In jedem Fall dürfte es aber ein inneres Verhältnis zwischen dem gut gemischten Historien-Cocktail aus multiplen Ansichten zur DDR und der Gesellschaftswüste Ost geben, über die ernstzunehmende Berichte bemerkenswerter Weise seit längerem ausbleiben. Als störe das, was in ihr zu erfahren wäre, nachhaltig die Geschäfte.

Denn zu fragen bleibt schon, ob jene »plurale und multiperspektivische Aufarbeitung«, mitsamt all ihrer Theoretisiererei, Professionalisiererei und Historisiererei, das bestimmende Kriterium für die notwendige Aufklärung der zweiten deutschen Diktatur sein kann. Oder anders herum gefragt: Ist eine derart aufdringliche Homöopathisierung der ostdeutschen Diktaturgeschichte tatsächlich das geeignete Modell, um heranwachsenden Generationen Maßstab, Aufmerksamkeit und Haltung gegenüber der pluralen und multiperspektivischen Gesellschaft mitzugeben, in die sie soeben hineinwachsen?

Denn was ist eigentlich Sache, wenn wir heute von der DDR reden? Wie ist die öffentliche Wahrnehmung ihrer Geschichte? Wie die Situation etwa in den ostdeutschen Provinzen, wo man, wie die Experten annehmen, bruchlos zur Historisierung der DDR übergehen kann? Ist geklärt, was Menschen in der Diktatur gemacht haben, wie sie es gemacht haben, warum sie es gemacht haben? Ist gesagt, wer Opfer, wer Täter, wer Mitläufer waren? Wie groß darf die Diskrepanz zwischen der akademischen Konstruktion einer Expertencrew und eines noch immer ungebrochenen Fortlebens des imaginären Ost-Kollektivs sein? Wo steuert ein solches Aufarbeitungs-Schlachtschiff eigentlich hin, wenn es sich leistet, die historische Hypothek der DDR in der Gegenwart gänzlich unbetrachtet zu lassen? Was machen wir mit hartnäckig schweigenden Schülern und deren Orientierungslosigkeit, mit rapide zunehmender Gewalt, wie erklären wir harschen Politfilz und unmäßig anwachsende Korruption in den ostdeutschen Bundesländern? Und sind nicht eben genau diese Phänomene auch eine Aussage über die Dimension der Härte, mit der ein Staat meinte, seine Bürger vierzig Jahre lang entmündigen zu können? Schlußendlich: Welchen Wert hat ein sich in schönster Selbstreferentialität gerierendes Aufarbeitungskonzept, wenn es nicht dringlich danach fragt, für wen diese ganze plurale Welt der Erinnerung zuallererst gedacht sein sollte?

Das Hearing, das diese Woche zur Neuordnung der DDR-Gedächtnislandschaft im Bundestag stattfand, hat nach siebenstündiger Debatte das Fazit erbracht, daß vorerst kein Paradigmenwechsel in Sachen SED-Diktatur ansteht. Die neuen Narrative sind, wie man nun weiß, die alten. Die DDR darf noch einmal sein, was sie immer war – ein totalitäres Regime, mit unsäglich vielen Opfern. Ob allein das schon reicht, ihr schiefes Erbe tatsächlich auszuloten, dürfte vor allem davon abhängen, ob es der gern maßgebenden westdeutschen Expertenriege gelingt, ihre internalisierten Aufarbeitungsfolien in Sachen Diktatur neu zu fundamentieren. Jede Diktatur hat ihre eigenen Narrationen. Die sind freizulegen. Zuerst mit denen, die in ihr gelebt haben.

Ines Geipel, Die Welt, 9.6.2006

Und Bautzen? Sachsen kritisiert SED-Kommission

In die Diskussion über das Votum der Fachleute-Kommission zur Aufarbeitung der SED-Diktatur hat sich nun auch die Stiftung Sächsische Gedenkstätten eingeschaltet. Zwar sei es zu begrüßen, daß das Gremium eine »wichtige und überfällige Diskussion« in Gang gesetzt habe. Allerdings erstaune es, daß in den Empfehlungen der Kommission ausgerechnet jener historische Ort fehle, »der im kollektiven Gedächtnis sowohl der Deutschen als auch über die Landesgrenzen hinaus bis heute synonym für die Repression der Diktatur in SBZ und DDR steht: Bautzen«. Die Stiftung erinnert in einer ausführlichen Stellungnahme daran, daß das Bautzener Speziallager das Lager der Widerständigen war, die gegen die Sowjetisierung der SBZ aufbegehrten. Bautzen II (auch »Mielkes Privatknast« genannt) war die einzige Vollzugseinrichtung der DDR, die der Staatssicherheit unterstand. Dort saßen unter anderem »Staatsverbrecher« wie der Schriftsteller Erich Loest oder die Publizisten Rudolf Bahro und Walter Janka ein. »Aus historischer Sicht ist Bautzen in einem Atemzug mit der Normannenstraße zu nennen.«

Die von der Kommission vorgeschlagene Schaffung von drei »impulsgebenden und kompetenzsichernden« Kerninstitutionen in Berlin dürfe nicht zu einer Monopolisierung und Zentralisierung der Erinnerungslandschaft führen. Die empfohlene Hauptstadtzentrierung unterschätze die Bedeutung der historischen Orte außerhalb Berlins. »Gerade in den ländlich bis kleinstädtisch geprägten Regionen muß die Auseinandersetzung mit der SED-Diktatur gefördert werden, da hier die Verharmlosung der DDR besonders ausgeprägt ist«, heißt es in der Stellungnahme der Stiftung Sächsische Gedenkstätten. Die SED-Diktatur sei trotz ihres zentralistischen Charakters an allen Orten im Land für die Menschen erfahrbar gewesen, und sie sei an vielen Orten von Individuen und Gruppierungen geschwächt und letztlich zu Fall gebracht worden. Zutreffend sei dagegen die Feststellung der Kommission, daß die außerhalb Berlins befindlichen Gedenkstätten allesamt unterfinanziert seien.

reb, Frankfurter Allgemeine Zeitung, 10.6.2006

Aufklärung im Stasi-Knast

Die Nachricht: Morgen besucht die CDU/CSU-Fraktionsführung die Gedenkstätte im ehemaligen Stasi-Untersuchungsgefängnis in Berlin-Hohenschönhausen.

Der Kommentar: Mit dem Film »Das Leben der Anderen« wird in der Populärkultur endlich nicht mehr nur Ostalgie betrieben. Dennoch sind

31 Prozent der Ostdeutschen inzwischen der Meinung, die DDR sei keine Diktatur gewesen. Vor diesem Hintergrund versuchen Ex-Stasi-Offiziere mit gezielten Angriffen gegen Historiker, Gedenkstätten und ehemalige Dissidenten, Geschichte umzudeuten. Unterstützung bekommen die Ewiggestrigen von unerwarteter Seite. Eine noch von Rot-Grün eingesetzte Kommission empfiehlt das Aufgehen der Birthler-Behörde in ein neues Dokumentationszentrum, das vor allem den Alltag in der DDR thematisiert. Auf diese Weise soll »der deutlich übergewichtigen Konzentration auf Orte der Repression und der Teilung entgegengewirkt werden«.

Offensichtlich wird für manche Sozialdemokraten und Grüne die DDR zu grau gezeichnet, überboten sie sich doch einst mit Honneurs für Honecker. Da böte sich der Besuch der Unions-Fraktionsführung in der Gedenkstätte als Gelegenheit an, einmal Farbe zu bekennen. Im früheren Stasi-Gefängnis wird seit Jahren unter der Leitung Hubertus Knabes in beeindruckender Weise über das SED-Unrecht aufgeklärt. Die Kommission irrt: Bei der Erinnerung an die DDR dürfen die Tatorte eben nicht in den Hintergrund gedrängt werden. Nirgendwo sonst wird das Wesen einer Diktatur so unmittelbar erfahrbar.

Ralf Georg Reuth, Die Welt am Sonntag, 11.6.2006

»Die DDR ist nicht nur ein Ost-Thema«
Stasi-Behördenchefin Birthler über den Umgang mit der Geschichte und das Wesen der Diktatur

Frau Birthler, warum tauchen 16 Jahre nach der Wende alte Stasi-Seilschaften in der Öffentlichkeit auf?

Vielleicht geraten die Tschekisten in Panik, weil sie merken, dass ihre Weltsicht allmählich an Boden verliert und sie sich nicht durchsetzen wird. Manche sprechen vom letzten Gefecht alter Männer, die es nicht ertragen können, dass die Geschichte über sie hinweggeht. Da ist was dran, allerdings sollte man das Milieu, in dem die ehemalige Führungsriege des Ministeriums für Staatssicherheit (MfS) nach wie vor eine große Resonanz hat und das sich von ihren Äußerungen ermutigt und bestätigt sieht, nicht unterschätzen. Um die Frage, als was die DDR in die Geschichte eingehen wird, wird noch gestritten, sie ist auch noch nicht entschieden.

Glaubt man der Expertenkommission der Bundesregierung, ist sie es schon. Ein bisschen Stasi-Aufarbeitung, ein bisschen DDR-Alltagsgeschichte. Reicht das?

Der Verdacht, die Kommission wolle die DDR weichspülen, ist inzwischen überzeugend widerlegt worden. Anlass war der Begriff »Alltag«, dem ja etwas Schillerndes anhaftet. Es gibt tatsächlich Leute, die mit dem Verweis auf angeblich alltägliches sorgloses Leben ausblenden wollen, dass die DDR eine Diktatur war. Richtig ist: Wenn man den grundsätzlichen Unterschied zwischen Diktatur und Demokratie beschreiben will, dann genügt es nicht, auf Repression und Staatssicherheit zu schauen. Der Wesenskern einer Diktatur ist der Verlust von Recht und Freiheit. Und dieser zeigt sich nicht nur in Gefängnissen, sondern in allen Bereichen des Lebens. Die Aufhebung der Gewaltenteilung, die Rolle der SED, die Gleichschaltung der Medien, die Klassenideologie, die katastrophale Bildungspolitik von Margot Honecker – alles Erscheinungsformen der Diktatur, die in der bisherigen Debatte noch zu kurz gekommen sind. Und nun soll es ein Museum geben für den Alltag in der DDR?

Ein Lernort DDR, wie ihn die Kommission jetzt vorschlägt, wäre ein brauchbarer Ansatz. Ein Ort, an dem eine Schulklasse einen Gesamteindruck bekommen kann, von dem, was die DDR für ein Staat war, und wie die Menschen unter den Bedingungen der Diktatur lebten. Massenwirksam ist das alles nicht.

Wenn es gut gemacht wird, durchaus. Es kommt darauf an, Zusammenhänge verständlich und interessant aufzuarbeiten. Es geht um den Transfer längst vorhandener gesicherter Erkenntnisse in die breite Öffentlichkeit. Unsere Erfahrung zeigt, dass das möglich ist. Es genügt dafür nicht, einfach nur das Wissen von Experten in eine verständliche Sprache zu übersetzen. Besser ist es, an Erlebnisse und Erfahrungen der Menschen anzuknüpfen. Ich erreiche Jugendliche mit der Geschichte von Schülern, die von der Schule flogen, weil sie die falschen Klamotten und die falsche Musik liebten, manchmal mehr als mit Berichten von Verfolgung und Haft. Und warum mussten Kinder lernen, dass darüber, was am Abendbrottisch besprochen wurde, in der Schule nicht geredet wird? Diese Art von DDR-Alltag ist gemeint.

Wer soll über die DDR diskutieren?

Die Öffentlichkeit: also Politik, Medien, Bildungseinrichtungen, Kunst. Wir alle. Aufarbeitung der SED-Diktatur ist nicht nur die Aufgabe von Behörden. Die Multiplikatoren sind gefragt: Schulen, Universitäten, die Landeszentralen für politische Bildung – da gibt es bisher eher eine dürftige Bilanz – auch oder vor allem im Westen. Die Geschichte der DDR ist ein deutsches, nicht nur ein ostdeutsches Thema. Da sind alle gefragt – vom Ministerpräsidenten bis zum Lokalredakteur.

Wozu brauchen wir diese Debatte?

Weil es um unsere Vergangenheit geht, also um unser Leben. Eine Gesellschaft, die sich nicht erinnert, ist nicht lebendig, hat kein Selbstbewusstsein. Vor allem aber können wir aus dieser Geschichte lernen. Die Auseinandersetzung mit der SED-Diktatur verhilft dazu, den Wert von Freiheit, Recht und Demokratie besser schätzen zu können. Es geht also nicht um einen neuen großen Aufschlag. Doch lohnt es sich darüber nachzudenken, ob es möglicherweise weiße Flecken in der Aufarbeitung gibt.

War es falsch, DDR-Geschichte auf die Opfer-Täter-Verhältnisse zu konzentrieren und Raum für Ostalgiewellen zu öffnen?

Es ist doch verständlich, dass sich das Interesse zunächst auf diese Themen richtete. In den ersten Jahren hat es den Leuten doch unter den Nägeln gebrannt: Wer hat wen verraten, waren es womöglich meine Freunde? Wer von denen drängt schon wieder in Amtsstuben oder in die Politik? Die Zeit der spektakulären Enthüllungen neigt sich allmählich dem Ende zu. Jedes Thema hat seine Zeit. Jetzt wollen viele wissen, wie hat es genau funktioniert.

Warum erfahren Kinder in der Schule so wenig über die DDR?

Leider sind Schulen, in denen über die DDR hinreichend und sachgerecht informiert und diskutiert wird, noch in der Minderheit. Nicht selten werden Lehrer, die diesen Diskurs wollen, mundtot gemacht. Sie bekommen zu wenig Rückendeckung von Kollegen, Schulleitung oder Schulbehörden, wenn Eltern oder Großeltern die ehrliche Debatte über deren Vergangenheit nicht passt.

Sie wollen die Behörde, der Sie vorstehen, mit breiteren Kompetenzen ausstatten?

Nein. Die gesetzlichen Aufgaben, die wir haben, sind so vielfältig, dass wir Mühe haben, sie alle auszufüllen. Zu ihnen gehört es auch, über Struktur, Wirkungsweisen und Methoden der Stasi zu unterrichten – also auch über ihre Auswirkungen in der Gesellschaft. Nach dem viel versprechenden Beginn der Debatte um die Zukunft der Aufarbeitung sollten nun aber auch die Stasiunterlagenbehörde und andere Institutionen, die sich der DDR-Aufarbeitung widmen, an konzeptionellen Debatten beteiligt werden.

Interview: Matthias Meisner und Antje Sirleschtov, Der Tagesspiegel, 12.6.2006

Die DDR war ein Paradoxon. Der Potsdamer Historiker Martin Sabrow plädiert für einen neuen Umgang mit der ostdeutschen Geschichte

Als die Empfehlungen der Expertenkommission zur Aufarbeitung des SED-Unrechts bekannt wurden, gab es nicht nur positive Reaktionen. Bürgerrechtler befürchteten eine »Weichzeichnung« der Diktatur, und Kulturstaatsminister Bernd Neumann (CDU), unter dessen Obhut ein neues Gedenk-Konzept entstehen soll, sprach sehr zurückhaltend von einem »Denkanstoß«. Leiter der Kommission war der Historiker Martin Sabrow (52), geschäftsführender Direktor des Potsdamer Zentrums für Zeithistorische Forschung. Sabrow plädiert für eine differenzierte Betrachtung der DDR, die auch Alltagserfahrungen einbezieht. Mit Sabrow sprachen Henry Lohmar und Jan Sternberg.

In Zukunft soll – nach dem Bericht Ihrer Kommission – nicht mehr nur die Stasi, sondern auch der Alltag der Ostdeutschen im Zentrum der Vermittlung von DDR-Geschichte stehen. Das hat Ihnen den Vorwurf eingehandelt, ein »Weichspüler« der DDR zu sein. Was sagen Sie dazu?

Sabrow: Der Vorwurf einer Verharmlosung der DDR ging vor allem vor der Veröffentlichung des Votums durch die Presse – und er entpuppte sich als Missverständnis. Insgesamt war das Echo auf die Empfehlungen überraschend positiv. Die Historiker, die sich mit dem Nationalsozialismus befasst haben, haben in langwierigen Auseinandersetzungen erreicht, dass das tagtägliche Funktionieren des »Dritten Reichs« mit einbezogen wird, um die Rolle der Gesellschaft und des Einzelnen am nationalsozialistischen Zivilisationsbruch deutlicher zu fassen. Was dort erkämpft wurde und die Verstrickung der deutschen Gesellschaft schmerzhaft deutlich belegte, wurde jetzt von einigen Gedenkpolitikern für die DDR abgelehnt und als Verharmlosung gedeutet. Das irritiert mich doch sehr.

Was ist am Alltag in der DDR aufschlussreich für den Historiker?

Sabrow: Die Aufgabe von uns Historikern ist es unter anderem, individuelle Erfahrungen in den historischen Kontext zu stellen, also in bezug auf die DDR das Leben in einer durchherrschten Gesellschaft zu beschreiben. Die Verbindung von Herrschaft, Gesellschaft und Individuum entstand ja auch in der DDR jeden Tag neu – in der Schule, im Betrieb, im HO-Laden, auch in der berühmten »Nische«. Hier entschied sich für jeden Einzelnen jeden Tag neu, ob er Anweisungen folgte oder widerstrebte, ob er sich begeistern ließ und andere zu begeistern suchte, ob er sich missmutig anpaßte, widerwillig einrichtete oder vielleicht Zumutungen eigensinnig unterlief.

In den Ostalgie-Shows im Fernsehen wurde der DDR-Alltag als fröhlich und unbeschwert gezeigt. Sie haben das kritisiert. Ist es nicht normal, dass man sich lieber an die schönen Dinge erinnert?

Sabrow: Jeder Mensch lebt sein unwiederholbares Leben in seiner Zeit. Er hat Anspruch darauf, seine eigene Kindheit, seine Heimat in der Vergangenheit suchen zu dürfen und vielleicht auch wiederzufinden. Als Historiker weiß ich aber auch, daß die Erinnerung an einen scheinbar herrschaftsfreien Alltag in der Diktatur zur Verklärung führen kann; mit demselben Phänomen hatte auch der Generationskonflikt in der Bundesrepublik der 60er-Jahre zu tun. Unser Ziel ist, den Alltag in der DDR eben nicht auszusparen und den Ostalgie-Shows zu überlassen, sondern ihn in seiner politischen Durchdrungenheit zu zeigen.

Nun sind wir 16 Jahre nach der Wende noch vergleichsweise nah an der Ereignissen dran. Ist es zu früh für eine Historisierung der DDR?

Sabrow: Zeitgeschichte ist immer die Geschichte, die »noch qualmt«. Und sie müht sich immer wie Sisyphos um eine kritische Historisierung, für die die Zeit noch nicht reif ist. Noch leben die Zeitzeugen, die uns die Deutungshoheit streitig machen, und noch gehen historische und politisch-moralische Aufarbeitung ineinander über. Oft geschieht das spannungsreich und manchmal in wunderbarer Ergänzung wie etwa in unserer Expertenkommission, in der Bürgerrechtler, Publizisten, Museumsfachleute und Historiker einander zuzuhören und voneinander zu lernen bereit waren, bis am Ende ein Konsens gefunden wurde.

Wann übernehmen denn die Historiker die Deutungsmacht?

Sabrow: Die Deutung der Vergangenheit ergibt sich aus einem Kräfteparallelogramm, in dem die Historie sich ihren Raum und ihren Einfluß immer neu schaffen muss. Historische Deutung geht in die Vergangenheitspolitik ein, wie sie sich etwa in der geplanten Novelle des SED-Unrechtsbereinigungsgesetzes niederschlägt. Sie wirkt ebenso auf die öffentliche Gedenk- und Erinnerungspolitik, das war die Arbeit der Kommission, und sie beeinflußt die öffentliche Verständigung über die Vergangenheit. In der Diskussion um das Votum der Expertenkommission hatte ich zeitweilig die Sorge, daß die Verbindung zwischen Erinnerungskultur und Geschichtswissenschaft abgerissen sein könnte. Die Anhörung im Bundestag hat dann die Bedeutung einer differenzierten und eben auch gesellschaftsgeschichtlichen Aufarbeitung der DDR wieder deutlich gemacht.

Wir haben aber auch ganz konkret den Geschichtsunterricht. Sie waren lange Zeit Lehrer – was sollte Ihrer Meinung nach in einem Schulbuch über die DDR stehen?

Sabrow: Einfache Antworten fallen mir schwer, und die DDR erscheint mir vor allem als ein Paradoxon. Sie begann als Mobilisierungsdiktatur und endete als Fürsorgediktatur. Sie hatte den Anspruch, der modernere deutsche Staat zu sein und endete in monströser Antimoderne. Man kann sie in sich selbst analysieren, aber auch als Teil einer gespaltenen Nation, als Satellit im sowjetischen Blocksystem, aber auch als Erbe der kommunistischen Arbeiterbewegung und natürlich als zweite deutsche Diktatur.

Es gibt ja zudem sehr widerstreitende Erinnerungen.

Sabrow: Wir erleben einen Kampf der Gedächtnisse. Ich sehe gegenwärtig drei unterschiedliche Gedächtnismilieus, die sich gegenseitig die Dominanz streitig machen. Das Revolutionsgedächtnis erinnert an die friedliche Überwindung des SED-Staates 1989 und betont den Täter-Opfer-Gegensatz und den Diktaturcharakter der DDR. Daneben existiert ein weitverbreitetes Wendegedächtnis, das mehr den Lebensalltag und weniger die Herrschaft in den Blick nimmt. Neuerdings ist mit dem Auftreten der Stasi-Altkader in Berlin-Lichtenberg ein drittes Erinnerungsmilieu in den Blick getreten. Sein Anschlußgedächtnis sieht 1989 nicht als Revolution, sondern allenfalls als Gegenrevolution und sieht die DDR durch die Bundesrepublik kolonialisiert – eben auf dem Wege eines »Anschlusses« wie Österreich 1938.

Alle diese drei Modelle betrachten die DDR vom Ende aus.

Sabrow: Sie haben Recht, wir diskutieren hier wieder sehr teleologisch und gewöhnen uns zu stark daran, die DDR vom Ende her zu betrachten. Das liegt auch an der Dominanz der heute noch lebenden Zeitzeugen und der medialen Aufmerksamkeit, die sich mehr auf das Ende als auf den Anfang der DDR richtet. Als Historiker müssen wir uns Rechenschaft darüber geben, daß eine genetische Betrachtung zu anderen Blickwinkeln und Ergebnissen führt als eine teleologische vom Ende her.

Welche Verpflichtung haben wir den Opfern gegenüber?

Sabrow: Auch Historiker dürfen Empathie haben, und natürlich gilt sie im Zweifelsfall den Opfern und nicht den Tätern. Als Historiker sollten wir dabei aber nicht vergessen, daß der Opfer-Täter-Diskurs zeitbedingt ist und daß er ein schiefes Begriffspaar bilden kann in einer Gesellschaft, in der Opfer- und Täterrollen sich oftmals überlagerten und wechselseitig durchdrangen.

Die Erinnerung wird auch – und in der multimedialen Welt ohnehin immer stärker – über Bilder transportiert. Wenn Sie nur drei Fotos zur Auswahl hätten, um die DDR zu zeigen, welches wären Ihre Favoriten?

Sabrow: Eigentlich müssten Sie jetzt die Bilder aussuchen und ich würde Ihnen dann sagen, was mir an Ihrer Auswahl fehlt und was sie über unser Gedächtnis sagt. Aber nun gut: Jeder würde das Bild des Grenzers nehmen, der 1961 an der Bernauer Straße in die Freiheit springt. Dieses Pathos der Freiheit – das Grenzen überwindet und später doch auch ein Stück weit ironisch empfunden wurde. Vielleicht das Siegtor Jürgen Sparwassers 1974 und sicherlich ein Schnappschuß vom Ferienplatz an der Ostsee. Und natürlich ein Bild vom Mauerfall, von diesem verrückten, unglaublichen, historischen Moment, an dem die Schlagbäume aufgehen und Menschen auf der Mauerkrone tanzen, weil sich etwas in meiner Generation für undenkbar Gehaltenes ereignet hat – dass eine Diktatur lautlos zusammenbricht.

Wie der SED-Staat Geschichte werden soll

Im Mai 2005 beauftragte die damalige Kulturstaatsministerin Christina Weiss eine Kommission aus Bürgerrechtlern und Experten unter der Leitung von Martin Sabrow mit der Konzipierung des Geschichtsverbundes »Aufarbeitung der SED-Diktatur«. Ein Jahr später präsentierte die Kommission ihr Ergebnis in Berlin. Das 21-seitige Papier könnte geeignet sein, eine neue Phase im Umgang mit der DDR-Geschichte einzuleiten. In ihm wird ein Modell aus drei thematischen Säulen empfohlen: 1. »Herrschaft – Gesellschaft – Widerstand«, 2. »Überwachung und Verfolgung« sowie 3. »Teilung und Grenze«. Alle drei Institutionen sollen als Stiftungen geführt werden. Am heftigsten diskutiert wurden die Empfehlungen für die Dokumentation von Überwachung und Verfolgung. Sie sehen vor, dass die Gedenkstätten Hohenschönhausen (Stasi-Untersuchungsgefängnis), Normannenstraße (Stasi-Zentrale) und Birthler-Behörde zu einer organisatorischen Einheit zusammengeführt werden. Das geplante Dokumentations- und Forschungszentrum »Diktatur und Geheimpolizei« soll Akten vorbereiten und sichern, aber auch die vielschichtigen Aufgaben einer Gedenkstätte wahrnehmen. Umstritten ist unter anderem, in welcher Form die Akten der Birthler-Behörde in Zukunft zugänglich sind. Die Kommission empfiehlt eine Eingliederung in das Bundesarchiv. Kritiker argumentieren, die Birthler-Behörde müsse als Ergebnis der friedlichen Revolution in der DDR erhalten bleiben.

Hübner, Märkische Allgemeine.de, 15.6.2006

Historiker: »Es darf kein einseitiges Bild entstehen«. Wolle plädiert für ausgewogene Aufarbeitung der DDR-Geschichte

Der Historiker und Mitarbeiter im Forschungsverbund SED-Staat an der Freien Universität Berlin und wissenschaftliche Leiter des DDR-Museums, Stefan Wolle, hat für eine ausgewogene Aufarbeitung der DDR-Geschichte plädiert. Es sei normal, dass sich die Menschen mit zunehmendem Abstand gern an ihr Leben in der DDR erinnerten, sagte Wolle im Deutschlandradio Kultur. Dieser Teil der Erinnerung dürfe aber nicht von der Erinnerung an den Stasi-Staat, an Repression und Unterdrückung getrennt werden.

Gabi Wuttke: Der Historiker Stefan Wolle war bei der Gauck-Behörde und arbeitet jetzt auch im Forschungsverbund SED-Staat, aus dessen Reihen ja heftige Kritik an den Kommissionsvorschlägen kam. Er ist jetzt im Studio, Guten Morgen Herr Wolle.

Wolle: Guten Morgen.

Wuttke: Der Ansatz der Sabrow-Kommission sagen Sie, stelle eine Einheit von Volk und Partei her und damit gewänne das SED-System die letzte Schlacht des Kalten Krieges. Das ist erklärungsbedürftig.

Wolle: Ja, ich habe das so geschrieben in einem Artikel, vor einigen Tagen. Und ich meinte damit, dass es eine Gefahr wäre. Es sollte nicht so sein. Es ist gegenwärtig so, dass sich viele Menschen gerne an die DDR erinnern. Und es werden immer mehr. Also je größer der Abstand wird zur DDR, umso mehr Menschen erinnern sich gerne an diese Zeit zurück. Nicht zuletzt einfach deswegen, weil es die Zeit ihrer Jugend, ihrer Kindheit war. Das ist vollkommen normal und menschlich verständlich. Und es liegt ja auch irgendwo eine menschliche Kraft darin, dass der Mensch in der Lage ist, die bösen Sachen, die erniedrigenden Sachen, die unangenehmen Dinge zu vergessen und sich an das Schöne und an das Gute zu erinnern. Insofern ist das irgendwo vollkommen normal. Es spielt natürlich dabei auch eine Rolle, dass manches, was man heute von der DDR erzählt, zum Beispiel Vollbeschäftigung, das es nun wirklich keine Arbeitslosigkeit gegeben hat, das klingt für viele junge Leute heute wie ein Märchen, die mögen das gar nicht glauben. Und da muss man eben immer erklären und da muss die wissenschaftliche Analyse einsetzen.

Wuttke: Genau das will aber die Sabrow-Kommission.

Wolle: Ja, ich bin ja jetzt auch nicht hier angetreten als Kritiker der Sabrow-Kommission, primär. Das ist alles schon recht vernünftig, auch was da Herr Professor Sabrow eben gesagt hat. Das würde ich vielleicht ein bisschen anders ausdrücken, aber im Großen und Ganzen ist das vollständig zu unterstreichen.

Wuttke: Was meinen Sie aber denn mit den beiden Parallelwelten der Erinnerung? Die eine eben diese verbrämte und die andere, wie sähe die aus? Und was wäre der Weg zwischen Stasi-Terror und Gartenzwerg-Idylle?

Wolle: Also es gibt diese Phantasiewelt, wo die Menschen sich gern erinnern, wo sie sich mit Symbolen und Gegenständen der DDR identifizieren. Und es geht durch die Gesichter ein glückliches Lächeln, wenn die damals bekannten Figuren aus dem DDR-Kinderfernsehen wieder auftauchen. Pittiplatsch und Schnatterinchen. Oder auch die politischen Symbole, wie zum Beispiel das FDJ-Hemd und andere Dinge. Also da haben viele junge Menschen keine Scheu, sich damit zu bekleiden und damit sogar an der Schule zu erscheinen. Selbst die Lehrer finden das lustig. Also man lacht gerne über die DDR und das ist ja auch gar nicht so verkehrt. Da gab es furchtbar viel zu lachen und ich halte es auch für richtig. Ich plädiere ja auch für eine fröhliche Aufarbeitung, wo man die lächerlichen, die lustigen und auch die heiteren Seiten, sozusagen, der DDR nicht übersieht. Also das ist die eine Welt. Und das scheint sich jetzt ein bisschen zu trennen von einer Welt, also von einer Erinnerungskultur, von einer Welt, wo die Stasi im Mittelpunkt steht. Repression, Terror, Unterdrückung, die Mauer natürlich, die Mauertoten und ich bin der Meinung, das ist vollkommen richtig. An all diese Dinge muss erinnert werden in Publikationen, in Filmen, eben auch in Museen. Aber es darf nicht einseitig so getan werden oder das Bild entstehen, als ob die

DDR daraus entstanden, daraus nur bestanden hätte. Weil, viele Menschen, die da gelebt haben und die es erlebt haben, einem zurecht sagen, ja das ist ja sicherlich alles sehr unschön und sehr schrecklich gewesen, aber unser Leben war nicht so, unser Leben hat das nicht absolut bestimmt, wir hatten in der DDR ein glückliches Leben.

Wuttke: Wie aber diese beiden Fäden miteinander verknüpfen?

Wolle: Wie das verknüpfen, genau das ist die Frage. Das ist das Einfache, was schwer zu machen ist. Das ist die Frage vor der wir immer wieder von neuem stehen. Also jeder der sich daran macht, ein Buch zu schreiben über die DDR, einen Film zu drehen oder ein Museum zu gestalten, wird immer wieder neu diese schwierige Gradwanderung antreten müssen zwischen diesen beiden Extremen. Er wird immer auch von beiden Seiten sozusagen Dresche beziehen, argumentativ. Und es werden immer wieder Leute sagen: Fürchterlich, wie könnt Ihr diese Diktatur so darstellen, eben, dass es ein ganz normales Leben war und eben auch ein Nischenglück in sich barg. Und andere werden immer sagen: Wir haben ganz glücklich und wunderbar in der DDR gelebt und das mit der Stasi und so weiter, das ist alles übertrieben. Die Kunst besteht darin, das miteinander zu vereinbaren und zu zeigen, dass dieses so genannte Nischenglück ein Teil der Diktatur gewesen ist, dass dieses so genannte Nischenglück darin bestand, dass die Menschen auch entmündigt wurden und sich deswegen in diese privaten Bereiche zurückzogen. Das war eine Rückzugsposition, das war durchaus ein Teil sozusagen des Funktionierens der Diktatur. Hat jetzt nicht unbedingt mit der von Sabrow angeführten Bindungskraft der Diktatur zu tun, das ist noch ein bisschen etwas anderes. Das hat eher zu tun mit dem, was Sabrow die missmutige oder so ähnlich, die missmutige Loyalität genannt hat. Das ist es wohl eher. Die ideologische Bindungskraft, die hat es auch gegeben, die war ungeheuer groß. Und die DDR oder die anderen sozialistischen Staaten seit 1917 hätten nicht existieren können, wenn nicht ein doch beachtlicher Teil der Bevölkerung hinter dieser Ideologie und hinter diesem Staat gestanden hätte, gerade in der terroristischen Phase des Stalinismus. Also alle Bücher, die wir kennen, über die Stalinzeit, sprechen ja auch davon, welche ungeheuere Begeisterung und welchen Fanatismus es auch gegeben hat, dieses System aufzubauen.

Wuttke: Der Historiker Stefan Wolle im Radiofeuilleton. Herr Wolle, Sie plädieren dafür, dass man nicht verbissen und bierernst mit der Geschichte umgehen soll. Sie haben aber auch erläutert, wie schwierig es ist, die beiden Fäden, eben zwischen den Polen Gartenzwerg-Idylle und Stasi-Terror zu knüpfen. Vielleicht ist es eine Frage der Zeit, aber ganz konkret können wir Sie fragen, denn Sie sind der wissenschaftliche Leiter des DDR-Museums in Berlin, das in einem Monat eröffnet wird. Wie setzen Sie praktisch um, was Sie auch als Schwierigkeit sehen?

Wolle: Ich will noch eins draufsetzen, es ist nicht nur – es ist ganz besonders schwierig im Museum deswegen, weil der Mensch sich gerne mit den Objekten seiner eigenen Vergangenheit identifiziert. Das heißt, die Leute gehen durch ein Museum und sagen, wunderbar und hübsch und wie niedlich ist das. Da gibt es die Tempolinsen und die alten Waschmittel und die alten Produkte.

Wuttke: Das geht aber in die Ostalgie, oder?

Wolle: Das geht in die Ostalgie und damit muss man fertig werden. Und das kann nicht durch Kommentare passieren. Da müssen wir also Gegenstände, Objekte sozusagen, so inszenieren, so platzieren, dass das möglich ist. Und das ist in jeder Vitrine, das kann ich Ihnen wirklich sagen, das ist in jeder Vitrine von neuem kompliziert, wie man das macht.

Wuttke: Haben Sie noch einmal ein kurzes Beispiel, wie Sie das lösen wollen?

Wolle: Ja. Beispielsweise Weltfestspiele sollen nicht fehlen. Also '73, großer Jubel auf den Straßen, große Begeisterung, von mir aus auch Bindungskraft. Wie stellt man das dar? Und da muss man eben ein kleines bisschen in die Quellen zurückgehen und zeigen, wie sehr während dieser Weltfestspiele und während dieses Tanzes auf allen Plätzen in Ostberlin, darüber sich ein Riesengewölbe der Staatssicherheit darüber wölbte, gewissermaßen, um das alles zu kontrollieren, um da bestimmte Leute auch davon abzusondern, bestimmte Leute festzunehmen. Und das wollen wir dann eben vor allem aus Objekten darstellen. Also wir legen da einfach eine Handschelle davor – die kann man erwerben, haben wir auch – eine Handschelle aus dem Bestand der Staatssicherheit dazu, um diese Ambivalenz dieses großen Jubels auf den Straßen auch wiederum zu zeigen.

Wuttke: Man kann bei Ihnen eine Handschelle erwerben, das Museum wird also ein ...

Wolle: Falsch, falsch, falsch – diese Handschellen kann man kaufen.

Wuttke: Eben, erwerben.

Wolle: Halt, nein, jetzt will ich keinen Unsinn erzählen: Die kann man nicht bei uns kaufen. Wir haben ein Stück davon und legen das in die Vitrine.

Wuttke: Worauf ich hinaus wollte war, dass dieses Museum ein privates sein wird. Und da stellt sich ganz zwangsläufig, wenn auch kurz, die Frage, wie steht es mit Ihrer Einstellung um das Gedenkstättenkonzept, an dem immer noch gebastelt wird. Sie werden jetzt mit privaten Mitteln an den Start gehen und im Zuge des Gedenkstättenkonzepts ist ja auch immer wieder auf dieses Museum in Arbeit hingewiesen worden.

Wolle: Diese Konzepte durchzusetzen wird sicherlich noch sehr lange dauern. Da ist eine lange Konzeptionsphase vonnöten, dann muss das durch Haushalte und so weiter bestätigt werden. Und wir machen uns eben durch unser Lösungsmodell das privat zu finanzieren, machen wir uns unabhängig und sind dadurch natürlich auch viel flexibler und viel schneller.

Interview: Gabi Wuttke, Deutschlandradio Kultur, 16.6.2006

Keine DDR light

Showdown in der Debatte um das angemessene Erinnern an die ostdeutsche Diktatur: Anfang Mai wurden die Empfehlungen der Expertenkommission zur »Aufarbeitung der SED-Diktatur« vorgelegt. Ende Juni wird sich der Kulturausschuß des Bundestages damit befassen. Eine Entscheidung steht an. Es geht um die Organisation unseres DDR-Geschichtsbildes.

Allerlei sophistische Differenzierungen verwirren in der Diskussion die Gemüter: Es geht um zentrale oder dezentrale Organisationsstrukturen, um Budgets, um Themenschwerpunkte »Herrschaft – Gesellschaft – Widerstand«, und es geht um Personen, vor allem um den unbeugsamen und unbequemen Hubertus Knabe, dessen Gedenkstätte »Hohenschönhausen« vielen ein Dorn im Auge ist. Am Ende erweisen sich die in verschwurbelter Sprache formulierten »Empfehlungen« der Experten indes als Scheindifferenzierungen. Zum Kern der Sache kommt das Papier, wenn es die »geschichtspolitischen und erinnerungskulturellen Defizite« moniert, vor allem die »gegenwärtige Vorrangstellung der öffentlichen Dokumentation staatlicher Repression«, während der »Alltag in der Diktatur unterbelichtet« bleibe. Das ist Klartext. Gewünscht ist ein harmloseres Geschichtsbild, Knabe spricht von »DDR light«.

Spitzelwesen, Erpressung, Folter und Mord in einem System, das die erschoß, die beim Verlassen des Landes erwischt wurden – solche Härten sollen künftig nicht mehr so im Vordergrund stehen. Ein Geschichtsrevisionismus ganz eigener Art bricht sich da Bahn. Getragen von ehemaligen Stasi-Kadern, die wieder laut und stolz ihre Stimme erheben, und von orientierungslosen westdeutschen Politikern und Publizisten, denen es peinlich ist, selbst die DDR über Jahrzehnte in einem naiven, romantisierenden Licht gezeichnet zu haben. Beim Kampf um die Deutungshoheit arbeiten sie mit dem Weichzeichner. Wenn sich ihr rosarotes Geschichtsbild durchsetzt, wäre das eine Verhöhnung der Opfer.

Das Beste, was der Bundestag mit der Empfehlung der Experten tun kann, ist: ablehnen und ablegen.

Mathias Döpfner, Die Welt, 20.6.2006

Erforschung des DDR-Alltags ist keine Weichzeichnung, zu: Keine DDR light; Welt vom 20. Juni

Mathias Döpfner kritisiert die Expertenkommission zur »Aufarbeitung der DDR-Diktatur«, weil sie auch empfohlen hat, den DDR-Alltag zu thematisieren. Woher nimmt Herr Döpfner die Überzeugung, dass mit der Darstellung des Alltags in der Diktatur die DDR »weichgezeichnet« und »verharmlost« werde? Wer in diesem System ein halbwegs redliches Leben zu führen versuchte, konnte den DDR-Alltag kaum als Idylle wahrnehmen. Lediglich manche Besucher aus dem Westen mögen das Kopfsteinpflaster, die Kachelöfen und die Notgemeinschaften in verfallenen Wohnungen als romantisch empfunden haben. Eine erschreckende Ignoranz aber offenbart sich, wenn 16 Jahre nach dem Ende der DDR die Thematisierung des dortigen Bildungs- und Erziehungssystems, des Sozialsystems, der Lebensbedingungen von Christen, Frauen, Alten, Behinderten und Minderheiten gleichgesetzt wird mit »Weichzeichnung«. Was für ein geschöntes »DDR-Bild« ruht in den Köpfen jener Journalisten und Zeithistoriker, die sich immer noch nicht vorstellen wollen, mit welchen Zwängen und Nötigungen wir in der DDR uns täglich auseinander zu setzen hatten, was die anhaltenden Demütigungen, Bevormundungen und Disziplinierungen in allen Bereichen unseres »normalen« Lebens bedeutet haben! Ich war Häftling im Stasi-Gefängnis in Hohenschönhausen. Dass die SED politische Gegner einsperrte, kennzeichnet zweifellos die Diktatur. Aber das ist nicht alles. Auch wer nicht im Gefängnis saß, kann manche Leidensgeschichte aus Diktaturzeiten erzählen. Die dunkelsten Erinnerungen an meine DDR-Zeit waren die Erfahrungen, die ich bei meiner Arbeit in einem Kinderheim und einer psychiatrischen Klinik gemacht habe, und die schmerzhaftesten Auseinandersetzungen hatte ich mit der Schule meiner Kinder. Wenn die differenzierte Darstellung gesellschaftlichen Lebens unter SED-Herrschaft ausgeblendet wird, bleiben die Klischeebilder von den vorbildlichen Kinderbetreuungssystemen, den emanzipierten Frauen und der umfassenden gesundheitlichen Versorgung übrig. Das nährt die Auffassung, dass abgesehen von ein paar politisch Andersdenkenden, die im Gefängnis verschwanden, die DDR-Bevölkerung doch ein recht gemütliches Leben hatte. Das ist »DDR light«!*

Dolf Stockhausen, Ulrike Poppe (Leserbrief), Die Welt, 22.6.2006

**Zusatz aus dem Original-Leserbrief von Ulrike Poppe: »Solange die Darstellung der Diktatur auf die Verfolgung der politischen Gegner beschränkt ist, bleiben die Einfallstore für die nostalgische Rückbesinnung auf die »schönen Seiten« der DDR offen und die Verklärung unwidersprochen.«*

Trabi, Stasi, Kinderkrippen

Das Gedenken an das SED-System wird neu geregelt. War die DDR nur ein Unterdrücker-Staat? Gab es einen normalen Alltag? Ein Zwischenruf.

Im Gutachten der Expertenkommission mischen sich selbstverständliche, sinnvolle und fragwürdige Aussagen. Das vorgeschlagene Drei-Säulen-Konzept ist sowohl methodologisch als auch institutionell fragwürdig und widersprüchlich. Das Gutachten schlägt tatsächlich vor, im »Forum Aufarbeitung« die »Bindungskräfte zu erfassen…, die nach Schließung der DDR-Grenzen zumindest in den sechziger und siebziger Jahren zur relativen Stabilität einer diktatorisch verfassten Gesellschaft beigetragen haben«. Da »Teilung und Grenze« in eine andere Zuständigkeit fallen soll, fällt die Massenflucht als Ursache ebenso weg wie die Repression durch die Stasi, die ebenfalls gesondert betrachtet werden soll.

Das Drei-Säulen-Konzept ignoriert entscheidende Aspekte der Geschichte: So fallen die Etablierung der SED-Diktatur durch die sowjetische Besatzungsherrschaft und ihre weitere Abhängigkeit von der Sowjetunion weg: Wo waren denn die verschiedentlich erwähnten »gesellschaftlichen Bindungskräfte«, als die sowjetische Unterstützung 1989 wegbrach? Die sowjetische Terrorherrschaft mit ihren Speziallagern, willkürlichen Erschießungen, Todesurteilen und Verschleppungen während der 1940er und 1950er Jahre war ebenso charakteristisch wie die von der SED installierte »Klassenjustiz«: Von all dem ist so wenig die Rede wie von den weltpolitischen Zusammenhängen. Und natürlich passen auch die millionenfache Fluchtbewegung, die Abstimmung mit den Füßen oder die Mauertoten nicht zu den vermeintlichen »gesellschaftlichen Bindungskräften«: Ein Regime, das bei 16 Millionen Einwohnern 91.000 hauptamtliche und 173.000 inoffizielle Stasi-Mitarbeiter beschäftigte, hat wohl kaum auf »Bindungskräfte« vertraut, sondern jegliche Regung von Opposition gefürchtet.

Die Akten offen halten

Es fällt übrigens auf, wie auch außerhalb der Kommission Historiker nach abenteuerlichen Begriffsverbindungen suchen, die den Diktaturcharakter der DDR abschwächen: »durchherrschte Gesellschaft« (Jürgen Kocka), »Fürsorgediktatur« (Konrad Jarausch), »Wirklichkeitsdiktatur« (Martin Sabrow) oder gar »Konsensdiktatur«. Warum nicht einfach sagen, was die DDR war: die SED-Diktatur? Da Begriffe den Kern der Interpretation bilden, handelt es sich nicht um eine marginale, sondern um eine zentrale Problematik. Tatsächlich existiert weder ein einfacher Konsens in der DDR-Forschung, noch treffen alle historiografischen Aussagen der Kommission in dieser Hinsicht zu. Die Behauptung, der DDR-Alltag sei in der Forschung deutlich unterbelichtet gegenüber der

Darstellung der Repressionsinstrumente, ist falsch. Aus solchen unzutreffenden Diagnosen werden im Gutachten jedoch bedeutsame Prioritäten für den künftigen Umgang mit der DDR-Geschichte abgeleitet.

In all dem zeigt sich die methodische Problematik des Drei-Säulen-Konzepts: Es ist eben nicht möglich, die drei Themenkomplexe zu trennen: Der fundamentale Bedingungszusammenhang war die Diktatur. Natürlich bilden diktatorische Herrschaften Funktionseliten aus. Mit der Unterdrückung der Unangepassten, der potenziell Oppositionellen und der Minderheiten verbinden sie die Privilegierung für die ideologisch Überzeugten, diejenigen, die sich mangels anderer Möglichkeiten anpassen, oder die Opportunisten: Sind das aber »gesellschaftliche Bindungskräfte«? Erzwungene Anpassung darf nicht als gesellschaftliche »Bindungskraft« interpretiert werden: Eine solche »Verinselung« von Sektoren der SED-Diktatur führt zu Fehleinschätzungen, im schlimmsten Fall zur Verharmlosung.

Das begegnet in der Tat nicht nur bei DDR-Nostalgikern, sondern auch in der Wissenschaft, wenn Teilbereiche der Sozialpolitik als besonders positive Leistungen buchstäblich vom Diktaturcharakter des Regimes gelöst werden: Die Stasi dürfte doch wohl charakteristischer für die DDR gewesen sein als die Kinderkrippen! Niemand würde aus der Sozialpolitik der NS-Diktatur folgern, dass sie weniger diktatorisch, terroristisch und mörderisch gewesen sei, weil sie ein sozialpolitisches Konzept hatte oder sich der Sozialpolitik als gesellschaftliches Steuerungsinstrument oder Herrschaftsmittel bedient hat.

Aber das Drei-Säulen-Konzept ist auch aus institutionellen Gründen fragwürdig: Es würden dadurch institutionelle Zuständigkeiten in Stiftungsform geschaffen, die dauerhaft bundesfinanziert wären. Das widerspricht nicht nur der kommunalen, föderativen und bundespolitischen Gliederung von Zuständigkeiten, sondern auch einem pluralistischen Wissenschaftsverständnis und zivilgesellschaftlichem Engagement. Die grundlegend neue Zuordnung von Forschungsaufgaben stellt zudem mehr als eine »gleitende strategische Neuausrichtung« dar, wie die Kommission sagt, sondern bedürfte einer gesetzlichen Änderung. Sinnvoll wäre wohl eine mittelfristige Eingliederung der Bestände in das Bundesarchiv beziehungsweise gemäß Provenienzprinzip in die Landesarchive. Dafür werden in öffentlichen Diskussionen zwei weit auseinander liegende Termine genannt: 2010 oder 2020, also nach der 30-Jahres-Frist.

Da die Behörde aber bisher eine ungeheuer wichtige Aufgabe erfüllt hat und noch erfüllen muss, sollte sie einerseits Planungssicherheit haben, anderseits auch nach einer Eingliederung in das Bundesarchiv noch sichtbar bleiben, beispielsweise wie die »Stiftung Archiv der Parteien und Massenorganisationen der DDR« (SAPMO) im Bundesarchiv. Dafür müssten aber sowohl die gesetzlichen Änderungen erfolgen als auch die

Besonderheit des Aktenzugangs berücksichtigt werden, wie sie in den Verfahren des Bundesverwaltungsgerichts festgestellt worden sind.

Kurz: Die thematische, methodische und institutionelle Trennung der Bereiche »Herrschaft – Gesellschaft – Widerstand«, »Überwachung und Verfolgung« sowie »Grenze und Teilung« reißt Sektoren auseinander, die nur im wechselseitigen Bedingungsverhältnis angemessen analysiert und für die politische Bildung veranschaulicht werden können. Für die Bereiche der Alltagsgeschichte gilt diese Dialektik ganz besonders. Hier kommt es aber nicht auf das Ob, sondern auf die Gewichtung an. Die Alltagsgeschichte zu stark ins Zentrum zu rücken heißt, dem Nichtspezifischen der Diktatur einen höheren Stellenwert einzuräumen als der DDR-Spezifik.

Alltagsgeschichte gibt es unter jedem politischen System, sie enthält eine Fülle von anthropologischen Konstanten, baren Selbstverständlichkeiten oder aber durchaus interessanten, jedoch für die politische Herrschaft zweitrangigen Bereichen. Interessant wird es immer dann, wenn es diktatur- oder systemspezifisch wird: Den Trabi für sich zu betrachten mag vielleicht gar einen sozialpolitischen »Erfolg« der DDR reflektieren, interessanter ist aber der Vergleich etwa mit dem Golf oder anderen Westmodellen, was seine Technik, seinen Preis im Verhältnis zum Durchschnittseinkommen oder seine Lieferfristen anbelangt.

Wenn Erinnerung verblasst

Insgesamt gilt: Zum Alltag in der Diktatur gehören Repression und Überwachung. Sinnvoll ist also nicht eine allgemeine Aufwertung der Alltagsgeschichte, sondern die Einbeziehung des spezifischen Alltags unter einer Diktatur, eben der DDR-Diktatur. Sicher trifft es zu, dass die politische Bildung in Bezug auf die DDR-Diktatur gerade auch in Westdeutschland unzureichend ist. Doch halte ich es nicht nur für illusorisch, sondern für falsch, die in West und Ost verschiedene Sicht der DDR »gleichschalten« zu wollen. Tatsächlich führt die unterschiedliche Lebenserfahrung in der alten Bundesrepublik Deutschland und der DDR auch zu differierenden Sichtweisen. Die entscheidende Gemeinsamkeit muss für alle Demokraten bleiben, den Diktaturcharakter eines Staates nicht zu verwischen, der durch permanente Menschenrechtsverletzung charakterisiert war, wenngleich sich die Methoden zwischen 1949 und 1989 wandelten.

So ist auch die Kritik des Gutachtens an den Gedenkstätten überzogen: Natürlich stehen hier die Opfer und die Repressionsmechanismen im Mittelpunkt. Die verschiedenen Ausstellungen und Museen, sei es im Haus der Geschichte mit dem Zeitgeschichtlichen Forum Leipzig, im Deutschen Historischen Museum oder in der Mauerstraße, sind Beispiele für gelungene Präsentationen. Wünschbar wäre eine Ausstellung, die auf überschaubarem Raum die wesentlichen aufeinander bezogenen Sektoren der DDR-Diktatur veranschaulicht.

Für eine nicht zu große Gesamtdokumentation der DDR-Diktatur wären verschiedene Träger von der Birthler-Behörde bis zum Haus der Geschichte denkbar. Keinesfalls sollte man sich aber von den riesenhaften Flächen verführen lassen und eine gleichermaßen riesenhafte Ausstellung machen. Das Institut für Zeitgeschichte hat auf dem Obersalzberg bei Berchtesgaden auf weniger als 400 Quadratmetern zuzüglich authentischem Bunker die zentralen Charakteristika des NS-Regimes präsentiert und damit in fünf Jahren trotz abgelegener Lage zirka 850.000 Besucher erreicht.

In der vorliegenden Form halte ich den Kommissionsbericht für keine geeignete Grundlage der weiteren Planung, auch wenn er einzelne bedenkenswerte Teile enthält. Insgesamt scheint es mir aber nach den Erfahrungen in der Entwicklung der Forschung und Gedenkstättenarbeit über die NS-Diktatur ohnehin fragwürdig, in einer mit guten Sach- und Rechtsgründen pluralistischen Forschungs- und Gedenkstättenlandschaft zu sehr zentralisieren zu wollen, zumal die wissenschaftlichen und erinnerungspolitischen Interessen von heute nicht zwangsläufig die von morgen sind.

Eine gemeinsame »Planungsstrategie« von Bund, Ländern, Kommunen und bürgerschaftlichen Initiativen halte ich nicht nur für illusorisch, sondern auch für problematisch. Wenn man aber eine solche Drei-Säulen-Zuständigkeit hätte, würden diese Säulen entscheiden, was von »gesamtstaatlicher« Bedeutung – und also förderungswürdig! – ist, und die Pluralität der Forschungs- und Darstellungsweisen gefährden.

Auch ist der offenbar in der letzten Fassung des Gutachtens entfernte symptomatische Begriff des Paradigmenwechsels problematisch. Paradigmenwechsel entwickeln sich ohnehin durch den Gang der Forschung, den Generationenwechsel und das Verblassen persönlicher Erinnerung. In einer demokratischen Wissensgesellschaft darf aber ein solcher Paradigmenwechsel nicht vorgegeben oder (wie seinerzeit in der DDR) staatlich verordnet werden.

Drei Säulen der DDR

Wie wird aus persönlichen Erinnerungen Geschichte? Wie entsteht Historie aus Akten? Wie sah das Leben unter Hammer und Sichel aus? Kürzlich haben Joachim Gauck und andere gefordert, bei der Untersuchung der DDR besonders auch den für die Realität des SED-Regimes bedeutsamen realsozialistischen Alltag zu analysieren. Im Zentrum der Debatten um die Historisierung der DDR steht ein Gutachten, das Fachleute und Bürgerrechtler unter der Leitung des Potsdamer Historikers Martin Sabrow (siehe RM Nr. 21 vom 25.Mai 2006) erstellt haben. Die »Empfehlungen der Expertenkommission zur Schaffung eines Geschichtsverbundes ›Aufarbeitung der SED-Diktatur‹« sehen ein Modell aus drei »Säulen« vor.

Unter dem Titel »Herrschaft – Gesellschaft – Widerstand« soll ein »Forum Aufarbeitung« künftig die gesellschaftliche Realität der DDR untersuchen. »Überwachung und Verfolgung« ist der zweite Teil des Konzepts überschrieben: In ihm sollen die Unterdrückungsmechanismen des SED-Staates erfasst und analysiert werden. Das zu diesem Zweck geplante Dokumentations- und Forschungszentrum »Diktatur und Geheimpolizei« soll Aufgaben der Gedenkstätten Hohenschönhausen (Stasi-Untersuchungsgefängnis) und Normannenstraße (Stasi-Zentrale) übernehmen und zugleich den Auftrag der Birthler-Behörde erfüllen, Akten zu sichern, zu erforschen und zugänglich zu halten.

Die dritte Säule, »Teilung und Grenze«, soll der Erinnerung an die Geschichte des geteilten Landes verpflichtet sein und von der Gedenkstätte Berliner Mauer gestaltet werden. Alle drei Institutionen sind als Stiftungen geplant.

Unser Autor ist Direktor des Instituts für Zeitgeschichte München/Berlin

Horst Möller, Rheinischer Merkur, 22.6.2006

Pathos des Alltags – Die DDR ist nicht zu verstehen, wenn man das alltägliche Leben im totalitären Staat ignoriert

Ignoranz wiederum unterstellen Opferverbände und einige Historiker jedem, der es wagt, an den Alltag in der DDR zu erinnern. Sie behaupten, darüber würden die wahren Opfer der Diktatur vergessen, und unterstellen statt dessen eine Verherrlichung des Kleine-Leute-Idylls der Nostalgiker. Doch die Expertenkommission der Bundesregierung hatte nichts weniger im Sinn, als sie kürzlich das Thema »Herrschaft, Gesellschaft, Widerstand« zur öffentlichen Diskussion gestellt hat.

Die Erinnerung an die SED-Diktatur allein auf dem Schrecken der Zuchthäuser aufbauen zu wollen, hält sie für unzureichend. Denn Mitgefühl allein vermag nicht zu erklären, wie Machtmißbrauch funktionierte. Wer Mitgefühl zeigt, aber nichts weiß über den Alltag in der DDR, wird nicht verstehen, warum die einen sich anpaßten und andere aufbegehrten, warum Menschen verschwanden, ohne daß es zu nennenswerten Protesten kam, trotzdem aber die Sehnsucht nach Freiheit genausowenig zu ersticken war wie die Furcht vor dem allmächtigen Staat.

Der Furor, mit dem sich die Kritiker der Sabrow-Kommission gegen eine Beschäftigung mit Alltagsphänomenen der DDR wenden, ist irritierend. Die Behauptung aber, Alltag verharmlose die Diktatur, ist gefährlich. Denn so entsteht ein Zerrbild, das die alltäglichen Mechanismen der Macht ausblendet. Man muß neben dem Terror der Staatssicherheit auch an das Bildungssystem der DDR erinnern, das so vielen, Schülern wie Lehrern, das Rückgrat gebrochen hat. Man muß an die Verachtung für Randgruppen, die Mißhandlung von Heimkindern, den verlogenen Antifaschismus, die rigide Kaderpolitik der SED und die Kontrolle des gesamten öffentlichen Lebens in der DDR erinnern, weil auch das unmenschlich war und die Macht der Partei stützte.

Das Bild, das sich die Öffentlichkeit bisher machte, ist zu einseitig, wenn man diesen Untertanenstaat begreifen will. Der verbreitete Glaube, die Spitzel der Staatssicherheit und ihre hauptamtlichen Führer seien das Böse an sich gewesen, entlastet all jene, die ihre Kollegen beim Parteisekretär oder Kaderleiter anschwärzten. Er übersieht jene, die bis zum letzten Tag Mitglieder der paramilitärischen Kampfgruppen waren, die nicht Mut, sondern opportunistische Wendigkeit davor bewahrte, ihre Waffen gegen Nachbarn und Kollegen auf den Straßen der Revolution zu richten. In das Schwarzweißbild einer geschlossenen, unmündigen Gesellschaft muß man die Grautöne der Angst eintragen, die Eltern dazu trieb, ihren Kindern das Lügen beizubringen, auf daß sie durchkämen im Dschungel unscharfer oder nur vermuteter Verbote; dieser Angst, die immer wieder Untertanen formen half, aber eben auch den Widerstand, die Verweigerung hervorrief.

Vor allem aber erklärt sich mit der Beschränkung des Blicks auf Staatssicherheit, Folter und Mauermord keinem die Revolution von 1989. Als im Sommer dieses Epochenjahres Zehntausende junger Leute ihre Rucksäcke packten, um durch das Loch im Eisernen Vorhang, das sich in Ungarn gerade geöffnet hatte, in den Westen zu verschwinden, weg aus dem verlogenen Land ihrer Eltern, flohen sie nicht vor drohender Stasihaft. Sie flohen vor einem Alltag, den sie als unerträglich und unfrei empfanden. Sie hatten erkannt, noch vor ihren Eltern, daß die Kluft zwischen versprochener lichter Zukunft und realer sozialistischer Alltagsmühe nicht mehr überbrückbar war. Sie folgten einem Impuls der Freiheit, wie später die Eltern, die auch auf die Straßen gingen, um einen Staat zum Teufel zu jagen, der ihre Kinder außer Landes getrieben hatte.

Im Herbst vor sechzehn Jahren brachten alltägliche, ganz normale Menschen ein Weltreich zum Einsturz, ein marodes zwar, aber doch eines, das vermeintlich gerüstet war gegen jede Form von Eigensinn und Zivilcourage und das bis dahin noch jede sich ausbreitende Sehnsucht nach Freiheit zu unterdrücken vermocht hatte. Der Mauerfall, ein Weltereignis und eine Epochenzäsur, wird heute gern, vielleicht der in Deutschland verbreiteten Pathosallergie wegen, lieber mit günstiger außenpolitischer Konstellation und dem wirtschaftlichen Desaster des sozialistischen Lagers erklärt. Doch ausgelöst zu gerade diesem Zeitpunkt hat den Umsturz etwas anderes: Die Unerträglichkeit des Seins verlieh schließlich Millionen von Menschen den Mut, aus dem falschen Leben auszusteigen, ohne sich zuvor vergewissern zu können, daß sie das andere, das eigentliche Leben auch meistern würden. Die Erinnerung daran wäre es wert, wieder aufgefrischt zu werden, nur ist das ohne Pathos nicht zu haben. Und ohne die Kenntnis des Alltags nicht zu verstehen.

Die Kühnheit des Jahres 1989 entfaltete sich so unerwartet und explosiv aus einer Gesellschaft heraus, die nicht nur zerrissen, unzufrieden und depressiv war, sondern deren Mehrheit überangepaßt und brav zu sein schien. Wer aber den Westen wollte und damit die Freiheit, sein Schicksal selbst zu bestimmen, so vehement verlangte wie das Volk von 1989, hatte tausend Gründe dafür und erkannte sein Recht: das Recht auf Freiheit. Das von der Sabrow-Kommission empfohlene Geschichtshaus, das sich dem Alltag im totalitären Staat widmen soll, könnte man auch als Museum der Freiheit inszenieren.

Die Ignoranz, mit der Alltag und Revolution bisher behandelt wurden, hat die Frustration und Entmutigung vieler Ostdeutscher befördert und der Ostalgie Tür und Tor geöffnet. Doch wer die Kühnheit dieses Augenblicks der Weltgeschichte übersieht, degradiert die Revolution von 1989 zu einem Zufall, in den die Ostdeutschen hineingeraten scheinen, ohne Sinn und Verstand. Es war anders, und dies zu erklären und in den Erinnerungskanon aufzunehmen wäre an der Zeit: Es gehört zur europäischen Freiheitsgeschichte.

Regina Mönch, Frankfurter Allgemeine Zeitung, 28.6.2006

Der Streit um das DDR-Gedenken geht weiter

Am Mittwochnachmittag hat der Kulturausschuß des Bundestages erstmals über das Gutachten zum künftigen Gedenken an das DDR-Unrecht beraten. Das vieldiskutierte Papier hatte Kulturstaatsminister Bernd Neumann (CDU, siehe Interview) bei der Präsentation Mitte Mai eher unfreundlich in Empfang genommen; die Kommission war noch von seiner Vorgängerin Christina Weiss eingesetzt worden. Die Experten unter Vorsitz des Potsdamer Zeithistorikers Martin Sabrow schlagen vor, künftig drei Säulen der Erinnerung an die SED-Diktatur zu unterstützen.

Im Komplex »Überwachung und Verfolgung« sollen langfristig die Forschungsabteilung der Birthler-Behörde und verschiedene Stasi-Gedenkstätten zusammengefaßt werden. Der zweite Bereich, »Mauer und Teilung«, wird mit Rücksicht auf das erst vergangene Woche beschlossene »Gesamtkonzept zum Mauergedenken« des Berliner Senats nur knapp behandelt. Da der Bund hier fast 20 Millionen Euro der Kosten übernehmen soll, muß der Bundestag zustimmen.

Am heftigsten ist die Kritik an der dritten Säule: »Herrschaft – Gesellschaft – Widerstand.« Hier sollen die Auswirkungen der Diktatur bis in den Alltag der DDR-Bürger behandelt werden. Die Durchdringung der Gesellschaft durch die SED drangsalierte die Ostdeutschen weit bis ins Privatleben. Nach den Vorstellungen der Kommission soll diese Säule künftig besonders betont werden. Kritiker dagegen fürchten vor dem Hintergrund einer um sich greifenden Verklärung des SED-Regimes, daß sich unter dem Begriff »Alltag« eine Relativierung der Diktaturwirklichkeit einschleichen könnte.

Ehemalige DDR-Bürger, etwa die Bürgerrechtlerin Ulrike Poppe sowie der Theologe Richard Schröder, verteidigen jedoch die vorgeschlagene Erweiterung. Joachim Gauck, bis 2000 erster Chef der Stasi-Unterlagen-Behörde, sagte der WELT: »Damit würde der SED-Staat erneut demaskiert und delegitimiert.« Er erzähle bei Veranstaltungen in Westdeutschland »immer von der Schule in der DDR, in der ein Typus geschaffen wurde, den ich nicht als Bürger, sondern als Staatsinsassen bezeichne«. Beispiele für die Arroganz der Macht im Alltäglichen fände man auch bei der Kaderpolitik, bei der Unterdrückung von privater Eigeninitiative, beim Umgang mit Versorgungsmängeln und selbst im Zivilrecht. Dies darzustellen wäre ein neuer Zugang zur Wirklichkeit der Diktatur. Gauck betont: »Ich kann darin keine Weichzeichnung der DDR erkennen.« Auch Marianne Birthler, Gaucks Nachfolgerin in der Stasi-Unterlagen-Behörde, ist dieser Aspekt bisher zu kurz gekommen: »Das Wesen einer Diktatur ist der Verlust von Recht und Freiheit. Der zeigt sich aber nicht nur in Gefängnissen, sondern auch im täglichen Leben.«

Dagegen sieht Jörg Drieselmann die Gefahr einer »Weichzeichnung« der DDR. Der Geschäftsführer der Gedenkstätte in der Berliner Stasi-Zentrale kritisiert: »Die Formulierung vom Paradigmenwechsel im DDR-Gedenken in früheren Papieren der Expertenkommission wurde zwar entschärft. Aber ich fürchte, daß es trotzdem in diese Richtung laufen soll.« Für ihn ist es trivial, der Allgegenwart der Diktatur mehr Raum einzuräumen: »Die DDR hat mehr durch Belohnung und Privilegien funktioniert als durch Repression.« Man könne die Darstellung der DDR jedoch nicht aufteilen und das noch institutionell zementieren. Damit ginge das Verbindende verloren, eben der Diktaturcharakter.

Die Debatte ist schwierig, weil es neben der inhaltlichen Kontroverse um das Verständnis von »Alltag« auch um den künftigen Status bestehender Institutionen und damit um Fördermittel geht. Darüber, wie eine Einigung aussehen könnte, scheint im Kulturausschuß keine klare Haltung zu bestehen. Die Forderungen sind vielfältig. Vor der gestrigen Sitzung sagte Rainer Eppelmann, der Vorstandvorsitzende der Stiftung Aufarbeitung: »Noch immer gibt es in der Mitte Berlins keinen zentralen Ort der Erinnerung an die Opfer des SED-Regimes, an Opposition und Widerstand, für Freiheit und Demokratie. Hier wünsche ich mir ein klares Votum der Parlamentarier.« Der Kulturausschuß, so war im Vorfeld zu hören, wird wohl nun eine eigene Anhörung zum Sabrow-Papier veranstalten.

lbk/sfk, Die Welt, 29.6.2006

Kassenkampf um die Erinnerung

Was war die DDR? – Und was soll von ihr bleiben? Eine Reise zu den Gedenkstätten des untergegangenen deutschen Staates, von Marienborn über Leipzig nach Bautzen.

Das Archivbild vom 15. Februar 1999 zeigt den Abfertigungsbereich des ehemaligen Grenzübergangs an der A2 zwischen Marienborn (Sachsen-Anhalt) und Helmstedt (Niedersachsen). Der im Juli 1945 von den Alliierten eingerichtete Kontrollpunkt wurde zu einem Symbol des Kalten Krieges und der deutschen Teilung.

Die deutsche Geschichte ist kein angenehmer Reisebegleiter. Die Geschichte in Gestalt eines grobschlächtigen Mannes, der leicht schwankend das Zugabteil betritt, sieht anders aus, als man sich einen Renegaten der verflossenen DDR vorstellt. Er ist unrasiert, trägt ein schmutziges Netzhemd und riecht nach Schnaps. Frank Franz Draeger, geboren 1958 in Magdeburg, eingesperrt von 1979 bis 1985 unter anderem in Bautzen, wurde wegen versuchter Republikflucht verurteilt. Seine Neigung zu Tätlichkeiten brachte ihm aber noch andere, »normale« Haftstrafen ein, insgesamt 21 Jahre. Draeger, wie er da sitzt mit seinem Einkaufsbeutel als einzigem Gepäck, ist kein Vorzeige-Zeitzeuge aus dem ZDF-Spätprogramm, kein zur Heroisierung geeignetes Opfer des Stalinismus. Er hat gestern im Suff versehentlich den Zug nach Hamburg erwischt, jetzt will er zurück in den Osten. Ungefragt erzählt er seine Gefängniskarriere.

Es ist die Allerweltsbiografie von einem, der immer wieder abstürzte, ausrastete, zuschlug, aber sie versinnbildlicht auch die Vertracktheit der DDR-Aufarbeitung. Draeger ist der Typ, von dem Revisionisten leicht behaupten können, er sei kein richtiger politischer Gefangener gewesen. Man hört förmlich die Lieblingslügen der Ex-Haftanstaltsleiter, Ex-Stasi-Offiziere, Ex-Richter, Ex-Polizisten: So einer habe zu Recht gesessen, so einer wäre auch in der Bundesrepublik kriminell geworden. Gerade ist Draeger wegen Mietschulden aus seiner Wohnung geflogen. Was er mit seiner Haftentschädigung gemacht hat? »22.000 Mark«, sagt er erinnerungsselig, »wir wollten doch schon immer mal Mercedes fahren.« Nur als er seine erste Haftzeit erwähnt, drei Jahre Jugendwerkhof, beginnt er zu weinen. Der Vater habe ständig die Mutter verprügelt, und eines Tages fasste der Sohn den Mut, zurückzuschlagen.

Wenn Draeger weint, bekommt das Wort »aufarbeiten« einen schrecklich konkreten Klang. Dann tut sich der Abgrund des Unbewältigten auf, der von den Ostalgiefilmchen des Mitteldeutschen Rundfunks gemieden und durch die Geschichtswissenschaft allein nicht überbrückt wird. Denn hier geht es um moralische Fragen, um erlittenes Unrecht und fortwirkende Demütigung.

Der Grenzübergang in die DDR – hier ahnten auch Wessis, was Willkür heißt

Solche Fragen werden von Erinnerungsarchäologen wie Joachim Scherrieble beackert. Er leitet die Gedenkstätte Deutsche Teilung Marienborn, ist Herr über rostige Schlagbäume, leere Passkontrollhäuschen, ein echtes Fluchtfahrzeug und viel betonierten Platz. Der größte innerdeutsche Grenzübergang, auf halber Strecke zwischen Hannover und Magdeburg, war mal die Vorhölle des Kalten Krieges, eine Schikaniermeile und bedrohlich knirschende Schleuse zwischen den Gesellschaftssystemen. Jetzt brettert im Norden der Autobahnverkehr der A2 vorbei, im Süden rauscht ungehindert der Intercity durch. »Gedenkstätte sein«, sagt Scherrieble, »heißt mehr als eine Dauerausstellung beheizen.« Es heiße Lebensgeschichten sammeln, mit Opfern streiten, mit Tätern, Schulklassen und den Rentnern der Bremer Seniorenunion, »die kommen, um sich anzuschauen, worüber sie schon immer Bescheid wussten«.

Marienborn ist einer der wenigen Orte, an dem Ost- und Westdeutsche nach 1945 gemeinsame Erfahrungen mit der Diktatur machten. Hier schüchterte das MfS auch die Transitwestler ein. Die waren plötzlich konfrontiert mit der Entscheidung: Kuschen oder drei Stunden Kontrollgarage riskieren? Da schwante einem, was Willkür bedeutet, aufhaltbar zu sein, womöglich erpressbar. »Stolpersteinpädagogik« nennt der aus Baden-Württemberg stammende Historiker Scherrieble seine Strategie, westdeutsche Besucher mit der Behauptung zu provozieren, die DDR gehöre auch zu ihrer Geschichte, und ostdeutschen Vergangenheitsverklärern die Vokabel Diktatur einzubimsen. »Bei meinem ersten Gedenkstättenleiter-Treffen wurde ich fast gelyncht, als ich den Begriff Diktatur verwendete, gerade von westdeutschen Kollegen, die fast alle aus NS-Einrichtungen kamen und gleich eine Bagatellisierung des Faschismus fürchteten.«

1995, als Scherrieble in Marienborn ankam, stand das Gras zwei Meter hoch. Das Stabsgebäude, wo heute Ausstellungen, Depots, Bibliothek und Seminarräume untergebracht sind, sei nicht wie jetzt gelb gewesen, sondern weiß. »Nachdem die Grenztruppen im Winter 1989/90 abgezogen waren, hat das MfS die Geschichte geweißelt.« Scherrieble rekonstruierte mühsam den Zustand vom Herbst 89. Als herauskam, dass am Passförderband die vorderste Kontrollbox fehlte, suchte er im Umkreis von zwanzig Kilometern die Gärten ab. Und wurde fündig.

Jetzt steht die hässliche Grenzer-Schachtel wieder an alter Stelle – ein Monument für die Geschichtsaktivisten der ersten Stunde, solche wie Scherrieble, die es auch in Leipzig, Jena, Bautzen, Potsdam, Berlin und Schnakenburg gibt. Fast 30 Einrichtungen gehören heute zur Arbeitsgemeinschaft Gedenkstätten. Wenn es 1995 nach dem CDU-Kanzler Helmut Kohl und Niedersachsens SPD-Ministerpräsident Gerhard Schröder gegangen wäre, die die Förderung Marienborns ablehnten, würde eine der modernsten Dauerausstellungen zum Thema DDR nicht existieren. Allein letztes Jahr kamen 167.000 Besucher (im Vergleich zu 32.000 im Jahr 1996), und das bei einem Etat von bloß 500.000 Euro und nur sechs fest angestellten Mitarbeitern, zu denen auch Hausmeister, Sekretärin, Buchhalterin zählen. Museumsführungen im klassischen Sinn bietet Scherrieble übrigens nicht. »Wir begleiten einen schmerzlichen Erinnerungsprozess. Ich sage meinen Mitarbeitern immer, sie sollen auf der Klaviatur der Gedenkstätte spielen wie auf einem Instrument.«

Er hat es vorgemacht, mit Rockkonzert und Freilufttheater, mit deutsch-deutschen Sprayer-, Harley- und Klöppel-Treffen. Da kämen sie »aus aller Herren Bundesländer«, machten das Bollwerk der Teilung zum Ort der Begegnung. Eben wurde auf Wunsch jugendlicher Fans eine Sonderschau wieder aufgebaut, die der abstrakten Zahl von etwa tausend Grenztoten ein Gesicht gibt: das des Lehrlings Michael Gartenschläger. 1961 verurteilte die DDR ihn wegen staatsfeindlicher Schmierereien (»Macht das Tor auf«) und Anzünden einer Scheune zu lebenslänglichem Zuchthaus. Als er nach seinem Freikauf 1971 in die Bundesrepublik der freundschaftlichen Ostpolitik kam, prangerte er die Menschenrechtsverletzungen der SED an. Zum Beweis baute er an der innerdeutschen Grenze zwei Splitterminen ab. Wenige Wochen später durchsiebte ein Sondereinsatzkommando des MfS mit Dauerfeuer diesen Feind. Wie heißt es in Heiner Müllers *Mauser*? »Das tägliche Brot der Revolution ist der Tod ihrer Feinde.«

Dass Gartenschlägers Erschießung zur gesamtdeutschen Geschichte gehört, ebenso wie der Freispruch der Schützen im Jahr 2000 und der Freispruch des zuständigen Offiziers im Jahr 2003, erscheint in Marienborn selbstverständlich. Doch wo sonst kommen solche bitteren Wahrheiten massenwirksam zur Sprache? In Schulbüchern nicht. Im Kino nicht. Im Bundestag nur ausnahmsweise. Dass viele Repräsentanten des DDR-Regimes sich durch die Zahnlosigkeit der demokratischen Rechtsordnung bestätigt fühlen, gehört ja zu den prekärsten Aufarbeitungshindernissen. Weit über 20.000 Untersuchungsverfahren wurden seit der Wende eingeleitet, doch am Ende gab es weniger als 1.000 Strafverfahren, weniger als 300 Verurteilungen und weniger als 50 Haftstrafen. Deshalb ist es so wichtig, dass die Opfer durch eine »Opferrente« Anerkennung finden, wie es die Bundesregierung nun endlich beschließen will. Das könnte den Beschönigungsfleiß der alten Kader dämpfen, die seit Jahren auf Gedenkveranstaltungen Geschichtsklitterung betreiben oder revisionistische Bücher verfassen. Das Gegenwartsträchtige unserer jüngsten Geschichte bleibt den Gedenkstätten in der schlecht bezuschussten, von Großpolitikern selten besuchten Aufarbeitungsprovinz überlassen. Neulich fehlte Marienborn sogar das Porto für die Einladungen zum 17. Juni.

Man muss das DDR-Aufarbeitungs-Spiel, das oft genug ein Vabanquespiel ist, eben spielen können. Tobias Hollitzer hat darin länger Übung als die meisten Kollegen – seit der Besetzung der Leipziger Stasi-Zentrale Anfang Dezember 1989. Heute ist sie als Museum in der »Runden Ecke« bekannt und für eine enorme Sammlung von Wanzen, Abhöranlagen, Postkontrollmaschinen, Geruchsproben berühmt. Wenn man die schmalen Büroflure betritt, wird man wie durch eine Zeitschleuse ins trübe Zentrum des Überwachungswahns gesogen. Hier riecht es noch nach DDR-Linoleum, hier sind die Sprelacardtische und die grobmaschigen Gardinen weiterhin in Gebrauch. Vergangene Woche ersteigerte Museumschef Hollitzer auf eBay Mielkes Privatzimmer aus dem Leipziger Gästehaus des Ministerrates. Aber, sagt er, langsam vergehe ihm die Lust an Sammlertriumphen. Denn der laufende Ausstellungs-, Stadtführungs-, Vortrags-, Kino- und Geschäftsbetrieb bleibe eine Plackerei. »Es fällt uns immer wieder auf die Füße, dass wir zehn Jahre lang fast ohne Geld ausgekommen sind.«

Die Geschichte der DDR ist beileibe kein abgeschlossenes Problem

Bis zum Jahr 2000 hatte das Leipziger Bürgerkomitee, das sich aus Demonstranten des Wendeherbstes rekrutierte und die ehemalige Bezirksverwaltung des MfS buchstäblich in Handarbeit zum Museum umbaute, nur eine einzige feste Stelle. Auch jetzt malt Hollitzers Mutter aktuelle Plakate oft noch per Hand. Hollitzer hat sich maßlos geärgert, als vergangenen Herbst im Auftrag des Bundes eine Expertenkommission antrat, um die Gedenklandschaft zu evaluieren. Als wüssten die Malocher im Aufarbeitungsbergwerk nicht selbst am besten, wo ihre Defizite liegen, als hätten sie nicht in zahllosen Fördermittelanträgen um deren Behebung gerungen. Forschung beispielsweise bekam die Runde Ecke bisher nie finanziert, obwohl jedes seriöse DDR-Geschichte-Museum auf eigene Forschung angewiesen ist. »Museumsobjekte an sich sind ja lächerlich, wenn man sie nicht ausreichend kontextualisiert«, sagt Hollitzer. So ist die Brief-Aufdampfmaschine, die man für den Dreh des preisgekrönten Stasi-Films *Das Leben der Anderen* verlieh, im Museum an ein weit verzweigtes Wissenskonvolut angeschlossen: »Bei uns hätte der Regisseur noch viel lernen können. Zum Beispiel, dass das Abhören keinesfalls auf dem Dachboden stattfand, sondern per Mietleitung der Post vom offiziellen Stasi-Quartier aus.«

Hollitzer kommt aus einem christlich-bürgerbewegten Elternhaus, durfte nicht studieren und hat vor 1989 die Oberen mit Hinweisen auf staatliche Verstöße gegen DDR-Gesetze malträtiert. Diese kohlhaassche Attitüde blitzt noch durch, wenn er in seiner MfS-Zentrale sitzt. »Wenn der Bund von uns Professionalität fordert, muss er sie auch ermöglichen. Es gibt kein Kontrollrecht ohne Förderpflicht.« Als Beispiel für vorbildliches Erinnern wird nun allenthalben das Zeitgeschichtliche Forum Leipzig gepriesen. Es befindet sich zehn Spazierminuten von der Runden Ecke entfernt, ein auf Hochglanz polierter, bunt bestückter Ableger des Bonner Hauses der Geschichte, leicht konsumierbar. »Der Quadratmeterpreis dieser Ausstellung entspricht ungefähr dem Jahresetat, den die Runde Ecke lange Zeit hatte«, hat die Westberliner Historikerin Silke Klewin mal bemerkt, die die Gedenkstätte Bautzen leitet und gemeinsam mit Hollitzer und Scherrieble gegen die Expertenkommission protestierte.

»Hier tobt ja der memoriale Klassenkampf«, sagt Hollitzer sarkastisch. Seine Gegner säßen unter anderem im Bunkermuseum Kossa, einem ehemaligen Gefechtsstand der NVA, der jetzt vom so genannten Eurocenter Sächsische Militärgeschichte betrieben wird. Dessen Geschäftsführer ist der ehemalige Kommandant des Leipziger MfS-Bunkers, der Vereinsvorsitzende war vor der Wende Chef der städtischen Volkspolizei. Die friedliche Revolution ist noch nicht gewonnen, und es sind die Hollitzers, die weiterkämpfen, widerwillig unterstützt von der Politik. Die betrachtet die DDR-Geschichte als abgeschlossenes Problem, das sich vom Thron der Nachwendezufriedenheit herab verhandeln lässt. Die Forderung der Expertenkommission nach einer Verwissenschaftlichung der Aufarbeitung kann aber für Museen und Gedenkstätten nicht im gleichen Maße gelten wie für einen Forschungsverbund. Denn die berühmte Distanz zu den Gegenständen, die ein Schreibtischhistoriker vielleicht braucht, gibt es vor Ort naturgemäß nicht. Dort sind die »Gegenstände« präsent: die geschredderten, verklumpten Stasi-Akten, die Verhörlampen, die Gefangenentransporter mit den spindschmalen Blechkabinen.

Thomas Raufeisen ist in so einem Transporter herumgekarrt worden, mit dem Rücken in Fahrtrichtung und eingezogenem Kopf, ohne zu wissen, wohin die Fahrt ging. Das war 1982, da rollte er nach 14 Monaten Stasi-U-Haft von Hohenschönhausen in Richtung Bautzen. Das berüchtigtste Zuchthaus der DDR östlich von Dresden ist heute Gedenkstätte, manchmal kommt Raufeisen, Jahrgang 1962, noch hierher, um Auskunft zu geben. »Was man heute sieht und was man damals fühlte, ist nicht das

Gleiche«, sagt er in der Einfahrt, wo an diesem Junisamstag die Sonne scheint und alle Türen offen stehen. Dann geht er hinein in den kühlen Knast, der früher viel kühler war. Die langen Gänge, die niedrigen Zellentüren, die Pritschen, die kellerfensterschmalen Lichtspalte, die Klappen vor den Türspionen, das filmreife Treppenhaus. Es sei damals vor allem lauter gewesen, sagt Raufeisen, auch die Stille war lauter. Der Ingenieur, der mit Frau und Kind angereist ist, wirkt nicht wie einer, der stündlich unter seiner Vergangenheit leidet. Er spricht ruhig, sehr reflektiert über die schlüsselrasselnde Verlorenheit, die einen hier erfasste. »Nach der Freilassung 1985 hatte ich anfangs Probleme, beim Bäcker ein Brötchen zu verlangen. Man traute sich nicht mehr, etwas zu wollen.«

Auch Raufeisen ist ein untypisches Opfer des Stalinismus, wie jeder Einzelne bei näherer Betrachtung. Bis zu seinem 17. Lebensjahr hatte er ein ganz normales Leben in Hannover geführt. Dann musste die Familie Hals über Kopf in die DDR fahren, weil sich herausstellte, dass der Vater Stasi-Agent bei der Preussag war und Gefahr lief, enttarnt zu werden. »Ein Schock«, sagt Raufeisen. Sein älterer Bruder, der volljährig war, schaffte es, legal wieder auszureisen. Er selbst wurde in eine Eliteschule gesteckt, die er schmiss, weil er die Fahnenappelle, den Frontalunterricht, den Handgranatenweitwurf nicht aushielt. »Ich kam mir vor wie in einem Schwarzweißfilm aus den Dreißigern. Dieser völlig normale Militarismus.« Anders, als manche Wissenschaftler glauben, können gerade die ehemaligen Gefangenen mit ihren Ausnahmebiografien viel über die alltägliche Diktatur erzählen. Der junge Raufeisen, der Architekt hatte werden wollen und nun eine Kfz-Schlosser-Lehre machte, wurde sogar von der NVA gemustert. Als er sich weigerte, drohte die Stasi, nahm ihn eine Nacht in Abschreckungshaft. Nach zwei albtraumhaften Jahren endete die Familie wegen geplanter Republikflucht im Gefängnis. Thomas Raufeisen bekam drei Jahre, seine Mutter sieben, sein Vater lebenslänglich.

Sie saßen im selben Gebäude in Bautzen. Aber nur zweimal im Jahr, sagt Raufeisen, durfte die Familie sich sehen. Als er jetzt vor seiner alten Zelle steht, zweiter Stock, Nummer 30, und Silke Klewin ihn fragt, ob er nicht ungeheuer wütend sei, antwortet er: »Wütend zu sein ist schwierig. Auf wen? Auf meinen Vater? Auf die DDR?«

Das Zentrum der Aufarbeitung ist die Provinz, vier Autostunden von Berlin

Silke Klewin lebt diesen schwer zu verortenden Zorn stellvertretend für die Opfer gelegentlich aus. Wenn sich bei einer Bautzener Veranstaltung die Bewacher zu Wort melden und die rehabilitierten Ex-Häftlinge als Kriminelle beschimpfen. Oder wenn wieder mal ein Stasi-Major behauptet, in der DDR habe es keine Isolationshaft gegeben. »Neulich wollte ich so einen am liebsten schütteln. Aber ich bin nur aufgestanden und habe gewettert.« Solche geharnischten Auftritte gehören auch zur Erinnerungsarbeit. Ein halber Sieg sei einzugestehen und eine neue Niederlage, schrieb Jürgen Fuchs 1998 in seinem Stasi-Roman *Magdalena:* das Wegtauchen der Täter, das Versacken der Fakten in einem merkwürdigen Macht- und Meinungsmorast. »War die Diktatur nur die Erfindung irgendwelcher Opfer, die nichts beweisen können?«

Klewin versucht, den Opfern wenigstens symbolische Genugtuung zu verschaffen. Zwar werden die Führungen in Bautzen nur ganz selten von ehemaligen Häftlingen gemacht. Aber sie leitet ihr Haus in dem Bewusstsein, dass es kein bloßes Museum wie ein Komponistengeburtshaus ist, sondern privater Gedenkort, öffentliches Podium, Friedhof. An diesem Junisamstag kommt zufällig noch ein älterer Häftling vorbei, der in den Fünfzigern einsaß, er bringt seine Familie mit. Silke Klewin, die seit 1996 ein halbes Dutzend penibel recherchierte Publikationen über Bautzen herausgegeben hat, kocht Kaffee für alle. Heute ist mal wieder so ein Tag, an dem sie die gebotene Distanz zu ihren »Gegenständen« außer Acht lassen muss. Heute ist wieder so ein Tag, an dem man merkt, dass die Aufarbeitungsprovinz, vier Autostunden von Berlin entfernt, das Zentrum der Aufarbeitung ist. Später steht vor dem äußeren Tor auch der westdeutsche Haftanstaltsleiter, der nach der Wende als Letzter hier Dienst tat, und diskutiert mit einem befreundeten Gefängnispfarrer über Gerechtigkeit.

Evelyn Finger, Die Zeit, 29.6.2006

Auch wir hatten glückliche Tage

Die Wirklichkeit der DDR erfasst nur, wer auf Grautöne achtet. Es gab ein richtiges Leben im falschen, etwa bei der Revolution 1989.

Es waren die DDR-Bürger selbst, die die DDR zur Vergangenheit gemacht haben, durch Demonstrieren und dies mit unkalkulierbarem Risiko, solange die Grenze noch dicht war. Reisefreiheit, freie Wahlen, »Stasi in die Produktion« und – in Plauen noch vor dem Fall der Mauer – »Deutschland, einig Vaterland«, das waren die Forderungen der Demonstranten, unterstützt auch von vielen Mitgliedern der SED und der Blockparteien. Die Forderungen sind längst erfüllt.

Von einer gemeinsamen Erinnerung an die DDR aber sind wir noch weit entfernt. Das hat mehrere Gründe. Mit dem ersehnten Westgeld kam die Arbeitslosigkeit, weil nun die DDR-Produkte weder im Inland noch im Ausland Käufer fanden. Während die Westdeutschen unter den Bedingungen des Wirtschaftswunders die Demokratie schätzen lernten, wurde den Ostdeutschen dies unter den Bedingungen eines wirtschaftlichen Niedergangs abverlangt, der freilich – anders als bei den östlichen Nachbarn – sozial abgefedert war, aber abgefedert mit Geld aus dem Westen, oft ausdrücklich verbunden mit der Zumutung der Dankbarkeit, eine Zumutung, die auf Dauer jede Beziehung ruiniert, weil sie das Eingeständnis der Abhängigkeit einschließt. Das Hochgefühl des Herbstes versank bei nicht wenigen in Depression und Desorientierung.

Dann kamen die Stasi-Enthüllungen. Es waren die Ostdeutschen sclbst, die ihre Stasi-Akte sehen und wissen wollten, wer sie bespitzelt hat. Deshalb die Konzentration auf die IM, die inoffiziellen Mitarbeiter, die oft vergessen ließ, dass die Stasi lediglich ein Machtinstrument der SED war. Aber die medial inszenierten Stasi-Enthüllungen wurden manchen bald zu viel, weil sie den Eindruck gewannen, man zeige vom Westen aus mit dem Finger auf sie.

War die DDR ein Unrechtsstaat? Darüber wurde heiß gestritten. Manche Westdeutsche sagten es, noch mehr Ostdeutsche hörten den Vorwurf: »Ihr hattet den Staat, den ihr verdient habt – denn ihr habt ja alle irgendwie mitgemacht«, was schon deshalb Unfug ist, weil die SED-Diktatur von Moskau installiert und erhalten wurde. Darauf antworteten viele mit Identitätstrotz. »Es war nicht alles schlecht in der DDR«, sagten nun auch solche, die im Herbst auf die Straße gegangen waren – und wählten PDS. Es entstand die DDR-Identität post festum. Selbstverständlich gab es auch in der DDR erfülltes Leben und glückliche Tage, aber nicht wegen, sondern trotz der Diktatur. Wer behauptet, es gebe kein richtiges Leben im falschen, hat keine Diktatur erlebt.

Anzeige ist das Problem mancher Ostdeutscher. Sie übersehen, dass man nicht die Mauer wegreißen und das Echo stehen lassen kann, dass man nicht Freiheit haben kann ohne die Risiken und Befremdlichkeiten der Freiheit. Und sie übersehen, dass die DDR schon deshalb nicht zur Nachahmung taugt, weil sie, wie alle sozialistischen Länder, auch ökonomisch gescheitert ist. DDR-Nostalgie befördert übrigens auch rechtsextreme Haltungen: Da waren wir noch unter uns, ohne Ausländer. Da hatte jeder seinen Arbeitsplatz. Da herrschte noch Ordnung.

Wie also sollen wir die DDR angemessen erinnern? Die rot-grüne Regierung hatte dafür eine »Expertenkommission zur Schaffung eines Geschichtsverbunds ›Aufarbeitung der SED-Diktatur‹« eingesetzt, die am 15. Mai dieses Jahres ihre Empfehlungen vorgelegt hat, begleitet von heftigen Attacken, die im Wesentlichen von Westdeutschen vorgetragen wurden. Denn die professionelle »Vergangenheitsbewältigung« der DDR ist fest in westdeutscher Hand. Das hat auch damit zu tun, dass die meisten Historiker der DDR dem Regime zu treu verbunden waren, um nun glaubhaft kritisch sein zu können. Aber es hat zur Folge, dass nun Kämpfe um Status und Forschungsgelder auf dem Feld der DDR-Forschung ausgetragen werden. Und manche scheinen zu sagen: »Wir bewältigen euch eure Vergangenheit, denn die unserer Väter haben wir ihnen auch schon bewältigt.« Da gibt es subtile Zusammenhänge – und Irritationen.

Die Kommission möchte neben die Schwerpunkte »Überwachung und Verfolgung« sowie »Teilung und Grenze« einen dritten Schwerpunkt »Herrschaft – Gesellschaft – Widerstand« stellen mit den Themen »Widerstand und Opposition«, »Ideologie«, »Alltag in der durchherrschten Gesellschaft« und »Mechanismen der Machtausübung«. Dass auch der Alltag thematisiert werden soll, ist der Stein des Anstoßes. Das Gedenken habe sich auf die Opfer und das Erbe des Widerstands zu beschränken, wurde behauptet. Wie bitte will man dann diejenigen einordnen, die sich im atheistischen Staat als Christen bekannten und dafür Nachteile in Kauf nahmen, aber nichts unternahmen, um den Staat zu stürzen? Wie sind diejenigen zu beurteilen, die in die CDU eintraten, um nicht in die SED eintreten zu müssen? Man erfasst die DDR-Wirklichkeit nicht, wenn man die Grautöne übersieht.

Die DDR glaubte, sie stünde auf der Seite der Sieger. Welch ein Irrtum

Eine Verharmlosung der Diktatur hat man auch darin gesehen, dass der Bericht von »Bindekräften« spricht, die die DDR-Gesellschaft zusammengehalten hätten. Natürlich hat es sie gegeben, als partielle Identifikationen mit dem System: »Die Idee des Sozialismus ist gut, nur die Durchführung ist schlecht.« – »Immerhin ist die kapitalistische Ausbeutung abgeschafft.« – »Wenigstens gibt es bei uns keine Arbeitslosen.« – »Der Faschismus ist bei uns mit Stumpf und Stiel ausgerottet.« Dergleichen ist ja bis heute noch im Osten zu hören.

Zum Leben unter einer Diktatur gehören leider auch die kleineren und größeren Kompromisse oder Lebenslügen, durch die die gefährliche Situation der offenen Gegnerschaft vermieden wird. In der »durchherrschten« Gesellschaft einer Diktatur – auch dieser Ausdruck wird zu Unrecht als Verharmlosung gewertet – herrscht ein ungeheurer Konformitätsdruck, weil fortdauernd und von jedem das Bekenntnis zum System eingefordert wird, vom Kindergarten bis zur Arbeitsstelle, im Schulaufsatz wie in der Brigade, bei Demonstrationen wie bei Wahlen.

Ich habe für diejenigen, die überzeugt sind, sie hätten die eine wie die andere deutsche Diktatur durch Widerstand zum Einsturz gebracht, diese bittere Erkenntnis: Wenn sich eine Diktatur erst einmal etabliert hat, lässt sie sich nicht von innen heraus stürzen. Entscheidend ist die Frage, ob noch genügend Freiheitswille vorhanden ist, um die Diktatur zu stürzen, wenn sie ins Wanken gerät. Und das war 1989 der Fall.

Es ist auch diesmal wieder bestritten worden, dass der Herbst 89 den Namen Revolution verdient, da der Wandel durch günstige äußere Umstände, namentlich durch Gorbatschow ermöglicht worden sei. Aber bitte: Erfolgreiche Revolutionen finden immer unter günstigen Umständen statt. Andernfalls werden sie im Keim oder im Blut erstickt – wie 1953. Wenn wir unter einer Revolution den vom Volk erzwungenen Zusammenbruch eines Herrschaftssystems verstehen, dann war es eine. Darauf sollten die Ostdeutschen wieder stolz sein, und die Westdeutschen sollten das neidlos anerkennen, auch wenn's schwer fällt. Den blassen Ausdruck »Wende« hat Egon Krenz eingeführt, als er Honecker ablöste.

Den Empfehlungen ist vorgehalten worden, sie hätten die umgehende Auflösung der Stasi-Akten-Behörde BStU und die Überführung der Akten ins Bundesarchiv fordern sollen, damit die Zugangsbeschränkungen zu den Stasi-Akten fallen. Denn nur die Forschungsabteilung der Behörde darf an ungeschwärzten Akten arbeiten. Andere Forscher bekommen nur anonymisierte Akten, wegen des Persönlichkeitsschutzes. Das macht neidisch.

Dieser Forderung liegt ein grandioser Fehlschluss zugrunde, denn die Zugangsbeschränkungen hängen nicht an der Existenz der Behörde, sondern an der Eigenart dieser Akten. So dürfen etwa Stasi-Offiziere nicht die Akten ihrer Opfer einsehen. Diesen Unterschied kennt das derzeitige Bundesarchivrecht nicht. Es wäre aber gar nicht zum Lachen, wenn sich die Führungsoffiziere in Zukunft noch einmal die von ihnen gefertigten Akten ihrer Opfer ansehen könnten.

Auch wenn nach dem 31. Dezember 2006 die Regelanfrage bei Anstellungen im öffentlichen Dienst entfällt, wird es doch weiterhin Überprüfungen auf Stasi-Mitarbeit geben müssen, nämlich mindestens, wenn sie ein Kandidat für ein öffentliches Amt selbst erbittet und wenn der Vorwurf der Stasi-Mitarbeit überprüft werden soll. Weiterhin wollen Bürger ihre Akten sehen. 2005 wurden 80.000 neue Anträge gestellt. Solange diese und weitere Aufgaben fortbestehen, ist es abwegig, die Behörde zu schließen, die sie erledigt. Die Zahl der Mitarbeiter ist vom Höchstwert 3.200 heute bereits auf 1.600 gesunken und kann auch ohne Kündigungen weiter sinken. Eine Schließung der Behörde vor dem Jahre 2020 – das wäre dreißig Jahre nach dem Ende der DDR – ist abwegig.

Ich bewundere die Gründlichkeit und Ehrlichkeit, mit der sich die westdeutsche Öffentlichkeit schließlich doch der Auseinandersetzung mit dem Nationalsozialismus gestellt hat. Es gehörte zu den Lebenslügen der DDR, sich mit der Behauptung, die DDR stehe auf der Seite der Sieger der Geschichte, dieser Auseinandersetzung zu entziehen und mittels des Antifaschismus-Mythos die nächste Diktatur zu legitimieren.

In der Auseinandersetzung mit dem Nationalsozialismus war zu begreifen, wie eine Diktatur das deutsche Volk in eine moralische, politische, militärische und wirtschaftliche Katastrophe geführt hat. In der Nazizeit wurde alles immer schlimmer bis zum katastrophalen Ende. Und die Befreiung kam von außen, durch die Soldaten der Siegermächte. Von daher stammt wohl auch die Auffassung, die Erinnerung an eine Diktatur bestehe aus Opfergedenken und Erinnerung an den (gescheiterten) Widerstand.

SED-Diktatur? Ja, aber unter Stalin und Ulbricht war es schlimmer
Die SED-Diktatur hat aber einen anderen Verlauf genommen. Wir Älteren jedenfalls mussten sagen: Es war schon einmal schlimmer, nämlich unter Stalin und Ulbricht. Die wilden Verhaftungen und Haft ohne Gerichtsurteil gab es unter Honecker kaum noch, Feindsender hören wurde toleriert, das Risiko von Ost-West-Kontakten minderte sich erheblich. Und zur Geschichte der DDR gehört doch auch der Herbst 89 und das Jahr 1990, die ersten freien Wahlen, die Arbeit der freien Volkskammer und die ersten freien Kommunalwahlen im Mai. Offenbar haben wir Berührungsängste mit erfreulichen Tatsachen. Weil Selbstbefreiung in der westdeutschen Vergangenheitsbewältigung nicht vorkommen konnte, wird sie nun übersehen.

Wohlmeinende fordern jetzt ein Denkmal für die Opfer der DDR-Diktatur. Ich habe nichts dagegen. Aber wäre nicht vorher ein Denkmal für die deutsche Einheit dran? Eine Demokratie kann sich nicht nur aus traurigen Diktaturerfahrungen legitimieren. Wir sollten uns an den Gedanken gewöhnen, dass die deutsche Geschichte auch Erfreuliches zu bieten hat, nämlich manches vor 1933 und vieles seit 1989. Die Erinnerung allein an Katastrophen ermuntert nicht.

Der Theologe Richard Schröder gehörte 1990 zur frei gewählten Volkskammer der DDR und arbeitete mit am Verfassungsentwurf des Runden Tisches. Seit 1992 ist er im Beirat der Gauck-Behörde, seit 1993 Verfassungsrichter. Schröder lehrt Philosophie und Theologie an der Humboldt-Universität Berlin.

Richard Schröder, Die Zeit, 29.6.2006

DDR-Geschichtsbilder: Kein Ende der Aufarbeitung

Sie ist noch lange nicht beendet – die historische Aufarbeitung der DDR-Vergangenheit – wie eigentlich sollte es anders sein? Seit der friedlichen Revolution der DDR und ihrem Beitritt zum Geltungsbereich des Grundgesetzes sind erst rund anderthalb Jahrzehnte vergangen – eine historisch kurze Zeit. Der Zusammenbruch der ersten deutschen Diktatur im 20. Jahrhundert liegt über sechs Jahrzehnte zurück – doch bis heute treibt die NS-Vergangenheit viele Menschen in unserem Land um. Warum sollte die historische Erblast der zweiten Diktatur – die nicht zwölf, sondern vierzig Jahre gedauert hat – in kürzerer Frist abzutragen sein?

Die unlängst vorgelegten Empfehlungen der nach dem Potsdamer Historiker Martin Sabrow benannten Experten-Kommission zur Schaffung eines Geschichtsverbunds »Aufarbeitung der SED-Diktatur« bestätigen das auf ihre Weise. Allerdings erinnern sie auch daran, wie weit Zeitgeschichtsforschung und Politik von einem konsensualen Umgang mit Ulbrichts und Honeckers Hinterlassenschaft entfernt sind. Der öffentliche Diskurs dauert an. Nicht einmal die Kommission selber war sich einig. Freya Klier gab ein Gegen-Votum ab. Im Ergebnis schrumpfen die Experten-Empfehlungen auf das Verdienst zusammen, die geschichtspolitische Kontroverse aufs Neue entfacht zu haben – aufs Neue insofern, als vieles schon einmal in den Beratungen der beiden Enquete-Kommissionen des Bundestages zur Aufarbeitung der SED-Diktatur zur Sprache gekommen war.

Gefordert ist ein gesellschaftlicher Konsens im Umgang mit der DDR-Vergangenheit nicht zuletzt deshalb, weil restaurative Kräfte der Linkspartei/PDS unverhohlen auf Retuschen an der historischen Wahrheit über die DDR bedacht sind. Exemplarisch dafür war die provokative These Hans Modrows, des letzten der SED zugehörigen DDR-Ministerpräsidenten, wonach die Verantwortung für die Toten an Mauer und Stacheldraht in der Zeit der Teilung der Politik in beiden deutschen Staaten anzulasten sei. Aus dem Geschichtsbewusstsein soll verdrängt werden, dass der Staat der SED im Kern ein Unrechtsstaat war.

Noch drastischer aktualisieren Ex-Obristen und Generale der DDR-Staatssicherheit das Problem. Mielkes Altkader melden sich immer vehementer zu Wort, sie suchen geradezu den politischen Eklat. Wohl ausgestattet mit Renten vom früheren Klassenfeind und wissend, dass sie kein Risiko eingehen, provozieren sie gewollt Widerspruch, indem sie in Büchern und Pamphleten ihre Legenden und Unwahrheiten über die Stasi verbreiten oder wie neulich in Berlin-Hohenschönhausen öffentliche Diskussionen durch polemisch zugespitzte Wortmeldungen dominieren und stören.

Es wäre politisch leichtfertig, solche Symptome zu bagatellisieren. Sie finden zunehmend ihren Niederschlag in den Medien, zumal im Fernsehen, wo ehemalige DDR-Tschekisten ein umso größeres Echo finden, je höher einst ihr Dienstrang war. Indes ist zu fragen, wo sie den kläglichen Mut her nehmen, mit dem sie sich jenseits von Scham, Selbstkritik und Schuldgefühl artikulieren. Die Antwort ist einfach. Nach allen Enthüllungen über die Staatssicherheit seit Öffnung der Akten sind ihre einstigen Funktionsträger zur geschichtspolitischen Gegenoffensive angetreten. Sie beschweigen, verharmlosen oder leugnen das Unrecht, das sie zu verantworten haben. Zwar ist es nicht ganz einfach, die Arbeit der Staatssicherheit zur humanitären Erfolgsgeschichte umzuschreiben. Sie weist zu viele verbrecherische Züge auf, sie hat zu viele Opfer gefordert, aber die Ruheständler aus dem MfS versuchen sich gleichwohl darin, sie geben die Biedermänner, die sich stets an Recht und Gesetz gehalten haben wollen. Dabei hat die Staatssicherheit – immer Schild und Schwert der

Partei – nachweislich nicht einmal die Gesetze des eigenen Staates eingehalten, wo ihre Missachtung der herrschenden Macht zu nützen schien.

Unter diesem Aspekt ist es, nun ja, kaum verwunderlich, wenn führende Leute der Linkspartei/PDS die nötige Distanz zu den Alt-Tschekisten vermissen lassen. Im Übrigen lässt sich der Alltag in der DDR gewiss nicht auf Justizunrecht und Stasi-Terror reduzieren, aber ohne sie wäre der Alltag in der Diktatur auch nicht gewesen, wie er war. Die Erkenntnis ist trivial. In dem Papier der Sabrow-Kommission wird sie auch gar nicht bestritten – allerdings ein wenig verschleiert. Sein Text wird weiter zu diskutieren sein, eine konkrete Handlungsempfehlung für die Politik ist er nicht.

Karl Wilhelm Fricke, geboren 1929 in Hoym (Anhalt), floh nach dem Abitur 1949 aus der SBZ nach Westdeutschland. Bis 1953 studierte er an der Hochschule für Arbeit, Politik und Wirtschaft in Wilhelmshaven und an der Deutschen Hochschule für Politik in Berlin und war im Westen der Stadt als freiberuflicher Journalist tätig. 1955 wurde Fricke von Stasi-Agenten aus West-Berlin entführt und 1956 in der DDR wegen ›Kriegshetze‹ zu vier Jahren Zuchthaus verurteilt. Er war bis 1959 in Brandenburg-Görden bzw. in Bautzen inhaftiert. Anschließend arbeitete er als Journalist in Hamburg, von 1970 bis 1994 als Leitender Redakteur beim Deutschlandfunk in Köln, seit 1994 wieder freiberuflich als Publizist. Fricke war Sachverständigen-Mitglied beider Enquetekommissionen zur »Aufarbeitung von Geschichte und Folgen der SED-Diktatur in Deutschland« sowie zur »Überwindung der Folgen der SED-Diktatur im Prozeß der deutschen Einheit«. 1996 wurde er Ehrendoktor der Freien Universität Berlin im Fachbereich Politische Wissenschaft. Seine Buchveröffentlichungen: »Politik und Justiz in der DDR« (1979), »Die DDR-Staatssicherheit« (1982), »Opposition und Widerstand in der DDR« (1984), »MfS intern« (1991), »Akten-Einsicht« (1995), (gemeinsam mit Roger Engelmann), »Konzentrierte Schläge« (1998), »Der Wahrheit verpflichtet« (2000); zusammen mit Silke Klewin: »Bautzen II. Sonderhaftanstalt unter MfS-Kontrolle 1956 bis 1989« (Verl. Gustav Kiepenheuer).

Karl Wilhelm Fricke, Deutschlandradio Kultur, 29.6.2006

Mama, warum seid ihr nicht einfach weggelaufen?

Wer die DDR verstehen will, muss auch über den Alltag reden – über die hunderttausende Täter und Opfer des Alltags

Nun also auch Helmut Kohl. Ausgerechnet der Altkanzler fürchtet um sein historisches DDR-Bild. Der Stasi-Terror könnte in Vergessenheit geraten, warnt er die Bundesregierung in einem Brief. Die Stasi könnte zu Lasten ihrer Opfer verniedlicht werden, wenn sich die Deutschen jetzt,

16 Jahre nach der Wiedervereinigung, der Frage zuwenden, ob es da vielleicht doch noch mehr zu sagen gäbe über das Mysterium der Diktatur in Honeckers Reich. Oder vielleicht auch über die Verstrickungen des anderen Deutschlands. Ausgerechnet der Mann, dessen Stasi-Akten nach jahrelangem Rechtsstreit und einem Grundsatzurteil den tiefen Blick in eine Zeit mit verhindert haben, deren Wahrheiten wir wahrscheinlich noch immer nicht ansatzweise kennen, schwingt sich jetzt zum zeitgeschichtlichen Rechthaber auf. Die DDR – ein untergegangenes Land, in dem ein paar hunderttausend Skrupellose 16 Millionen Menschen ihrer Freiheit beraubt haben. Und Helmut Kohl, der Retter eines unterdrückten Volkes, der die Kundschafter des Bösen bestraft und die Deutschen auf beiden Seiten des eisernen Vorhangs von ihrer Last befreit hat. So könnte es ihm gefallen. So einfach war es aber nicht.

Alltag – das ist der moderne Kampfbegriff im aktuellen Streit um die deutsche Geschichte der letzten 50 Jahre. Ein banaler Begriff, auf den ersten Blick. Und doch mittlerweile ein Synonym für die politische Auseinandersetzung darüber, welches Bild von der SED-Diktatur in uns und für unsere Nachwelt erhalten bleibt. Eine Expertenkommission der Bundesregierung hat ihn vor wenigen Wochen auf die Tagesordnung gebracht, seit sie dem Bund empfahl, das Gedenken an die Diktatur der DDR nicht auf die Greuel der Staatssicherheit zu beschränken, sondern zu erweitern und im Berliner Zentrum einen forschend begleiteten musealen Ort zu schaffen, der sich mit dem Schwerpunkt »Herrschaft – Gesellschaft – Widerstand« befasst. Seither tobt der Kampf um die Macht über das Erinnern – und natürlich geht es dabei auch um Geld.

Wie immer, wenn es um Deutungshoheiten und Forschungsgelder geht, sind die Frontlinien zwischen den politischen und institutionellen Beteiligten unübersichtlich. Was in diesem Fall allerdings nicht weiter von Schaden für die Sache selbst sein müsste. Denn Befürworter und Gegner eines solch neuen Kapitels der Diktaturaufarbeitung entlarven sich mit ihren Stellungnahmen gleichermaßen. Und die Öffentlichkeit, die sich ja bekanntermaßen nicht vorschreiben lässt, worüber sie diskutiert, hat ihre Entscheidung im Grundsatz schon getroffen. Man muss nur genau hineinhorchen in das Leben – den Alltag. Dann wird man erkennen: Das Volk ist längst nicht mehr der Auffassung, dass es genug war, eine Behörde mit der Aufarbeitung der Stasi-Akten zu beschäftigen und Gedenkorte dort einzurichten, wo der Unterdrückungsapparat Mielkes seine Zuchthäuser aufgestellt hat.

Ein Klick ins Internet genügt, um sich am munteren Rechtfertigungstreiben der alten Genossen zu beteiligen. Ein Blick in die Wohnzimmer, um zu hören, welche Kontroversen dort ausgetragen werden, um die Renten für die DDR-Nomenklatura, die jetzt versprochenen Opferrenten oder die Frage, ob die Stasi vielleicht doch jahrelang in Fraktionsstärke im

Deutschen Bundestag mitregiert hat, wie es erste Erkenntnisse über die so genannten »Rosenholzakten« vermuten lassen. Was sich da gerade vor unseren Augen abspielt, ist ein neues Stück Geschichtsschreibung über die DDR und ihre Diktatur der Arbeiterklasse. Irgendwo zwischen Stasi-Verbrechen und Kuschelheimat.

»Mama, warum seid ihr damals eigentlich nicht alle weggelaufen?« Nicht mehr und nicht weniger als diese einfache Frage einer 19-Jährigen, die dieser Tage ihr Abiturzeugnis erhalten hat, ist der Grund, warum die Zeit der allzu grellen Spotbeleuchtung auf die DDR nun endlich durch breiter strahlendes Licht ergänzt werden muss. Denn nur so werden wir Geschichten wie die von der Mutter erfahren, die in den 70er Jahren eine Grundschule in Berlin besuchte, deren Direktorin zur pädagogischen Führungskraft einzig und allein die Tatsache befähigte, dass sie die Ehefrau von Margot Honeckers Stellvertreter im DDR-Bildungsministerium war. Alles Einser auf dem Zeugnis und den Traum vom Studium im Kopf, wurde ihr Bildung dennoch verwehrt – allein weil ihre Eltern Ingenieure und damit nicht Teil der Arbeiterklasse waren; weil sie bekannt dafür waren, in regem Austausch mit der Familie im Westen zu stehen und am 1. Mai keine Jubelfahnen aus dem Fenster zu hängen und die Kinder nicht zum Lügen in der Schule über das abendliche Fernsehprogramm anzuleiten. So sah er aus, der Alltag in dieser Diktatur. Und ohne ihn zu verstehen, wird man den inneren Gesetzen des Regimes niemals näher kommen. Der Alltag ist unser einziger Schlüssel zur Diktatur. Und eben drum ist er wert, zusammengetragen und für das öffentliche Gedächtnis festgehalten zu werden.

Der Blick in das Zuchthaus der Staatssicherheit in Berlin-Hohenschönhausen ist wichtig, um das Ausmaß von Willkürjustiz und Repression zu verstehen. Gleichwohl verschweigt er dem Betrachter einen ganz wesentlichen Teil der Diktatur – nämlich ihre innere Verfasstheit. Was im Übrigen auch für die Unterlagen der Staatssicherheit gilt. Denn sie begrenzen die Sicht auf Strukturen der Macht und das konkrete Verhältnis von Opfern und Tätern. Darüber also, wie aus Fußball spielenden Jungs diese finster dreinblickenden Junggenossen werden konnten, die Ende der 80er Jahre bedrohlich vor der Ständigen Vertretung der Bundesrepublik in Berlin Tag und Nacht patrouillierten – darüber sagen diese Unterlagen kaum etwas aus. Und sie schweigen gänzlich über das Leben derer, die – aus welchem Grund auch immer – keine Akten haben und doch zu Tätern wurden. Zu Tätern im Alltag, und genauso auch zu Opfern im Alltag. Dann, wenn sie stillhielten, als ihren Nachbarn Unrecht geschah. Wenn sie Unrecht damit entschuldigten, »nur ausführendes Organ« zu sein. Wenn sie sich um ihres eigenen Vorteils willen wie Würmer durch das System DDR wanden. Oder aber, und auch darüber muss gesprochen werden, wie unzählige Menschen aufrecht ihren Alltag bewältigten.

Die letzten 16 Jahre Aufarbeitung der SED-Diktatur und Staatssicherheit haben uns glauben machen wollen, dass wir wissen, wie das System funktionierte. Nun haben wir Hassfiguren, die unser Gewissen erleichtern; und gleichzeitig berühmte Identifikationsfiguren. Ist es nicht so, dass in jedem ein bisschen Wolf Biermann steckt? Aber die DDR, das waren eben nicht nur Honecker, Mielke und die Mordschützen an der Mauer. Das waren Lehrer, die ihre Studenten zum Jubeln vor die Maitribünen der Regierung pressten, Sozialarbeiter, die Müttern ihre Kinder wegnahmen, weil sie sich dem Sozialismus entzogen, Betriebsdirektoren, die Bilanzen im sozialistischen Planwettlauf systematisch fälschten, damit ihre Arbeiter Weihnachtsgeld erhielten, und Schriftsteller, die der Welt da draußen schaurigste Geschichten über das Leben in der Diktatur erzählten und drinnen ihr Frühstück von feinstem Meißner Porzellan gabelten. Es waren Millionen, die alltägliche Entscheidungen in Unfreiheit trafen. Und wir werden das Wesen der DDR nur verstehen, wenn wir auch ihre Motive hinterfragen.

Darüber zu berichten wird für viele Betroffene schmerzhaft sein. Man spürt das, wenn man Pädagogen fragt, wie sie im Unterricht mit der DDR-Vergangenheit umgehen. Sie sind unsicher, weil sie selbst häufig nicht nachvollziehbar erklären können, warum sie tagsüber Kinder zu kleinen Kommunisten erzogen und abends in den inneren Widerstand abtauchten. Und weil sie sich fürchten vor der offenen Auseinandersetzung mit den Eltern und Großeltern, die nicht akzeptieren können, wenn die Sprösslinge nach dem Unterricht das eigene häusliche Bild von der Vergangenheit hinterfragen. »Wer heute zur Schule geht, weiß von der DDR im Grunde so viel wie über das Römische Reich«, sagen die Lehrer. Und haben damit leider vollkommen recht. Denn viele, die mit der Staatssicherheit nichts zu tun hatten, lässt die Sorge, für die Existenz der SED-Diktatur am Ende doch noch irgendwie haftbar gemacht zu werden, schweigen.

Weshalb die vor uns liegende Phase der Aufarbeitung der SED-Diktatur, anders als die zurückliegende, keinesfalls auf den Osten beschränkt bleiben darf. Ob Marianne Birthler, die Stasi-Unterlagenbeauftragte, Recht hat, wenn sie sagt, die »Rosenholzakten« würden kaum Spektakuläres über namhafte Mitarbeiter der Staatssicherheit im Bundestag zum Vorschein bringen, wenn sie 2007 veröffentlichungsreif sind, spielt dabei noch nicht einmal eine besonders große Rolle. Viel entscheidender für das Verständnis der gemeinsamen deutschen Vergangenheit wird sein, ob es gelingen kann, Erkenntnisse über die Verflechtungen zwischen den beiden deutschen Staaten zu gewinnen, die nicht in den »Rosenholzakten« zu finden sind: etwa die Beziehung der Westparteien zu den Blockparteien; oder, ökonomisch, die Zusammenarbeit – zum beiderseitigen Nutzen – von westdeutschen Unternehmern und Wissenschaftlern und der SED-Diktatur. Es gibt manchen, der jetzt diese – gesamtdeutsche – Seite des Regimes lieber für alle Zeiten im Nebel belassen will – offen oder getarnt als Mahner vor der Verharmlosung des Regimes, wenn sie als museale Präsentation von Kati-Tortenmehl und Trabant-Kombi mit Blauhemdpuppen als Fahrern daherkommt.

Dabei geht es hier um nichts weniger als um ein organisiertes Weichspülprogramm für die DDR-Vergangenheit. Denn gerade diese Art der Geschichtsbewältigung – die DDR in schrecklichen oder wahlweise wohligen Superlativen – hat doch mit der Zeit dazu geführt, dass man glauben könnte, es sei ja alles wahrscheinlich gar nicht so tragisch gewesen, wie es uns die ewig nörgelnden Opferverbände weismachen wollen. Vollbeschäftigung, für Ruhe und Ordnung im Wohngebiet sorgende Abschnittsbevollmächtigte, die Busfahrt für 20 Pfennige: Das sind die Geschichten, die erzählt werden, wenn Politik den Raum dafür lässt. Einen Raum, den sie auch mit noch so vielen Stasi-Knast-Museen nicht mehr zurückerobern kann.

Wer keine breite Debatte über das Wesen der DDR-Diktatur will, wer das Wissen über die tägliche Angst und die sich daraus entwickelnden menschlichen Deformierungen lieber nicht ans Tageslicht holen will, der braucht sich nicht darüber zu wundern, wenn urplötzlich Hundertschaften alter Knastaufseher öffentlich Geschichtsklitterung betreiben und eine schweigende Masse zustimmend nickt. Und den muss auch nicht wundern, wenn Hans Modrow – einst SED-Oberaufseher in Dresden – dieser Tage vollkommen unwidersprochen im Bundestag behaupten darf, dass der Westen ein gehöriges Maß an Mitschuld an den Toten der innerdeutschen Mauer trägt. Willi Sitte hat unlängst in Merseburg ein eigenes Museum eröffnet. Dort stellt das ehemalige Mitglied des SED-Zentralkomitees sein künstlerisches Lebenswerk aus und lässt den einstigen DDR-Chefarchitekten von Halle als Kuratoriumschef auch schon mal seinen Bildern neue – passendere – Namen geben. Die Kultur- und Politikszene in Nürnberg hatte zuvor keinen Mut, sich mit dem so berühmten und in die Diktatur so verstrickten Künstler auseinander zu setzen, und auch die Stadtoberen von Halle, Sittes Heimatort, schwiegen ihren Sohn lieber tot, als ihm einen Platz zum Diskurs anzubieten. Man kann Wetten darauf abschließen, wann Merseburg zum Wallfahrtsort all der frustrierten Ossis wird, die ihre kuschelige DDR herbeisehnen.

Im besten Fall wird auch ihnen ein umfassenderer Blick auf die DDR den Weg ins gemeinsame deutsche Vaterland erleichtern. Denn ihre Lebensgeschichten hat der tosende Aufbau Ost mit Baggern und Schaufeln im letzten Jahrzehnt im wahrsten Sinne des Wortes niedergewalzt. Dabei waren sie hervorragende Ärzte in Polikliniken, die Leben gerettet haben, auch ohne die High-Tech-Medizin des Westens. Und sie waren Erzieherinnen in Kindergärten mit frühkindlichem Bildungsanspruch, den wir heute mühsam neu erfinden. So vielen Menschen gelang es, auch unter den Bedingungen der SED-Diktatur im Alltag der Arbeit und Familie Werte zu schaffen, die zu schade dafür sind, auf dem Müllplatz der Geschichte abgeladen zu werden.

Mama, warum seid ihr eigentlich damals nicht alle weggelaufen. Ja, warum eigentlich nicht?

Antje Sirleschtov, Der Tagesspiegel, 2.7.2006

DDR-Diktatur. Abgeordnete fordern Konzept zur Aufarbeitung

Kultur und Medien. Der Vorsitzende der so genannten Sabrow-Expertenkommission zur Aufarbeitung der SED-Diktatur, Martin Sabrow, hat sich am 28. Juni erstaunt und erfreut über das breite Interesse der Öffentlichkeit an den Empfehlungen der Kommission gezeigt. »Es gibt ein großes Bedürfnis zur Verständigung über den Umgang der zweiten deutschen Diktatur«, sagte Sabrow im Kulturausschuss. Die Expertenkommission hatte empfohlen, sich der Thematik aus verschiedenen Perspektiven zu nähern und dabei drei Themengebiete vorgeschlagen: Überwachung und Verfolgung; Mauer und Grenze sowie Herrschaft und Gesellschaft. Das Papier war im Mai vorgestellt worden und hatte ein breites Echo in der Öffentlichkeit zur Folge.

Alle Fraktionen betonten, die Empfehlungen der Kommission seien ein wichtiger Grundstein für ein Konzept zum Umgang mit der kommunistischen Diktatur, das nun schnellstmöglich folgen müsse. Die SPD-Fraktion regte an, die Diktatur müsse im internationalen Vergleich betrachtet werden. Zudem müsse konstatiert werden, dass die Aufarbeitung »faktisch unterfinanziert« sei. Die Fraktion appellierte an Kulturstaatsminister Bernd Neumann (CDU), sich dieser »drängenden Haushaltsfrage« schnell anzunehmen. Auch die Union begrüßte das Gutachten. Es sei nötig, über die Aufarbeitung der deutschen Geschichte eine offene Diskussion zu führen. Besorgniserregend seien Zahlen, nach denen über 30 Prozent der Ostdeutschen es ablehnten, die DDR als Diktatur zu bezeichnen. Dies sei »alarmierend«. Man beobachte zudem, dass ehemalige Stasi-Funktionäre »immer frecher auftreten« und so der Versuch unternommen werde, einen Unrechtsstaat im Nachhinein »demokratisch aufzupolieren«. Dies bestätigten auch die Bündnisgrünen. Man sehe darin den Versuch, »Geschichtsklitterung« zu betreiben. Liberale und Linksfraktion betonten, die Aufarbeitung der DDR-Geschichte sei nicht nur für die Ostdeutschen wichtig, sondern ein gesamtdeutsches Thema. Die Linksfraktion sah den Beginn einer neuen Aufarbeitungsdiskussion. Dabei müsse neben den von der Kommission genannten Themen auch die Kultur einen breiten Raum einnehmen.

suk, Das Parlament, 3.7.2006

Fokus Widerstand. Zu den Empfehlungen der Expertenkommission zur Schaffung eines Geschichtsverbundes »Aufarbeitung der SED-Diktatur«

Kann ein demokratischer Staat den Widerstand der Bürger gegen die ihm vorausgegangenen Diktaturen in das Zentrum des Gedenkens stellen? Sollte der demokratische Staat ein aufklärendes Erinnern nicht neben ein solches Primat stellen? Müsste nicht um der Zukunft der Demokratie willen gerade ihre Verteidigung im Fokus de Erinnerung stehen?

Die Herausforderungen von morgen brauchen den lebendigen Blick auf die zur Demokratie hin drängenden Verhaltensweisen der Bürger und ihrer Selbstorganisation.

Ein zukunftsfähiger Staat sucht gerade vor dem Hintergrund vergangener Diktaturen die Vielgestalt des Widerstandes als zukunftsweisende Infragestellung.

Die breite Würdigung durch die Expertenkommission, die die bisherigen Initiativen zur Aufarbeitung der SED-Diktatur erfahren, bedeutete einen wirklich hervorragenden Ansatzpunkt, um zu einer zweiten Etappe bezüglich der Hebung des Geschichtsbewußtseins zur SED-Diktatur zu gelangen. Die Vielzahl der Bemühungen nach 1989 konnte allerdings nicht verhindern, daß die so genannte Ostalgie (Nostalgie) und die Verharmlosung der SED-Herrschaft um sich gegriffen haben.

Die bisherige Erinnerungsarbeit ist in eine zu problematisierende Hierarchie des Gedenkens eingemündet: Täter – Opfer – Widerständige. Die Empfehlungen der Expertenkommission sprechen selbst davon, dass »in der gegenwärtigen Gedenklandschaft insbesondere Alltag und Widerstand einer diktatur-unterworfenen Bevölkerung weitgehend ausgeblendet« sind. Der Alltag bzw. der lebensweltliche Kontext der Bürger sollte allerdings nicht dem widerständigen Handeln und der Standhaftigkeit einzelner gegenüber gestellt werden. Gerade die Darstellung des Widerstandes in den verschiedenen Milieus sollte die lebensweltlichen und herrschaftsbedingten Kontexte mit aufnehmen. Wird in dieser Weise der Fokus auf den Widerstand gelenkt, wird der Verharmlosung der SED-Herrschaft zukunftsweisend und mit Respekt vor den Menschen entgegengewirkt.

Die drei von der Expertenkommission definierten Themenbereiche »Herrschaft – Gesellschaft – Widerstand«, »Überwachung und Verfolgung« und »Teilung und Grenze« geben die komplexe Aufgabenstellung wieder und knüpfen zugleich an die bisherige Gedenk- und Erinnerungsarbeit an. Allerdings weisen die Zuschnitte der Themenbereiche ein systembezogenes Denken auf.

Wird der Fokus auf den Widerstand gelenkt, so wird die Frage des Überlebens während und nach erlittener Verfolgung sowie die Fluchtbewegung über die Menschenverachtende Grenzziehung hinweg thematisiert. »Widerstand und Gesellschaft im SED-Staat«, »Verfolgung und Überleben im Überwachungssystem«, »Flucht und Grenzregime während der deutschen Teilung« – mit diesen thematischen Zuspitzungen würde dem Aspekt Widerstand Beachtung gegeben.

Der gewachsene dezentrale Verbund von durch bürgerschaftliches Engagement entstandenen Einrichtungen des Erinnerns und Gedenkens wird zur Weiterentwicklung empfohlen. Der ungebrochene Zuspruch, den das Anti-Stasi-Museum in der »Runde Ecke« in Leipzig erfährt, ist ein Beispiel dafür, dass eine orts- und geschehensnahe Gedenkarbeit gerade für junge Menschen anziehend gestaltet werden kann. An diesen Orten kann die Gegenwehr gegen den Unterdrückungsapparat zum Ausgangspunkt des Gedenkens gemacht werden.

In diesem Sinne ist auch die Option einer in der Bundeshauptstadt angesiedelten Einrichtung, eines »Forum Aufarbeitung« in der Nähe der Gedenkstätte Berliner Mauer und der Kapelle der Versöhnung am ehemaligen Grenzstreifen Bernauer Straße naheliegend. Niemand sollte vergessen, dass die SED-Herrschaft nur mit politisch begründeter Todesdrohung gegen die Bevölkerung die dann doch befristete Macht aufrechterhalten konnte.

Die Empfehlungen erwägen in unterschiedlichen Varianten eine Neuausrichtung der Behörde der Bundesbeauftragten für die Stasi-Unterlagen. Die inhaltlichen Überlegungen, etwa für ein Dokumentations- und Forschungszentrum »Diktatur und Geheimpolizei« können durchaus nachvollzogen werden. Allerdings liegt die Frage nahe, was geschieht, wenn der juristische Status der Behörde gewandelt wird. Die Friedliche Revolution, mithin die zivilgesellschaftlich ausgerichtete Demokratiebewegung und später parlamentarisches Handeln freier Abgeordneter sind in einen Willensbildungs- und Entscheidungsprozeß eingegangen, der diesen Teil der Diktatur-Aufarbeitung als ein staatliches Handeln legitimiert. Warum sollte diese hohe Stufe allgemeinverbindlicher Absage an ein grausames Überwachungssystem und seiner Nachwirkungen aufgegeben werden?

Der zielführende Begriff der Empfehlung heißt »Aufarbeitung«. Wir suchen nach Ergänzung für einen dauerhaft die Demokratie auch für kommende Herausforderungen stärkenden Umgang mit diesem Thema. Widerspruch der Meinung, Standhaftigkeit des Einzelnen, widerständiges

Handeln von Familien und Gruppen, Widerstand gegen das System und Opposition intendieren eine Richtung der Aufarbeitung. In dieser Perspektive werden dann auch die Leistungen der Kirchen, der Kulturträger sowie der Friedens- und Bürgerbewegungen bzw. deren Identifikationsangebote für den Einzelnen und damit die Entscheidungsmomente für den Widerspruch gegen das Regime zur Darstellung kommen.

Pressemitteilung, Stephan Bickhardt, Uwe Schwabe, Archiv Bürgerbewegung Leipzig e.V., 7.7.2006

Vergangenheit. Nur eine Sicht auf die DDR, die dann alle haben sollen?

Das Wort »Tsunami« findet der Zeithistoriker Martin Sabrow in diesem Zusammenhang etwas geschmacklos. Doch seine Expertenkommission zur DDR Geschichte fühlte sich tatsächlich wie von einem Naturereignis überrollt. Wie nun weiter?

Jena. Noch zwei Monate nach der Veröffentlichung der 21-seitigen Expertise ist der Direktor des Zentrums für Zeithistorische Forschungen in Potsdam »völlig überrascht« von den heftigen Reaktionen. Was sorgte bloß für diesen Aufruhr, fragt sich der Kommissionschef. Sabrow gibt die Frage am Mittwochabend bei einer gut besuchten Podiumsdiskussion an der Uni Jena weiter. Die Empfehlungen der Kommission, meint der Thüringer Historiker Jürgen John, könnten als vernünftig gelten. So bleibt auch für ihn die Frage: »Warum also dann die Angriffe und die stark politisierte Debatte?«

Dabei hatte die Kommission nichts anderes vor, als die in Museen und Gedenkstätten organisierte Erinnerung an die DDR zukunftsfest zu machen. Das Geld ist knapp und mit dem zeitlichen Abstand sinkt das Interesse. Gerade bei kleinen Einrichtungen muss das Engagement fast zwangsläufig nachlassen. »Vielen regionalen Gedenkstätten geht es sehr dreckig«, sagt Sabrow. Sein Professoren-Kollege John erinnert an Einrichtungen wie das von unten entstandene Domaschk-Archiv in Jena, »die in der Regel wenig Lobby haben und nur geringes Gehör finden«.

Zudem ist die Erinnerung an die SED-Diktatur nicht immer so gut, wie sie gemeint ist. Es fehlt teilweise an Professionalität. Der Repression etwa durch die Staatssicherheit werde Vorrang gegenüber dem DDR-Alltag eingeräumt, sagt Sabrow. »Einseitige Politisierung und Diffamierung« kritisiert denn auch ein Zuhörer in Jena, der nach eigenem Bekunden ein gutes Leben geführt hat.

Ein gegenläufiges Defizit erkennt Sabrow im andauernden Versuch einer »Trivialisierung der DDR«. Deshalb möchte er sie nicht in die

Hände von Ostalgikern fallen lassen. »Zur historischen Wahrheit gehört Ihre Biographie«, sagt er dem Kritiker, einem früheren Lehrer-Ausbilder: »Aber da bleibt sie nicht stehen.« Als zentrale Themen der Aufarbeitung hat die Kommission deshalb Überwachung und Verfolgung, Grenze und Teilung sowie Herrschaft und Alltag (einschließlich Opposition und Widerstand) vorgeschlagen. Allerdings kann man auch herrlich missverstehen, dass diese Themen mit Institutionen verknüpft werden sollen, wobei die Birthler-Behörde eine Art Leitfunktion hat. Von einem »Aufarbeitungskombinat« war sogleich die Rede.

»Damit jeder die DDR so klar beurteilt wie die NS-Zeit, ist eine Aufarbeitung in der Fläche nötig«, wiederholt in Jena die Thüringer Stasi-Unterlagenbeauftragte Hildigund Neubert ihre Kritik. Sie spricht von einer »Verunklarung der Ziele« durch die Sabrow-Kommission, durch die es nicht »zum anti-totalitären Konsens über die DDR« komme.

Sabrows Antwort ist kühl: »Wenn ich Sie recht verstehe, haben Sie eine bestimmte Sicht auf die DDR, die dann alle haben sollen.« Dieses Anliegen könne man sich in einer liberalen Gesellschaft nicht zu eigen machen. Die Mehrzahl von Erinnerungsperspektiven ist für den Kommissionschef zugleich einer der Gründe für den öffentlichen Aufruhr. Bislang hätten die Erinnerungsmilieus in »friedlichignoranter Weise koexistiert«. Wie die Vorstöße von Stasioffizieren jüngst in Berlin zeigten, begönnen sie jetzt, sich gegenseitig zu bestreiten.

Und wohin treibt nun die DDR-Geschichte, wie die Veranstaltung in Jena überschrieben war? Sabrow erwartet nicht, dass seine Kommission viel bewirken wird: »Das war doch bloß ein Sturm im Wasserglas, in dem eine paar Gedenkfrösche hin- und herschwimmen.«

Eike Kellermann, Freies Wort, 14.7.2006

Rot-roter Tunnelblick

Sonderbare Berliner Politik des Gedenkens an die DDR: Es ist viel von Block-Konfrontation und wenig von der SED-Verantwortung die Rede.

Die Debatte um angebliche Kontakte der Stasi zu 43 Mandatsträgern des 6. Deutschen Bundestages macht deutlich, wie gegenwärtig die Hinterlassenschaft des 1989 untergegangenen SED-Regimes noch immer ist. Ein »Paradigmenwechsel von der politischen Delegitimation zur kritischen Historisierung« der DDR, wie ihn linksliberale Historiker wünschen, wird noch auf sich warten lassen. In der Expertenkommission zur Schaffung eines Geschichtsverbundes »Aufarbeitung der SED-Diktatur«, die noch von der rot-grünen Bundesregierung eingesetzt wurde, konnte sich die Forderung nach einem solchen Paradigmenwechsel letztlich nicht durchsetzen. Zu viele offene Fragen der deutschen Teilung stehen noch auf der Tagesordnung. Das betrifft den Umgang mit der Erinnerung an die zweite deutsche Diktatur in Gedenkstätten, Schulen sowie in der zeithistorischen Forschung und Lehre. Die rot-grüne Bundesregierung glaubte fälschlicherweise, eine Neuordnung der DDR-Aufarbeitung könne durch ihr nahestehende Experten von oben herab erfolgen. Das Vorhaben ist gescheitert, da es nicht auf Konsens, sondern auf Ausgrenzung setzte. Insbesondere DDR-Bürger, die unter harten Repressionsmaßnahmen des SED-Regimes gelitten hatten, widersprachen dem Expertenvotum, daß »der deutlich übergewichtigen Konzentration auf Orte der Repression und der Teilung entgegengewirkt werden« solle.

Von einer übergewichtigen Konzentration auf Orte der Teilung kann in der deutschen Hauptstadt keine Rede sein. Das bekannteste Sinnbild dieser Teilung, die Berliner Mauer, ist bis auf ein paar Reste aus dem Stadtbild verschwunden. Ihr mörderischer Charakter ist nirgendwo mehr evident. Besucher sind auf Fotografien und Filme im Museum am Checkpoint Charlie angewiesen oder auf die abgelegene Gedenkstätte in der Bernauer Straße. Der Berliner Senat verabschiedete jetzt sein lange angekündigtes Gesamtkonzept zur »Erinnerung an die Berliner Mauer«. Es entstand unter der Federführung von PDS-Kultursenator Thomas Flierl, der sich in der deutschen Hauptstadt nebenbei auch für ehemalige kulturpolitische Anliegen der SED zuständig fühlt. Aus der oppositionellen CDU im Berliner Abgeordnetenhaus erhob sich Protest. Ihr kulturpolitischer Sprecher Uwe Lehmann-Brauns kritisiert insbesondere die verdruckste Art und Weise, in der nun ausgerechnet ein ehemaliger DDR-Regierungsfunktionär seine Hegemonie über die Erinnerungskultur in Berlin für parteipolitische Sonderwege mißbraucht. Flierl arbeitete von 1987 bis zum Sturz des SED-Regimes im DDR-Kulturministerium. Er war zuständig für Grundsatzfragen der europäischen kulturellen Zusammenarbeit und Projekte innerstädtischen Kulturaustausches. In strengem Funktionärston belehrte er seinerzeit den West-Berliner CDU-Abgeordneten Lehmann-Brauns, daß dessen unangemeldete Besuche in Ost-Berliner Ausstellungen als Einmischungen in die inneren Angelegenheiten der DDR unerwünscht seien.

Flierls Mauerkonzept ist als Diskussionsgrundlage solider geraten als die Empfehlungen der rot-grünen Expertenkommission, die nicht einmal eine Bestandsaufnahme der vorhandenen Aufarbeitungseinrichtungen zustande brachte. Bei Flierl sind hingegen alle noch vorhandenen Fragmente der innerstädtischen Sperranlagen sowie die Erinnerungsorte vollständig erfaßt. Das Berliner Konzept wartet außerdem mit eindeutigen Aussagen über die »Bindekräfte« des SED-Regimes auf, wenn es feststellt: »Ohne die Mauer war die DDR nicht existenzfähig. Als die Mauer fiel, fiel auch das politische Herrschaftssystem der DDR in sich zusammen.« Das rot-grüne Expertenpapier meinte hingegen, es sei »fachwissenschaftlich wie auch öffentlich« unstrittig, »daß die vierzigjährige Existenz der DDR weder aus der Intensität der geheimpolizeilichen Verfolgung und Überwachung noch auch allein von der gewaltsamen Abriegelung ihrer innerdeutschen Grenze her ausreichend erfaßt und dargestellt werden kann«.

Mehr als drei Millionen Menschen haben zwischen 1949 und 1989 die DDR verlassen, weil sie mit den politischen Verhältnissen und den Lebensbedingungen in diesem Staat nicht einverstanden waren. Die SED hätte weder zu Beginn noch am Ende eine freie Wahl gewinnen können. Eine Mehrheitsloyalität gegenüber dem SED-Regime existierte zu keinem Zeitpunkt, und für den größeren Teil der DDR-Bürger blieb die Bundesrepublik in jeder Hinsicht ein positiv besetzter Referenzhorizont. Das wird auch durch Historisierungen kaum in ein anderes Licht gerückt werden können. Was freilich nach einer Öffnung der Archive in Moskau noch deutlicher hervortreten wird, ist die Rolle der Sowjetunion als unmittelbar in das DDR-Geschehen involvierte Garantiemacht der SED.

Im Gedenkkonzept des Berliner Senats »zur Erinnerung an die Berliner Mauer« findet sich nichts zur Verantwortung der Sowjetunion. Auch die westalliierten Schutzmächte, denen die Aufrechterhaltung von Freiheit und Demokratie im westlichen Teil Berlins zu danken ist, kommen nicht vor. Dabei hätte gerade die Berliner SPD allen Grund, sich an die transatlantische Zuneigung der Vereinigten Staaten zu erinnern. Ohne die Freiheitsgarantien Kennedys für die halbe deutsche Hauptstadt, ohne das entschlossene Beharren auf den alliierten Vereinbarungen über Berlin und Deutschland wäre die West-Berlin-Frage irgendwann im Sinne Chruschtschows und Ulbrichts entschieden worden. Die letzten Besatzungspläne, die bereits mit den Namen der Stasi-Kommandanten für die West-Berliner Bezirke versehen waren, stammen übrigens aus dem Jahr 1988. Angesichts der geschichtspolitischen Schludrigkeit des rot-roten Senats schlug die Bezirksverordnetenversammlung von Berlin-Charlottenburg jetzt vor, im ehemaligen Amerika-Haus am Bahnhof Zoo ein West-Berlin-Museum einzurichten. Dort würde gezeigt, was das rot-rote Konzept über den Freiheitswillen der Berliner verschweigt.

Insbesondere in der politischen Einleitung des Senatskonzeptes zum Mauergedenken schlägt die Befangenheit des federführenden PDS-Senators durch. Flierl hatte im vergangenen Jahr angekündigt, ein »substantieller Bestandteil« des Gesamtkonzeptes werde »das Gedenken an die Opfer der deutsch-deutschen Grenzen« sein. Was sich bereits in dieser verschwommenen Formulierung andeutete, hat sich nun bestätigt. Flierls Mauergedenkplan enthält keinen Hinweis auf die Verantwortlichen des Mauerbaus. Weder die Rolle der SED-Führung noch die der Sowjetunion sind erwähnt. Als habe es nie eine Befehlskette mit dem SED-Politbüro an der Spitze gegeben. Die Täter des Regimes verschwinden hinter Allgemeinplätzen.

Fast verschwunden ist aus dem Blickwinkel des rot-roten Senats auch das privat bewirtschaftete Mauermuseum am Checkpoint Charlie. Seit dem Bau der Berliner Mauer 1961 haben mehrere Millionen Touristen aus aller Welt diesen Übergang besucht oder überquert. Viele von ihnen ließen sich auch durch Rainer Hildebrandts kleines Mauermuseum führen. Wer heute die in den neunziger Jahren erheblich vergrößerte Ausstellung über die Geschichte der Berliner Mauer aufsucht, kann sich kaum vorstellen, wie klein das Museum einmal war, als die Mauer noch stand. Im letzten Haus direkt am Grenzübergang wurden damals auf engstem Raum Teile von Sperranlagen, Minen und Selbstschußgeräte gezeigt, die von antikommunistischen Aktivisten unter Lebensgefahr abmontiert worden waren, aber auch Fluchtfahrzeuge, Mini-U-Boote und Bilder von Fluchttunneln. Insgesamt 5.075 Flüchtlinge überwanden in Berlin die Befestigungsanlagen, 239 wurden bei Fluchtversuchen von DDR-Grenzern erschossen. Das Mauermuseum am Checkpoint Charlie erinnert daran in angemessener Weise. So werden die entsetzlichen Bilder einer mißglückten Flucht gezeigt, die am 17. August 1962 um die Welt gingen. Von mehreren Schüssen getroffen, starb unweit des Checkpoint Charlie der 18 Jahre alte Bauarbeiter Peter Fechter einen qualvollen Tod. Er verblutete unter den Augen zahlreicher Zuschauer, die ihm nicht helfen konnten, direkt hinter der Mauer an der Kreuzberger Zimmerstraße.

Dem PDS-Senator ist die antikommunistische Ausrichtung des Museums am Checkpoint Charlie ein Dorn im Auge. Seit längerem verfolgt er beharrlich den Plan eines Gegenmuseums, das einen Teil der jährlich mehr als 700.000 Besucher des Mauermuseums abziehen könnte. Die Steilvorlage dafür erhielt er Anfang vorigen Jahres durch das Potsdamer Zentrum für Zeithistorische Forschung (ZZF), das in einem Memorandum verkündete, »Berlin braucht ein Museum des Kalten Krieges«. Flierl nahm das prompt auf und schlug vor, am Checkpoint Charlie solle »ein Museum des Kalten Krieges entstehen, das diesen Ort als Schauplatz der Block-Konfrontation der Supermächte dokumentiert«. Hinter dem unverbindlichen Gerede von der »Block-Konfrontation« aber verschwinden die Ursachen. Der Streit um West-Berlin war von Anfang an eine Auseinandersetzung um Freiheit, Demokratie und Selbstbestimmungsrecht. Willy Brandt sagte am 18. März 1963 in seiner Regierungserklärung vor dem Abgeordnetenhaus: »Berlin ist eine Stadt des Westens. Die westlichen Truppen bleiben in Berlin, bis die Mauer fällt und bis die Lösung der deutschen Frage in Frieden und Freiheit erreicht sein wird.« Der Kampf um die Selbsterhaltung der Berliner Sozialdemokratie begann 1946. Geschichtspolitisch könnte er jetzt verlorengehen.

Durch maßgebliche Mitwirkung Brandts endete der Kalte Krieg in

Berlin mit dem Viermächteabkommen von 1971 und dem Grundlagenvertrag zwischen Bundesrepublik und DDR. Der west-östliche Besucherverkehr sorgte von da an entscheidend für die Zusammengehörigkeit der Deutschen. Zwischen 1972 und 1989 wurden allein von West-Berliner Bürgern vierzig Millionen Besuchsanträge für Ost-Berlin und die DDR gestellt. Die Mauer war von West nach Ost durchlässig geworden. Die an der Mauer ermordeten DDR-Bürger sind weder »Opfer der deutsch-deutschen Grenzen« noch Opfer des Kalten Krieges. Die Mauertoten gehen allein auf das Konto des SED-Regimes. Seine Spitzenfunktionäre wurden dafür belangt und zu Gefängnisstrafen verurteilt. Auch das gehört zur Erinnerung an das Mauerregime und seine Aufarbeitung.

Das vom rot-roten Senat beschlossene »Gesamtkonzept« bietet, genauer betrachtet, nur Bruchstücke der Mauererinnerung. Es unterläuft einen einstimmig gefaßten Beschluß des Deutschen Bundestages, wonach in der Umgebung des Brandenburger Tores ein »Ort für die Information über und die Erinnerung an die Berliner Mauer, des Gedenkens an ihre Opfer und der Freude über die Überwindung der deutschen Teilung zu gestalten« ist. Nach dem rot-roten Gedenkkonzept würde dieser Ort als Medieninstallation unter die Erde in den U-Bahnhof Brandenburger Tor verlegt. Dem Tunnelblick des PDS-Senators mag es vielleicht genügen, wenn das Opfergedenken im Untergrund verschwände. Die Bundesregierung soll mehr als zehn Millionen Euro zur Verwirklichung des Berliner Mauergedenkens beisteuern. Noch kann sie die bisherigen Fehlorientierungen korrigieren.

Jochen Staadt, Frankfurter Allgemeine Sonntagszeitung, 16.7.2006

Streit über eine untergegangene Diktatur

Die Aufarbeitung der DDR-Vergangenheit gerät ins Dickicht der Parteipolitik – Bundestagspräsident-Vize Thierse spricht von einem »geschichtspolitischen Kleinkrieg«

Berlin. Wahlkampf auf der Glienicker Brücke: Nicht nur jetzt, zum 45. Jahrestag des Mauerbaus, rückt das Thema Aufarbeitung der SED-Diktatur wieder mehr in den politischen Fokus. Der Streit über Zustand und Zukunft der Birthler-Behörde ist nur einer von vielen neu entbrannten Konfliktherden. Auch in der Auseinandersetzung über die Empfehlungen der noch von Rot-Grün ins Leben gerufenen Expertenkommission zur Schaffung eines Geschichtsverbundes »Aufarbeitung der SED-Diktatur« oder über das »Gedenkkonzept Berliner Mauer« des rot-roten Berliner Senats deutet sich an, dass der überparteiliche Konsens in Sachen DDR ins Wanken gerät.

»Dieser Konsens«, glaubt Marianne Birthler, »das war etwas, worum uns viele andere Länder sehr beneidet haben, sei es in Osteuropa, sei es im Irak oder in Südafrika. Er hat in der Ära Kohl gehalten, er hat unter Rot-Grün gehalten, und ausgerechnet jetzt, wo sie zusammen eine Regierung bilden, scheint er in Gefahr zu sein. Wenn das Thema Aufarbeitung in die Parteigräben geriete, das wäre wirklich traurig.«

Manche vermuten in der Heftigkeit der Auseinandersetzung auch einen Ausdruck für die Unzufriedenheit mit der großen Koalition, speziell in der Union. Man bangt um das eigene Profil, möchte es aber nicht an den aktuellen Konfliktlinien schärfen und verlegt sich deshalb auf die Vergangenheit: Misstrauensvotum, Ostpolitik, Willy Brandt.

Früher wurde das Thema von erfahrenen Innenpolitikern wie Dieter Wiefelspütz (SPD), Hartmut Büttner (CDU) oder Hartmut Koschyk (CSU) einvernehmlich betreut, dann aber – aus praktischen Gründen, aber auch wegen Otto Schilys Aversion gegen die widerspenstige Marianne Birthler – dem Kulturstaatsministerium übergeben. Mit Bernd Neumann wurde dieses Amt – nach zwei Parteilosen – von einem der dienstältesten Landespolitiker der CDU übernommen. In scharfen Worten wies sein Abteilungsleiter für Kultur und Medien, Hermann Schäfer, den Bericht der überparteilichen Sabrow-Kommission und dessen Empfehlungen zur Neugestaltung der DDR-Gedenklandschaft zurück. Der kulturpolitische Sprecher der Union, Wolfgang Börnsen, lässt sich in dieser Angelegenheit vom Gedenkstättenleiter Hubertus Knabe beraten, der im Zusammenhang mit der Sabrow-Kommission von »Aufarbeitungskombinat« und »staatlich geförderter Ostalgie« spricht. Als Joachim Gauck, der frühere Bundesbeauftragte für die Stasi-Unterlagen, einmal vor der Unionsfraktion seine zustimmende Position zu Sabrow und Birthler dargelegt hatte, protestierte Knabe, warum nicht auch er gehört worden sei. Auch Neumanns Vorgängerin Christina Weiss hat den Eindruck, da werde jetzt stärker politisiert als der Gedenklandschaft guttut.

Diese Strategie der politischen Zuspitzung in der Diskussion über die DDR-Vergangenheit wird in der Union allerdings nicht von allen gutgeheißen. »Ich weiß, dass es da Leute gibt, die das versuchen«, so der stellvertretende Fraktionsvorsitzende Wolfgang Bosbach, »aber wir brauchen die Überparteilichkeit, und darüber besteht auch bei einer Mehrheit der Fraktion Einigkeit.« Auch Monika Grütters, kulturpolitische Sprecherin der Berliner CDU-Fraktion, in der das Thema SED-Diktatur naturgemäß eine besondere Rolle spielt, sieht die Tendenz und hält sie für problematisch: »Wir sind den Opfern eine unvoreingenommene Haltung schuldig. Das gilt für alle Seiten. Das gilt sowohl für den PDS-Senator Flierl, der bei der Konfrontation mit Ex-Stasi-Offizieren in Hohenschönhausen ein eindeutiges Statement schuldig geblieben ist, wie auch für den überparteilichen Konsens, den wir alle bei der Aufarbeitung der Stasi-Unterlagen zu verteidigen haben.« Maria Michalk, Unionsabgeordnete aus Bautzen, die Mitglied der beiden Enquete-Kommissionen des Bundestags zum Thema Aufarbeitung der SED-Herrschaft war, sieht ebenfalls die Überparteilichkeit der bisherigen Verfahrensweise in Gefahr: »Das war ein sehr hohes Gut, ein Vermächtnis der friedlichen Revolution. So ein Konsens bleibt nicht statisch erhalten, man muss sich das immer wieder erarbeiten.«

Streit zwischen den Parteien hat es in der Vergangenheit einzig beim Thema Entschädigung der Opfer gegeben. Ex-Bundestagspräsident Wolfgang Thierse (SPD) sieht einen »geschichtspolitischen Kleinkrieg« im Gang, an dem sich vor allem »Historiker mit eigenen Geschäftsinteressen« beteiligten, so der Berliner Forschungsverbund SED-Staat an der FU Berlin, in dem es wiederum auch untereinander Querelen gebe, und das Münchner Institut für Zeitgeschichte. Die Birthler-Behörde mit ihren 2.000 Mitarbeitern, dem privilegierten Aktenzugang und dem Etat von 100 Millionen Euro wecke da häufig Neidgefühle.

Der Historiker Manfred Wilke, der vor acht Jahren Mitglied der CDU wurde – aus Protest gegen Rot-Rot und aus Dankbarkeit gegenüber dem Kanzler der Einheit, wie er sagt –, gehört zu den Hauptkritikern der Birthler-Behörde in Sachen »Rosenholz«-Akten. Zwar habe er Birthler nicht den Vorwurf des karrierebewussten Opportunismus machen wollen – angesichts von Birthlers Biografie, ihren Konflikten mit der SED-Führung, später mit Manfred Stolpe, mit Otto Schily oder Helmut Kohl, wohl auch ein kluger Schachzug. Wilke ist aber der Meinung, die Behörde habe ihre vornehmste Aufgabe, die Überprüfung Bediensteter, im Wesentlichen erledigt und behindere nun die wissenschaftliche Auswertung der Akten durch ihre Monopolstellung.

Wilke war einer der wenigen westdeutschen Achtundsechziger, die nach dem Prager Frühling gegen die SED-Diktatur und den Kommunismus überhaupt auftraten. »Die SED war, wenn man so will, die einzige gesamtdeutsche Partei der Nachkriegszeit, mit vielen Fellowtravellers im Westen. Ich will wissen, was sie außer dem Misstrauensvotum noch so alles beeinflusst hat«, sagt Wilke.

Mariam Lau, Die Welt, 14.8.2006

Zwischen Ostalgie und Aufarbeitung

Die untergegangene DDR sollte für Historiker eigentlich ein Glücksfall sein. Eine abgeschlossene, aber noch höchst aktuelle Geschichte, Millionen von Zeitzeugen, Regale voller Akten und Dokumente. Doch die Erforschung der Geschichte der DDR ist unübersichtlich und leidet an ungenügender Vermittlung.

Berlin. Ein Terrain, an dem sich das Scheitern eines Systems genauso untersuchen lässt wie die Lebensbedingungen in einer Diktatur. Doktoranden untersuchen zurzeit den Automobilsport, die DDR-Außenpolitik, die Todesopfer an der Berliner Mauer oder die »Netzwerke sozialpolitischer Akteure in der DDR«. Über 10.000 Dissertationen und Studien dieser Art dürften in den vergangenen 16 Jahren abgeschlossen worden sein.

Doch die zahlreichen Forschungsergebnisse zur DDR werden in Schule und politischer Lehre zu wenig wahrgenommen oder nur genutzt, um weiterhin ideologische Grabenkämpfe auszufechten. Thomas Krüger, Präsident der Bundeszentrale für Politische Bildung, mahnte in einer Rede vor der Europäischen Akademie Otzenhausen an, dass im Mittelpunkt der Forschung nicht allein der historische Erkenntnisgewinn stehen müsse, sondern dass aus der Geschichte Lehren zu ziehen seien.

Wie kann man Lehren ziehen, wenn die Forschung zwar höchst aktiv, die Kenntnisse über die SED-Diktatur jedoch gering sind? »Warum haben die Deutschen den Reichstag eigentlich so nahe an die Mauer gebaut?« fragte ein junger Amerikaner nach einer Stadtführung durch Berlin naiv. Deutsche Schüler wissen meist auch nicht viel mehr über DDR-Geschichte.

In einer Studie des Forschungsverbundes SED-Staat an der Freien Universität Berlin kam Erstaunliches zu Tage: Viele Schüler glauben, die Alliierten oder die Sowjetunion hätten die Mauer errichtet. Andere sind der Ansicht, dass die Umweltverschmutzung in der DDR wesentlich geringer als in der Bundesrepublik gewesen sei, Zitat: »Es hat doch weniger Autos gegeben.« 40 Prozent der Schüler im Osten Berlins sind der Ansicht, dass die Stasi ein Geheimdienst wie jeder andere auch war.

Wenn die Aufarbeitung der DDR-Geschichte im Unterricht zu kurz kommt, hat das Folgen, zum Beispiel für das politische Selbstverständnis, wie Klaus Schroeder, Politikprofessor und Leiter des Forschungsverbundes zum SED-Staat, erklärt: »Es fehlen die Kriterien zur Beurteilung. Was die Werte einer zivilen Gesellschaft sind, wird den Schülern nicht vermittelt.«

Dieses Defizit stellt er auch in der Wissenschaft fest. Dort stehe die systemimmanente Forschung im Vordergrund. Das heißt: Die DDR werde aus sich selbst analysiert, die Werte, die die Bundesrepublik prägen, würden in dieser systemimmanenten Betrachtung nicht einbezogen. Er beobachtet zudem, dass viele Forschungsressourcen aus der Universität abgezogen worden seien.

Wer forscht mit welchen Methoden? Und wer finanziert diese Forschung? 17 Jahre nach dem Fall der Mauer ist die DDR-Aufarbeitung ein Flickenteppich. Da sind Universitätsinstitute, staatlich geförderte Stiftungen und Forschungsverbünde. Hobbyforscher oder Ehrenamtliche, die auf eigene Faust Gedenkstätten und Web-Sites betreiben. Vieles soll auf die Schnelle festgehalten werden, denn das Bild von dem eingemauerten Staat verblasst mehr und mehr. Im Juli hat in Berlin ein privates Museum eröffnet, in dem – vom Design bis zum Geruch der alten DDR – Alltags- und Kulturgeschichte gezeigt wird.

Dieses Flickwerk der Erinnerung hat die Politik auf den Plan gerufen. Vernetzung, Kooperation und Arbeitsteilung heißen die Stichworte. Bundestagsvizepräsident Wolfgang Thierse forderte zum Jahrestag des Mauerbaus am 13. August »gute und intelligente Lehrmaterialien und authentische Erinnerungsorte«. Der Kultursenator von Berlin, Thomas Flierl, der nach dem gründlichen Abriss von Mauer und Palast der Republik den Verlust authentischer Orte der DDR-Geschichte beklagt, legte ein Gesamtkonzept zur »Erinnerung an die Berliner Mauer« vor. Und schon die rot-grüne Bundesregierung hatte eine eigene Kommission zur Schaffung eines Geschichtsverbunds zur »Aufarbeitung der SED-Diktatur« eingesetzt.

Seit die Ergebnisse im Juni in einem 24-Seiten-Papier vorgestellt wurden, wird wieder intensiv über die DDR-Geschichte diskutiert. Zeitgeschichtler befürchten, dass der Staat die Kontrolle über die DDR-Forschung gewinnen könnte, und sehen sich in der Expertenkommission unterrepräsentiert. In dem Papier wird unter anderem die stärkere »Vernetzung der bestehenden Einrichtungen zur DDR-Aufarbeitung« und ein in Berlin neu zu gründendes »Forum Aufarbeitung« unter der Ägide der »Stiftung Aufarbeitung« gefordert.

Die Kommission kritisiert zugleich die »Vorrangstellung der öffentlichen Dokumentation staatlicher Repression« in den Museen und Gedenkstätten. Stattdessen müsse der »Alltag in der durchherrschten Gesellschaft« stärker in den Vordergrund rücken. Das sehen die Zeitgeschichtler anders. »Der Alltag ist nicht unterrepräsentiert. Es ist doch von Kochen bis FKK jede Banalität erforscht«, so Klaus Schroeder. »Es geht darum, wie ich den Alltag analysiere. Wenn ich die Bindungskräfte, die das System hatte, in den Vordergrund stelle, legitimiere ich doch das System.«

Auch Horst Möller, Direktor des Instituts für Zeitgeschichte (IfZ) München-Berlin, stellt klar: »Die Staatssicherheit war charakteristischer für die DDR als die Kinderkrippen.« Sein Kollege Hermann Wentker, Leiter der Außenstelle des IfZ, befürchtet in einer Analyse der Vorschläge in der Zeitschrift »Deutschland-Archiv«, dass eine Art softe DDR-Forschung dominieren könne und diese zu stark zentralisiert würde. So solle laut Expertenkommission die Birthler-Behörde, sobald die Stasiakten ins Bundesarchiv überführt worden sind, »die Geheimpolizei in den sozialistischen Diktaturen in vergleichender Perspektive untersuchen«. Kein guter Ansatz, wie Wentker findet, denn erforsche man die

Stasi im Kontext zu den ungleich brutaleren Geheimdiensten des Ostblocks, schneide der DDR-Geheimdienst als »zivilere Organisation« ab.

Es geht auch um die Fragen: Sollen private Initiativen oder staatliche die Aufarbeitung prägen? Soll diese zentral oder dezentral erfolgen, universitär oder außeruniversitär? Und welche Forschungsvorhaben werden künftig noch finanziert?

Jetzt wird das Papier der Experten zur »Aufarbeitung der SED-Diktatur« beim Staatsminister für Kultur bearbeitet. Die Vorschläge fließen in die Novellierung der Gedenkstättenverordnung von 1999, die beide Diktaturen – die braune wie die rote – umfasst. Das Konzept soll Ende dieses bzw. Anfang nächsten Jahres im Bundestag diskutiert werden.

Je mehr Zeit ins Land geht, desto mehr wird die Erinnerung an den DDR-Alltag durch Elemente der Ostalgie geprägt, desto schwieriger wird es, Klischees zu durchbrechen. Der Politologe Klaus Christoph machte bei einer Vorlesung zur deutschen Einheit in Hannover deutlich, wie sehr die Vergangenheit in der Rückschau verklärt wird. Er verweist auf zwei repräsentative Emnid-Befragungen von 1990 und 1995 in Ostdeutschland. Während die Befragten 1990 nur in drei Punkten die Überlegenheit der DDR gegenüber der Bundesrepublik konstatierten – Schutz vor Verbrechen, Gleichberechtigung und soziale Sicherheit –, waren daraus 1995 schon sieben Bereiche geworden.

Kerstin Schneider, Handelsblatt, 20.9.2006

Wer jagt den rosaroten Panther? Der Historiker-Streit um die DDR: Differenzierung, Trivialisierung oder Dämonisierung

Kommende Woche findet in Suhl eine mehrtägige Konferenz unter dem Motto: »Gemeinsame deutsche Nachkriegsgeschichte?« statt, und in Braunschweig gibt es eine Podiumsdiskussion unter der Fragestellung »Wem gehört die Vergangenheit? Das DDR-Bild im Widerstreit von Rechtfertigung und Aufarbeitung«. Diese Titel wecken Erinnerung: Da war doch was? Im Frühjahr dieses Jahres.

Um die am 15. Mai in Berlin vorgestellten und sogleich in den Medien heftig umstrittenen Empfehlungen der Expertenkommission zur Schaffung eines Geschichtsverbundes »Aufarbeitung der SED-Diktatur« ist es in der Öffentlichkeit still geworden. Doch in der Zunft der Historiker tobt der Kampf um Deutungshoheit (mit Finanzierungsinteressen und Besitzstandswahrung verknüpft) weiter.

Der gemeinsame Nenner der konservativen Kritik an den Empfehlungen der Kommission unter Martin Sabrow, Direktor des Zentrums für Zeithistorische Forschung in Potsdam: Sie wolle – mit wissenschaftsmethodischen Tricks und organisatorischen zentralistischen Umformungen – eine »Weichspülung« der SED-Diktatur betreiben. Festgemacht wird dies an einem Kernsatz der Empfehlungen: »Als die drei aufeinander bezogenen Schwerpunkte einer zukunftstauglichen Befassung mit der DDR-Geschichte definiert das Votum die Themenbereiche ›Herrschaft – Gesellschaft – Widerstand‹, ›Überwachung und Verfolgung‹ sowie ›Teilung und Grenze‹. In wechselseitiger Verschränkung und Ergänzung erlaubt es diese Struktur, ein differenziertes und vielschichtiges Bild der SED-Diktatur und ihrer Gesellschaft im Kontext des 20. Jahrhunderts als öffentliches Vermittlungsangebot zu entwerfen.«

Der gesunde Menschenverstand fragt sich, wie bei dieser Massierung negativ besetzter Begriffe (Diktatur, Überwachung, Verfolgung etc.) eine »Weichspülung« zu erwarten wäre? Aber die rechten Hohepriester der DDR-Geschichtsforschung haben eine feine Nase. Sie spürten das gefährliche Wort auf: Gesellschaft!!! Der einigermaßen informierte DDR-Kenner dürfte jedoch wissen, dass eine große Mehrheit der ehemaligen DDR-Bürger sehr wohl zwischen SED-Staat und DDR-Gesellschaft unterschieden und es weiterhin tun.

Also, warum die Aufregung? Käme vielleicht eine der Grunddogmen bisheriger westlicher DDR-Forschung ins Wanken, nämlich die, dass sich die SED zu keiner Zeit auf eine Mehrheit habe stützen können? Haben prominente alt-bundesrepublikanische DDR-Forscher vielleicht nicht völlig geirrt, als sie in den 60er Jahren eine Entwicklungstendenz in Richtung auf eine »partizipative Diktatur« mit Elementen eines »konsultativen Autoritarismus« diagnostizierten? Wie erklären sich die zunehmende DDR-Nostalgie und positive Umfragewerte zur sozialistischen Gesellschaftsidee?

Mit ihren Einwänden disqualifizieren sich die Kritiker wie der Direktor des Münchner Instituts für Zeitgeschichte, Horst Möller, oder Manfred Wilke vom Berliner SED-Forschungsverbund selbst. Denn welcher ernsthaft um Objektivität bemühte Historiker kann etwas dagegen haben, die DDR – wie von der Sabrow-Kommission gefordert – in den europäischen und speziell deutsch-deutschen Kontext einzuordnen? Käme da zu viel Wirtschaftsembargo, kämen Teilungsfolgen für die SBZ/DDR, Kalter Krieg und Rüstungswettlauf ins Bild? Nur derjenige kann gegen eine vergleichende Forschung sein, der dabei zutage kommende Wahrheit fürchtet. Wie wohl Herrmann Wentker, Leiter der Berliner Außenstelle des Münchner Instituts für Zeitgeschichte, ein Wortführer der Kritiker-Phalanx, der schon düster prophezeit, am Ende käme »eine relativ zivile Stasi« heraus (»Unausgewogenheiten und Schlagseiten«, in: »Deutschland Archiv«, 4/2006).

Grundkern der Befürchtungen der Kritiker ist die erklärte Absicht der Kommission, die Erforschung und Darstellung des DDR-Alltags als unverzichtbaren Teil eines die Gesellschaft nicht ignorierenden Geschichtsbildes aufzunehmen. Sabrow und anderen klugen Beobachtern war offensichtlich klar geworden, warum das verordnete Geschichtsbild vom Terror- und Unrechtsregime trotz aller Anstrengungen nicht recht in die Ostköpfe ging und selbst größere Teile der Jugend von »Ostalgie« ergriffen wurden. Es gälte, wie Sabrow schreibt, »eine gewachsene Kluft zwischen der zeithistorischen Forschung und der öffentlichen Erinnerungskultur zu schließen und der letztlich entlastenden Dämonisierung der DDR zum reinen Terrorstaat entgegenzuwirken«. Selbst in der FAZ konnte man lesen: »Die große Mehrheit der Deutschen unter Honecker saß weder im Gefängnis noch bestand sie aus überzeugten Kommunisten.« Doch schon das wurde als »Weichspülung« geortet und die von der Kommission geforderte Differenzierung als »Trivialisierung« verketzert. Opferverbände und ihre Sprachrohre wie Matthias Döpfner, Vorstandsvorsitzender der Axel-Springer AG, drohen: »Wenn sich ihr rosarotes Geschichtsbild durchsetzt, wäre das eine Verhöhnung der Opfer.« Blind vor teils hassvoller Borniertheit mögen sie nicht erkennen, dass ein Hubertus Knabe, Leiter der Gedenkstätte Berlin-Hohenschönhausen, zwar herbeigekarrten Pennälern einen Schauer erzeugen kann, aber mehr nicht.

Ich will hier nicht über die unterschiedlichen Motive der Kommissionsmitglieder spekulieren. Eine Intention zur »Schönfärberei« lässt sich wahrlich nicht erkennen. Sabrow legt aber offen, worum es bei der Einbeziehung der Alltagsgeschichte (in der Diktatur, wie er betont) gehen soll: »Das alltägliche Arrangement mit der Macht und das Ausweichen in die vermeintliche oder tatsächliche Nische, die Begeisterung für das Projekt Sozialismus ebenso wie die Abkehr von ihm, die Ausnutzung von Spielräumen und die widerwillige Anfreundung mit dem Leben im Realsozialismus – all das lässt sich in einer gleichsam vergitterten Erinnerung an die DDR, sei es von den Kommandohöhen des Mielke-Büros oder vom Betonfußboden einer Haftzelle her, eben nur schwer oder gar nicht erschließen.« An welche aktuellen Akteure mag er da wohl gedacht haben?

Diesem Historiker-Streit liegen mithin ganz offensichtlich zwei strategisch unterschiedliche Konzeptionen zugrunde: Die Kritiker-Riege setzt darauf, dass ihr Dämonisierungskurs spätestens in der nächsten Generation verinnerlicht, ein anti-sozialistisches Geschichtsbild zementiert ist. Oder wie Möller meint: »Der Staatssicherheitsdienst war charakteristischer für die DDR als die Kinderkrippen.«

Die Kinderkrippen sind der allegorische Ersatz für das Generalanliegen: Der DDR soll der historische Platz als antikapitalistischer Modernisierungsversuch in der (zweifellos zwiespältigen) Tradition der Arbeiterbewegung und als radikaler Bruch mit Faschismus und Imperialismus sowie seinen zum Krieg treibenden gesellschaftlichen Grundlagen bestritten werden. Es soll vergessen gemacht werden, dass es ein zwar hauptsächlich, aber wahrlich nicht nur aus inneren, selbstverschuldeten Ursachen gescheiterter zivilisatorischer Anlauf war, der auf Teilgebieten und zeitweilig ein bis dahin und bis heute nicht erreichtes Maß an sozialer Sicherheit und Gerechtigkeit erbrachte – durch ein verwirklichtes Recht auf Arbeit, weitgehend gleichem Zugang zu Bildung, Kultur und zum kostenfreien Gesundheitswesen, bezahlbare Wohnungen, flächendeckende Kinderbetreuung, Frauenförderung und weitgehende Geschlechtergleichheit. Bauernbefreiung durch Entmachtung der reaktionären Junkerkaste und Genossenschaftswesen, konsequente Verfolgung von Neofaschismus, Antisemitismus und Rassismus, die Abschaffung des § 218 oder die Anerkennung gleichgeschlechtlicher Lebensweisen fanden Zustimmung. Millionen DDR-Bürger bekamen eine Ahnung davon, dass ein Leben ohne Kapitalismus und Kapitalisten, ein nicht nur auf Geld und Gewinn zentriertes gemeinschaftliches und solidarisches Leben möglich sein könnte und dass Marxens Annahme, die Veränderung gesellschaftlicher Verhältnisse könne auch die Menschen und ihr Verhalten ändern, durchaus realistisch ist.

Die Mehrheit der Kommissionsmitglieder trieb die Sorge um, »dass eine den Alltag und damit gelebtes Leben der ostdeutschen Bevölkerung ausblendende Modellierung der zukünftigen Erinnerungslandschaft erreicht, was sie gerade vermeiden will: die Spaltung des deutschen Vergangenheitsdiskurses in ein öffentliches Diktaturgedächtnis und ein privates Lebensgedächtnis. Die öffentliche Erinnerung hat die Wahl, ob sie die Erfahrungen der Zeitgenossen dauerhaft ausgrenzen will oder kritisch aufzunehmen bereit ist, um sie mit den Mitteln der fachlichen Aufklärung, der politischen Bildung und der historischen Musealisierung zu befragen und in ihren geschichtlichen Kontext einzubetten. Entscheidet sie sich für die Ausgrenzung, wird die historische Identitätssuche der ostdeutschen Mehrheitsbevölkerung sich auch weiterhin ihre eigenen Erinnerungssorte in Gestalt von Ostalgie-Shows und DDR-Alltagsmuseen schaffen«. (Sabrow, »Die Zukunft der Aufarbeitung und die Argumente der Vergangenheit«, in: »Deutschland-Archiv« 5/2006)

Wie könnte und sollte die sozialistische Linke auf den Streit reagieren? Sie sollte jedenfalls reagieren, denn in einem hat Freya Klier in ihrem die Empfehlungen ablehnenden Sondervotum Recht: »Es geht um Zukunft!« Jeder DDR-Bürger, der seine Erinnerungen der Nachwelt übermittelt, kann seinen Beitrag für diese Zukunft leisten.

DDR-Geschichte wird wohl noch über eine Weile in zwei Büchern stehen, bei deren Lektüre der Fremde meinen könnte, sie handelten von zwei verschiedenen Ländern. Teilt ein Ostdeutscher einem Wessi mit:

»Wir sind ein Volk«, könnte die Antwort sein: »Wir auch.« Und umgekehrt Sabrow meint, die ganze Auseinandersetzung folge nicht mehr alten parteipolitischen Trennlinien. In »unserer nachideologischen Zeit nach dem Ende der ›großen Gesänge‹« sei es möglich, dass beispielsweise in Berlin »ausgerechnet ein von der SED-Nachfolgepartei gestellter Kultursenator ein umfassendes und eindrucksvolles Konzept zum Mauergedenken vorlegen kann«. Ich bin sicher, dass die Zeit neuer »großer Gesänge« kommt. Dieser Historiker-Streit ist ebenso dafür ein Beleg wie Heuschrecken-Reden, Armutsberichte und Unterschichten-Debatten.

Prof. Niemann ist Autor zweier Bücher über Meinungsforschung in der DDR der 60er und 70er Jahre.

Heinz Niemann, Neues Deutschland, 4.11.2006

Die Debatte in den Fachzeitschriften

Erinnerungspolitik auf dem Holzweg.
Zu den Empfehlungen der Expertenkommission für eine künftige »Aufarbeitung der SED-Diktatur«

Am 15. Mai 2006 hat die Expertenkommission zur Schaffung eines Geschichtsverbundes »Aufarbeitung der SED-Diktatur«, die noch zu Zeiten der rot-grünen Bundesregierung eingesetzt worden war, Empfehlungen vorgelegt, die beim derzeitigen Kulturstaatsminister im Bundeskanzleramt auf entschiedene Einwände gestoßen sind. Martin Sabrow, Leiter der Kommission und Direktor des Potsdamer Zentrums für Zeithistorische Forschung, hat daraufhin am 17. Mai in einem Interview mit der Tageszeitung »Die Welt« erklärt: »Unsere Kommission hat die DDR-Aufarbeitung ja im kleinen abgebildet.« Dieser Anspruch, auch das wissenschaftliche Meinungsspektrum repräsentativ zu vertreten, trifft jedoch keineswegs zu. Die Auswahl der Kommissionsmitglieder war alles andere als ausgewogen: Die universitäre und außeruniversitäre zeithistorische DDR-Forschung war lediglich durch zwei Historiker, neben Sabrow Klaus-Dietmar Henke von der TU Dresden, vertreten. Auch auf der Liste der angehörten Sachverständigen fehlen weitere DDR-Historiker völlig. Auf einer im Deutschen Bundestag veranstalteten Anhörung zu den Kommissionsempfehlungen, die am 6. Juni stattgefunden hat, ist denn auch die einseitige Besetzung der Kommission deutlich kritisiert worden. Wer es immer noch nicht glauben wollte, sah sich daraufhin durch Henke in einer selbstbewusst gemeinten Replik endgültig aufgeklärt: Auch »monochrome«, also parteipolitisch einfarbige Kommissionen könnten, so Henke, ja »gute Arbeit« leisten.

Um die Güte dieser Arbeit geht es im Folgenden. Ein Schwerpunkt der »Empfehlungen« liegt auf der Präsentation von DDR-Geschichte in Museen und Gedenkstätten. Nun gibt es bereits das Deutsche Historische Museum und spezieller das Zeitgeschichtliche Forum Leipzig, das Diktatur und Gesellschaft des SED-Staates präsentiert. Gleichwohl reichen der Kommission solche professionell arbeitenden Museen nicht aus: Entgegen dem Auftrag, möglichst kostensparend zu arbeiten, wird unter dem anmaßenden Schlagwort »Professionalisierung« eine weitere Ausstellung »zum Alltag in der durchherrschten Gesellschaft« in Berlin geplant. Damit im Zusammenhang steht die überzogene Kritik an der Arbeit der

DDR-Gedenkstätten. In der bisherigen »Gedenklandschaft« blieben »Alltag und Widerstand einer diktaturunterworfenen Bevölkerung weitgehend ausgeblendet«. Beklagt wird eine vermeintliche »Vorrangstellung der öffentlichen Dokumentation staatlicher Repression«. Ein wesentliches Manko dieser Stellungnahme ist die unsaubere Vermischung der Aufgaben von Museen und Gedenkstätten. (Auf der Anhörung vom 6. Juni legte auch Bernd Faulenbach den Finger in diese Wunde, indem er darauf verwies, daß im Papier nicht immer klar sei, über welchen Gegenstand konkret gerade geredet werde.) Eine ausgewogene Darstellung von Repression, »Widerstand und Anpassung« sowie »Alltag in der Diktatur« gehört zweifellos ins Museum. Am spezifischen Auftrag von Gedenkstätten geht eine solche Forderung hingegen völlig vorbei. Gedenkstätten sind Orte, an denen der Repressionsaspekt einer Diktatur vorherrschen muss und soll – zuallererst stehen dort die Opfer des Regimes mit ihren Lebens- und Leidensgeschichten im Mittelpunkt, zugleich sind Täter und Repressionsapparate zu betrachten. Aus gutem Grunde ist noch nie an eine KZ-Gedenkstätte die Zumutung herangetragen worden, eine »ausgewogene« Darstellung aller Aspekte der NS-Diktatur zu präsentieren.

Ein weiterer Schwachpunkt des Kommissionspapiers: Dessen Themenbereiche »Herrschaft – Gesellschaft – Widerstand«, »Überwachung und Verfolgung«, »Teilung und Grenze« stehen alles andere als gleichberechtigt nebeneinander, die letzten beiden drohen randständig zu werden. Die Schaffung des Schwerpunkts »Überwachung und Verfolgung« erscheint vor allem als elegante Möglichkeit, die Reste der BStU[1], die nach Abgabe der MfS[2]-Akten an das Bundesarchiv ihre Daseinsberechtigung zu verlieren droht, dauerhaft unterzubringen. Sabrow adelt zwar in einem Interview die Birthler-Behörde zum »Symbol der friedlichen Revolution [...], das für die Zukunft bewahrt bleiben muß«. Doch für das avisierte Dokumentations- und Forschungszentrum wird »eine Perspektivenerweiterung« empfohlen, welche die Rest-BStU geradezu entkernt: Es soll sich künftig weniger mit der DDR und ihrer Staatssicherheit als mit »Geheimpolizeien und geheimpolizeilicher Repression in den sozialistischen Diktaturen des 20. Jahrhunderts in vergleichender Perspektive« beschäftigen. Doch welchen Sinn könnte es haben, Mielkes Staatssicherheit mit Ceausescus Securitate oder den Priestermördern im polnischen Geheimdienst zu vergleichen, statt die vielfältigen Formen von Repression und Kontrolle innerhalb der DDR selbst eingehend aufzuarbeiten? Hier besteht die Gefahr, dass nicht mehr das deformierende Eindringen des MfS ins »Leben der anderen« herausgestellt wird, sondern am Ende des Ver-

1 Bundesbeauftragte für die Unterlagen des Staatssicherheitsdienstes der ehemaligen Deutschen Demokratischen Republik.

2 Ministerium für Staatssicherheit.

gleichs mit anderen Ostblock-Geheimdiensten das Weichbild einer relativ »zivilen Stasi« entsteht. Wird das deren Opfern wirklich gerecht?

Das dritte Hauptproblem der Empfehlungen: Es wird getrennt, was untrennbar zusammengehört. So treten Repression und DDR-Alltagsgeschichte sektoral auseinander, obwohl sie inhaltlich nicht zu trennen sind. Dies wird deutlich beim favorisierten Themenbereich »Herrschaft – Gesellschaft – Widerstand«. Im geplanten »Forum Aufarbeitung« will man »die Bindungskräfte« in den Mittelpunkt stellen, »die nach Schließung der DDR-Grenzen zumindest in den sechziger und siebziger Jahren zur relativen Stabilität der diktatorisch verfassten Gesellschaft beigetragen haben«. Diese isolierte Sicht ist zeithistorisch fragwürdig. Erstens wird der unvermeidliche Repressionshintergrund aller möglichen »Bindungskräfte« durch künstliche Trennung in zwei isolierte Themenfelder verdunkelt. Doch ohne Mauer keine »relative Stabilität« der DDR. Was sind »Bindungskräfte« wert, die nur in einem Korsett funktionieren? Zweitens bleibt die enge Wechselwirkung zwischen Repression und »Bindungskräften« auf der Strecke: Die Sabrow-Kommission läuft Gefahr, Teilaspekte der DDR-Geschichte wie »soziale Aufstiegsmöglichkeiten« oder »wirtschaftliche Grundsicherung« kritiklos als positive »Bindungskräfte« zu bewerten, ohne gleichzeitig deutlich auszusprechen, dass etwa der soziale Aufstieg der einen nur durch gleichzeitige massive Repressalien gegen andere möglich gewesen ist. (Im Übrigen waren soziale Aufstiegsmöglichkeiten sehr viel stärker für die konfliktgeladenen fünfziger Jahre als für die späteren, vermeintlich »stabilen« Jahrzehnte der DDR-Geschichte charakteristisch.) Wohin die Reise gehen soll, ist klar: Die Kommission setzt den Erfolg positiver »Bindungskräfte« in der DDR nach dem Mauerbau von 1961 bereits als gegeben voraus, statt ihn erst einmal kritisch zu untersuchen und nach Teilerfolgen oder Misserfolgen zu gewichten. Eine solche Prämisse führt gewollt oder ungewollt in die Nähe bestimmter SED-Nostalgie-Thesen etwa von der erfolgreichen Sozialpolitik unter Honecker, deren Teilerfolg niemand leugnen will, deren totalitäre Rahmenbedingungen, repressive Nebenwirkungen und effektive Grenzen jedoch von der Sabrow-Kommission überhaupt nicht angesprochen werden.

Aufgrund dieser Unausgewogenheiten und Schlagseiten erscheinen die Kommissionsempfehlungen wissenschaftlich keineswegs unumstritten, sondern hochgradig fragwürdig. Das gilt erst recht für ihre Umsetzung in Erinnerungspolitik. Die von Sabrows Forschungsinstitut, dem Potsdamer ZZF, seit längerem gepflegte Klage über eine »drohende ›Verinselung‹ der DDR-Geschichte« und das gleichzeitig propagierte Heilmittel der Einbettung der DDR in einen »europäischen und globalen Kontext« finden sich im Kommissionspapier ungebremst wieder. Das aber bedeutet im Klartext: Die DDR soll nicht länger im Zentrum wissenschaftlicher Forschung und erinnerungspolitischer Aufarbeitung stehen. Nun ist ein internationaler Vergleich als zeithistorischer Forschungsansatz gewiss legitim, solange er ein Ansatz unter mehreren bleibt. Völlig verfehlt ist diese Schwerpunktverlagerung jedoch auf dem Felde öffentlicher Aufarbeitung. Hier muss auch in Zukunft die DDR-Diktatur selbst eindeutig im Mittelpunkt stehen.

Bei der öffentlichen Anhörung zu den Empfehlungen am 6. Juni ging es zunächst um das Schicksal der BStU. Dass die MfS-Akten auf die Dauer nicht mehr in einer besonderen Behörde, sondern im Bundesarchiv aufbewahrt werden sollten, war im Wesentlichen unstrittig. Für den Zeitpunkt des Übergangs wurden indes keine genauen Angaben gemacht; Marianne Birthler plädierte für »Planungssicherheit«, d.h. für eine möglichst späte Abwicklung irgendwann ab 2020. Was dann mit der Abteilung Bildung und Forschung der Birthler-Behörde passieren sollte, wurde in der Diskussion nicht klar. Während die Empfehlungen vorsehen, diese zum Zentrum eines neuen Forschungs- und Dokumentationszentrums zu machen, sprachen Reinhard Rürup und Bernd Faulenbach den ganz neuen Gedanken aus, diese Abteilung auf Dauer dem ZZF anzugliedern, was eine gründliche Verschiebung der Gewichte in der ausdifferenzierten Forschungslandschaft zur SBZ/DDR-Geschichte bedeuten würde.

Daneben standen zwei große inhaltliche Fragen im Mittelpunkt: die Trennung der Aufarbeitung in drei übergeordnete Themenbereiche sowie der Schwerpunkt »Alltag« in der DDR, wie er in einem neu zu gründenden Museum präsentiert werden soll. Von fast allen Seiten wurde erklärt, dass eine getrennte Betrachtung von »Herrschaft – Gesellschaft – Widerstand«, »Überwachung und Verfolgung« sowie »Teilung und Grenze« problematisch sei; eine Aufteilung in die genannten Komplexe dürfe nicht zu einer »Segmentierung« führen, mahnte etwa Bernd Faulenbach. Grundsätzliche Kritik an den Empfehlungen der Sabrow-Kommission übten insbesondere Horst Möller, Direktor des Instituts für Zeitgeschichte München-Berlin, sowie der Berliner DDR-Forscher Manfred Wilke. Möller wertete das Drei-Säulen-Modell der Kommission in doppelter Hinsicht als ungeeignet: Zum einen decke es keineswegs alle wichtigen Inhalte ab, denn Terrorherrschaft, Klassenjustiz, weltpolitische Einwirkungen, aber auch die millionenfache Massenflucht aus der DDR würden im Papier gar nicht erwähnt. Zum anderen seien die Inhalte der drei Säulen gar nicht zu trennen, wenn man nicht den Bedingungszusammenhang der Diktatur aus den Augen verlieren wolle. Mit Blick auf die positiven »Bindungskräfte« der vermeintlich stabilisierten DDR um 1970 erklärte Möller dezidiert, man dürfe keine »Verinselung« einzelner Teilsektoren der Diktatur vornehmen, wenn man nicht zu gravierenden Fehleinschätzungen kommen wolle: »Der Staatssicherheitsdienst war charakteristischer für die DDR als die Kinderkrippen.«

Noch größeren Raum nahm die Debatte über den »Alltag« in der DDR ein. Selbst Sachverständige, die das Papier der Sabrow-Kommission insgesamt positiv würdigten, äußerten bemerkenswerte Kritik. Der Berliner Historiker Reinhard Rürup monierte, dass die Ergebnisse der aufwendigen Bundestags-Enquetekommission zur Aufarbeitung der SED-Diktatur von der Sabrow-Kommission nicht ernsthaft einbezogen worden seien. Obwohl er den Vorwurf des Weichspülens der SED-Diktatur für verfehlt hielt, sah er dem DDR-Alltag in den Kommissions-Empfehlungen zuviel Gewicht gegeben. Noch deutlicher erklärte Bernd Faulenbach, wer Alltag in der DDR betrachten wolle, müsse immer auch Repression, Grenzregime und den deutsch-deutschen Wirkzusammenhang im Blick behalten. Eindringlich forderten Vertreter der SED-Opferverbände, der Alltag in der Diktatur solle zwar durchaus behandelt werden, er dürfe jedoch nicht im Zentrum der Präsentation stehen und vor allem nicht als »Trivialität einer Nischengesellschaft« präsentiert werden.

Im Laufe der Anhörung wurde immer deutlicher: Unter »Alltag« verstanden zahlreiche Beteiligte etwas ganz anderes, als im Papier der Expertenkommission angesprochen war. In den Empfehlungen steht die Chiffre »Alltag« ausdrücklich im Zusammenhang mit den stabilisierenden »Bindungskräften«, die das System entfaltet habe, sowie mit der »Wechselbeziehung von Herrschaft und Gesellschaft zwischen Akzeptanz und Auflehnung, Begeisterung und Verachtung, missmutiger Loyalität und Nischenglück«. Namentlich die beiden früheren DDR-Theologen Richard Schröder und Joachim Gauck brachten jedoch während der Anhörung das Kunststück fertig, diesen Alltagsbegriff der Kommission völlig umzudeuten und dennoch als legitimes Kind der Kommission auszugeben. Richard Schröder, der sich dafür stark machte, die »Grautöne« im Verhalten der DDR-Bürger zwischen Anpassung und Widerstand stärker zur Geltung zu bringen, wollte den Mangel an Rechtsstaatlichkeit, die fehlende Einhaltung der Menschenrechte und das Demokratiedefizit im Alltag hervorgehoben sehen. Noch eindringlicher beschrieb Joachim Gauck die alltäglichen repressiven Strukturen in der DDR-Gesellschaft, ja, er sprach sogar vom »Angst-Anpassungssyndrom des Alltags«. DDR-Alltag hieß bei Gauck, dass man beispielsweise das Erziehungssystem der DDR daraufhin betrachten müsse, wie es von Kindesbeinen an das »Einüben von Gehorsam« praktiziert habe. Das klang überaus plausibel, und seither feierten alle Redner das unerwartete Wunder der »Versachlichung der Debatte«. Die Anhörung, so der spürbar erleichterte Martin Sabrow in seinem Schlusswort, habe deutlich gezeigt, dass die von ihm geleitete Expertenkommission keineswegs eine »Verniedlichung der Diktatur« habe propagieren wollen.

Mag sein, dass man dies nicht wollte. Nur kommt im Text der Empfehlungen der Sabrow-Kommission das von Gauck angeführte Beispiel des DDR-Erziehungssystems ganz anders vor als in der Anhörung – nicht im allseits akzeptierten Sinne Gaucks als repressive Institution zur »Einübung von Gehorsam«, sondern ganz im Gegenteil als ein stabilisierende »Bindungskraft« erzeugender Motor für »soziale Aufstiegsmobilität«. Nun hat es diese Aufstiegsmobilität zweifellos gegeben – doch im Papier der Sabrow-Kommission findet sich kein Wort über deren Schattenseiten: kein Wort über die Anpassungszwänge für die Aufstiegswilligen, kein Wort über die »bürgerlichen« Opfer dieser »Bindungskraft« durch massenhafte Studien- und Berufsverbote, kein Wort zur millionenfachen »Republikflucht« von DDR-Bürgern als Voraussetzung für jene freien Stellen, deren Neubesetzung die »Bindungskraft« des Regimes erst ermöglichte. Horst Möllers Befürchtung erwies sich somit rascher als gerechtfertigt, als man erwarten konnte: Im Kommissionspapier stand bildlich gesprochen die Kinderkrippe ganz ohne Stasi da, aber dank Schröder und Gauck stand etwas ganz anderes im Anhörungs-Raum, und plötzlich konnte behauptet werden, der enge Zusammenhang zwischen Alltag und Repression, den habe das Kommissions-Papier doch immer schon gemeint...

Da nicht nur Kommissionschef Sabrow an einem möglichst breiten Konsens aller Beteiligten interessiert war, wurden solche Interpretationsunterschiede nicht weiter thematisiert. Für ein neues Museum für DDR-Geschichte in Berlin, das Sabrow am Ende der Diskussion forderte, kommt es jedoch entscheidend auf eine Präzisierung dieses Alltags-Begriffs an. Wenn man ihn, wie bei der Anhörung geschehen, in seiner Vieldeutigkeit stehen lässt, bietet er keine tragfähige Grundlage für eine angemessene museale Darstellung der SED-Diktatur.

Wurde der Alltags-Begriff der Sabrow-Kommission auf der Anhörung eher verschleiert als geklärt, so ging das Drei-Säulen-Modell nicht ohne Schrammen aus der Diskussion hervor. Martin Sabrow musste resümierend einräumen, dieses Modell sei »durchaus unterschiedlich bewertet« worden. Aber, so hatte er schon eingangs getröstet, das Papier der von ihm geleiteten Expertenkommission sei ja ohnehin »nur ein Baustein, nicht schon der Schlussstein« eines neuen Aufarbeitungskonzepts. Das hatten sich die Kommissionsmitglieder gewiss einmal anders gedacht, doch der neue Staatsminister für Kultur hatte anlässlich der offiziellen Übergabe der Kommissionsempfehlungen vor einigen Wochen eben diese Relativierung nahezu wortgleich ausgesprochen. Was das Papier der Sabrow-Kommission wirklich noch wert ist, wird man daher erst einschätzen können, wenn die Schlussfolgerungen der Bundesregierung in einigen Monaten der Öffentlichkeit vorgelegt werden.

Michael Schwartz und Hermann Wentker, Vierteljahrshefte für Zeitgeschichte 54 (2006), S. 517–521

Unausgewogenheiten und Schlagseiten. Eine kritische Stellungnahme zu den Empfehlungen der »Sabrow Kommission«

I. Die Empfehlungen

Im Frühjahr 2005 kam es nach dem Übergang der Behörde der Bundesbeauftragten für die Stasi-Unterlagen (BStU) vom Zuständigkeitsbereich des Bundesministeriums des Innern zur Beauftragten für Kultur und Medien (BKM) im Bundeskanzleramt zu einer öffentlichen Debatte um den künftigen Verbleib der Stasi-Akten und das langfristige Schicksal der BStU. Gleichzeitig sah die rot-grüne Bundesregierung offensichtlich die Gelegenheit gekommen, eine Neuordnung der Aufarbeitungslandschaft mit Blick auf die SED-Diktatur in Angriff zu nehmen. Die BKM setzte daher am 9. Mai 2005 eine Expertenkommission unter Vorsitz von Martin Sabrow, Direktor des Zentrums für Zeithistorische Forschung (ZZF), mit dem Auftrag ein, Elemente eines Gesamtkonzepts für einen dezentral organisierten Geschichtsverbund zur Aufarbeitung der SED-Diktatur zu formulieren. Am 15. Mai 2006 hat die Kommission nun ihre Empfehlungen vorgelegt, die beim derzeitigen Kultur-Staatsminister auf entschiedene Einwände gestoßen sind. Sabrow hat daraufhin am 17. Mai in einem Interview mit der Tageszeitung *Die Welt* erklärt: »Unsere Kommission hat die DDR-Aufarbeitung ja im kleinen abgebildet.« Dieser Anspruch, auch das wissenschaftliche Meinungsspektrum repräsentativ zu vertreten, trifft jedoch keineswegs zu. Die Auswahl der Kommissionsmitglieder war alles andere als ausgewogen: Die universitäre und außeruniversitäre zeit-historische DDR-Forschung war lediglich durch zwei Historiker, neben Sabrow Klaus-Dietmar Henke von der TU Dresden, vertreten. Auch auf der Liste der angehörten Sachverständigen fehlen weitere DDR-Historiker völlig. Auf einer im Deutschen Bundestag veranstalteten Anhörung zu den Kommissionsempfehlungen, die am 6. Juni stattgefunden hat, ist denn auch die einseitige Besetzung der Kommission deutlich kritisiert worden.

Gleichwohl dürfte es nicht immer einfach gewesen sein, die unterschiedlichen Interessen der in der Kommission versammelten Vertreter von ehemaligen Bürgerbewegungen, Aufarbeitungsinitiativen, Museen und Zeithistorikern unter einen Hut zu bringen. Eine Methode, sich die Zustimmung aus den Reihen der ehemaligen Bürgerbewegungen zu sichern, bestand offensichtlich darin, zumindest einigen unabhängigen Archiven und Vereinigungen eine dauerhafte Finanzierung durch den Bund in Aussicht zu stellen. Dies trifft etwa auf die Archive der Robert-Havemann-Gesellschaft und das Archiv Bürgerbewegung Leipzig zu, deren Beständen eine gesamtstaatliche Bedeutung zugeschrieben wird.

Aber auch anderen Einrichtungen, wie etwa der Union der Opferverbände kommunistischer Gewaltherrschaft soll den Empfehlungen zufolge die Möglichkeit einer institutionellen Grundförderung durch die Stiftung Aufarbeitung eingeräumt werden. Bei der Anhörung am 6. Juni wurde deutlich, dass die Kommission den Anliegen der Opfer auch auf einer symbolischen Ebene entgegenkommen will: Sabrow forderte nämlich einen Gedenkort für die Opfer der zweiten deutschen Diktatur in Berlin-Mitte. So erwägenswert diese Vorschläge auch sind – der Kommission sind sie letztlich nur Mittel zum Zweck: Die Opfergruppen und Aufarbeitungsinitiativen sollen als Verbündete für die Umsetzung der eigenen Empfehlungen gewonnen werden.

Ein Schwerpunkt der »Empfehlungen« liegt auf der Präsentation von DDR-Geschichte in Museen und Gedenkstätten. Nun gibt es bereits das Deutsche Historische Museum und spezieller das Zeitgeschichtliche Forum Leipzig, das Diktatur und Gesellschaft des SED-Staates präsentiert. Gleichwohl reichen der Kommission solche professionell arbeitenden Museen nicht aus: Entgegen dem Auftrag, möglichst kostensparend zu arbeiten, wird – unter dem anmaßenden Schlagwort »Professionalisierung« – eine weitere Ausstellung »zum Alltag in der durchherrschten Gesellschaft« in Berlin geplant. Damit im Zusammenhang steht die überzogene Kritik an der Arbeit der DDR-Gedenkstätten. In der bisherigen »Gedenklandschaft« blieben »Alltag und Widerstand einer diktaturunterworfenen Bevölkerung weitgehend ausgeblendet«. Beklagt wird eine vermeintliche »Vorrangstellung der öffentlichen Dokumentation staatlicher Repression«. Ein wesentliches Manko dieser Stellungnahme ist die unsaubere Vermischung der Aufgaben von Museen und Gedenkstätten. (Auf der Anhörung vom 6. Juni legte auch Bernd Faulenbach den Finger in diese Wunde, indem er darauf verwies, dass im Papier nicht immer klar sei, über welchen Gegenstand konkret gerade geredet werde.) Eine ausgewogene Darstellung von Repression, »Widerstand und Anpassung« sowie »Alltag in der Diktatur« gehört zweifellos ins Museum. Am spezifischen Auftrag von Gedenkstätten geht eine solche Forderung hingegen völlig vorbei. Gedenkstätten sind Orte, an denen der Repressionsaspekt einer Diktatur vorherrschen muss und soll – zuallererst stehen dort die Opfer des Regimes mit ihren Lebens- und Leidensgeschichten im Mittelpunkt, zugleich sind Täter und Repressionsapparate zu betrachten. Aus gutem Grunde ist noch nie an eine KZ-Gedenkstätte die Zumutung herangetragen worden, eine »ausgewogene« Darstellung aller Aspekte der NS-Diktatur zu präsentieren.

Das allgemeine Plädoyer für eine »kooperative Vernetzung der bestehenden Einrichtungen zur DDR-Aufarbeitung und deren profilbildende Abstimmung untereinander« ist zwar ebenso zu unterstützen wie der im Einklang damit stehende speziellere Vorschlag, dass auf Landesebene die

Landeszentralen für politische Bildung, die Landesbeauftragten für die Stasi-Unterlagen sowie die Außenstellen der BStU enger miteinander kooperieren sollten. Doch bedarf es dazu wirklich zentraler Kerninstitutionen? Hier sollte meines Erachtens sehr viel stärker, als dies vorgeschlagen wird, an bereits bestehende Einrichtungen angeknüpft werden, etwa an die Arbeitsgemeinschaft der Gedenkstätten zur Diktatur in SBZ und DDR. Es wäre allemal sinnvoller, diese Arbeitsgemeinschaft zu stärken, als neue Institutionen zu schaffen, die ganz ähnliche Aufgaben zu übernehmen hätten. Dies wäre auch ganz im Sinne der in dem Papier positiv gewürdigten dezentralen Struktur der existierenden Erinnerungslandschaft. Die drei nach den Empfehlungen zu gründenden, mit Bundesmitteln ausgestatteten Kerninstitutionen würden hingegen allein aufgrund ihres Gewichts eine zentralisierende Wirkung entfalten, die nicht wünschenswert ist.

Die vorgeschlagenen übergeordneten Themenbereiche »Herrschaft – Gesellschaft – Widerstand«, »Überwachung und Verfolgung«, »Teilung und Grenze«, denen »jeweils eine bestehende oder neu zu schaffende Aufarbeitungseinrichtung als impulsgebende und kompetenzsichernde Kerninstitution zugeordnet werden« soll, stehen alles andere als gleichberechtigt nebeneinander; die letzten beiden drohen vielmehr randständig zu werden. Die Schaffung des Schwerpunkts »Überwachung und Verfolgung« erscheint vor allem als elegante Möglichkeit, die Reste der BStU, die nach Abgabe der MfS-Akten an das Bundesarchiv ihre Daseinsberechtigung zu verlieren droht, dauerhaft unterzubringen. Sabrow adelt zwar in seinem *Welt*-Interview die Birthler-Behörde zum »Symbol der friedlichen Revolution […], das für die Zukunft bewahrt bleiben muß«. Doch für das avisierte Dokumentations- und Forschungszentrum wird »eine Perspektivenerweiterung« empfohlen, welche die Rest-BStU geradezu entkernt: Es soll sich künftig weniger mit der DDR und ihrer Staatssicherheit als mit »Geheimpolizeien und geheimpolizeilicher Repression in den sozialistischen Diktaturen des 20. Jahrhunderts in vergleichender Perspektive« beschäftigen. Doch welchen Sinn könnte dies haben, statt die vielfältigen Formen von Repression und Kontrolle innerhalb der DDR selbst eingehend aufzuarbeiten? Hier besteht die Gefahr, dass nicht so sehr die Spezifika der MfS-Tätigkeit herausgestellt werden, sondern eine relativ »zivile Stasi« am Ende des Vergleichs mit anderen Ostblock-Geheimdiensten steht. Ähnliches gilt übrigens für die Gedenkstätte Bernauer Straße, wo den Empfehlungen zufolge der Aufarbeitungsschwerpunkt »Teilung und Grenze« anzusiedeln ist. Diese soll sich nämlich »zu einer Ausstellungs- und Forschungseinrichtung auf dem Gebiet der innerdeutschen und europäischen Teilung und Grenzziehung« entwickeln. Auch dies lenkt ab von der brutalen Spezifik der innerdeutschen Grenze mit Mauer, Stacheldraht und Schießbefehl.

Als Träger des neu zu schaffenden »Forums Aufarbeitung« – das offenbar eine Koordinierungsstelle für gesellschaftliche und fachwissenschaftliche Aufarbeitung, ein Diskussionsforum sowie eine Ausstellung beinhalten soll – sehen die Empfehlungen die Stiftung zur Aufarbeitung der SED-Diktatur vor. Da an anderer Stelle in dem Papier jedoch offensichtlich davon ausgegangen wird, dass die Stiftung auch weiterhin ihren bisherigen Aufgaben nachkommt – Förderung gesellschaftlicher und wissenschaftlicher Aufarbeitung, Sammlung und Dokumentation von Materialien aus der DDR-Opposition sowie Opferberatung – bedeutete dies eine starke Überforderung. Außerdem würde die Stiftung Aufarbeitung, der derzeit vor allem die Förderung der Bemühungen anderer Einrichtungen um Erforschung und Aufarbeitung der SED-Diktatur obliegt, eine völlig andere Rolle erhalten als bisher.

Das Hauptproblem der Empfehlungen besteht jedoch in der Trennung dessen, was untrennbar zusammengehört. So treten Repression und DDR-Alltagsgeschichte sektoral auseinander, obwohl sie inhaltlich nicht zu trennen sind. Dies wird deutlich beim favorisierten Themenbereich »Herrschaft – Gesellschaft – Widerstand«. Im geplanten »Forum Aufarbeitung« will man »die Bindungskräfte« in den Mittelpunkt stellen, »die nach Schließung der DDR-Grenzen zumindest in den sechziger und siebziger Jahren zur relativen Stabilität der diktatorisch verfassten Gesellschaft beigetragen haben«. Diese isolierte Sicht ist zeithistorisch fragwürdig. Erstens wird der Repressionshintergrund aller möglichen »Bindungskräfte« durch künstliche Trennung in zwei isolierte Themenfelder verdunkelt. Doch ohne Mauer ging es nicht: Was sind »Bindungskräfte« wert, wenn sie nur in einem Korsett funktionieren? Zweitens bleibt die enge Wechselwirkung zwischen Repression und »Bindungskräften« auf der Strecke: So läuft das Papier der Sabrow-Kommission ernsthaft Gefahr, Teilaspekte der DDR-Geschichte wie »soziale Aufstiegsmöglichkeiten« oder »wirtschaftliche Grundsicherung« kritiklos als positive »Bindungskräfte« zu bewerten, ohne gleichzeitig deutlich auszusprechen, dass etwa der soziale Aufstieg der einen nur durch gleichzeitige massive Repressalien gegen andere möglich gewesen ist. (Soziale Aufstiegsmöglichkeiten waren im Übrigen sehr viel stärker für die konfliktgeladenen fünfziger Jahre als für die späteren, vermeintlich »stabilen« Jahrzehnte der DDR-Geschichte charakteristisch.) Wohin die Reise gehen soll, ist klar: Die Kommission setzt den Erfolg positiver »Bindungskräfte« in der DDR nach dem Mauerbau von 1961 bereits als gegeben voraus, statt ihn erst einmal kritisch zu untersuchen und nach Teilerfolgen oder Misserfolgen zu gewichten. Eine solche Prämisse führt gewollt oder ungewollt in relative Nähe zu bestimmten SED-Nostalgie-Thesen – etwa von der erfolgreichen Sozialpolitik unter Honecker, deren totalitäre Rahmenbedingungen, repressive Nebenwirkungen und effektive Grenzen nicht angesprochen werden.

Aufgrund dieser Unausgewogenheiten und Schlagseiten erscheinen die Kommissionsempfehlungen wissenschaftlich keineswegs unumstritten, sondern hochgradig fragwürdig. Das gilt erst recht für ihre Umsetzung in Erinnerungspolitik. Die von Sabrows Forschungsinstitut, dem Potsdamer ZZF, seit längerem gepflegte Klage über eine »drohende ›Verinselung‹ der DDR-Geschichte« und das gleichzeitig propagierte Heilmittel der Einbettung der DDR in einen »europäischen und globalen Kontext« finden sich im Kommissionspapier ungebremst wieder. Das aber bedeutet im Klartext: Die DDR soll nicht länger im Zentrum wissenschaftlicher Forschung und erinnerungspolitischer Aufarbeitung stehen. Nun ist ein internationaler Vergleich als zeithistorischer Forschungsansatz gewiss legitim – solang er ein Ansatz unter mehreren bleibt. Völlig verfehlt ist diese Schwerpunktverlagerung jedoch auf dem Felde öffentlicher Aufarbeitung. Hier muss auch in Zukunft die DDR-Diktatur selbst eindeutig im Mittelpunkt stehen.

In diesen Zusammenhang gehört auch, dass über weite Strecken in dem Papier unklar ist, ob es um gesellschaftliche Aufarbeitung oder wissenschaftliche Forschung geht. Während an einigen Stellen deutlich Forschungsaufträge formuliert werden – so etwa bei dem »Dokumentations- und Forschungszentrum ›Diktatur und Geheimpolizei‹« –, bleibt anderswo – etwa bei der Beschreibung der Aufgaben des »Forums Aufarbeitung« – nebulös, was mit »historischer Aufarbeitung« gemeint ist. Für zeithistorische Forschung sind die Universitäten und außeruniversitären Institute zuständig; wenn die Absicht bestehen sollte, etwa im Rahmen des »Forums Aufarbeitung« ein neues Institut zu gründen, müsste dies offen dargelegt werden.

II. Die öffentliche Anhörung

Bei der öffentlichen Anhörung zu den Empfehlungen am 6. Juni stand zunächst das Schicksal der BStU im Mittelpunkt. Dass die MfS-Akten auf die Dauer nicht mehr in einer besonderen Behörde, sondern im Bundesarchiv aufbewahrt werden sollten, war im Wesentlichen unstrittig. Für den Zeitpunkt des Übergangs wurden indes keine genauen Angaben gemacht; Marianne Birthler plädierte für »Planungssicherheit«, das heißt für eine möglichst späte Abwicklung irgendwann ab 2020. Was dann mit der Abteilung Bildung und Forschung der Birthler-Behörde passieren sollte, wurde in der Diskussion nicht klar. Während die Empfehlungen vorsehen, diese zum Zentrum eines neuen Forschungs- und Dokumentationszentrums zu machen, sprachen Reinhard Rürup und Bernd Faulenbach den ganz neuen Gedanken aus, diese Abteilung auf Dauer dem ZZF anzugliedern, was eine gründliche Verschiebung der Gewichte in der ausdifferenzierten Forschungslandschaft zur SBZ/DDR-Geschichte bedeuten würde.

Daneben ging es um zwei große inhaltliche Fragen: die Trennung der Aufarbeitung in drei übergeordnete Themenbereiche sowie den Schwerpunkt »Alltag« in der DDR, wie er in einem neu zu gründenden Museum präsentiert werden soll. Von fast allen Seiten wurde erklärt, dass eine getrennte Betrachtung von »Herrschaft – Gesellschaft – Widerstand«, »Überwachung und Verfolgung« sowie »Teilung und Grenze« problematisch sei; eine Aufteilung in die genannten Komplexe dürfe nicht zu einer »Segmentierung« führen, mahnte etwa Bernd Faulenbach. Grundsätzliche Kritik an den Empfehlungen der Sabrow-Kommission übten insbesondere Horst Möller, Direktor des Instituts für Zeitgeschichte München-Berlin, sowie der Berliner DDR-Forscher Manfred Wilke. Möller wertete das Drei-Säulen-Modell der Kommission in doppelter Hinsicht als ungeeignet: Zum einen decke es keineswegs alle wichtigen Inhalte ab, denn Terrorherrschaft, Klassenjustiz, weltpolitische Einwirkungen, aber auch die millionenfache Massenflucht aus der DDR würden im Papier gar nicht erwähnt. Zum anderen seien die Inhalte der drei Säulen gar nicht zu trennen, wenn man nicht den Bedingungszusammenhang der Diktatur aus den Augen verlieren wolle. Mit Blick auf die positiven »Bindungskräfte« der vermeintlich stabilisierten DDR um 1970 erklärte Möller dezidiert, man dürfe keine »Verinselung« einzelner Teilsektoren der Diktatur vornehmen, wenn man nicht zu gravierenden Fehleinschätzungen kommen wolle: »Der Staatssicherheitsdienst war charakteristischer für die DDR als die Kinderkrippen.«

Noch größeren Raum nahm die Debatte über den »Alltag« in der DDR ein. Selbst Sachverständige, die das Papier der Sabrow-Kommission insgesamt positiv würdigten, äußerten bemerkenswerte Kritik. Der Berliner Historiker Reinhard Rürup monierte, dass die Ergebnisse der aufwendigen Bundestags-Enquetekommission zur Aufarbeitung der SED-Diktatur von der Sabrow-Kommission nicht ernsthaft einbezogen worden seien. Obwohl er den Vorwurf des Weichspülens der SED-Diktatur für verfehlt hielt, sah er dem DDR-Alltag in den Kommissions-Empfehlungen zuviel Gewicht gegeben. Noch deutlicher erklärte Bernd Faulenbach, wer Alltag in der DDR betrachten wolle, müsse immer auch Repression, Grenzregime und den deutsch-deutschen Wirkzusammenhang im Blick behalten. Eindringlich forderten Vertreter der SED-Opferverbände, zwar solle der Alltag in der Diktatur durchaus behandelt werden, er dürfe jedoch nicht im Zentrum der Präsentation stehen und vor allem nicht als »Trivialität einer Nischengesellschaft« präsentiert werden.

Im Laufe der Anhörung wurde immer deutlicher: Unter »Alltag« verstanden zahlreiche Beteiligte etwas ganz anderes, als im Papier der Expertenkommission angesprochen war. In den Empfehlungen steht die Chiffre »Alltag« ausdrücklich im Zusammenhang mit den stabilisierenden »Bindungskräften«, die das System entfaltet habe, sowie mit der

»Wechselbeziehung von Herrschaft und Gesellschaft zwischen Akzeptanz und Auflehnung, Begeisterung und Verachtung, missmutiger Loyalität und Nischenglück«. Namentlich die beiden früheren DDR-Theologen Richard Schröder und Joachim Gauck brachten jedoch während der Anhörung das Kunststück fertig, diesen Alltagsbegriff der Kommission völlig umzudeuten und dennoch als legitimes Kind der Kommission auszugeben. Richard Schröder, der sich dafür stark machte, die »Grautöne« im Verhalten der DDR-Bürger zwischen Anpassung und Widerstand stärker zur Geltung zu bringen, wollte den Mangel an Rechtsstaatlichkeit, die fehlende Einhaltung der Menschenrechte und das Demokratiedefizit im Alltag hervorgehoben sehen. Noch eindringlicher beschrieb Joachim Gauck die alltäglichen repressiven Strukturen in der DDR-Gesellschaft – ja, er sprach sogar vom »Angst-Anpassungssyndrom des Alltags«. DDR-Alltag hieß bei Gauck, dass man beispielsweise das Erziehungssystem der DDR daraufhin betrachten müsse, wie es von Kindesbeinen an das »Einüben von Gehorsam« praktiziert habe. Das klang überaus plausibel, und seither feierten alle Redner das unerwartete Wunder der »Versachlichung der Debatte«. Die Anhörung, so der spürbar erleichterte Martin Sabrow in seinem Schlusswort, habe deutlich gezeigt, dass die von ihm geleitete Expertenkommission keineswegs eine »Verniedlichung der Diktatur« habe propagieren wollen.

Mag sein, dass man dies nicht wollte. Nur kommt im Text der Empfehlungen der Sabrow-Kommission das von Gauck angeführte Beispiel des DDR-Erziehungssystems ganz anders vor als in der Anhörung – nicht im allseits akzeptierten Sinne Gaucks als repressive Institution zur »Einübung von Gehorsam«, sondern ganz im Gegenteil als ein stabilisierende »Bindungskraft« erzeugender Motor für »soziale Aufstiegsmobilität«. Nun hat es diese Aufstiegsmobilität zweifellos gegeben – doch im Papier der Sabrow-Kommission findet sich kein Wort über deren Schattenseiten: kein Wort über die Anpassungszwänge für die Aufstiegswilligen, kein Wort über die »bürgerlichen« Opfer dieser »Bindungskraft« durch massenhafte Studien- und Berufsverbote, kein Wort zur millionenfachen »Republikflucht« von DDR-Bürgern als Voraussetzung für jene freien Stellen, deren Neubesetzung die »Bindungskraft« des Regimes erst ermöglichte. Horst Möllers Befürchtung erwies sich somit rascher als gerechtfertigt, als man erwarten konnte: Im Kommissionspapier stand – bildlich gesprochen – die Kinderkrippe ganz ohne Stasi da, aber dank Schröder und Gauck stand etwas ganz anderes im Anhörungs-Raum, und plötzlich konnte behauptet werden, der enge Zusammenhang zwischen Alltag und Repression, den habe das Kommissions-Papier doch immer schon gemeint …

Da Kommissionschef Sabrow an einem möglichst breiten Konsens aller Beteiligten interessiert war, wurden solche Interpretationsunterschiede nicht weiter thematisiert. Für ein neues Museum für DDR-Geschichte in Berlin, das Sabrow am Ende der Diskussion forderte, kommt es jedoch entscheidend auf eine Präzisierung dieses Alltagsbegriffs an. Wenn man ihn, wie bei der Anhörung geschehen, in seiner Vieldeutigkeit stehen lässt, bietet er keine tragfähige Grundlage für eine angemessene museale Darstellung der SED-Diktatur.

Wurde der Alltagsbegriff der Sabrow-Kommission auf der Anhörung eher verschleiert als geklärt, so ging das Drei-Säulen-Modell nicht ohne Schrammen aus der Diskussion hervor. Martin Sabrow musste resümierend einräumen, dieses Modell sei »durchaus unterschiedlich bewertet« worden. Aber, so hatte er schon eingangs getröstet, das Papier der von ihm geleiteten Expertenkommission sei ja ohnehin »nur ein Baustein, nicht schon der Schlussstein« eines neuen Aufarbeitungskonzepts. Das hatten sich die Kommissionsmitglieder gewiss einmal anders gedacht, doch der neue Staatsminister für Kultur hatte anlässlich der offiziellen Übergabe der Kommissionsempfehlungen vor einigen Wochen eben diese Relativierung nahezu wortgleich ausgesprochen.

Was das Papier der Kommission wirklich noch wert ist, wird man daher erst einschätzen können, wenn die Schlussfolgerungen der Bundesregierung in einigen Monaten der Öffentlichkeit vorgelegt werden.

Hermann Wentker, Deutschland Archiv. Zeitschrift für das vereinigte Deutschland 39 (2006), S. 662-666

Hearing zur DDR-Geschichte – Wer darf Aufarbeitung betreiben?

Vor fünf Jahren wurde mit Kommissionen und Gutachten darum gestritten, Haus 1, Mielkes Dienstsitz in der ehemaligen MfS-Zentrale, einer anderen, offiziellen Nutzung zuzuführen. Die Gruppen im Haus widersetzten sich dem, die Absicht scheiterte bisher, der Streit verebbte. Nun gibt es einen neuen Anlauf und auf einer höheren Ebene. Eine Regierungskommission hat nach einjähriger Klausur Vorschläge für die gesamte Aufarbeitungslandschaft, die staatlich geförderte zumindest, vorgelegt, die zum Teil heftige Reaktionen auslösten. Am 6. Juni wurden sie in einer Anhörung im Bundestag diskutiert.

Das Aufarbeitungsgeschehen soll geordnet, übersichtlicher, berechenbarer werden und vor allem billiger vonstatten gehen. Die noch von Rot-Grün eingesetzte Kommission nennt das »Optimierung«, »Professionalisierung« und »zukunftsfähig machen«. Für die Zukunft schlägt sie drei Hauptinstitutionen vor, denen die einzelnen Einrichtungen dann zugeordnet würden. Die erste soll sich um die Stiftung Aufarbeitung gruppieren und – grob gesagt – das Feld »SED-Staat« behandeln. Die zweite Institution soll sich unter dem Dach der Stasi-Unterlagen-Behörde sammeln und sich – ebenfalls grob gesagt – mit dem »MfS« befassen. Die dritte Säule um das Dokumentationszentrum Berliner Mauer soll sich dem Thema »Teilung« widmen. Die Konstruktion ist kompliziert und bemüht; die DDR-Vergangenheit in diese drei Bereiche zu trennen, willkürlich. Genannt wird das Ganze »Schaffung eines DDR-Geschichtsverbundes«. Geschichtsbehandlung wie vom Reißbrett, sagen dagegen die Kritiker. Und das sind nicht wenige. Über 40 Aufarbeitungseinrichtungen gibt es in Ostdeutschland, die von öffentlichen Geldern leben. Vor allem von den Initiativen, die geschluckt werden würden, kommt Widerstand. Ein »Aufarbeitungskombinat« sieht das Bürgerkomitee Leipzig in dem Plan; ein »bürokratisches Monster« das Bürgerbüro; die Opferverbände kritisieren, daß sie nicht beteiligt wurden und die Kommission ein Jahr lang hinter verschlossenen Türen tagte. Deren Mitglieder waren außerdem zu Verschwiegenheit verpflichtet. Der Verein Zeitgeschichte(n) in Halle hatte nicht einmal mitbekommen, daß die Kommission gebildet wurde. Inhaltlich wirft man ihr außerdem Verharmlosung der DDR vor, weil sie neben Repression und Opposition auch den Alltag behandelt sehen möchte.

Nachdem die Auseinandersetzung zunächst über Presseerklärungen geführt wurde, konnte sie bei der Anhörung nun direkt und offen ausgetragen werden. Die Kommissionsmitglieder beteuerten vor allem, bei der Darstellung des Alltags solle es nicht um eine vermeintliche Idylle, sondern ebenfalls um Herrschaft gehen. Die Kritik wurde daraufhin zwar weniger laut und scharf vorgetragen, von Zustimmung zu dem Konzept kann aber keine Rede sein. Zumal einige Kritiker nicht zu Wort kamen oder sogar fehlten. Jörg Drieselmann, Geschäftsführer der ASTAK, der Antistalinistischen Aktion, die die Forschungs- und Gedenkstätte Normannenstraße und damit das Mielke-Museum im Haus 1 trägt, weigerte sich, an der Anhörung teilzunehmen. Das Museum soll nämlich der Stasi-Unterlagen-Behörde zugeschlagen werden. Auch Hubertus Knabe von der Gedenkstätte in der ehemaligen Stasi-Haftanstalt in Hohenschönhausen, die ebenfalls zur jetzigen Birthler-Behörde kommen soll, blieb der Veranstaltung fern. Angesichts dessen nahm sich die Bemerkung, die Anhörung sei eine »Sternstunde der Aufarbeitung«, zu der sich der Kommissionsvorsitzende, der westdeutsche Historiker Martin Sabrow, im Laufe des Tages verstieg, wie unfreiwillige Komik aus. Die Archive, Vereine und Gedenkstätten fordern weiterhin anstelle großer Strukturveränderungen eine Vernetzung und vor allem eine bessere Finanzierung, zum Teil eine institutionelle Förderung. Viele sind am Rande ihrer Arbeitsfähigkeit. Ihnen erst Mittel zu kürzen oder vorzuenthalten und dann mangelnde Professionalität zu bescheinigen, kommt einer Provokation nahe. Siegfried Reiprich von der Gedenkstätte Hohenschönhausen berichtete, daß ihnen drei Wissenschaftlerstellen gestrichen wurden. Dennoch sehen viele Einrichtungen ihre Arbeit als professionell an. Der Historiker Horst Möller bescheinigte ihnen eine Reihe guter Ausstellungen und sieht die Qualitätskritik an den Gedenkstätten als überzogen an. Klaus Wolfram von der Havemann-Gesellschaft erklärte, Professionalisierung werde als Akademisierung missverstanden. Wolfram steuerte dann noch einen Aspekt zur Frage des Alltags in der DDR bei, der auffälligerweise von den »Alltagsverfechtern« nicht berücksichtigt wurde: Auch Widerstand habe sich im Alltag ausgedrückt.

Braucht man überhaupt einen solchen Geschichtsverbund? Und verbergen sich nicht ganze andere Absichten dahinter? Zum Beispiel die Abwicklung der Stasi-Unterlagen-Behörde. Denn der Vorschlag der Kommission, unter dem Dach dieser Behörde ein Forschungs- und Dokumentationszentrum zur Stasi-Vergangenheit zu schaffen, beinhaltet gleichzeitig die Umwandlung der jetzigen Birthler-Behörde, sprich ihre Abschaffung. Die Stasi-Akten sollen dann ins Bundesarchiv kommen. Alle neuen politischen und finanziellen Entscheidungen zur Stasi-Unterlagen-Behörde sollen ab sofort diesem Szenario dienen. Die Absicht ist schon öfter geäußert worden, ihre Umsetzung konnte bisher aber nicht in Angriff genommen werden. Zu groß ist der politische Widerstand, denn der Aktenbestand der ehemaligen DDR-Staatssicherheit ist nichts weniger als der Schatz der Revolution und die Stasi-Unterlagen-Behörde ihr Symbol. Ein »Monument«, wie Joachim Gauck es ausdrückte, der außerdem meinte, die Vorstellung sei naiv, der Zugang zu den Stasi-Akten wäre leichter, wenn sie im Bundesarchiv liegen. Anders die jetzige Chefin der Behörde noch für die nächsten fünf Jahre. Marianne Birthler begrüßt die Kommissionsvorschläge als »schlüssig« und »überzeugend«, obwohl sie doch der Anfang vom Ende der Behörde wären. Auch aus erfolgreicher Arbeit leite sich keine dauerhafte Existenzberechtigung ab, sagte sie. Mit dem in die Diskussion geworfenen Zeitpunkt 2020 für die Schließung der Behörde könne sie leben. Birthler wirkt so an der von der politischen Klasse gewollten Schaffung eines Konsens' für die Auflösung der Stasi-Unterlagen-Behörde mit. 2020 wäre 30 Jahre nach ihrer Einrichtung. Die Zentralstelle für NS-Verbrechen in Ludwigsburg besteht bereits seit 48 Jahren. Die Stasi-Unterlagen-Behörde muß nicht abgeschafft werden, sie ist eine historische Errungenschaft.

Wer darf Geschichtsaufarbeitung betreiben – und wie? Bei der beabsichtigten Neuordnung der Aufarbeitungsstrukturen geht es nicht zuletzt um Kontrolle durch die staatlichen Geldgeber. Es soll langsam Normalität einkehren.

Thomas Moser, Horch und Guck 15 (2006), Heft 54, S. 59/60

Die Zukunft der Aufarbeitung und die Argumente der Vergangenheit. Zur Kritik an den Empfehlungen der Expertenkommission für die öffentliche Auseinandersetzung mit der SED-Diktatur

Die Kritik

Die Vorschläge zur Aufarbeitung der zweiten deutschen Diktatur, die eine im April 2005 von der Kulturstaatsministerin Christina Weiss eingesetzte Expertenkommission im Mai dieses Jahres vorlegte, haben eine öffentliche Debatte von überraschender Heftigkeit und monatelanger Dauer ausgelöst.[1] Wenngleich die positive Aufnahme des Votums in der Fachwelt wie der Publizistik bei weitem überwog, meldete sich doch auch eine Reihe von Kritikern zu Wort, die das Papier in einzelnen Punkten oder pauschal ablehnten oder gar seine unverzügliche Kassation forderten. Die skeptischen Stellungnahmen reichten von der eiligen Etikettierung der noch unveröffentlichten Empfehlungen als Bauplan eines »Aufarbeitungskombinates«[2] über die kritische Auseinandersetzung mit einzelnen Grundgedanken des Votums bis hin zu einem detaillierten Katalog von »Unausgewogenheiten und Schlagseiten«, den Hermann Wentker, Leiter der Berliner Abteilung des Münchner Instituts für Zeitgeschichte, im *Deutschland Archiv* publizierte.[3]

Nicht wenige der in den Medien und vor allem während der öffentlichen Anhörung im Deutschen Bundestag Anfang Juni zur Sprache gebrachten Einwände sind stichhaltig oder zumindest sehr bedenkenswert und werden mit Sicherheit in die vom Bundesbeauftragten für Kultur und Medien (BKM) für das Ende dieses Jahres in Aussicht gestellte Beschlussvorlage zur Zukunft der institutionalisierten Auseinandersetzung

1 Einen umfassenden Überblick der Diskussion wird eine Dokumentation bieten, die gegenwärtig von der Kommission vorbereitet u. voraus. im Herbst d. J. erscheinen wird. Die Empfehlungen wurden dokumentiert in: DA, 4/2006, S. 651–661.

2 Hubertus Knabe: Das Aufarbeitungskombinat, in: Die Welt, 8.5.2006.

3 Hermann Wentker: Unausgewogenheiten und Schlagseiten. Eine kritische Stellungnahme zu den Empfehlungen der »Sabrow-Kommission«, in: DA, 4/2006, S. 662–666. Eine in weiten Passagen wortidentische Fassung seiner Kritik hat Wentker kurz zuvor zusammen mit Michael Schwartz veröffentlicht: Erinnerungspolitik auf dem Holzweg. Zu den Empfehlungen der Expertenkommission für eine künftige »Aufarbeitung der SED-Diktatur«, in: VfZ, 3/2006, S. 517–521. Vgl. dazu die Replik von Martin Sabrow: Der Weg der Erinnerung. Entgegnung auf die Kritik an den Empfehlungen der Expertenkommission für eine künftige »Aufarbeitung der SED-Diktatur« (erscheint in: VfZ, 4/2006).

mit der DDR-Vergangenheit einfließen. Manche fundamentalkritische Stellungnahme verfolgte darüber hinaus aber das Ziel, das Votum »in relative Nähe zu bestimmten SED-Nostalgie-Thesen«[4] zu bringen und die zur Expertenkommission versammelten »Weichzeichner«[5] der gewollten oder ungewollten Entlastung der kommunistischen Diktatur in Gestalt einer »staatlich geförderte(n) Ostalgie«[6] zu überführen. Angesichts des Umstandes, dass die Expertenkommission sich zur Hälfte aus Mitgliedern der ehemaligen Bürgerbewegung zusammensetzt, mögen solche Diskreditierungsbemühungen keine besondere Aufmerksamkeit verdienen. Wie die Debatte der letzten Monate aber lehrt, sind sie in ihrer insinuierenden Wirkungsmacht gleichwohl nicht zu unterschätzen, und der schrille Ton lässt die Sorge aufkommen, dass die Diskussion über Stand und Zukunft der DDR-Aufarbeitung geradewegs in die Zeit der ideologischen Polarisierung zurückläuft und die produktive Annäherung zwischen Erinnerungskultur und Fachwissenschaft in einem geschichtspolitischen Streit der Bekenntnisse unterzugehen droht.[7]

Ein instruktives Beispiel für das frohgemute Spiel mit dem Odium der Diktaturverharmlosung bietet etwa der pressewirksam verbreitete Einwand, dass das Kommissionspapier einer geschichtspolitischen Überzentralisierung der Erinnerung vorarbeite. So meinte ein entrüsteter Kommentator die Kommission gar eng an der Seite von »Ex-Stasi-Offizieren« und »Ewiggestrigen« zu sehen, die »mit gezielten Angriffen gegen Historiker, Gedenkstätten und ehemalige Dissidenten Geschichte umzudeuten« versuchten.[8] Der wissenschaftliche Leiter der Gedenkstätte Berlin-Hohenschönhausen fühlte sich schon von dem Begriff »Geschichtsverbund« im ministeriellen Bestallungsschreiben der Kommission »an die Planwirtschaft der DDR (erinnert), die jeden Kleinstbetrieb in einen Großbetrieb presste«.[9] Den Expertenvorschlag, die strukturelle Unteraus-

4 Wentker (Anm. 3), S. 664.

5 Mathias Döpfner: Keine DDR light, in: Die Welt, 20.6.2006.

6 Knabe (Anm. 2).

7 Vgl. die Äußerung des Berliner Kulturpolitikers Uwe Lehmann-Brauns, wonach die Kommission eine »Weichspülung der harten Fakten betreibe«. Mechthild Küpper: Empfehlungen zur Aufarbeitung der SED-Diktatur. Die Sabrow-Kommission legt heute ihren Bericht vor, in: FAZ, 15.5.2006. In die gleiche Richtung wies die Erklärung des sächsischen MdB Arnold Vaatz (CDU), dass durch die Kommissionsempfehlungen »die nostalgische Verklärung der DDR verstärkt würde«, vgl. Constanze von Bullion: Neumann steht zu Birthler-Behörde, in: Süddeutsche Zeitung, 16.5.2006.

8 Vgl. Ralf Georg Reuth: Aufklärung im Stasi-Knast, in: Welt am Sonntag, 11.6.2006.

9 Knabe (Anm. 2). Das Folgende ebd. – Bei späterer Gelegenheit rückte Knabe das Kommissionsvotum zur Aufarbeitung der DDR noch deutlicher in die geistige Heimat des Aufzuarbeitenden: »Nach meinem Eindruck wird hier versucht, die

stattung der Gedenkstätte Hohenschönhausen – deren wesentlicher Auftrag die Erinnerung an die Perfidie der MfS-Untersuchungshaft ist – beispielsweise durch ihre Integration in die Stasi-Unterlagenbehörde der Bundesbeauftragten zu beseitigen, disqualifizierte derselbe Kritiker schlankweg als »Gegenstück« zum westlich-demokratischen Modell des Opfergedenkens; es gemahnte ihn geradewegs an die »DDR mit ihren Mahn- und Gedenkstätten, denen das Geschichtsbild zentral vorgeschrieben wurde«. Mit derselben Denkfigur der Diktaturverharmlosung arbeitete freilich auch eine diametral entgegengesetzte Kritik, die in der vorgeschlagenen Neuordnung im Gegenteil eine »faktische Zerschlagung« der Birthler-Behörde zu erkennen glaubte.[10]

Das Votum

In der Sache schlägt die Expertenkommission hingegen gerade nicht eine einsträngige Zentralisierung der Aufarbeitung vor, sondern im Gegenteil einen Kranz von Kristallisationskernen mit drei inhaltlich aufeinander bezogenen, aber institutionell voneinander unabhängigen Schwerpunktbildungen. Gerade diese gezielte Mehrdimensionalität hat ihr wiederum den Einwand eingetragen, sie versuche zu trennen, was nicht zu trennen sei, und isoliere künstlich die diktatorische Repression vom Alltag der ihr unterworfenen Bürger.[11] Gegen die Beliebigkeit einer Kritik, die die vorgeschlagene Fusion von Institutionen unter denselben Weichspüler-Verdacht stellt wie ihre Aufspaltung oder gleich den ganzen Ansatz der Kommission als letzten Sieg des SED-Systems bewertet,[12] greift freilich kein Argument mehr. Das Votum selbst verfolgt mit seinem Drei-Säulen-Modell kein anderes Ziel, als auf demselben Feld arbeitende Institutionen des Gedenkens und der politisch-historischen Bildung näher aneinander zu rücken, um sie durch entlastende Synergieeffekte zu stärken und ihnen zukunftstaugliche Kooperationsmöglichkeiten zu eröffnen. Auf diese Weise hofft die Kommission zum einen, den materiell wie didaktisch

Erinnerungsarbeit zu zentralisieren, zu verstaatlichen. […] Nichts spricht gegen Kooperation, aber bitte schön nicht in einer staatlich gelenkten Behörde. Das erinnert unangenehm an alte Zeiten.« Zit.: Benedict Maria Mülder: Stasiknast oder Gartenzwergidylle? Streit um die Deutung der DDR-Geschichte, in: 3Sat, Kulturzeit, 16.5.2006.

10 So Ehrhart Neubert für das Bürgerbüro, vgl. Thomas Rothbart: DDR-Bürgerrechtler gegen Empfehlung zur Zukunft der Aufarbeitung, in: Thüringer Allgemeine, 12.5.2006.

11 Wentker (Anm. 3), S. 664. Ebenso Horst Möller: Trabi, Stasi, Kinderkrippen, in: Rheinischer Merkur, 22.6.2006.

12 So Stefan Wolle: »Es darf kein einseitiges Bild entstehen«. Wolle plädiert für ausgewogene Aufarbeitung der DDR-Geschichte, in: Deutschlandradio Kultur, 16.6.2006.

unbefriedigend ausgestatteten Gedenkstätten in Hohenschönhausen und im ehemaligen Dienstsitz Erich Mielkes in Lichtenberg neue Perspektiven zu öffnen. Zum anderen will sie das in den großen Einrichtungen wie der BStU oder den zeitgeschichtlichen Ausstellungshäusern vorhandene Potential auch für kleinere Einrichtungen an der Peripherie des Gedenkens wie Heimatmuseen und lokale Aufarbeitungsinitiativen nutzbar machen – etwa bei der Erarbeitung von Ausstellungen, bei der Nutzung von Forschungskapazitäten oder bei der Organisation von Bildungsveranstaltungen.

Das Drei-Säulen-Modell reagiert aber auch auf den Umstand, dass die Pioniergeneration der Kommunismus-Aufarbeitung gezwungenermaßen der Herrschaftslogik des SED-Regimes mehr Tribut zollen musste, als einer zukunftsfähigen Auseinandersetzung mit der Diktaturvergangenheit auf Dauer gut tut. Von der Macht der Herrschenden kündet noch die Spur ihrer Steine; die Ohnmacht der Unterdrückten hingegen besaß keine öffentliche Sprache, und wenn doch, musste sie sich so im Verborgenen halten wie das Dokument des Aufbegehrens in Gestalt einer Liste widerständiger kirchlicher Amtsträger, das Restaurierungshandwerker im Sommer dieses Jahres aus der Kuppel der Potsdamer Nikolaikirche bargen. Die betonierten Zeugnisse staatlicher Abschottung, Repression und Überwachung von Bautzen bis Marienborn und vom KGB-Keller bis zum NVA-Bunker haben den Untergang des Regimes in ihren baulichen Umrissen in der Regel überdauert (wenn nicht wie im Fall der Berliner Mauer der Vergangenheitsabriss zum Symbolakt der Zukunftseroberung wurde). Das tägliche Arrangement mit der Macht aber und das Ausweichen in die vermeintliche oder tatsächliche Nische, die Begeisterung für das Projekt Sozialismus ebenso wie die Abkehr von ihm, die Ausnutzung von Spielräumen und die widerwillige Anfreundung mit dem Leben im Realsozialismus – all das lässt sich in einer gleichsam vergitterten Erinnerung an die DDR, sei es von den Kommandohöhen des Mielke-Büros oder vom Betonboden einer Haftzelle her, eben nur schwer oder gar nicht erschließen.

Deutungsmuster

Darum legt die Kommission in ihren Empfehlungen Wert darauf, neben den vorhandenen und keineswegs zu reduzierenden, sondern vielmehr weiter auszubauenden Lern- und Gedenkorten, die der Unterdrückung im eingemauerten Überwachungsstaat DDR gelten, einen eigenständigen und gleichwertigen Schwerpunkt der Diktaturauseinandersetzung zu schaffen, der als Aufarbeitungsforum »Herrschaft – Gesellschaft – Widerstand« die Mitmachbereitschaft wie die Gegnerschaft in der Bevölkerung thematisieren soll. Das Votum macht dabei auch darauf aufmerksam, dass der Vergangenheitsdiskurs der Gegenwart, wie Rainer Blasius in der Frankfurter Allgemeinen mit Recht anmerkte, sich nicht allein auf Täterschaft und Opferleiden konzentrieren darf: »Die große Mehrheit der Deutschen unter Honecker saß weder im Gefängnis, noch bestand sie aus überzeugten Kommunisten.«[13] Gerade in dieser Sensibilisierung für die Wirkungsmacht einer Diktatur, die nicht allein in Unterdrücker und Unterdrückte geschieden war, sondern große Teile ihrer zum Dableiben gezwungenen Bevölkerung weit subtiler zu binden und einzubinden vermochte, hofft die Kommission in besonderem Maße eine gewachsene Kluft zwischen der zeithistorischen Forschung und der öffentlichen Erinnerungskultur zu schließen und der letztlich entlastenden Dämonisierung der DDR zum reinen Terrorstaat entgegenzuwirken.

Der Expertenkommission war bewusst, dass ihr dieses Plädoyer für einen genaueren Blick auf die von Zwang, Verführung und Gewöhnung durchwirkten Bindungskräfte und Bindungsgrenzen des kommunistischen Systems harsche Reaktionen eintragen würde. Sie war darauf gefasst, durch einen politischen Journalismus aufs Korn genommen zu werden, der sich nicht durch »sophistische Differenzierungen verwirren« lassen mag und im »Kampf um die Deutungshoheit« gegen einen »Geschichtsrevisionismus ganz eigener Art« wähnt, wie Mathias Döpfner, Vorstandsvorsitzender der Axel-Springer-AG, in der Welt als Parole ausgab[14]. Sie hat aber nicht damit gerechnet, dass sie ausgerechnet durch ausgewiesene Zeithistoriker vom Fach unter Hinweis auf Mauer und Repressionshintergrund ernsthaft mit der Frage konfrontiert werden könnte: »Was sind ›Bindungskräfte‹ wert, wenn sie nur in einem Korsett funktionieren?«[15] Wenn in derselben Kritik zugleich eine Einbettung der DDR in ihren europäischen Kontext wissenschaftlich ausdrücklich für »gewiss legitim« erklärt, aber »auf dem Felde öffentlicher Aufarbeitung« als »völlig verfehlt(e) […] Schwerpunktverlagerung« abgelehnt wird, so fragt sich doch, was hier eigentlich mehr zu fürchten ist: die Verführung

13 Rainer Blasius: Die Rentner der Stasi – Verfolger verhöhnen Opfer und wollen das MfS rehabilitieren, in: FAZ, 16.5.2006.

14 Von robuster Entschiedenheit ist denn auch Döpfners eigenes Urteil über die Expertenkommission (Anm. 5): »Wenn sich ihr rosarotes Geschichtsbild durchsetzt, wäre das eine Verhöhnung der Opfer.« Vgl. dazu die Leserbriefreaktion des Kommissionsmitglieds Ulrike Poppe, die den Vorwurf der Verharmlosung ungesäumt zurückgab: »Was für ein geschöntes ›DDR-Bild‹ ruht in den Köpfen jener Journalisten und Zeithistoriker, die sich immer noch nicht vorstellen wollen, mit welchen Zwängen und Nötigungen wir in der DDR uns täglich auseinander zu setzen hatten, was die anhaltenden Demütigungen, Bevormundungen und Disziplinierungen in allen Bereichen unseres ›normalen‹ Lebens bedeutet haben!« Dolf Stockhausen/Ulrike Poppe, Erforschung des DDR-Alltags ist keine Weichzeichnung, in: Die Welt, 22.6.2006.

15 Wentker (Anm. 3), S. 664.

des geschichtsinteressierten Publikums zu einem vertieften Verständnis kommunistischer Regime und ihrer schwankenden Integrationskraft – oder das Selbstverständnis einer Zeitgeschichte, die dafürhält, dass es in der öffentlichen Aufarbeitung mehr auf die Wirkung ankommt als auf die Wirklichkeit.

Die Kommission jedenfalls hatte eine ganz andere Gefahr vor Augen. Ihre Sorge war, dass eine den Alltag und damit das gelebte Leben der ostdeutschen Bevölkerung gezielt ausblendende Modellierung der zukünftigen Erinnerungslandschaft erreicht, was sie gerade vermeiden will: die Spaltung des deutschen Vergangenheitsdiskurses in ein öffentliches Diktaturgedächtnis und ein privates Lebensgedächtnis. Die öffentliche Erinnerung hat die Wahl, ob sie die Erfahrungen der Zeitgenossen dauerhaft ausgrenzen will oder kritisch aufzunehmen bereit ist, um sie mit den Mitteln der fachwissenschaftlichen Aufklärung, der politischen Bildung und der historischen Musealisierung zu befragen und in ihren geschichtlichen Kontext einzubetten. Entscheidet sie sich für die Ausgrenzung, wird die historische Identitätssuche der ostdeutschen Mehrheitsbevölkerung sich auch weiterhin ihre eigenen Erinnerungsorte in Gestalt von Ostalgie-Shows und DDR-Alltagsmuseen schaffen.[16]

Die Kommission

Da der Verdacht der vorsätzlichen oder fahrlässigen Diktaturverharmlosung auf diese Weise am Wortlaut der Empfehlungen selbst wenig greifbaren Halt findet, musste zum Plausibilitätsbeweis gleichermaßen auch die vermutete Haltung ihrer Autoren herhalten. In der Presse wusste ein Mitarbeiter des an der FU Berlin angesiedelten Forschungsverbundes SED-Staat aus seiner Kenntnis des Wissenschaftsbetriebes zu berichten, dass der »Kommissionsvorsitzende Sabrow […] ohnehin im Spektrum der DDR-Forschung zu den Weichzeichnern der SED-Diktatur (gehört)«.[17] Derselbe Autor haderte mit der Vielfalt der in der Kommission vertretenen Positionen, deren »Kompromissformeln […] dem verbrecherischen Charakter des SED-Regimes nicht gerecht werden«, während andere Kritiker sich gerade umgekehrt an der angeblich einseitigen Zusammensetzung der Kommission stießen und ihr insbesondere die feh-

16 Daher macht das mittlerweile in Berlin eröffnete Privatmuseum zum DDR-Alltag den von der Kommission angeregten Aufarbeitungsschwerpunkt keineswegs überflüssig, wie gegen das Expertenvotum eingewendet wurde: Jochen Staadt, Kollision der Fachleute. Die Einrichtungen zur DDR-Aufarbeitung sollen neu geordnet werden, in: FAZ, 13.5.2006. Es zeigt im Gegenteil, wie dringend die Auseinandersetzung mit der DDR-Vergangenheit einer professionellen Musealisierung der alltäglichen diktatorischen Lebenswirklichkeit in der DDR-Gesellschaft auf dem heutigen Stand der fachlichen und didaktischen Diskussion bedarf.

17 Ebd. Das Folgende ebd.

lende Repräsentation des jeweils eigenen Standpunktes vorhielten. So beschwerten sich etwa die Gedenkstätte Berlin-Hohenschönhausen und die Union der Opferverbände kommunistischer Gewaltherrschaft über ihre Nichtberücksichtigung; das Bürgerbüro bewertete die Kommission in einer eiligen Presseerklärung gar »als unmaßgebliche und keinesfalls repräsentative Gruppe«, in der Opferverbände, regionale Initiativen und andere wissenschaftliche Ansätze fehlten.[18] In analoger Argumentation beklagte der Direktor des Instituts für Zeitgeschichte München, dass neben seiner eigenen Einrichtung unter anderem das Hannah-Arendt-Institut für Totalitarismusforschung in Dresden, der Forschungsverbund SED-Staat an der FU Berlin, die Stiftung Ettersberg in Weimar sowie »universitäre Forschergruppen, die sich schwerpunktmäßig mit der DDR befassen«, nicht in das Gremium berufen worden seien.[19]

Doch die Behauptung, dass die Expertenkommission »alles andere als ausgewogen«[20] zusammengesetzt gewesen sei, geht gleich aus mehreren Gründen in die Irre. Die Auswahl der Kommissionsmitglieder durch die seinerzeitige – übrigens parteilose – Kulturstaatsministerin Christina Weiss erfolgte nicht nach parteipolitischen Kriterien, sondern ging aus einer informellen Abstimmung des Abteilungsleiters im BKM, Knut Nevermann, mit Marianne Birthler, Rainer Eppelmann und Markus Meckel hervor, die ihrerseits in parteiübergreifendem Konsens vom Deutschen Bundestag an die Spitze der BStU bzw. der Stiftung zur Aufarbeitung der SED-Diktatur berufen worden waren. Die Kommission schloss sich auf ihrer konstituierenden Sitzung im Mai 2005 einem von Eppelmann geäußerten Vorbehalt gegen ihre personelle Zusammensetzung an und kooptierte mit Erich Loest (bzw. nach dessen Verzicht dem Tagesspiegel-Herausgeber Hermann Rudolph) und Peter Maser, langjähriger Referent und Mitglied der beiden Bundestags-Enquetekommissionen zur SED-Diktatur, aus eigenem Bestreben zwei zusätzliche Mitglieder.

Seither und bis zur Veröffentlichung ihres Votums arbeitete die Kommission unbeschadet des Regierungswechsels im Herbst 2005 frei von jeglichem öffentlichen oder internen Vorwurf politischer Gefärbtheit und Parteinahme. Dies verdankte sie sicherlich nicht zuletzt dem Umstand, dass sie bei je zwei der CDU und der SPD verbundenen Mitgliedern mehrheitlich aus parteipolitisch ungebundenen Persönlichkeiten bestand, die sich wohl am ehesten dem breiten Spektrum des Liberalismus zuordnen lassen – und großteils als Exponenten der ostdeutschen

18 Bürgerbüro, Presseerklärung v. 15.5.2006, dok.: www.havemann-gesellschaft.de/ info222.htm (6.9.2006).

19 Horst Möller, Stellungnahme zum Votum der Expertenkommission auf der Anhörung im Deutschen Bundestag, 6.6.2006 (wie Anm. 1).

20 Wentker (Anm. 3), S. 662; Schwartz/Wentker (Anm. 3), S. 517.

Bürgerrechtsbewegung ohnedies quer zur westdeutschen Parteienarithmetik stehen. Ins Leere geht auch der Vorwurf, dass die DDR-Forschung in der Kommission unterrepräsentiert gewesen sei. Denn mit immerhin vier Fachhistorikern, die sämtlich über langjährige Erfahrungen auf dem Gebiet der zeitgeschichtlichen DDR-Aufarbeitung verfügen, stellten die professionellen Historiker zwar nicht die Mehrheit, aber doch die größte Berufsgruppe in dem zehnköpfigen Gremium.

Der Umgang mit der Vergangenheit

Doch selbst wenn es anders wäre – die Rede von der unausgewogenen Zusammensetzung griffe schon deshalb nicht, weil sie einem überholten Bild von der Stellung der Zeitgeschichte in der Gegenwartsgesellschaft entstammt. Wer in geschichtspolitischen Beratungsgremien eine Hegemonie der forschenden Wissenschaft fordert, ist sich nicht darüber im Klaren, dass die akademische Zeithistorie längst nicht mehr auf ihre Vorrangstellung in geschichtspolitischen Debatten pochen kann. Diese Hegemonie hat sie in den Jahrzehnten zwischen der Fischer-Kontroverse der frühen sechziger und der Goldhagen-Debatte der späten neunziger Jahre in immer deutlicher werdender Weise verloren. Die schleichende Entmachtung der missvergnügt reagierenden Fachmandarine korrespondiert mit dem Umstand, dass die Geschichte unserer Zeit nicht mehr allein an universitären Lehrstühlen und außeruniversitären Forschungsinstituten untersucht wird. An der zeithistorischen Erkenntnisbildung sind über die akademischen Einrichtungen hinaus längst Medien, Museen und Gedenkstätten ebenso beteiligt wie private Unternehmen und Vereine, soziale Interessenverbände und politische Körperschaften.

Ebenso wenig folgt die Auseinandersetzung über den »richtigen« oder »falschen« Umgang mit der Vergangenheit heute noch in erster Linie den Trennlinien der politischen Parteienlandschaft. Ein solches Denken verkennt die Zeichen unserer nachideologischen Zeit nach dem Ende der ›großen Gesänge‹. In ihr ist es möglich, dass beispielsweise in Berlin eine rot-rote Landesregierung und dazu noch ausgerechnet deren von der SED-Nachfolgepartei gestellter Kultursenator ein umfassendes und eindrucksvolles Konzept zum Mauergedenken vorlegen kann,[21] während die Berliner Landesregierung zur Zeit der Großen Koalition die das Leiden der Teilung versinnbildlichende Bernauer Straße vor zehn Jahren noch auf Kosten des Mauerstreifens verbreitern wollte, um unter anderem Platz für eine Straßenbahntrasse zu schaffen. Die im Bundestag vertretenen Parteien eint ein seit den neunziger Jahren geltender gedächtnispolitischer Generalkonsens über die Notwendigkeit einer fortgesetzten Aufarbeitung der deutschen Diktaturvergangenheit, der sich in zahlreichen

21 Dokumentation folgt in DA, 6/2006.

Belastungsproben immer wieder bewährt hat, die etwa Martin Walsers Klage über die »Moralkeule Auschwitz« 1998 oder die Rede des CDU-Bundestagsabgeordneten Martin Hohmann über die Juden als »Tätervolk« 2003 auslösten. Im jüngsten Eklat um den rhetorischen Missgriff des stellvertretenden Kultur- und Medienbeauftragten Hermann Schäfer vom August 2006, der sich in seiner Weimarer Buchenwald-Rede allein mit den Opfern der Vertreibung beschäftigte und nicht mit denen des NS-Regimes, genügte die bloße Frage des Buchenwalder Gedenkstättenleiters Volkhard Knigge, ob die Bundesregierung damit etwa einen erinnerungspolitischen Paradigmenwechsel ankündigen wolle, um den Kulturstaatsminister zu dem nachdrücklichen Bekenntnis zu veranlassen, dass die »NS-Diktatur und der durch sie verursachte Holocaust […] in ihrer menschenverachtenden grausamen Dimension einzigartig und durch nichts zu relativieren« seien und die Bundesregierung hier in der Kontinuität aller Vorgängerregierungen stehe.[22]

Von wenigen eklatanten Ausnahmen abgesehen, steht staatliches Handeln heute nicht mehr wie noch zu Zeiten der von Bundeskanzler Helmut Kohl ausgerufenen »geistig-moralischen Wende« in den achtziger Jahren im Ruch, dezidiert eigene geschichtspolitische Ziele zu verfolgen. Es tendiert stattdessen immer mehr dazu, die geschichtspolitische Meinungsbildung an Expertengremien zu delegieren und im Übrigen moderierend auf einen Ausgleich zwischen unterschiedlichen Aufarbeitungsinteressen und -gruppen hinzuwirken. Auch die von der Bundesregierung berufene Expertenkommission zur Aufarbeitung der SED-Diktatur ist nicht vorrangig daran zu messen, ob sie einen politischen Parteienproporz wahrte oder die Deutungshoheit der Fachhistoriker sicherstellte. Sie bildete die DDR-Aufarbeitung im Kleinen ab, weil sie als Gremium wie in ihren öffentlichen und internen Hearings Ost- und Westperspektiven, Beteiligte und Beobachter, public historians und academic historians zusammenbrachte. Ihre Herausforderung bestand darin, den unterschiedlichen Herangehensweisen und Geschichtsbildern von Feldforschern, Museumsdidaktikern und Gedenkstättenpraktikern die Einigung auf ein zukunftsfähiges Modell der öffentlichen Auseinandersetzung mit der DDR abzuverlangen und in die öffentliche Diskussion zu bringen.

Wie die Rezeption der Empfehlungen in der Öffentlichkeit, bei den im Bundestag vertretenen Parteien und bei einem Großteil der professionellen Aufarbeitungseinrichtungen zeigt, hat sie diesen Anspruch offensichtlich nicht ganz verfehlt. Sie hat nach einjährigem Vorlauf ein nur von einem Kommissionsmitglied – Freya Klier – in Teilen nicht akzeptiertes

22 Presse- und Informationsamt d. Bundesregierung, Pressemitteilung Nr. 271, 29.8.2006.

Konsenspapier erarbeitet, das der Kulturausschuss des Deutschen Bundestag fraktionsübergreifend als einen »Grundstein für ein Konzept zum Umgang mit der kommunistischen Diktatur, das nun schnellstmöglich folgen müsse«[23] bewertete und dessen öffentliche Erörterung im Juni in der Zeit als »bedeutendste deutsch-deutsche Geschichtsplattform nach der Wiedervereinigung« empfunden wurde.[24]

Eben dies aber lässt offenbar manchen Opponenten weniger an der eigenen Ablehnung zweifeln als vielmehr an der Breite der Zustimmung. Im *Deutschland Archiv* entwickelte Hermann Wentker eine eigene Theorie, um den widernatürlichen Schulterschluss zwischen aufrechter Bürgerbewegung und in seinen Augen weichspülender Wissenschaft zu erklären – nämlich als Bauernfang: »Eine Methode, sich die Zustimmung aus den Reihen der ehemaligen Bürgerbewegungen zu sichern, bestand offensichtlich darin, zumindest einigen unabhängigen Archiven und Vereinigungen eine dauerhafte Finanzierung durch den Bund in Aussicht zu stellen.«[25] Vor den strengen Augen einer solchen Kritik tut denn im Ernstfall auch das gute Mittel nichts zur Sache – so es denn dem schlechten Zweck dient: »Sabrow forderte […] einen Gedenkort für die Opfer der zweiten deutschen Diktatur in Berlin-Mitte. So erwägenswert diese Vorschläge auch sind – der Kommission sind sie letztlich nur Mittel zum Zweck: Die Opfergruppen und Aufarbeitungsinitiativen sollen als Verbündete für die Umsetzung der eigenen Empfehlungen gewonnen werden.«

Wer in solchen Kategorien denken will, mag es tun. Zwar muss sich auch die unverdrossenste Suche nach Zeugen der Anklage mit der Zustimmung schwer tun, die so bedeutende Protagonisten einer entschiedenen Auseinandersetzung mit der SED-Diktatur wie Joachim Gauck oder Richard Schröder den Empfehlungen gezollt haben. Der im *Deutschland Archiv* bzw. in den *Vierteljahrsheften für Zeitgeschichte* erschienene Bericht über das öffentliche Hearing zu den Kommissionsempfehlungen im Juni von Hermann Wentker und Michael Schwartz ließ sich dadurch indes nicht beirren. Er verwandelte die beiden kurzerhand in raffinierte Taschenspieler der Aufarbeitung, die sich während der Bundestagsanhörung zur Freude eines »spürbar erleichterten« Kommissionsvorsitzenden in der Kunst des Quidproquo geübt und den eigentlich doch schönfärberischen Alltagsbegriff der Kommission elegant zu einem repressiven umgedeutet hätten. »Das klang«, so das missmutige Resümee der beiden

23 Susanne Kailitz: DDR-Diktatur. Abgeordnete fordern Konzept zur Aufarbeitung, in: Das Parlament, 3.7.2006.

24 Evelyn Finger: DDR und kein Ende. Die Opfer des Stalinismus müssen endlich anerkannt werden, in: Die Zeit, 8.6.2006.

25 Wentker (Anm. 3), S. 662.

Kritiker, »überaus plausibel, und seither feierten alle Redner das unerwartete Wunder der ›Versachlichung der Debatte‹.«[26]

Das »Wunder« erklärt sich freilich recht simpel: In der Anhörung wurde lediglich mit der gezielten Suggestion aufgeräumt, dass »Alltag« in der DDR so etwas wie eine Idylle hinter Stacheldraht meine und dem Trugbild einer herrschaftsabgewandten Alltagswelt im Sozialismus nachjage. Solchem Missverständnis konnte nur erliegen, wer als Außenstehender mit den praxeologischen Ansätzen der Geschichtswissenschaft und ihrer Anwendung auf Herrschaft als soziale Praxis in einer politisch konstituierten Gesellschaft nicht vertraut ist. Herrschaft bildet bekanntlich nach Max Weber eine soziale Beziehung, und das unterscheidet sie von der bloßen Machtausübung durch Zwang und Gewalt. Auch im Votum der Expertenkommission geht es selbstverständlich immer um den Alltag *in* der Diktatur und nicht *neben* der Diktatur. Wenn Horst Möller und seine beiden Institutsmitarbeiter aus den Kommissionsempfehlungen die Bauanleitung zum Erinnerungsbild einer ostdeutschen Kinderkrippe ohne Staatssicherheit herauslesen, stellen sie entweder für die Kommission oder aber für sich selbst den fachlichen Basiskonsens in Frage, dem zufolge es eine von den vielfachen Verästelungen der Macht getrennte »Geschichte von unten« für die durchherrschte Gesellschaft des Staatssozialismus gar nicht geben kann.

Die Chiffre »Alltag« als Teil einer komplexen Gesellschaftsgeschichte der SED-Diktatur bezeichnet nichts anderes als die immer neue Interaktion, in der die kommunistische Herrschaft sich über vierzig Jahr lang in der tagtäglichen Einschüchterung, Begeisterung und Gewöhnung ihrer Bürger erneuerte, bis der schleichende Verfall dieser Kraft in die mauerbrechende Selbstbefreiung des 9. November 1989 mündete. Welche Gewichtung dem Alltag der Herrschaft und der Herrschaft im Alltag der zweiten deutschen Diktatur des 20. Jahrhunderts gegenüber der unmittelbaren Repression zukam, mag unter Fachhistorikern strittig sein. Unstrittig aber ist, dass eine politische Sozial- und Alltagsgeschichte der Diktatur ebenso Wesentliches zum Verständnis der vierzigjährigen SED-Herrschaft wie zu dem der NS-Herrschaft beizutragen hat. Dies nicht immer und überall deutlich zu sagen, tut vielleicht Teilen der politischen Öffentlichkeit einen willkommenen Gefallen, gewiss aber der Diktaturaufarbeitung im Ganzen keinen guten Dienst.

Nicht Joachim Gauck und Richard Schröder haben den Ort des DDR-Alltags im Kommissionsvotum verdreht, sondern eine Kritik, die von ihrer erkenntnisverstellenden Sorge nicht loskommen kann, dass das SED-Regime durch den Blick auf seine alltäglichen Bindungskräfte historisch etwa rehabilitiert werden könnte. Aber der Dauerappell zur ge-

26 Ebd., S. 666, u. Schwartz/Wentker (Anm. 3), S. 521.

schichtspolitischen Gefechtsbereitschaft geht nach dem Ende der Systemkonkurrenz des 20. Jahrhunderts ins Leere, und sein ältlicher Alarmismus hat sich überlebt. Im unbeirrten Frontkampf für einen politischen statt musealen Charakter der DDR-Gedenkstätten lässt sich dem Gedenken keine dauerhafte Zukunft sichern.[27] Weiter hilft uns auch nicht die affektgeladene Wendung gegen alle »Theoretisiererei, Professionalisiererei und Historisiererei« einer »gern maßgebenden westdeutschen Expertenriege«,[28] sondern allein die Gelassenheit einer kritischen Historisierung, die über der Empathie mit den Werten der Demokratie nicht die Nüchternheit der Erkenntnis über die Diktatur preisgibt. Wenn sie an die nächste Generation nicht nur blinde Abscheu vor der Vergangenheit weiterreichen will, sondern auch gesichertes Verständnis für ihre Gewordenheit, steht die institutionalisierte Auseinandersetzung mit der kommunistischen Diktatur vor der Aufgabe, ihren Gegenstand in seiner Vielschichtigkeit und Mehrdimensionalität transparent zu machen.

Die Handlungsempfehlungen der Expertenkommission verstehen sich als ein Diskussionsangebot zur Lösung dieser Aufgabe. Um es in kritischer Rezeption aufzunehmen und womöglich durch ein besseres zu ersetzen, wäre es hilfreich, endlich die ausgeleierten Fesseln eines geschichtspolitischen Links-Rechts-Denkens abzustreifen, das die Zukunft der Aufarbeitung immer noch mit den Argumenten der Vergangenheit [entgegen]angehen will.

Martin Sabrow, Deutschland Archiv. Zeitschrift für das vereinigte Deutschland, 39 (2006), S. 902–909

27 Vgl. die Einlassung eines der beiden Leiter des Forschungsverbundes SED-Staat, der die Tätigkeit der Expertenkommission als Dienstleistung für »linke Historiker und Politiker « zur Entschärfung authentischer Orte im Interesse ostdeutscher DDR-Verklärung zu begreifen vorschlug: Klaus Schroeder: »Wir vergessen nichts«. Zur Diskussion um die Aufarbeitung der SED-Diktatur, in: Deutschlandradio Kultur, 21.5.2006.

28 Ines Geipel: Kleine, graue, miese DDR. Das Expertenpapier zur Aufarbeitung der SED-Diktatur markiert keinen Paradigmenwechsel, in: Die Welt, 9.6.2006.

Der Weg der Erinnerung. Entgegnung auf die Kritik an den Empfehlungen der Expertenkommission für eine künftige »Aufarbeitung der SED-Diktatur«

Die Denkschrift einer zehnköpfigen Expertenkommission zur Neuordnung der DDR-bezogenen Gedenklandschaft führe die Erinnerungspolitik auf den Holzweg, urteilten Michael Schwartz und Hermann Wentker in der vorigen Ausgabe der Vierteljahrshefte für Zeitgeschichte.[1] Das bündige Urteil verdient Aufmerksamkeit und genaue Lektüre, denn mit dieser Würdigung in der größten Zeitschrift für Zeitgeschichte in Deutschland kommt das im Frühsommer 2006 vorgestellte und seither in der Öffentlichkeit vieldiskutierte Votum zur Zukunft der DDR-Aufarbeitung jetzt aus dem aufgeregten Rauschen des Blätterwaldes heraus und kann sich endlich dem ruhigeren Urteil der Fachwelt stellen.

Indes geizen allerdings auch die Kommentatoren Schwartz und Wentker keineswegs mit scharfen Worten. Sie prangern wortreich die vermeintliche Fragwürdigkeit des Kommissionspapiers an, das mit »dem anmaßenden Schlagwort ›Professionalisierung‹« hantiere, »überzogene Kritik an der Arbeit der DDR-Gedenkstätten« übe und eine »unsaubere Vermischung der Aufgaben von Museen und Gedenkstätten« betreibe, um sich mit seinen »Unausgewogenheiten und Schlagseiten« am Ende »gewollt oder ungewollt in die Nähe bestimmter SED-Nostalgie-Thesen« zu verirren. Man mag sich über das Ungestüm wundern, mit dem die beiden Autoren aus dem Institut für Zeitgeschichte solche Salven gegen die Expertise zur Weiterentwicklung der öffentlichen Diktaturauseinandersetzung richten, ohne dass hinter dem Pulverdampf der Kritik auch nur in Umrissen sichtbar würde, wie man es vielleicht anders oder gar besser machen könnte. Auch wird sich mancher Leser an der Annahme der Autoren stoßen, was das Kommissionspapier »wirklich noch wert« sei, werde man erst einschätzen können, wenn die Bundesregierung ihre politischen Schlussfolgerungen daraus gezogen habe. Derart obrigkeitsstaatlich hat jedenfalls die Expertenkommission ihren Auftrag nicht interpretiert und sich weder mit der Rolle einer dienenden Lieferantin begnügen mögen, noch die Autorität einer letztgültigen Politikberatung anmaßen wollen. Die etwas hämisch klingende Mutmaßung von Schwartz und Wentker, das hätten sich die Kommissionsmitglieder »gewiss einmal anders gedacht«, ist unbegründet: Nicht um den bastapolitischen Schlussstein eines neuen Aufarbeitungskonzepts ging es ihnen, sondern um einen

1 Eine in weiten Passagen wortidentische, aber von Hermann Wentker allein gezeichnete Stellungnahme erschien zeitgleich unter dem Titel »Unausgewogenheiten und Schlagseiten. Eine kritische Stellungnahme zu den Empfehlungen der ›Sabrow-Kommission‹« in: Deutschland Archiv 39 (2006), S. 662–666.

brauchbaren Baustein der weiteren Diskussion, und sie teilen diese Sicht mit den Mitgliedern des Kulturausschusses des Deutschen Bundestags, der die Empfehlungen zwischenzeitlich fraktionsübergreifend als einen »wichtigen Grundstein für ein Konzept zum Umgang mit der kommunistischen Diktatur« bewertet hat.

Nun bestreiten Schwartz und Wentker allerdings schon die Legitimation der angeblich »alles andere als ausgewogen[en]« Expertenkommission, in der bei parteipolitisch einseitiger Zusammensetzung die zeithistorische DDR-Forschung unterrepräsentiert sei. Beides ist nicht dasselbe, aber beides ist gleichermaßen unzutreffend. Die Berufung der Kommissionsmitglieder lag bei der seinerzeitigen Kulturstaatsministerin Christina Weiss. Sie erfolgte in informeller Abstimmung mit den verantwortlichen Spitzen der Birthler-Behörde und der Stiftung zur Aufarbeitung der SED-Diktatur, die ihrerseits in parteiübergreifendem Konsens vom Deutschen Bundestag berufen wurden. Die Kommission umfasste neben zwei Mitgliedern, die politisch der CDU zuneigen, und zwei weiteren, die der SPD verbunden und Mitglieder der Historischen Kommission beim Parteivorstand der SPD sind, eine knappe Mehrheit, die sich wohl am ehesten im breiten Spektrum des Liberalismus verorten würde.

Zum Beweis ihrer These der parteipolitischen Unausgewogenheit der Gutachtergruppe berufen die Votumskritiker sich auf das Kommissionsmitglied Klaus-Dietmar Henke, der bei der öffentlichen Anhörung im Bundestag einem entsprechenden Einwand von IfZ-Direktor Horst Möller mit der selbstbewussten Äußerung beigepflichtet habe, dass »auch monochrome Kommissionen ja gute Arbeit leisten könnten«. Dass sie hier mit ihrer Interpretation möglicherweise zu weit gegangen sind, räumen die Autoren honorigerweise inzwischen selbst ein. Dem Transkript[2] zufolge hatte Henke nämlich ganz im Gegenteil die Kritik an der personellen Zusammensetzung der Kommission als »wenig sachlich« zurückgewiesen und bestritten, »dass sich 200 Interessierte einen Tag lang über ein Tendenzpapier zusammensetzen würden«, um dann ironisch-versöhnlich an die überwundenen Frontstellungen der Vergangenheit zu erinnern: »Wir haben eine Reihe von monochromen Kommissionen in den achtziger und neunziger Jahren erlebt, Herr Möller, und sie haben trotzdem gute Ergebnisse gehabt.« Wie wenig überzeugend eine auf der Ebene von Parteipolitik argumentierende Kritik ist, verdeutlicht im übrigen schon der Umstand, dass inhaltliche Arbeit und personelle Zusammensetzung der Kommission vom Regierungswechsel des Herbstes 2005, der das

2 Eine ausführliche Dokumentation der öffentlichen Rezeption der Empfehlungen der Expertenkommission, die auch die einzelnen Stellungnahmen auf dem Hearing im Bundestag im Wortlaut wiedergibt, ist in Vorbereitung und wird voraussichtlich noch im Herbst des Jahres erscheinen.

Amt des Bundeskultur- und Medienbeauftragten auf die CDU übergehen ließ, gänzlich unberührt blieben.

Ebenso wenig stichhaltig erscheinen mir die Einwände der Autoren gegen die fachliche Kompetenz des Gremiums. Sie übersehen, dass nicht nur zwei, sondern vier seiner zehn Mitglieder als »DDR-Historiker« berufen wurden – gerade die von den Kritikern offenbar nicht als Vertreter der zeithistorischen Forschung anerkannten Kollegen Rainer Eckert und Peter Maser hatten in dieser Funktion auch bereits während der neunziger Jahren in den beiden Enquetekommissionen des Deutschen Bundestags zur Aufarbeitung der SED-Diktatur und ihrer Folgen mitgewirkt. Doch darum geht es den Kritikern vermutlich gar nicht in erster Linie: In der unzutreffenden Behauptung, dass Fachhistoriker in der Expertenkommission unterrepräsentiert gewesen seien, drückt sich vor allem ein unzeitgemäßes Beharren auf der öffentlichen Deutungshoheit der akademischen Zeithistorie aus. Heute ist es eben nicht mehr so, dass die Arbeit an der Geschichte unserer Zeit allein an universitären Lehrstühlen und außeruniversitären Forschungsinstituten beheimatet ist. An der zeithistorischen Erkenntnisbildung sind über die akademischen Einrichtungen hinaus längst Medien, Museen und Gedenkstätten ebenso beteiligt wie private Unternehmen und Vereine, soziale Interessenverbände und politische Körperschaften.

Diesen Prozess einer öffentlichen und multiperspektivischen Vergangenheitsvergegenwärtigung in den akademischen Elfenbeinturm zurückzwingen zu wollen, wäre aussichtslos und der Bedeutung der öffentlichen Auseinandersetzung mit der deutschen Diktaturvergangenheit des 20. Jahrhunderts für das Selbstverständnis unseres Landes auch gar nicht angemessen. Man mag es begrüßen oder beklagen: Unsere Fachzunft hat zu Beginn des 21. Jahrhunderts kein Hohepriester-Amt mehr inne, sondern ist nur noch ein Teilnehmer unter anderen im Geschichtsdiskurs. Ihre wichtigste Aufgabe besteht nicht darin, die verlorene Meinungsführerschaft auf dem Umweg der geschichtspolitischen Gremienmacht zurückzuerobern, sondern die öffentliche Verständigung über die nahe Vergangenheit kritisch zu begleiten, sie um neue Perspektiven und kritische Fragestellungen zu bereichern – und vor allem immer und überall auf die strikte Einhaltung der fachlichen Standards zu dringen. Das ist vielleicht weniger als früher, aber darum doch nicht wenig, und es ist unserer Anstrengungen wert.

Meine Interviewäußerung, die Kommission habe die »DDR-Aufarbeitung ja im kleinen abgebildet«, steht und fällt daher nicht mit der Frage, ob sie das wissenschaftliche Meinungsspektrum in seiner ganzen Breite angemessen repräsentiert habe, so sehr natürlich gerade den Wissenschaftlern in der Kommission an der Mitarbeit weiterer Fachhistoriker (und nicht zuletzt auch Fachdidaktiker) gelegen gewesen wäre. Die Expertenkommission aber daran zu messen, ob Forschungsvertreter in ihr den Ton angaben, verkennt demonstrativ die seltene Chance, die sie bot. Ihre erstaunliche Leistung, über die Schwartz und Wentker bezeichnenderweise wortlos hinweggehen, bestand gerade darin, dass sie ganz unterschiedliche Persönlichkeiten, Milieus und Perspektiven in ein gleichberechtigtes Gespräch brachte. Sie konfrontierte ost- und westdeutsche Biographien und Zeitzeugenschaften, mediale und akademische Zugänge miteinander, und sie stellte die unterschiedlichen Arbeitsroutinen und Denkmuster von Fachwissenschaftlern, Museumsdidaktikern und Gedenkstättenpraktikern vor die gemeinsame Aufgabe, ein zukunftsfähiges Modell der öffentlichen Auseinandersetzung mit der DDR zu skizzieren.

Sie konnte dies tun, weil es ihr gerade nicht um eine Neuausrichtung von wissenschaftlicher Forschung ging, für die natürlich allein die Fachwissenschaft selbst zuständig gewesen wäre, sondern um die Weiterentwicklung eines gesellschaftlichen Verständigungsprozesses über die nahe Vergangenheit, für die ein Mandat bekanntlich auch ohne Doktorhut und Professorentitel zu erwerben ist. Es zählt zu den glücklichen Erfahrungen der Kommissionsarbeit, dass es gelang, die unterschiedlichen Sichtweisen eines so zusammengesetzten Gremiums in einen zielführenden Gedankenaustausch zu bringen, um am Ende in einen geschichtspolitischen Konsens zu münden, dem sich nur das – von den Kritikern ganz übergangene – Sondervotum von Freya Klier mit zwei wichtigen Erwägungen versagte. Zu den weniger beglückenden Erfahrungen zählt hingegen, die breite öffentliche und parteiübergreifende Anerkennung dieser Leistung ausgerechnet von zwei Vertretern der eigenen Zunft als Ausdruck eines konsenssüchtigen Gauklertums gedeutet zu sehen, mit dem »der spürbar erleichterte Martin Sabrow« sich den – von den Kritikern anders offenbar nicht zu erklärenden – Schulterschluss mit Sachverständigen wie Joachim Gauck und Richard Schröder erschlichen habe.[3]

Nun könnte der Umstand, dass die Kommissionsempfehlungen so große Akzeptanz gefunden haben, natürlich auch damit zu tun haben, dass sie den Generalverriss gar nicht verdienen, den Schwartz und Went-

3 In der für das Deutschland Archiv bestimmten Version der IfZ-Stellungnahme kann Wentker sogar in der scheinbar guten Tat allein die tatsächlich böse Absicht erkennen: »Eine Methode, sich die Zustimmung aus den Reihen der ehemaligen Bürgerbewegungen zu sichern, bestand offensichtlich darin, zumindest einigen unabhängigen Archien und Vereinigungen eine dauerhafte Finanzierung durch den Bund in Aussicht zu stellen.« Schlimmer noch: »Sabrow forderte [...] einen Gedenkort für die Opfer der zweiten deutschen Diktatur in Berlin-Mitte. So erwägenswert diese Vorschläge auch sind – der Kommission sind sie letztlich nur Mittel zum Zweck: Die Opfergruppen und Aufarbeitungsinitiativen sollen als Verbündete für die Umsetzung der eigenen Empfehlungen gewonnen werden.« Wentker, Unausgewogenheiten und Schlagseiten, S. 662.

ker ihnen angedeihen lassen. Die inhaltliche Kritik der IfZ-Mitarbeiter konzentriert sich darauf, der Arbeit der Kommission eine fatale Weichzeichnung der SED-Herrschaft vorzuhalten – einer Kommission wohlgemerkt, von deren zehn Mitgliedern nicht weniger als fünf der ostdeutschen Bürgerrechtsbewegung und dem Widerstand gegen das SED-Regime angehörten. Zu diesem Zweck attestieren die beiden IfZ-Mitarbeiter dem Kommissionspapier zunächst »eine überzogene Kritik an der Arbeit der DDR-Gedenkstätten«; auch an KZ-Gedenkstätten sei noch nie die Forderung nach einer ausgewogenen Darstellung aller Aspekte der NS-Diktatur herangetragen worden. Dieser Vorhalt trifft allerdings insoweit ins Leere, als auch die Kommission davon ausging, dass der die Gedenkstätten kennzeichnende Authentizitätscharakter einer historiographischen Gesamtsicht notwendigerweise im Wege stehen muss – der mutige Akt des Ungehorsams auf einer Liebknecht-Luxemburg-Demonstration des Jahres 1988 bleibt ein flüchtiges Ereignis, das keinen Erinnerungsort schafft; die Verhörzellen der den Protest erstickenden Staatssicherheit hingegen überdauerten als stumme Zeitzeugen den Niedergang des Regimes, dem sie dienten.

Gerade aus dieser unvermeidbaren Schieflage leitete die Kommission ihr Dreisäulenmodell ab, das der Gefahr einer verzeichnenden Verengung der öffentlichen Aufmerksamkeit auf politische Repression und physische Einmauerung entgegenwirken soll. Sie schlug vor, dem Kranz der Gedenkstätten einen Aufarbeitungsschwerpunkt hinzuzufügen, der dem Widerstand gegen das Regime einen Erinnerungsort schafft und die feinen Mechanismen der täglichen Regimebehauptung ebenso wie die täglichen Chancen der Verweigerung und Zustimmung begreifbar machen kann. Dass dieser Vorschlag zur Errichtung eines Aufarbeitungsschwerpunktes »Herrschaft – Gesellschaft – Widerstand« als eine »unsaubere Vermischung der Aufgaben von Museen und Gedenkstätten« gewertet werden kann, bleibt in der Wortwahl so befremdlich wie in der Sache unerfindlich.

Nicht anders steht es um den Vorwurf, das Kommissionspapier wolle die Aufarbeitung der diktatorischen Repression in der DDR isolieren. Als Opfer der Kommission sehen die Kritiker vor allem die Behörde der Bundesbeauftragten für die Stasi-Unterlagen, die nach der im Memorandum vorgesehenen »Abgabe der MfS-Akten ihre Daseinsberechtigung zu verlieren droht«, um dann als »Rest-BStU geradezu entkernt«und in den europäischen Raum entsorgt zu werden. Dazu passt natürlich schlecht, dass ausgerechnet Marianne Birthler die Empfehlungen öffentlich begrüßt hat, und die Kritiker erwähnen es auch gar nicht erst. In der Sache verhält es sich so, dass eine Bundesbehörde, die ihre gesetzlich fixierten Aufgaben abgearbeitet haben sollte, ihre Daseinsberechtigung nicht erst zu verlieren droht, sondern bereits verloren hätte – und die Kommission hat sich Gedanken darüber gemacht, was danach kommen kann, damit ein wichtiges Symbol der friedlichen Revolution und der Aufarbeitung kommunistischer Herrschaft nicht einfach verschwindet. Die Symbolstärke mit der Fachkompetenz der Abteilung Bildung und Forschung und der Aussagekraft der materiell so unterausgestatteten Gedenkstätten in Hohenschönhausen und in der Lichtenberger Normannenstraße in einem europäisch ausgerichteten Forschungs- und Dokumentationszentrum zusammenzuführen, schien der Kommission ein zukunftsfähiger Weg. Sie hatte allerdings in der Tat nicht bedacht, dass daraufhin Fachhistoriker ernsthaft die Frage aufwerfen würden, »welchen Sinn [...] es haben [könnte], Mielkes Staatssicherheit mit Ceauscescus Securitate oder den Priestermördern im polnischen Geheimdienst zu vergleichen«. Nun steht der allgemein bekannte Nutzen des historischen Vergleichs in Forschung, Lehre und politischer Bildung unter Historikern wohl außer Zweifel, und auch die beiden Kritiker machen in ihren eigenen Forschungen zu Recht selbst von ihm Gebrauch. Anders als sie fürchtet die Kommission allerdings nicht, dass auf diese Weise das »Weichbild einer relativ ›zivilen Stasi‹ entsteht«. Aber selbst wenn dem so wäre, würde sie wahrscheinlich mehr noch das Selbstverständnis von Historikern fürchten, die aus volkspädagogischer Sorge unbequeme historische Erkenntnisse lieber erst gar nicht sammeln wollen.

Die Kommissionskritiker nehmen weiterhin Anstoß daran, dass sich eine am Zentrum für Zeithistorische Forschung »seit längerem gepflegte Klage über eine drohende ›Verinselung der DDR-Geschichte‹« im Kommissionspapier »ungebremst« wiederfinde. Wer nicht weiß, dass sich hinter der Polemik gegen das »propagierte Heilmittel der Einbettung der DDR in einen ›europäischen und globalen Kontext‹« eine alte Standortdebatte zwischen dem Münchner und dem Potsdamer Zeitgeschichtsinstitut verbirgt, wird nicht leicht verstehen, warum Wentker und Schwartz die (insoweit nur einen Vorschlag Marianne Birthlers aufgreifenden) Empfehlungen der Expertenkommission so vehement unter Europäisierungs- und Globalisierungsverdacht stellen. Schließlich referieren sie wenige Absätze später selbst beifällig die Kritik ihres Institutsdirektors Horst Möller, der dem Papier genau umgekehrt gerade eine fehlende Berücksichtigung »weltpolitische[r] Einwirkungen« attestiert hatte.

Die Befürchtung jedenfalls, die die Kritiker aus ihrem Befund einer übertriebenen Kontextualisierung ableiten, ist einigermaßen kühn: »Das aber bedeutet im Klartext: Die DDR soll nicht länger im Zentrum wissenschaftlicher Forschung und erinnerungspolitischer Aufarbeitung stehen.« Die Autoren mögen mit sich selbst ausmachen, wie weit sie sich mit einem solchen Marschkompass auf Dauer von der internationalen Zeitgeschichtsforschung und Gedenkpraxis entfernen. Die hat bekanntlich in den letzten Jahrzehnten mit bemerkenswertem Erkenntnisgewinn gerade dank neuer trans- und internationaler Fragestellungen die terroristische Gewalt kommunistischer Herrschaft und die europäische Dimension des Holocaust sehr viel deutlicher als zuvor herausgearbeitet und dokumentiert. Die nachgeschobene Konzession, dass der historische Vergleich vielleicht als zeithistorischer Forschungsansatz legitim, auf dem Felde der öffentlichen Aufarbeitung aber »völlig verfehlt« sei, macht die Sache nicht besser: Wollen Schwartz und Wentker sich ernsthaft ein Quod-licet-Iovi-Denken zu eigen machen, das dem gemeinen Gedenkstättenbesucher allein die grobe Geschichtskost vorsetzt und den Genuss des ganzen Mahls und seiner feineren Nuancen dem Fachdiskurs vorbehält? Im Übrigen: Wenn hinter dem Wunsch nach wissenschaftlicher Differenzierung in der Zeitgeschichte sofort die Sorge über die politische Verharmlosung lauern müsste, wären auch unsere heutigen Schulbücher zum Nationalsozialismus nicht mehr viel wert, die heutigen Schülern das Wesen der NS-Herrschaft und ihres Zivilisationsbruchs nach allgemeiner Auffassung wesentlich eindringlicher darbieten als die Unterrichtswerke früherer Jahre. Ebensowenig überzeugend, wenn auch unbezweifelbar originell ist schließlich der Vorwurf, das Kommissionspapier stehe für eine neuerliche, diesmal DDR-bezogene Vergangenheitsverdrängung – immerhin gilt er einem Memorandum, das sich von der ersten bis zur letzten Seite für eine nachhaltige finanzielle, institutionelle, organisatorische und politische Stärkung der öffentlichen Auseinandersetzung mit dem untergegangenen SED-Staat ausspricht.

Das erprobteste Geschütz der Generalkritik an den Expertenempfehlungen ist auf die Auseinandersetzung mit der Alltags- und Gesellschaftsgeschichte der Diktatur gerichtet, die Schwartz und Wentker als ein von Repression und Teilung »künstlich getrennter« Streichelzoo »positiver Bindungskräfte« erscheint. Dabei stellt das von ihnen als »Trennung des untrennbar Zusammengehörenden« verworfene Drei-Säulen-Modell nichts anderes als den Versuch dar, die intellektuellen und materiellen Kräfte der Diktaturaufarbeitung behutsam in sinnvollen organisatorischen Kristallisationspunkten und Teilsträngen zu bündeln. Eine solche Nutzung thematischer Verwandtschaft könnte etwa bei Förderanträgen, beim Austausch von Ausstellungsmodulen oder bei politischen Bildungsmaßnahmen zu einer besseren Zusammenarbeit führen und Synergien schaffen. Die Behauptung, das Kommissionsvotum wolle mit dem als eigenen Schwerpunkt vorgeschlagenen »Forum Aufarbeitung« den Widerstand von der Unterdrückung isolieren oder die durchherrschte Gesellschaft von ihrem Grenzregime abkoppeln, stellt eine Irreführung von Lesern dar, die nicht wissen, dass die Empfehlungen in diesem Forum »Herrschaft – Gesellschaft – Widerstand« unter anderem ausdrücklich auch den Themenkomplex »Mechanismen der Machtausübung« verankert wissen wollen.

Auf Ablehnung stößt bei Schwartz und Wentker auch das entschiedene Plädoyer der Kommission, über der keineswegs in Frage gestellten gedenkpolitischen Prominenz von Repression und Teilung nicht die alltägliche Interaktion von Herrschaft und Gesellschaft außer acht zu lassen, in der die Fachhistorie wesentliche Antworten auf die Frage nach der vierzigjährigen Stabilität der SED-Diktatur in Deutschland findet. Dass man mit Bajonetten alles Mögliche machen kann, nur nicht auf ihnen sitzen, wusste schon Talleyrand, und in der Tat bestand ein wichtiges Anliegen der Kommission darin, der Auseinandersetzung mit dem Phänomen einer diktatorisch formierten und beherrschten Gesellschaft nicht nur für den Nationalsozialismus, sondern auch für den Kommunismus öffentliches Gehör und institutionellen Raum zu geben.

Nicht einen vermeintlichen Alltag *neben* der Diktatur, sondern den Alltag *in* der Diktatur will das Kommissionspapier im kollektiven Gedächtnis verankern helfen und damit zugleich auch an die bekanntlich nicht auf Mauer, Stacheldraht und Verfolgung beschränkten Erinnerungswelten vieler Ostdeutscher anknüpfen. Denn gerade eine Erinnerungspolitik, die sich der kommunikativen Erinnerung an die gelebte DDR verweigert und die vierzigjährige Diktaturvergangenheit in Ostdeutschland auf ihre menschenverachtende Brutalität reduziert, steht in Gefahr, ihre Adressaten an die Weichzeichner des SED-Regimes und Propagandisten einer besonnten Vergangenheit zu verlieren. Dem entgegenzuwirken, war das erklärte Ziel der Expertenkommission, zu deren Entstehung auch ein unbekannter Dresdner Lehrer beigetragen hatte, welcher der damaligen Kulturstaatsministerin Christina Weiss offenbart hatte, dass er in seinem Kollegium zum gemiedenen Außenseiter geworden sei, weil er von der DDR als Diktatur zu sprechen gewagt habe.

Den Empfehlungen der Expertenkommission eine Verniedlichung der vierzigjährigen SED-Herrschaft zu unterstellen, ist daher nicht redlich und auch nicht weiterführend. Bei genauerer Prüfung der von Schwartz und Wentker erhobenen Einwände bleibt vor allem die Enttäuschung übrig, dass die Zukunftssicherung der DDR-bezogenen Aufarbeitungslandschaft sich nicht einmal in der Fachwelt mit gemeinsamer Kraft vorantreiben lässt, sondern auch hier in starkem Maße von instituts- und wissenschaftspolitischen Nebenüberlegungen überformt ist. Das ist bedauerlich. Aber es muss deswegen die Zuversicht nicht trüben, dass – wie heute schon die NS-Aufarbeitung – auch die Auseinandersetzung mit dem deutschen und europäischen Kommunismus in absehbarer Zeit zu einem geschichtspolitischen Basiskonsens führen wird, der künftigen Generationen den Weg zum Verständnis der Diktaturen des 20. Jahrhunderts erleichtern und nicht verlegen wird.

Martin Sabrow, Vierteljahrshefte für Zeitgeschichte 54 (2006), S. 711–717

Streit um Erinnerung und Aufarbeitung. Eine Erwiderung

Vorgeschichte

Am 2. Dezember 2004 platzte eine geschichtspolitische Bombe. In einem »non-paper« legte der Ministerialdirektor bei der Beauftragten der Bundesregierung für Kultur und Medien (BKM), Knut Nevermann, Überlegungen zum erinnerungspolitischen Konzept der Bundesregierung vor.[1] Durch Indiskretion gelangten diese Planungen umgehend in die Öffentlichkeit. Nevermann stellte ausgehend vom Gedenkstättenkonzept der Bundesregierung aus dem Jahr 1999 fest, dass die Gedenkstättenarbeit zur SED-Diktatur, insbesondere in Berlin, unbefriedigend sei und einer Neustrukturierung bedürfe. In dieser Situation sei die Bundesregierung bereit, ihr Engagement in diesem Bereich zu intensivieren und zu systematisieren. Die Stiftung zur Aufarbeitung der SED-Diktatur und die Behörde der Bundesbeauftragten für die Stasi-Unterlagen (BStU) gingen zur gleichen Zeit in die Zuständigkeit der BKM über.

Für besondere Aufregung sorgten einige der von Nevermann entwickelten Zukunftsperspektiven: Die Stiftung soll zur zentralen Einrichtung für die Koordinierung der erinnerungspolitischen Aktivitäten des Bundes werden. Die Stiftung Aufarbeitung übernimmt die Weiterentwicklung des Gedenkortes Haus 1 Normannenstraße (des ehemaligen Amtssitzes des Ministers für Staatssicherheit). Die inhaltliche Gestaltung der geplanten Dauerausstellung in der Gedenkstätte Untersuchungshaftanstalt des MfS Berlin-Hohenschönhausen obliegt der Stiftung Haus der Geschichte der Bundesrepublik Deutschland in eigener Verantwortung. Die Stiftung Haus der Geschichte mit dem Zeitgeschichtlichen Forum in Leipzig wird sich verstärkt und auf Dauer mit der Geschichte der DDR beschäftigen. Ein Schwerpunkt ist dabei die Alltagsgeschichte der DDR mit der »Sammlung industrielle Gestaltung« in Berlin. Die BStU wird in das Bundesarchiv integriert, ihre Bildungs- und Forschungsaufgaben werden der Stiftung Aufarbeitung ganz oder teilweise übertragen.

Besonders die beabsichtigte Eingliederung der BStU in das Bundesarchiv sorgte für beträchtliche Aufregung und scharfe Proteste. So meinte das Bürgerbüro Berlin unter dem Vorsitz von Bärbel Bohley, dass die Regierung die »letzte Bastion der friedlichen Revolution schleifen« wolle.[2] Zudem war verschiedentlich die Vermutung zu vernehmen, unter die Geschichte der zweiten deutschen Diktatur solle ein »Schlussstrich« gezogen werden. Die Diskussion gewann innerhalb weniger Tage eine sol-

1 Dok.: www.havemann-gesellschaft.de./info 193.htm (12.8.2006).

2 Erklärung d. Bürgerbüros, 10.12.2004, dok.: www.havemann-gesellschaft.de./info195.htm (12.8.2006).

che Brisanz, dass sich die Kulturstaatsministerin Christina Weiss von dem »Nevermann-Papier« distanzierte. Vielmehr bezeichnete sie die »Birthler-Behörde« als ihren Hauptpartner bei der Erarbeitung eines auf die zweite deutsche Diktatur bezogenen erinnerungspolitischen Konzeptes.[3] Zu einem kommenden Geschichtsverbund sollten dann auch das Zeitgeschichtliche Forum Leipzig und die Stiftung Aufarbeitung zählen. Dem stimmte die Bundesbeauftragte für die Stasi-Unterlagen, Marianne Birthler, umgehend zu und äußerte die Hoffnung, dass der »unselige Versuch«, die Arbeit ihrer Behörde zu beenden, hoffentlich endgültig gescheitert sei.[4] Gleichzeitig bot sie an, bestimmte Teile der gesetzlichen Aufgaben der Bundesbehörde mit einem noch zu erarbeitenden Gedenkstättenkonzept zu verknüpfen.

Nach diesen Äußerungen war die allgemeine geschichtspolitische Verwirrung allerdings größer geworden, da jetzt vollkommen unklar erschien, wie es weiter gehen sollte. Zudem harrten auch die Gedenkstätten für die Opfer des Nationalsozialismus in Berlin und für die deutsche Teilung bzw. Berliner Mauer ebenfalls einer sinnfälligen Erinnerungstopographie (die Schaffung eines »Zentrums gegen Vertreibungen« gehört in diesen Kontext). Klar war, dass alle drei Konzeptionen in einem engen Zusammenhang zu sehen waren, dass alle Maßnahmen unter einem Finanzierungsvorbehalt standen und nur im Zusammenspiel des Bundes mit dem Land Berlin zu lösen sein würden. Gleichwohl wollte die BKM zumindest die konzeptionellen Arbeiten in der laufenden Legislaturperiode abschließen und durch den Bundestag bringen.

So lag es nahe, entsprechende Kommissionen zur konzeptionellen Vorbereitung der geschichtspolitischen Großvorhaben zu gründen. Inzwischen ist die Arbeit für eine Stiftung der Berliner NS-Gedenkstätten weit vorangeschritten, und der Berliner Senat bestätigte am 20. Juni 2006 das Konzept zum Mauergedenken.[5] Darüber hinaus könnte die Ausstellung »Flucht – Vertreibung – Integration« der Stiftung Haus der Geschichte zum Nukleus eines deutlichen Zeichens gegen Vertreibungen in Berlin werden.[6] Schwieriger sollte sich jedoch die Vorbereitung eines Geschichtsverbundes »Aufarbeitung der SED-Diktatur« gestalten.

3 Statement von Staatsministerin Dr. Weiss, 10.12.2004, dok.: www.havemann-gesellschaft.de/info194.htm (28.8.2006).

4 Erklärung der BStU, 10.12.2004, dok.: www.havemann-gesellschaft.de/info196.htm (12.8.2006).

5 http://www.berlin.de/sen/kultur/kulturpolitik/mauer/gesamtkonzept.html

6 Constanze von Bullion: Vitrinen voller Brüche. Der Schlüssel der Danziger Marienkirche, ein Spielzeugauto aus Zypern und viele Diskussionen, in: Süddeutsche Zeitung, 8.8.2006; Heinrich Wefing: Die Probe. Was kann das Zentrum gegen Vertreibungen ausstellen?, in: FAZ, 8.8.2006.

Die Arbeit der Kommission

Vom Anfang an war die Zusammensetzung der von Staatsministerin Weiss zur Vorbereitung dieses Verbundes berufenen Kommission aus Bürgerrechtlern, Wissenschaftlern, Publizisten und Museumsleuten umstritten. In der Tat war ihre Zusammensetzung ungewöhnlich, setzte sie sich doch zur Hälfte aus Ostdeutschen zusammen, die zudem aus der Tradition der Opposition gegen die kommunistische Diktatur in der DDR kamen. Doch war in der Anfangsphase der Kommissionsarbeit das Problem vor allem der Ärger derjenigen, die selbst gern Kommissionsmitglied geworden wären. Das war offensichtlich zumindest im Fall eines Mitarbeiters des »Forschungsverbundes SED-Staat« ausreichend, zum aggressiven Kritiker der Kommissionsarbeit zu mutieren. Dagegen spielten in der Arbeit der Kommission politische Bindungen oder Überzeugungen keine Rolle.

Die Kommission legte nach ihrer Konstituierung für sich selbst in einem internen Verständigungspapier fest, dass sie niemanden vertrete und niemandem verpflichtet sei. Ihre Aufgabe sei eine »Bestandsaufnahme und Perspektivenentwicklung der öffentlichen Aufarbeitung der DDR und ihrer SED-Diktatur als nationaler ›Erinnerungslandschaft‹ im europäischen Kontext«. Dabei sollten tragende Linien eines Gesamtkonzeptes für einen Geschichts- und Gedenkstättenverbund zur öffentlichen Aufarbeitung der SED-Diktatur geschaffen werden. Die Dezentralität des Gedenkens sollte bewahrt und eine gültige »Gesamtaussage« über den Charakter der SBZ/DDR und der SED-Diktatur nicht gewagt werden. Diese Selbstdefinition war auch deshalb nötig, weil die Beauftragung der Kommission durch die BKM wenig präzise war. Offensichtlich war allerdings, dass die Geschichte von Opposition und Widerstand als Thema und Berlin als Ort im Fokus des Interesses stehen sollten. Weiterhin war klar, dass die Umsetzung der Empfehlungen kostenneutral erfolgen sollte und dass die Neugründung weiterer Einrichtungen zu vermeiden war.

Zu Beginn ihrer Arbeit erkannte die Kommission eine Reihe von Problemen bei der Auseinandersetzung mit der kommunistischen Diktatur in Deutschland. Dazu zählten eine nach Ost und West geteilte Wahrnehmung der DDR-Geschichte, die Trivialisierung der SED-Herrschaft als politisches System und die Vernachlässigung seiner Darstellung im Unterricht der Schulen und Hochschulen. Außerdem sei die Beschäftigung mit dem Kommunismus in Deutschland finanziell schlecht ausgestattet, unzureichend vernetzt und durch mangelnde Professionalität gekennzeichnet. In den Augen der Kommission fehlte eine gemeinsame Planungsstrategie, und der Schwerpunkt öffentlicher Auseinandersetzung läge einseitig auf staatlicher Repression, wogegen Widerstand, Anpassung, Ideologie, Parteiherrschaft und Alltag vernachlässigt würden.

Unter diesen Bedingungen konnte das Ziel der Experten kein einheitlicher oder gar geschlossener Entwurf sein, und eine übergreifende, zentralistische Struktur der »Aufarbeitung« der DDR-Geschichte war auszuschließen. Beabsichtigt war dagegen die kooperative Vernetzung der bestehenden Einrichtungen und die Integration der deutsch-deutschen Geschichte zwischen 1945 und 1990 in den europäischen und globalen Kontext. Dazu schlug die Kommission drei Komplexe der Auseinandersetzung vor:[7]

1. »Herrschaft – Gesellschaft – Widerstand« in Form eines »Forums Aufarbeitung«, das (verwaltungs-)organisatorisch von der »Stiftung Aufarbeitung« getragen werden solle. Bei der musealen Darstellung des Spannungsverhältnisses zwischen Herrschaft, Gesellschaft und Widerstand wäre das Zeitgeschichtliche Forum Leipzig einzubeziehen.
2. »Überwachung – Verfolgung« als Forschungs- und Dokumentationszentrum »Diktatur und Geheimpolizei « in organisatorischer Form einer Stiftung. Dazu war die Behörde der BStU nach Erfüllung ihrer Kernaufgaben und der Aktenübergabe in das Bundesarchiv gleitend in diese Stiftung zu überführen. Ihre bisherige Abteilung »Bildung und Forschung« sei in diese Stiftung ebenso wie die Gedenkstätten Berlin-Hohenschönhausen und Haus 1 Normannenstraße zu integrieren, um diese Einrichtungen zu stärken.
3. »Teilung – Grenze« mit dem Schwerpunkt des Ausbaus der Gedenkstätte Berliner Mauer in der Bernauer Straße.

Von besonderer Brisanz war dabei die Empfehlung der Kommission, die Stasi-Unterlagen nach Erfüllung der Aufgaben der Birthler-Behörde ungeteilt dem Bundesarchiv zu übergeben, da hier erstmals »offiziös« ein Vorschlag zur Zukunft der BStU gemacht wurde.

Reaktionen

Die Angriffe auf das Expertenvotum mit ihren Empfehlungen begannen[8] schon vor dessen Übergabe an die Bundesregierung, als es durch Indiskretion in die Öffentlichkeit gelangte und das Kommissionsmitglied Freya Klier ein offensiveres Instrumentarium der Aufarbeitung forderte, da sich die alten »DDR-Eliten « wieder formieren würden. Inhaltlich waren diese Angriffe in aller Regel nicht überzeugend, und die Kritik trugen nur wenige Personen bzw. einzelne Einrichtungen, die sich jedoch

7 Dok.: DA 4/2006, S. 651–661.

8 Nach der ausgewogenen Darstellung von Matthias Schlegel, Richtig aufarbeiten. Eine Kommission berät, wie mit der SED-Diktatur umgegangen werden soll, in: Tagesspiegel, 15.12.2005, durch den Beitrag »Neue Kompetenzen für Birthler-Behörde«, in: Der Spiegel, 15/2006, S. 22.

öffentlich massiv Gehör verschafften. Zu unterscheiden sind hier: die Kritik des Direktors der Gedenkstätte Berlin-Hohenschönhausen, Hubertus Knabe; Angriffe von Jochen Staadt und Klaus Schröder für Teile des »Forschungsverbundes SED-Staat« an der Freien Universität Berlin; Stellungnahmen einiger Gedenkstätten; Voten antikommunistischer Opferverbände und Äußerungen von Initiativen der Bürgerbewegung.

Knabes Kritik folgte im Kern dem Muster: »linke Regierung« setzt »linke Historikerkommission« ein, die den Auftrag erfüllt, die DDR »weichzuspülen«. Diesem Anliegen würde jedoch ein erfahrener konservativer Kulturstaatsminister nicht folgen können.[9] Perfider ging Klaus Schröder vor, der behauptete, dass »linke Historiker und Politiker« seit Jahren versuchten, die von Bürgerrechtlern betriebene Gedenkstätte Haus 1 und die Gedenkstätte Hohenschönhausen ihres autonomen Charakters zu berauben sowie inhaltlich und personell anders auszurichten.[10] Dadurch sollten authentische Orte »entschärft« und zur Disposition gestellt werden. Um dies zu erreichen, hätte die Regierungskommission eine falsche Prognose stellen müssen. Ihr Ziel sei es dabei, die DDR im Geiste der alten »systemimmanenten DDR-Forschung« wertneutral zu beschreiben und auf gleiche Augenhöhe mit der Bundesrepublik zu stellen. Dabei werde die DDR »weichgezeichnet« und die Differenz zwischen Diktatur und Demokratie verschwände. Dies sei unbedingt zu vermeiden, und die staatlichen Mittel zur Auseinandersetzung mit der kommunistischen Diktatur seien in die universitäre Forschung zu lenken. Spätestens an dieser Stelle wurde klar, worum es wirklich ging: um die Ressourcenverteilung zugunsten der Kritiker des »Sabrow-Konzepts«.

Noch deutlicher machte dies Staadt, der der Expertenkommission einen »Selbstbedienungsdrang« vorwarf und ihre Mitglieder als »Lobbyisten« diffamierte.[11] Damit hatte Staadt ein Niveau erreicht, dass eine weitere Auseinandersetzung mit seinen Auffassungen unmöglich macht.

Ausschlaggebend für Knabes Angriffe war wohl seine Sorge, die Souveränität eigenen Handelns zu verlieren und der ungeliebten Marianne Birthler als Bundesbeauftragte für die Stasi-Unterlagen unterstellt zu werden. Bei Staadt und Schroeder kam hinzu, dass sie noch immer in den Schützengräben des »Zweiten Kalten Krieges« hocken. Schon in den neunziger Jahren hatte dies immer wieder dazu geführt, dass sie glaubten, die angeblich den Systembruch 1989/90 überlebende »immanente« Er-

9 Hubertus Knabe: Das Aufarbeitungskombinat. Merkwürdige Vorschläge zur Neuorganisation des DDR-Gedenkens, in: Die Welt, 8.5.2006.

10 Klaus Schroeder: Was wir vergessen, das war nicht, in: Tagesspiegel, 18.5.2006.

11 Jochen Staadt: Kollision der Fachleute. Die Einrichtungen zur DDR-Aufarbeitung sollen neu geordnet werden, in: FAZ, 13.5.2006.

klärung der SED-Diktatur angreifen zu müssen.[12] Dabei bauten die beiden Autoren immer wieder den Popanz »Totalitarismus« versus »moderne Diktatur« auf, und es war ihnen dabei offensichtlich entgangen, dass die Forschung diese Differenz längst hinter sich gelassen hat. So ist es durchaus miteinander vereinbar, die DDR als kommunistische Diktatur zu analysieren und die »Durchherrschung« der DDR-Gesellschaft damit in einen inneren Zusammenhang zu bringen.[13]

Gedenkstätten, Opferverbände und Initiativen der Bürgerbewegung reagierten unterschiedlich.[14] Allerdings dominierten in der ersten Phase der Diskussion besorgte Stimmen und die Ablehnung der Empfehlungen. Hier war neben dem Umstand, dass Vertreter dieser Gruppen nicht als Mitglied in die Arbeit der Expertenkommission einbezogen waren, die Befürchtung entscheidend, dass die »Aufarbeitung« ausschließlich in Berlin konzentriert werden könnte, die künftige Auseinandersetzung zu sehr »bürokratisiert« und eine »Aufarbeitungs-Monsterbehörde« geplant wäre und die Sicht auf die DDR in Zukunft nicht kritisch genug ausfallen würde. In der folgenden Diskussion scheinen einige dieser Vorbehalte ausgeräumt worden zu sein, vor allem die Meinung, dass ein staatlich finanziertes DDR-Alltagsmuseum in Berlin geplant sei, ist jetzt wohl widerlegt. Da ein solches – privat finanziertes – Museum inzwischen in Berlin öffnete, ist es schon erstaunlich, dass kritische Stellungnahmen dazu von diesen Gruppen ausblieben.[15]

Presse und Politik

Die nächste Stufe der Auseinandersetzung brachte die Übergabe des Experten-Votums an den neuen Kulturstaatsminister Bernd Neumann und

12 Klaus Schroeder/Jochen Staadt: Die Kunst des Aussitzens, in: Geschichte und Transformation des SED-Staates: Beiträge und Analysen, Klaus Schroeder (Hg.), Berlin 1994, S. 347–354; Jochen Staadt: Es darf gefragt werden. Eine Oral-History-Reise in die DDR und zurück, in: Horch und Guck, H. 54 (2006), S. 16–19.

13 Vgl. Jürgen Kocka: Eine durchherrschte Gesellschaft, in: Hartmut Kaelble u.a. (Hg.): Sozialgeschichte der DDR, Stuttgart1994, S. 547–553.

14 Joachim Scherrieble: Gedenk-Bausteine. Eine Kommission hat Vorschläge formuliert, wie die Aufarbeitung der SED-Diktatur neu organisiert werden sollte, in: Die Zeit, 15.5.2006; Presseerklärung des Bürgerbüros Berlin, 15.5.2006; Aufarbeitung durch Konzept bedroht, in: Thüringer Landeszeitung, 17.5.2006; Stellungnahme der Verbände der Verfolgten in der SBZ und DDR zu den Empfehlungen der Expertenkommission zur Schaffung eines Geschichtsverbundes »Aufarbeitung der SED-Diktatur«, 29.5.2006; Bürgerkomitee Leipzig: Als Arbeitsgrundlage ungeeignet, dok.: Zs. d. Forschungsverbundes SED-Staat, 19 (2006), S. 155–157; Thüringer Archiv für Zeitgeschichte »Matthias Domaschk«: Stellungnahme zu den Empfehlungen der »Sabrow-Kommission «, in: Horch und Guck, H. 54 (2006), S. 58 f.

15 Vgl.: Jens Mühling: Plaste ist geduldig. Wie kommt die DDR ins Museum? Besichtigungen in Berlin, Leipzig und Eisenhüttenstadt, in: Tagesspiegel, 10.8. 2006.

seinen Ministerialdirektor Hermann Schäfer am 15. Mai 2006 auf der Bundespressekonferenz. Während Neumann das Votum immerhin als deutlichen Denkanstoß bezeichnete, formulierte Schäfer grundsätzliche Kritik. So befürchtete er eine zunehmende Trivialisierung der Auseinandersetzung mit der kommunistischen Diktatur in Deutschland und warnte vor einem Paradigmenwechsel von der politischen zur historischen Aufarbeitung.

Das Presseecho und auch politische Stellungnahmen nach der Übergabe der Empfehlungen kennzeichnete ein erheblicher Wandel nach den Angriffen in der Phase vor der offiziellen Präsentation des Votums.[16] Jetzt wiesen die Journalisten mehrheitlich den Vorwurf des Relativierens oder »Weichspülens« der zweiten deutschen Diktatur zurück und machten eine neue Phase der Auseinandersetzung mit der DDR-Vergangenheit aus.[17] Franziska Augstein schätzte die Vorschläge der Kommission als Grundstein der Neuordnung der Auseinandersetzung mit der SED-Diktatur ein und kritisierte zugleich die Arbeit der Gedenkstätte Hohenschönhausen.[18] Besonders wichtig war auch die Erkenntnis, dass die Kommission den Gedanken der Bedeutung der friedlichen Revolution in der deutschen Geschichte festgeschrieben habe.

Martin Sabrow argumentierte, dass für die Kommission das Spektrum der »DDR-Aufarbeitung« im Kleinen abbilde und betonte die überwiegend freundliche Aufnahme des Votums, die nur diejenigen nicht teilten, die die Deutungskämpfe in den ersten Jahren nach dem Ende der Diktatur wiederbeleben wollten.[19] Weiter erklärte er, dass die Empfehlungen kein »Aufarbeitungskombinat «, sondern die Mehrdimensionalität von Aufar-

16 Renate Oschlies: »Nur ein Denkbaustein«. Minister geht auf Distanz zu DDR-Aufarbeitungskonzept, in: Berliner Zeitung, 16.5.2006; Karlen Vesper: Politiker brüskieren Historiker: Die Linke aber begrüßt den Bericht zum Umgang mit DDR-Geschichte, in: Neues Deutschland, 17.5.2006; Gutes Expertenvotum: Kultursenator Flierl begrüßt Expertenvorschläge zur Aufarbeitung der SED-Diktatur, in: taz, 17.5.2006; SED-Bewältigung braucht einen Ort. Ein Gespräch mit Martin Sabrow über das Gutachten seiner DDR-Aufarbeitungskommission, in: FAZ, 23.5.2006; Markus Meckel: Die Geschichte qualmt noch. Zur Aufarbeitung der kommunistischen Diktatur in der DDR und den Ergebnissen der Sabrow-Kommission, in: Frankfurter Rundschau, 2.6.2006.

17 Franziska Augstein: Wohlfeile Kommentatoren, in: Tagesspiegel, 21.5.2006; Regina Mönch: Aus dem Gewächshaus: So habe ich das nicht erlebt! In: Frankfurter Allgemeine Sonntagszeitung, 21.5.2006; Hans-Joachim Neubauer: Drei Säulen. Vorschläge der SED-Kommission. Wolkiges von dem Weltweisen, in: Rheinischer Merkur, 25.5.2006.

18 Franziska Augstein: Im Garten der Erinnerung. Der Bericht der Kommission, in: Süddeutsche Zeitung, 12.5.2006.

19 Martin Sabrow: Das letzte Donnern. Erinnerungsland DDR. Zum Streit um die Empfehlungen der Expertenkommission, in: Tagesspiegel, 29.5.2006.

beitungsbereichen im Auge hätten. Er erwähnte auch die Absurdität, dass die härtesten Kritiker an einer befürchteten »Weichzeichnung« der SED-Herrschaft die Auflösung der Birthler-Behörde forderten. Und richtig analysierte er, dass beim Übergang vom kommunikativen zum kulturellen Gedächtnis in Deutschland drei Erinnerungskulturen aufeinander prallen. Die ist die »Revolutionserinnerung« derjenigen, die den Unrechtsstaat überwanden, die »Wendeerinnerung« derer, die sich mit der DDR abgefunden hatten, und das Milieugedächtnis ehemaliger Funktionsträger des Regimes.

Wichtig in dieser Phase der Diskussion war auch, dass Thomas Ahbe grundsätzlich darauf hinwies, dass eine ausschließliche Schwerpunktsetzung auf die Repression in der DDR den Blick auf künftige Gefährdungen der Demokratie verstellen könne.[20] Gerade hier sei es nötig, aus dem Verhalten der Bevölkerungsmehrheit zu lernen, da diese in einer Demokratie letztlich entscheide. Deshalb verdienten die Opfer politischer Gewaltanwendung Aufmerksamkeit und Würdigung; Freiheit und Würde heute seien jedoch zuerst dadurch zu sichern, dass geklärt werde, warum sich große Mehrheiten mit Diktaturen arrangierten und sie trügen – hier kämen Kultur, Alltag und Gesellschaft geradezu zwangsläufig in den Blick.

Diese veränderte Stimmungslage veranlasste wohl auch Staatsminister Neumann dazu, einzuräumen, dass eine vertiefte Erforschung des Alltags in der DDR große Chancen böte, da das Einbeziehen des alltäglichen Lebens ja nicht nur eine private Idylle zeigen müsse.[21] Jetzt käme es darauf an, die verschiedenen vorhandenen Einrichtungen in einen übergeordneten Gesamtrahmen zu stellen und sie zu vernetzen. Langfristig sollten die Akten der »Birthler-Behörde« an das Bundesarchiv übergeben und geklärt werden, was mit ihrer Abteilung Bildung und Forschung geschehen solle. Neumann betonte auch, dass die Gedenkstätte

Hohenschönhausen »nicht untergepflügt« werden dürfe. Hier nahm er eine eher verdeckte Linie der Auseinandersetzung auf. Dabei geht es immer wieder um die Selbständigkeit bzw. Zuordnung dieser Gedenkstätte zu einem größeren Verband. Dies könnte auch damit zu tun haben, dass Altbundeskanzler Helmut Kohl gegenüber Neumann für die Unabhängigkeit Hohenschönhausens plädiert hatte.[22] Inzwischen drückte je-

20 Thomas Ahbe: Die Täter, ihre Opfer und »unsere« Geschichte. Erinnern und Historisieren, in: Freitag, 26.5.2006.

21 Interview m. Renate Oschlies: DDR-Alltag – das war nicht nur private Idylle, in: Berliner Zeitung, 26.5.2006.

22 Jan Fleischhauer u. a.: Abschied vom Sauerbraten. Parteichefin Angela Merkel will die Union modernisieren, um ihr neue Wähler zuzuführen, in: Der Spiegel, 26.6.2006, S. 26. Sein Engagement für Hohenschönhausen bestätigte Kohl schrift-

doch auch Marianne Birthler ihr Desinteresse an der ehemaligen zentralen Untersuchungshaftanstalt aus, und so geht es derzeit um die Kooperation zwischen Gedenkstätte und Birthler-Behörde.

Hearing

Nach dieser argumentativen Vorbereitung konnte das Hearing zu den Expertenempfehlungen am 6. Juni 2006 im Bundestag mit Spannung erwartet werden. Als Auftakt kritisierte der Direktor des Instituts für Zeitgeschichte in München und Berlin die Zusammensetzung der Kommission und führte dann aus, er hielte das Dreisäulenmodell für methodologisch und institutionell fragwürdig und widersprüchlich.[23] Ausschlaggebend dafür sei, dass wesentliche Aspekte der Diktatur, wie die weltpolitischen Zusammenhänge und die millionenfache Fluchtbewegung, dabei nicht berücksichtigt wären. Diese Argumentation vermag jedoch kaum zu überzeugen, da in den drei von der Kommission vorgeschlagenen Zentren ein Großteil der von Horst Möller als Desiderate empfundenen Themen behandelt werden soll oder dies zumindest möglich ist. Für Möller ist desweiteren eine Trennung der drei im Kommissionspapier vorgeschlagenen Themenkomplexe nicht möglich, da dadurch die Bedingungszusammenhänge der Diktatur zerrissen würde. Folgt man diesem Ansatz, dann müsste für die Auseinandersetzung mit der kommunistischen Diktatur tatsächlich ein »Aufarbeitungskombinat« gegründet werden, das alle Aspekte von Herrschaft, Gesellschaft, Alltag und Widerstand gleichermaßen bearbeiten würde.

Gleichzeitig und widersprüchlich zu dieser Argumentation setzte Möller sich jedoch für ein pluralistisches Wissenschaftsverständnis und damit für getrennte Einrichtungen ein. Da hilft es auch nicht weiter, wenn gegen die vermutete Absicht der Kommission polemisiert wird, den Alltag stark in den Mittelpunkt der Aufmerksamkeit zu stellen. Die Annahme, dass der Alltag in der DDR besser als die politische Repression erforscht sei, entspricht nicht dem Forschungsstand, und eine Beschäftigung mit dem Alltag unter der Diktatur bedeutet nicht, die Diktatur »weichzuzeichnen«, sondern im Gegenteil werden dadurch ihre Herrschaftsmechanismen erst deutlich. Vernünftig ist dagegen Möllers Vorschlag, eine nicht allzu große museale Darstellung der SED-Diktatur in Berlin zu errichten. Doch genau dies hat auch die Sabrow-Kommission vorgeschlagen.

lich gegenüber dem Kommissionsvorsitzenden (Brief Sabrows an die Kommissionsmitglieder v. 21.7.2006).

23 Horst Möller: Trabi, Stasi, Kinderkrippen: Das Gedenken an das SED-System wird neu geregelt, in: Rheinischer Merkur, 22.6.2006.

Vielleicht könnte in Zukunft eine grundsätzliche Auseinandersetzung mit dem »Alltag« unter der zweiten deutschen Diktatur weiterhelfen, wie sie Ehrhart Neubert, Maßstab setzend, gelungen ist. Dabei führt er als Alltagsprobleme der als »liberaler« geltenden Ära Honecker an: die ökologische Dauerkatastrophe, die verbreitete Alltagsarmut, die ständigen Versorgungsmängel, die Knappheit an Wohnraum, der Städteverfall, der demütigende Wartezustand der Ausreisewilligen, die zahlreichen Jugendprobleme, die Militarisierung des Lebens auf der einen Seite und die Privilegierung der »SED-Eliten « auf der anderen Seite.[24] Für die nicht privilegierte Bevölkerung war Alltag auch immer die Erfahrung des Mangels, verbunden mit der Sehnsucht nach dem Alltag des Westens. Das alltägliche Leben einer Mehrheit prägte auch die Erfahrung von Kontrolle und Selbstkontrolle, und für die Oppositionellen war es der Kampf um ein »Leben in der Wahrheit« (Václav Havel).

Auf Möller antwortete während der Anhörung Reinhard Rürup, der in der Arbeit der Kommission eine solide Grundlage erkannte. Allerdings empfand er den Begriff »Geschichtsverbund« als zu vage und meinte, die Vorschläge seien letztlich zu abgewogen und hätten zu wenig Pathos.[25] So sei es eine nationale Aufgabe, einen würdigen Ort des Gedenkens an die Opfer kommunistischer Herrschaft einzurichten. Nach Berlin gehöre eine repräsentative Erinnerung an die friedliche Revolution. Energisch wies Rürup die Vorwürfe zurück, in den Empfehlungen der Kommission sei eine Tendenz zur Verharmlosung zu erkennen, vielmehr könne der Blick auf die Diktatur durch die Einbeziehung der Betrachtung des Alltags nur an Schärfe gewinnen. Auch die Empfehlung zur Schaffung einer »Mammutbehörde« konnte Rürup nicht erkennen.

Rürup hatte offensichtlich die Auffassung der Mehrheit der Anwesenden wiedergeben, wie der weitere Verlauf der Diskussion zeigte. Zuerst blieben aber Manfred Wilkes Ausführungen weitgehend unverständlich und randständig, jedoch verwies er mit Recht darauf, dass nicht die Staatssicherheit, sondern der deutsche Bastillesturm vom 9. November, also der Mauerfall, das Symbol der Revolution sei.[26] (Besser noch wäre es gewesen, die Leipziger Demonstration vom 9. Oktober 1989 als Höhepunkt und Symbol der friedlichen Revolution zu benennen.) Wilkes

24 Ehrhart Neubert: Alltag und Herrschaft in der DDR: Unterschiedliche Alltagsstrategien, in: Günther Heydemann/Eckhard Jesse (Hg.): 15 Jahre deutsche Einheit. Deutschdeutsche Begegnungen, deutsch-deutsche Beziehungen, Berlin 2006, S. 308.

25 Reinhard Rürup: Anhörung zu den Empfehlungen der Expertenkommission zur Schaffung eines Geschichtsverbundes »Aufarbeitung der SED-Diktatur«, Berlin 6.6.2006.

26 www.havemann-gesellschaft.de/wilke.pdf (28.8.2006).

»Verdacht des institutionellen Lobbyismus« gegenüber einigen Kommissionsmitgliedern nahm in der Diskussion niemand auf.

Dagegen spannen der frühere Bundesbeauftragte für die Stasi-Unterlagen, Joachim Gauck, und der Theologe Richard Schröder Rürups Faden weiter. Gauck sprach sich ebenfalls vehement für die Empfehlungen der Expertenkommission aus und forderte einen Perspektivenwechsel von der Dominanz der Beschäftigung mit dem Staatssicherheitsdienst zum Alltag in der DDR, da sich darin das Gesicht der SED-Diktatur besonders deutlich zeige.[27] Das »Angst-Anpassungssyndrom« in der DDR sei durchaus nicht von Polizei und Geheimdienst allein geschaffen worden, und so würde die von den ehemaligen Opfern geforderte Delegitimierung der DDR durch die Konzentration auf Stasi-Terror, politische Justiz und Zuchthäuser nicht ausreichen, da Überwältigungspädagogik nicht immer überzeuge. Gleichzeitig warnte Gauck vor einer Auseinandersetzung unter den Bürgerrechtlern nach dem Ost-West-Schema und meinte zu Recht, dass außer »roten Reaktionären« und »Systemnahen von einst« niemand die DDR schönfärben wolle. Stattdessen gehe es darum, die Geschichte der ostdeutschen Diktatur und ihrer Überwindung in den Kernbereich des nationalen Gedächtnisses zu befördern.

Schröder argumentierte mit viel Witz, als er die gegen die Sabrow-Kommission gerichteten Unterstellungen als bösartig zurückwies.[28] Vielmehr gehe es darum, das normale unerfreuliche Leben in der Diktatur zu betrachten und selbstverständlich auch um Bindekräfte der Diktatur. Schröder verwies auf einen wesentlichen Punkt der Auseinandersetzung: Das sei ein westdeutscher Diskurs, in dem es auch um wissenschaftlichen Status und Forschungsgelder gehe – letztlich also um wissenschaftspolitische Macht. Ein Denkmal für die Opfer des Kommunismus in Berlin sei zwar nicht grundsätzlich abzulehnen, zeuge jedoch von einer gewissen Einfallslosigkeit in Sachen Gedenken. Schließlich verwies Schröder auf das Hochgefühl des Herbstes 1989 und darauf, dass die DDR-Wirklichkeit nur erfasst werden könne, wenn die Grautöne nicht übersehen würden. Die entscheidende Erinnerung an die Revolution von 1989 lasse sich nur dann im historischen Gedächtnis der Nation verankern, wenn klar werde, gegen welche Bindekräfte des Systems sie sich durchsetzen musste. Allen Kritikern entgegnete Schröder, dass eine Demokratie sich nicht nur aus traurigen Diktaturerfahrungen legitimieren könne.

27 Gespräch m. Sven Siebert: »Auch ohne Stasi eine Diktatur«, in: Sächsische Zeitung, 12.6.2006; Joachim Gauck: Der sozialistische Gang, in: Der Spiegel, 19.6.2006, S. 38 f.

28 Richard Schröder: Auch wir hatten glückliche Tage. Die Wirklichkeit der DDR erfasst nur, wer auf Grautöne achtet, in: Die Zeit, 29.6.2006.

Marianne Birthler, Bernd Faulenbach und andere Sachverständige stärkten die Linie Rürup-Gauck-Schröder. Faulenbach warnte jedoch, dass die Aufteilung in drei Komplexe nicht zur Segmentierung führen dürfe und schlug überraschend (ähnlich wie Rürup) vor, die Abteilung Bildung und Forschung der Birthler-Behörde dem Potsdamer Zentrum für Zeit geschichtliche Studien anzuschließen, was nicht den Vorstellungen der Kommission entsprach. Birthler selbst unterstützte besonders den vorgeschlagenen Aufarbeitungsschwerpunkt »Herrschaft – Gesellschaft – Widerstand«, da dort der Verlust von Freiheit und Recht als Wesenskern einer Diktatur verdeutlicht werden könnte.[29] Schwierigkeiten sah sie bei der Trennung dieses Themenschwerpunkts von dem der »Überwachung und Verfolgung« und betonte so eine gegebene Verbindung zwischen ihrer Behörde und der Gedenkstätte im Haus 1. Hier sei auch der richtige Ort für eine künftige Dauerausstellung zum Thema Staatssicherheitsdienst bzw. zu »Diktatur und Geheimpolizei«. Dagegen würde sie mit der Gedenkstätte Hohenschönhausen nur eine Kooperation anstreben und könne sich eine Übergabe der Akten des Staatssicherheitsdienstes an das Bundesarchiv im Jahr 2020 vorstellen.

Nach diesen positiven Einschätzungen kamen auch die Vertreter unterschiedlicher Opferverbände zu Wort, die ihre Kritik an den Empfehlungen artikulierten. Hubertus Knabe war der Einladung allerdings nicht gefolgt, und Jörg Drieselmann von der Gedenkstätte Haus 1 ging vorzeitig, ohne zu sprechen. Bei der Argumentation der Opferverbände war schnell klar, dass sie davon ausgingen, bei dem Votum solle es um die Schaffung eines Alltagsmuseums zur Verharmlosung der kommunistischen Diktatur gehen. Diese Einschätzung konnte in der Diskussion weitgehend ausgeräumt werden, so dass sich auch hier die Wogen glätteten. Eine Annäherung hatte sich schon beim Vortrag des Vorsitzenden der Union der Opferverbände Kommunistischer Gewaltherrschaft (UOKG), Horst Schüler, angedeutet, der die Arbeit der Sabrow-Kommission begrüßte.[30] Allerdings kritisierte er, dass kein Vertreter der Opferverbände der Kommission angehörte, und lehnte eine von ihm befürchtete Umwandlung der BStU in eine Gedenkstätten und Museumsverwaltung ab. Eine erfolgreich arbeitende Gedenkstätte wie Hohenschönhausen bedürfe keiner sie beaufsichtigende Verwaltung. Eine Perspektive für die

29 Marianne Birthler: Stellungnahme zu den Empfehlungen der Expertenkommission zur Schaffung eines Geschichtsverbundes »Aufarbeitung der SED-Diktatur«, www.havemanngesellschaft.de/birthler3.pdf (28.8.2006); Interview m. Marianne Birthler: »Die DDR ist nicht nur ein Ost-Thema«, in: Tagesspiegel, 12.6.2006.

30 Horst Schüler: Kein Paradigmenwechsel in der Aufarbeitung!, in: Der Stacheldraht, Berlin, 5/2006, S. 1 f.

weitere Entwicklung der Birthler-Behörde benannte Schüler nicht, begrüßte jedoch die stärkere Beachtung des »Alltags in der durchherrschten Gesellschaft der DDR«, wobei allerdings die Beschäftigung mit ihrem kommunistischen Charakter weiter im Zentrum der Aufklärung stehen müsse. Zwar sei die DDR, nicht aber die kommunistische Ideologie überwunden, und das habe die künftige Aufklärung über die Diktatur zu berücksichtigen.

Die Presseberichterstattung in den nächsten Tagen war für die Sabrow-Kommission ebenfalls erfreulich.[31] Kritik kam hier von Tom Strohschneider, der im *Neuen Deutschland* bemängelte, dass in der Kommission kein Verteidiger der DDR gesessen habe.

Als Fazit schien nach den erregten Debatten ein befriedigender Konsens über die weitere Auseinandersetzung mit der DDR zwischen Expertenkommission, Opfern politischer Gewalt, der Politik und der Wissenschaft sowie der interessierten Öffentlichkeit möglich zu sein. Dabei sollten die Bedeutung des Alltags in der Diktatur genauso gewürdigt werden wie die der friedlichen Revolution von 1989 als Bestandteil europäischer Freiheitsgeschichte. Die Selbstbefreiung hat neben den Grautönen des Lebens unter totalitärer Herrschaft zu stehen. Auch schien die Gefahr einer unangemessen Politisierung der Empfehlungen gebannt zu sein; jetzt war es möglich, eine positive Perspektive für die Lösung der Aufgabe einer Neuordnung der Auseinandersetzung mit der SED-Diktatur in einem absehbaren Zeitraum zu gewinnen. Das brachte Sabrow auch dazu, den Vorwurf einer beabsichtigten Verharmlosung der SED-Herrschaft durch seine Kommission als Missverständnis zu interpretieren.[32]

Neue Angriffe

Nach dieser Klärung und vermeintlichen Beruhigung der Diskussion überraschte die aggressive Verschärfung der Angriffe auf die Kommission

31 Karl-Heinz Baum: Wirklichkeit der Diktatur: Einen Mangel an Pathos will sich die Kommission zur Erforschung der DDR-Vergangenheit nicht vorhalten lassen, in: Frankfurter Rundschau, 7.6.2006; Sven Felix Kellerhoff: »Die Stasi war charakteristischer als die Kinderkrippen«. Bei einer Anhörung zum DDR-Gedenken sorgen die Vorschläge der Experten-Kommission für wenig Aufregung – nur die Stasi-Gedenkstätten fürchten um ihre Eigenständigkeit, in: Die Welt, 7.6.2006; Mariam Lau: Aus Sicht der Opfer. Erinnerung an die SED-Diktatur, in: Die Welt, 8.6.2006; Regina Mönch: Huld und Sühne: Die Erinnerung an die DDR gehört nicht nur dem Osten, in: FAZ, 8.6.2006; Stefan Reinecke: Die neue Vernünftigkeit. Bundestags-Anhörung zur DDR-Geschichte, in: taz, 8.6.2006; Tom Strohschneider: Das wahre Aufarbeitungskombinat. Hauptsache Diktatur, in: Neues Deutschland, 7.6.2006.

32 Die DDR war ein Paradoxon. Der Potsdamer Historiker Martin Sabrow plädiert für einen neuen Umgang mit der ostdeutschen Geschichte, in: Märkische Allgemeine Spezial, 15.6.2006.

und ihr Votum durch Ralf Georg Reuth, Mathias Döpfner und schließlich Berthold Dücker umso mehr.[33] Reuth fabulierte von der Unterstützung »ewiggestriger Ex-Stasi-Offiziere« durch eine noch von »Rot-Grün« eingesetzte Kommission, die das Aufgehen der Birthler-Behörde in ein Dokumentationszentrum empfehle, das vor allem den Alltag in der DDR thematisiere. Er fand es offensichtlich, dass manchen Sozialdemokraten und Grünen die DDR zu grau gezeichnet werde, da sie sich doch einst »mit Honneurs für Honecker« überboten. Wie Reuth lobte auch Döpfner den »unbeugsamen und unbequemen Hubertus Knabe« und unterstellte der Sabrow-Kommission, sie wünsche, bezogen auf die DDR, ein harmloseres Geschichtsbild. Weiterhin erkannte er einen von ehemaligen Stasi-Kadern und von orientierungslosen westdeutschen Politikern und Publizisten betriebenen »Geschichtsrevisionismus ganz eigener Art«. Wenn sich deren »rosarotes Geschichtsbild« durchsetze, »wäre das eine Verhöhnung der Opfer«. Döpfner zielte damit auf den Kulturausschuss des Bundestages, dem er riet, die Empfehlungen abzulehnen. Nicht anders argumentierte später Berthold Dücker, der einem »höchst eigenwillig zusammengeschustertem Expertengremium« unterstellte, es wolle »verkleistern, bagatellisieren und verfälschen …, was das Zeug hält.«

Besonders die Verschärfung des Tones durch Döpfner rief bei Mitgliedern der Sabrow-Kommission Unverständnis und Ablehnung hervor. So wies die Bürgerrechtlerin Ulrike Poppe in der *Welt* den Vorwurf der »Weichzeichnung« durch die Beschäftigung mit dem Alltag in der DDR zurück und meinte vollkommen berechtigt, dass gerade diejenigen, die in diesem Staat ein »halbwegs redliches Leben zu führen versuchten«, »den DDR-Alltag kaum als Idylle wahrnehmen« könnten.[34] Gerade in der Thematisierung von Bildungs- und Erziehungssystem, des Sozialsystems, der Lebensbedingungen von Christen, Frauen, Alten, Behinderten und Minderheiten würden Demütigungen, Disziplinierungen und Bevormundungen sichtbar. Wer dies nicht sähe, offenbare nur seine eigene Ignoranz.

Nach dieser Kontroverse war die Beschäftigung des Kulturausschusses des Deutschen Bundestages mit dem »Sabrow-Votum« am 28. Juni von besonderer Bedeutung. Hier begrüßten die Abgeordneten aller Fraktionen die Empfehlungen der Kommission als wichtigen Grundstein für ein Konzept zum Umgang mit der kommunistischen Diktatur, das nun

33 Ralf Georg Reuth: Aufklärung im Stasi-Knast, in: WamS, 11.6.2006; Mathias Döpfner: Keine DDR light. Showdown in der Debatte um das angemessene Erinnern an ostdeutsche Diktatur, in: Die Welt, 20.6.2006; Berthold Dücker: Kaum 17 Jahre danach …, in: Südthüringer Zeitung, 12.7.2006.

34 Ulrike Poppe: Erforschung des DDR-Alltags ist keine Weichzeichnung, in: Die Welt, 23.6.2006.

schnellstmöglich folgen müsse.[35] Wieder einmal schien ein überparteilicher Konsens möglich, ein Eindruck, den auch weitere Stellungnahmen zum Problem des Alltags in der zweiten Diktatur deutschen Diktatur stärkten.[36]

Nun schien die Aufmerksamkeit für das Sabrow-Papier auch deshalb abzunehmen, weil es durch die Debatte um das Berliner Mauergedenken und besonders um die Rosenholz-Dateien überlagert wurde.[37] Wer jedoch von einem endgültigen Ende der Diskussion ausging, sah sich schon alsbald getäuscht. Vielmehr ging diese von den Tages- und Wochenzeitungen in die Fachzeitschriften über.

Dies begann mit einem Angriff von Michael Schwartz und Hermann Wentker vom Institut für Zeitgeschichte in dessen *Vierteljahrsheften* auf die Empfehlungen der Sabrow-Kommission.[38] Die beiden Autoren argumentierten zuerst gegen die in ihren Augen einseitige Zusammensetzung der Kommission, in der sie nur zwei Historiker auszumachen vermochten. Die wirkliche Besonderheit dieser Kommission, nämlich dass in ihr fünf Ostdeutsche saßen, die alle Opfer politischer Repression in der DDR geworden waren, übersahen sie genauso wie den Kirchenhistoriker Peter Maser.

Die weiterhin geforderte Unterscheidung zwischen Museum und Gedenkstätte ist sicher richtig, doch war dies auch der Kommission bewusst. Warum Schwartz und Wentker nach sorgfältiger Lektüre der Empfehlungen und angesichts der Diskussion der letzten Wochen behaupteten, die Kommission hätte eine weitere Ausstellung »zum Alltag in der durchherrschten Gesellschaft« geplant, erschließt sich nicht. Das gilt ebenso für die Besorgnis, dass die Themenfelder »Überwachung und Verfolgung« bzw. »Teilung und Grenze« randständig zu werden drohten. Und auch die Vermutung, dass vergleichende Analysen der Geheimpolizeien in den mittelosteuropäischen Diktaturen Moskauer Typs der »Weichzeichnung « der DDR dienen könnten, ist angesichts der allumfassenden Bespitzelung und Zersetzung gerade durch die Staatssicherheit in der

35 Ausschuß begrüßt Bericht der Sabrow-Kommission, in: www.bundestag.de/aktuell/hib/2006/2006_204/02.htm (12.8.2006); Der Streit um das DDR-Gedenken geht weiter, in: Die Welt, 29.6.2006; Brief Sabrows an die Kommissionsmitglieder, 1.7.2006.

36 Regina Mönch: Pathos des Alltags, in: FAZ, 28.6.2006; Antje Sirleschtov: Mama, warum seid ihr nicht einfach weggelaufen? Wer die DDR verstehen will, muss auch über den Alltag reden, in: Tagesspiegel, 2.7.2006.

37 Vgl. z. B. Interview m. Bernd Neumann: »Finger in die Wunde«. Kulturstaatsminister fordert Aufklärung von der Birthler-Behörde, in: Die Welt, 29.6.2006.

38 Michael Schwartz/Hermann Wentker: Erinnerungspolitik auf dem Holzweg. Zu den Empfehlungen der Expertenkommission für eine künftige »Aufarbeitung der SED-Diktatur«, in: VfZ, 3/2006, S. 517–521.

zweiten deutschen Diktatur unverständlich. Ganz im Gegenteil: Auf der Grundlage der weiteren inneren Erforschung und Analyse der DDR wird die Voraussetzung für ihre Einbettung in größere Zusammenhänge geschaffen, die ihrerseits dann wieder den Blick auf die SED-Diktatur schärfen.

Recht haben Schwartz und Wentker dagegen mit ihrer Auffassung, dass Repression und Alltag nicht getrennt betrachtet werden dürfen. Doch ist dies im Kommissionspapier auch nicht angelegt, sondern es ist selbstverständlich, dass die hier empfohlenen drei Institutionen der Auseinandersetzung – die eigentlich einer Monopolisierung des Themas entgegenstehen – an einer Gesamtsicht der Diktatur arbeiten und dazu miteinander kooperieren müssen. Die Analyse von »Bindungskräften« der SED-Herrschaft durch diese Institutionen würde die inneren Funktionsmechanismen der Diktatur erst erklärbar machen und hat auch nichts mit »SED-Nostalgie-Thesen « zu tun, wie die Autoren meinen. Entscheidend ist vielmehr, mit welchem Instrumentarium und mit welcher Zielsetzung diese »Bindekräfte« analysiert und in das totalitäre Gesamtsystem eingefügt werden.

Die Erinnerung von Schwartz und Wentker an die Anhörung vom 6. Juni unterscheidet sich weiterhin in einem wesentlichen Punkt von dem, was andere Beobachter wahrgenommen haben. Da beiden Autoren auch nicht entgangen sein kann, dass sich eine übergroße Mehrzahl der angehörten Fachleute für eine Auseinandersetzung mit dem Alltag unter der zweiten deutschen Diktatur ausgesprochen hatte, argumentierten sie, dass der Alltagsbegriff der Kommission und der der Fachleute nicht identisch sei. Um dies zu vertuschen, hätten Richard Schröder und Joachim Gauck den Alltagsbegriff der Kommission umgedeutet, um ihn »dennoch als legitimes Kind der Kommission auszugeben«. So ist hier nochmals festzuhalten: die Kommission einte mit der Mehrzahl der Angehörten die Überzeugung, dass sich eine Diktatur ohne Alltag nicht erklären lässt; dieser ist Teil des repressiven Systems, doch reicht politische Repression nicht aus, um Stabilität und Existenz totalitärer Herrschaft zu erklären. Angesichts der bei den unterschiedlichen Interpretationen des Alltagsbegriffs offenkundigen Ungereimtheiten ist der weiteren Auseinandersetzung auch in den *Vierteljahresheften* mit Spannung entgegen zu sehen.

Vorerst nahm Hermann Wentker den Faden der Auseinandersetzung nochmals im *Deutschland Archiv* auf, der im Wesentlichen der Argumentation in den *VfZ* folgte.[39] Neu war jetzt allerdings die Behauptung, die Kommission hätte wegen der Sicherung der Zustimmung aus den Reihen

39 Hermann Wentker: Unausgewogenheiten und Schlagseiten. Eine kritische Stellungnahme zu den Empfehlungen der »Sabrow-Kommission«, in: DA, 4/2006, S. 660–666.

der ehemaligen Bürgerbewegung wenigstens einigen ihrer Einrichtungen eine dauerhafte Finanzierung durch den »Bund« in Aussicht gestellt. Dies stellte nun jedoch die Dinge auf den Kopf, denn schon lange streben einige der Aufarbeitungsinitiativen der Bürgerbewegung und der antikommunistischen Opferverbände danach, von der Projekt- zu einer institutionellen Grundförderung überzugehen. Dies soll nun für diejenigen erreicht werden, die die wichtigste Arbeit leisten und von überregionaler Bedeutung sind.

Zu der bisher letzten Runde der Diskussion gehört auch der Beitrag von Klaus Wolfram für die Robert-Havemann-Gesellschaft auf der Basis seines Votums auf der Anhörung vom 6. Juni in der Zeitschrift *Horch und Guck*.[40] Wolfram wendet sich zum Ersten gegen die Forderung der »Professionalisierung« gegenüber den Aufarbeitungsinitiativen, da damit nur eine Akademisierung im westdeutschen Sinn gemeint sei, die sich ihrerseits aus den Erfahrungen der Auseinandersetzung mit dem Nationalsozialismus speise. Zum Zweiten argumentiert er, dass die Beschäftigung mit dem Alltag in der DDR deshalb nötig wäre, da nur so die Entstehung widerständigen Verhaltens zu erklären sei. Und drittens mahnt er, nicht zu vergessen, dass sich die Ostdeutschen 1989 selbst befreiten. Dies müsse als Maßstab der Beurteilung mit dem heutigen westdeutschen Selbstverständnis verbunden werden, da nur so klare Bilder entstünden, »in denen sich ein demokratisches Selbstbewusstsein wieder erkennen könnte.« All dies ist richtig, doch kein Widerspruch zum Expertenvotum.

Legte Wolfram also bedenkenswerte Anregungen vor, so ist dies Thomas Moser an gleicher Stelle nicht gelungen.[41] Letztlich lehnt er das gesamte Konzept ab, um ausschließlich auf die bereits bestehenden Archive, Vereine und Gedenkstätten zu setzen. Außerdem befürchtet er eine Abwicklung der Stasi-Unterlagenbehörde, die er vehement ablehnt, da ihre Akten der »Schatz der Revolution« seien und die Behörde ihr Symbol. Wer so grundsätzlich argumentiert, hat jedoch weder Auftrag und Anliegen der Sabrow-Kommission begriffen, noch ist er willens, ein zukunftsfähiges Konzept auch nur in Betracht zu ziehen.

Schluss

Ein Fazit der ersten Wellen der Diskussion wird jenach dem Betrachtungswinkel des Beobachters unterschiedlich ausfallen. Festzuhalten ist, dass Votum und Diskussion eine Grundlage bilden, auf der weiter diskutiert werden kann, um in absehbarer Zeit eine Konzeption der Bundes-

40 Klaus Wolfram: Drei Defizite im Fortgang der Aufarbeitung, in: Horch und Guck, H. 54 (2006), S. 57 f.

41 Thomas Moser: Hearing zur DDR-Geschichte. Wer darf Aufarbeitung betreiben?, ebd. S. 59f.

regierung zur weiteren Auseinandersetzung mit der kommunistischen Diktatur in Deutschland in der Hand zu halten.

Dabei sollten die Verteidigung des antitotalitären Grundkonsenses und die Betonung des Diktaturcharakters der SED-Herrschaft im Mittelpunkt stehen. Die DDR ist ein Teil der deutschen Geschichte, und weitere Auseinandersetzungen mit ihrem totalitären Zwangssystem sind unabdingbar. Noch bedeutender sind die Geschichte von Widerstand, Opposition und friedlicher Revolution für ein demokratisches Bewusstsein in der heutigen Bundesrepublik. Für die Erklärung der Diktatur sind jedoch auch die Analyse des Alltags und allgemeiner Gesellschaftsstrukturen unabdingbar. Und die Einordnung der Geschichte kommunistischer Herrschaft in Deutschland in einen europäischen Kontext hat besondere Bedeutung in der Phase des Übergangs vom individuellen zum kommunikativen Gedächtnis. In die Zukunft gewandt kann eine Gesellschaft grundsätzlich nur dann leben, wenn ihre Institutionen auf starken Kollektivüberzeugungen beruhen (Maurice Halbwachs). Um diese wird es in den nächsten Wochen und Monaten gehen.

Rainer Eckert, Deutschland Archiv. Zeitschrift für das vereinigte Deutschland, 39 (2006), S. 1069–1079

Kein Konsens über die »Konsens-Diktatur« Zur Reaktion Martin Sabrows auf unsere Kritik an seinem DDR-Aufarbeitungskonzept

Auf unsere deutliche Kritik an den Empfehlungen der von der damaligen rot-grünen Bundesregierung eingesetzten Expertenkommission zur »Aufarbeitung der SED-Diktatur«[1] hat der Vorsitzende dieser Kommission, Martin Sabrow, gleich mehrfach reagiert.[2] Wer rhetorisches Feuerwerk

1 Vgl. Michael Schwartz/Hermann Wentker: Erinnerungspolitik auf dem Holzweg. Zu den Empfehlungen der Expertenkommission für eine künftige »Aufarbeitung der SED-Diktatur«, in: VfZ, 3/2006, S. 517–521; Hermann Wentker, Unausgewogenheiten und Schlagseiten. Eine kritische Stellungnahme zu den Empfehlungen der »Sabrow-Kommission«, in: DA, 4/2006, S. 662–666. Die Empfehlungen der Expertenkommission zur Schaffung eines Geschichtsverbundes »Aufarbeitung der SED-Diktatur« sind in Auszügen dok.: DA, 4/2006, S. 651–661.

2 Martin Sabrow: Die Zukunft der Aufarbeitung und die Argumente der Vergangenheit. Zur Kritik an den Empfehlungen der Expertenkommission für die öffentliche Auseinandersetzung mit der SED-Diktatur, in: DA, 5/2006, S. 902–909; ders.: Der Weg der Erinnerung. Entgegnung auf die Kritik an den Empfehlungen der Expertenkommission für eine künftige »Aufarbeitung der SED-Diktatur«, in: VfZ, 4/2006, S. 711–717.

liebt, kommt bei ihm zweifellos auf seine Kosten. Inhaltlich aber ist seine Erwiderung enttäuschend. Eine korrekte Wiedergabe unserer zentralen Kritikpunkte findet sich ebenso wenig wie deren überzeugende Widerlegung. Statt dessen baut Martin Sabrow diverse »Pappkameraden« auf, die sich dann leicht prügeln lassen. Unsere bisher nicht widerlegten Vorwürfe aber lauten nach wie vor: Dass die Sabrow-Kommission den DDR-Gedenkstätten, die häufig auf Initiativen früherer Opfer der SED-Diktatur zurückgehen, undifferenziert mangelnde »Professionalität« unterstellt; dass das Drei-Säulen-Modell der Kommission unausgewogen ist und eine irreführende Verwischung der Aufgaben von Museen und Gedenkstätten betreibt; und – inhaltlich am schwerwiegendsten – dass die im Papier der Sabrow-Kommission fixierte Vorstellung von DDR-Alltagsgeschichte eine einseitige Fehlinterpretation darstellt, die im Ergebnis den Diktaturcharakter des SED-Staates verharmlosen muss.

Zur Zusammensetzung der Sabrow-Kommission

In der Debatte um die Sabrow-Kommission sind zahllose Nebelkerzen geworfen worden. Vernebelt werden sollte vor allem die politische Schlagseite der Kommission. Noch immer bestreitet Sabrow deren politische Einseitigkeit. Das hat seine unfreiwillige Komik – etwa wenn er die Parteilosigkeit der damaligen Kultur-Staatsministerin als Beleg für Unparteilichkeit anzuführen versucht (*DA*, S. 906). Immerhin behauptet Martin Sabrow nicht länger (wie noch in seinem *FAZ*-Interview vom 23. Mai), mit dem Begriff eines »konservativen Historikers« und folglich mit politischen Kategorien im Wissenschaftsbetrieb überhaupt nichts anfangen zu können. Mittlerweile sagt er klipp und klar, dass die Kommission »bei je zwei der CDU und der SPD verbundenen Mitgliedern mehrheitlich aus parteipolitisch ungebundenen Persönlichkeiten bestand, die sich wohl am ehesten dem breiten Spektrum des Liberalismus zuordnen lassen« (*DA*, 906). An der wenn nicht reibungslosen, so doch auf keinen Fall richtungslosen politisch einseitigen, da überwiegend linksliberalen Zusammensetzung der Sabrow-Kommission lässt deren Vorsitzender somit keinen Zweifel mehr. Mehr noch: In seinen jüngsten Darlegungen gibt Sabrow den bis dahin unbekannten Umstand preis, dass die ursprüngliche Zusammensetzung der Kommission Kritik seitens der CDU (via Rainer Eppelmann) auslöste, sodass die Kommission im Anschluss an ihre konstituierende Sitzung »aus eigenem Bestreben zwei weitere Mitglieder« mit Unions-Nähe kooptierte. Das einseitige Erscheinungsbild der Kommission wurde dadurch allerdings nur verwässert, denn an den Mehrheitsverhältnissen änderte sich dadurch wenig.

Nun ist die politische Schlagseite von Expertenkommissionen nicht außergewöhnlich. Man wundert sich daher, wie hartnäckig Martin Sabrow die eigene Schlagseite ableugnet. Auch die durch externe Kritik erzwungene Ergänzung der Kommission durch selbst ausgesuchte CDU-Feigenblätter gerät Sabrow in dieser verqueren Logik zum Beweis größtmöglicher Ausgewogenheit. Warum gibt er nicht zu, was ohnehin offensichtlich ist? Wir glauben, dass eine Interaktion zwischen Politik und handverlesenen Expertenkommissionen, die scheinbar »objektive« Empfehlungen geben, deren Grundzüge aber durch die Zusammensetzung der Kommission längst festgelegt sind, eher die Regel als die Ausnahme ist. Auch verwundert die Chuzpe, mit der Sabrow so tut, als seien allein die Kritiker seiner Kommission »in starkem Maße von instituts- und wissenschaftspolitischen Nebenüberlegungen « (*VfZ*, S. 717) getrieben. Es geht eben nicht um sachlichen »Konsens« versus egoistisches »Eigeninteresse«, wie Sabrow behauptet, sondern um eine von *allen* Beteiligten mit Eigen-Interessen vermischte Sach-Debatte. Da darf, ja muss man auch die interessengeleiteten »Nebenabsichten« der Sabrow-Kommission und ihres Vorsitzenden beim Namen nennen. Einst war das Offenlegen verdeckter Interessen ein Herzensanliegen »linker« Wissenschaft, und vor wenigen Jahren begriff auch Sabrow noch »Zeitgeschichte als Streitgeschichte«. Wenn es jedoch um Durchsetzung eigener Interessen geht, will er »Streitgeschichte« möglichst vermeiden.

Übrigens kommt es weniger darauf an, dass CDU- und SPD-Mitglieder an einer Expertenkommission beteiligt sind. Entscheidend ist vielmehr, dass darin Vertreter unterschiedlicher wissenschaftlicher Methoden und Deutungen angemessen repräsentiert werden. Wenn Martin Sabrow auf die (je nach Zählung) zwei bis vier Historiker verweist, die unter zehn Kommissionsmitgliedern »doch die größte Berufsgruppe« (*DA*, 906) stellten, unterschlägt er, dass die konkrete Auswahl dieser Historiker den Pluralismus der zeitgeschichtlichen DDR-Forschung in keiner Weise widerspiegelt. Zugleich suggeriert der Vertreter einer ganz bestimmten Wissenschaftsposition, die angemessene Vertretung unterschiedlicher Wissenschaftspositionen sei völlig obsolet in einer Zeit, da »die akademische Zeithistorie längst nicht mehr auf ihre Vorrangstellung in geschichtspolitischen Debatten pochen« könne (ebd.).

Nun haben wir nirgends kritisiert, dass die Sabrow-Kommission nicht nur aus Historikern bestand. Wir haben lediglich moniert (und bleiben dabei), dass die Auswahl der *Historiker*-Vertreter in der Kommission einseitig ist – was dem Inhalt der Kommissions-Empfehlungen nicht gut bekommen ist. Zugleich aber sollte Sabrow sein Historiker-Licht nicht unter den Scheffel stellen. Denn auch wenn er vorgeblich keine »Deutungshoheit« anstrebt, hat mit ihm doch ganz selbstverständlich ein Geschichtsprofessor und Leiter eines Forschungsinstituts den Kommissionsvorsitz übernommen – und nicht ein beliebiger »Teilnehmer […] im Geschichtsdiskurs«. Und wenn Sabrows Kommission in unschönstem Professorendeutsch »eine weitere theoretisch-methodische und didaktische Professionalisierung der historischen Beschäftigung mit der DDR«[3] einfordert, ist auch der heutige Diskurs über Erinnerungspolitik wohl nicht ganz so herrschaftsfrei, wie Sabrow glauben machen will.

Fokus DDR oder DDR im Vergleich?

Dass die vergleichende Betrachtung der DDR-Geschichte eine erstrangige Gedenk-Methode sei, wird von Martin Sabrow erneut behauptet: Nur so könne man »zu einem vertieften Verständnis kommunistischer Regime und ihrer schwankenden Integrationskraft « gelangen (*DA*, 905). Wirklich? Wir haben uns vor einiger Zeit ausführlich mit den Methoden der DDR-Forschung auseinandergesetzt und deutlich gemacht, dass die vergleichende Methode eine von mehreren Methoden zur Erforschung der DDR sein kann, aber auch dort nicht die dominierende sein sollte.[4] Und gegenüber Sabrow und seinem Kommissionspapier beharren wir auf unserer Unterscheidung, der Vergleich sei eine legitime Methode der Forschung, aber kein sinnvoller Ansatz der Erinnerungspolitik. Sabrow reagiert darauf mit dem Vorwurf, wir wollten aus akademischem Hochmut ein interessiertes Publikum von wichtigen Erkenntnissen fernhalten; er unterstellt, dass es uns »in der öffentlichen Aufarbeitung mehr auf die Wirkung ankommt als auf die Wirklichkeit« (*DA*, 905). Damit geht er jedoch am Kern unserer Kritik vorbei. Diese dreht sich um die entscheidende Frage, ob eine internationale Vergleichsperspektive – jenseits ihrer wissenschaftlichen Anwendung – im Zentrum öffentlicher Erinnerung an die SED-Diktatur stehen soll. Während die Wissenschaft alle Optionen nutzen kann und soll, muss es bei öffentlichem Gedenken primär um die Würde der Opfer der SED-Diktatur gehen.

DDR-Alltag und Bindungskräfte

Martin Sabrow behauptet, »der Verdacht der vorsätzlichen oder fahrlässigen Diktaturverharmlosung« finde »am Wortlaut der Empfehlungen« seiner Kommission »wenig greifbaren Halt« (*DA*, 905). Spärlich sind diesbezügliche Aussagen des Kommissionspapiers in der Tat, aber Belege für verharmlosende und fragwürdige Sichten finden sich sehr wohl. Bedauerlich ist, dass Sabrow unsere Kritik an der einseitigen Deutung des DDR-Alltags nur zurückweist, ohne sich mit unseren konkret mit Zitaten der Kommission belegten Argumenten auseinanderzusetzen. Uns geht es vor allem darum, die Bedeutung vermeintlicher »Bindungskräfte« zu diskutieren, die die DDR-Gesellschaft »zumindest in den sechziger und siebziger Jahren« jenseits von Repression zusammengehalten haben

3 Empfehlungen (Anm. 1), S. 653.

4 Vgl. Henrik Bispinck u. a.: Die Zukunft der DDR-Geschichte. Potentiale und Probleme zeithistorischer Forschung, in: VfZ 53 (2005), S. 547–570.

sollen – die Kommission nennt hier konkret »soziale Aufstiegsmöglichkeiten und wirtschaftliche Grundsicherung«.[5]

Sabrow und seine Kommission verkaufen diese »alltäglichen Bindungskräfte« der DDR-Gesellschaft (*DA*, 908) als gesichertes Wissen, obwohl es sich dabei bestenfalls um eine Arbeitshypothese handelt. Das erste Beispiel, die soziale Aufstiegsmobilität, wird von der Sabrow-Kommission völlig falsch terminiert, denn sie hatte ihre Hochzeit schon in den 50er Jahren und geriet soziologischen Untersuchungen zufolge bis 1970 in eine schwere Krise – just in jener Zeit, als sie laut Sabrow-Kommission besondere »Bindungskräfte « hätte entfalten sollen. Was die Wirkung der DDR-Sozialpolitik angeht, so ist diese primär für die frühe Ära Honecker (70er Jahre) zu veranschlagen, aber in ihrer unterstellten Integrationswirkung bisher kaum erforscht. Man wird kurzfristige Stimmungsverbesserungen nicht verkennen, die langfristige Stabilisierungswirkung aber besser nicht zu hoch veranschlagen.

Davon abgesehen lautet unser Hauptargument: Man darf Bindungskräfte grundsätzlich nicht isoliert, nicht ohne ihren Bedingungsrahmen darstellen. Denn für eine eingemauerte, unter permanenter polizeistaatlicher Repressionsdrohung stehende Gesellschaft bedeutet »Bindung« etwas grundlegend anderes als für eine demokratische, pluralistische Gesellschaft. Wer einseitig auf die in den 50er Jahren gegebenen Chancen für sozialen Aufstieg in der DDR schaut, übersieht völlig, dass diese Aufstiegschancen zu großen Teilen auf systematischer Benachteiligung und Verdrängung unerwünschter Menschen durch die SED-Diktatur basierten (Studienverbote, Repressalien, Republikflucht). Kurz: Integration basierte in der DDR-Gesellschaft auf gewaltsamer Desintegration. Und weder Aufstiegschancen noch Sozialpolitik änderten in ihrer angeblichen »Bindungskraft« etwas an der grundlegenden Tatsache, dass die DDR ohne Mauer stets vom Untergang bedroht war: Das belegen die Jahre bis 1961 und erst recht die Jahre 1989/90 eindrucksvoll. Daher muss es erlaubt sein, die These von der »relativen Stabilität« der DDR durch Verweis auf das unverzichtbare Diktatur-Korsett nachdrücklich zu hinterfragen.

Doch statt diese Argumente sachlich zu widerlegen, lässt Martin Sabrow uns lediglich wissen, mit allem habe seine Kommission ja gerechnet, nur nicht damit, »dass sie ausgerechnet durch ausgewiesene Zeithistoriker […] unter Hinweis auf Mauer und Repressionshintergrund ernsthaft mit der Frage konfrontiert werden könnte: ›Was sind ›Bindungskräfte‹ wert, wenn sie nur in einem Korsett funktionieren?‹« (*DA*, 904 f) Haben Sabrow und seine Kommission, die in robuster Selbsteinschätzung »die DDR-Aufarbeitung im kleinen« abgebildet haben will,

5 Empfehlungen (Anm. 1), S. 658.

sich selbst diese entscheidende Frage nie gestellt? Alltag in der DDR lässt sich nur mit einer Antwort auf diese Frage richtig gewichten. Wer den Diktatur-Kontext ignoriert, landet nolens volens im Zerrbild einer gemütlich-staatsfernen Nischengesellschaft.

Anders als Sabrow uns unterstellt, vertreten wir keineswegs eine ausschließlich repressionsgeschichtliche Sicht. Ein kurzer Blick in unsere Forschungsarbeiten hätte ein solches Missverständnis rasch beheben können. Das Wechselverhältnis von Herrschaft und Gesellschaft ist in der gesamten Zeitgeschichtsforschung völlig unstrittig (und einst im »Bayern-Projekt« des Instituts für Zeitgeschichte erstmals formuliert worden). Es geht vielmehr um die Frage, wie Sabrow richtig schreibt, »welche Gewichtung dem Alltag der Herrschaft und der Herrschaft im Alltag der zweiten deutschen Diktatur des 20. Jahrhunderts gegenüber der Repression unmittelbar zukam« (*DA*, 908). Wo der Schwerpunkt in diesem Wechselverhältnis gesetzt wird, ist von entscheidender Bedeutung für eine angemessene Deutung der DDR: Geht es um einen von der Diktatur zwar nicht völlig beherrschten, aber eben doch durchherrschten Alltag, für den Ost-West-Spaltung und Mauer wichtigere »Bindungskräfte« darstellten als die DDR-Sozialpolitik, oder soll es um die schöneren Seiten des Alltags in der Diktatur gehen, die – so das Kommissionspapier – den »lebensweltlichen Rang und Identifikationswert des Alltags«[6] für den normalen DDR-Bürger ausmachen sollen?

Letztendlich steht zur Debtatte, ob das von der Sabrow-Kommission weichgezeichnete Bild eines DDR-Alltags mit effektiven nicht-repressiven »Bindungskräften« zum inhaltlichen Kriterium für die »Professionalität« künftiger DDR-Erinnerungspolitik gemacht werden darf. Sabrow sucht sich begreiflicherweise vehement gegen den Vorwurf des »Weichspülens« der SED-Diktatut zu wehren. Vielleicht will er das wirklich nicht. Doch von Verharmlosungsgefahr wird weiterhin die Rede sein müssen, wenn Martin Sabrow den DDR-Alltag nach wie vor locker auf die »täglichen Chancen der Verweigerung und Zustimmung« reduziert (*VfZ*, 715). Unterwerfung als Chance – ist das der angemessene »Weg der Erinnerung« an die DDR-Diktatur?

Michael Schwartz, Hermann Wentker, Deutschland Archiv. Zeitschrift für das vereinigte Deutschland 39 (2006), S. 1080–1083

6 Empfehlungen (Anm. 1), S. 658.

Öffentliche Aufarbeitung und fachliche Verantwortung

Michael Schwartz und Hermann Wentker haben die Empfehlungen der Expertenkommission im *Deutschland Archiv* harscher Kritik unterzogen und mich als Vorsitzenden der Kommission dem Vorwurf der Diktaturverharmlosung ausgesetzt. Ich habe öffentlich geantwortet und zu den Behauptungen der Kritiker im Einzelnen Stellung genommen. Diese sind mit meiner Entgegnung nicht zufrieden und diagnostizieren in ihrer vorstehend abgedruckten Erwiderung einen fehlenden Konsens über die »Konsens-Diktatur«. Von der ist im Papier der Expertenkommission freilich gar keine Rede; der Begriff – den sich keineswegs alle Mitglieder der Kommission zu eigen machen würden – gehört vielmehr in den Kontext meiner eigenen Forschungen über den eigentümlichen und oft terroristischen Zwang zur Einmütigkeit in kommunistischen Regimen. Auch ist der Gegenstand der Auseinandersetzung durchaus nicht etwa ›mein Aufarbeitungskonzept‹, sondern das in intensiven und ausführlichen Diskussionen erarbeitete Votum einer zehnköpfigen Arbeitsgruppe von anerkannten Sachverständigen unterschiedlicher Richtungen, die sich eine Vereinnahmung durch mich mit Recht verbitten würden. Man darf davon ausgehen, dass dies auch den beiden Votumskritikern bekannt ist. Ich kann den Verdacht nicht unterdrücke, dass die gezielte Personalisierung der Auseinandersetzung sich weniger aus den Empfehlungen der Expertenkommission selbst erklärt als vielmehr aus dem Streben ihrer Kritiker nach institutioneller Selbstbehauptung in der öffentlichen Fachkonkurrenz. Ein solches Vorgehen ist unseriös, und ich weise es zurück.

Einzelne sachdienliche Hinweise und kleine Fouls einmal beiseite gelassen[1], konzentriert die Kritik von Schwartz und Wentker sich auf zwei Haupteinwände: Erstens sei die Expertenkommission keineswegs das überparteiliche Gremium gewesen, als das sie sich dargestellt habe, und zweitens würden ihre Empfehlungen einer Verharmlosung der SED-Diktatur Vorschub leisten. Beide Vorwürfe sind unsubstantiiert, wie bei unvoreingenommener Betrachtung bereits die in meiner Erwiderung vorgetragene Faktenlage zeigt. Doch eben an dieser Unvoreingenommenheit

1 Zur ersten Kategorie zählt die aufmerksame Präzisierung, dass die soziale Aufstiegsmobilität der DDR anders, als der Wortlaut des Votums es nahe legt, natürlich vor allem die fünfziger und nicht die späteren Jahre kennzeichnet. Weniger hilfreich wirkt hingegen die sich beiläufig gebende Hervorhebung, dass »der Vorsitzende dieser Kommission, Martin Sabrow, gleich mehrfach« auf die »deutliche Kritik« an den Empfehlungen reagiert habe. Wie kann ein Kritiker, der seine Sicht fast gleichlautend in zwei verschiedenen Fachperiodika platziert hat, es seinen Lesern als besonders bemerkenswert hinstellen, dass der Angegriffene ihm an selber Stelle auch geantwortet habe?

mangelt es den Kritikern: In der Darstellung, dass die Kommissionsmehrheit im breiten Spektrum des politisch ungebundenen Liberalismus verortet sei, finden sie ihr Bild von der »politisch einseitigen, da überwiegend links-liberalen Zusammensetzung« der Expertenrunde bestätigt; die detaillierten Ausführungen über die eigenständige Kooptierung weiterer Mitglieder wie Erich Loest, Peter Maser und Hermann Rudolph buchstabieren sie als »erzwungene Ergänzung durch selbst ausgesuchte CDU-Feigenblätter« und fragen sich obendrein konsterniert, warum ich nicht zugäbe, was doch offensichtlich sei. Die solcherart in Parteiuniform Gesteckten mögen über die gedankenlose Nachrede achselzuckend hinweggehen; ich als Vorsitzender kann es nicht, sondern muss mich dagegen verwahren, dass die Mitglieder der Expertenkommission öffentlich zur Beglaubigung eines politischen Lagerdenkens benutzt werden.

Fatalerweise ist der Streit nur scheinbar so lächerlich wie die Argumente, mit denen er von Schwartz und Wentker in eine neue Runde geschleppt wird. Tatsächlich verbirgt sich hinter ihm die Frage nach dem Selbstverständnis des Zeithistorikers in der Gegenwart. Die beiden bemühen sich so angestrengt, dem Kommissionsvorsitzenden das hartnäckige Leugnen der »eigenen Schlagseite« auszutreiben, weil sie es offensichtlich für ganz selbstverständlich halten, Sachdebatten mit Eigeninteressen zu vermischen. Nach meiner Auffassung ist es nicht selbstverständlich, sondern im Gegenteil änderungsbedürftig. Ich huldige durchaus nicht einem naiven Glauben an die Voraussetzungslosigkeit und Interessenfreiheit der Wissenschaft. Wohl aber halte ich die parteipolitische Kartierung der zeithistorischen Landschaft in Deutschland für ein Relikt der Vergangenheit und die gezielte Engführung von Erkenntnis und Interesse für unanständig. Wer in der Welt von gestern und in den Auffangstellungen eines geschichtspolitischen Grabenkampfes verharren will, wird aus unserer Kommissionsforderung nach weiterer theoretisch-methodischer und didaktischer Professionalisierung der DDR-Aufarbeitung mit Schwartz und Wentker wohl immer einen sich unredlicherweise auch noch herrschaftsfrei gerierenden Kampf um die historische Deutungsmacht herauslesen. Nur: Wenn die Kollegen dem Publikum in der Attitüde aufklärerischer Ideologiekritik versichern wollen, dass man »die interessengeleiteten ›Nebenabsichten‹ der Sabrow-Kommission und ihres Vorsitzenden beim Namen nennen« dürfe, ja nennen müsse, dann sollten sie dem Leser doch auch die ganze Wahrheit zumuten und ihr Schweigen darüber brechen, worin diese Nebenabsichten denn bestanden haben mögen.

Bleibt der Vorwurf der Diktaturverharmlosung. Solch ein disqualifizierendes Urteil will überlegt sein. In der Öffentlichkeit ernst genommen, kann es lange haften bleiben, und es ist immerhin auf eine Kommission gemünzt, die sich maßgeblich aus politisch hervorgetretenen Opfern und

Gegnern des SED-Regimes zusammensetzte. Der Schönfärber-Vorwurf wird nicht weniger ehrenrührig, wenn Schwartz und Wentker mittlerweile selbst finden, dass das Kommissionspapier dafür »in der Tat« nur spärliche Anhaltspunkte liefere, und sich sogar zu dem Bekenntnis durchringen, dass der Kommissionsvorsitzende vielleicht wirklich gar nicht der Weichspüler sein will, als den das scharfe Auge ihrer Kritik ihn ausgemacht hat. Ihren Warnruf stützen sie gleichwohl unnachsichtig auf die Behauptung, dass die von der Kommission gemeinte Alltagswelt den Diktaturkontext gezielt ignoriere und das »Zerrbild einer gemütlich-staatsfernen Nischengesellschaft« zeichne. An dieser Stelle durchbrechen die die beiden Kritiker allerdings die Grenze zwischen strittiger Deutung und fachlichem Regelverstoß: Wer solche Behauptungen unter Bezug auf meine Entgegnung im *Deutschland Archiv* und in den *Vierteljahrsheften für Zeitgeschichte* unverändert aufrecht erhält, führt seine Leser fahrlässig, wenn nicht gar vorsätzlich in die Irre. Mehr noch: Er beschädigt den Glauben an den Nutzen der intellektuellen Auseinandersetzung zwischen unterschiedlichen Anschauungen zum Umgang mit der Diktaturvergangenheit in Deutschland.

Mir ist nicht nachzuvollziehbar, wie die beiden Kritiker zu der Annahme gelangen können, es sei der Kommission um einen herrschaftsfreien Alltag zu tun gewesen. Selbstverständlich redet das Votum, um es noch einmal zu wiederholen, keiner Isolierung des DDR-Alltags von der SED-Herrschaft das Wort, sondern entwickelte eine institutionelle Gedenkstruktur, die den Komplex »Herrschaft – Gesellschaft – Widerstand« gleichgewichtig neben die Aufarbeitungsschwerpunkte »Überwachung und Verfolgung« sowie »Teilung und Grenze« stellt. Und selbstverständlich zielen die Empfehlungen mit dem Begriff »Alltag« nicht auf irgendwelche ostalgischen Nischenidyllen, sondern auf die tagtägliche Erneuerung der Regimemacht im Leben einer diktatorisch beherrschten Gesellschaft, die ohne Repression und Einmauerung nicht zu denken war und dennoch in ihr nicht aufging, weil eben erst die alltägliche Zustimmung, Anpassung und Verweigerung die vierzigjährige Existenz und den plötzlichen Zusammenbruch der kommunistischen Herrschaft in Ostdeutschland erklärbar machen.

Dies im historischen Gedächtnis zu bewahren und in vergleichende Bezüge zu rücken, nimmt den Opfern der Diktatur nicht ihre Würde, sondern räumt im Gegenteil ihrem Leiden und ihrem Widerstand erst seinen vollen Platz ein. Vergleich und Kontextualisierung bezeichnen zwei Grundmuster historischer Orientierung. Sie der Fachwissenschaft zubilligen, aber der Erinnerungspolitik untersagen zu wollen, verrät eine Sorge um die öffentliche Behauptungsfähigkeit unseres zeitgeschichtlichen DDR-Bildes, die ich nicht teile – und rechnet mit einer Teilbarkeit der historischen Wahrheit, die mich besorgt macht. Geschichtspolitische

Vergleichsverbote taugen nicht, die Würde der Opfer zu bewahren, sondern spielen vielmehr denen ein Argument zu, die die zeitgeschichtliche Aufklärung über den Charakter der kommunistischen Überwachungsdiktatur als verzerrende Siegergeschichtsschreibung denunzieren.

Sie verstellen zudem den zweiten Anspruch unserer Gedenkkultur: neben der Ehrung der Opfer die Auseinandersetzung mit den Tätern ins Zentrum zu rücken – und auf diese Weise auch nach dem Beitrag jedes Einzelnen zu Etablierung, Dauerhaftigkeit und Untergang der zweiten deutschen Diktatur zu fragen. Damit trägt die öffentliche Erinnerung zum Verständnis der diktaturspezifischen Bindungskräfte bei, die neben der nackten Gewalt dem Regime fast ein Halbjahrhundert lang das Überleben sicherten, und sie tritt so zugleich der Gefahr entgegen, durch Abkoppelung von den Fragen der Forschung mehr und mehr zum entleerten gedenkpolitischen Ritual zu verkümmern. Die grundsätzliche Andersartigkeit der Bindungskräfte kommunistischer Regime gegenüber denen demokratischer Gesellschaften ist dabei eine so selbstverständliche Erkenntnis, dass sie wohl in keinem zeithistorischen Proseminar strittig sein dürfte, geschweige denn zur Konstruktion eines Gegensatzes zwischen der Kommission und ihren Kritikern taugt. So kann am Ende eigentlich nur die ernüchternde Erkenntnis stehen, dass die so lautstark ausgefochtene Grundsatzkontroverse um den Diktaturalltag im Kommissionspapier in weiten Teilen ein Lärm um nichts war.[2]

Was bleibt? Auf Seiten der Kritiker gewiss der Schmerz, bei der Erarbeitung des Votums nicht gefragt worden zu sein. Auf Seiten der Expertenkommission das Bedauern, ausgerechnet bei manchen Kollegen der Zeitgeschichtsforschung nicht die fachliche Solidarität gefunden zu haben, ohne die das Bemühen um Anerkennung der zeithistorischen Erkenntnisstandards in der öffentlichen Aufarbeitungsdiskussion zum Scheitern verurteilt ist. Wenn wir beides gegeneinander zu verrechnen bereit wären, könnten wir vielleicht zu der gemeinsamen Auffassung bekennen, dass es fortan nicht mehr auf neuerliche Wortwechsel ankommen sollte, sondernauf energische politische Taten, damit die öffentliche

2 Nicht zufällig gründen die IfZ-Kritiker ihren fortbestehenden Tatverdacht der »Verharmlosungsgefahr« am Ende allein darauf, dass ich »den DDR-Alltag nach wie locker« auf Verweigerung und Zustimmung reduzierte, ja gar die »Unterwerfung als Chance« deklarierte. Der Wortlaut meiner Äußerung, auf den sich diese Deutung stützt, macht allerdings eher eine andere Gefahr sichtbar, nämlich die des mutwilligen Missverstehens: »Sie [die Kommission] schlug vor, dem Kranz der Gedenkstätten einen Aufarbeitungsschwerpunkt hinzuzufügen, der dem Widerstand gegen das Regime einen Erinnerungsort schafft, der die feinen Mechanismen der täglichen Regimebehauptung und die täglichen Chancen der Verweigerung und Zustimmung begreifbar machen kann.« (VfZ, S. 714/715).

Auseinandersetzung mit der zweiten deutschen Diktatur möglichst rasch eine klare Zukunftsperspektive erhält.

Martin Sabrow, Deutschland Archiv. Zeitschrift für das vereinigte Deutschland 39 (2006), S. 1083–1086

Kurzbiografien

Michael Beleites
Geboren 1964 in Halle/Saale. Ab 1982 Engagement in der kirchlichen Friedens- und Umweltbewegung; seitdem Verfolgung durch das MfS. 1988 Publikation der Samisdat-Schrift »Pechblende« über die Folgen des Uranbergbaus in der DDR. 1989 Mitglied des Geraer Bürgerkomitees zur Stasi-Auflösung; 1990 Berater des Neuen Forums am Zentralen Runden Tisch. Seit Dezember 2000 Sächsischer Landesbeauftragter für die Stasi-Unterlagen. Mitglied im Beirat der BStU, im Stiftungsrat der Stiftung Sächsische Gedenkstätten, im Kuratorium des Hannah-Arendt-Instituts für Totalitarismusforschung und im Stiftungsrat der Stiftung zur Aufarbeitung der SED-Diktatur.

Marianne Birthler
Geboren 1948 in Berlin. Ab 1982 Arbeit in der Kinder- und Jugendarbeit der evangelischen Kirche. In den achtziger Jahren Beteiligung in verschiedenen Oppositionsgruppen in der DDR. 1990 Mitglied der frei gewählten Volkskammer der DDR und Sprecherin der Fraktion Bündnis 90/Grüne; Abgeordnete des Bundestages. 1990 bis 1992 Landtagsabgeordnete in Brandenburg und Landesministerin für Bildung, Jugend und Sport. 1993 bis 1994 Bundesvorstandssprecherin von Bündnis 90/Die Grünen. Seit 2000 Bundesbeauftragte für die Unterlagen des Staatssicherheitsdienstes der ehemaligen DDR.

Heidi Bohley
Geboren 1950 in Görlitz. 1982 Gründung der Gruppe »Frauen für den Frieden« in Halle/Saale. 1984 Entlassung aus der Universitätsbibliothek (1995 rehabilitiert), ab 1985 Reiseverbot nach Osteuropa; bis 1989 Gelegenheitsjobs. Mitarbeit in der Initiative Frieden und Menschenrechte (IFM), Mitbegründerin Neues Forum. Ab 1990 Redakteurin bei der DAZ (Die Andere Zeitung Leipzig) bis zu deren Konkurs; Mitarbeiterin bei MdB Ingrid Köppe. 1990 bis 2000 Stadträtin in Halle (Neues Forum). 1995 Gründung des Vereins Zeit-Geschichte(n) in Halle, dort seit 1999 Projektleiterin.

Gabriele Camphausen
Geboren 1957 in Bonn. Studium der Geschichte und Slawistik in Münster und Berlin. 1995 bis 1997 wissenschaftliche Leiterin der neu gegrün-

deten Gedenkstätte Berlin-Hohenschönhausen. 1998 bis 2001 Geschäftsführende Direktorin der Stiftung Topographie des Terrors in Berlin. Seit 2002 Fachbereichsleiterin für Politische Bildung bei der BStU. Seit 1998 Vorsitzende des Vereins »Berliner Mauer – Gedenkstätte und Dokumentationszentrum e.V.« (Trägerverein des Dokumentationszentrums in der Bernauer Straße sowie der Gedenkstätte Berliner Mauer).

Jörg Drieselmann
Geboren 1955 in Erfurt; 1974 Inhaftierung wegen »Staatsfeindlicher Hetze«, 1976 Freikauf durch die Bundesregierung; ab 1985 Referent der politischen Erwachsenenbildung, unter anderem für das Gesamtdeutsche Institut, Studienleiter beim Haus der Zukunft; seit 1992 Leiter der Forschungs- und Gedenkstätte Normannenstraße und Geschäftsführer ihres Trägervereins.

Rainer Eckert
Geboren 1950 in Potsdam. 1972 aus politischen Gründen von der Universität verwiesen. 1975 Diplom im Fernstudium, 1984 Promotion in Geschichte. 1998 Leiter und seit Dezember 2001 Direktor des Zeitgeschichtlichen Forums Leipzig der Stiftung Haus der Geschichte der Bundesrepublik Deutschland. Seit 2006 außerplanmäßiger Professor am Institut für Kulturwissenschaften der Universität Leipzig. Mitglied zahlreicher Beiräte zum Gedenkstättenwesen.

Bernd Faulenbach
Geboren 1943 in Pyritz (Pommern). Studium der Geschichte, Germanistik, Politik, Philosophie und Pädagogik. Seit 1982 Stellvertretender Institutsdirektor am Forschungsinstitut für Arbeiterbildung (FIAB). Seit 1993 Honorarprofessor an der Ruhr-Universität Bochum. Mitglied in verschiedenen Enquete-Kommissionen des Deutschen Bundestags, in Kommissionen von Ministerien des Bundes und der Länder, von Stiftungen, Museen sowie Gedenkstätten. Stellvertretender Vorstandsvorsitzender der Stiftung zur Aufarbeitung der SED-Diktatur.

Konrad Felber
Geboren 1953 in Limbach-Oberfrohna. Ausbildung zum Handwerksmeister und Studium der Betriebswirtschaft. 1989 Mitbegründer des Neuen Forums in Limbach-Oberfrohna. 1990 Gründungsmitglied der Deutschen Forumpartei. 1990 Mitglied der frei gewählten Volkskammer der DDR in der Liberalen Fraktion. Von Oktober bis Dezember 1990 Mitglied des Deutschen Bundestages in der FDP Fraktion. Ab 1991 Außenstellenleiter Chemnitz des »Sonderbeauftragten bzw. Bundesbeauftragten für Stasiunterlagen«, ab 1995 Stellvertretender Landesbeauftrag-

ter für Stasiunterlagen in Sachsen, ab 1997 Außenstellenleiter der BStU in Erfurt und seit 1998 Außenstellenleiter der BStU in Dresden.

Harald Fiss
Geboren 1944 in Bärwalde. Ab 1963 Ausbildung und diverse Tätigkeiten in der Verwaltung des Landes Berlin. 1985 bis 1990 Leiter des Durchgangsheims für Aussiedler und Zuwanderer Berlin (ehemals Notaufnahmelager Marienfelde). 1991 Mitinitiator des Aufbaus einer Erinnerungsstätte Notaufnahmelager Marienfelde am authentischen Ort. 1993 Gründungsmitglied des gleichnamigen Vereins und seit 1995 dessen Vorsitzender.

Monika Flacke
Geboren 1953 in Bochum. 1985 Promotion an der Universität Hamburg, Fachbereich Kunstgeschichte. Danach freie Mitarbeit beim NDR, bei Zeitschriften und in Museen. 1987 Volontariat am Kunstmuseum Düsseldorf. Seit 1990 Sammlungsleiterin Kunst II und Ausstellungskuratorin beim Deutschen Historischen Museum, Berlin. Seit 1999 Mitglied des Wissenschaftlichen Beirates des Vereins »Berliner Mauer – Gedenkstätte und Dokumentationszentrum e.V.«. Seit 2003 Mitglied des Fachbeirates des Kunstarchiv Beeskow (Archiv der Kunstsammlungen von Parteien, Massenorganisationen und Staatsorganen der DDR).

Joachim Gauck
Geboren 1940 in Rostock. Studium der Theologie in Rostock, dort seit 1971 Pfarrer. Während der friedlichen Revolution 1989/90 in Rostock Sprecher des Neuen Forums. 1990 Mitglied der frei gewählten Volkskammer der DDR. 1990 Ernennung zum »Sonderbeauftragten für die personenbezogenen Unterlagen des ehemaligen Staatssicherheitsdienstes der DDR«. Bis 2000 »Bundesbeauftragter für die Unterlagen des Staatssicherheitsdienstes der ehemaligen DDR«. Seit November 2003 Vorsitzender des Vereins »Gegen Vergessen – für Demokratie«.

Norbert Haase
Geboren 1960 in Köln. Studium der Neueren Geschichte und Neueren Literaturwissenschaft an der TU Berlin. 1987 bis 1994 wissenschaftlicher Mitarbeiter der Gedenkstätte Deutscher Widerstand in Berlin. Seit 1995 Geschäftsführer der Stiftung Sächsische Gedenkstätten. Vorstandsmitglied des Vereins »Gegen Vergessen – Für Demokratie«

Klaus-Dietmar Henke
Geboren 1947 bei Kamenz. 1955 Flucht aus der DDR. 1977 Promotion in Neuester Geschichte in München. 1979 bis 1992 Wissenschaftlicher Mit-

arbeiter des Instituts für Zeitgeschichte; seit 1986 stellvertretender Chefredakteur der Vierteljahrshefte für Zeitgeschichte. 1992 bis 1996 Abteilungsleiter Bildung und Forschung bei der BStU. Seit 1997 Professor für Zeitgeschichte an der TU Dresden. 1997 bis 2002 Direktor des Hannah-Arendt-Instituts für Totalitarismusforschung Dresden. Vorsitzender des Beirats der Gedenkstätte Berliner Mauer.

Hans Walter Hütter
Geboren 1954 in Mönchengladbach. Studium der Geschichte, klassischen Philologie und Pädagogik an der Universität Düsseldorf; 1983 Erstes Staatsexamen, 1984 Promotion, 1986 Zweites Staatsexamen; 1986 wissenschaftlicher Mitarbeiter, 1990 Abteilungsleiter, 1991 stellvertretender Direktor, seit 2001 Vertreter des Präsidenten und Direktor der Abteilung Öffentlichkeitsarbeit der Stiftung Haus der Geschichte der Bundesrepublik Deutschland.

Roland Jahn
Geboren 1953 in Jena. Ab 1974 Mitarbeit in oppositionellen Gruppen in Jena und erste publizistische Beiträge für westliche Medien. 1977 von der Universität verwiesen. 1982 Verhaftung; nach sechs Monaten Untersuchungshaft, Verurteilung zu achtzehn Monaten Freiheitsstrafe. Vorzeitige Haftentlassung, wegen internationaler Proteste. 1983 Mitbegründer der »Friedensgemeinschaft Jena«. Juni 1983 Ausbürgerung und gewaltsame Abschiebung in die Bundesrepublik. Seitdem Mitarbeit bei »Radio Glasnost«, »die tageszeitung« und dem Magazin »Kontraste«.

Horst Jänichen
Geboren 1931 in Berlin. 1946 Verhaftung durch das sowjetische Ministerium für Staatssicherheit in Deutschland wegen des Verdachts auf Teilnahme an einer nationalsozialistischen Widerstandsorganisation. Zunächst Haft in einem sowjetischen Kellergefängnis in Berlin-Friedrichsfelde, anschließend in den Speziallagern Berlin-Hohenschönhausen und in Sachsenhausen, 1948 Entlassung. 1950 Verhaftung durch das MfS. 1951 Verurteilung zu acht Jahren Zuchthaus wegen »Verbreitung tendenziöser Gerüchte, [die] den Frieden in Deutschland und der Welt gefährden«. 1959 Entlassung und Flucht nach West-Berlin. Bis 2002 Engagement in der SPD. Seit 1999 Besucherführungen durch die Gedenkstätte Berlin-Hohenschönhausen.

Freya Klier
Geboren 1950 in Dresden. 1968 wegen versuchter »Republikflucht« zu 16 Monaten Haft verurteilt. 1969 vorzeitig aus der Haft entlassen. Ab 1970 Studium und Arbeit als Schauspielerin und Regisseurin. 1980 Mit-

begründerin der DDR-Friedensbewegung, in dessen Folge 1985 Berufsverbot. Danach gemeinsame Auftritte mit Stephan Krawczyk in evangelischen Kirchen. 1988 erneute Verhaftung, Beschlagnahmung der Manuskripte und Ausbürgerung. Seitdem freischaffende Schriftstellerin und Dokumentarfilmerin in Berlin. 1995 Gründungsmitglied des »Bürgerbüro Berlin«.

Tina Krone
Geboren 1957 in Haldensleben. Studium in Berlin, Abschluss als »Diplomlehrerin für Deutsch und Englisch«. Ab 1982 Lehrerin in Berlin. Wegen Protest gegen das neu gefasste Wehrdienstgesetz der DDR Berufsverbot. Ab 1983 Mitglied verschiedener oppositioneller Gruppen in Berlin, wie »Frauen für den Frieden« und der »Friedenskreis Friedrichsfelde«. Mitarbeit am »Friedrichsfelder Feuermelder« (Samisdat-Zeitung) und am illegalen Radiosender »Schwarzer Kanal«. Ab September 1989 Mitglied im Neuen Forum. Seit 1992 Leiterin des Archivs der DDR-Opposition der Robert-Havemann-Gesellschaft.

Thomas Krüger
Geboren 1959 in Buttstädt (Thüringen). 1976 bis 1979 Ausbildung als Plast- und Elastfacharbeiter, 1981 bis 1989 Studium der Theologie, Vikariat in Berlin und Eisenach. 1989 Gründungsmitglied der SDP in der DDR. Bis 1990 Geschäftsführer der SDP in Berlin (Ost) und Mitglied der frei gewählten Volkskammer der DDR. 1990 bis 1991 erster Stellvertreter des Oberbürgermeisters Ost-Berlins. 1990 bis 1992 stellvertretender Landesvorsitzender der Berliner SPD (gesamt), 1991 bis 1994 Senator für Jugend und Familie in Berlin, 1994 bis 1998 Mitglied des Deutschen Bundestages, seit 2000 Präsident der Bundeszentrale für politische Bildung.

Andreas Ludwig
Geboren 1954 in Berlin. Studium der Geschichte. Ab 1981 Mitarbeit an Projekten der Berliner Geschichtswerkstatt zur Alltagsgeschichte im Nationalsozialismus. Ab 1985 Aufbau und Leitung des Heimatmuseums Berlin-Charlottenburg. Promotion in Geschichte an der TU Berlin. Seit 1993 Leiter der Eisenhüttenstädter Museen und Aufbau des dortigen Dokumentationszentrums Alltagskultur der DDR.

Peter Maser
Geboren 1943 in Berlin. 1971 Promotion in der Sektion Evangelische Theologie in Halle; 1977 Übersiedlung in die Bundesrepublik Deutschland. 1988 Habilitation und seit 1993 Professor für Kirchengeschichte an der Universität Münster, seit 2001 Direktor des dortigen Ostkirchen-

Instituts. Von 1992 bis 1998 Mitarbeit in den Enquete-Kommissionen des Deutschen Bundestages zur Aufarbeitung der SED-Diktatur. Seit 1995 stellvertretendes Mitglied des Kuratoriums der SAPMO. Ab 1999 Mitglied des Fachbeirates Wissenschaft der Stiftung zur Aufarbeitung der SED-Diktatur, ab 2001 dessen Vorsitzender.

Markus Meckel
Geboren 1952 in Müncheberg. Besuch des Kirchlichen Oberseminars Potsdam-Hermannswerder und Theologiestudium. 1989 zusammen mit Martin Gutzeit Initiator der Gründung der Sozialdemokratischen Partei in der DDR; deren Vertreter am Zentralen Runden Tisch. 1990 Mitglied der frei gewählten Volkskammer und Außenminister der DDR. Mitglied des Bundestages seit 1990. 1992 bis 1998 Sprecher der SPD-Fraktion in beiden Enquete-Kommissionen zur DDR-Geschichte. Vorsitzender des Stiftungsrates der Stiftung zur Aufarbeitung der SED-Diktatur. Stellvertretender Außenpolitischer Sprecher der SPD-Bundestagsfraktion.

Reiner Merker
Geboren 1974 in Lübz. 1994 bis 1997 Studium der Philosophie, Bibliothekswissenschaft und Geschichte an der Humboldt-Universität Berlin. Seit 1998 Mitarbeit am Thüringer Archiv für Zeitgeschichte »Matthias Domaschk« in Jena.

Georg Meusel
Geboren 1942 in Moritzburg. Nach der 8. Klasse Schulverweis aus politischen Gründen; Gärtnerlehre. Ehrenamtlicher Mitarbeiter in der Jungen Gemeinde. Seit 1961 Beobachtung durch das MfS. 1962 Wehrdienst verweigert. Seit 1970 Gestaltung pazifistisch philatelistischer Exponate. 1973 Mitbegründung des Christlichen Friedensseminars Königswalde. 1982 wiederholte Festnahmen durch das MfS. 1989 Mitinitiator des Runden Tisches Werdau und 1990 der ersten SED-unabhängigen Zeitung Sachsens. 1998 Mitbegründer des Martin-Luther-King-Zentrums Werdau.

Jörn Mothes
Geboren 1962 in Stralsund. Nach Tischlerausbildung Studium der Theologie in Rostock und Jena. Mitarbeit in verschiedenen Arbeitskreisen zur Umwelt- und Entwicklungspolitik. 1989 Vikar, Mitglied des Bürgerkomitees zur Stasi-Auflösung in Gera und Jena. 1990 bis 1993 Leiter des Müritz-Nationalparks im Nationalparkamt Mecklenburg-Vorpommern. 1993 bis 1998 Stellvertreter des Landesbeauftragten und seit 1998 Landesbeauftragter für Mecklenburg-Vorpommern für die Stasi-Unterlagen.

Hildigund Neubert
Geboren 1960 in Quedlinburg. Studium des Gesangs in Weimar und Arbeit im Chor des dortigen Nationaltheaters. Beteiligung am Friedenskreis der Weimarer Evangelischen Studentengemeinde. 1989 Beteiligung an der Gründung des Demokratischen Aufbruchs und in der Friedlichen Revolution. 1997 bis 2003 Mitarbeiterin des Bürgerbüros zur Aufarbeitung von Folgeschäden der SED-Diktatur. Seit 2003 Landesbeauftragte des Freistaats Thüringen für die Unterlagen des Staatssicherheitsdienstes der ehemaligen DDR.

Maria Nooke
Geboren 1958 in Forst/Lausitz. Religionspädagogische Ausbildung, 1982 bis 1991 Tätigkeit in der kirchlichen Kinder- und Jugendarbeit. Ab 1985 Engagement in einer kirchlichen Friedens- und Umweltgruppe, Mitherausgeberin des Oppositionsblattes »Aufbruch«. 1989/90 Mitglied im lokalen Bürgerkomitee zur demokratischen Erneuerung; 1992 bis 1997 Studium der Soziologie und Erziehungswissenschaften an der TU Berlin; Mitarbeit in zeitgeschichtlichen Projekten zur NS- und DDR-Geschichte. Seit 1999 Tätigkeit in der Gedenkstätte Berliner Mauer.

Hans Ottomeyer
Geboren 1946 in Detmold. Studium der Literatur- und Kunstgeschichte sowie Archäologie in Freiburg, Berlin, London, München und Paris. 1976 Promotion an der Universität München. Seit 1978 im Ausstellungswesen tätig. Ab 1983 im Münchner Stadtmuseum, 1988 Stellvertreter des Direktors, 1991 Sammlungsdirektor. 1995 Leitender Museumsdirektor bei den Staatlichen Museen Kassel; 1997 Ernennung zum Direktor. Seit 2000 Generaldirektor des Deutschen Historischen Museums sowie Honorarprofessor an der Humboldt-Universität zu Berlin.

Ulrike Poppe
Geboren 1953 in Rostock. In den achtziger Jahren Mitarbeit in verschiedenen oppositionellen Gruppen wie »Frauen für den Frieden« und »Initiative Frieden und Menschenrechte«; Regionalvertreterin für Berlin-Brandenburg im DDR-weiten Netzwerk der oppositionellen Gruppen »Frieden konkret«, Gründungsmitglied der Bürgerbewegung »Demokratie Jetzt« (DJ). 1990 Mitarbeiterin in der Fraktion Bündnis 90/Grüne in der frei gewählten Volkskammer der DDR. Seit 1991 Studienleiterin an der Evangelischen Akademie zu Berlin, Themenbereich: Zeitgeschichte und Politik.

Siegfried Reiprich
Geboren 1955 in Jena. Studium der Philosophie in Jena. Mitglied im oppositionellen Arbeitskreis für Literatur und Lyrik Jena. 1976 Exmatriku-

lation und Studiumsverbot. 1976 bis 1979 Glasarbeiter und Weiterbildung an der Ingenieurfachschule für Gerätebau. 1974 bis 1989 Überwachung durch das MfS. 1980 erneute Exmatrikulation auf Druck des MfS. Nach schweren Zersetzungsmaßnahmen 1981 Übersiedlung nach West-Berlin. 1982 bis 1990 Studium der Physik, Ozeanographie und Geophysik in Kiel. 1986 bis 1988 Überwinterung in der Antarktis. 1992 bis 1996 Mitarbeiter am Geoforschungszentrum Potsdam. Seit 2001 Referent für Politische Bildung bei der Gedenkstätte Berlin-Hohenschönhausen.

Gerhard Ruden
Geboren 1946 in Haldensleben. Studium des Bauingenieurswesens in Weimar. Bis 1989 Arbeit als Projekt- und Forschungsingenieur im Tief- und Brückenbau. Mitglied in dem von Reiner Bohley geleiteten Friedensarbeitskreis der evangelischen Martinsgemeinde in Magdeburg, der sich im Herbst 1989 der Initiative Frieden und Menschenrechte (IFM) anschloss. Gründungsmitglied des Runden Tisches Magdeburg und des Bürgerkomitees zur Auflösung des MfS. 1990 bis 1994 Stadtrat für Umwelt der Stadt Magdeburg. 2002 bis 2005 MdL. Seit 2005 Landesbeauftragter für Stasi-Unterlagen des Landes Sachsen-Anhalt.

Hermann Rudolph
Geboren 1939 in Oschatz/Sa. 1957/58 Volontariat bei Zeitungen der Ost-CDU. 1969 Promotion in Tübingen. Ab 1970 Redakteur bei der Frankfurter Allgemeinen Zeitung, 1980 bei der »Zeit«, 1983 beim Deutschlandfunk, 1986 bei der Süddeutschen Zeitung. Seit 1991 beim Tagesspiegel in Berlin, erst als Chefredakteur, dann als Herausgeber.

Reinhard Rürup
Geboren 1934 in Rehme/Westfalen. Studium der Geschichte, Germanistik, Rechtswissenschaften und Theologie in Freiburg, Göttingen und Berlin. 1970 bis 1975 Professor für Neue Geschichte an der FU Berlin und ab 1975 bis zur Emeritierung 1999 an der TU Berlin. Ab 1985 zunächst Leiter und ab 1992 bis 2004 wissenschaftlicher Direktor der Gedenkstätte Topographie des Terrors in Berlin. Mitglied zahlreicher Beiräte zum Gedenkstättenwesen in Berlin und Brandenburgs sowie Mitglied der Expertenkommission für die Gedenkstättenförderung des Bundes beim Beauftragten der Bundesregierung für Kultur und Medien (BKM).

Martin Sabrow
Geboren 1954 in Kiel. Studium der Geschichte, Germanistik, Politologie in Kiel und Marburg/Lahn. 1979 bis 1993 Studienreferendar und Studienrat mit den Fächern Deutsch, Geschichte, Politische Weltkunde in Berlin und parallele Tätigkeit im historischen Ausstellungs- und Museumsbe-

reich. 1993 Promotion an der Universität Freiburg in Geschichte. 2000 Habilitation an der FU Berlin mit einer Untersuchung über DDR-Geschichtswissenschaft. Seit Ende 2004 ordentlicher Professor für Neueste und Zeitgeschichte an der Universität Potsdam und Direktor des Zentrums für Zeithistorische Forschung.

Hermann Schäfer
Geboren 1942 in Wittlich bei Trier. Studium in Frankfurt, Bonn und Freiburg. Promotion und Habilitation an der Universität Freiburg. Seit 1987 Direktor und Präsident der Stiftung Haus der Geschichte der Bundesrepublik Deutschland. Apl. Professor an der Universität Freiburg und Honorarprofessor an der TU Karlsruhe. Seit Februar 2006 Ministerialdirektor beim Beauftragten der Bundesregierung für Kultur und Medien (BKM).

Joachim Scherrieble
Geboren 1960 in Esslingen. Studium der Geschichte, Germanistik und Pädagogik in Stuttgart. Ab 1988 Wissenschaftliche Mitarbeit an historischen Museen und Ausstellungsprojekten. 1992 Promotion in Geschichte. 2005 bis 2006 Vertretungsprofessur im Bereich Museumspädagogik an der Hochschule für Technik, Wirtschaft und Kultur in Leipzig. Seit Oktober 1996 Leiter der Gedenkstätte Deutsche Teilung Marienborn und Dezernent für Gedenkstätten im Regierungspräsidium Magdeburg bzw. Referent Gedenkstätten im Landesverwaltungsamt Sachsen-Anhalt.

Richard Schröder
Geboren 1943 in Frohburg, Sachsen. Studium der Theologie und Philosophie an den Kirchlichen Hochschulen Naumburg (Saale) und Berlin, wo er seit seiner Promotion 1977 als Dozent für Philosophie lehrte. 1973 bis 1977 Pfarrer in Wiederstedt (Harz). Ab 1993 Professor für Philosophie und Systematische Theologie an der HU Berlin. In den achtziger Jahren Engagement in der kirchlichen Opposition in der DDR. 1990 Mitglied der frei gewählten Volkskammer der DDR, von Oktober bis Dezember 1990 Mitglied des Deutschen Bundestages. Seit 1999 Vorsitzender des Beirats der Evangelischen Akademie Berlin.

Horst Schüler
Geboren 1924 in Babelsberg. Journalist in Potsdam. 1951 wegen Widerstandes gegen das kommunistische System verhaftet, dem sowjetischen Geheimdienst übergeben und von einem Sowjetischen Militär Tribunal (SMT) in Potsdam zu 25 Jahren Lagerhaft verurteilt. Verschleppt in die GULag-Strafregion Workuta im Norden Russlands. Teilnahme am Aufstand der Häftlinge im Sommer 1953. Heimkehr Ende 1955. Journalist in

Hamburg. Vorsitzender der »Union der Opferverbände kommunistischer Gewaltherrschaft UOKG«.

Manfred Graf von Schwerin
Geboren 1931 in Stettin. Studium der Rechte. Ab 1970 Unternehmensberatung für Innovationen (Agrar- und Ernährungswirtschaft, Umwelt- und Biotechnik) und Tätigkeit in der Entwicklungs-Zusammenarbeit. Seit der Wiedervereinigung mit Kernfragen der Aufarbeitung des SBZ/DDR-Unrechts und den Problemen beim »Aufbau Ost« beschäftigt. Seit 1987 Bundesvorsitzender der Aktionsgemeinschaft Recht und Eigentum (ARE), des Dachverbandes für Verfolgungs- und Enteignungsopfer der SED-Diktatur.

Bernd Stichler
Geboren 1944 in Halle/Saale. 1961 erste Verurteilung zu neun Monaten Haft im Jugendhaus Luckau wegen »Einfuhr und Verbreitung von Schund- und Schmutzartikeln« in Form amerikanischer Schallplatten. 1964 zweite Verurteilung wegen Staatsverleumdung zu zehn Monaten im Haftarbeitslager Bitterfeld. 1966 einjähriges Auftrittsverbot als Amateur-Tanzmusiker, 1968 lebenslanges Auftrittsverbot. 1974 dritte Verurteilung zu acht Monaten im Haftarbeitslager Raßnitz wegen Staatsverleumdung. 1975 Freikauf. 1988 Eintritt in die Vereinigung der Opfer des Stalinismus.

Hartmut Weber
Geboren 1945 in Öhringen (Baden-Württemberg). Studium der Geschichte und Germanistik. Nach der Laufbahnprüfung für den höheren Archivdienst im Jahre 1976 verschiedene Funktionen beim Hauptstaatsarchiv Stuttgart, beim Generallandesarchiv Karlsruhe und bei der Landesarchivdirektion Baden-Württemberg in Stuttgart. Seit Dezember 1999 Präsident des Bundesarchivs.

Manfred Wilke
Geboren 1941 in Kassel. Studium der Soziologie, Politikwissenschaft und Pädagogik in Hamburg. 1985 bis 2006 Professor für Soziologie an der Fachhochschule für Wirtschaft Berlin. 1992 bis 2006 einer der Leiter des »Forschungsverbundes SED-Staat« an der FU Berlin. Mitglied der beiden Enquete-Kommissionen zur DDR-Geschichte. Zudem seit 1998 Mitglied im Beirat der BStU, seit Gründung der Gedenkstätte Hohenschönhausen 1994 in deren Beirat sowie seit 1998 im Beirat der Stiftung Aufarbeitung der SED-Diktatur.

Klaus Wolfram
Geboren 1950. Studium der Philosophie und Ökonomie an der HU Berlin; 1975 bis 1977 wissenschaftlicher Mitarbeiter am Institut für Politik

und Wirtschaft (IPW), 1975 Gründung einer linkssozialistischen oppositionellen Gruppe, die bis Mitte 1977 arbeitete; 1977 bis 1981 Fabrikarbeit wegen Berufsverbot; 1982 bis 1989 Lektor im Akademie-Verlag; 1989 bis 1993 Mitarbeiter im Neuen Forum, Beteiligung am Zentralen Runden Tisch. 1990 Mitbegründer der Robert-Havemann-Gesellschaft, Mitbegründer des BasisDruck Verlags und Herausgeber der Wochenzeitung »Die Andere«.

Hans-Eberhard Zahn
Geboren 1928 in Stettin. Ab 1949 Studium der Psychologie und Philosophie an der FU Berlin. 1953 bei einem Besuch in Ost-Berlin Verhaftung durch das MfS und Einlieferung in das Kellergefängnis Berlin-Prenzlauer Allee wegen Verdachts der »Agententätigkeit«. Verurteilung unter anderem wegen »Militärspionage« zu sieben Jahren Zuchthaus. Strafgefangener in Berlin-Rummelsburg und Bautzen. 1960 Entlassung nach West-Berlin. Wiederaufnahme des Psychologiestudiums an der FU. Nach dem Examen bis 1993 Tätigkeit in Forschung und Lehre. Seit 1994 Führungstätigkeit in der Gedenkstätte Hohenschönhausen. Stellvertretender Vorsitzender des Stiftungsbeirates der Gedenkstätte.

Autorenregister

Das Register führt die Autorinnen und Autoren der im Band aufgenommenen Beiträge auf.

Presseregister